Frisian Wordbook
Frysk Wurdboek

Made by: The Frisian World
Makke troch: De Fryske Wrâld

www.learnfrisian.com

Foarwurd
Foreword

This wordbook might help you while learning the Frisian language. The words in this book are helpful and most of them are used rather often. All the words have an easy Frisian example sentence to get an idea on how to use the word. In order to find a word I suggest you use the 'Ynhâldsopjefte', or 'Table of Contents'. If you can't find the word you are looking for, choose another word with a similar meaning. Check out www.frisianwordbook.com for audio files.

What do the abbreviations in this wordbook mean?

(Adj.)	Adjective
(Dim.)	Diminituve
(PP)	Present Perfect
(Ik)	I
(Dû/Do)	You
(Hy)	He
(Sy)	She
(It)	It
(Wy)	We
(Jim)	You (plural form)
(Sy)	They
(Jo)	You (formal form)
(Older)	Older version of this Frisian word

Folle lok! | Much luck!

Ynhâldsopjefte
Table of Contents

Frysk - Ingelsk

A.	10
B.	13
D.	28
E.	33
F.	36
G.	59
H.	64
I.	69
J.	71
K.	72
L.	79
M.	83
N.	88
O.	91
P.	95
R.	99
S.	103
T.	122
U.	127
W.	132
Y.	139

English - Frisian

A.	142
B.	147
C.	156
D.	168
E.	178
F.	182
G.	190
H.	195
I.	201
J.	204
K.	205
L.	207
M.	211
N.	217
O.	220
P.	223
Q.	231
R.	231
S.	238
T.	256
U.	263
V.	265
W.	266
Y.	272
Z.	272

How do you say Frisian letters?

This page focuses on some of the Frisian letters. A similar English pronunciation is given to give you a good idea of the Frisian pronunciation.

'â'	'aw'	as in 'Dawn'
'ê'	'he'	as in 'Where'
'g'	'g'	as in 'Girl'
'i'	'i'	as in 'Bin' *'i' has more sound options.
'i'/'y'	'e'	as in 'He, She, We'
'j'	'y'	as in 'You'
'û'	'o'	as in 'Two'
'w'	in Frisian is a sound in between 'v' and 'w' at the beginning of words.	
'oe'	'oo'	as in 'Good'
'ie'/'ii'	'ea'	as in 'Leader'
'ij'	'y'	as in 'By'
'ei'	it is near to 'y' as in 'My'	
'oa'	'or'	as in 'Bore'
'ea'	'ea'	as in 'Gear'
'ch'	as in Scottish 'loch'	
'iuw'	like 'ee' in 'bee' and 'oo' in 'boot' said together quickly.	

The letters b, d, t, f, h, k, l, m, n, s are (nearly) the same as English.
The little 'hat' (circumflex) on top of these letters: â, ô, ê make the sound of the regular 'a', 'o', 'e' longer. This *is not always* the case with 'û'.

The easiest rules in Frisian

Frisian isn't hard to learn and you can already get really far with the following rules:

- **A Frisian word never starts with a 'c', 'v' or 'z'.**
    - 'v' (sound) is always a 'f'.
    - 'c' (sound) is always a 'k'.

- The Frisian alphabet does not have the letters 'q', 'c' and 'x'.

- A Frisian word never ends with 'g', the 'g' will turn into a 'ch'. However, when a Frisian word ends with 'ng', the 'g' doesn't change.

- The 'e' sound (as in English: free) is written as 'y' or 'i'.

   About Y & I:
   Ik yt   Wy ite
   I eat   We eat

When a verb in the first person has a 'y' it turns into a 'i' in the plural or adjective form. Just like the example above.

Frysk - Ingelsk

Frisian	English	Example
Aai	Egg	It aai is grut.
Aaien (Plural)	Eggs (Plural)	De aaien binne grut.
Aaigiel	Egg yolk	It aaigiel moat goed wêze.
Aaiwyt	Protein	It aaiwyt smakket goed.
Aaklik	Awful	Sy hat in aaklik gefoel.
Aaklike (Adj.)	Awful (Adj.)	In aaklike dei.
Aanst	Later	Ik sil aanst sjen.
Aap	Ape, Monkey	De aap yt in banaan.
Aapke (Dim.)	Ape, Monkey (Dim.)	It aapke yt in banaan.
Aardich	Kind, Nice	Sy is aardich tsjin my.
Aardige (Adj.)	Kind, Nice (Adj.)	De aardige frou.
Abbekaat	Lawyer, Attorney	Hastû in abbekaat nedich?
Abbelearje (Ik, wy, jim, sy, jo)	Contradict (I, we, you all, they)	Dû moatst my net sa abbelearje
Abonnearje (Ik, wy, jim, sy, jo)	Subscribe (I, we, you all, they)	Wy abonnearje ús foar in tydskrift.
Abonearre (Ik, hy, sy, it)	Subscribed (I, he, she, it)	Hy abonearre him foar in tydskrift.
Abonearren (Wy, jim, sy, jo)	Subscribed (We, you all, they)	Wy abonearren ús foar in tydskrift.
Abonnearrest (Dû/Do)	Subscribe (You)	Dû abonearrest dy foar in tydskrift.
Abonnearrest(e) (Dû/Do)	Subscribed (You)	Dû abonearreste foar in tydskrift.
Abonnearret (Hy, sy, it)	Subscribed (He, she, it)	Sy abonnearret har foar in tydskrift.
Abonnemint	Subscription	It abbonemint is ôfrûn.
Abrikoas	Apricot	Wolstû in abrikoas fan my?
Acht	Eight	Jo hawwe acht hynders.
Achtslaan	Pay attention	Mei achtslaan fan de regels.
Administrearje (Ik, wy, jim, sy, jo)	Administrate (I, we, you all, they)	Wy sille it administrearje.
Adopsje	Adoption	De adopsje is goed ferron.
Adres	Address	Mei ik dyn adres witte?
Advertinsje	Advertisement/Ad	Hast de advertinsje al sjoen?
Advisearje (Ik, wy, jim, sy, jo)	Advise (I, we, you all, they)	Wy advisearje dy.
Advisearrest (Dû/Do)	Advise (You)	Dû advisearrest my.
Advisearret (Hy, sy, it)	Advises (He, she, it)	Hy advisearret dy.
Advokaat	Lawyer, Attorney	Hy hat advys fan in advokaat nedich.
Advys	Advice	Ik haw advys nedich.
Afganistan (Country)	Afghanistan (Country)	De kriich yn Afganistan is oer.
Afrika	Africa	Der binne liuwen yn Afrika.
Aginda	Agenda	Efkes yn myn aginda sjen.
Agresje	Aggression	De agresje wurdt grutter.
Akademy	Academy	De akademy is ferantwurdlik.
Akkount	Account	Hat sy in akkount oanmakke?
Akkuraat	Accurate	De berekkening is akkuraat.
Aksebile	Heavy axe	In grutte aksebile.
Akseptearje (Ik, wy, jim, sy, jo)	Accept (I, we, you all, they)	Wy akseptearje it foarstel.
Akseptearrest (Dû/Do)	Accept (You)	Dû akseptearrest it foarstel.
Akseptearret (Hy, sy, it)	Accepts (He, she, it)	Hy akseptearret it foarstel.
Aksint	Accent	It noflike Fryske aksint.
Aksje	Action	Wy moatte aksje ûndernimme.
Aktivearje (Ik, wy, jim, sy, jo)	Activate (I, we, you all, they)	Wy aktivearje ús akkount.
Aktivearre (Ik, hy, sy, it)	Activated (I. he, she, it)	Hy aktivearre syn akkount.
Aktivearren (Wy, jim, sy, jo)	Activated (We, you all, they)	Jim aktivearren jim akkount.
Aktivearrest (Dû/Do)	Activate (You)	Dû aktivearrest dyn akkount.
Aktivearrest(e) (Dû/Do)	Activated (You)	Dû aktivearreste dyn akkount.

Aktivearret (Hy, sy, it)	Activates (He, she, it)	Sy aktivearret har akkount.
Al	Already	Jo binne der al.
Alarm	Alarm	Hearstû it alarm ôfgien?
Alarmearje (Ik, wy, jim, sy, jo)	Alarm (I, we, you all, they)	Wy alarmearje de buorren.
Alarmearre (Ik, hy, sy, it)	Alarmed (I. he, she, it)	Sy alarmearre de buorren.
Alarmearren (Wy, jim, sy, jo)	Alarmed (We, you all, they)	Wy alarmearren de buorren.
Alarmearrest (Dû/Do)	Alarm (You)	Dû alarmearrest de buorren.
Alarmearrest(e) (Dû/Do)	Alarmed (You)	Dû alarmearreste de buorren.
Alarmearret (Hy, sy, it)	Alarmes (He, she, it)	It alarmearret de buorren.
Albaanje (Country)	Albania (Country)	Bistû alris yn Albaanje west?
Albegear	Egoist, Self-seeker	Dû bist in albegear.
Albegearich	Greedy person	Dy man is albegearich.
Albegearige (Adj.)	Greedy (Adj.)	De albegearige man.
Albestel	Busybody, Meddler	Hy is in albestel.
Âld	Old	In âld ferhaal.
Âlde (Adj.)	Old (Adj.)	De âlde fyts fan pake.
Âldens	Age	Hy is deagien fan âldens.
Âlder	Older, Elder, Parent	Dû bist âlder as my.
Âlderdom	Old age	In striid tsjin âlderdom.
Âlderein	Old generation	De âlderein hawwe it dreech.
Âlderhûs	Retirement home	Beppe giet nei it âlderhûs.
Âlderling	Elder	Dizze man is in âlderling.
Âlders (Plural)	Parents (Plural)	Binne dyn âlders thús?
Âlderwetsk	Old-fashioned, Oldfangled	Ús pake is âlderwetsk.
Âlderwetske (Adj.)	Old-fashioned (Adj.)	In âlderwetske film.
Âldfaars	Forefathers, Ancestors	Myn âldfaars wiene snoad.
Âldfeint	Single, Bachelor	De âldfeint sit by de bar.
Âldfrinzich	Old-fashioned, Oldfangled	De âlde man is âldfrinzich.
Âldfrinzige (Adj.)	Old-fashioned (Adj.)	De âldfrinzige man.
Âldjiersdei	Old years day	Wy fine âldjiersdei smûk.
Âldjiersjûn	New year's eve	De smûke âldjiersjûn.
Âldste	Oldest	Dû bist de âldste fan ús.
Âldstrider	Veteran	Hy is in âldstrider.
Âldzje (Ik, wy, jim, sy, jo)	Get older (I, we, you all, they)	Hy moat noch in bytsje âldzje.
Alear	Past	Alear wie it better neffens my.
Alfabet	Alphabet	Kinstû it hiele alfabet?
Algemien	General	Wy moatte it algemien hâlde.
Algerije (Country)	Algeria (Country)	De man kaam út Algerije wei.
Aliânsje	Alliance	De aliânsje is foarme.
Âlje	Howl, Cry	De bisten âlje fan 'e pine.
Alkohol	Alcohol	De alkohol priuwt goed hjoed.
Alle	All	Alle bern binne hjir.
Allegear	All, Everyone	Jim moatte allegear harkje.
Allegearre	All, Everyone	Wy binne allegearre hjirre.
Allergysk	Allergic	Ik bin allergysk foar nuten.
Alles	All	Jo hawwe alles sjoen.
Allinne	Alone	Ik kom wol allinne.
Allinnich	Alone	Ik fiel my allinnich.
Aloan	Ongoing, Persistent	Aloan en wer.
Alpaka	Alpaca	De alpaka stiet yn it lân.

Alris	Already once	Bistû hjir alris west?
Altemets	Sometimes	Altemets wur ik siik
Alter	Altar	De kears by it alter.
Alteraasje	Alteration	De alteraasje wie swier.
Altomets (Older)	Sometimes	Altomets wur ik siik.
Altyd	Always	Sy hat altyd wille.
Alwei	Persistent	Hy gie alwei troch.
Alwer	Again	Hy wie alwer te let.
Ambulânse	Ambulance	De ambulânse rydt troch it doarp.
Amearika	America	Geane jim nei Amearika?
Amer	Bucket	De amer is hast fol.
Amerikaansk	American	Dizze man is Amerikaansk.
Amerke (Dim.)	Bucket (Dim.)	In lyts amerke.
Amers (Plural)	Buckets (Plural)	Ik haw twa amers nedich.
Amper	Barely	Ik haw de film amper sjoen.
Andorra (Country)	Andorra (Country)	Andorra is in lyts lân.
Angel	Fishing rod	Dyn angel leit yn it wetter.
Angoala (Country)	Angola (Country)	Wêr leit Angoala?
Animaasjefilm	Cartoon	De bern sjogge in animaasjefilm.
Annulearje (Ik, wy, jim, sy, jo)	Cancel (I, we, you all, they)	Sy annulearje harren reis.
Annulearre (Ik, hy, sy, it)	Canceled (I, he, she, it)	Ik annulearre myn reis.
Annulearren (Wy, jim, sy, jo)	Canceled (We, you all, they)	Wy annulearren ús reis.
Annulearrest (Dû/Do)	Cancel (You)	Dû annulearrest dyn reis.
Annulearrest(e) (Dû/Do)	Canceled (You)	Dû annulearreste dyn reis.
Annulearret (Hy, sy, it)	Cancels (He, she, it)	Hy annulearret syn reis.
Antwurd	Answer	Hy jout antwurd op de fraach.
Antwurde (Ik, hy, sy, it)	Answered (I, he, she, it)	Hy antwurde myn berjocht
Antwurden (Wy, jim, sy, jo)	Answered (We, you all, they)	Sy antwurden myn berjocht.
Antwurdest (Dû/Do)	Answer (You)	Dû antwurdest myn berjocht.
Antwurdest(e) (Dû/Do)	Answered (You)	Dû antwurdeste myn berjocht.
Antwurdet (Hy, sy, it)	Answers (He, she, it)	Sy antwurdet myn berjocht.
Antwurdzje (Ik, wy, jim, sy, jo)	Answer (I, we, you all, they)	Jo antwurdzje myn berjocht.
Apel	Apple	De apel is soer.
Apelbeam	Apple tree	Wy hawwe in apelbeam.
Apels (Plural)	Apples (Plural)	De apels binne soer.
April	April	Myn jierdei is yn april.
Argentynje (Country)	Argentina (Country)	Argentynje leit fier fuort.
Argewaasje	Annoyance	Der wie in soad argewaasje.
Ark	Tools, Silverware	De ark yn 'e skuorre.
Armeenje (Country)	Armenia (Country)	Bistû alris yn Armeenje west?
Arrestearje (Ik, wy, jim, sy, jo)	Arrest (I, we, you all, they)	Sy arrestearje de tsjeaf.
Arrestearre (Ik, hy, sy, it)	Arrested (I, he, she, it)	Hy arrestearre de tsjeaf.
Arrestearren (Wy, jim, sy, jo)	Arrested (We, you all, they)	Wy arrestearren de tsjeaf.
Arrestearrest (Dû/Do)	Arrest (You)	Dû arrestearrest de tsjeaf.
Arrestearrest(e) (Dû/Do)	Arrested (You)	Dû arrestearreste de tsjeaf.
Arrestearret (Hy, sy, it)	Arrests (He, she, it)	Hy arrestearret de tsjeaf.
As	As	It brânt as fjoer.
As	Than	Hy is langer as dy.
As	If	As ik thús kom.
Asemje (Ik, wy, jim, sy, jo)	Breathe (I, we, you all, they)	Ik asemje troch myn mûle.

Asjebleaft	You're welcome	Asjebleaft!
Augustus	August	Wy komme yn Augustus del.
Austraalje (Country)	Australia (Country)	Austraalje is fier fuort.
Auto	Car	Ik gean mei de auto nei it wurk.
Automatysk	Automatically	De masine is automatysk.
Avensearje (Ik, wy, jim, sy, jo)	Hurry up (I, we, you all, they)	Kinstû avensearje?
Aventoer	Adventure	Wy geane in aventoer belibje.
Azerbeidzjan (Country)	Azerbaijan (Country)	Wêr leit Azerbeidzjan?
Baarch	Pig, Hog, Boar	De grutte baarch.
Baarnde (Ik, hy, sy, it)	Burned (I, he, she, it)	Sy baarnde har finger.
Baarnden (Wy, jim, sy, jo)	Burned (We, you all, they)	Wy baarnden ús fingers.
Baarndest(e) (Dû/Do)	Burned (You)	Dû baarndest dyn finger.
Baas	Boss	It beslút is naam troch de baas.
Bad	Bath	Ik lis yn bad.
Badkeamer	Bathroom	Wy hawwe in grutte badkeamer.
Bak (Ik)	Bake (I)	Ik bak in aai.
Bak	Container	Doch it mar yn de bak.
Bakje (Dim.)	Container (Dim.)	Doch it mar yn it bakje.
Bakke (Wy, jim, sy, jo)	Bake (We, you all, they)	Wy bakke bôle.
Bakker	Baker	De bakker hat de bêste bôle.
Bakkerij	Bakery	Ús mem wurket by de bakkerij.
Bakst (Dû/Do)	Bake (You)	Dû bakst in aai.
Bakt (Hy, sy, it)	Bakes (He, she, it)	Sy bakt in aai.
Bakte (Ik, hy, sy, it)	Baked (I, he, she, it)	Sy bakte in aai.
Baktearje	Bacteria	Wy hawwe baktearje yn ús mûle.
Bakten (Wy, jim, sy, jo)	Baked (We, you all, they)	Wy bakten de bôle.
Baktest (Dû/Do)	Baked (You)	Dû baktest de bôle.
Balle, Bal	Ball	De balle is rûn.
Balâns	Balance	De natoer moat yn balâns bliuwe.
Balke	Beam	Dizze balke hâldt alles by elkoar.
Ballon	Balloon	De ballon is fêst makke.
Ballen (Plural)	Balls (Plural)	De ballen binne rûn.
Baltsje (Dim.)	Ball (Dim.)	De hûn boartet mei in baltsje.
Bân	Band	Ik haw in bân om 'e holle.
Bân	Tire	De bân fan myn auto is lek.
Banaan	Banana	De aap yt in banaan.
Bananen (Plural)	Bananas (Plural)	De apen ite bananen.
Bang	Frightened, Scared, Afraid	Is sy bang foar it ûnwaar?
Banglades (Plural)	Bangladesh (Plural)	Bist alris yn Banglades west?
Bank	Bank	Ik haw myn sinten op de bank.
Bank	Bench	Dizze bank sit noflik.
Banken (Plural)	Benches (Plural)	Hoe folle banken hat dit park?
Bar	Bar	De frijfeint giet faak nei de bar.
Barde (It)	Happened	It barde juster.
Bargen (Plural)	Pigs (Plural)	De bargen binne bûten.
Bargje (Ik, wy, jim, sy, jo)	Spill (I, we, you all, they)	De bern bargje mei it iten.
Barren	Event, Occurrence	It is in grut barren.
Barselona	Barcelona	Ik wenje yn Barselona.
Basearje (Ik, wy, jim, sy, jo)	Base on (I, we, you all, they)	Wy basearje út op in echt ferhaal.
Bea (Ik, hy, sy, it)	Offered (I, he, she, it)	Ik bea in soad jild foar it guod.

Frisian	English	Example
Bea (Ik, hy, sy, it)	Prayed (I, he, she, it)	Sy bea foar it iten.
Beaen (Wy, jim, sy, jo)	Offered (We, you all, they)	Wy beaen in soad jilf foar it guod.
Beaen (Wy, jim, sy, jo)	Prayed (We, you all, they)	Wy beaen foar it iten.
Beaken	Beacon	De toer wurdt as beaken brûkt.
Bealch	Body (Of animal)	De ko hast lêst fan 'e bealch.
Bealgje (Ik, wy, jim, sy, jo)	Work hard (I, we, you all, they)	De mannen bealgje de hiele dei.
Beam (Trê, Old Frisian)	Tree	De âlde beam.
Beamke (Dim.)	Tree (Dim.)	Jo hawwe in beamke yn 'e tún.
Beammen (Plural)	Trees	In protte beammen yn it bosk.
Bean	Bean	In lytse brune bean.
Bean (PP)	Prayed (PP)	Wy hawwe foar it bean.
Beannen (Plural)	Beans (Plural)	Wy ite jûn beannen.
Beantwurde (Ik, hy, sy, it)	Replied (I, he, she, it)	Hy beantwurde de fraach.
Beantwurden (Wy, jim, sy, jo)	Replied (We, you all, they)	Jim beantwurden de fraach.
Beantwurdest (Dû/Do)	Reply (You)	Dû beantwurdest de fraach.
Beantwurdest(e) (Dû/Do)	Replied (You)	Dû beantwurdest de fraach.
Beantwurdet (Hy, sy, it)	Replies (He, she, it)	Sy beantwurdet de fraach.
Beantwurdzje (Wy, jim, sy, jo)	Reply (We, you all, they)	Wy beantwurdzje de fraach.
Bear	Bear	De bear rint troch it wâld.
Bearen (Plural)	Bears (Plural)	De bearen rinne troch it wâld.
Bearke (Dim.)	Bear (Dim.)	It bearke yt is fisk.
Beast (Dû/Do)	Offered (You)	Dû beast op it guod.
Beast (Dû/Do)	Prayed (You)	Dû beast foar it iten.
Bêd	Bed	Ús bêd leit noflik/
Bedarje (Ik, wy, jim, sy, jo)	Calm down (I, we, you all, they)	Wy bedarje ús nei it fytsen.
Bedarre (Ik, hy, sy, it)	Calmed down (I, he, she, it)	Hy bedarre him nei it fytsen.
Bedarren (Wy, jim, sy, jo)	Calmed down (We, you all, they)	Wy bedarren ús nei it fytsen.
Bedarrest (Dû/Do)	Calm down (You)	Dû bedarrest dy nei it fytsen.
Bedarrest(e) (Dû/Do)	Calmed down (You)	Dû bedarreste dy nei it fytsen.
Bedarret (Hy, sy, it)	Calms down (He, she, it)	Sy bedarre har nei it fytsen.
Bedek (Ik)	Cover up (I)	Ik bedek de grûn.
Bedekke (Wy, jim, sy, jo)	Cover up (We, you all, they)	Wy bedekke de grûn.
Bedekst (Dû/Do)	Cover up (You)	Dû bedekst de grûn.
Bedekt (Hy, sy, it)	Covers up (He, she, it)	It bedekt de grûn.
Bêden (Plural)	Beds (Plural)	Hoe folle bêden steane hjir?
Bedjer (Ik)	Ruin (I)	Ik bedjer de sfear.
Bedjerre (Ik, hy, sy, it)	Ruined (I, he, she, it)	Wy bedjerre it feest.
Bedjerst (Dû/Do)	Ruin (You)	Dû bedjerst it feest.
Bedjert (Hy, sy, it)	Ruins (He, she, it)	Hy bedjert it feest.
Bedoar (Ik, hy, sy, it)	Ruined, Decayed (I, he, she, it)	Hy bedoar de sfear.
Bedoaren (Wy, jim, sy, jo)	Ruined, Decayed (We, you all, they)	Wy bedoaren de sfear.
Bedoarn (PP)	Ruined, Decayed (PP)	Hy hat de sfear bedoarn.
Bedoarst (Dû/Do)	Ruined, Decayed (You)	Dû bedoarst de sfear.
Bedoel (Ik)	Mean, Intend (I)	Ik bedoel it goed.
Bedoeld (PP)	Meant, Intended (PP)	Hy hat it goed bedoeld.
Bedoelde (Ik, hy, sy, it)	Meant, Intended (I, he, she, it)	Hy bedoelde it goed.
Bedoelden (Wy, jim, sy, jo)	Meant, Intended (We, you all, they)	Wy bedoelden it goed.
Bedoeldest (Dû/Do)	Meant, Intended (You)	Dû bedoeldest it goed.
Bedoele (Wy, jim, sy, jo)	Mean, Intend (We, you all, they)	Jim bedoele it goed.
Bedoelst (Dû/Do)	Mean, Intend (You)	Dû bedoelst it goed.

Bedoelt (Hy, sy, it)	Means, Intends (He, she, it)	Sy bedoelt it goed.
Bedriuw	Company, Business, Enterprise	It bedriuw docht it goed.
Bedriuwen (Plural)	Companies (Plural)	De bedriuwen dogge it goed.
Bedriuwke (Dim.)	Company, Business (Dim.)	Bedriuwke komt einlik fan 'e grûn.
Beduts (Ik, hy, sy, it)	Covered up (I, he, she, it)	Hy beduts de grûn.
Bedutsen (Wy, jim, sy, jo)	Covered up (We, you all, they)	Wy bedutsen de grûn.
Bedutst (Dû/Do)	Covered up (You)	Dû bedutst de grûn.
Bêdzje	Give overnight stay	Mei ik hjir fannacht bêdzje?
Beek	Brook	Hy drinkt wetter út de beek.
Befal (Ik)	Give birth (I)	Ik befal fan in poppe.
Befalle (Wy, jim, sy, jo)	Give birth (We, you all, they)	Jo befalle fan in poppe.
Befallen (PP)	Given birth (PP)	Sy is befallen fan in poppe.
Befalst (Dû/Do)	Give birth (You)	Dû befalst fan in poppe.
Befalt (Hy, sy, it)	Gives birth (He, she, it)	Sy befalt fan in poppe.
Befeiliging	Security	Hat it gebou befeiliging?
Befeiligingskamera	Security camera	Wy hawwe in befeiligingskamera.
Befeiligje (Ik, wy, jim, sy, jo)	Secure (I, we, you all, they)	Wy moatte it gebou befeiligje.
Befelje (Ik, wy, jim, sy, jo)	Order (I, we, you all, they)	Ik befelje dy.
Befelle (PP)	Ordered, Commanded (PP)	Ik haw him befelle.
Befellest (Dû/Do)	Order, Command (You)	Dû befellest him.
Befellet (Hy, sy, it)	Orders, Commands (He, she, it)	Hy befellet dy.
Beferzen (PP)	Frozen (PP)	It wetter is beferzen.
Befêstigje (Ik, wy, jim, sy, jo)	Confirm (I, we, you all, they)	Kinstû ús berjocht befêstigje?
Befetsje (Ik, wy, jim, sy, jo)	Understand (We, you all, they)	Ik befetsje it net.
Befette (Ik, hy, sy, it)	Understood (I, he, she, it)	Hy befette it net.
Befetten (Wy, jim, sy, jo)	Contained (We, you all, they)	Sy befetten it net.
Befettest (Dû/Do)	Contain, Understand (You)	Dû befettest it net.
Befettest(e) (Dû/Do)	Contained, Understood (You)	Dû befetteste it net.
Befettet (Hy, sy, it)	Understands (He, she, it)	Sy befettet it net.
Befine	Be somewhere	Wy befine ús hjirre.
Befiningen	Findings	Wat binne dyn befiningen?
Befoardere (Ik, hy, sy, it)	Promoted (I, he, she, it)	Hy befoardere it wurk.
Befoarderen (Wy, jim, sy, jo)	Promoted (We, you all, they)	Sy befoarderen it wurk.
Befoarderest (Dû/Do)	Promote (You)	Dû befoarderest it wurk.
Befoarderest(e) (Dû/Do)	Promotes (He, she, it)	Dû befoarderest(e) it wurk.
Befoarderet (Hy, sy, it)	Promote (I, we, you all, they)	Hy befoardet it wurk.
Befoarderje (Ik, wy, jim, sy, jo)	Gave birth (I, he, she, it)	Wy befoarderje it wurk.
Befoel (Ik, hy, sy, it)	Commanded (I, he, she, it)	Hy befoel him.
Befoel (Ik, hy, sy, it)	Gave birth (We, you all, they)	Sy befoel fan in poppe.
Befoelen (Wy, jim, sy, jo)	Ordered (We, you all, they)	Wy befoelen dy.
Befoelen (Wy, jim, sy, jo)	Gave birth (We, you all, they)	Jo befoelen fan in poppe.
Befoelst (Dû/Do)	Ordered, Commanded (You)	Dû befoelst my.
Befoelst (Dû/Do)	Gave birth (You)	Dû befoelst fan in poppe.
Befrear (Ik, hy, sy, it)	Froze (I, he, she, it)	Hy befrear it wetter.
Befrearst (Dû/Do)	Froze (You)	Dû befrearst it wetter.
Befries (Ik)	Freeze (I)	Ik befries it wetter.
Befriest (Dû, hy, sy, it)	Freezes (You, he, she, it)	Dû befriest it wetter.
Befrieze (Wy, jim, sy, jo)	Freeze (We, you all, they)	Wy befrieze it wetter.
Befrij (Ik)	Free, Liberate (I)	Ik befrij him.
Befrijd (PP)	Freed, Liberated (PP)	Ik hat him befrijd.

Frisian	English	Example
Befrijde (Ik, hy, sy, it)	Freed, Liberated (I, he, she, it)	Hy befrijde my.
Befrijden (Wy, jim, sy, jo)	Freed, Liberated (We, you all, they)	Jim befrijden my.
Befrijdest(e) (Dû/Do)	Freed, Liberated (You)	Dû befrijdest(e) my.
Befrije (Wy, jim, sy, jo)	Free, Liberate (We, you all, they)	Wy befrije him.
Befrijst (Dû/Do)	Free, Liberate (You)	Dû befrijst him.
Befrijt (Hy, sy, it)	Frees, Liberates (He, she, it)	Hy befrijt har.
Befyn	Find oneself, Be somewhere	Ik befyn my hjirre.
Begean (Ik)	Commit (I)	Ik begean in misdied.
Begeane (Wy, jim, sy, jo)	Commit (We, you all, they)	Wy begeane in misdied.
Begearen	Wish, Desire	It wie syn begearen.
Begie (Ik, hy, sy, it)	Committed (I, he, she, it)	Hy begie in misdied.
Begien (PP)	Committed (PP)	Hy hat in misdied begien.
Begiene (Wy, jim, sy, jo)	Committed (We, you all, they)	Wy begiene in misdied.
Begiest (Dû/Do)	Commit (You)	Dû begiest in misdied.
Begiest(e) (Dû/Do)	Committed (You)	Dû begieste in misdied.
Begiet (Hy, sy, it)	Commits (He, she, it)	Sy begiet in misdied.
Begjin (Ik)	Begin (I)	Ik begjin aanst.
Begjinne (Wy, jim, sy, jo)	Begin (We, you all, they)	Wy begjinne aanst.
Begjinst (Dû/Do)	Begin (You)	Dû begjinst aanst.
Begjint (Hy, sy, it)	Begins (He, she, it)	Hy begjint aanst.
Begraaf (Ik)	Bury (I)	Ik begraaf myn deade kyn.
Begraafplak	Graveyard	Wy binne op in begraafplak.
Begraafst (Dû/Do)	Bury (You)	Dû begraafst dyn deade knyn.
Begraaft (Hy, sy, it)	Buries (He, she, it)	Hy begraaft syn deade knyn.
Begrave (Wy, jim, sy, jo)	Bury (We, you all, they)	Wy begrave ús deade knyn.
Begrepen (Wy, jim, sy, jo)	Understood (We, you all, they)	Jo begrepen de fraach.
Begriep (Ik, hy, sy, it)	Understood (I, he, she, it)	Sy begriep de fraach.
Begriepst (Dû/Do)	Understood (You)	Dû begriepst de fraach.
Begripe (Wy, jim, sy, jo)	Understand (We, you all, they)	Wy begripe de fraach.
Begroef (Ik, hy, sy, it)	Buried (I, he, she, it)	Sy begroef har deade knyn.
Begroefst (Dû/Do)	Buried (You)	Dû begroefst dyn deade knyn.
Begroeven (Wy, jim, sy, jo)	Buried (We, you all, they)	Wy begroeven ús deade knyn.
Begrutting	Budget	Is hjir in begrutting foar?
Begryp (Ik)	Understand (I)	Ik begryp de fraach.
Begrypst (Dû/Do)	Understand (You)	Dû begrypst de fraach.
Begrypt (Hy, sy, it)	Understands (He, she, it)	Hy begrypt de fraach.
Begûn (Ik, hy, sy, it)	Began (I, he, she, it)	Hy begûn mei de striid.
Begûnen (Wy, jim, sy, jo)	Began (We, you all, they)	Wy begûnen mei de striid.
Begûnst (Dû/Do)	Began (You)	Dû begûnst mei de striid.
Behâld (Ik)	Keep, Retain (I)	Ik behâld myn tillefoannûmer.
Behâlde (Wy, jim, sy, jo)	Keep, Retain (We, you all, they)	Jo behâlde jo tillefoannûmer.
Behâldst (Dû/Do)	Keep, Retain (You)	Dû behâldst dyn tillefoannûmer.
Behâldt (Hy, sy, it)	Keeps, Retains (He, she, it)	Hy behâldt syn tillefoannûmer.
Behannele (Ik, hy, sy, it)	Treated (I, he, she, it)	Hy behannele de wûne.
Behannelen (Wy, jim, sy, jo)	Treated (We, you all, they)	Sy behannelen de wûne.
Behannelest (Dû/Do)	Treat (You)	Dû behannelest de wûne.
Behannelest(e) (Dû/Do)	Treated (You)	Dû behanneleste de wûne.
Behannelet (Hy, sy, it)	Treats (He, she, it)	Hy behannelet de wûne.
Behannelje (Ik, wy, jim, sy, jo)	Treat (I, we, you all, they)	Jim behannelje de wûne.
Behein (Ik)	Restrict (I)	Ik behein de mooglikheden.

Frisian	English	Example
Beheind (PP)	Restricted (PP)	Hy hat de mooglikheden beheind.
Beheinde (Ik, hy, sy, it)	Restricted (I, he, she, it)	Sy beheinde de mooglikheden.
Beheinden (Wy, jim, sy, jo)	Restricted (We, you all, they)	Wy beheinden de mooglikheden.
Beheindest (Dû/Do)	Restricted (You)	Dû beheindest de mooglikheden.
Beheine (Wy, jim, sy, jo)	Restrict (We, you all, they)	Jim beheine de mooglikheden.
Beheinst (Dû/Do)	Restrict (You)	Dû beheinst de mooglikheden.
Beheint (Hy, sy, it)	Restricts (He, she, it)	Sy beheint de mooglikheden.
Behelje (Ik, wy, jim, sy, jo)	Obtain (I, we, you all, they)	Ik behelje in goed resultaat.
Behelle (Ik, hy, sy, it)	Obtained (I, he, she, it)	Hy behelle in goed resultaat.
Behellen (Wy, jim, sy, jo)	Obtained (We, you all, they)	Wy behellen in goed resultaat.
Behellest (Dû/Do)	Obtain (You)	Dû behellest in goed resultaat.
Behellest(e) (Dû/Do)	Obtained (You)	Dû behelleste in goed resultaat.
Behellet (Hy, sy, it)	Obtains (He, she, it)	Sy behellet in goed resultaat.
Behold (Ik, hy, sy, it)	Kept, Retained (I, he, she, it)	Ik behold myn hûs.
Beholden (Wy, jim, sy, jo)	Kept, Retained (We, you all, they)	Wy beholden ús hûs.
Beholdst (Dû/Do)	Kept, Retained (You)	Dû beholdst dyn hûs.
Beide	Both	Wy hawwe beide hûnger.
Bek	Beak	De fûgel hat in wjirm yn syn bek.
Bekear (Ik)	Reform (I)	Ik bekear mysels.
Bekeare (Wy, jim, sy, jo)	Reform (We, you all, they)	Wy bekeare ús.
Bekearst (Dû/Do)	Reform (You)	Dû bekearst dy.
Bekeart (Hy, sy, it)	Reforms (He, she, it)	Hy bekeart him.
Bekend	Known, Familiar	Wy binne bekend mei it probleem.
Beklaadzje (Ik, wy, jim, sy, jo)	Guard (I, we, you all, they)	Wy beklaadzje it skilderij.
Bekroadzje (Ik, wy, jim, sy, jo)	Care about (I, we, you all, they)	Ik bekroadzje my om dy.
Belangryk	Important	In belangryk tillefoantsje.
Belesting	Tax, Taxes	Wy moatte belesting betelje.
Belgje (Country)	Belgium (Country)	Hjoed sille wy nei Belgje.
Belibbe (PP)	Experienced (PP)	Hy hat eat belibbe.
Belied	Policy	Wy hawwe in nij belied.
Belje (Ik, wy, jim, sy, jo)	Dial, Call (I, we, you all, they)	Si 'k dy efkes belje?
Belle	Bell	Efkes op 'e belle drukke.
Belle (Ik, hy, sy, it)	Dialed, Called (I, he, she, it)	Hy belle dy niis.
Bellen (Wy, jim, sy, jo)	Dialed, Called (We, you all, they)	Wy bellen dy niis.
Bellest (Dû/Do)	Dial, Call (You)	Dû bellest my.
Bellest(e) (Dû/Do)	Dialed, Called (You)	Dû belleste my niis.
Bellet (Hy, sy, it)	Dials, Calls (He, she, it)	Hy bellet dy aanst.
Belûk (Ik)	Involve (I)	Ik belûk dy der net by.
Belûke (Wy, jim, sy, jo)	Involve (We, you all, they)	Wy belûke dy der net by.
Belûkst (Dû/Do)	Involve (You)	Dû belûkst my der net by.
Belûkt (Hy, sy, it)	Involves (He, she, it)	Sy belûkt dy der net by.
Beluts (Ik, hy, sy, it)	Involved (I, he, she, it)	Hy beluts dy der net by.
Belutsen (Wy, jim, sy, jo)	Involved (We, you all, they)	Wy belutsen dy der net by.
Belutst (Dû/Do)	Involved (You)	Dû belutst my der net by.
Bemuoie	Interfere in	Wy bemuoie ús dermei.
Benei	Almost, Nearly	It is benei tiid.
Benijd	Curious	Ik bin wol benijd.
Beppe	Grandma, Granny	Ús beppe jout us snobbersguod.
Beppesizzer	Grandchild	Beppe hat ien beppesizzer.
Bepraat (Ik)	Discuss (I)	Ik bepraat de situaasje.

Frisian	English	Example
Bepraat (Hy, sy, it)	Discusses (He, she, it)	Sy bepraat de situaasje.
Bepraatst (Dû/Do)	Discuss (You)	Dû bepraatst de situaasje.
Bepraatten (Wy, jim, sy, jo)	Discussed (We, you all, they)	Wy bepraatten de situaasje.
Beprate (Wy, jim, sy, jo)	Discuss (We, you all, they)	Wy beprate de situaasje.
Beprate (Ik, hy, sy, it)	Discussed (I, he, she, it)	Hy beprate de situaasje.
Bepratest (Dû/Do)	Discussed (You)	Dû bepratest de situaasje.
Berch	Mountain	Dizze berch is grut.
Berchgeit	Mountain goat	De berchgeit docht gefaarlik.
Bergen (Plural)	Mountains (Plural)	De bergen binne grut.
Berik (Ik)	Reach, Achieve (I)	Ik berik eat yn myn libben.
Berikke (Wy, jim, sy, jo)	Reach, Achieve (We, you all, they)	Wy berikke eat yn ús libben.
Berikst (Dû/Do)	Reach, Achieve (You)	Dû berikst eat yn dyn libben.
Berikt (Hy, sy, it)	Reaches, Achieves (He, she, it)	Sy berikt eat yn har libben.
Berikte (Ik, hy, sy, it)	Reached, Achieved (I, he, she, it)	Hy berikte eat yn syn libben.
Berikten (Wy, jim, sy, jo)	Achieved (We, you all, they)	Wy berikten eat yn ús libben.
Beriktest (Dû/Do)	Reached, Achieved (You)	Dû beriktest eat yn dyn libben.
Berjocht	Message	It berjocht is net oankaam.
Berjochten (Plural)	Messages (Plural)	De berjochten binne goed.
Berjochtsje (Dim.)	Message (Dim.)	It berjochtsje is net oankaam.
Bern (Also plural)	Child, Kid, Children, Kids	It bern moat gûle.
Berne	Born	De baby is hjoed berne.
Bernewein	Stroller, Pram, Baby carriage	De mem rint mei de bernewein.
Bernich	Childish	Sy fynt dy bernich.
Bernje (Ik, wy, jim, sy, jo)	Give birth (I, we, you all, they)	De frou moat noch bernje.
Bernsbern	Grandchildren	Beppe hâldt fan har bernsbern.
Berntsje (Dim.)	Child, Kid (Dim.)	It berntsje is bliid.
Berop	Profession, Occupation	Wat is dyn berop?
Berôf (Ik)	Rob (I)	Ik berôf de bank.
Berôfst (Dû/Do)	Rob (You)	Dû berôfst de bank.
Berôft (Hy, sy, it)	Rob (He, she, it)	Hy berôft de bank.
Berôve (Wy, jim, sy, jo)	Rob (We, you all, they)	Wy berôve de bank.
Berte	Birth	De berte fan it keal.
Bertestiging	Birth rate	It lêste jier hie in bertestiging.
Beseach (Ik, hy, sy, it)	Looked at (I, he, she, it)	Ik beseach it skilderij.
Beseachst (Dû/Do)	Looked at (You)	Dû beseachst it skilderij.
Beseagen (Wy, jim, sy, jo)	Looked at (We, you all, they)	Wy beseagen it skilderij.
Beset (Hy, sy, it)	Occupies (He, she, it)	Hy beset de stoel.
Beset (Ik)	Occupy (I)	Ik beset de stoel.
Besetst (Dû/Do)	Occupy (You)	Dû besetst de stoel.
Besette (Ik, hy, sy, it)	Occupied (I, he, she, it)	Hy besette de stoel niis.
Besette (Wy, jim, sy, jo)	Occupy (We, you all, they)	Wy besetten de stuollen.
Besetten (Wy, jim, sy, jo)	Occupied (We, you all, they)	Wy besetten de stuollen niis.
Besettest (Dû/Do)	Occupied (You)	Dû besettest de stoel niis.
Besiedzje (Ik, wy, jim, sy, jo)	Sow (I, we, you all, they)	De boer wol it lân besiedzje.
Besiet (Ik, hy, sy, it)	Owned, Possessed (I, he, she, it)	Ik besiet in soad jild.
Besieten (Wy, jim, sy, jo)	Owned, Possessed (We, you all, they)	Wy besieten in soad jild.
Besietst (Dû/Do)	Owned, Possessed (You)	Dû besietst in soad jild.
Besiker	Visitor	De besiker wit net wêr er is.
Besikers (Plural)	Visitors (Plural)	De besikers sitte oeral oan.
Besikest (Dû/Do)	Try, Visit (You)	Dû besikest it mar efkes.

Frisian	English	Example
Besiket (Hy, sy, it)	Tries, Visits (He, she, it)	Sy besiket wer mei te dwaan.
Besit (Ik)	Own, Possess (I)	Ik besit in protte jild.
Besit (Hy, sy, it)	Owns, Possesses (He, she, it)	Hy besit in protte jild.
Besit	Property, Possession	It is myn besit.
Besitst (Dû/Do)	Own, Possess (You)	Dû besitst in protte jild.
Besitte (Wy, jim, sy, jo)	Own, Possess (We, you all, they)	Wy besitte in protte jild.
Besitten (PP)	Owned, Possessed (PP)	Wy hawwe in protte jild besitten.
Besjen	Take a look	Ik sil it efkes besjen.
Besjit (Ik)	Shoot at (I)	Ik besjit myn proai.
Besjit (Hy, sy, it)	Shoots at (He, she, it)	Hy besjit syn proai.
Besjitst (Dû/Do)	Shoot at (You)	Dû besjitst dyn proai.
Besjitte (Wy, jim, sy, jo)	Shoot at (We, you all, they)	Wy besjitte ús proai.
Besjoch (Ik)	Look at (I)	Ik besjoch it hûs.
Besjochst (Dû/Do)	Look at (You)	Dû besjochst it hûs.
Besjocht (Hy, sy, it)	Looks at (He, she, it)	Sy besjocht it hûs.
Besjoen (PP)	Looked at (PP)	Wy hawwe it hûs besjoen.
Besjogge (Wy, jim, sy, jo)	Look at (We, you all, they)	Wy besjogge it hûs.
Beskeat (Ik, hy, sy, it)	Shot (I, he, she, it)	Hy beskeat syn proai.
Beskeaten (Wy, jim, sy, jo)	Shot (We, you all, they)	Wy beskeaten ús proai.
Beskeatst (Dû/Do)	Shot (You)	Dû beskeatst dyn proai.
Beskerme (Ik, hy, sy, it)	Protected (I, he, she, it)	Ik beskerme dy.
Beskermen (Wy, jim, sy, jo)	Protected (We, you all, they)	Wy beskermen dy.
Beskermest (Dû/Do)	Protect (You)	Dû beskermest my.
Beskermest(e) (Dû/Do)	Protected (You)	Dû beskermeste my.
Beskermet (Hy, sy, it)	Protects (He, she, it)	Hy beskermet dy.
Beskermje (Ik, wy, jim, sy, jo)	Protect (I, we, you all, they)	Sy beskermje my.
Besketten (PP)	Shot (PP)	Hy hat syn proai besketten.
Beskieden	Modest	It is in beskieden famke.
Beskikber	Available	Binne jo beskikber hjoed?
Beskoattele (Ik, hy, sy, it)	Locked (I, he, she, it)	Ik beskoattele de doar.
Beskoattelen (Wy, jim, sy, jo)	Locked (We, you all, they)	Wy beskoatten de doar.
Beskoattelest (Dû/Do)	Lock (You)	Dû beskoattelest de doar.
Beskoattelest(e) (Dû/Do)	Locked (You)	Dû beskoatteleste de doar.
Beskoattelet (Hy, sy, it)	Locks (He, she, it)	Sy beskoattelet de doar.
Beskoattelje (Ik, wy, jim, sy, jo)	Lock (I, we, you all, they)	Wy beskoattelje de doar.
Beskôge (Ik, hy, sy, it)	Considered (I, he, she, it)	Ik beskôge him as in freon.
Beskôgen (Wy, jim, sy, jo)	Considered (We, you all, they)	Jim beskôgen him as in freon.
Beskôgest (Dû/Do)	Consider (You)	Dû beskôgest har as in freon.
Beskôgest(e) (Dû/Do)	Considered (You)	Dû beskôgeste har as in freon.
Beskôget (Hy, sy, it)	Considers (He, she, it)	Hy beskôget dy as in freon.
Beskôgje (Wy, jim, sy, jo)	Consider (We, you all, they)	Wy beskôgje dy as in freon.
Beskreau (Ik, hy, sy, it)	Described (I, he, she, it)	Hy beskreau de dieder.
Beskreaun (PP)	Described (PP)	Hy hat de dieder beskreaun.
Beskreaune (Wy, jim, sy, jo)	Described (We, you all, they)	Wy beskreaune de dieder.
Beskreaust (Dû/Do)	Described (You)	Dû beskreaust de dieder.
Beskriuw (Ik)	Describe (I)	Ik beskriuw de dieder.
Beskriuwe (Wy, jim, sy, jo)	Describe (We, you all, they)	Sy beskriuwe de dieder.
Beskriuwst (Dû/Do)	Describe (You)	Dû beskriuwst de dieder.
Beskriuwt (Hy, sy, it)	Describes (He, she, it)	Hy beskriuwt de dieder.
Beskuldige (Ik, hy, sy, it)	Blamed (I, he, she, it)	Sy beskuldige har.

Beskuldigen (Wy, jim, sy, jo)	Blamed (We, you all, they)	Jim beskuldigen har.
Beskuldigest (Dû/Do)	Blame (You)	Dû beskuldigest him.
Beskuldigest(e) (Dû/Do)	Blamed (You)	Dû beskuldigeste him.
Beskuldiget (Hy, sy, it)	Blames (He, she, it)	Sy beskuldiget him.
Beskuldigje (Ik, wy, jim, sy, jo)	Blame (I, we, you all, they)	Wy beskuldigje dy.
Besleat (Ik, hy, sy, it)	Decided (I, he, she, it)	Ik besleat om fuort te gean.
Besleaten (Wy, jim, sy, jo)	Decided (We, you all, they)	Wy besleaten om fuort te gean.
Besleatst (Dû/Do)	Decided (You)	Dû besleatst om fuort te gean.
Besletten (PP)	Decided (PP)	Wy hawwe besletten om fuort te gean.
Besloep (Ik, hy, sy, it)	Sneaked up (I, he, she, it)	Hy besloep syn proai.
Besloepen (Wy, jim, sy, jo)	Sneaked up (We, you all, they)	Wy besloepen ús proai.
Besloepst (Dû/Do)	Sneaked up (You)	Dû besloepst dyn proai.
Beslûp (Ik)	Sneak up (I)	Ik beslûp myn proai.
Beslûpe (Wy, jim, sy, jo)	Sneak up (We, you all, they)	Wy beslûpe de proai.
Beslûpst (Dû/Do)	Sneak up (You)	Dû beslûpst de proai.
Beslûpt (Hy, sy, it)	Sneaks up (He, she, it)	Hy beslûpt syn proai.
Beslút (Ik)	Decide (I)	Ik beslút wat ik dwaan gean.
Beslút (Hy, sy, it)	Decides (He, she, it)	Hy beslút wat er dwaan giet.
Beslút	Decision	It beslút is naam.
Beslute (Wy, jim, sy, jo)	Decide (We, you all, they)	Wy beslute wat wy dwaan geane.
Beslútst (Dû/Do)	Decide (You)	Dû beslútst watstû dwaan giest.
Besoarge (Ik, hy, sy, it)	Delivered (I, he, she, it)	Hy besoarge it iten.
Besoargen (Wy, jim, sy, jo)	Delivered (We, you all, they)	Sy besoargen it iten.
Besoargest (Dû/Do)	Deliver (You)	Dû besoargest it iten.
Besoarget (Hy, sy, it)	Delivers (He, she, it)	Sy besoarget it iten.
Besoarging	Delivery	De besoarging duorret lang.
Besoargje (Ik, wy, jim, sy, jo)	Deliver (I, we, you all, they)	Wy besoargje it iten.
Besocht (Ik, hy, sy, it)	Tried, Visited (I, he, she, it)	Sy besocht har beppe.
Besochten (Wy, jim, sy, jo)	Tried, Visited (We, you all, they)	Sy besochten harren beppe.
Besochtst (Dû/Do)	Tried, Visited (You)	Dû besochst dyn beppe.
Besprek (Ik)	Talk about, Discuss (I)	Ik besprek it ûnderwerp.
Besprekke (Wy, jim, sy, jo)	Talk about (We, you all, they)	Wy besprekke it ûnderwerp.
Besprekst (Dû/Do)	Talk about, Discuss (You)	Dû besprekst it ûnderwerp.
Besprekt (Hy, sy, it)	Talks about (He, she, it)	Sy besprekt it ûnderwerp.
Bespruts (Ik, hy, sy, it)	Talked about (I, he, she, it)	Hy bespruts it ûnderwerp.
Besprutsen (Wy, jim, sy, jo)	Talked about (We, you all, they)	Wy beprutsen it ûnderwerp.
Besprutst (Dû/Do)	Talked about, Discussed (You)	Dû besprutst it ûnderwerp.
Bêst	Best	Ik fyn it hielendal bêst.
Bêst genôch	Fine	Bêst genôch, sjoch ik dy moarn.
Bestân	File (On computer)	It bestân is fuort.
Bestean (Ik)	Exist (I)	Ik bestean foar in lange tiid.
Besteane (Wy, jim, sy, jo)	Exist (We, you all, they)	Wy besteane foar in lange tiid.
Bestel (Ik)	Order (I)	Ik bestel in produkt online.
Bestel (Ik)	Steal from (I)	Ik bestel him.
Besteld (PP)	Ordered (PP)	Ik haw in produkt online besteld.
Bestelde (Ik, hy, sy, it)	Ordered (I, he, she, it)	Sy bestelde in produkt online.
Bestelden (Wy, jim, sy, jo)	Ordered (We, you all, they)	Wy bestelden in produkt online.
Besteldest (Dû/Do)	Ordered (You)	Dû besteldest in produkt online.
Bestelle (Wy, jim, sy, jo)	Order (We, you all, they)	Wy bestelle in produkt online.
Bestelle (Wy, jim, sy, jo)	Steal from (We, you all, they)	Wy bestelle him.

Bestellen (PP)	Stolen from (PP)	Wy hawwe him bestellen.
Bestelst (Dû/Do)	Order (You)	Dû bestelst in produkt online.
Bestelst (Dû/Do)	Steal from (You)	Dû bestelt him.
Bestelt (Hy, sy, it)	Orders (He, she, it)	Hy bestelt in produkt.
Bestelt (Hy, sy, it)	Steals from (He, she, it)	Sy bestelt har.
Bestie (Ik, hy, sy, it)	Existed (I, he, she, it)	Ik bestie foar in lange tiid.
Bestiel (Ik, hy, sy, it)	Stole from (I, he, she, it)	Hy bestiel har.
Bestielen (Wy, jim, sy, jo)	Stole from (We, you all, they)	Wy bestielen him.
Bestielst (Dû/Do)	Stole from (You)	Dû bestielst him.
Bestien (PP)	Existed (PP)	Wy hawwe foar in lange tiid bestien.
Bestiene (Wy, jim, sy, jo)	Existed (We, you all, they)	Wy bestiene foar in lange tiid.
Bestiest (Dû/Do)	Exist (You)	Dû bestiest foar in lange tiid.
Bestiest(e) (Dû/Do)	Existed (You)	Dû bestieste foar in lange tiid.
Bestiet (Hy, sy, it)	Exists (He, she, it)	It bestiet foar in lange tiid.
Bestimming	Destination	Wy binne op ús bestimming oankaam.
Bestjer (Ik)	Die of (I)	Ik bestjer fan dizze sykte.
Bestjerre (Wy, jim, sy, jo)	Die of (We, you all, they)	Jo bestjerre fan dizze sykte.
Bestjerst (Dû/Do)	Die of (You)	Dû bestjerst fan dizze sykte.
Bestjert (Hy, sy, it)	Dies of (He, she, it)	Hy bestjert fan dizze sykte.
Bestoar (Ik, hy, sy, it)	Died of (I, he, she, it)	Hy bestoar fan de sykte.
Bestoaren (Wy, jim, sy, jo)	Died of (We, you all, they)	Jo bestoaren fan de sykte.
Bestoarn (PP)	Died of (PP)	Hy is bestoarn fan de sykte.
Bestoarst (Dû/Do)	Died of (You)	Dû bestoarst fan de sykte.
Bestowe	Pollinate	De bijen bestowe de blommen.
Bestride (Wy, jim, sy, jo)	Combat (We, you all, they)	Jim bestride de sykte.
Bestriden (PP)	Combated (PP)	Jim hawwe de sykte bestriden.
Bestried (Ik, hy, sy, it)	Combated (I, he, she, it)	Hy bestried de sykte.
Bestrieden (Wy, jim, sy, jo)	Combated (We, you all, they)	Jo bestrieden de sykte.
Bestriedst (Dû/Do)	Combated (You)	Dû bestriedst de sykte.
Bestriid (Ik)	Combat (I)	Ik bestriid de sykte.
Bestriidst (Dû/Do)	Combat (You)	Dû bestriidst de sykte.
Bestriidt (Hy, sy, it)	Combats (He, she, it)	Hy bestriidt de sykte.
Besykje (Ik, wy, jim, sy, jo)	Try, Visit (I, we, you all, they)	Wy besykje it.
Betelje (Ik, wy, jim, sy, jo)	Pay (I, we, you all, they)	Jo moatte betelje foar de tsjinst.
Betelle (Ik, hy, sy, it)	Paid (I, he, she, it)	Jo betelle foar de tsjinst.
Betellen (Wy, jim, sy, jo)	Paid (We, you all, they)	Wy betellen foar de tjinst.
Betellest (Dû/Do)	Pays (You)	Dû betellest my goed.
Betellest(e) (Dû/Do)	Paid (You)	Dû betelleste my goed.
Betellet (Hy, sy, it)	Pays (He, she, it)	Hy betellet my goed.
Betiid	Early	Hy fan 'e moarn betiid fan bêd.
Betiizje (Ik, wy, jim, sy, jo)	Confuse (I, we, you all, they)	Dizze tinzen betiizje my.
Betingst	Condition	Dat is myn betingst.
Betink (Ik)	Devise (I)	Ik betink my.
Betinke (Wy, jim, sy, jo)	Devise (We, you all, they)	Wy betinke ús.
Betinking	Memorial	De betinking is hjoed.
Betinksel	Invention	It is syn betinksel.
Betinkst (Dû/Do)	Devise (You)	Dû betinkst dy.
Betinkt (Hy, sy, it)	Devises (He, she, it)	Hy betinkt him.
Betochst (Dû/Do)	Devised (You)	Dû betochst dy.
Betocht	Camp up	Sy hat it betocht.

Betocht (Ik, hy, sy, it)	Devised (I, he, she, it)	Sy betocht har.
Betochten (Wy, jim, sy, jo)	Devised (We, you all, they)	Wy betochten ús.
Betrouberens	Reliability	De betrouberens fan boarnen.
Betsjinje (Ik, wy, jim, sy, jo)	Handle, Serve (I, we, you all, they)	Wy betsjinje de masine.
Betsjinne (Ik, hy, sy, it)	Handled, Served (I, he, she, it)	Wy betsjinne de masine.
Betsjinnen (Wy, jim, sy, jo)	Handled, Served (We, you all, they)	Sy betsjinnen de masine.
Betsjinnest (Dû/Do)	Handle, Serve, Operate (You)	Dû betsjinnest de masine.
Betsjinnest(e) (Dû/Do)	Handled, Served (You)	Dû betsjinneste de masine.
Betsjinnet (Hy, sy, it)	Handles, Serves (He, she, it)	Hy betsjinnet de masine.
Betsjut	Means	It betsjut neat.
Betsjutting	Meaning	Wat is de betsjutting dêrfan?
Better	Better	Wy fiele ús better hjoed.
Bettere (Adj.)	Better (Adj.)	De bettere dei.
Betterskip	Get well soon	Wy winskje dy betterskip.
Betûft	Experienced, Versed	Dizze manlju binne betûft.
Bewâld	Authority, In power	Hy hat it bewâld hjir.
Bewarje (Ik, wy, jim, sy, jo)	Keep, Conserve (I, we, you all, they)	Ik bewarje it wol foar dy.
Bewarre (Ik, hy, sy, it)	Kept, Conserved (I, he, she, it)	Hy bewarre it foar dy.
Bewarren (Wy, jim, sy, jo)	Kept, Conserved (We, you all, they)	Jim bewarren it foar my.
Bewarrest (Dû/Do)	Keep, Conserve (You)	Dû bewarrest it foar my.
Bewarrest(e) (Dû/Do)	Kept, Conserved (You)	Dû bewarreste it foar my.
Bewarret (Hy, sy, it)	Keeps, Conserves (He, she, it)	Sy bewarret it wol foar dy.
Beweech (Ik)	Move (Body wise) (I)	Ik beweech myn skonk.
Beweechst (Dû/Do)	Move (You)	Dû beweechst dyn skonk.
Beweechst(e) (Dû/Do)	Moved (You)	Dû beweechste dyn skonk.
Beweecht (Hy, sy, it)	Moves (He, she, it)	Hy beweecht syn skonk.
Beweegje (Wy, jim, sy, jo)	Move (We, you all, they)	Jo beweegje jo skonk.
Bewege (Ik, hy, sy, it)	Moved (I, he, she, it)	Sy bewege har skonk.
Bewegen (Wy, jim, sy, jo)	Moved (We, you all, they)	Wy bewegen ús skonk.
Beweitsje (Ik, wy, jim, sy, jo)	Guard (I, we, you all, they)	Wy beweitsje de skat.
Bewekke (Ik, hy, sy, it)	Guarded (I, he, she, it)	Hy bewekke de skat.
Bewekken (Wy, jim, sy, jo)	Guarded (We, you all, they)	Jim bewekken de skat.
Bewekkest (Dû/Do)	Guard (You)	Dû bewekkest de skat.
Bewekkest(e) (Dû/Do)	Guarded (You)	Dû bewekkeste de skat.
Bewekket (Hy, sy, it)	Guards (He, she, it)	Hy bewekket de skat.
Bewiis (Ik)	Prove (I)	Ik bewiis it.
Bewiis	Proof, Evidence	Hastû it bewiis?
Bewiist (Dû/Do)	Prove (You)	Dû bewiist it my mar.
Bewiist (Hy, sy, it)	Proves (He, she, it)	Hy bewiist it my mar.
Bewize (Wy, jim, sy, jo)	Prove (We, you all, they)	Wy kinne it net bewize.
Bewûndere (Ik, hy, sy, it)	Admired (I, he, she, it)	Sy bewûndere dy.
Bewûnderen (Wy, jim, sy, jo)	Admired (We, you all, they)	Wy bewûnderen dy.
Bewûnderest (Dû/Do)	Admire (You)	Dû bewûnderest har.
Bewûnderest(e) (Dû/Do)	Admired (You)	Dû bewûndereste har.
Bewûnderet (Hy, sy, it)	Admires (He, she, it)	Hy bewûnderet har.
Bewûnderje (Ik, wy, jim, sy, jo)	Admire (I, we, you all, they)	Wy bewûnderje dy.
Bewust	Aware	Bistû dy bewust hjirfan?
Benzinestasjon	Gas station	Wy stopje by it bezinestastjon.
Bibel	Bible	De bibel is in grut boek.
Bibels (Plural)	Bibles (Plural)	Yn de tsjerke lizze bibels.

Biblioteek	Library	It lêst better yn in biblioteek.
Bid (Ik)	Pray (I)	Ik bid foar myn God.
Bidde (Wy, jim, sy, jo)	Pray (We, you all, they)	Wy bidde foar ús God.
Bidler	Beggar	De bidler freget om sinten.
Bidst (Dû/Do)	Pray (You)	Dû bidst foar dyn God.
Bidt (Hy, sy, it)	Prays (He, she, it)	Hy bidt foar syn God.
Bied (Ik)	Offer (I)	Ik bied jild foar it guod.
Biede (Wy, jim, sy, jo)	Offer (We, you all, they)	Wy biede jild foar it guod.
Biedst (Dû/Do)	Offer (You)	Dû biedst foar it guod.
Biedt (Hy, sy, it)	Offers (He, she, it)	Hy biedt foar it guod.
Bier	Beer	Ik haw nocht oan bier.
Bierke (Dim.)	Beer (Dim.)	Ik haw nocht oan in bierke.
Biet (Ik, hy, sy, it)	Bit (I, he, she, it)	Sy biet my.
Bieten (Wy, jim, sy, jo)	Bit (We, you all, they)	Sy bieten my.
Bietst (Dû/Do)	Bit (You)	Dû bietst my.
Biezem	Besom, Broom	Mem siket de biezem.
Biis	Crook, Rogue	Dizze keardel is in biis.
Bile	Axe	Wy hawwe de bile nedich.
Bilen (Plural)	Axes (Plural)	Hastû noch bilen thús?
Bin (Ik)	Am (I)	Ik bin grutsk op dy.
Bine (Wy, jim, sy, jo)	Bind (We, you all, they)	Wy bine dy fêst.
Binne (Wy, jim, sy, jo)	Are (We, you all, they)	Wy binne grutsk op dy.
Binnen (Abinna, Old Frisian)	Inside	Binnen is it waarm.
Bist (Djar, Old Frisian)	Beast, Animal	It bist hat hûnger.
Bist (Dû/Do)	Are (You)	Dû bist altyd wolkom.
Bisten	Animals	De bisten yn 'e bistetún.
Bistetún	Zoo	Wy sille snein nei de bistetún.
Bite (Wy, jim, sy, jo)	Bite (We, you all, they)	Sy bite yn 'e tsiis.
Biten (PP)	Bitten (PP)	Hy hat yn 'e apel biten.
Bitter	Bitter	It smakket bitter.
Bjinder	Scrubber	Sy sil de bjinder dêrfoar brûke.
Bjinne (Wy, jim, sy, jo)	Scrub (We, you all, they)	Sopje en bjinne.
Bjusterbaarlik	Wonderful, Amazing	Dizze dei is bjusterbaarlik.
Bjusterbaarlike (Adj.)	Wonderful, Amazing (Adj.)	De bjusterbaarlike dei.
Blaas (Ik)	Blow (I)	Ik blaas yn dyn hier.
Blaast (Dû/Do)	Blow (You)	Dû blaast yn myn hier.
Blaast (Hy, sy, it)	Blows (He, she, it)	Sy blaast yn myn hier.
Blau (Blâwe, Old Frisian)	Blue	De loft is blau.
Blauwe (Adj.)	Blue (Adj.)	De blauwe loft.
Blaze (Wy, jim, sy, jo)	Blow (We, you all, they)	Wy blaze yn dyn hier.
Blazen (PP)	Blown (PP)	Wy hawwe yn dyn hier blazen.
Bleat	Bare, Naked	Myn fuotten binne bleat.
Bleate (Adj.)	Bare, Naked (Adj.)	Op bleate fuotten rinne.
Bleatsteld	Exposed	Ik bin bleatsteld oan it firus.
Bleau (Ik, hy, sy, it)	Stayed (I, he, she, it)	Sy bleau thús fan skoalle.
Bleaun (Wy, jim, sy, jo)	Stayed (We, you all, they)	Jim binne bleaun foar my.
Bleaust (Dû/Do)	Stayed (You)	Dû bleaust de hiele jûn.
Blêd	Leaf, Sheet of paper	Kinstû it blêd jaan?
Blêdside	Page	De blêdside fan it boek.
Bledsje (Dim.)	Leaf, Paper (Dim.)	It bledsje falt fan 'e beam.

Bleek	Pale	Syn gesicht is bleek.
Blet (PP)	Bled (PP)	Hy hat blet troch in wûne.
Blette (Ik, hy, sy, it)	Bled (I, he, she, it)	Hy blette troch in wûne.
Bletten (Wy, jim, sy, jo)	Bled (We, you all, they)	Wy bletten troch de wûne.
Blettest (Dû/Do)	Bled (You)	Dû blettest troch de wûne.
Blêzje (Ik, wy, jim, sy, jo)	Go bald (I, we, you all, they)	Jo blêzje al foar in pear jier..
Blide (Adj.)	Happy, Blithe (Adj.)	It blide famke.
Blied (Ik)	Bleed (I)	Ik blied út myn noas wei
Bliede (Wy, jim, sy, jo)	Bleed (We, you all, they)	Jo bliede út jo noas wei.
Bliedst (Dû/Do)	Bleed (You)	Dû bliedst út dyn noas wei.
Bliedt (Hy, sy, it)	Bleeds (He, she, it)	Sy bliedt út de noas wei.
Bliek (Ik, hy, sy, it)	Turned, Appeared (I, he, she, it)	Hy bliek de dieder te wêzen.
Blieken (Wy, jim, sy, jo)	Appeared (We, you all, they)	Sy blieken de dieders te wêzen.
Bliekst (Dû/Do)	Turned, Appeared (You)	Dû bliekst de dieder te wêzen.
Blier	Blister	Ik haw in blier op myn foet.
Blies (Ik, hy, sy, it)	Blew (I, he, she, it)	Hy blies yn dyn hier.
Bliest (Dû/Do)	Blew (You)	Dû bliest yn har hier.
Bliezen (Wy, jim, sy, jo)	Blew (We, you all, they)	Wy bliezen yn dyn hier.
Bliid	Happy, Blithe	Wy binne bliid.
Blike (Wy, jim, sy, jo)	Turn appear (We, you all, they)	Jo blike de dieder te wêzen.
Blikstiender	Bloody hell, Holy fuck	Blikstiender, dat docht sear!
Blinder	Damn it	Blinder, dat kin net.
Bline (Adj.)	Blind (Adj.)	De bline man rint oer strjitte.
Blink (Ik)	Shine (I)	Ik blink yn 'e sinne.
Blinke (Wy, jim, sy, jo)	Shine (We, you all, they)	Jo blinke yn 'e sinne.
Blinkst (Dû/Do)	Shine (You)	Dû blinkst yn 'e sinne.
Blinkt (Hy, sy, it)	Shines (He, she, it)	Hy blinkt yn de sinne.
Bliuw (Ik)	Stay (I)	Ik bliuw hjirre.
Bliuwe (Wy, jim, sy, jo)	Stay (We, you all, they)	Wy bliuwe by dy wei.
Bliuwst (Dû/Do)	Stay (You)	Dû bliuwst by ús.
Bliuwt (Hy, sy, it)	Stays (He, she, it)	Sy bliuwt rêstich.
Bloed (Blod, Old Frisian)	Blood	Ik haw bloed yn 'e klean.
Bloeddruk	Blood pressure	Hastû in hege bloeddruk?
Blokkearje (Ik, wy, jim, sy, jo)	Block (I, we, you all, they)	Wy blokkearje de wei.
Blokkearre (Ik, hy, sy, it)	Blocked (I, he, she, it)	Hy blokkearre de wei.
Blokkearren (Wy, jim, sy, jo)	Blocked (We, you all, they)	Wy blokkearren de wei.
Blokkearrest (Dû/Do)	Block (You)	Dû blokkearrest de wei.
Blokkearrest(e) (Dû/Do)	Blocked (You)	Dû blokkearreste de wei.
Blokkearret (Hy, sy, it)	Blocks (He, she, it)	Hy blokkearret de wei.
Blom	Flower, Bloom, Blossom	It famke fynt de blom moai.
Blomke (Dim.)	Flower, Bloom (Dim.)	It moaie blomke.
Blommen (Plural)	Flowers (Plural)	De moaie blommen.
Blonk (Ik, hy, sy, it)	Shined (I, he, she, it)	Sy blonk yn 'e sinne.
Blonken (Wy, jim, sy, jo)	Shined (We, you all, they)	Jim blonken yn 'e sinne.
Blonkst (Dû/Do)	Shined (You)	Dû blonkst yn de sinne.
Bluodderich	Bloody	De sêne wie bluodderich.
Blyk (Ik)	Turn out, Appear (I)	Ik blyk de dieder te wêzen.
Blykber	Apparently	Blykber bin ik hjoed frij.
Blykst (Dû/Do)	Turn out, Appear (You)	Dû blykst de dieder te wêzen.
Blykt (Hy, sy, it)	Turns out, Appears (He, she, it)	Hy blykt de dieder te wêzen.

Frisian	English	Example
Blyn	Blind	De man is blyn.
Boadskip	An important message	Ik haw in boadskip foar dy.
Boadskippen (Plural)	Groceries (Plural)	Wy sille boadskippen dwaan.
Boaiem	Bottom	De fisk leit op de boaiem.
Boarch	Deposit	Hy krijt syn boarch werom.
Board	Plate	Myn board is leech.
Boarden (Plural)	Plates (Plural)	De boarden binne leech.
Boargemaster	Mayor, Burgomaster	De boargemaster fan it doarp.
Boarje (Ik, wy, jim, sy, jo)	Bore, Drill (I, we, you all, they)	In gatsje boarje.
Boarne	Roots, Source	By de boarne begjinne.
Boarst	Breast, Chest	Hy hat lêst fan syn boarst.
Boarstel	Brush	Mei ik dyn boarstel brûke?
Boarstele (Ik, hy, sy, it)	Brushed (I, he, she, it)	Sy boarstele har hier.
Boarstelen (Wy, jim, sy, jo)	Brushed (We, you all, they)	Sy boarstelen harren hier.
Boarstelje (Ik, wy, jim, sy, jo)	Brush (I, we, you all, they)	Ik boarstelje myn hier.
Boarstelst (Dû/Do)	Brush (You)	Dû boarstelst dyn hier.
Boarstelst(e) (Dû/Do)	Brushed (You)	Dû boarstelste dyn hier.
Boarstelt (Hy, sy, it)	Brushes (He, she, it)	Sy boarstelt har hier.
Boarte (Ik, hy, sy, it)	Played (I, he, she, it)	Sy boarte mei it boartersguod.
Boarten (Wy, jim, sy, jo)	Played (We, you all, they)	De bern boarten mei it boartersguod.
Boartersguod	Toys	Boartsje mei it boartersguod.
Boartest (Dû/Do)	Play (You)	Dû boartest mei it boartersguod.
Boartest(e) (Dû/Do)	Played (You)	Dû boarteste mei it boartersguod.
Boartet (Hy, sy, it)	Plays (He, she, it)	Hy boartet mei it boartersguod.
Boartsje (Ik, wy, jim, sy, jo)	Play (Children that play) (I, we, you all, they)	Wy boartsje mei it boartersguod.
Boask	Engagement	It boask fan ús âlders.
Boaske (Ik, hy, sy, it)	Married (I, he, she, it)	Sy boaske har bêste freon.
Boasken (Wy, jim, sy, jo)	Married (We, you all, they)	Wy boasken in lange tiid tebek.
Boaskest (Dû/Do)	Marry (You)	Dû boaskest dyn bêste freon.
Boaskest(e) (Dû/Do)	Married (You)	Dû boaskeste dyn bêste freon.
Boasket (Hy, sy, it)	Marries (He, she, it)	Sy boasket har bêste freon.
Boaskje (Ik, wy, jim, sy, jo)	Marry (I, we, you all, they)	Wy boaskje nei in lange relaasje.
Boat	Boat	De boat leit yn it wetter.
Boatsje (Dim.)	Boat (Dim.)	It boatsje leit yn it wetter.
Boaten (Plural)	Boats (Plural)	De boaten lizze yn it wetter.
Bocht	Bend, Turn, Curve	Hjir moatst de bocht nimme.
Boei	Buoy	De boei leit yn it wetter.
Boek (Bok, Old Frisian)	Book	It boek leit op 'e grûn.
Boekekast	Bookcase	Efter de boekekast is in doar.
Boeken (Plural)	Books (Plural)	Hoe folle boeken hastû?
Boekje (Dim.)	Book (Dim.)	It boekje leit op 'e grûn.
Boer	Farmer	De boer hâldt fan syn kij.
Boerd	Board	It boerd stiet by de wei.
Boeren (Plural)	Farmers (Plural)	De boeren hâlde fan harren kij.
Boete	Fine, Penalty, Ticket	Hy hat in boete krigen.
Bôge	Bow	It byld hat in foarm fan in bôge.
Bôgesjitter	Archer	De bôgesjitter sjit mei syn bôge.
Bôle	Bread	Sy hat nocht oan bôle.
Bolle (Buhl, Old Frisian)	Bull	Jout in bolle ek molke?
Bonke	Bone	Sy hat in grutte bonke fûn.

Bonken (Plural)	Bones (Plural)	Hjir lizze allegear bonken.
Bonkerak	Skeleton	Sy hawwe in hiel bonkerak fûn.
Bonkje (Dim.)	Bone (Dim.)	In lyts bonkje leit op it sân.
Boppe (Boppa, Old Frisian)	Above	Sjoch ris nei boppe!.
Boppedat	Besides	Boppedat fyn ik it noflik.
Bosk	Forest, Woods	Wy rinne troch it bosk.
Bot	Very	Hy wie bot lilk op syn freon.
Bots	Shovel, Spade	Brûk dizze bots mar.
Botswana (Country)	Botswana (Country)	Witstû wêr Botswana leit?
Bou (Ik)	Build (I)	Ik bou in hûs.
Boude (Ik, hy, sy, it)	Built (I, he, she, it)	Hy boude in hûs.
Bouden (Wy, jim, sy, jo)	Built (We, you all, they)	Wy bouden in hûs.
Boudest (Dû/Do)	Built (You)	Dû boudest in hûs.
Boust (Dû/Do)	Build (You)	Dû boust in hûs.
Bout (Hy, sy, it)	Builds (He, she, it)	Hy bout in hûs.
Bouwe (Wy, jim, sy, jo)	Build (We, you all, they)	Wy bouwe in hûs.
Brân	Fire (Destructive)	It hûs stiet yn de brân.
Brân (Ik)	Burn (I)	Ik brân myn finger.
Brândjoer	Very expensive	Dizze klean binne brândjoer!
Brâne (Wy, jim, sy, jo)	Burn (We, you all, they)	Wy brâne ús finger.
Brânje	Fuel	Myn lúksewein hat brânje nedich.
Brânst (Dû/Do)	Burn (You)	Dû brânst dyn finger.
Brânt (Hy, sy, it)	Burns (He, she, it)	Sy brânt har finger.
Brânwacht	Fire department	De brânwacht hat it drok.
Brazylje (Country)	Brazil (Country)	Brazylje is in oergryslik grut lân.
Brea	Rye bread	Beppe jout ús brea.
Brea-iten	Breakfast	Hast dyn brea-iten al hân?
Brede (Adj.)	Broad (Adj.)	De brede wei.
Breed	Broad	De wei is breed.
Brêge	Bridge	De bern rinne oer de brêge.
Brêgen (Plural)	Bridges (Plural)	Wy moatte oer twa brêgen hinne.
Breinroer	Wrathful, Furious	De frou wie breinroer.
Brek (Ik)	Break (I)	Ik brek de tûke.
Brekke (Wy, jim, sy, jo)	Break (We, you all, they)	Wy brekke de tûke.
Brekst (Dû/Do)	Break (You)	Dû brekst de tûke.
Brekt (Hy, sy, it)	Breaks (He, she, it)	Hy brekt de tûke.
Bret (PP)	Bred (PP)	De pyk hat op in aai bret.
Brette (Ik, hy, sy, it)	Bred (I, he, she, it)	Sy brette op in aai.
Bretten (Wy, jim, sy, jo)	Bred (We, you all, they)	Wy bretten op in aai.
Brettest (Dû/Do)	Bred (You)	Dû brettest op in aai.
Bried (Ik)	Breed (I)	Ik bried op in op aai.
Briede (Wy, jim, sy, jo)	Breed (We, you all, they)	Jim briede op in aai.
Briedst (Dû/Do)	Breed (You)	Dû briedst op in aai.
Briedt (Hy, sy, it)	Breeds (He, she, it)	Sy briedt op in aai.
Brike (Adj.)	Crooked (Adj.)	De brike muorre.
Bril	Eyeglasses	Jo hawwe in bril nedich.
Bring (Ik)	Bring (I)	Ik bring dy fuort.
Bringe (Wy, jim, sy, jo)	Bring (We, you all, they)	Wy bringe dy fuort.
Bringst (Dû/Do)	Bring (You)	Dû bringst my fuort.
Bringt (Hy, sy, it)	Brings (He, she, it)	Hy bringt dy fuort.

Brinzgje	Roar (to)	De liuwen brinzgje lûd.
Brochst (Dû/Do)	Brought (You)	Dû brochst my fuort.
Brocht (Ik, hy, sy, it)	Brought (I, he, she, it)	Hy brocht dy fuort.
Brochten (Wy, jim, sy, jo)	Brought (We, you all, they)	Wy brochten dy fuort.
Broek	Jeans, Pants	Dû hast in kreaze broek.
Broeken (Plural)	Jeans, Pants (Plural)	Dû hast kreaze broeken.
Broer (Brother, Old Frisian)	Brother	Myn broer is âlder as my.
Broerke (Younger)	Brother	Myn broerke is jonger as my.
Brûk (Ik)	Use (Brook, Older English) (I)	Ik brûk dyn skjirre.
Brûke (Wy, jim, sy, jo)	Use (We, you all, they)	Wy brûke dyn skjirre.
Brûkst (Dû/Do)	Use (You)	Dû brûkst myn skjirre.
Brûktest (Dû/Do)	Used (You)	Dû brûktest myn skjirre.
Brûkt (Hy, sy, it)	Uses (He, she, it)	Sy brûkt myn skjirre.
Brûkte (Ik, hy, sy, it)	Used (I, he, she, it)	Sy brûkte myn skjirre.
Brûkten (Wy, jim, sy, jo)	Used (We, you all, they)	Wy brûkten dyn skjirre.
Brún	Brown	It hout is brún.
Brune (Adj.)	Brown (Adj.)	It brune hout.
Bruts (Ik, hy, sy, it)	Broke (I, he, she, it)	Hy bruts de tûke.
Brutsen (Wy, jim, sy, jo)	Broke (We, you all, they)	Jim brutsen de tûke.
Brutst (Dû/Do)	Broke (You)	Dû brutst de tûke.
Bryk	Crooked	De muorre is bryk.
Bûch (Ik)	Bend (I)	Ik bûch it stiel.
Bûchst (Dû/Do)	Bend (You)	Dû bûchst it stiel.
Bûcht (Hy, sy, it)	Bends (He, she, it)	Hy bûcht it stiel.
Buert	Neighbourhood	Hy wennet hjir yn 'e buert.
Bûgd (PP)	Bent (PP)	Hy hat it stiel bûgd.
Bûgde (Ik, hy, sy, it)	Bent (I, he, she, it)	Hy bûgde it stiel.
Bûgden (Wy, jim, sy, jo)	Bent (We, you all, they)	Wy bûgden it stiel.
Bûgdest (Dû/Do)	Bent (You)	Dû bûgdest it stiel.
Bûgel	Brace	Sy hat in bûgel nedich foar de tosken.
Bûge (Wy, jim, sy, jo)	Bend (We, you all, they)	Wy bûge it stiel.
Búk	Belly, Tummy	De man hat in grutte búk.
Búkje (Dim.)	Belly, Tummy (Dim.)	De man hat in búkje.
Bulgarije (Country)	Bulgaria (Country)	Ik wol graach nei Bulgarije.
Bûlgjes (Plural)	Bubbles (Plural)	Bûlgjes kamen út it wetter.
Bûn (Ik, hy, sy, it)	Bound (I, he, she, it)	Hy bûn it tou fêst.
Bûnen (Wy, jim, sy, jo)	Bound (We, you all, they)	Jim bûnen it tou fêst.
Bûnst (Dû/Do)	Bound (You)	Dû bûnst it tou fêst.
Buorden (Plural)	Signs, Traffic signs (Plural)	De buorden steane by de wei.
Buorfrou	Neighbor (Female)	De buorfrou stiet by de wei.
Buorkerij	Farm	De boer hat in grutte buorkerij.
Buorkje (Ik, wy, jim, sy, jo)	Farm (Ik, we, you all, they)	De boeren buorkje op it lân.
Buorman	Neighbor (Male)	De buorman hat it drok.
Buorren (Plural)	Neighbours (Plural)	De buorren meitsje in protte lûd.
Burd	Beard	Ik sil myn burd skeare.
Buro	Desk	Hy hat in buro yn syn kantoar.
Bus	Bus	Wy nimme de bus nei skoalle.
Bûse	Pocket	Hastû sinten yn de bûse?
Bûsjild	Pocket money	Hastû bûsjild mei krigen?
Bûslampe	Flashlight, Torch	Mei de bûslampe sjoch in soad mear.

Bussen (Plural)	Buses (Plural)	Komme hjir in soad bussen del?
Bûten	Outside	Bûten is it hearlik hjoed.
Bûtengewoan	Extraordinary	Ik fyn dit bûtengewoan.
Bûtenlanner	Outlander, Foreigner	Dy man dêr is in bûtenlanner.
Bûtenlânsk	Foreign	Dy man dêr is bûtenlânsk.
Bûtenlânske (Adj.)	Foreign (Adj.)	De bûtenlânske man.
Bûtenwenstich	Extraordinary	It is bûtenwenstich gedrach.
Bûter	Butter	Wy dogge bûter op 'e bôle.
Bûthûs	Cowhouse	De kij steane yn 'e bûthûs.
Bûzen (Plural)	Pockets (Plural)	Hoe folle bûzen hastû?
By	By, to, at	Ik kom sa by dy del.
Bydrage	Contribution	Wolstû ek eat bydrage?
Bylje (Ik, wy, jim, sy, jo)	Bark (I, we, you all, they)	De hûnen bylje.
Byn (Ik)	Bind (I)	Ik byn it tou fêst.
Bynamme	Nicknamme	Hastû in bynamme?
Bynst (Dû/Do)	Bind (You)	Dû bynst it tou fêst.
Bynt (Hy, sy, it)	Binds (He, she, it)	Sy bynt it tou fêst.
Bysûnder	Special, Particular	Dizze dei is bysûnder.
Byt (Ik)	Bite (I)	Ik byt yn dyn earm.
Bytst (Dû/Do)	Bite (You)	Dû bytst my.
Bywurking	Side effect	De bywurking fan it medisyn.
Dage	Dawn	By dage moatte wy fuort.
Dagen (Plural)	Days (Plural)	Hoe folle dagen bistû siik west?
Dak	Roof	Kom fan it dak ôf!
Daksgoate	Gutter	It wetter rint de daksgoate yn.
Damje	Checkers, Draughts	De âlde man mei graach damje.
Dapper	Brave	De man is dapper.
Dappere (Adj.)	Brave (Adj.)	De dappere man.
Dat (That, Old Frisian)	That	Dat kin net!
De, 'e (The, Old Frisian)	The	De leave frou.
Dea	Dead, Death	Hy wie al dea.
Deade (Adj.)	Dead (Adj.)	De deade blom.
Deade (Ik, hy, sy, it)	Killed, Murdered (I, he, she, it)	Hy deade it ynsekt.
Deaden (Wy, jim, sy, jo)	Killed, Murdered (We, you all, they)	Wy deaden de ynsekten.
Deadest (Dû/Do)	Kill, Murder (You)	Dû deadest de ynsekten.
Deadest(e) (Dû/Do)	Killed, Murdered (You)	Dû deadeste de ynsekten
Deadet (Hy, sy, it)	Kills, Murders (He, she, it)	Hy deadet de ynsekten.
Deadlik	Deadly	Dizze sykte is deadlik.
Deadzje (Ik, wy, jim, sy, jo)	Kill (I, we, you all, they)	Wy deadzje de ynsekten.
Deafet	Coffin	De deade man leit yn it deafet.
Deagean	Dying	It hynder is oan it deagean.
Deaker	Devil	De deaker!
Deaktivearje (Ik, wy, jim, sy, jo)	Deactivate (I, we, you all, they)	Wy deaktivearje ús akkount.
Deaktivearre (Ik, hy, sy, it)	Deactivated (I, he, she, it)	Hy deaktivearre syn akkount.
Deaktivearren (Wy, jim, sy, jo)	Deactivated (We, you all, they)	Wy deaktivearren ús akkount.
Deaktivearrest (Dû/Do)	Deactivate (You)	Dû deaktivearrest dyn akkount.
Deaktivearrest(e) (Dû/Do)	Deactivated (You)	Dû deaktivearreste dyn akkount.
Deaktivearret (Hy, sy, it)	Deactivates (He, she, it)	Sy deaktivearre har akkount.
Deale	Devil	No is de deale los!
Deaplak	Mole (On skin)	Hy hat in deaplak op 'e hûd.

Deare (Wy, jim, sy, jo)	Harm (We, you all, they)	It koe him net deare.
Deensk	Danish	Kinstû Deensk sprekke?
Definiearje (Ik, wy, jim, sy, jo)	Define (I, we, you all, they)	Wy definiearje it foar dy.
Definiearre (Ik, hy, sy, it)	Defined (I, he, she, it)	Hy definiearre it foar dy.
Definiearren (Wy, jim, sy, jo)	Defined (We, you all, they)	Wy definiearren it foar dy.
Definiearrest (Dû/Do)	Define (You)	Dû definiearrest it foar ús.
Definiearrest(e) (Dû/Do)	Defined (You)	Dû definiearreste it foar ús.
Definiearret (Hy, sy, it)	Defines (He, she, it)	Hy definiearret it foar ús.
Dei	Day	Hokker dei is it hjoed?
Deiljocht	Daylight	Wy hawwe deiljocht nedich.
Deimannich	A few days	Hy is deimannich fuort.
Deisk	Daily	It barde hast deisk.
Deistich	Daily	It barde hast deistich.
Deistige (Adj.)	Daily (Adj.)	De deistige put.
Dek (Ik)	Cover (I)	Ik dek de grûn.
Dekke (Wy, jim, sy, jo)	Cover (We, you all, they)	Wy dekke de grûn.
Dekst (Dû/Do)	Cover (You)	Dû dekst de grûn.
Dekt (Hy, sy, it)	Covers (He, she, it)	Sy dekt de grûn.
Del	Down, Going down	Hy giet del.
Delhelje	Take down (to)	De tsjinstanner delhelje.
Deljaan	Lay down (to)	Hy wol him efkes deljaan.
Delsetting	Settlement, Colony	Hy komt fan in oare delsetting.
Delwâdzje (Ik, wy, jim, sy, jo)	Kick down (I, we, you all, they)	Si 'k dy delwâdzje.
Demokrasy	Democracy	Wy libje yn in demokrasy.
Demonstrearje (Ik, wy, jim, sy, jo)	Demonstrate (I, we, you all, they)	Sy demonstrearje tsjin ús.
Demonstrearre (Ik, hy, sy, it)	Demonstrated (I, he, she, it)	Sy demonstrearre tsjin ús.
Demonstrearren (Wy, jim, sy, jo)	Demonstrated (We, you all, they)	Wy demonstrearren tsjin dy.
Demonstrearrest (Dû/Do)	Demonstrate (You)	Dû demonstrearrest tsjin ús.
Demonstrearrest(e) (Dû/Do)	Demonstrated (You)	Dû demonstrearreste tsjin ús.
Demonstrearret (Hy, sy, it)	Demonstrates (He, she, it)	Sy demonstrearret tsjin ús.
Denemark	Denmark	Denemark liket op Fryslân.
Dêr	There	Dêr haw 'k in bytsje pine.
Dêrearne	Somewhere there	Dêrearne haw ik in spûk sjoen.
Dêrfandinne	Hence	Dêrfandinne besykje ik it.
Dêrom	That's why	Dêrom kin it net.
Desimber	December	Kryst is yn Desimber.
Dialekt	Dialect	Hokfoar dialekt sprekstû?
Diamant	Diamond	De diamant is hiel djoer.
Die (Ik, hy, sy, it)	Did (I, he, she, it)	Hy die net mei.
Died	Deed	It wie in goede died.
Diel	Part	Dat is dyn diel.
Diel (Ik)	Share (I)	Ik diel myn miening.
Dielde (Ik, hy, sy, it)	Shared (I, he, she, it)	Sy dielde har miening.
Dielden (Wy, jim, sy, jo)	Shared (We, you all, they)	Wy dielden ús miening.
Dieldest (Dû/Do)	Shared (You)	Dû dieldest dyn miening.
Diele (Wy, jim, sy, jo)	Share (We, you all, they)	Jim diele jim miening.
Dielst (Dû/Do)	Share (You)	Dû dielst dyn miening.
Dielt (Hy, sy, it)	Shares (He, she, it)	Hy dielt syn miening.
Dien (PP)	Done (PP)	Hy hat it dien.
Diene (Wy, jim, sy, jo)	Did (We, you all, they)	Wy diene net mei.

Diest (Dû/Do)	Did (You)	Dû diest net mei.
Digerje (Ik, wy, jim, sy, jo)	Stare, Gaze (I, we, you all, they)	Wy digerje nei bûten.
Diktearje (Ik, wy, jim, sy, jo)	Dictate (I, we, you all, they)	Wy diktearje it foar dy.
Diktearre (Ik, hy, sy, it)	Dictated (I, he, she, it)	Hy diktearre it foar my.
Diktearren (Wy, jim, sy, jo)	Dictated (We, you all, they)	Wy diktearren it foar dy.
Diktearrest (Dû/Do)	Dictate (You)	Dû diktearrest it foar my.
Diktearrest(e) (Dû/Do)	Dictate (You)	Dû diktearrest it foar my.
Diktearret (Hy, sy, it)	Dictates (He, she, it)	Sy diktearret it foar my.
Ding	Thing	It is myn ding.
Dingen (Plural)	Things (Plural)	It binne myn dingen.
Diskusearje (Ik, wy, jim, sy, jo)	Discuss (I, we, you all, they)	Wy diskusearje oer it libben.
Diskusearre (Ik, hy, sy, it)	Discussed, Argued (I, he, she, it)	Hy diskusearre oer it libben.
Diskusearren (Wy, jim, sy, jo)	Discussed (We, you all, they)	Wy diskusearren oer it libben.
Diskusearrest (Dû/Do)	Discuss, Argue (You)	Dû diskusearrest oer it libben.
Diskusearrest(e) (Dû/Do)	Discussed, Argued (You)	Dû diskusearreste oer it libben.
Diskusearret (Hy, sy, it)	Discusses, Argues (He, she, it)	Hy diskusearret oer it libben.
Diskusje	Discussion	It wie in goede diskusje.
Dit (Thit, Old Frisian)	This	Dit liket my goed ta.
Divelje (Ik, wy, jim, sy, jo)	Curse, Swear (I, we, you all, they)	De minsken divelje út lilkens.
Dize	Mist, Fog	De dize makket my blyn.
Dizich	Misty, Vague	Fan 'e moarn wie it dizich.
Dizze (Thisse, Old Frisian)	This (one)	Dizze wol ik hâlde.
Djerre	Yolk	De djerre is hearlik.
Djip	Deep	De oseaan is djip.
Djippe (Adj.)	Deep (Adj.)	De djippe oseaan.
Djipte	Depth	It skip leit yn de djipte.
Djoer	Expensive, Dear	De fakânsje is djoer.
Djoere (Adj.)	Expensive (Adj.)	De djoere fakânsje.
Do (Klaaifrysk)	You	Do kinst my wol efkes helpe.
Do	Dove, Pigeon	De do sit op it dak.
Doalhôf	Maze	It is hjir krekt in doalhôf.
Doar	Door	Doch de doar efkes iepen.
Doar (Ik)	Dare (I)	Ik doar net te springen.
Doaral	Daredevil	Dû bist in doaral.
Doaren (PP)	Dared (PP)	Ik haw doarren te springen.
Doarke (Dim.)	Door (Dim.)	It hûske hat in lyts doarke.
Doarmje (Ik, wy, jim, sy, jo)	Wander (I, we, you all, they)	Sy doarmje troch it wâld.
Doarp	Town, Village	Ús doarp is tige smûk.
Doarpen (Plural)	Towns, Villages (Plural)	Ús doarpen binne tige smûk.
Doarpke (Dim.)	Town, Village (Dim.)	Ús doarpke is tige smûk.
Doarre (Wy, jim, sy, jo)	Dare (We, you all, they)	Wy doarre net te springen.
Doarren (Plural)	Doors (Plural)	De doarren binne iepen.
Doarst (Dû/Do)	Dare (You)	Dû doarst net te springen.
Doart (Hy, sy, it)	Dares (He, she, it)	Sy doart it net.
Doaske (Dim.)	Box (Dim.)	It lytse doaske.
Doaze	Box	De doaze sit fol mei guod.
Doazen (Plural)	Boxes (Plural)	Dizze doazen moatte fuort.
Doch (Ik)	Do (I)	Ik doch de doar iepen.
Dochs	Yet	Dochs tink ik dat it goed is.
Dochst (Dû/Do)	Do (You)	Dû dochst de doar iepen.

Frisian	English	Example
Docht (Hy, sy, it)	Does (He, she, it)	It docht in bytsje sear.
Dochter	Daughter	Myn dochter docht it goed op skoalle.
Dochterke (Dim.)	Daughter (Dim.)	Sy hat in jong dochterke.
Doe	Then	Ik wie doe siik.
Doek	Cloth	Jou my de doek.
Doek (Ik, hy, sy, it)	Dove (I, he, she, it)	Ik doek it wetter yn.
Doeken (Wy, jim, sy, jo)	Dove (We, you all, they)	Sy doeken it wetter yn.
Doekje (Dim.)	Cloth (Dim.)	Jou my it doekje.
Doekst (Dû/Do)	Dove (You)	Dû doekst it wetter yn.
Doel	Goal	Hastû in doel yn dyn libben?
Doetiid	Past time	Wat is de doetiid fan it wurd?
Dôf	Deaf	Ús beppe is in bytsje dôf.
Dof	Dull	De seage is dof wurden.
Dogge	Do	Wy dogge hjoed neat.
Dokter	Doctor	De dokter skriuwt eat op.
Doktersguod	Medicine	Doktersguod fan de dokter.
Dolfinen (Plural)	Dolphins (Plural)	De dolfinen swimme yn it wetter.
Dolfyn	Dolphin	De dolfyn swimt yn it wetter.
Dom	Dumb, Stupid	Hy is sa oergryslik dom.
Dominearje (Ik, wy, jim, sy, jo)	Dominate (I, we, you all, they)	Wy dominearje dizze wedstriid.
Donaasje	Donation	Sy docht in donaasje.
Donderdeldoekje	Parachute	Mei in donderdeldoekje springe.
Donearje (Ik, wy, jim, sy, jo)	Donate (I, we, you all, they)	Wy donearje jild oan in goed doel.
Dosint	Teacher	De dosint hat my wat nijs leard.
Dou (Older)	You	Dou liket op it Ingelsk.
Draach (Ik)	Carry, Wear, Bear (I)	Ik draach nije skuon.
Draachst (Dû/Do)	Carry, Wear, Bear (You)	Dû draachst nije skuon.
Draacht (Hy, sy, it)	Carries, Wears (He, she, it)	Sy draachst nije skuon.
Dow	Bye	Sis mar dow tsjin him.
Draaf (Ik)	Trot, Run (I)	Ik draaf nei hûs.
Draafst (Dû/Do)	Trot, Run (You)	Dû draafst nei hûs.
Draaft (Hy, sy, it)	Trots, Runs (He, she, it)	It hynder draaft troch it fjild.
Draak	Dragon, Drake	Dizze draak sjocht der lilk út.
Drage (Wy, jim, sy, jo)	Carry, Wear (We, you all, they)	Wy drage nije skuon.
Draakjefleane	Flying a kite	Wy sille draakjefleane.
Draek	Dragon	De draek sjocht der lilk út
Draken (Plural)	Dragons (Plural)	Binne der ea draken west?
Drave (Wy, jim, sy, jo)	Trot, Run (We, you all, they)	Sy drave nei hûs.
Dream	Dream	De noflike dream.
Dream (Ik)	Dream (I)	Ik dream oer in fûgel.
Dreamde (Ik, hy, sy, it)	Dreamed (I, he, she, it)	Hy dreamde oer in fûgel.
Dreamden (Wy, jim, sy, jo)	Dreamed (We, you all, they)	Sy dreamden oer in fûgel.
Dreamdest (Dû/Do)	Dreamed (You)	Dû dreamdest oer in fûgel.
Dreame (Wy, jim, sy, jo)	Dream (We, you all, they)	Sy dreame oer in fûgel.
Dreamen (Plural)	Dreams (Plural)	Ik hie fannacht in soad dreamen.
Dreamer	Dreamer	It jonkje is in dreamer.
Dreamst (Dû/Do)	Dream (You)	Dû dreamst oer in fûgel.
Dreamt (Hy, sy, it)	Dreams (He, she, it)	Hy dreamt oer in fûgel.
Dreech	Slow	De kompjûter is dreech.
Dreech	Difficult, Hard, Tough	Ik fyn it mar dreech.

Drege (Adj.)	Slow (Adj.)	De drege kompjûter.
Dreger	Slower	Hy wie dreger as dy.
Dregest	Slowest	Hy wie it dregest.
Dridze	Mud, Wet earth	Hy sit fêst yn de dridze.
Driging	Threat	De driging is grut.
Driigje (Ik, wy, jim, sy, jo)	Threaten (I, we, you all, they)	Sy driigje om te stopjen.
Drink (Ik)	Drink (I)	Ik drink in protte alkohol.
Drinke (Wy, jim, sy, jo)	Drink (We, you all, they)	Sy drinke in protte alkohol.
Drinkst (Dû/Do)	Drink (You)	Dû drinkst in protte alkohol.
Drinkt (Hy, sy, it)	Drinks (He, she, it)	Hy drinkt in protte alkohol.
Driuw (Ik)	Float (I)	Ik driuw op it wetter.
Driuwe (Wy, jim, sy, jo)	Float (We, you all, they)	Sy driuwe op it wetter.
Driuwsân	Quicksand	De lears siet fêst yn it driuwsân.
Driuwst (Dû/Do)	Float (You)	Dû driuwst op it wetter.
Driuwt (Hy, sy, it)	Floats (He, she, it)	Sy driuwt op it wetter.
Drôch	Delusion, Mirage	It wie in drôch.
Drôchbyld	Illusion	It wie in drôchbyld.
Droech (Ik, hy, sy, it)	Carried, Wore (I, he, she, it)	Sy droech nije skuon.
Droechst (Dû/Do)	Carried, Wore (You)	Dû droechst nije skuon.
Droegen (Wy, jim, sy, jo)	Carried, Wore (We, you all, they)	Wy droegen nije skuon.
Drok	Busy	It is drok op strjitte.
Drokke (Adj.)	Busy (Adj.)	De drokke strjitte.
Drompel	Threshold, Speed breaker	De auto ried oer de drompel hinne.
Dronk (Ik, hy, sy, it)	Drank (I, he, she, it)	Hy dronk in protte alkohol.
Dronken (Wy, jim, sy, jo)	Drank (We, you all, they)	Wy dronken in protte alkohol.
Dronkst (Dû/Do)	Drank (You)	Dû dronkst in protte alkohol.
Drôvich	Sad	Sy is hjoed drôvich.
Drôvige (Adj.)	Sad (Adj.)	It drôvige famke.
Drûch	Dry	De grûn is drûch.
Drúf	Grape	Dizze strûk hat ien drúf.
Drûge (Adj.)	Dry (Adj.)	De drûge grûn.
Drûger	Dryer	Myn klean sitte yn de drûger.
Druk (Ik)	Push, Shove (I)	Ik druk tsjin de muorre.
Drukke (Wy, jim, sy, jo)	Push, Shove (We, you all, they)	Sy drukke tsjin de muorre.
Drukst (Dû/Do)	Push, Shove (You)	Dû drukst tsjin de muorre.
Drukt (Hy, sy, it)	Pushes, Shoves (He, she, it)	Hy drukt tsjin de muorre.
Druven (Plural)	Grapes (Plural)	Hawwe wy noch druven?
Dû (Wâldfrysk)	You (Thou)	Dû bist hjir ek.
Dûbel	Double	Ik haw dizze kaarten dûbel.
Dûbele (Adj.)	Double (Adj.)	Ik haw dûbele kaarten.
Dûbelgonger	Look-alike	Hy liket dyn dûbelgonger wol.
Dúdlik	Clear, Clearly, Obvious	Neffens my is it wol dúdlik.
Dúdlike (Adj.)	Clear, Clearly, Obvious (Adj.)	De dúdlike opdracht.
Dûk (Ik)	Dive (I)	Ik dûk yn it wetter.
Dûk	Dent	Hy hat in dûk yn syn wein.
Dûkboat	Submarine	De dûkboat komt wer boppe wetter.
Dûke (Wy, jim, sy, jo)	Dive (We, you all, they)	Sy dûke yn it wetter.
Dûker	Diver	De dûker siket haaien.
Dûkst (Dû/Do)	Dive (You)	Dû dûkst yn it wetter.
Dûkt (Hy, sy, it)	Dives (He, she, it)	Sy dûkt yn it wetter.

Dulde (Ik, hy, sy, it)	Tolerated (I, he, she, it)	Hy dulde it net langer.
Dulden (Wy, jim, sy, jo)	Tolerate (We, you all, they)	Wy dulden it net langer.
Duldest (Dû/Do)	Tolerate (You)	Dû duldest it net langer.
Duldest(e) (Dû/Do)	Tolerated (You)	Dû duldeste it net langer.
Duldet (Hy, sy, it)	Tolerates (He, she, it)	Hy duldet it net langer.
Duldzje (Ik, wy, jim, sy, jo)	Tolerate (I, we, you all, they)	Ik duldzje it net langer.
Dûm	Mad, Wrathful, Furious	De man wie dûm.
Dûmny	Pastor, Father	De dûmny wie yn de tsjerke.
Dún	Dune	De wyn hat de dún makke.
Dûnker	Dark, Darkness	De keamer is dûnker.
Dûnse (Ik, hy, sy, it)	Danced (I, he, she, it)	Sy dûnse yn de rein.
Dûnsen (Wy, jim, sy, jo)	Danced (We, you all, they)	Wy dûnsen yn de rein.
Dûnsest (Dû/Do)	Dance (You)	Sy dûnset yn de rein.
Dûnsest(e) (Dû/Do)	Danced (You)	Dû dûnsest yn de rein.
Dûnset (Hy, sy, it)	Dances (He, she, it)	Dû dûnseste yn de rein.
Dûnsje (Ik, wy, jim, sy, jo)	Dance (I, we, you all, they)	Wy dûnsje yn de rein.
Duorje	Last, Endure (to)	It sil noch wol efkes duorje.
Duorret (It)	Lasts, Endures (It)	It duorret hiel lang.
Dûs	Shower	Sy nimt in dûs.
Dútsk	German	Kinstû Dútsk ferstean?
Dútslân (Country)	Germany (Country)	Hy wol nei Dútslân.
Dutst (Dû/Do)	Covered (You)	Dû dutst de grûn.
Duvel	Devil	De duvel is kwea.
Dûzelich	Dizzy	De knyn is dûzelich.
Dûzelige (Adj.)	Dizzy (Adj.)	De dûzelige knyn.
Dûzich	Dizzy	Bin noch in bytsje dûzich.
Dwaan	Do	Hy moat noch in protte dwaan.
Dwaande	Busy, Doing stuff	Wêr bistû mei dwaande?
Dwerch	Dwarf	De dwerch wie lyts.
Dwêste	Put out, Extinguish	Kinstû de brân dwêste?
Dy	Those, That	Dy skjirre is fan my.
Dy (Second person)	You (Thy)	Ik hâld fan dy.
Dyk	Road	De dyk hâldt de see tsjin.
Dyk	Dike	Hy rydt oer de dyk hinne.
Dysels	Yourself	Moatst wol oan dysels tinke.
Ea	Ever	Soe it ea barre?
Each	Eye	Ik haw eat yn myn each.
Eachbrau	Eyebrow	Hy hat eat yn syn eachbrau.
Eachbrauwen (Plural)	Eyebrows (Plural)	Hy hat eat yn syn eachbrauwen.
Eachje (Dim.)	Eye (Dim.)	De knyn hat in lyts eagje.
Eagen (Plural)	Eyes (Plural)	Syn eagen binne lyts.
Ealjebij	Bee	De ealjebij kin dy stekke.
Ealstien	Gemstone, Gems	Hy hat in ealstien fûn.
Eamele (Ik, hy, sy, it)	Whined, Complained (I, he, she, it)	Ús mem eamele in protte.
Eamelen (Wy, jim, sy, jo)	Complained (We, you all, they)	Wy eamelen in protte.
Eameler	Ant	De eameler rint oer de grûn.
Eamelje (Ik, wy, jim, sy, jo)	Complain (I, we, you all, they)	Sy eamelje de hiele dei troch.
Eamelest (Dû/Do)	Whine, Complain (You)	Dû eamelest de hiele dei troch.
Eamelest(e) (Dû/Do)	Whined, Complained (You)	Dû eameleste de hiele dei troch.
Eamelet (Hy, sy, it)	Whines, Complains (He, she, it)	Sy eamelt de hiele dei troch.

Frisian	English	Example
Eangje (Ik, wy, jim, sy, jo)	Fear (I, we, you all, they)	Ik eangje in bytsje.
Eangst	Anxiety, Fear, Angst	Sy hat eangst yn har eagen.
Eangstich	Anxious	Sy wurdt hjir eangstich fan.
Eangstige (Adj.)	Anxious (Adj.)	It eangstige famke.
Ear	Ear	Mei myn ear kin ik hearre.
Eare (Ik, hy, sy, it)	Honored (I, he, she, it)	Hy eare syn freon.
Earen (Plural)	Ears (Plural)	Mei myn earen kin ik dy hearre.
Earen (Wy, jim, sy, jo)	Honored (We, you all, they)	Wy earen ús freon.
Earest (Dû/Do)	Honor, Honour (You)	Dû earest dyn freon.
Earest(e) (Dû/Do)	Honored (You)	Dû eareste dyn freon.
Earet (Hy, sy, it)	Honors (He, she, it)	Hy earet syn freon.
Earje (Ik, wy, jim, sy, jo)	Honor, Honour (I, we, you all, they)	Wy earje ús freon.
Earbel	Earring	Sy hat in earbel yn it ear.
Earke (Dim.)	Ear (Dim.)	Hy hat in lyts earke.
Earlik (Êrlik, Old Frisian)	Honest	It famke is earlik tsjin har mem.
Earlike (Adj.)	Honest (Adj.)	It earlike famke.
Earm	Arm	Myn earm docht sear.
Earm	Poor	Dizze famylje is earm.
Earmbân	Bracelet	Sy hat in earmbân om.
Earme (Adj.)	Poor (Adj.)	De earme famylje.
Earms (Plural)	Arms (Plural)	Myn earms dogge sear.
Earmke (Dim.)	Arm (Dim.)	De baby hat in lyts earmke.
Earmpykje	Ladybug, Ladybird	In earmpykje op 'e earm.
Earmsholte	Armpit	Moatst dyn earmsholte skeare.
Earmtakke	Elbow	Hy is op syn earmtakke fallen.
Earn	Eagle, Erne	De earn siket om in proai.
Earne	Somewhere, Anywhere	Hjir moat it earne wêze.
Earrebarre	Stork	De earrebarre sit op it nêst.
Earring	Earring	Sy hat in earring yn it ear.
Earste	First	Hy hie de earste plak.
Earstehelpdoaze	First aid kit	Wy hawwe de earstehelpdoaze tichtby.
Eartiids	Past, Once upon a time	Eartiids wie it better.
Easke (Ik, hy, sy, it)	Demanded (I, he, she, it)	Sy easke in protte.
Easken (Wy, jim, sy, jo)	Demanded (We, you all, they)	Wy easken in protte.
Easkest (Dû/Do)	Demand (You)	Dû easkest in protte.
Easkest(e) (Dû/Do)	Demanded (You)	Dû easkeste in protte.
Easket (Hy, sy, it)	Demands (He, she, it)	Hy easket in protte.
Easkje (Ik, wy, jim, sy, jo)	Demand (I, we, you all, they)	Wy easkje in protte.
East	East	East fan dy.
Easten	Eastern	De wyn komt út it easten.
Eastenryk (Country)	Austria (Country)	Eastenryk hat in protte bergen.
Eat	Something	Hastû eat foar my?
Edysje	Edition	It is de nije edysje
Efkes	For a moment	Kinstû efkes helpe?
Efter (After, Old Frisian)	Behind, After	Hy stiet efter de doar.
Efterdoar	Back door	Hy is troch de efterdoar gien.
Eftergrûn	Background	Wat is dyn eftergrûn?
Efternamme	Last name, Surname	Wat is dyn efternamme?
Efterút	Backwards	De wein rydt stadichoan efterút.
Egypte (Country)	Egypt (Country)	Bistû alris yn Egypte west?

Eigen	Own	Hy hat syn eigen hûs.
Eigenskipswurd	Adjective	Wy brûke in eigenskipswurd.
Eilân	Island	Hy wennet op in eilân.
Eilannen (Plural)	Islands (Plural)	Hjir binne in soad eilannen.
Ein	End	It ein is yn sicht.
Ein	Duck	De ein driuwt op it wetter.
Einigest (Dû/Do)	End, Finish (You)	Dû eindigest it ferhaal.
Einigest(e) (Dû/Do)	Ended, Finished (You)	Dû eindigeste it ferhaal.
Einiget (Hy, sy, it)	Ends, Finishes (He, she, it)	Hy eindiget it ferhaal.
Einigje (Ik, wy, jim, sy, jo)	End, Finish (I, we, you all, they)	Wy eindigje it ferhaal.
Einige (Ik, hy, sy, it)	Ended, Finished (I, he, she, it)	Sy einige it ferhaal.
Einigen (Wy, jim, sy, jo)	Ended, Finished (We, you all, they)	Jim einigen it ferhaal.
Einleas	Endless	Dizze wei is einleas.
Einleaze	Endlessly	De einleaze wei.
Eins	Actually, Truly	Eins kin ik nije wike net.
Ek	Also	Ik kom ek wol del.
Ekonomy	Economy	It giet net goed mei de ekonomy.
Eksamen	Exams	Hastû dyn eksamen goed makke?
Ekspedysje	Expedition	Wy geane moarn op ekspedysje.
Eksperimint	Experiment	Ûndersikers dogge in eksperimint.
Eksploazje	Explosion	Wy hearden niis in eksploazje.
Ekstra	Extra	Hastû ekstra ynformaasje?
Ekwador (Country)	Ecuador (Country)	Wy binne no yn Ekwador.
Eland	Moose	Hastû alris in eland sjoen?
Elektrisiteit	Electricity	It bedriuw hat gjin elektrisiteit.
Elektrysk	Electric	Myn wein is elektrysk.
Elektryske (Adj.)	Electric (Adj.)	De elektryske wein.
Elf	Elf	It mearke giet oer in elf.
Eliminearje (Ik, wy, jim, sy, jo)	Eliminate (I, we, you all, they)	Wy eliminearje alle sûkers.
Eliminearre (Ik, hy, sy, it)	Eliminated (I, he, she, it)	Hy eliminearre alle sûkers.
Eliminearren (Wy, jim, sy, jo)	Eliminated (We, you all, they)	Jim eliminearren alle sûkers.
Eliminearrest (Dû/Do)	Eliminate (You)	Dû eliminearrest alle sûkers.
Eliminearrest(e) (Dû/Do)	Eliminated (You)	Dû eliminearreste alle sûkers.
Eliminearret (Hy, sy, it)	Eliminates (He, she, it)	Sy eliminearret alle sûkers.
Elke	Each	Elke dei is wer oars.
Elkenien	Everyone	Elkenien krijt in kâns.
Elkoar	Each other	Wy hawwe elkoar.
Eltse	Each	Eltse kear moat ik wer laitsje.
Eltsenien	Everyone	Eltsenien hat de film sjoen.
Emigraasje	Emigration	De emigraasje nei in oar lân.
Emoasje	Emotion, Feeling	Hy toant gjin emoasje.
En (And, Old Frisian)	And	Hy en ik.
Enerzjy	Energy	De hûn hat gjin enerzjy mear.
Ensafuorthinne	And so forth, Etcetera	Frysk, Dútsk, Noarsk ensafuorthinne.
Entûsjasme	Enthusiasm	Mei entûsjasme dogge wy it.
Eptich	Decent, Dignified, Genteel	In eptich famke.
Erch	Bad	Ik fyn it hiel erch foar dy.
Erfguod	Heritage, Birthright, Roots	Beppe hat erfguod efter litten.
Erfskip	Heritage, Birthright, Roots	Wy krije noch erfskip.
Erge (Adj.)	Bad (Adj.)	De erge skiednis.

Ervest (Dû/Do)	Inherit (You)	Dû ervest in soad jild.
Ervet (Hy, sy, it)	Inherits (He, she, it)	Hy ervet in soad jild.
Ervje (Ik, wy, jim, sy, jo)	Inherit (I, we, you all, they)	Wy ervje in soad jild.
Eskalearje (Ik, wy, jim, sy, jo)	Escalate (I, we, you all, they)	Wy eskalearje de situaasje.
Eskalearre (Ik, hy, sy, it)	Escalated (I, he, she, it)	Hy eskalearre de situaasje.
Eskalearren (Wy, jim, sy, jo)	Escalated (We, you all, they)	Wy eskalearren de situaasje.
Eskalearrest (Dû/Do)	Escalate (You)	Dû eskalearrest de situaasje.
Eskalearrest(e) (Dû/Do)	Escalated (You)	Dû eskalearreste de situaasje.
Eskalearret (Hy, sy, it)	Escalates (He, she, it)	Sy eskalearret de situaasje.
Estlân (Country)	Estonia	Estlân leit njonken Ruslân.
Etioopje (Country)	Ethiopia	Wy binne nei Etioopje west.
Europa	Europe	Hoe folle lannen hat Europa?
Evolúsje	Evolution	Komt evolúsje noch foar?
Ezel	Donkey, Ass	De ezel makket in protte lûd.
Faak	Often	It kin faak wol.
Faaks	Maybe, Perhaps	Faaks better om it net te dwaan.
Faam	Girlfriend	Hoe is it mei de faam?
Fabryk	Factory	Wy wurkje yn in fabryk.
Fage (Ik, hy, sy, it)	Swept, Wiped (I, he, she, it)	Sy fage de grûn skjin.
Fagen (Wy, jim, sy, jo)	Swept, Wiped (We, you all, they)	Wy fagen de grûn skjin.
Fagest (Dû/Do)	Swept, Wiped (You)	Dû fagest de grûn skjin.
Fakânsje	Vacation, Holiday	Sy giet op fakânsje.
Fakatuere	Job opening	Wy hawwe in fakatuere iepen stean.
Faksin	Vaccine	Hastû it faksin al naam?
Faksinearje (Ik, wy, jim, sy, jo)	Vaccinate (I, we, you all, they)	Wy faksinearje ús net.
Faksinearre (Ik, hy, sy, it)	Vaccinated (I, he, she, it)	Hy faksinearre him net.
Faksinearren (Wy, jim, sy, jo)	Vaccinated (We, you all, they)	Wy faksinearren ús net.
Faksinearrest (Dû/Do)	Vaccinate (You)	Dû faksinearrest dy net.
Faksinearrest(e) (Dû/Do)	Vaccinated (You)	Dû faksinearreste dy net.
Faksinearret (Hy, sy, it)	Vaccinates (He, she, it)	Sy faksinearret har net.
Fal (Ik)	Fall (I)	Ik fal fan 'e treppe.
Fâldzje (Ik, wy, jim, sy, jo)	Fold (I, we, you all, they)	Wy fâldzje it papierke.
Fâle	Trap	As in mûs yn de fâle.
Falle (Wy, jim, sy, jo)	Fall (We, you all, they)	Jim falle fan 'e treppe.
Fallen (PP)	Fallen (PP)	Wy binne fan 'e treppe fallen.
Falsk	False, Evil	De hûn is falsk.
Falst (Dû/Do)	Fall (You)	Dû falst fan 'e treppe.
Falt (Hy, sy, it)	Falls (He, she, it)	Hy falt fan 'e treppe.
Famke	Girl	It famke is oan it iten.
Famkes (Plural)	Girls (Plural)	De famkes binne oan it iten.
Fan (Fon, Old Frisian)	Of	Fan dy hie ik it net ferwachte.
Fang (Ik)	Catch, Grab, Snare, Snag (I)	Ik fang in fisk.
Fange (Wy, jim, sy, jo)	Catch (We, you all, they)	Wy fange in fisk.
Fangst (Dû/Do)	Catch, Grab, Snare, Snag (You)	Dû fangst in fisk.
Fangt (Hy, sy, it)	Catches, Grabs (He, she, it)	Hy fangt in fisk.
Fanille	Vanilla	It smakket nei fanille.
Fanke	Girl	It fanke moast gûle fan lok.
Fannacht	Tonight, Last night	Ik haw fannacht hearlik dreamd.
Fansels	Of course, Obviously	Fansels mei dat wol.
Fantasearje (Ik, wy, jim, sy, jo)	Fantasize (I, we, you all, they)	Wy fantasearje oer de takomst.

Frisian	English	Example
Fantastysk	Fantastic	Dû hast it fantastysk dien.
Fantastyske (Adj.)	Fantastic (Adj.)	De fantastyske dei.
Far (Ik)	Sail (I)	Ik far troch de feart.
Fariearje (Ik, wy, jim, sy, jo)	Vary (I, we, you all, they)	Wy fariearje fan miening.
Fariearre (Ik, hy, sy, it)	Varied (I, he, she, it)	Hy fariearre fan miening.
Fariearren (Wy, jim, sy, jo)	Varied (We, you all, they)	Wy fariearren fan miening.
Fariearrest (Dû/Do)	Vary (You)	Dû fariearrest fan miening.
Fariearrest(e) (Dû/Do)	Varied (You)	Dû fariearreste fan miening.
Fariearret (Hy, sy, it)	Varies (He, she, it)	Sy fariearret fan miening.
Farre (Wy, jim, sy, jo)	Sail (We, you all, they)	Sy farre troch de feart.
Farsk	Fresh	De grientes binne farsk.
Fart (Hy, sy, it)	Sails (He, she, it)	Hy fart troch de feart.
Farve	Paint	Der is gjin griene farve mear.
Farwe	Color, Colour, Hue	De reade farwe liket nuver.
Farwol	Farewell	Tige tank foar alles, farwol.
Fazelje (Ik, wy, jim, sy, jo)	Whisper (I, we, you all, they)	Wy fazelje yn de nacht.
Fear	Feather	Ik haw in fear fûn.
Fear (Ik, hy, sy, it)	Sailed (I, he, she, it)	Hy fear troch de feart.
Fearboat	Ferry	Mei de fearbot nei Noarwei.
Fearen (Plural)	Feathers (Plural)	De fûgel hat in protte fearen.
Fearke (Dim.)	Feather (Dim.)	It famke hat in lyts fearke fûn.
Fearker	Binoculars	Hastû myn fearker sjoen?
Fearn (PP)	Sailed (PP)	Wy hawwe troch de feart fearn.
Fearnsjier	Quarter of a year	It earste fearnsjier wie goed.
Fearrekiker	Binoculars	Dû meist myn de fearrekiker brûke.
Fearst (Dû/Do)	Sailed (You)	Dû fearst troch de feart.
Feart	Canal	Wy moatte by de feart lâns.
Febrewaris	February	Febrewaris is in koarte moanne.
Fee	Fairy	Miskien kin de fee dy helpe.
Feest	Party, Feast	It feest wie bjusterbaarlik.
Feestdei	Holiday	Moarn hawwe wy in feestdei.
Fei (Ik)	Swipe (I)	Ik fei de grûn skjin.
Feie (Wy, jim, sy, jo)	Swipe (We, you all, they)	Wy feie de grûn skjin.
Feilich	Safe, Secure, Sound	Is dizze boat feilich?
Feilige (Adj.)	Safe, Secure (Adj.)	De feilige boat.
Feiligens	Security	Ik sit in bytsje yn oer myn feiligens.
Feint	Boyfriend	Sy hat in feint.
Feist (Dû/Do)	Swipe (You)	Dû feist de grûn skjin.
Feit (Hy, sy, it)	Swipes (He, she, it)	Hy feit de grûn skjin.
Fel	Skin, Hide	Ik haw in groede op myn fel.
Fenezuëla (Country)	Venezuela (Country)	Bistû alris nei Fenezuëla west?
Ferantwurdlik	Responsible, Answerable	Hy hat in protte ferantwurdlikens.
Ferantwurdlike (Adj.)	Responsible, Answerable (Adj.)	De ferantwurdlike man.
Ferantwurdlikheden	Responsibilities	Hy hat in soad ferantwurdlikheden.
Ferantwurdlikheid	Responsibility	Hy hat in ferantwurdlikheid.
Ferantwurdlikens	Responsibility	Myn ferantwurdlikens sitte yn 'e wei.
Ferantwurdzje (Ik, wy, jim, sy, jo)	Answer for (I, we, you all, they)	Ik ferantwurdzje my hjirfoar.
Feravensearje (Ik, wy, jim, sy, jo)	Disarray (I, we, you all, they)	Sille wy alles feravensearje?
Ferbaarnd (PP)	Burned (PP)	Hy hat syn hûd ferbaarnd.
Ferbân	Link, Connection, Relation	Ik tink dat der in ferbân is.

Frisian	English	Example
Ferbea (Ik, hy, sy, it)	Forbade (I, he, she, it)	Hy ferbea dy.
Ferbean (PP)	Forbidden (PP)	Hy hat it dy ferbean.
Ferbeane (Wy, jim, sy, jo)	Forbade (We, you all, they)	Wy ferbeane dy.
Ferbeast (Dû/Do)	Forbade (You)	Dû ferbeast him.
Ferbergest (Dû/Do)	Hide (You)	Dû ferbergest it guod.
Ferberget (Hy, sy, it)	Hides (He, she, it)	Hy ferberget it guod.
Ferbergje (Ik, wy, jim, sy, jo)	Hide (I, we, you all, they)	Wy ferbergje it guod.
Ferbettere (Ik, hy, sy, it)	Improved (I, he, she, it)	Hy ferbettere himsels.
Ferbetteren (Wy, jim, sy, jo)	Improved (We, you all, they)	Jo ferbetteren josels.
Ferbetterest (Dû/Do)	Improve, Make better (You)	Dû ferbetterest dysels.
Ferbetterest(e) (Dû/Do)	Improved, Made better (You)	Dû ferbettereste dysels.
Ferbetterje (Ik, wy, jim, sy, jo)	Make better (I, we, you all, they)	Wy ferbetterje ússels.
Ferbied (Ik)	Forbid (I)	Ik ferbied dy om hinne te gean.
Ferbiede (Wy, jim, sy, jo)	Forbid (We, you all, they)	Wy ferbiede dy om hinne te gean.
Ferbiedst (Dû/Do)	Forbid (You)	Dû ferbiedst my om hinne te gean.
Ferbiedt (Hy, sy, it)	Forbids (He, she, it)	Hy ferbiedt dy om hinne te gean.
Ferbine (Wy, jim, sy, jo)	Link, Connect (We, you all, they)	Wy moatte it ferbine.
Ferbining	Link, Connection	Sjochstû de ferbining?
Ferbjustere	Stunned	De âlde man wie hielendal ferbjustere.
Ferbjusterje (Ik, wy, jim, sy, jo)	Confuse (I, we, you all, they)	Sy wolle it jild ferbjusterje.
Ferbleau (Ik, hy, sy, it)	Stayed somewhere (I, he, she, it)	Hy ferbleau yn in hotel.
Ferbleaun (PP)	Stayed somewhere (PP)	Hy is yn in hotel ferbleaun.
Ferbleaune (Wy, jim, sy, jo)	Stayed somewhere (We, you all, they)	Wy ferbleaune yn in hotel.
Ferbleaust (Dû/Do)	Stayed somewhere (You)	Dû ferbleaust yn in hotel.
Ferbline (Wy, jim, sy, jo)	Blinded (We, you all, they)	Jo wiene ferbline troch it ljocht.
Ferbliuw	Residence, Paddock	It ferbliuw fan de grutte liuw.
Ferbliuw (Ik)	Stay somewhere (I)	Ik ferbliuw yn in hotel.
Ferbliuwe (Wy, jim, sy, jo)	Stay somewhere (We, you all, they)	Jim ferbliuwe yn in hotel.
Ferbliuwst (Dû/Do)	Stay somewhere (You)	Dû ferbliuwst yn in hotel.
Ferbliuwt (Hy, sy, it)	Stays somewhere (He, she, it)	Hy ferbliuwt yn in hotel.
Ferbod	Prohibition	Ik fûn it ferbod op alkohol net goed.
Ferbrek (Ik)	Break up (I)	Ik ferbrek de ferbining.
Ferbrekke (Wy, jim, sy, jo)	Break up (We, you all, they)	Jim ferbrekke de ferbining.
Ferbrekst (Dû/Do)	Break up (You)	Dû ferbrekst de ferbining.
Ferbrekt (Hy, sy, it)	Breaks up (He, she, it)	Sy ferbrekt de ferbining.
Ferbrûk	Consumption, Wastage	It ferbrûk is omheech gien.
Ferbruts (Ik, hy, sy, it)	Broke up (I, he, she, it)	Hy ferbruts de ferbining.
Ferbrutsen (Wy, jim, sy, jo)	Broke up (We, you all, they)	Wy ferbrutsen de ferbining.
Ferbrutst (Dû/Do)	Broke up (You)	Dû ferbrutst de ferbining.
Ferbûn (Ik, hy, sy, it)	Bound, Linked (I, he, she, it)	Hy ferbûn him mei it ynternet.
Ferbûnen (Wy, jim, sy, jo)	Linked, Connected (We, you all, they)	Jo ferbûnen josels mei it ynternet.
Ferbûnst (Dû/Do)	Bound, Linked, Connected (You)	Dû ferbûnst dysels mei it ynternet.
Ferburch (Ik, hy, sy, it)	Hid (I, he, she, it)	Ik ferburch it guod.
Ferburchst (Dû/Do)	Hid (You)	Dû ferbruchst it guod.
Ferburgen (Wy, jim, sy, jo)	Hid (We, you all, they)	Wy ferburgen it guod.
Ferbyldzje (Ik, wy, jim, sy, jo)	Imagine (I, we, you all, they)	Moatst it dy net ferbyldzje.
Ferbyn (Ik)	Connect (I)	Ik ferbyn myn tillefoan.
Ferbynst (Dû/Do)	Connect (You)	Dû ferbynst dyn tillefoan.
Ferbynt (Hy, sy, it)	Connects (He, she, it)	Sy ferbynt har tillefoan.
Ferdegigje (Ik, wy, jim, sy, jo)	Defend (I, we, you all, they)	Wy moatte ús ferdedigje.

Ferdivedaasje	Entertainment	Sy hawwe ferdivedaasje nedich.
Ferdie (Ik, hy, sy, it)	Wasted (I, he, she, it)	Hy ferdie syn tiid.
Ferdiel (Ik)	Divide, Split (I)	Ik ferdiel de ynkomsten.
Ferdield (PP)	Divided (PP)	Hy hat de ynkomsten ferdield.
Ferdielde (Ik, hy, sy, it)	Divided (I, he, she, it)	Hy ferdielde de ynkomsten.
Ferdielden (Wy, jim, sy, jo)	Divided (We, you all, they)	Wy ferdielden de ynkomsten.
Ferdieldest (Dû/Do)	Divided (You)	Dû ferdieldest de ynkomsten.
Ferdiele (Wy, jim, sy, jo)	Divide, Split (We, you all, they)	Jim ferdiele de ynkomsten.
Ferdielst (Dû/Do)	Divide, Split (You)	Dû ferdielst de ynkomsten.
Ferdielt (Hy, sy, it)	Divided, Splits (He, she, it)	Hy ferdielt de ynkomsten.
Ferdien (PP)	Wasted (PP)	Hy hat syn tiid ferdien.
Ferdiene (Wy, jim, sy, jo)	Wasted (We, you all, they)	Wy ferdiene ús tiid.
Ferdiest (Dû/Do)	Wasted (You)	Dû ferdiest dyn tiid.
Ferdigene (Ik, hy, sy, it)	Defended (I, he, she, it)	Ik ferdigene mysels.
Ferdigenen (Wy, jim, sy, jo)	Defended (We, you all, they)	Jim ferdigenden jimsels.
Ferdigenest (Dû/Do)	Defend (You)	Dû ferdigenest dysels.
Ferdigenest(e) (Dû/Do)	Defended (You)	Dû ferdigeneste dysels.
Ferdigenet (Hy, sy, it)	Defends (He, she, it)	Sy ferdigenet harsels.
Ferdigenje (Ik, wy, jim, sy, jo)	Defend (I, we, you all, they)	Jo ferdigenje josels.
Ferdjipje (Ik, wy, jim, sy, jo)	Think deeply (I, we, you all, they)	Wy ferdjipje ússels yn it probleem.
Ferdjipping	Floor, Story (1e, 2e)	Sy wennet op de tredde ferdjipping.
Ferdoch (Ik)	Waste (I)	Ik ferdoch myn tiid hjir.
Ferdochst (Dû/Do)	Waste (You)	Dû ferdochts dyn tiid hjir.
Ferdocht (Hy, sy, it)	Wastes (He, she, it)	Sy ferdocht har tiid hjir.
Ferdogge (Wy, jim, sy, jo)	Waste (We, you all, they)	Jim ferdogge jim tiid hjir.
Ferdomme	Damn	Ferdomme, wêrom dochstû dat?
Ferdôve (Ik, hy, sy, it)	Deafened (I, he, she, it)	Hy ferdôve de hûn.
Ferdôven (Wy, jim, sy, jo)	Deafened (We, you all, they)	Wy ferdôven de hûn.
Ferdôvest (Dû/Do)	Deafen (You)	Dû ferdôvest de hûn.
Ferdôvest(e) (Dû/Do)	Deafened (You)	Dû ferdôveste de hûn.
Ferdôvet (Hy, sy, it)	Deafens (He, she, it)	Hy ferdôvet de hûn.
Ferdôvje (Ik, wy, jim, sy, jo)	Deafen (I, we, you all, they)	Wy ferdôvje de hûn.
Ferdrach	Treaty, Pact	In ferdrach mei Fryslân.
Ferdrink (Ik)	Drown (I)	Ik ferdrink hast yn 'e fiver.
Ferdrinke (Wy, jim, sy, jo)	Drown (We, you all, they)	Jo ferdrinke hast yn 'e fiver.
Ferdrinkst (Dû/Do)	Drown (You)	Dû ferdrinkst hast yn 'e fiver.
Ferdrinkt (Hy, sy, it)	Drowns (He, she, it)	Sy ferdrinkt hast yn 'e fiver.
Ferdronk (Ik, he, sy, it)	Drowned (I, he, she, it)	Hy ferdronk hast yn 'e fiver.
Ferdronken (Wy, jim, sy, jo)	Drowned (We, you all, they)	Jo ferdronken hast yn 'e fiver.
Ferdronkst (Dû/Do)	Drowned (You)	Dû ferdronkst hast yn 'e fiver.
Ferdûbele (Ik, hy, sy, it)	Doubled (I, he, she, it)	Hy ferdûbele syn skoare.
Ferdûbelen (Wy, jim, sy, jo)	Doubled (We, you all, they)	Wy ferdûbelen ús skoare.
Ferdûbelest (Dû/Do)	Double (You)	Dû ferdûbelest dyn skoare.
Ferdûbelest(e) (Dû/Do)	Doubled (You)	Dû ferdûbeleste dyn skoare.
Ferdûbelet (Hy, sy, it)	Doubles (He, she, it)	Sy ferdûbelet har skoare.
Ferdûbelje (Ik, wy, jim, sy, jo)	Double (I, we, you all, they)	Wy ferdûbelje de skoare.
Ferduorje (Ik, wy, jim, sy, jo)	Endure (I, we, you all, they)	Wy ferduorje de pine.
Ferduorre (Ik, hy, sy, it)	Endured (I, he, she, it)	Hy ferduorre de pine.
Ferduorren (Wy, jim, sy, jo)	Endured (We, you all, they)	Jim ferduorren de pine.
Ferduorrest (Dû/Do)	Endure (You)	Dû ferduorrest de pine.

Ferduorrest(e) (Dû/Do)	Endured (You)	Dû ferduorreste de pine.
Ferduorret (Hy, sy, it)	Endures (He, she, it)	Sy ferduorret de pine.
Ferdwine (Wy, jim, sy, jo)	Disappear (We, you all, they)	Sy ferdwine yn it tsjuster.
Ferdwûn (Ik, hy, sy, it)	Disappeared (I, he, she, it)	Hy ferdwûn yn it tsjuster.
Ferdwûnen (Wy, jim, sy, jo)	Disappeared (We, you all, they)	Sy ferdwûnen yn it tsjuster.
Ferdwûnst (Dû/Do)	Disappeared (You)	Dû ferdwûnst yn it tsjuster.
Ferdwyn (Ik)	Disappear, Vanish (I)	Ik ferdwyn yn it tsjuster.
Ferdwynst (Dû/Do)	Disappear, Vanish (You)	Dû ferdwynst yn it tsjuster.
Ferdwynt (Hy, sy, it)	Disappears, Vanishes (He, she, it)	Sy ferdwynt yn it tsjuster.
Fereale	In love	Ik haw my juster fereale.
Fereaske (Ik, hy, sy, it)	Required (I, he, she, it)	Hy fereaske in protte.
Fereasken (Wy, jim, sy, jo)	Required (We, you all, they)	Wy fereasken in protte.
Fereaskest (Dû/Do)	Require (You)	Dû fereaskest in protte.
Fereaskest(e) (Dû/Do)	Required (You)	Dû fereaskeste in protte.
Fereasket (Hy, sy, it)	Requires (He, she, it)	Hy fereasket in protte.
Fereaskje (Ik, wy, jim, sy, jo)	Require (I, we, you all, they)	Wy fereaskje in protte.
Ferfalske (Ik, hy, sy, it)	Falsified (I, he, she, it)	Hy ferfalske it dokumint.
Ferfalsken (Wy, jim, sy, jo)	Falsified (We, you all, they)	Wy ferfalsken it dokumint.
Ferfalkest (Dû/Do)	Falsify (You)	Dû ferfalkest it dokumint.
Ferfalskest(e) (Dû/Do)	Falsified (You)	Dû ferfalkeste it dokumint.
Ferfalsket (Hy, sy, it)	Falsifies (He, she, it)	Sy ferfalsket it dokumint.
Ferfalskje (Ik, wy, jim, sy, jo)	Falsify (I, we, you all, they)	Jim ferfalskje it dokumint.
Ferfang (Ik)	Replace (I)	Ik ferfang him.
Ferfange (Wy, jim, sy, jo)	Replace (We, you all, they)	Wy ferfange him.
Ferfangst (Dû/Do)	Replace (You)	Dû ferfangst him.
Ferfangt (Hy, sy, it)	Replaces (He, she, it)	Hy ferfangt har.
Ferfeel (Ik)	Bore (I)	Ik ferfeel my.
Ferfeeld (PP)	Bored (PP)	Ik haw my ferfeeld.
Ferfeelde (Ik, hy, sy, it)	Bored (I, he, she, it)	Hy ferfeelde him.
Ferfeelden (Wy, jim, sy, jo)	Bored (We, you all, they)	Wy ferfeelden ús.
Ferfeeldest (Dû/Do)	Bored (You)	Dû ferfeeldest dy.
Ferfeelst (Dû/Do)	Bore (You)	Dû ferfeelst dy.
Ferfeelt (Hy, sy, it)	Bores (He, she, it)	Sy ferfeelt har.
Ferfele (Wy, jim, sy, jo)	Bore (We, you all, they)	Wy ferfele ús.
Ferfelje (Ik, wy, jim, sy, jo)	Molt (I, we, you all, they)	Ik ferfelje troch de sinne.
Ferfelle (Ik, hy, sy, it)	Molted (I, he, she, it)	Hy ferfelle troch de sinne.
Ferfellen (Wy, jim, sy, jo)	Molted (We, you all, they)	Wy ferfellen troch de sinne.
Ferfellest (Dû/Do)	Molt (You)	Dû ferfellest troch de sinne.
Ferfellest(e) (Dû/Do)	Molted (You)	Dû ferfelleste troch de sinne.
Ferfellet (Hy, sy, it)	Molts (He, she, it)	Sy ferfellet troch de sinne.
Ferfetsje (Ik, wy, jim, sy, jo)	Resume (I, we, you all, they)	Wy ferfetsje ús ferhaal.
Ferfette (Ik, hy, sy, it)	Resumed (I, he, she, it)	Hy ferfettet syn ferhaal.
Ferfetten (Wy, jim, sy, jo)	Resumed (We, you all, they)	Jim ferfetten jim ferhaal.
Ferfettest (Dû/Do)	Resume (You)	Dû ferfettest dyn ferhaal.
Ferfettest(e) (Dû/Do)	Resumed (You)	Dû ferfetteste dyn ferhaal.
Ferfettet (Hy, sy, it)	Resumes (He, she, it)	Sy ferfettet syn ferhaal.
Ferfier	Transport	Sy hat noch ferfier nedich.
Ferfoarming	Transformation, Distortion	De ferfoarming fan it byld.
Ferfolje (Ik, wy, jim, sy, jo)	Fulfill (I, we, you all, they)	Jim ferfolje jimsels.
Ferfolle (Ik, hy, sy, it)	Fulfilled (I, he, she, it)	Hy ferfollet himsels.

Frisian	English	Example
Ferfollen (Wy, jim, sy, jo)	Fulfilled (We, you all, they)	Wy ferfollen ússels.
Ferfolllest (Dû/Do)	Fulfill (You)	Dû ferfollest dysels.
Ferfollest(e) (Dû/Do)	Fulfilled (You)	Dû ferfolleste dysels.
Ferfollet (Hy, sy, it)	Fulfills (He, she, it)	Hy ferfollet himsels.
Ferfong (Ik, hy, sy, it)	Replaced (I, he, she, it)	Ik ferfong him.
Ferfongen (Wy, jim, sy, jo)	Replaced (We, you all, they)	Wy ferfongen him.
Ferfongst (Dû/Do)	Replaced (You)	Dû ferfongst har.
Ferfyskje (Ik, wy, jim, sy, jo)	Refresh (I, we, you all, they)	Wy ferfyskje de webside.
Fergean (Ik)	Perish, Rot, Decompose (I)	Ik fergean fan 'e hûnger.
Fergeane (Wy, jim, sy, jo)	Perish, Rot (We, you all, they)	Jim fergeane fan 'e hûnger.
Fergeat (Ik, hy, sy, it)	Forgot (I, he, she, it)	Ik fergeat myn kaai.
Fergeaten (Wy, jim, sy, jo)	Forgot (We, you all, they)	Sy fergeaten harren kaai.
Fergeatst (Dû/Do)	Forgot (You)	Dû fergeatst dyn kaai.
Fergees	For free	Dizze aaien binne fergees.
Fergeme	Damn it	Fergeme, wêrom dochstû dat?
Fergetten (PP)	Forgotten (PP)	Ik bin it fergetten.
Fergie (Ik, hy, sy, it)	Perished, Rotted (I, he, she, it)	Sy fergie fan 'e hûnger.
Fergien (PP)	Perished, Rotted (PP)	Sy is fergien fan 'e hûnger.
Fergiene (Wy, jim, sy, jo)	Perished, Rotted (We, you all, they)	Wy fergiene fan 'e hûnger.
Fergiest (Dû/Do)	Perish, Rot (You)	Dû fergiest fan 'e hûnger.
Fergiest (Dû/Do)	Perished, Rotted (You)	Dû fergieste fan 'e hûnger.
Fergiet (Hy, sy, it)	Perishes, Rots (He, she, it)	Hy fergiet fan 'e hûnger.
Fergoed	Forever, For good	Hy sit fergoed fêst.
Fergif	Poison	It fergif docht syn wurk.
Fergoedzje (Ik, wy, jim, sy, jo)	Reimburse (I, we, you all, they)	Wy fergoedzje de skea.
Fergriem (Ik)	Waste, Spill, Mess up (I)	Ik fergriem de kâns.
Fergriemd (PP)	Wasted, Spilled, Messed up (PP)	Sy hat de kâns fergriemd.
Fergriemde (Ik, hy, sy, it)	Wasted, Spilled (I, he, she, it)	Sy fergriemde de kâns.
Fergriemden (Wy, jim, sy, jo)	Wasted, Spilled (We, you all, they)	Sy fergriemden de kâns.
Fergriemdest (Dû/Do)	Wasted, Spilled (You)	Dû fergriemdest de kâns.
Fergrieme (Wy, jim, sy, jo)	Waste (We, you all, they)	Sy fergrieme de kâns.
Fergriemst (Dû/Do)	Waste (You)	Dû fergriemst de kâns.
Fergriemt (Hy, sy, it)	Wastes (He, she, it)	Sy fergriemt de kâns.
Fergrutglês	Magnifying glass, Reading glass	Wy brûke in fergrutglês foar de tekst.
Fergûchelje (Ik, wy, jim, sy, jo)	Mislead (I, we, you all, they)	Wy fergûchelje dy.
Ferhaal	Tale, Story	It wie in lang ferhaal.
Ferhalen (Plural)	Tales, Stories (Plural)	Ik haw ferhalen heard.
Ferheard	Surprised, Amazed	Ik wie in bytsje ferheard.
Ferhearlike (Ik, hy, sy, it)	Glorified (I, he, she, it)	Hy ferhearlike God.
Ferlearliken (Wy, jim, sy, jo)	Glorified (We, you all, they)	Wy ferhearliken God.
Ferhearlikest (Dû/Do)	Glorify (You)	Dû ferhearlikest God.
Ferhearlikest(e) (Dû/Do)	Glorified (You)	Dû ferhearlikeste God.
Ferhearliket (Hy, sy, it)	Glorifies (He, she, it)	Hy ferhearliket God.
Ferhearlikje (Ik, wy, jim, sy, jo)	Glorify (I, we, you all, they)	Wy ferhearlikje God.
Ferhelp (Ik)	Solve (I)	Ik ferhelp it probleem.
Ferhelpe (Wy, jim, sy, jo)	Solve (We, you all, they)	Jim ferhelpe it probleem.
Ferhelpst (Dû/Do)	Solve (You)	Dû ferhelpst it probleem.
Ferhelpt (Hy, sy, it)	Solves (He, she, it)	It ferhelpt it probleem.
Ferhindere (Ik, hy, sy, it)	Hinder (I, he, she, it)	Hy ferhindere ús.
Ferhinderen (Wy, jim, sy, jo)	Hindered (We, you all, they)	Sy ferhinderen ús.

Frisian	English	Example
Ferhinderest (Dû/Do)	Hinder (You)	Dû ferhinderest ús.
Ferhinderest(e) (Dû/Do)	Hindered (You)	Dû ferhindereste ús.
Ferhinderje (Ik, wy, jim, sy, jo)	Hinder (I, we, you all, they)	Wy ferhinderje dizze minsken.
Ferhinderet (Hy, sy, it)	Hinders (He, she, it)	Hy ferhinderet de minsken.
Ferholp (Ik, hy, sy, it)	Solved (I, he, she, it)	Hy ferholp it probleem.
Ferholpen (Wy, jim, sy, jo)	Solved (We, you all, they)	Wy ferholpen it probleem.
Ferholpst (Dû/Do)	Solved (You)	Dû ferholpst it probleem.
Ferhûdzje (Ik, wy, jim, sy, jo)	Molt, Peel (I, we, you all, they)	Wy ferhûdzje as in slang.
Ferhûge (Ik, hy, sy, it)	Looked forward (I, he, she, it)	Hy ferhûge my op moarn.
Ferhûgen (Wy, jim, sy, jo)	Looked forward (We, you all, they)	Wy ferhûgen ús op moarn.
Ferhûgest (Dû/Do)	Look forward, Rejoice (You)	Dû ferhûgest dy op moarn.
Ferhûgest(e) (Dû/Do)	Looked forward, Rejoiced (You)	Dû ferhûgeste dy op moarn.
Ferhûget (Hy, sy, it)	Looks forward (He, she, it)	Hy ferhûget him op moarn.
Ferhûgje (Ik, wy, jim, sy, jo)	Look forward (I, we, you all, they)	Ik ferhûgje my op moarn.
Feriene Arabyske Emiraten	United Arab Emirates	Hy is yn de Feriene Arabyske Emiraten.
Feriene Keninkryk	United Kingdom	Yn it Feriene Keninkryk is it kâld.
Feriene Naasjes	United Nations	De Feriene Naasje wurkje gear.
Feriene Steaten (Country)	The United States (Country)	De Feriene Steaten hat 50 steaten.
Ferieniging	Association	Myn frou sit by de ferieniging.
Ferienigje (Ik, wy, jim, sy, jo)	Unite (I, we, you all, they)	Wy ferienigje ús.
Ferifiearje (Ik, wy, jim, sy, jo)	Verify (I, we, you all, they)	Wy ferifiearje ús.
Ferifiearre (Ik, hy, sy, it)	Verified (I, he, she, it)	Hy ferifiearre himsels.
Ferifiearren (Wy, jim, sy, jo)	Verified (We, you all, they)	Wy ferifiearen ús.
Ferifiearrest (Dû/Do)	Verify (You)	Dû ferifiearrest dysels.
Ferifiearrest(e) (Dû/Do)	Verified (You)	Dû ferifiearreste dysels.
Ferifiearret (Hy, sy, it)	Verifies (He, she, it)	Sy ferifiearret har.
Ferjage (Ik, hy, sy, it)	Chased away (I, he, she, it)	Hy ferjage de bear.
Ferjagen (Wy, jim, sy, jo)	Chased away (We, you all, they)	Sy ferjagen de bear.
Ferjagest (Dû/Do)	Chased away (You)	Dû ferjagest de bear.
Ferjei (Ik)	Chase away (I)	Ik ferjei de bear.
Ferjeie (Wy, jim, sy, jo)	Chase away (We, you all, they)	Wy ferjeie de bear.
Ferjeist (Dû/Do)	Chase away (You)	Dû ferjeist de bear.
Ferjeit (Hy, sy, it)	Chases away (He, she, it)	Hy ferjeit de bear.
Ferjeffenis	Forgiveness	Ik wol dy om ferjeffenis freegje.
Ferjit (Ik, hy, sy, it)	Forget (I, he, she, it)	Sy ferjit har tillefoan.
Ferjitlik	Forgetful	De âlde man is ferjitlik.
Ferjitst (Dû/Do)	Forget (You)	Dû ferjitst myn tillefoan.
Ferjitte (Wy, jim, sy, jo)	Forget (We, you all, they)	Sy ferjitten harren tillefoan.
Ferjitten (PP)	Forgotten (PP)	Wy hawwe ús tillefoan ferjitten.
Ferjoech (Ik, hy, sy, it)	Forgave (I, he, she, it)	Hy ferjoech har.
Ferjoechst (Dû/Do)	Forgave (You)	Dû ferjoechst him.
Ferjoegen (Wy, jim, sy, jo)	Forgave (We, you all, they)	Wy ferjoegen har.
Ferjou (Ik)	Forgive (I)	Ik ferjou dy.
Ferjoust (Dû/Do)	Forgive (You)	Dû ferjoust har.
Ferjout (Hy, sy, it)	Forgive (He, she, it)	Hy ferjout har.
Ferjouwe (Wy, jim, sy, jo)	Forgives (We, you all, they)	Wy ferjouwe dy.
Ferjûn (PP)	Forgive (PP)	Ik haw it dy ferjûn.
Ferkâlden	Have a cold	Troch it waar bin ik ferkâlden.
Ferkâldzje (Ik, wy, jim, sy, jo)	Have a cold (I, we, you all, they)	Ik ferkâldzje troch it waar.
Ferkeapest (Dû/Do)	Sell (You)	Dû ferkeapest my guod.

Ferkeapet (Hy, sy, it)	Sells (He, she, it)	Hy ferkeapet my guod.
Ferkeapje (Ik, wy, jim, sy, jo)	Sell (I, we, you all, they)	Jim ferkeapje my guod.
Ferkear	Traffic	Der is in protte ferkear op 'e wei.
Ferkeard	Wrong	It antwurd is ferkeard.
Ferkearde (Adj.)	Wrong (Adj.)	It ferkearde antwurd.
Ferkeardeling	Bad person	Hy is in ferkeardeling.
Ferkeas (Ik, dû, hy, sy, it)	Chose, Elected (I, you, he, she, it)	Ik ferkeas him boppe dy.
Ferkies (Ik)	Choose, Elect (I)	Ik ferkies dy boppe him.
Ferkiest (Dû/Do)	Choose, Elect (You)	Dû ferkiest my boppe him.
Ferkiest (Hy, sy, it)	Chooses, Elects (He, she, it)	Sy ferkiest my boppe him.
Ferkieze (Wy, jim, sy, jo)	Choose, Elect (We, you all, they)	Wy ferkeize dy boppe har.
Ferkiezing	Election	Wa sil de ferkiezing winne?
Ferklaai (Ik)	Dress up (I)	Ik ferklaai my yn myn keamer.
Ferklaaid (PP)	Dressed up (PP)	Ik haw my ferklaaid yn myn keamer.
Ferklaaide (Ik, hy, sy, it)	Dressed up (I, he, she, it)	Sy ferklaaide har yn har keamer.
Ferklaaiden (Wy, jim, sy, jo)	Dressed up (We, you all, they)	Sy ferklaaiden harren yn de keamer.
Ferklaaidest (Dû/Do)	Dressed up (You)	Dû ferklaaidest dy yn dyn keamer.
Ferklaaie (Wy, jim, sy, jo)	Dress up (We, you all, they)	Jim ferklaaie jim yn dy keamer.
Ferklaaist (Dû/Do)	Dress up (You)	Dû ferklaaist dy aanst.
Ferklaait (Hy, sy, it)	Dresses up (He, she, it)	Hy ferklaait him aanst.
Ferklearje (Ik, wy, jim, sy, jo)	Declare (I, we, you all, they)	Ik ferklearje dy de oarloch.
Ferklearre (Ik, hy, sy, it)	Explained, Declared (I, he, she, it)	Hy ferklearre de oarloch.
Ferklearren (Wy, jim, sy, jo)	Declared (We, you all, they)	Jo ferklearren de oarloch.
Ferklearrest (Dû/Do)	Explain, Declare (You)	Dû ferklearrest de oarloch.
Ferklearrest(e) (Dû/Do)	Explained, Declared (You)	Dû ferklearreste de oarloch.
Ferklearret (Hy, sy, it)	Explains, Declares (He, she, it)	Hy ferklearret de oarloch.
Ferkoarting	Shortening	De ferkoarting fan it wurd.
Ferkocht (Ik, hy, sy, it)	Sold (I, he, she, it)	Hy ferkocht syn hûs.
Ferkofst (Dû/Do)	Sold (You)	Dû ferkofst dyn auto.
Ferkoft (Ik, hy, sy, it)	Sold (I, he, she, it)	Hy ferkoft syn auto.
Ferkoften (Wy, jim, sy, jo)	Sold (We, you all, they)	Wy ferkoften ús auto.
Ferkrêfting	Rape	De ferkrêfting fan de natoer.
Ferkrêftsje (Ik, wy, jim, sy, jo)	Rape (I, we, you all, they)	Jim ferkrêftsje de natoer.
Ferkrûmelje (Ik, wy, jim, sy, jo)	Crumble (I, we, you all, they)	Wy ferkrûmelje de stien.
Ferkwânselje	Squander	Sy ferkwânselje ús jild.
Ferlaat (PP)	Seduced (PP)	Sy hat him ferlaat.
Ferlate (Ik, hy, sy, it)	Seduced (I, he, she, it)	Sy ferlate him.
Ferlaten (Wy, jim, sy, jo)	Seduced (We, you all, they)	Wy ferlaten de minsken.
Ferlatest (Dû/Do)	Seduced (You)	Dû ferlatest my.
Ferlear (Ik, hy, sy, it)	Lost (I, he, she, it)	Hy ferlear de striid.
Ferlearen (Wy, jim, sy, jo)	Lost (We, you all, they)	Wy ferlearen de striid.
Ferlearst (Dû/Do)	Lost (You)	Dû ferlearst de striid.
Ferleegje (Ik, wy, jim, sy, jo)	Lower (I, we, you all, they)	Wy ferleegje ús doel.
Ferlege (Ik, hy, sy, it)	Lowered (I, he, she, it)	Hy ferlege syn doel.
Ferlegen (Wy, jim, sy, jo)	Lowered (We, you all, they)	Wy ferlegen ús doel.
Ferlegen	Shy	It famke wie ferlegen.
Ferlegest (Dû/Do)	Lower (You)	Dû ferlegest dyn doel.
Ferlegest(e) (Dû/Do)	Lowered (You)	Dû ferlegeste dyn doel.
Ferleget (Hy, sy, it)	Lowers (He, she, it)	Hy ferleget syn doel.
Ferlern (PP)	Lost (PP)	Wy hawwe de striid ferlern.

Frisian	English	Example
Ferlet	Need for something	Ik haw ferlet fan in bakje kofje.
Ferlied (Ik)	Seduce (I)	Ik ferlied de man.
Ferliede (Wy, jim, sy, jo)	Seduce (We, you all, they)	Sy ferliede de man.
Ferlieder	Seducer	Sy is in ferlieder.
Ferliedst (Dû/Do)	Seduce (You)	Dû ferliedst de man.
Ferliedt (Hy, sy, it)	Seduces (He, she, it)	Sy ferliedt de man.
Ferlies (Ik)	Lose (I)	Ik ferlies de striid.
Ferliest (Dû/Do)	Lose (You)	Dû ferliest de striid.
Ferliest (Hy, sy, it)	Loses (He, she, it)	Sy ferliest de striid.
Ferliet (Ik, hy, sy, it)	Abandoned (I, he, she, it)	Sy ferliet har hûs.
Ferlieten (Wy, jim, sy, jo)	Abandoned (We, you all, they)	Jo ferlieten jo hûs.
Ferlietst (Dû/Do)	Abandoned (You)	Dû ferlietst dyn hûs.
Ferlieze (Wy, jim, sy, jo)	Lose (We, you all, they)	Sy ferlieze de striid.
Ferliezer	Loser	Hy wie de ferliezer fan it spultsje.
Ferlike (Ik, hy, sy, it)	Compared (I, he, she, it)	Hy ferlike dy mei him.
Ferliken (Wy, jim, sy, jo)	Compared (We, you all, they)	Wy ferliken har mei dy.
Ferlikest (Dû/Do)	Compare (You)	Dû ferlikest him mei har.
Ferlikest(e) (Dû/Do)	Compared (You)	Dû ferlikeste him mei har.
Ferliket (Hy, sy, it)	Compares (He, she, it)	Sy ferliket har mei inoar.
Ferline	Past, Last (He, she, it)	Hy wol net oer syn ferline neitinke.
Ferlit (Ik)	Abandon (I)	Ik ferlit myn hûs.
Ferlit (Hy, sy, it)	Abandons (He, she, it)	Hy ferlit syn hûs.
Ferlitst (Dû/Do)	Abandon (You)	Dû ferlitst dyn hûs.
Ferlitte (Wy, jim, sy, jo)	Abandon (We, you all, they)	Wy ferlitte ús hûs.
Ferlitten (PP)	Abandoned (PP)	Wy hawwe ús hûs ferlitten.
Ferljochting	Lighting, Illumination	Bûten it hûs hawwe wy ferljochting.
Ferlykber	Comparable	De resultaten binne ferlykber.
Ferlykje (Ik, wy, jim, sy, jo)	Compare (I, we, you all, they)	Wy ferlykje de resultaten.
Fermakke (Ik, hy, sy, it)	Amused, Entertained (I, he, she, it)	Sy fermakke him dêr.
Fermakken (Wy, jim, sy, jo)	Entertained (We, you all, they)	Wy fermakken ús dêr.
Fermakkest (Dû/Do)	Amuse, Entertain (You)	Dû fermakkest dy dêr.
Fermakkest(e) (Dû/Do)	Amuses, Entertains (You)	Dû fermakkeste dy dêr.
Fermakket (Hy, sy, it)	Amuses, Entertains (He, she, it)	Hy fermakket him dêr.
Fermeitsje (Ik, wy, jim, sy, jo)	Entertain (I, we, you all, they)	Wy fermeitsje ús dêr.
Fermindere (Ik, hy, sy, it)	Reduced, Decreased (I, he, she, it)	Hy fermindere de kâns op sykte.
Ferminderen (Wy, jim, sy, jo)	Decreased (We, you all, they)	Wy ferminderen de kâns op sykte.
Ferminderest (Dû/Do)	Reduce, Decrease (You)	Dû ferminderest de kâns op sykte.
Ferminderest(e) (Dû/Do)	Reduced, Decreased (You)	Dû ferminddereste de kâns op sykte.
Ferminderet (Hy, sy, it)	Reduces, Decreases (He, she, it)	Sy ferminderet de kâns op sykte.
Ferminderje (Ik, wy, jim, sy, jo)	Decrease (I, we, you all, they)	Sy ferminderje de kâns op sykte.
Ferming (Ik)	Mingle (I)	Ik ferming it sâlt mei wetter.
Ferminge (Wy, jim, sy, jo)	Mingle (We, you all, they)	Wy ferminge it sâlt mei wetter.
Fermingst (Dû/Do)	Mingle (You)	Dû fermingst it sâlt mei wetter.
Fermingt (Hy, sy, it)	Mingles (He, she, it)	Hy fermingt it sâlt mei wetter.
Fermoarde (Ik, hy, sy, it)	Killed, Murdered (I, he, she, it)	Hy fermoarde de minsken net.
Fermoarden (Wy, jim, sy, jo)	Murdered (We, you all, they)	Jo fermoarden de minsken net.
Fermoardest (Dû/Do)	Kill, Murder (You)	Dû fermoardest him net.
Fermoardest(e) (Dû/Do)	Killed, Murdered (You)	Dû fermoardeste dizze minsken.
Fermoardet (Hy, sy, it)	Killed, Murdered (He, she, it)	Hy fermoardet har net.
Fermoardzje (Ik, wy, jim, sy, jo)	Kills, Murders (I, we, you all, they)	Wy fermoardzje dizze minsken net.

Frisian	English	Example
Fermoede	Suspicion, Presumption	Sy fermoede dat hy de dieder is.
Fermong (Ik, hy, sy, it)	Mingled (I, he, she, it)	Hy fermong it sâlt mei it wetter.
Fermongen (Wy, jim, sy, jo)	Mingled (We, you all, they)	Wy fermongen it sâlt mei it wetter.
Fermongst (Dû/Do)	Mingled (You)	Dû fermongst it sâlt mei it wetter.
Fernaam (Ik, hy, sy, it)	Noticed (I, he, she, it)	Ik fernaam dat it reinde.
Fernaamst (Dû/Do)	Noticed (You)	Dû fernaamst dat it reinde.
Fernamen (Wy, jim, sy, jo)	Noticed (We, you all, they)	Wy fernamen dat it reinde.
Ferneam (Ik)	Name after (I)	Ik ferneam myn soan nei dy.
Ferneamd	Famous	De sjonger is ferneamd yn Fryslân.
Ferneame (Wy, jim, sy, jo)	Name after (We, you all, they)	Wy ferneame ús soan nei dy.
Ferneamst (Dû/Do)	Name after (You)	Dû ferneamst dyn soan nei my.
Ferneamt (Hy, sy, it)	Names after (He, she, it)	Hy ferneamt syn soan nei dy.
Ferneatige (Ik, hy, sy, it)	Destroyed (I, he, she, it)	Hy ferneatige syn takomst.
Ferneatigen (Wy, jim, sy, jo)	Destroyed (We, you all, they)	Wy ferneatigen ús takomst.
Ferneatigest (Dû/Do)	Destroy (You)	Dû ferneatigest dyn takomst.
Ferneatigest(e) (Dû/Do)	Destroyed (You)	Dû ferneatigeste dyn takomst.
Ferneatiget (Hy, sy, it)	Destroys (He, she, it)	Hy ferneatiget syn takomst.
Ferneatigje (Ik, wy, jim, sy, jo)	Destroy (I, we, you all, they)	Wy ferneatigje ús takomst.
Fernedere (Ik, hy, sy, it)	Humiliated (I, he, she, it)	Hy fernedere ús.
Fernederen (Wy, jim, sy, jo)	Humiliated (We, you all, they)	Wy fernederen ús.
Fernederest (Dû/Do)	Humiliate (You)	Dû fernederest my.
Fernederest(e) (Dû/Do)	Humiliated (You)	Dû fernedereste my.
Fernederet (Hy, sy, it)	Humiliates (He, she, it)	Hy fernederet dy.
Fernederje (Ik, wy, jim, sy, jo)	Humiliate (I, we, you all, they)	Wy fernederje dy.
Fernij (Ik)	Renew (I)	Ik fernij de webside.
Fernijd (PP)	Renewed (PP)	Hy hat de webside fernijd.
Fernijde (Ik, hy, sy, it)	Renewed (I, he, she, it)	Hy fernijde de webside.
Fernijden (Wy, jim, sy, jo)	Renewed (We, you all, they)	Wy fernijden de webside.
Fernijdest (Dû/Do)	Renewed (You)	Dû fernijdest de webside.
Fernije (Wy, jim, sy, jo)	Renew (We, you all, they)	Wy fernije de webside.
Fernijst (Dû/Do)	Renew (You)	Dû fernijst de webside.
Fernijt (Hy, sy, it)	Renews (He, she, it)	Hy fernijt de webside.
Fernim (Ik)	Notice (I)	Ik fernim dat it reint.
Fernimme (Wy, jim, sy, jo)	Notice (We, you all, they)	Wy fernimme dat it reint.
Fernimst (Dû/Do)	Notice (You)	Dû fernimst dat it reint.
Fernimstich	Ingenious (You)	Ik fyn him fernimstich.
Fernimt (Hy, sy, it)	Notices (He, she, it)	Sy fernimt dat it reint.
Fernuvere (Ik, hy, sy, it)	Wondered (I, he, she, it)	Hy wie fernuvere nei de fraach.
Fernuveren (Wy, jim, sy, jo)	Wondered (We, you all, they)	Wy fernuveren ús nei de fraach.
Fernuverest (Dû/Do)	Wonder (You)	Dû fernuverest dy nei de fraach.
Fernuverest(e) (Dû/Do)	Wondered (You)	Dû fernuvereste dy nei de fraach.
Fernuveret (Hy, sy, it)	Wonders (He, she, it)	Hy fernuveret him nei de fraach.
Fernuverje (Ik, wy, jim, sy, jo)	Wonder (I, we, you all, they)	Wy fernuverje ús nei de fraach.
Feroardiele (Ik, hy, sy, it)	Condemned (I, he, she, it)	Hy feroardiele him.
Feroardielen (Wy, jim, sy, jo)	Sentenced (We, you all, they)	Wy feroardielen him.
Feroardielst (Dû/Do)	Condemn, Sentence (You)	Dû feroardielst har.
Feroardelest(e) (Dû/Do)	Condemned, Sentenced (You)	Dû feroardielste har.
Feroardielet (Hy, sy, it)	Condemns (He, she, it)	Sy feroardielet him.
Feroardielje (Ik, wy, jim, sy, jo)	Sentence (I, we, you all, they)	Sy feroardielje oare minsken.
Feroare (Ik, hy, sy, it)	Changed (I, he, she, it)	Hy feroaresyn miening.

Feroaren (Wy, jim, sy, jo)	Changed (We, you all, they)	Sy feroaren harren miening.
Feroarest (Dû/Do)	Change (You)	Dû feroarest dyn miening.
Feroarest(e) (Dû/Do)	Changed (You)	Dû feroareste dyn miening.
Feroaret (Hy, sy, it)	Changed (He, she, it)	Hy feroaret syn miening.
Feroaring	Change, Alteration	Hy kin net mei de feroaring om gean.
Feroarje (Ik, wy, jim, sy, jo)	Change (I, we, you all, they)	Jo feroarje jo miening.
Feroarsaakje (Ik, wy, jim, sy, jo)	Cause (I, we, you all, they)	Jim feroarsaakje in probleem.
Feroarsake (Ik, hy, sy, it)	Caused (I, he, she, it)	Hy feroarsake in probleem.
Feroarsaken (Wy, jim, sy, jo)	Caused (We, you all, they)	Wy feroarsaken in probleem.
Feroarsakest (Dû/Do)	Cause (You)	Dû feroarsakest in probleem.
Feroarsakest(e) (Dû/Do)	Caused (You)	Dû feroarsakeste in probleem.
Feroarsaket (Hy, sy, it)	Caused (He, she, it)	Sy feroarsaket in probleem.
Ferovere (Ik, hy, sy, it)	Conquered, Captured (I, he, she, it)	Hy ferovere har hert.
Feroveren (Wy, jim, sy, jo)	Captured (We, you all, they)	Wy feroveren in delsetting.
Feroverest (Dû/Do)	Conquer, Capture (You)	Dû feroverest myn hert.
Feroverest(e) (Dû/Do)	Conquered, Captured (You)	Dû ferovereste myn hert.
Feroveret (Hy, sy, it)	Conquers, Captures (He, she, it)	Sy feroveret myn hert.
Feroverje (Ik, wy, jim, sy, jo)	Capture (I, we, you all, they)	Sy feroverje in delsetting.
Ferras (Ik)	Surprise (I)	Ik ferras myn faam.
Ferasse (Wy, jim, sy, jo)	Surprise (We, you all, they)	Wy ferasse ús mem.
Ferrast (Hy, sy, it)	Surprises (He, she, it)	Hy ferrast syn faam.
Ferraste (Ik, hy, sy, it)	Surprised (I, he, she, it)	Hy ferraste syn faam.
Ferrasten (Wy, jim, sy, jo)	Surprised (We, you all, they)	Wy ferrasten ús mem.
Ferrastest (Dû/Do)	Surprised (You)	Dû ferrastest dyn faam.
Ferret (PP)	Betrayed (PP)	Hy hat my ferret.
Ferretest (Dû/Do)	Betrayed (You)	Dû ferretest my.
Ferette (Ik, hy, sy, it)	Betrayed (I, he, she, it)	Hy ferette my.
Feretten (Wy, jim, sy, jo)	Betrayed (We, you all, they)	Jim feretten ús.
Ferried (Ik)	Betray (I)	Ik ferried myn freon.
Ferriede (Wy, jim, sy, jo)	Betray (We, you all, they)	Wy ferriede myn freon.
Ferrieder	Traitor	Dizze man wie eartiids in ferrieder.
Ferriedst (Dû/Do)	Betray (You)	Dû ferriedst myn freon.
Ferriedt (Hy, sy, it)	Betrays (He, she, it)	Hy ferriedt syn freon.
Ferrifele (Ik, hy, sy, it)	Deceived (I, he, she, it)	Hy ferrifele my foar jild.
Ferrifelen (Wy, jim, sy, jo)	Deceived (We, you all, they)	Wy ferrifelen dy foar jild.
Ferrifelest (Dû/Do)	Deceive (You)	Dû ferrifelest ús foar jild.
Ferrifelest(e) (Dû/Do)	Deceived (You)	Dû ferrifeleste ús foar jild.
Ferrifelet (Hy, sy, it)	Deceives (He, she, it)	Sy ferrifelet my foar jild.
Ferrifelje (Ik, wy, jim, sy, jo)	Deceive (I, we, you all, they)	Ik ferrifelje dy foar jild.
Ferrin (Ik)	Pass, Get lost walking (I)	Ik ferrin my yn it wâld.
Ferinne (Wy, jim, sy, jo)	Get lost walking (We, you all, they)	Wy ferrinne ús yn it wâld.
Ferrinnewearje	Destroy (to)	Wy ferrinnewearje de wrâld.
Ferromming	Relief	Wy hawwe ferromming nedich.
Ferrûn (Ik, hy, sy, it)	Got lost walking (I, he, she, it)	Sy ferrûn har yn it wâld.
Ferrûnen (Wy, jim, sy, jo)	Got lost walking (We, you all, they)	Jim ferrûnen jim yn it wâld.
Ferrûnst (Dû/Do)	Passed, Got lost walking (You)	Dû ferrûnst dy yn it wâld.
Fersei (Ik, hy, sy, it)	Promised (I, he, she, it)	Ik fersei it har.
Fersein (PP)	Promised (PP)	Ik haw it har fersein.
Ferseine (Wy, jim, sy, jo)	Promised (We, you all, they)	Wy ferseine it my.
Ferseist (Dû/Do)	Promise (You)	Dû ferseist it my.

Frisian	English	Example
Ferseist(e) (Dû/Do)	Promised (You)	Dû ferseiste it my.
Ferseit (Hy, sy, it)	Promises (He, she, it)	Sy ferseit it my.
Ferset (Ik)	Oppose (I)	Ik ferset my tsjin de plysje.
Ferset (Hy, sy, it)	Opposes (He, she, it)	Hy ferset him tsjin de plysje.
Fersetst (Dû/Do)	Oppose (You)	Dû fersetst dy tsjin de plysje.
Fersette (Wy, jim, sy, jo)	Oppose (We, you all, they)	Wy fersette ús tsjin de plysje.
Fersette (Ik, hy, sy, it)	Opposed (I, he, she, it)	Sy fersette har tsjin de plysje.
Fersetten (Wy, jim, sy, jo)	Opposed (We, you all, they)	Wy fersetten ús tsjin de plysje.
Fersettest (Dû/Do)	Opposed (You)	Dû fersettest dy tsjin de plysje.
Fersikering	Insurance	Hawwe wy hjirfoar in fersikering?
Fersikest (Dû/Do)	Request (You)	Dû fersikest him om fuort te gean.
Fersiket (Hy, sy, it)	Requests (He, she, it)	Hy fersiket har om fuort te gean.
Fersis (Ik)	Promise (I)	Ik fersis dat ik thús kom.
Fersizze (Wy, jim, sy, jo)	Promise (We, you all, they)	Wy fersizze dat wy thús komme.
Ferskate	Several	Ferskate minsken binne nei hûs gean.
Ferske	Song	It ferske docht my tinken oan dy.
Ferskes (Plural)	Songs (Plural)	De ferskes dogge my tinken oan dy.
Ferskil	Different, Difference	Sy hawwe in ferskil yn miening.
Ferskillen (Plural)	Differences (Plural)	Wat binne de ferskillen?
Ferskine (Wy, jim, sy, jo)	Appear (We, you all, they)	Wy ferskine yn it iepenbier.
Ferskining	Appearance	It wie in bjusterbaarlike ferskining.
Ferskôwe (Wy, jim, sy, jo)	Move, Postpone (We, you all, they)	Jim ferskôwe de snie.
Ferskûl	Hideout, Shelter, Hiding place	Hy is ûnderbrocht yn in ferskûl.
Ferskyn (Ik)	Appear (I)	Ik ferskyn yn it iepenbier.
Ferskynd (PP)	Appeared (PP)	Sûnt juster is er wat nijs ferskynd.
Ferskynde (Ik, hy, sy, it)	Appeared (I, he, she, it)	Hy ferskynde yn it iepenbier.
Ferskynden (Wy, jim, sy, jo)	Appeared (We, you all, they)	Jim ferskynden yn it iepenbier.
Ferskynsel	Phenomenon	Dat ferskynsel hawwe wy noch nea sjoen.
Ferskynst (Dû/Do)	Appear (You)	Dû ferskynst yn it iepenbier.
Ferskynt (Hy, sy, it)	Appears (He, she, it)	Hy ferskynt yn it iepenbier.
Ferslaan (Ik, wy, jim, sy, jo)	Beat, Defeat (I, we, you all, they)	Ik sil him ferslaan.
Ferslachjouwer	Reporter, Newshawk	De ferslachjouwer stiet foar de kamera.
Ferslachst (Dû/Do)	Beat, Defeat (You)	Dû ferslachst it mûnster.
Ferslacht (Hy, sy, it)	Beats, Defeats (He, she, it)	Hy ferslacht it mûnster.
Ferslaving	Addiction	De jongen hat in ferslaving.
Ferslein (PP)	Defeated (PP)	De fijân wie ferslein.
Ferslept (PP)	Overslept (PP)	Ik haw my fan 'e moarn ferslept.
Ferslepte (Ik, hy, sy, it)	Overslept (I, he, she, it)	Sy ferslepte har fan 'e moarn.
Ferslepten (Wy, jim, sy, jo)	Overslept (We, you all, they)	Wy ferslepten ús fan 'e moarn.
Fersleptest(e) (Dû/Do)	Overslept (You)	Dû ferslepteste dy fan 'e moarn.
Fersliep (Ik)	Oversleep (I)	Ik fersliep my.
Fersliepe (Wy, jim, sy, jo)	Oversleep (We, you all, they)	Wy fersliepe ús.
Fersliepst (Dû/Do)	Oversleep (You)	Dû fersliepst dy.
Fersliept (Hy, sy, it)	Oversleeps (He, she, it)	Hy fersliept him.
Fersline (PP)	Devour (PP)	It mûnster hat se allegear fersline.
Fersloech (Ik, hy, sy, it)	Defeated (I, he, she, it)	Hy fersloech it mûnster.
Fersloechst (Dû/Do)	Defeated (You)	Dû fersloechst it mûnster.
Fersloegen (Wy, jim, sy, jo)	Defeated (We, you all, they)	Wy fersloegen it mûnster.
Fersmoarge (Ik, hy, sy, it)	Polluted (I, he, she, it)	Hy fersmoarge it klimaat.
Fersmoargen (Wy, jim, sy, jo)	Polluted (We, you all, they)	Wy fersmoargen it klimaat.

Fersmoargest (Dû/Do)	Pollute (You)	Dû fersmoargest it klimaat.
Fersmoargest(e) (Dû/Do)	Polluted (You)	Dû fersmoargeste it klimaat.
Fersmoarget (Hy, sy, it)	Pollutes (He, she, it)	Hy fersmoarget it klimaat.
Fersmoargje (Ik, wy, jim, sy, jo)	Pollute (I, we, you all, they)	Wy fersmoargje it klimaat.
Fersoargje (Ik, wy, jim, sy, jo)	Take care of (I, we, you all, they)	Sy fersoargje ús goed.
Fersocht (Ik, hy, sy, it)	Requested (I, he, she, it)	Ik fersocht dy om fuort te gean.
Fersochten (Wy, jim, sy, jo)	Requested (We, you all, they)	Wy fersochten dy om fuort te gean.
Fersochtst (Dû/Do)	Requested (You)	Dû fersochtst ús om fuort te gean.
Ferspraat (PP)	Spread, Distributed (PP)	Hy hat it firus ferspraat.
Fersprate (Ik, hy, sy, it)	Spread (I, he, she, it)	Hy fersprate it firus.
Ferspraten (Wy, jim, sy, jo)	Spread (We, you all, they)	Wy ferspraten it firus.
Ferspratest (Dû/Do)	Spread, Distributed (You)	Dû ferspratest it firus.
Ferspried (Ik)	Spread, Distribute (I)	Ik ferspried it firus.
Ferspriede (Wy, jim, sy, jo)	Distribute (We, you all, they)	Wy ferspriede it firus.
Ferspriedst (Dû/Do)	Spread, Distribute (You)	Dû ferspriedst it firus.
Ferspriedt (Hy, sy, it)	Spreads, Distributes (He, she, it)	Hy ferspriedt it firus.
Fersriklik	Awful, Horrible, Terrible	Dat wie fersriklik nijs.
Fersriklike (Adj.)	Awful, Horrible, Terrible (Adj.)	It fersriklike nijs.
Ferstân	Mind, Understanding	Hy hat net mear ferstân.
Ferstean (Ik)	Understand (I)	Ik ferstean dy net.
Fersteane (Wy, jim, sy, jo)	Understand (We, you all, they)	Wy ferstean dy net.
Fersteur (Ik)	Disturb (I)	Ik fersteur de stilte.
Fersteure (Wy, jim, sy, jo)	Disturb (We, you all, they)	Wy fersteure de stilte.
Fersteurst (Dû/Do)	Disturb (You)	Dû fersteurst de stilte.
Fersteurt (Hy, sy, it)	Disturb (He, she, it)	Hy fersteurt de stilte.
Ferstie (Ik, hy, sy, it)	Understood (I, he, she, it)	Ik ferstie him net.
Ferstien (PP)	Understood (PP)	Hy hat him net goed ferstien.
Ferstiene (Wy, jim, sy, jo)	Understood (We, you all, they)	Jo ferstiene him net.
Ferstienne	Petrified	Sy wie ferstienne fan eangst.
Ferstiest (Dû/Do)	Understand (You)	Dû ferstiest him net.
Ferstiest(e) (Dû/Do)	Understood (You)	Dû ferstieste him net.
Ferstiet (Hy, sy, it)	Understand (He, she, it)	Hy ferstiet har net.
Ferstjer (Ik)	Die (I)	Ik ferstjer fan de hjitte.
Ferstjerre (Wy, jim, sy, jo)	Die (We, you all, they)	Wy ferstjerre fan de hjitte.
Ferstjerst (Dû/Do)	Die (You)	Dû ferstjerst fan de hjitte.
Ferstjert (Hy, sy, it)	Dies (He, she, it)	Hy ferstjert fan de hjitte.
Ferstjoerskosten	Shipping cost	Sitte hjir ek ferstjoerskosten by?
Ferstoar (Ik, hy, sy, it)	Died, Passed away (I, he, she, it)	Hy ferstoar fannacht.
Ferstoaren (Wy, jim, sy, jo)	Passed away (We, you all, they)	De bern ferstoaren by de berte.
Ferstoarn (PP)	Died, Passed away (PP)	Hy is fannacht ferstoarn.
Ferstoarst (Dû/Do)	Died, Passed away (You)	Dû ferstoarst fan 'e kjeld.
Ferstopje (Ik, wy, jim, sy, jo)	Hide (I, we, you all, they)	Ik ferstopje my.
Ferstoppest (Dû/Do)	Hide (You)	Dû ferstoppest dy.
Ferstoppet (Hy, sy, it)	Hide (He, she, it)	Hy ferstoppet him.
Ferstopt (PP)	Hidden (PP)	Hy hat him foar it gefaar ferstopt.
Ferstopte (Ik, hy, sy, it)	Hid (I, he, she, it)	Hy ferstopte him foar it gefaar.
Ferstopten (Wy, jim, sy, jo)	Hid (We, you all, they)	Jim ferstopten jim foar it gefaar.
Ferstoptest (Dû/Do)	Hid (You)	Dû ferstoptest dy foar it gefaar.
Ferswei (Ik)	Kept silent about (I)	Ik ferswei neat foar dy.
Fersweien (Wy, jim, sy, jo)	Kept silent about (We, you all, they)	Wy fersweien neat foar dy.

Ferswein (PP)	Kept silent about (PP)	Hy hat neat foar dy ferswein.
Fersweist (Dû/Do)	Kept silent about (You)	Dû fersweist neat foar har.
Fersweit (Hy, sy, it)	Keep silent about (He, she, it)	Hy fersweit neat foar my.
Ferswij (Ik)	Keep silent about (I)	Ik ferswij neat foar him.
Ferswije (Wy, jim, sy, jo)	Keep silent about (We, you all, they)	Wy ferswije neat foar dy.
Ferswijst (Dû/Do)	Keep silent about (You)	Dû ferswijst neat.
Ferswijt (Hy, sy, it)	Keeps silent about (He, she, it)	Hy ferwijt neat.
Fersyk	Request	Mei ik in fersyk dwaan?
Fersykje (Ik)	Request (I)	Wy fersykje dat ferske.
Fertarje (Ik, wy, jim, sy, jo)	Digest (I, we, you all, they)	Sy fertarje it iten.
Fertarre (Ik, hy, sy, it)	Digested (I, he, she, it)	Hy fertarre it iten.
Fertarren (Wy, jim, sy, jo)	Digested (We, you all, they)	Wy fertarren it iten.
Fertarrest (Dû/Do)	Digest (You)	Dû fertarrest it iten.
Fertarrest(e) (Dû/Do)	Digested (You)	Dû fertarreste it iten.
Fertarret (Hy, sy, it)	Digests (He, she, it)	Sy fertarret it iten.
Fertel (Ik)	Tell (I)	Ik fertel dy in ferhaal.
Ferteld (PP)	Told (PP)	Sy hat in ferhaal ferteld.
Fertelde (Ik, hy, sy, it)	Told (I, he, she, it)	Hy fertelde in ferhaal.
Fertelden (Wy, jim, sy, jo)	Told (We, you all, they)	Wy fertelden in ferhaal.
Ferteldest (Dû/Do)	Told (You)	Dû ferteldest in ferhaal.
Fertelle (Wy, jim, sy, jo)	Tell (We, you all, they)	Jo fertelle my in ferhaal.
Ferteller	Narrator, Storyteller	De ferteller fertelt in ferhaal.
Fertelst (Dû/Do)	Tell (You)	Dû fertelst my in ferhaal.
Fertelt (Hy, sy, it)	Tells (He, she, it)	Hy fertelt my in ferhaal.
Fertink (Ik)	Suspect (I)	Ik fertink him fan in misdied.
Fertinke (Wy, jim, sy, jo)	Suspect (We, you all, they)	Wy fertinke him fan in misdied.
Fertinking	Suspicion	Op fertinking wurdt er yn 'e gaten holden.
Fertinkst (Dû/Do)	Suspect (You)	Dû betinkst him fan in misdied.
Fertinkt (Hy, sy, it)	Suspects (He, she, it)	Sy fertinkt him fan in misdied.
Fertoan	From now on, Hereafter	Soestû dat fertoan net mear dwaan kinne?
Fertoarje	Wither	De blommen fertoarje yn de sinne.
Fertocht	Suspicious	Dizze man docht fertocht.
Fertocht (Ik, hy, sy, it)	Suspected (I, he, she, it)	Hy fertocht him fan in misdied.
Fertochte	Suspect	Dizze man is de fertochte.
Fertochten (Wy, jim, sy, jo)	Suspected (We, you all, they)	SY fertochten him fan in misdied.
Fertochtst (Dû/Do)	Suspected (You)	Dû fertochst him fan in misdied.
Fertokker	Seducer, Tempter	Eartiids wie sy in goede fertokker.
Fertriet	Sadness, Sorrow, Grief	De frou hie in protte fertriet.
Fertrietich	Sad	Sy wie fertrietich nei de film.
Fertrietige (Adj.)	Sad (Adj.)	It fertrietige famke.
Fertrou (Ik)	Trust (I)	Ik fertrou dy net mear.
Fertroud (PP)	Trusted (PP)	Dû hast my fertroud.
Fertroude (Ik, hy, sy, it)	Trusted (I, he, she, it)	Sy fertroude dy net mear.
Fertrouden (Wy, jim, sy, jo)	Trusted (We, you all, they)	Wy fertrouden dy net mear.
Fertroudest (Dû/Do)	Trusted (You)	Dû fertroudest my net mear.
Fertroust (Dû/Do)	Trust (You)	Dû fertroust my net mear.
Fertrout (Hy, sy, it)	Trusts (He, she, it)	Sy fertrout dy net mear.
Fertrouwe (Wy, jim, sy, jo)	Trust (We, you all, they)	Jim fertrouwe my net.
Fertrouwen	Trust	Hy hat in protte fertrouwen yn har.
Fertsjinje (Ik, wy, jim, sy, jo)	Earn (I, we, you all, they)	Ik fertsjinje in protte jild.

Fertsjinne (Ik, hy, sy, it)	Earned (I, he, she, it)	Hy fertsjinne in protte jild.
Fertsjinnen (Wy, jim, sy, jo)	Earned (We, you all, they)	Wy fertsjinnen in protte jild.
Fertsjinnest (Dû/Do)	Earn (You)	Dû fertsjinnest in protte jild.
Fertsjinnest(e) (Dû/Do)	Earned (You)	Dû fertsjinneste in protte jild.
Fertsjinnet (Hy, sy, it)	Earns (He, she, it)	It fertsjinnet in protte jild.
Fertsjinstlik	Meritorious, Deservingly	Hy hat him fertsjinstlik makke.
Fertsjintwurdige (Ik, hy, sy, it)	Represented (I, he, she, it)	Ik fertsjintwurdige myn bedriuw.
Fertsjintwurdigen (Wy, jim, sy, jo)	Represented (We, you all, they)	Wy fertsjintwurdigen ús bedriuw.
Fertsjintwurdigest (Dû/Do)	Represent (You)	Dû fertsjintwurdigest dyn bedriuw.
Fertsjintwurdigest(e) (Dû/Do)	Represented (You)	Dû fertsjintwurdigeste dyn bedriuw.
Fertsjintwurdiget (Hy, sy, it)	Represents (He, she, it)	Hy fertsjintwurdiget syn bedriuw.
Fertsjintwurdigje (Ik, wy, jim, sy, jo)	Represent (I, we, you all, they)	Ik fertsjintwurdigje dyn bedriuw.
Fertsjustere (Ik, hy, sy, it)	Darkened (I, he, she, it)	Hy fertsjustere de rûmte.
Fertsjusteren (Wy, jim, sy, jo)	Darkened (We, you all, they)	Wy fertsjusteren de rûmte.
Fertsjusterest (Dû/Do)	Darken (You)	Dû fertsjusterest de rûmte.
Fertsjusterest(e) (Dû/Do)	Darkened (You)	Dû fertsjustereste de rûmte.
Fertsjusteret (Hy, sy, it)	Darkens (He, she, it)	Hy fertsjusteret de rûmte.
Fertsjusterje (Ik, wy, jim, sy, jo)	Darken (I, we, you all, they)	Wy fertsjusterje de rûmte.
Ferûntskuldige (Ik, hy, sy, it)	Said sorry, Excused (I, he, she, it)	Hy ferûntskuldige himsels.
Ferûntskuldigen (Wy, jim, sy, jo)	Excused (We, you all, they)	Jim ferûntskuldigen jimsels.
Ferûntskuldigest (Dû/Do)	Say sorry, Excuse (You)	Dû ferûntskuldigest dysels.
Ferûntskuldigest(e) (Dû/Do)	Said sorry, Excused (You)	Dû ferûntskuldigeste dysels.
Ferûntskuldiget (Hy, sy, it)	Says sorry, Excuses (He, she, it)	Sy ferûntskuldiget harsels.
Ferûntskuldigje (Wy, jim, sy, jo)	Say sorry (We, you all, they)	Wy ferûntskuldigje ússels.
Ferve, Ferwe	Paint	Wy fervje de muorre mei ferve.
Ferve (Ik, hy, sy, it)	Painted (I, he, she, it)	Hy ferve de muorre.
Ferven (Wy, jim, sy, jo)	Painted (We, you all, they)	Jim ferven de muorre.
Fervest (Dû/Do)	Paint (You)	Dû fervest de muorre.
Fervest(e) (Dû/Do)	Painted (You)	Dû ferveste de muorre.
Fervet (Hy, sy, it)	Paints (He, she, it)	Sy fervet de muorre.
Fervje (Ik, wy, jim, sy, jo)	Paint (I, we, you all, they)	Jim fervje de muorre.
Ferwaarleazgje (Ik, wy, jim, sy, jo)	Neglect (I, we, you all, they)	Ferwaarleazgje dy hûn net sa.
Ferwaarmje (Ik, wy, jim, sy, jo)	Heat (I, we, you all, they)	Wy ferwaarmje de keamer.
Ferwachte (Ik, hy, sy, it)	Expected (I, he, she, it)	Hy ferwachte neat fan dy.
Ferwachten (Wy, jim, sy, jo)	Expected (We, you all, they)	Wy ferwachten neat fan dy.
Ferwachtest (Dû/Do)	Expect (You)	Dû ferwachtest neat har.
Ferwachtest(e) (Dû/Do)	Expected (You)	Dû ferwachteste neat har.
Ferwachtet (Hy, sy, it)	Expects (He, she, it)	Hy ferwachtet neat fan dy.
Ferwachtsje (Ik, wy, jim, sy, jo)	Expect (I, we, you all, they)	Wy ferwachtsje neat.
Ferwidere (Ik, hy, sy, it)	Deleted (I, he, she, it)	Hy ferwidere de ynformaasje.
Ferwideren (Wy, jim, sy, jo)	Deleted (We, you all, they)	Jim ferwideren de ynformaasje.
Ferwiderest (Dû/Do)	Delete (You)	Dû ferwiderest dyn ynformaasje.
Ferwiderest(e) (Dû/Do)	Deleted (You)	Dû ferwidereste dyn ynformaasje.
Ferwiderje (Ik, wy, jim, sy, jo)	Delete (I, we, you all, they)	Wy ferwiderje de ynformaasje.
Ferwideret (Hy, sy, it)	Deletes (He, she, it)	Sy ferwideret de ynformaasje.
Ferwiet (Ik, hy, sy, it)	Blamed (I, he, she, it)	Hy ferwiet him fan it ûngelok.
Ferwieten (Wy, jim, sy, jo)	Reproached, Blamed	Sy ferwieten har fan it ûngelok.
Ferwietst (Dû/Do)	Reproached, Blamed (You)	Dû ferwietst my fan it ûngelok.
Ferwiidzje (Ik, wy, jim, sy, jo)	Widen (I, we, you all, they)	Sy ferwiidzje dizze wei.
Ferwiis (Ik)	Refer (I)	Ik ferwiis him nei ús webside.

Ferwiisd (PP)	Referred (PP)	Hy hat him nei ús webside ferwiisd.
Ferwiisde (Ik, hy, sy, it)	Referred (I, he, she, it)	Hy ferwiisde him nei de webside.
Ferwiisden (Wy, jim, sy, jo)	Referred (We, you all, they)	Wy ferwiisden him nei de webside.
Ferwiisdest (Dû/Do)	Referred (You)	Dû ferwiisdest har nei de webside.
Ferwiist (Dû/Do)	Refer (You)	Dû ferwiist har nei de webside.
Ferwiist (Hy, sy, it)	Refers (He, she, it)	Hy ferwiist my nei de webside.
Ferwikselje (Ik, wy, jim, sy, jo)	Swap (I, we, you all, they)	Wy ferwikselje de produkten.
Ferwite (Wy, jim, sy, jo)	Blamed (We, you all, they)	Wy ferwite him fan it ûngelok.
Ferwiten (PP)	Reproached, Blamed (PP)	Wy hawwe him ferwiten fan it ûngelok.
Ferwize (Wy, jim, sy, jo)	Refer (We, you all, they)	Jim ferwize him nei de webside.
Ferwolkomde (Ik, hy, sy, it)	Welcomed (I, he, she, it)	Hy ferwolkomde de nije minsken.
Ferwolkomden (Wy, jim, sy, jo)	Welcomed (We, you all, they)	Wy ferwolkomden de nije minsken.
Ferwolkomdest (Dû/Do)	Welcomed (You)	Dû ferwolkomdest de nije minsken.
Ferwolkommet (Hy, sy, it)	Welcomes (He, she, it)	Hy ferwolkommet de nije minsken.
Ferwolkomje (Ik, wy, jim, sy, jo)	Welcome (I, we, you all, they)	Sy ferwolkomje de nije minsken.
Ferwolkommen (PP)	Welcomed (PP)	Wy hawwe de minsken ferwolkommen.
Ferwolkommest (Dû/Do)	Welcome (You)	Dû ferwolkommest de nije minsken.
Ferwûnje (Ik, wy, jim, sy, jo)	Injure, Wound (I, we, you all, they)	Ik ferwûnje oan it glês.
Ferwurke (Ik, hy, sy, it)	Processed (I, he, she, it)	Hy ferwurke de ynformaasje.
Ferwurken (Wy, jim, sy, jo)	Processed (We, you all, they)	Wy ferwurken de ynformaasje.
Ferwurkest (Dû/Do)	Process, Digest (You)	Dû ferwurkest de ynformaasje.
Ferwurkest(e) (Dû/Do)	Processed, Digested (You)	Dû ferwurkeste de ynformaasje.
Ferwurket (Hy, sy, it)	Process, Digest (He, she, it)	Hy ferwurket de ynformaasje.
Ferwyt (Ik)	Reproach, Blame (I)	Ik ferwyt him fan it ûngelok.
Ferwyt (Hy, sy, it)	Reproaches, Blames (He, she, it)	Sy ferwyt har fan it ûngelok.
Ferwytst (Dû/Do)	Reproach, Blame (You)	Dû ferwytst har fan it ûngelok.
Ferwurkje (Ik, wy, jim, sy, jo)	Process (I, we, you all, they)	Ik ferwurkje de ynformaasje.
Fêst	Fixt, Solid	It sit goed fêst.
Fêstige (Ik, hy, sy, it)	Established (I, he, she, it)	Sy fêstige har goed yn it nije plak.
Fêstigen (Wy, jim, sy, jo)	Established (We, you all, they)	Wy fêstigen ús goed yn it nije plak.
Fêstigest (Dû/Do)	Establish (You)	Dû fêstigest dy goed yn it nije plak.
Fêstigest(e) (Dû/Do)	Established (You)	Dû fêstigeste dy goed yn it nije plak.
Fêstiget (Hy, sy, it)	Establishes (He, she, it)	Hy fêstiget him goed yn it nije plak.
Fêstigje (Ik, wy, jim, sy, jo)	Establish (I, we, you all, they)	Wy fêstigje ús goed yn it nije plak.
Fet	Fat	De baarch is goed fet.
Fet (PP)	Fed (PP)	Wy hawwe de baarch fet.
Fette (Adj.)	Fat (Adj.)	De fette baarch.
Fette (Ik, hy, sy, it)	Fed (I, he, she, it)	HY fette de baarch.
Fetten (Wy, jim, sy, jo)	Fed (We, you all, they)	Jim fetten de baarch.
Fettest (Dû/Do)	Fed (You)	Dû fettest de baarch.
Fia	Via, Through	Fia dizze wei komst wer thús.
Fidzjy (Country)	Fiji (Country)	Fidzjy is in kreas lân.
Fied (Ik)	Feed (I)	Ik fied de baarch.
Fiede (Wy, jim, sy, jo)	Feed (We, you all, they)	Wy fiede de baarch.
Fieding	Nutrition	Krijt hy wol goede fieding?
Fiedst (Dû/Do)	Feed (You)	Dû fiedst de baarch.
Fiedt (Hy, sy, it)	Feeds (He, she, it)	Hy fiedt de baarch.
Fiel (Ik)	Feel (I)	Ik fiel my goed.
Field (PP)	Felt (PP)	Ik haw my goed field.
Fielde (Ik, hy, sy, it)	Felt (I, he, she, it)	Ik fielde my goed.

Fielden (Wy, jim, sy, jo)	Felt (We, you all, they)	Wy fielden ús goed.
Fieldest (Dû/Do)	Felt (You)	Dû fieldest dy goed.
Fiele (Wy, jim, sy, jo)	Feel (We, you all, they)	Wy fiele ús goed.
Fielst (Dû/Do)	Feel (You)	Dû fielst dy goed.
Fielt (Hy, sy, it)	Feels (He, she, it)	Sy fielt har goed.
Fier (Ik)	Celebrate (I)	Ik fier myn jierdei.
Fier	Far	Sy is hiel fier fuort.
Fierd (PP)	Celebrated (PP)	Hy hat syn jierdei fierd.
Fierde (Ik, hy, sy, it)	Celebrated (I, he, she, it)	Hy fierde syn jierdei.
Fierden (Wy, jim, sy, jo)	Celebrated (We, you all, they)	Wy fierden syn jierdei.
Fierder	Further	Wy geane fierder.
Fierdest (Dû/Do)	Celebrated (You)	Dû fierdest dyn jierdei.
Fiere (Wy, jim, sy, jo)	Celebrate (We, you all, they)	Sy fiere dyn jierdei.
Fiere (Adj.)	Far (Adj.)	It fiere lân.
Fierst (Dû/Do)	Celebrate (You)	Dû fierst dyn jierdei.
Fiert (Hy, sy, it)	Celebrates (He, she, it)	Sy fiert dyn jierdei.
Fierwei	By far	Hy is fierwei de bêste.
Fiif	Five	It berntsje is fiif jier âld.
Fijân (Fyand, Old Frisian)	Foe, Enemy	Wa is dyn fijân?
Fijannen (Plural)	Foes, Enemies (Plural)	Hastû in protte fijannen?
Fijannich	Hostile	De man wie fijannich tsjin ús.
Fiking	Viking	Wa wie de lêste fiking?
Fiktoarje	Victory	In grutte fiktoarje op 'e tsjinstanner.
File	File (Not a file)	De finzene brûkt in file.
Filipinen (Country)	Philippines (Country)	Wy wolle graach nei de Filipinen.
Film	Film, Movie	Hast dizze film al sjoen?
Filmke (Dim.)	Film, Movie (Dim.)	It wie in lyts filmke.
Filter	Filter	Hat hy gjin filter?
Findel	Banner	Sy rinne mei in findel oer strjitte.
Fine (Wy, jim, sy, jo)	Find (We, you all, they)	Sy fine goud yn 'e grûn.
Finer	Finder	Hy wie de finer fan it goud.
Finger	Finger	Hy wiist mei syn finger.
Fingerke (Dim.)	Finger (Dim.)	Hy wiist mei syn fingerke.
Fingers (Plural)	Fingers (Plural)	Hy wiist mei syn fingers.
Finlân (Country)	Finland (Country)	Finlân is in kâld lân.
Finsk	Finnish	Sy sprekt allinnich Finsk.
Finster	Window	De âlde frou sjocht troch it finster.
Finsterke (Dim.)	Window (Dim.)	De âlde frou sjocht troch it finsterke.
Finsters (Plural)	Windows (Plural)	De bern sjogge troch de finsters.
Finzen	Captive	Hy is finzen yn syn eigen tinzen.
Finzene	Prisoner	De finzene woe útbrekke.
Finzenis	Jail, Prison	De finzenis hat in protte kriminelen.
Fioele	Violin	Sy spilet de fioele.
Firus	Virus	Is it firus deadlik?
Fisk	Fish	De fisker hat in grutte fisk fûn.
Fiske (Ik, hy, sy, it)	Fished (I, he, she, it)	De fisker fiske by de feart.
Fisken (Plural)	Fish (Plural)	De fisken binne bang foar de fisker.
Fisken (Wy, jim, sy, jo)	Fished (We, you all, they)	Wy fisken yn de fiver.
Fisker	Fisherman	De fisker is oan it fiskjen.
Fiskest (Dû/Do)	Fish (You)	Dû fiskest yn de fiver.

Frisian	English	Example
Fiskest(e) (Dû/Do)	Fished (You)	Dû fiskeste yn de fiver.
Fisket (Hy, sy, it)	Fishes (He, she, it)	Hy fisket yn de fiver.
Fiskje (Ik, wy, jim, sy, jo)	Fish (I, we, you all, they)	Wy fiskje yn de fiver.
Fiskje (Dim.)	Fish (Dim.)	It fiskje swimt hurd fuort.
Fisy	Vision, View	Hy hat in fisy foar de takomst.
Fiters (Plural)	Laces, Shoelaces (Plural)	Dû moatst dyn fiters efkes fêst dwaan.
Fiver	Pond	De grutte fisk swimt yn de lytse fiver.
Fiverke (Dim.)	Pond (Dim.)	Sy hat in lyts fiverke yn 'e tún.
Fivers (Plural)	Ponds (Plural)	Dizze man hat trije fivers.
Fjetnam (Country)	Vietnam (Country)	Is der noch oarloch yn Fjetnam?
Fjild (Feld, Old Frisian)	Field	De lju fuotbalje op it fjild.
Fjilden (Plural)	Fields (Plural)	De fjilden binne grien.
Fjildmûs	Field mouse	De ûle sit efter de fjildmûs oan.
Fjirde	Fourth	It is de fjirde kear al.
Fjirring	Loft, Attic	Wy hawwe mûzen op de fjirring.
Fjochtet (Hy, sy, it)	Fights (He, she, it)	Hy fjochtet foar syn libben.
Fjochtsje (Ik, wy, jim, sy, jo)	Fight (I, we, you all, they)	Sy fjochtsje foar harren libben.
Fjochtst (Dû/Do)	Fight (You)	Dû fjochtst foar dyn libben.
Fjoer	Fire	It fjoer wurdt gau grutter.
Fjoerbang	Really scared	It famke is fjoerbang.
Fjoerbenaud	Really scared	It famke is fjoerbenaud.
Fjoermasine	Lighter	Mei ik dyn fjoermasine brûke?
Fjoeroanstekker	Lighter	Mei ik dyn fjoeroanstekker brûke?
Fjoertoer	Lighthouse	It ljocht komt fan de fjoertoer.
Fjoerwurk	Fireworks	Hastû al fjoerwurk kocht?
Fjouwer	Four	Fjouwer jier hat it duorre.
Fjouwerkant	Square	De stien wie in fjouwerkant.
Fjurke (Dim.)	Fire (Dim.)	Meitsje mar in lyts fjurke.
Flagge	Flag	De buorman hinget de flagge út.
Flaggen (Plural)	Flags (Plural)	Hjir hingje allegear flaggen.
Flam	Flame	It wie in grutte flam.
Flamke (Dim.)	Flame (Dim.)	It wie in lyts flamke.
Flâns	Rift	In flâns yn 'e muorre.
Flater	Mistake	Hy hat in flater makke.
Fleach (Ik, hy, sy, it)	Flew (I, he, she, it)	De fûgel fleach oer it gebou.
Fleachst (Dû/Do)	Flew (You)	Dû fleachst fuort.
Fleagen (Wy, jim, sy, jo)	Flew (We, you all, they)	Wy fleagen fuort.
Flean (Ik)	Fly (I)	Ik flean fuort.
Fleane (Wy, jim, sy, jo)	Fly (We, you all, they)	Sy fleane fuort.
Fleanfjild	Airport	Wy fleane fanôf it fleanfjild.
Fleanfjilden (Plural)	Airport (Plural)	Hat Fryslân fleanfjilden?
Fleanmasine	Plane, Airplane, Aeroplane	De fleanmasine fleant troch de loft.
Fleantúch	Plane, Airplane, Aeroplane	It fleantúch fleant troch de wolken.
Flearemûs	Bat, Flittermouse	De flearemûs hinget oer de kop.
Flechtest (Dû/Do)	Fleed (You)	Dû flechtest nei it bûtelân.
Flechtet (Hy, sy, it)	Fleeds (He, she, it)	Hy flechtet nei it bûtenlân.
Flechtsje (Ik, wy, jim, sy, jo)	Fleed (I, we, you all, they)	Ik flechtsje nei it bûtenlân.
Flein (PP)	Flown (PP)	Wy binne nei in oar lân flein.
Fleis	Flesh, Meat	Is fleis goed foar dy?
Fleisiter	Carnivore	De fleisiter siket in proai.

Fleske (Dim.)	Bottle (Dim.)	In lyts fleske wetter.
Flesse	Bottle	It wie in grutte flesse.
Flessen (Plural)	Bottles (Plural)	Wêr moatte de flessen hinne?
Fleurich	Cheerful, Gleeful, Blithe	De frou wie hjoed fleurich.
Fleurige (Adj.)	Cheerful, Gleeful, Blithe (Adj.)	De fleurige frou.
Flier	Floor	It iten leit op de flier.
Flinter	Butterfly	In flinter stiet foar feroaring.
Flitsebôge	Handbow	De jager hat in flitsebôge.
Flitsepylk	Arrow of handbow	Hy sjit mei in flitsepylk
Flitsje	Shoot arrows (to)	Wy flitsje mei de flitsebôge.
Fljochst (Dû/Do)	Fly (You)	Dû fljochst mei it fleantúch.
Float	Fleet	In float fan boaten.
Flocht (Hy, sy, it)	Flies (He, she, it)	Hy flocht mei de fleanmasine.
Flocht (Ik, hy, sy, it)	Fled (I, he, she, it)	Hy flocht nei it bûtenlân.
Flochten (Wy, jim, sy, jo)	Fled (We, you all, they)	Wy flochten nei it bûtenlân.
Flochtst (Dû/Do)	Fled (You)	Dû flochtst nei it bûtenlân.
Floed (Flod, Old Frisian)	Flood	It grutte floed hat it doarp ferneatige.
Floite	Flute	Sy kin hiel goed floite spylje.
Flok	Curse	Der sit in flok op dit hûs.
Flok (Ik)	Curse (I)	Ik flok net graach.
Flokke (Wy, jim, sy, jo)	Curse (We, you all, they)	Wy flokke net graach.
Flokst (Dû/Do)	Curse (You)	Dû flokst net graach.
Flokt (Hy, sy, it)	Curses (He, she, it)	Sy flokt net graach.
Flokte (Ik, hy, sy, it)	Cursed (I, he, she, it)	Hy flokte nei dat er foel.
Flokten (Wy, jim, sy, jo)	Cursed (We, you all, they)	Jo flokten nei jo foelen.
Floktest (Dû/Do)	Cursed (You)	Dû floktest nei datsû foelst.
Fluch	Fast	Ús hynder wie tige fluch.
Fluchste	Fastest	Ús hynder wie de fluchste.
Flugge (Adj.)	Fast (Adj.)	It flugge hynder.
Flugger	Faster	Ús hynder wie flugger.
Fluorder	Road worker	In fluorder wurket oan 'e wei.
Flústere (Ik, hy, sy, it)	Whispered (I, he, she, it)	Sy flústere yn myn ear.
Flústeren (Wy, jim, sy, jo)	Whispered (We, you all, they)	Sy flústeren yn myn ear.
Flústerest (Dû/Do)	Whisper (You)	Dû flústerest yn myn ear.
Flústerest(e) (Dû/Do)	Whispered (You)	Dû flústereste yn myn ear.
Flústeret (Hy, sy, it)	Whispers (He, she, it)	Sy flústeret yn myn ear.
Flústerje (Ik, wy, jim, sy, jo)	Whisper (I, we, you all, they)	Ik flústerje yn myn ear.
Fnaskje	Chew on something (to)	Sy fnaskje op in pinne.
Foalle	Foal	It hynder hat in foalle.
Foan	Tip	Sille wy foan jaan?
Foar	For	Foar ús is it goed.
Foaral	Especially	Foaral foar him is it muoilik.
Foarâlden	Ancestors, Forefathers	Ús foarâlden wiene wytsings.
Foarby	Over, Past	Ús tiid is foarby.
Foarbyld	Example	Wy moatte in foarbyld oan him nimme.
Foarbylden (Plural)	Examples (Plural)	Hastû hjir foarbylden fan?
Foardiel	Advantage, Benefit	Ik sjoch it foardiel efkes net.
Foardoar	Front door	Dêr stiet yn by de foardoar.
Foargoed	Forever, For good	No is it foargoed ôfrûn.
Foarholle	Forehead	Syn foarholle docht sear.

Frisian	English	Example
Foarich	Previous, Before	Foarich jier wie it better.
Foarige (Adj.)	Previous, Before (Adj.)	Foarige wike wie ik frij.
Foarjier	Spring	Wy hiene in goed foarjier.
Foarke	Fork	Ik haw in foarke nedich.
Foarlêze	Read aloud	Kinstû it foarlêze?
Foarm	Form	Hokfoar foarm hat it?
Foarme (Ik, hy, sy, it)	Formed (I, he, she, it)	Hy foarme syn miening.
Foarmen (Wy, jim, sy, jo)	Formed (We, you all, they)	Wy foarmen ús miening.
Foarmest (Dû/Do)	Form (You)	Dû foarmest dyn miening.
Foarmest(e) (Dû/Do)	Formed (You)	Dû foarmeste dyn miening.
Foarmet (Hy, sy, it)	Forms (He, she, it)	Sy foarmet har miening.
Foarmje (Ik, wy, jim, sy, jo)	Form (I, we, you all, they)	Ik foarmje myn miening.
Foarnaam	Genteel	Dat is in foarnaam ding.
Foarnamme	First name	Wat is dyn foarnamme?
Foarnamwurden	Pronouns	De Fryske foarnamwurden.
Foarrang	Precedence, Priority	Dy oare auto hat foarrang.
Foarseach (Ik, hy, sy, it)	Foresaw (I, he, she, it)	Hy foarseach de takomst.
Foarseachst (Dû/Do)	Foresaw (You)	Dû foarseachst de takomst.
Foarseagen (Wy, jim, sy, jo)	Foresaw (We, you all, they)	Wy foarseagen de takomst.
Foarsichtich	Careful, Cautious	Wês foarsichtich by de wei.
Foarsichtige (Adj.)	Careful, Cautious (Adj.)	De foarsichtige frou.
Foarsitter	Chairman	Wat seit ús foarsitter hjir fan?
Foarsjoch (Ik)	Foresee (I)	Ik foarsjoch de takomst.
Foarsjochst (Dû/Do)	Foresee (You)	Dû foarsjochst de takomst.
Foarsjocht (Hy, sy, it)	Foresees (He, she, it)	Hy foarsjocht de takomst.
Foarsjoen (PP)	Foreseen (PP)	Hy hat de takomst foarsjoen.
Foarsjogge (Wy, jim, sy, jo)	Foresee (We, you all, they)	Wy foarsjogge de takomst.
Foarslaan	Suggest, Propose	By dizze wol ik eat foarslaan.
Foarspel (Ik)	Predict (I)	Ik foarspel de takomst
Foarspeld (PP)	Predicted (PP)	Hy hat de takomst foarspeld.
Foarspelde (Ik, hy, sy, it)	Predicted (I, he, she, it)	Hy foarspelde de takomst.
Foarspelden (Wy, jim, sy, jo)	Predicted (We, you all, they)	Sy foarspelden de takomst.
Foarspeldest (Dû/Do)	Predicted (You)	Dû foarspeldest de takomst.
Foarspelle (Wy, jim, sy, jo)	Predict (We, you all, they)	Jim foarspelle de takomst.
Foarspelst (Dû/Do)	Predict (You)	Dû foarspelt de takomst.
Foarspelt (Hy, sy, it)	Predicts (He, she, it)	De âlde frou foarspelt de takomst.
Foarste	First	Op it foarste plak.
Foarstel	Proposal	Ik fyn it in goed foarstel.
Foarstelle (Wy, jim, sy, jo)	Introduce (We, you all, they)	Kinstû dysels foarstelle?
Foarút	Ahead	Kinst de wein in bytsje foarút ride?
Foarwurd	Foreword	It boek hat in foarwurd.
Fochst (Dû/Do)	Fought (You)	Dû fochst foar dyn libben.
Focht (Hy, sy, it)	Fought (He, she, it)	Hy focht foar syn libben.
Fochten (Wy, jim, sy, jo)	Fought (We, you all, they)	Sy fochten foar har libben.
Fodzich	Flabby	It famke is in bytsje fodzich.
Foel (Ik)	Fell (I)	Sy foel fan de treppe.
Foelen (Wy, jim, sy, jo)	Fell (We, you all, they)	Wy foelen fan de treppe.
Foelst (Dû/Do)	Fell (You)	Dû foelst fan 'e treppe.
Foerazjearje	Forage	De fûgels foerazjearje.
Foet	Foot	Myn foet docht sear.

Foeterje (Ik, wy, jim, sy, jo)	Grumble, Express anger (to)	Sy foeterje út lilkens.
Fokse	Fox	De fokse ferstoppet him.
Foksen (Plural)	Foxes (Plural)	De foksen ferstopje harren.
Fol	Full	Dizze doaze is fol.
Folchoarder	Ranking, Order	It stiet op de juste folchoarder.
Foldwaan	Satisfy	Hjir moat ik oan foldwaan.
Fôle	Foal	It hynder hat in fôle.
Folge (Ik, hy, sy, it)	Followed (I, he, she, it)	Hy folge it plan.
Folgen (Wy, jim, sy, jo)	Followed (We, you all, they)	Sy folgen it plan.
Folgest (Dû/Do)	Follow (You)	Dû folgest it plan.
Folgest(e) (Dû/Do)	Followed (You)	Dû folgeste it plan.
Folget (Hy, sy, it)	Follows (He, she, it)	Hy folget it plan.
Folgje (Ik, wy, jim, sy, jo)	Follow (I, we, you all, they)	Wy folgje it plan.
Folgjende	Next	Wa is de folgjende?
Folje (Ik, wy, jim, sy, jo)	Fill (I, we, you all, they)	Wy folje de amer mei wetter.
Folk	People, Folks	It folk wol it net mear.
Folle (Adj.)	Much, Full (Adj.)	It is in folle amer.
Folslein	Fully, Wholly, Completely	It hûs wie folslein ôfbrând.
Folsleine (Adj.)	Fully, Wholly, Completely (Adj.)	It folsleine hûs wie ôfbrând.
Foltôging	Completion	De foltôging fan it projekt.
Folwoeksen	Adult, Grown up	It famke wie al gau folwoeksen.
Fong (Ik)	Caught (I)	Hy fong de bal.
Fongen (Wy, jim, sy, jo)	Caught (We, you all, they)	Sy fongen de bal.
Fongst (Dû/Do)	Caught (You)	Dû fongst de bal
Forantwurdzje (Older)	Answer for, Justify	Hy moat him forantwurdzje.
Forbean (Older)	Forbidden	It is dy forbean.
Forbjusterje (Older)	Confuse, Obscure, Baffle	Hy woe it jild forbjusterje.
Forbod (Older)	Prohibition	In forbod op fjoerwurk.
Forbyldzje (Older)	Imagine (to)	Ik sil it my wol forbyldzje.
Fordegigje (Older)	Defend	Kinstû dysels fordedigje?
Fordjipje (Older)	To think deeply	Ik moat my efkes fordjipje.
Fordomme (Older)	Damn	Fordomme, dat docht sear.
Fordrach (Older)	Treaty, Pact	Wy hawwe in fordrach mei ús fijân.
Forfier (Older)	Transport	Hastû al forfier fûn?
Forgean (Older)	Perish, Rot	Sy forgean fan de hûnger.
Forgees (Older)	For free	It guod is forgees.
Forgetten (Older)	Forgotten	Hy wie it forgetten.
Forgif (Older)	Poison	Hy hie forgif yn it drinken.
Forgoedzje (Older)	Reimburse, Compensate	Soe de fersikering it forgoedzje?
Forgreatglês (Older)	Magnifying glass, Reading glass	Wy hawwe in forgreatglês nedich.
Forhael (Older)	Tale, Story	Hast it ferhael alris heard?
Forheard (Older)	Surprised, Amazed	Hy wie in bytsje forheard.
Forhûgje (Older)	Looking forward to, Rejoice	Wy forhûgje ús op de film.
Forieniging (Older)	Association	Sitstû by in forieniging?
Forklaeije (Older)	Dress up	Wy wolle ús noch efkes forklaeije.
Forsriklik (Older)	Horrible, Terrible	Hy fynt it forsriklik.
Fortel (Older)	Tell	Ik fortel dy in ferhael.
Fortriet (Older)	Sadness, Sorrow, Grief	Sy hat in protte fortriet.
Fortrou (Older)	Trust	Ik fortrou him net langer.
Foto	Photo	Hastû in foto fan it hûs?

Fraach	Question	Hy hat in fraach foar dy
Frachtwein	Truck, Lorry	De frachtwein rydt oer de wei.
Fragen (Plural)	Questions (Plural)	Wy hawwe in pear fragen foar dy.
Frankryk (Country)	France (Country)	Frankryk leit ûnder Belgje.
Frânsk	French	Kinstû Frânsk prate?
Frede	Peace	De lannen moatte frede hawwe.
Freed	Friday	Freed bin ik frij.
Freegje (Ik, wy, jim, sy, jo)	Ask (I, we, you all, they)	Ik freegje dy wat.
Frege (Ik, hy, sy, it)	Asked (I, he, she, it)	Ik frege dy eat.
Fregen (Wy, jim, sy, jo)	Asked (We, you all, they)	Wy fregen dy eat.
Fregest (Dû/Do)	Ask (You)	Dû fregest my wat.
Fregest(e) (Dû/Do)	Asked (You)	Dû fregeste my wat.
Freget (Hy, sy, it)	Asks (He, she, it)	Sy freget my wat.
Freon	Friend	Hy is myn bêste freon.
Freondinne (Female friend)	Girlfriend	Sy is myn freondinne.
Freonen (Plural)	Friends (Plural)	Dat binne myn freonen.
Freonlik	Friendly	Sy is freonlik tsjin my.
Freonskip	Friendship	Wy hawwe in goede freonskip.
Fret (Ik)	Eat (As an animal) (I)	Ik fret it iten op.
Fret (Hy, sy, it)	Eats (As an animal) (He, she, it)	Hy fret it iten op.
Fretsek	Guzzler	Hy is in fretsek.
Fretst (Dû/Do)	Eat (As an animal) (You)	Dû fretst it iten op.
Frette (Wy, jim, sy, jo)	Eat (As an animal) (We, you all, they)	Jim frette it iten op.
Fries	Frisian person	Dizze Fries is grutsk.
Friet (Ik, hy, sy, it)	Ate (As an animal) (I, he, she, it)	Hy friet as in bist.
Frieten (Wy, jim, sy, jo)	Ate (As an animal) (We, you all, they)	Sy frieten as in bist.
Frietst (Dû/Do)	Ate (As an animal) (You)	Dû frietst as in bist.
Frieze	Freeze	Fannacht sil it frieze.
Friezen (Plural)	Frisians (Plural)	Friezen binne grutsk op harren lân.
Friezer	Freezer	Wy hawwe it fles yn 'e friezer.
Friezinne	Frisian female	It famke dêr is in friezinne.
Frij	Free	Friezen wolle frij wêze.
Frijbûtser	Freebooter, Filibuster	De frijbûtser docht wat er wol.
Frijfaam	Single, Bachelor	Sy is al in frijfaam foar in lange tiid.
Frijfeint	Single, Bachelorette	Hy is al in frijfeint foar in lange tiid.
Frijheid (Frydom, Old Frisian)	Freedom	Friezen wolle harren frijheid.
Frijlitte	Release	Sille wy de finzene frijlitte?
Frijmitselder	Freemason	De âlde man wie frijmitselder.
Frijwilliger	Volunteer	Hy wurket as in frijwilliger.
Frjemd	Weird, Strange, Odd	Dizze dei is frjemd.
Frjemde	Stranger	De frjemde kaam samar binnen.
Froast	Frost	Wy hawwe lêst fan de froast.
Frou	Woman	De frou wol graach in glês wyn haw.
Froulju	Women	De froulju wolle graach wyn hawwe.
Fruchtber	Fertile, Fruitful	Sy wol witte oft sy noch fruchtber.
Frustreard	Frustrated	De man is frustreard mei syn ûntslach.
Frysk	Frisian	It Frysk is in bjusterbaarlike taal.
Fryske (Adj.)	Frisian (Adj.)	Fryske minsken binne meastal oars.
Fryslân	Friesland, Frisia	Is Fryslân in lân?
Fûgel	Fowl, Bird	De fûgel is op syk nei iten.

Fûgelferskrikker	Scarecrow	De fûgelferskrikker skrikt de fûgels.
Fûgelnêst	Bird's Nest	Der lizze aaien yn it fûgelnêst.
Fûgels (Plural)	Birds (Plural)	De fûgels binne op syk nei iten.
Fûgeltsje (Dim.)	Bird (Dim.)	It fûgeltsje falt út it nêst.
Fûkse	Fox	De fûkse rint troch de snie.
Fulkaan	Volcano	De fulkaan stiet op útboarste.
Fûn (Ik, hy, sy, it)	Found (I, he, she, it)	She fûn har tillefoan wer.
Fûnds	Fund	Wy donearje jild oan it fûns.
Fûnen (Wy, jim, sy, jo)	Found (We, you all, they)	Wy fûnen ús tillefoan wer.
Funksje	Function	Hokfoar funksje hat dizze knop?
Funksjonearje (Ik, wy, jim, sy, jo)	Function (I, we, you all, they)	Wy funksjonearje goed mei kofje.
Funksjonearre (Ik, hy, sy, it)	Functioned (I, he, she, it)	HY funksjonearre goed mei kofje.
Funksjonearren (Wy, jim, sy, jo)	Functioned (We, you all, they)	Jim funksjonearren goed mei kofje.
Funksjonearrest (Dû/Do)	Function (You)	Dû funksjonearrest goed mei kofje.
Funksjonearrest(e) (Dû/Do)	Functioned (You)	Dû funksjonearreste goed mei kofje.
Funksjonearret (Hy, sy, it)	Functions (He, she, it)	Sy funksjonearret goed mei kofje.
Fûnst (Dû/Do)	Found (You)	Dû fûnst dyn tillefoan wer.
Fuorje (Ik, wy, jim, sy, jo)	Feed (I, we, you all, they)	Wy fuorje de bisten.
Fuorre (Ik, hy, sy, it)	Fed (I, he, she, it)	Sy fuorre de bisten.
Fuorren (Wy, jim, sy, jo)	Fed (We, you all, they)	Sy fuorren de bisten.
Fuorrest (Dû/Do)	Feed (You)	Dû fuorrest de bisten.
Fuorrest(e) (Dû/Do)	Fed (You)	Dû fuorreste de bisten.
Fuorret (Hy, sy, it)	Feeds (He, she, it)	Sy fuorret de bisten.
Fuort	Away, Gone	Sy binne fuort gien.
Fuortbringe	Take out, See off	Kinstû it ôffal fuortbringe?
Fuortdriuwe	Drive away	Wy moatte de skiep fuortdriuwe.
Fuortendalik	Immediately	Wy komme fuortendalik wol.
Fuortgean	Leave (to)	Dû kinst better fuortgean.
Fuorthelje	Remove (to)	Kinstû de stiennen fuorthelje?
Fuortjeie	Chase away (to)	Wy moatte de bear fuortjeie.
Fuortride	Drive away (to)	Wy moatte gau fuortride.
Fuortslûpe	Sneak away (to)	Sille wy fuortslûpe?
Fuortstjoere	Send away (to)	Kinstû dizze man fuortstjoere?
Fuorttriuwe	Push away (to)	Jim moatte dizze stien fuorttriuwe.
Fuotbal	Football, Soccer	Hâldstû fan fuotbal?
Fuotbalje (Ik, wy, jim, sy, jo)	Play football, Soccer (I, we, you all, they)	Sille wy efkes fuotbalje?
Fuotgonger	Foot passenger, Pedestrian	De fuotgonger rint op it fuotpaad.
Fuotpaad	Footpath, Sidewalk, Walkway	Jim moatte op it fuotpaad rinne.
Fuotten (Plural)	Feet (Plural)	Myn fuotten switte.
Fusearje (Ik, wy, jim, sy, jo)	Fuse, Merge (I, we, you all, they)	Wy fusearje ús bedriuw.
Fusearre (Ik, hy, sy, it)	Fused, Merged (I, he, she, it)	Hy fusearre de twa bedriuwen.
Fusearren (Wy, jim, sy, jo)	Fused, Merged (We, you all, they)	Wy fusearren ús bedriuw.
Fusearrest (Dû/Do)	Fuse, Merge (You)	Dû fusearrest dyn bedriuw mei inoar.
Fusearrest(e) (Dû/Do)	Fused, Merged (You)	Dû fusearreste dyn bedriuw.
Fusearret (Hy, sy, it)	Fuses, Merges (He, she, it)	Hy fusearret syn bedriuw.
Fûst	Fist	Meitsje in fûst.
Fûsten (Plural)	Fists (Plural)	Dû moatst dyn fûsten brûke.
Fyn (Ik)	Find (I)	Ik fyn it hiel noflik.
Fynst (Dû/Do)	Find (You)	Dû fynst it hiel noflik.
Fynt (Hy, sy, it)	Finds (He, she, it)	Hy fynt it hiel noflik.

Frisian	English	Example
Fyts	Bicycle, Bike	Sy rydt op in fyts.
Fytsen (Plural)	Bicycles, Bikes (Plural)	Sy ride op fytsen.
Gambia (Country)	Gambia (Country)	Wêr leit Gambia?
Gana (Country)	Ghana (Country)	Bistû alris yn Gana west?
Gâns	Entire	Gâns Fryslân hat fan dy heard.
Gânze (Adj.)	Entire (Adj.)	De gânze wrâld.
Garaazje	Garage	De auto stiet yn de garaazje.
Garandearje (Ik, wy, jim, sy, jo)	Guarantee (I, we, you all, they)	Wy garandearje dat it goed komt.
Garandearre (Ik, hy, sy, it)	Guaranteed (I, he, she, it)	Hy garandearre dat it goed kaam.
Garandearren (Wy, jim, sy, jo)	Guaranteed (We, you all, they)	Wy garandearren dat it goed kaam.
Garandearrest (Dû/Do)	Guarantee (You)	Dû garandearrest dat it goed komt.
Garandearrest(e) (Dû/Do)	Guaranteed (You)	Dû garandearreste dat it goed kaam.
Garandearret (Hy, sy, it)	Guarantees (He, she, it)	Sy garandearret dat it goed komt.
Garânsje	Warranty	Sit der gâransje op it produkt?
Gas	Gas	It rûkt hjir nei gas.
Gau	Quick	Ik sil gau nei hûs.
Gea	Territory, Region, Area	It Fryske gea.
Gean (Ik)	Go (I)	Ik gean allinnich hinne.
Geane (Wy, jim, sy, jo)	Go (We, you all, they)	Sy geane allinnich hinne.
Gear	Done (Food is well-cooked)	It iten is gear.
Gearbringe	Bring together (to)	Sille wy se gearbringe?
Gearfetsje (Ik, wy, jim, sy, jo)	Summarize (I, we, you all, they)	Wy gearfetsje it boek.
Gearfette (Ik, hy, sy, it)	Summarized (I, he, she, it)	Hy gearfette it boek.
Gearfettest (Dû/Do)	Summarize, Wrap up (You)	Dû gearfettest it boek.
Gearfettest(e) (Dû/Do)	Summarized, Wrapped up (You)	Dû gearfetteste it boek.
Gearfettet (Hy, sy, it)	Summarizes (He, she, it)	Sy gearfettet it boek.
Gearfetting	Summary	Mei ik de gearfetting lêze?
Gearkomme	Come together (to)	Sille wy jûn gearkomme?
Gearkomst	Meet up, Meeting	Jûn is de gearkomst.
Gearlûke	Constrict, Contract	Spieren kinne gearlûke en ûntspanne.
Gearwurkje (Ik, wy, jim, sy, jo)	Work together (I, we, you all, they)	Jim kinne better gearwurkje.
Geast	Ghost	Hastû alris in geast sjoen?
Geasten (Plural)	Ghosts (Plural)	Wy hawwe geasten yn hûs.
Geastlik	Mentally, Spiritual	Sy is geastlik goed.
Geat (Ik, hy, sy, it)	Poured (I, he, she, it)	Sy geat it wetter yn it glês.
Geaten (Wy, jim, sy, jo)	Poured (We, you all, they)	Jo geaten wetter yn it glês.
Geatst (Dû/Do)	Poured (You)	Dû geatst wetter yn it glês.
Gebiet	Area	It is in wiid en grut gebiet.
Gebou	Building	It gebou is tige heech.
Gebouwen (Plural)	Buildings (Plural)	De gebouwen binne tige heech.
Gebrûker	User	De webside hat ien gebrûker.
Gebrûkers (Plural)	Users (Plural)	De webside hat fiif gebrûkers.
Gedraach (Ik)	Behave (I)	Ik gedraach my goed.
Gedraachst (Dû/Do)	Behave (You)	Dû gedraachst dy goed.
Gedraacht (Hy, sy, it)	Behaves (He, she, it)	Hy gedraacht him goed.
Gedrach	Behaviour	Syn gedrach fyn ik goed.
Gedrage (Wy, jim, sy, jo)	Behave (We, you all, they)	Sy gedragen harren goed.
Gedroech (Ik, hy, sy, it)	Behaved (I, he, she, it)	Sy gedroech har goed.
Gedroechst (Dû/Do)	Behaved (You)	Dû gedroechst dy net goed.
Gedroegen (Wy, jim, sy, jo)	Behaved (We, you all, they)	Wy gedroegen ús goed.

Frisian	English	Example
Gefaarlik	Dangerous	Dizze krite kin gefaarlik wêze.
Gefaarlike (Adj.)	Dangerous (Adj.)	De gefaarlike krite.
Gefoel	Feeling	Sy hat hjir in goed gefoel by.
Gefoelens	Feelings	Sy hat in protte gefoelens.
Gefoelich	Sensitive	Sy is in bytsje gefoelich.
Gefoelige (Adj.)	Sensitive (Adj.)	It gefoelige famke.
Gefolch	Consequence, Outcome	Wat is it gefolch fan dyn gedrach?
Geheim	Secret	Hy hat my in grut geheim ferteld.
Geheimsinnich	Secretive, Mysterious	De lju dogge geheimsinnich.
Gehûch	Memory	Ik haw it opslein yn myn gehûch.
Geit	Goat	De geit springt op it dak.
Geiten (Plural)	Goats (Plural)	De geiten springe op it dak.
Gek	Crazy	De man is gek.
Gekke (Adj.)	Crazy (Adj.)	De gekke man.
Gelikens	Equality	Hy wol gelikens foar manlju en froulju.
Gelokkich	Happy, Lucky	De minsken binne hiel gelokkich.
Gelokkige (Adj.)	Happy, Lucky (Adj.)	De gelokkige minsken.
Gelyk	Right, Even	Wy binne gelyk.
Gemeente	Township	De gemeente hat in pear doarpen.
Gemien	Mean (Not nice)	Sy is hiel gemien.
Gemien	Common	Wy hawwe neat gemien.
Generaasje	Generation	Sy binne fan in oare generaasje.
Generearje (Ik, wy, jim, sy, jo)	Generate (I, we, you all, they)	Wy generearje in dokumint.
Genês (Ik)	Heal, Recover (I)	Ik genês fan in sykte.
Genêslik	Curable	Dizze sykte is genêslik.
Genêst (Dû/Do)	Heal, Recover (You)	Dû genêst fan in sykte.
Genêst (Hy, sy, it)	Heals, Recovers (He, she, it)	Sy genêst fan in sykte.
Genetysk	Genetically	It is genetysk oanlein.
Genêze (Wy, jim, sy, jo)	Heal, Recover (We, you all, they)	Sy genêze fan in sykte.
Genêzen (PP)	Healed, Recovered (PP)	Hy is fan de sykte genêzen.
Genies (Ik, hy, sy, it)	Healed, Recovered (I, he, she, it)	Hy genies fan in sykte.
Geniest (Dû/Do)	Healed, Recovered (You)	Dû geniest fan in sykte.
Genietest (Dû/Do)	Enjoy (You)	Dû genietest fan de dei.
Genietet (Hy, sy, it)	Enjoys (He, she, it)	Sy genietet fan 'e dei.
Genietsje (Ik, wy, jim, sy, jo)	Enjoy (I, we, you all, they)	Sy genietsje fan de dei.
Geniezen (Wy, jim, sy, jo)	Recovered (We, you all, they)	Wy geniezen fan 'e sykte.
Genoat (Ik, hy, sy, it)	Enjoyed (I, he, she, it)	Sy genoat fan 'e dei.
Genoaten (Wy, jim, sy, jo)	Enjoyed (We, you all, they)	Sy genoaten fan 'e dei.
Genoatst (Dû/Do)	Enjoyed (You)	Dû genoatst fan 'e dei.
Genôch	Enough	Jo hawwe genôch hân.
Geografy	Geography	Wat fynstû fan geografy?
Georgje (Country)	Georgia (Country)	Wy sille nei Georgje.
Gerdyn	Curtain	Ús mem docht it gerdyn ticht.
Gers	Grass	De knyn yt gers.
Gerskrûper	Sand lizard	In gerskrûper krûpt troch it gers.
Gersmasine	Lawnmower	Wêr stiet de gersmasine?
Gerûs	Rustle	Hy hearde in sêft gerûs.
Gesellich	Cozy, Nice	It wie juster gesellich.
Gesellige (Adj.)	Cozy, Nice (Adj.)	De gesellige jûn.
Gesicht	Face	Hy hat in lilk gesicht.

Geskikt	Suitable, Fit	Hy is geskikt foar it wurk.
Geskink	Gift, Present	Sy krijt in geskink foar har jierdei.
Getten (PP)	Poured (PP)	Wy hawwe wetter yn it glês getten.
Gewaaksen	Crops	De boer soarget foar de gewaaksen.
Gewear	Gun, Rifle	Ús heit hat in gewear ferstoppe.
Gewente	Habit	It is in gewente wurden.
Gewicht	Weight	Wat is dyn gewicht?
Gewoan	Just	It is foar him gewoan.
Gie (Ik, hy, sy, it)	Went (I, he, she, it)	Hy gie nei hûs nei it feest.
Giel	Yellow	De sinne is giel.
Giele (Adj.)	Yellow (Adj.)	De giele sinne.
Gien (PP)	Gone (PP)	Ús pake is nei hûs gien.
Giene (Wy, jim, sy, jo)	Went (We, you all, they)	Wy giene nei it sikehûs.
Giest (Dû/Do)	Go (You)	Dû giest nei it sikehûs.
Giest(e) (Dû/Do)	Went (You)	Dû gieste nei it sikehûs.
Giet (Hy, sy, it)	Goes (He, she, it)	Sy giet nei it sikehûs.
Gif	Poison	De rôt hat gif hân.
Gimber	Ginger	Gimber skynt goed foar dy te wêzen.
Giselwjuk	Helicopter	De giselwjuk makket in soad lûd.
Gitaar	Guitar	Sy spilet gitaar.
Gizelje (Ik, wy, jim, sy, jo)	Take hostage (I, we, you all, they)	Sy wolle de presidint gizelje.
Gjers (Wâldfrysk)	Grass	De ko yt gjers.
Gjin	None	Ik haw gjin nocht.
Gjinien	No one	Gjinien hat de film sjoen.
Gjirrich	Stingy	Dy minsken binne gjirrich.
Glêd	Slippery	Dizze wei is glêd.
Glêdens	Smoothness, Slipperiness	It wie glêdens op de wei troch it iis.
Gleon	Glowing	Hy seach gleon út syn eagen.
Gleonhyt	Glowing hot	Dizze stien is gleonhyt.
Glês	Glass	It glês is leech.
Glêske (Dim.)	Glass (Dim.)	Sy drinkt in glêske wyn.
Glêzen (Plural)	Glasses (To drink from) (Plural)	De glêzen binne leech.
Glide (PP)	Glided, Slid (PP)	Ik bin oer de grûn glide.
Glidest (Dû/Do)	Glide, Slide (You)	Dû glidest oer de grûn.
Glidet (Hy, sy, it)	Glides, Slides (He, she, it)	Hy glidet oer de grûn.
Glied (Ik, hy, sy, it)	Glided, Slid (I, he, she, it)	Hy glied oer de grûn.
Glieden (Wy, jim, sy, jo)	Glided, Slid (We, you all, they)	Sy glieden oer de grûn.
Gliedst (Dû/Do)	Glided, Slid (You)	Dû gliedst oer de grûn.
Glimke (Ik, hy, sy, it)	Smiled (I, he, she, it)	Sy glimke fan lok.
Glimken (Wy, jim, sy, jo)	Smiled (We, you all, they)	Sy glimken fan lok.
Glimkest (Dû/Do)	Smile (You)	Dû glimkest fan lok.
Glimkest(e) (Dû/Do)	Smiled (You)	Dû glimkeste fan lok.
Glimket (Hy, sy, it)	Smiles (He, she, it)	Hy glimket fan lok.
Glimkje (Ik, wy, jim, sy, jo)	Smile (I, we, you all, they)	Wy glimkje fan lok.
Gloep (Ik, hy, sy, it)	Sneaked, Snuck (I, he, she, it)	Sy gloep nei bûten.
Gloepen (Wy, jim, sy, jo)	Sneaked, Snuck (We, you all, they)	Sy gloepen nei bûten.
Gloepst (Dû/Do)	Sneaked, Snuck (You)	Dû gloepst nei bûten.
Gluorje (Ik, wy, jim, sy, jo)	Peek (I, we, you all, they)	Troch de ruten hinne gluorje.
Glûp (Ik)	Sneak (I)	Ik glûp fuort.
Glûpe (Wy, jim, sy, jo)	Sneak (We, you all, they)	Wy glûpe fuort.

Frisian	English	Example
Glûpst (Dû/Do)	Sneak (You)	Dû glûpst fuort.
Glûpt (Hy, sy, it)	Sneaks (He, she, it)	Sy glûpt fuort.
Glydbaan	Slide (In kindergarten)	Sy wol fan de glydbaan ôf.
Glydzje (Ik, wy, jim, sy, jo)	Slide (I, we, you all, they)	Wy glydzje oer de wei hinne.
Gniis	Grin	Hy hat in gniis op syn gesicht.
Gniisgas	Laughing gas, Nitrous oxide	Is gniisgas goed foar dy?
Gnoarje	Grunt, Growl (to)	De bargen gnoarje lûd.
Gnobbich	Thievish	Hy is al dagen in bytsje gnobbich.
Gnyskje (Ik, wy, jim, sy, jo)	Grin (I, we, you all, they)	Wy gnyskje fan de wille.
Goadinne	Goddess	De frou liket op in goadinne.
Goarre	Pandemic	Wy sitte yn in goarre.
Goatstien	Sink	De goatstien is ferstoppe.
Goddeleas	Godless	Dizze lju binne goddeleas.
Godlik	Godlike	Dizze lju binne godlik.
Godtsjinst	Religion	Hastû in godtsjinst?
Goed	Good	Ik fyn it goed.
Goedkeap	Cheap	Ik fyn it goedkeap.
Goedkeape (Adj.)	Cheap (Adj.)	De goedkeape oanbieding.
Goedkeaper	Cheaper	Neffens my is dizze goedkeaper.
Goedkeapst	Cheapest	Dizze is it goedkeapst.
Goede (Adj.)	Good (Adj.)	It is in goede film.
Goeie dei	Good day	Goeie dei, mei ik dy eat freegje?
Goeie jûn	Good evening	Goeie jûn!
Goeie middei	Good afternoon	Goeie middei!
Goeie moarn	Good morning	Goeie moarn, kin ik dy helpe?
Goes	Goose	In goes fleant oer de greide.
Gom	Gum, Eraser	Mei ik dyn gom brûke?
Gong	Hall, Corridor, Hallway	De bern rinne troch de gong.
Goud	Gold	Dizze stien is fan goud.
Gouden (Goldne, Old Frisian) (Adj.)	Golden (Adj.)	In gouden stien.
Goudfisk	Goldfish	De goudfisk swimt yn it wetter.
Graach	Would like to	Ik soe hiel graach delkomme wolle.
Graaf (Ik)	Dig (Grave, Older English) (I)	Ik graaf in gat.
Graafst (Dû/Do)	Dig (You)	Dû graafst in gat.
Graaft (Hy, sy, it)	Digs (He, she, it)	Hy graaft in gat.
Grânzgje (Ik, wy, jim, sy, jo)	Growl (I, we, you all, they)	Grânzgje as in bist.
Grap	Joke	Hy koe net laitsje om de grap.
Grappich	Funny	Dy man wie juster hiel grappich.
Grave (Wy, jim, sy, jo)	Dig (We, you all, they)	Wy grave in gat.
Great (Older)	Big, Large, Tall	De man wie great.
Greep (Ik, hy, sy, it)	Grasped, Grabbed (I, he, she, it)	Ik greep dyn hân.
Greepst (Dû/Do)	Grasped, Grabbed (You)	Dû greepst myn hân.
Grêf	Grave	Wy sille nei it grêf fan ús beppe.
Greide	Meadow	De wide griene greide.
Greides (Plural)	Meadows (Plural)	De griene greides.
Grepen (Wy, jim, sy, jo)	Grasped (We, you all, they)	Wy grepen dyn hân.
Griem (Ik)	Spill (I)	Ik griem mei it iten.
Griemd (PP)	Spilled (PP)	Jo hawwe mei it iten griemd.
Griemde (Ik, hy, sy, it)	Spilled (I, he, she, it)	Hy griemde mei it iten.
Griemden (Wy, jim, sy, jo)	Spilled (We, you all, they)	Sy griemden mei it iten.

Frisian	English	Example
Griemdest (Dû/Do)	Spilled (You)	Dû griemdest mei it iten.
Grieme (Wy, jim, sy, jo)	Spill (We, you all, they)	Jo grieme mei it iten.
Griemst (Dû/Do)	Spill (You)	Dû griemst mei it iten.
Griemt (Hy, sy, it)	Spills (He, she, it)	Hy griemt mei it iten.
Grien	Green	It gers is grien.
Griene (Adj.)	Green (Adj.)	It griene gers.
Grienlân (Country)	Greenland (Country)	Yn Grienlân wenje hast gjin minsken.
Griente	Vegetable, Greens	In protte griente is sûn.
Grif	Sure	It kin grif wol.
Griis	Gray, Grey	Al dizze gebouwen binne griis.
Grikelân (Country)	Greece (Country)	Grikelân hat bjusterbaarlike eilannen.
Grins	Border	Wêr leit de grins fan Fryslân?
Grinslân (A province in the Netherlands)	Groningen	Wy wolle net nei Grinslân.
Grinzen (Plural)	Borders (Plural)	Wêr lizze de grinzen fan Fryslân?
Gripe (Wy, jim, sy, jo)	Grasp, Grabbed (We, you all, they)	Wy gripe dyn hân.
Grize (Adj.)	Grey (Adj.)	De grize gebouwen.
Groef (Ik, hy, sy, it)	Dug (I, he, she, it)	Hy groef in grut gat.
Groefst (Dû/Do)	Dug (You)	Dû groefst in grut gat.
Groei (Ik)	Grow (I)	Ik groei griente.
Groeid (PP)	Grown (PP)	Sy is fluch groeid.
Groeide (Ik, hy, sy, it)	Grew (I, he, she, it)	Sy groeide griente yn har tún.
Groeiden (Wy, jim, sy, jo)	Grew (We, you all, they)	Wy groeiden griente yn har tún.
Groeidest (Dû/Do)	Grew (You)	Dû groeidest griente yn dyn tún.
Groeie (Wy, jim, sy, jo)	Grow (We, you all, they)	Sy groeie fluch.
Groeist (Dû/Do)	Grow (You)	Dû groeist fluch.
Groeit (Hy, sy, it)	Grows (He, she, it)	Hy groeit fluch.
Groete (Ik, hy, sy, it)	Greeted, Saluted (I, he, she, it)	Sy groete my op strjitte.
Groeten (Wy, jim, sy, jo)	Greeted (We, you all, they)	Jo groeten my op strjitte.
Groetest (Dû/Do)	Greet, Salute (You)	Dû groetest my op strjitte.
Groetest(e) (Dû/Do)	Greeted, Saluted (You)	Dû groeteste my op strjitte.
Groetet (Hy, sy, it)	Greets, Salutes (He, she, it)	Hy groetet dy op strjitte.
Groetsje (Ik, wy, jim, sy, jo)	Greet, Salute (I, we, you all, they)	Wy groetsje dy op strjitte.
Groeven (Wy, jim, sy, jo)	Dug (We, you all, they)	Sy groeven in grut gat.
Grot	Cave	Hy libbe yn in grot.
Grotten (Plural)	Caves (Plural)	Hjir binne allegear grotten.
Groun (Older)	Ground	De groun is bot smoarch.
Grouwe	Big, fat	De grouwe feint sit oan de bar.
Grûn	Ground	De grûn is bot smoarch.
Grut (Grat, Old Frisian)	Big, Large, Tall	De minsken hawwe in grut hûs.
Grutsk (Stolta, Old Frisian)	Proud	Dizze minsken binne grutsk.
Grutskens	Pride	Fryske grutskens.
Grutst	Biggest, Largest, Tallest	Friezen binne it grutst.
Grutte (Adj.)	Big, Large, Tall (Adj.)	De grutte Fries.
Grutter	Bigger, Larger, Taller	Friezen binne grutter.
Grûzelich	Dingy	Ik fyn dizze film grûzelich.
Gryksk	Greek	Sprekstû Gryksk?
Gryp (Ik)	Grasp, Grab (I)	Ik gryp dyn hân.
Grypst (Dû/Do)	Grasp, Grab (You)	Dû grypst myn hân.
Grypt (Hy, sy, it)	Grasps, Grabs (He, she, it)	Sy grypt syn hân.
Gûchelder	Magician	De gûchelder hie ús foar de gek.

Gûchelje (Ik, wy, jim, sy, jo)	Juggle (I, we, you all, they)	Dy man koe goed gûchelje.
Guinee (Country)	Guinea (Country)	Wêr leit Guinee?
Gûl (Ik)	Cry (I)	Ik gûl fan gelok.
Gûlbek	Crybaby	Dat bern is in gûlbek.
Gûld (PP)	Cried (PP)	Sy hat in protte gûld.
Gûlde (Ik, hy, sy, it)	Cried (I, he, she, it)	Sy gûlde fan lok.
Gûlden (Wy, jim, sy, jo)	Cried (We, you all, they)	Wy gûlden fan lok.
Gûldest (Dû/Do)	Cried (You)	Dû gûldest fan fertriet.
Gûle (Wy, jim, sy, jo)	Cry (We, you all, they)	Jim gûle fan lok.
Gûlst (Dû/Do)	Cry (You)	Dû gûlst fan lok.
Gûlt (Hy, sy, it)	Cries (He, she, it)	Sy gûlt fan lok.
Guod	Goods, Stuff	Hastû wat guod foar ús?
Guon	Some	Guon minsken tinke dat sy alle witte.
Guozzen (Plural)	Geese (Plural)	De guozzen ite grien gers.
Gûverneur	Governer	Hy is de gûverneur fan dizze steat.
Haadletter	Capital letter	It wurd begjint mei in haadletter.
Haadstêd	Capital	Ljouwert is de haadstêd fan Fryslân.
Haadstik	Chapter	Hokker haadstik is it?
Haadstikken (Plural)	Chapters (Plural)	Hoe folle haadstikken hat it boek?
Haai	Shark	De haai stjocht der gemien út
Haat (Hy, sy, it)	Hate (He, she, it)	Hy haat my net.
Haat (PP)	Hated (PP)	Sy hat him in protte haat.
Haatsje (Ik, wy, jim, sy, jo)	Hate (I, we, you all, they)	Ik haatsje dy net hear.
Haatst (Dû/Do)	Hate (You)	Dû haatst my net.
Hage	Hedge	De stikelbaarch skûlet yn de hage.
Hagel	Hail	Sy hawwe it oer hagel fan 'e middei.
Hagelstoarm	Hailstorm	In grutte hagelstoarm komt der oan.
Haïty (Country)	Haiti (Country)	Wy wolle nei Haïty.
Hak (Ik)	Hack, Hew, Chop (I)	Ik hak it hout yn lytse stikjes
Hakke	Heel	De frou hat in seare hakke.
Hakke (Wy, jim, sy, jo)	Hack, Chop (We, you all, they)	Wy hakke it hout yn lytse stikjes.
Hakst (Dû/Do)	Hack, Hew, Chop (You)	Dû hakst it hout yn lytse stikjes.
Hakt (Hy, sy, it)	Hacks, Hews, Chops (He, she, it)	Hy hakt it hout yn lytse stikjes.
Hakte (Ik, hy, sy, it)	Hacked, Chopped (I, he, she, it)	Hy hakte it hout yn lytse stikjes.
Hakten (Wy, jim, sy, jo)	Hacked (We, you all, they)	Wy hakten it hout yn lytse stikjes.
Haktest (Dû/Do)	Hacked, Chopped (You)	Dû haktest it hout yn lytse stikjes.
Hâld (Ik)	Hold, Love (I)	Ik hâld dy fêst.
Hâldber	Durable	Is dizze tsiis noch langer hâldber?
Hâlde (Wy, jim, sy, jo)	Hold, Love (We, you all, they)	Sy hâlde dy fêst.
Hâlding	Attitude, Pose	Dyn hâlding befalt my net.
Hâldst (Dû/Do)	Hold, Love (You)	Dû hâldst my fêst.
Hâldt (Hy, sy, it)	Holds, Loves (He, she, it)	Sy hâldt dy fêst.
Halsbân	Necklace	Hastû myn halsbân sjoen?
Hammer	Hammer	Ik slach mei de hammer op de spiker.
Hân (PP)	Had (PP)	Sy hat genôch iten hân.
Hân	Hand	Jou my de hân mar.
Handich	Handy, Skilful	Dizze trúk is hiel handich.
Hânbile	Hatchet	Mei de hânbile kinst gau te wurk.
Hândoek	Towel	Is dizze hândoek al brûkt?
Hândruk	Handshake	De man joech my in sterke hândruk.

Hannel	Trade	Ús heit sit yn 'e hannel.
Hannen (Plural)	Hands (Plural)	Myn hannen binne kâld.
Hânskuon	Gloves	Foar dizze put hast hânskuon nedich.
Hantearje (Ik, wy, jim, sy, jo)	Handle (I, we, you all, they)	Wy hantearje de bile.
Hantearre (Ik, hy, sy, it)	Handled, Managed (I, he, she, it)	Hy hantearre de bile.
Hantearren (Wy, jim, sy, jo)	Handled (We, you all, they)	Sy hantearren de bile.
Hantearrest (Dû/Do)	Handle, Manage (You)	Dû hantearrest de bile.
Hantearrest(e) (Dû/Do)	Handled, Managed (You)	Dû hantearreste de bile.
Hantearret (Hy, sy, it)	Handles, Manages (He, she, it)	Sy hantearret de bile.
Hantekening	Signature	Mei ik dyn hantekening?
Har	Her	It docht har net safolle.
Harke (Ik, hy, sy, it)	Listened (I, he, she, it)	Wy hawwe nei dy harke.
Harkest (Dû/Do)	Listen (You)	Dû harkest nei my.
Harket (Hy, sy, it)	Listens (He, she, it)	Sy harket nei my.
Harkje (Ik, wy, jim, sy, jo)	Listen (I, we, you all, they)	Wy harkje nei dy.
Harmony	Harmony	De bisten libje yn harmony.
Harren	Their	Harren mem wie bot lilk.
Harsens	Brain	Myn harsens dogge in soad.
Harsenskodding	Concussion	Hy hat in swiere harsenskodding hân.
Hart	Deer, Hart	Moarns sjochst wol gauris in hart.
Hast	Nearly, Almost	Ik wie hast te let foar it wurk.
Hast (Dû/Do)	Have (You)	Dû hast it my sjen litten.
Hat (Hy, sy, it)	Has (He, she, it)	Hy hat it my sjen litten.
Hate (Ik, hy, sy, it)	Hated (I, he, she, it)	Sy hate my foar in lange tiid.
Haten (Wy, jim, sy, jo)	Hated (We, you all, they)	Sy haten my foar in lange tiid.
Hatest (Dû/Do)	Hated (You)	Dû hatest my foar in lange tiid.
Hauk	Hawk	De hauk fleant oer de greide.
Haven	Harbor, Haven	It skip leit yn de haven.
Haw, Ha (Ik)	Have (I)	Ik haw myn nocht foar hjoed.
Hawwe (Wy, jim, sy, jo)	Have (We, you all, they)	Wy hawwe ús nocht foar hjoed.
Hazze	Hare	De hazze hat him gau ferskûle.
Hea	Hay	De aaien lizze yn it hea.
Heaberch	Haystack	De mûzen sitte yn de heaberch.
Heafoarke	Pitchfork	De heafoarke stiet om 'e hoeke.
Heak	Hook	Ik doch ies op myn heak.
Heal (Half, Old Frisian)	Half	Ik fiel my hjoed heal.
Healoft	Hayloft	De bern sitte op 'e healoft.
Healwei	Halfway	Wy binne healwei.
Healwiis	Crazy, Foolish	Dû moatst net sa healwiis dwaan.
Heap	Heap	Der leit in heap stiennen.
Hear (Ik)	Hear, Belong (I)	Ik hear dy wol.
Heard (PP)	Heard, Belonged (PP)	Ik haw dy wol heard.
Hearde (Ik, hy, sy, it)	Heard, Belonged (I, he, she, it)	Ik hearde dy wol.
Hearden (Wy, jim, sy, jo)	Heard, Belonged (We, you all, they)	Sy hearden dy wol.
Heardest (Dû/Do)	Heard, Belonged (You)	Dû heardest my wol.
Hearehûs	Mansion	Dizze rike man besit in hearehûs.
Hearlik	Delicious, Yummy, Toothsome	It iten wie hearlik.
Hearlike (Adj.)	Delicious, Yummy (Adj.)	It hearlike iten.
Hearre (Wy, jim, sy, jo)	Hear, Belong (We, you all, they)	Wy hearre dy wol hear.
Hearsker	Ruler (Like a king)	Hy is de hearsker fan dizze kriten.

Frisian	English	Example
Hearske (Ik, hy, sy, it)	Ruled (I, he, she, it)	Hy hearske oer it lân.
Hearsken (Wy, jim, sy, jo)	Ruled (We, you all, they)	Wy hearsken oer it lân.
Hearskest (Dû/Do)	Rule (You)	Dû hearkest oer it lân.
Hearkest(e) (Dû/Do)	Ruled (You)	Dû hearkeste oer it lân.
Hearsket (Hy, sy, it)	Rules (He, she, it)	Hy hearsket oer it lân.
Hearskje (Ik, wy, jim, sy, jo)	Rule (I, we, you all, they)	Wy hearskje oer it lân.
Hearst (Dû/Do)	Hear, Belong (You)	Dû hearst my wol.
Heart (Hy, sy, it)	Hears, Belongs (He, she, it)	Sy heart my wol.
Heas	Hoarse	Syn stim is hjoed heas.
Heech (Hâch, Old Frisian)	High	Dizze toer is tige heech.
Heechste	Highest	Hy hat de heechste skoare.
Hêf (Older)	Sea	De boat is oer it hêf gien.
Hege (Adj.)	High (Adj.)	De hege toer.
Heger	Higher	Dizze skoare is heger.
Hegeskoalle	High school	Ús famke sit al op de hegeskoalle.
Heit	Father, Dad	Ús heit is altyd oan it wurk.
Heitelân	Homeland, Fatherland	Fryslân is ús heitelân.
Hekse	Hex, Witch	De hekse ferflokt it doarp.
Hel	Hell	Hy is troch hel gien.
Held	Hero	Dizze man is in held.
Helje (Ik, wy, jim, sy, jo)	Get (I, we, you all, they)	Wy helje dy op.
Helle (Ik, hy, sy, it)	Got (I, he, she, it)	Sy helle ús op.
Hellen (Wy, jim, sy, jo)	Got (We, you all, they)	Jim hellen ús op.
Hellest (Dû/Do)	Get (You)	Dû hellest my op.
Hellest(e) (Dû/Do)	Got (You)	Dû helleste my op.
Hellet (Hy, sy, it)	Gets (He, she, it)	Hy hellet dy op.
Helm	Helmet	Dû kinst better dyn helm opdwaan.
Help (Ik)	Help (I)	Ik help dy aanst.
Helpe (Wy, jim, sy, jo)	Help (We, you all, they)	Wy helpe dy aanst.
Helpoart	Hellgate	Dizze poart liket op in helpoart.
Helpst (Dû/Do)	Help (You)	Dû helpst my aanst.
Helpt (Hy, sy, it)	Helps (He, she, it)	Hy helpt dy aanst.
Herberch	Hostel	Sille wy nei dizze herberch gien?
Hert	Heart	It famke hat in hert fan goud.
Herteleas	Heartless	Hy is in herteleas persoan.
Herten (Plural)	Hearts (Plural)	Ús herten hearre by elkoar.
Hertoanfal	Heart attack	De âlde man hie in hertoanfal.
Hertsear	Heartbroken, Heartache	Sy hat safolle hertsear.
Hertsje (Dim.)	Heart (Dim.)	Hy hat in lyts hertsje.
Heuchlik	Joyful	Dizze dei wei heuchlik.
Heup	Hip	De âlde frou hat lêst fan har heup.
Heuvel	Hill	Wy rinne de heuvel op.
Hichtefrees	Fear of height	De man op 'e toer hat hichtefrees.
Hie (Ik, hy, sy, it)	Had (I, he, she, it)	Sy hie har nocht fan skoalle.
Hiel	Fully, Wholly	Hjoed bin ik hiel bliid.
Hielal	Universe	It hielal is tige grut.
Hiele (Adj.)	Fully, Wholly (Adj.)	Sy wie de hiele dei frij.
Hielendal	Completely, Wholly, Fully	De loft wie hielendal blau.
Hielje (Ik, wy, jim, sy, jo)	Heal (I, we, you all, they)	Ik hielje noch foar in pear dagen.
Hielkrêftich	Medicinal, Healing	Dizze krûden binne hielkrêftich.

Hieltyd	All the time	Ik haw it my hieltyd ôffrege.
Hiem	Yard, Property	Wa is der by ús op it hiem?
Hiemside	Homepage	Gean mar efkes nei ús hiemside.
Hiene (Wy, jim, sy, jo)	Had (We, you all, they)	Wy hiene in goede tiid.
Hier (Ik)	Hire, Rent (I)	Ik hier in auto.
Hier	Hair	Dû hast moai hier.
Hierboarstel	Hairbrush	Sy is har hierboarstel kwyt.
Hierd (PP)	Hired, Rented (PP)	Sy hawwe in wein hierd.
Hierde (Ik, hy, sy, it)	Hired, Rented (I, he, she, it)	Hy hierde in wein.
Hierden (Wy, jim, sy, jo)	Hired, Rented (We, you all, they)	Wy hierden de wein.
Hierdest (Dû/Do)	Hire, Rent (You)	Dû hierdest in wein.
Hiere (Wy, jim, sy, jo)	Hire, Rent (We, you all, they)	Sy hiere in wein.
Hierren (Plural)	Hairs (Plural)	Der lizze hierren op 'e grûn.
Hierrich	Hairy	Dy kat is hierrich.
Hierrige (Adj.)	Hairy (Adj.)	De hierrige kat.
Hierst (Dû/Do)	Hire, Rent (You)	Dû hierst in auto.
Hiert (Hy, sy, it)	Hires, Rents (He, she, it)	Hy hiert in auto.
Hiertsje (Dim.)	Hair (Dim.)	In lyts hiertsje leit op dyn skouder.
Hiest (Dû/Do)	Had (You)	Dû hiest in goede tiid.
Hikke	Fence	Hy springt oer de hikke hinne.
Hikken (Plural)	Fences (Plural)	Wy hawwe hikken om it hûs.
Hillich	Holy	De tsjerke is hillich.
Him	Him	Sy kinne him noch net.
Himd	Tank top	Hy hat in himd oan mei it sporten.
Himmel	Heaven	Sil hy nei de himmel of de hel?
Himmele (Ik, hy, sy, it)	Cleaned (I, he, she, it)	Sy himmele it hûs.
Himmelen (Wy, jim, sy, jo)	Cleaned (We, you all, they)	Sy himmelen it hûs.
Himmelest (Dû/Do)	Clean (You)	Dû himmelst it hûs.
Himmelest(e) (Dû/Do)	Cleaned (You)	Dû himmelste it hûs.
Himmelet (Hy, sy, it)	Cleans (He, she, it)	Sy himmelet it hûs.
Himmelje (Ik, wy, jim, sy, jo)	Clean (I, we, you all, they)	Wy himmelje it hûs.
Himmelsk	Heavenly	It iten is himmelsk.
Himmelske (Adj.)	Heavenly (Adj.)	It himmelske iten.
Hingest (Dû/Do)	Hang (You)	Dû hingest it skilderij op.
Hinget (Hy, sy, it)	Hangs (He, she, it)	Hy hinget it skilderij op.
Hingje (Ik, wy, jim, sy, jo)	Hang (I, we, you all, they)	Jim hingje it skilderij op.
Hinne	Away, Go	Dêr geane wy hinne.
Histoarje	History	It plak hat in nijsgjirrige histoarje.
Hja	She	Hja wol it mar net leauwe.
Hjeldagen	Holidays	Wy hawwe nocht oan de hjeldagen.
Hjerst	Fall, Autumn	Yn de hjerst falle de bledsjes.
Hjir, Hjirre	Here	Ik bin hjir en sy is dêr.
Hjirboppe	Up here	Sy binne hjirboppe.
Hjirefter	Behind this	Hjirefter haw 'k it fûn.
Hjirfan	Hereof, Of this	Ik krij hûnger hjirfan.
Hjirnei	Thereafter, After this	Hjirnei geane wy nei hûs.
Hjirop	Hereon, On this	Hjirop wol ik antwurd jaan.
Hjirtroch	Hereby, Because of this	Hjirtroch haw ik myn nocht.
Hjitte	Heat, Hot	De hjitte wurdt allinnich slimmer.
Hjitsich	Horny	Sy wiene altyd hjitsich.

Frisian	English	Example
Hjitte poeiermolke	Hot chocolate	Wy drinke hjitte poeiermolke.
Hjoed	Today	Hy hat hjoed al plannen.
Hoale	Hole	De fokse hat in grutte hoale.
Hoanne	Rooster, Cock	De hoanne makket lûd.
Hoarn	Horn	De bolle hat in grutte hoarn.
Hoe (Ho, Old Frisian)	How	Hoe is it mei dyn mem?
Hoech (Ik)	Need (I)	Ik hoech net mear nei skoalle.
Hoechst (Dû/Do)	Need (You)	Dû hoechst net mear nei skoalle.
Hoecht (Hy, sy, it)	Needs (He, she, it)	Hy hoecht net mear nei skoalle.
Hoed	Hat	Pake hat in hoed op.
Hoefizer	Horseshoe	It hynder hat in nij hoefizer nedich.
Hoegde (Ik, hy, sy, it)	Needed (I, he, she, it)	Sy hoegde net mear nei skoalle.
Hoegden (Wy, jim, sy, jo)	Needed (We, you all, they)	Wy hoegden net mear nei skoalle.
Hoegdest (Dû/Do)	Needed (You)	Dû hoegdest net mear nei skoalle.
Hoege (Wy, jim, sy, jo)	Need (We, you all, they)	Wy hoege net mear nei skoalle.
Hoeke (Herne, Old Frisian)	Corner	Hy wennet om de hoeke.
Hoeken (Plural)	Corners (Plural)	In keamer hat fjouwer hoeken.
Hoekje (Dim.)	Corne (Dim.)	De keamer hat in lyts hoekje.
Hoi	Hello, Hey, Hi, Bye	Hoi, hoe is it?
Hok	Cabin, Shed, Barn	Pake hat in grut hok op 'e tún.
Hokfoar	What for	Hokfoar farwe is dat?
Hokje (Dim.)	Cabin, Shed, Barn (Dim.)	Pake hat in lyts hokje op 'e tún.
Hokken (Plural)	Cabins, Sheds, Barns (Plural)	Pake hat twa hokken op 'e tún.
Hokker, Hokke	Which	Hokker dei is it hjoed?
Hold (Ik, hy, sy, it)	Held (I, he, she, it)	Ik hold dy fêst.
Holden (Wy, jim, sy, jo)	Held (We, you all, they)	Jo holden my fêst.
Holdst (Dû/Do)	Held (You)	Dû holdst my fêst.
Hollân (Part of the Netherlands)	Holland	Hollân leit yn Nederlân.
Hollânsk	Dutch	De man koe allinnich Hollânsk prate.
Hollânske (Adj.)	Dutch (Adj.)	De Hollânske man koe gjin Frysk ferstean.
Holle	Head	De holle docht my sear.
Holp (Ik, hy, sy, it)	Helped (I, he, she, it)	Ik holp dy.
Holpen (Wy, jim, sy, jo)	Helped (We, you all, they)	Jim holpen my.
Holpst (Dû/Do)	Helped (You)	Dû holpst my.
Holtsje (Dim.)	Head (Dim.)	De baby hat in lyts holtsje.
Hommels	Suddenly	Hy kaam hommels te ferstjerren.
Hondueras (Country)	Honduras (Country)	Dizze minsken wenje yn Hondueras.
Hong (Ik, hy, sy, it)	Hung (I, he, she, it)	Hy hong it skilderij op.
Hongarije (Country)	Hungary (Country)	Hy wie juster noch yn Hongarije.
Hongen (Wy, jim, sy, jo)	Hung (We, you all, they)	Wy hongen it skilderij op.
Hongst (Dû/Do)	Hung (You)	Dû hongst it skilderij op.
Hoop	Hope	De minsken hiene in soad hoop.
Hoopje (Ik, wy, jim, sy, jo)	Hope (I, we, you all, they)	Sy hoopje dat it goed komt.
Hooplik	Hopefully	Hooplik komt it goed mei dy.
Hope (Ik, hy, sy, it)	Hoped (I, he, she, it)	Sy hope dat it goed kaam.
Hopeleas	Hopeless	Sy wie hopeleas nei it ûngelok.
Hopen (Wy, jim, sy, jo)	Hoped (We, you all, they)	Wy hopen dat it goed kaam.
Hopest (Dû/Do)	Hope (You)	Dû hopest dat it goed komt.
Hopest(e) (Dû/Do)	Hoped (You)	Dû hopeste dat it goed kaam.
Hopet (Hy, sy, it)	Hopes (He, she, it)	Sy hopet dat it goed komt.

Hoppe	Horse (Childish)	Mem, ik wol in hoppe tekenje.
Horloazje	Watch (For wrist)	De rike man hat in djoer horloazje.
Hormoanen	Hormones	Sy hat lêst fan de hormoanen.
Hotel	Hotel	It wie in noflik hotel.
Houlik	Marriage	Yn in houlik moatte je earlik wêze.
Houlikreis	Honeymoon	Wy hawwe in noflike houlikreis hân.
Houn (Older)	Dog, Hound	Myn houn docht neat hear.
Hout	Wood	Ik sil efkes hout sykje yn it wâld.
Houterich	Woody	It priuwt houterich.
Houtskoal	Charcoal	Houtskoal is in oerbliuwsel.
Hûd	Hide, Skin	Dyn hûd is drûch.
Hûn	Dog, Hound	Myn hûn docht neat hear.
Hûndert	Hundred	Sy is hûndert dagen fuort west.
Hûnen (Plural)	Dogs (Plural)	Myn hûnen dogge neat hear.
Hûnger	Hungry	De ko hat hûnger.
Huning	Honey	De huning is tige swiet.
Hûntsje (Dim.)	Dog (Dim.)	It is dochs in leaf hûntsje.
Hurd	Hard	De bôle is my te hurd.
Hurd	Hearth, Fireplace	'k bin sa bliid dat wy in hurde hawwe.
Hurde (Adj.)	Hard (Adj.)	De hurde bôle.
Hurder	Harder	De bôle is hurder as juster.
Hurdste	Hardest	Dizze stien is it hurdst.
Hûs, Hús	House	Jo wenje yn in noflik hûs.
Húsbist	Pet	Hy hat ien húsbist.
Húsbisten (Plural)	Pets (Plural)	Hy hat twa húsbisten.
Húsdier	Pet	Hy hat ien húsdier.
Húshâlding	Household	Hoe grut is de húshâlding?
Hûske (Dim.)	House (Dim.)	Jo wenje yn in noflik hûske.
Húslik	Homely	Dizze wente fynt húslik oan.
Hûsspin	House spider	De hûsspin krûpt oer de muorre.
Húswarje (Ik, wy, jim, sy, jo)	Baby-sit (I, we, you all, they)	Beppe mei graach húswarje.
Hûzen	Houses	Dizze strjitte hat in protte hûzen.
Hûzje	Build (to)	De fûgels hûzje yn in beam.
Hwa (Older)	Who	Hwa is dat?
Hwannear (Older)	When	Hwannear komme sy?
Hwant (Older)	Because	Hwant juster wie ik siik.
Hwat (Older)	What	Hwat moat dat hjirre?
Hwer (Older)	Where	Hwer binne wy no?
Hy	He	Hy kin goed dûnsje.
Hymje	Panting	Hymje dat er die.
Hynder (Horsa, Old Frisian)	Horse	In moai grut Frysk hynder.
Hynderke (Dim.)	Horse (Dim.)	In lyts hynderke yt gers.
Hynders (Plural)	Horses (Plural)	De Fryske hynders drave troch it lân.
Hynst	Stallion	De hynst rint grutsk troch it lân.
Hynsteblom	Dandelion	It famke plukt de moaie hynsteblom.
Hyt	Hot, Heat	Yn de simmer kin it hjirl hyt wêze.
Idee	Idea	Sy hat in goed idee foar it projekt.
Iel	Eel	De iel swom troch it wetter.
Ien	One	Ien plus ien is twa.
Ien	Someone, Somebody	Dat hat ien my ris ferteld.

Frisian	English	Example
Ienfâld	Onefold, Simplicity	Ik hâld fan ienfâld.
Ienheid	Unity	Ienheid is wat wy nedich binne.
Ienhoarn	Unicorn	It mearke giet oer in ienhoarn.
Iensum	Lonely	De âlde man fielt him iensum.
Iepen	Open	De supermerke is iepen.
Iepenbier	Public	Sille wy it iepenbier meitsje?
Iepenbierje (Ik, wy, jim, sy, jo)	Reveal (I, we, you all, they)	Hjoed sille wy ús projekt iepenbierje.
Iepene (Ik, hy, sy, it)	Opened (I, he, she, it)	Hy iepene de doar foar har.
Iepenen (Wy, jim, sy, jo)	Opened (We, you all, they)	Wy iepenen de doar foar har.
Iepenest (Dû/Do)	Open (You)	Dû iepenest de doar foar har.
Iepenest(e) (Dû/Do)	Opened (You)	Dû iepeneste de doar foar har.
Iepenet (Hy, sy, it)	Opens (He, she, it)	Hy iepenet de doar foar har.
Iepening	Opening	De winkel hat in grutte iepening.
Iepenje (Ik, wy, jim, sy, jo)	Open (I, we, you all, they)	Sy iepenje de doar foar har.
Ier	Vein	Kinstû dy ier sjen?
Ierdappel	Potato, Earthapple	Jou my de ierdappel mar.
Ierdbal	Globe	De ierdbal is rûn.
Ierdbei	Strawberry	De ierdbei is moai read.
Ierdbeien (Plural)	Strawberries (Plural)	De ierdbeien binne moai read.
Ierde	Earth	De ierde is oergryslik grut.
Ierdskodding (Irthbivinge, Old Frisian)	Earthquake	In ierdskodding hat hûzen ferneatige.
Ieren (Plural)	Veins (Plural)	It bloed giet troch myn ieren.
Ierlân (Country)	Ireland (Country)	Sy prate Iersk yn Ierlân.
Ierpel	Potato	Ik kin gjin ierpel mear sjen.
Ierpels (Plural)	Potatoes (Plural)	Hjoed krije wy ierpels.
Iersk	Irish	Sy prate Iersk yn Ierlân.
Ies	Bait	Wy moatte ies brûke.
Iet (Ik, hy, sy, it)	Ate (I, he, she, it)	Hy iet in par.
Ieten (Wy, jim, sy, jo)	Ate (We, you all, they)	Jim ieten in par.
Ietst (Dû/Do)	Ate (You)	Dû ietst in par.
IIkhoarntsje	Squirrel	It iikhoarntsje klimt de beam yn.
IIkhoarntsjes (Plural)	Squirrels (Plural)	De iikhoarntsjes klimme de beam yn.
IIs	Ice	Sa kâld as iis.
IIsbear	Polar bear, Icebear	De iisbear hat gjin iis mear.
IIsbearen (Plural)	Polar bears, Icebears (Plural)	De iisbearen doarmje rûn op it stikje iis.
IIsberch	Iceberg	Tink om de iisberch.
IIsko	Ice cream	De bern hawwe in iisko krigen.
IIspegel	Icecicle	Tink om de iispegel!
IIsbergen (Plural)	Icebergs (Plural)	Dizze krite hat in protte iisbergen.
IIstiid	Ice age	It wâld bestiet al sûnt de iistiid
Ik, 'k (Ik, Old Frisian)	I	Ik jou my del.
Imitaasje	Imitation	Dû dochst in goede imitaasje fan him.
Immen	Someone, Somebody	Immen hjir hat myn kaai stellen.
In protte	A lot	In protte minsken sykje it lok.
In soad	A lot	In soad minsken sykje it lok.
In, 'n	A, An	In stien is swierder as 'n fear.
Ingel (Angel, Old Frisian)	Angel	Sy like op in ingel.
Ingelân (Country)	England (Country)	Ingelân leit tichtby Fryslân.
Ingelen (Plural)	Angels (Plural)	De himmel hat allegear ingelen.
Ingelsk	English	Ingelsk stiet tichtby it Frysk.

Ingelske (Adj.)	English (Adj.)	De Ingelske man kin in bytsje Frysk.
Ingeltsje	Ladybug, Ladybird, Little angel	In ingeltsje op dyn earm.
Inketfisk	Squid, Octopus	De inketfisk pakt in fisk.
Irak (Country)	Iraq (Country)	Wêr leit Irak?
Iran (Country)	Iran (Country)	Bistû alris yn Iran west?
Is	Is	Hy is einlik oankaam.
Isolaasje	Isolation	De isolaasje fan it hûs hâldt ús waarm.
Israel (Country)	Israel (Country)	Hy wennet yn Israel.
It húske	Restroom, Toilet, WC	Ik sil efkes nei it húske.
Itaalje (Country)	Italy (Country)	Yn itaalje is it waarm.
Italiaansk	Italian	Dizze man is Italiaansk.
Ite (Wy, jim, sy, jo)	Eat (We, you all, they)	Wy ite bôle mei tsiis.
Iten (PP)	Eaten (PP)	Hy hat it iten.
Iten	Food	Hastû al iten hân?
Itensiede	Cooking food	Mem sil foar de bern itensiede.
Itselde	The same	Hjoed haw ik itselde hân as juster.
Iuw	Century	De kriich duorre in iuw.
Ivich	Eternal, Forever	It sil foar ivich sa bliuwe.
Ivige (Adj.)	Eternal, Forever (Adj.)	It ivige fjoer.
Izer	Iron	Dû hast mear izer nedich.
Izeren lûkbealch	Locomotive, Train	Dêr komt de izeren lûkbealch al oan.
Ja (Jes, Old Frisian)	Yes	Ja, dat kin wol.
Jaan	Give (to)	Kinstû my de tillefoan efkes jaan?
Jacht	Hunt	De jacht is begûn!
Jage (Ik, hy, sy, it)	Hunted (I, he, she, it)	De fokse jage op in kyn.
Jagen (Wy, jim, sy, jo)	Hunted (We, you all, they)	Sy jagen op in swyn.
Jager	Hunter	De jager skeat himsels yn 'e poat.
Jagest(e) (Dû/Do)	Hunted (You)	Dû jageste op in swyn.
Jaloersk	Jealous	Hy is jaloersk op syn freon.
Jamaika (Country)	Jamaica (Country)	Wêr leit Jamaika?
Jannewaris	January	Jannewaris is de earst moanne.
Japan (Country)	Japan (Country)	Japan is nijsgjirrich lân.
Jarre	Liquid manure	De boer giet mei jarre oer it lân.
Jas	Jacket	Moat de jas mar efkes oandwaan.
Jaske (Dim.)	Jacket (Dim.)	Moat it jaske mar efkes oandwaan.
Jawis	For sure	Jawis kin dat wol.
Jei (Ik)	Hunt (I)	Ik jein op in swyn.
Jeie (Wy, jim, sy, jo)	Hunt (We, you all, they)	Sy jeie op in ein.
Jeist (Dû/Do)	Hunt (You)	Dû jeist op in ein.
Jeit (Hy, sy, it)	Hunts (He, she, it)	Hy jeit op in ein.
Jeld	Old age	De jeld komt flugger as tinkst.
Jemen (Country)	Yemen (Country)	Sy komt út Jemen wei.
Jeropa	Europe	Jeropa hat in protte lannen.
Jier	Year	Dit jier wie in goed jier.
Jierboek	Yearbook	It jierboek komt ynkoarten.
Jierdei	Birthday	Oer twa dagen haw ik myn jierdei.
Jierke (Dim.)	Year (Dim.)	It is mar in lyts jierke.
Jiermannich	A few years	It is hat jiermannich duorre.
Jierren (Plural)	Years (Plural)	It hat jierren duorre.
Jiertiid	Season (Yeartide, only in books)	Wy binne wer in jiertiid fierder.

Jild	Money	Jild makket dy net lokkich.
Jildich	Valid	Dizze pas is net mear jildich.
Jim, Jimme	You all	Jim moatte derom tinke hear.
Jimmer, Jimmeroan	Always	Wês jimmer der foar inoar.
Jimmet	Dinner	Jûn hawwe wy jimmet.
Jiske	Ash	Der is in protte jiske op 'e grûn.
Jiskebak	Ashtray	De jiskebak is wer hielendal fol mei jiske.
Jiskefet	Trash can, Bin	De ôffal heart yn it jiskefet.
Jit (Ik)	Pour (I)	Ik jit wetter yn it glês.
Jit (Hy, sy, it)	Pours (He, she, it)	Hy jit wetter yn it glês.
Jitris	Once again	Kinst it jitris sizze?
Jitst (Dû/Do)	Pour (You)	Dû jitst wetter yn it glês.
Jitte (Wy, jim, sy, jo)	Pour (We, you all, they)	Jo jitte wetter yn it glês.
Jitter	Watering can	Sy jout de blommen wetter mei in jitter.
Jittik	Vinegar	Jittik is hiel soer.
Jo	You (Formal)	Jo kinne it better opskriuwe.
Joadsk	Jewish	De man yn de winkel is Joadsk.
Joech (Ik, hy, sy, it)	Gave (I, he, she, it)	Hy joech de man in hân.
Joechst (Dû/Do)	Gave (You)	Dû joechst de man in hân.
Joegen (Wy, jim, sy, jo)	Gave (We, you all, they)	Jo joegen de man in hân.
Jokje (Ik, wy, jim, sy, jo)	Itch (I, we, you all, they)	Jo jokje oan jo earm.
Jokke (PP)	Itched (PP)	Hy hat oan de earm jokke.
Jokkest (Dû/Do)	Itch (You)	Dû jokkest oan dyn earm.
Joktest(e) (Dû/Do)	Itches (He, she, it)	Dû jokkeste oan dyn earm.
Jokket (Hy, sy, it)	Itched (I, he, she, it)	Hy jokket oan syn earm.
Jokte (Ik, hy, sy, it)	Itched (We, you all, they)	Sy jokte oan har earm.
Jokten (Wy, jim, sy, jo)	Itched (You)	Jo jokten oan jo earm.
Jong	Young	De lju binne jong.
Jonge (Adj.)	Young (Adj.)	De jonge lju.
Jonge	Boy	De jonge giet nei skoalle.
Jonkje (Dim.)	Boy (Dim.)	It jonkje giet nei skoalle.
Jordaanje (Country)	Jordan (Country)	Jordaanje leit fier fuort.
Jork	Green frog	In jork is in griene kikkert.
Jou (Ik)	Give (I)	Ik jou dy in geskink.
Joun (Older)	Evening	It sil joun wol let wurde.
Jout (Hy, sy, it)	Gives (He, she, it)	Sy jout my in geskink.
Jouwe (Wy, jim, sy, jo)	Give (We, you all, they)	Sy jouwe my in geskink.
Jouwst (Dû/Do)	Give (You)	Dû jouwst my in geskink.
July	July	Yn July sille wy op fakânsje.
Jûn	Evening	It sil jûn wol let wurde.
Jûn (PP)	Given (PP)	Wy hawwe it jild oan dy jûn.
Juny	June	Wy binne yn Juny wer werom.
Just	Right, Correct	It antwurd is just.
Juste (Adj.)	Right, Correct (Adj.)	It juste antwurd.
Juster	Yesterday	Juster wie it in sinnige dei.
Kaai	Key	Hastû de kaai foar de doar?
Kaaien (Plural)	Keys (Plural)	Wy binne alle kaaien kwyt.
Kaaike (Dim.)	Key (Dim.)	It doarke hat in lyts kaaike.
Kaam (Ik, hy, sy, it)	Came (I, he, she, it)	Hy kaam by ús.
Kaam	Comb	Sy giet mei de kaam troch it hier.

Kaamst (Dû/Do)	Came (You)	Dû kaamst by ús.
Kado	Gift, Present	Joustû in kado op syn jierdei?
Kaei (Older)	Key	Hastou de kaei foar de doar?
Kâld	Cold	It waar is kâld hjoed.
Kâlde (Adj.)	Cold (Adj.)	It kâlde waar.
Kalender	Calendar	Moatst efkes op de kalender sjen.
Kalmearje (Ik, wy, jim, sy, jo)	Calm down (I, we, you all, they)	Sy kalmearje nei it kuierjen.
Kalmearre (Ik, hy, sy, it)	Calmed down (I, he, she, it)	Hy kalmearre nei it kuierjen.
Kalmearren (Wy, jim, sy, jo)	Calmed down (We, you all, they)	Wy kalmearren nei it kuierjen.
Kalmearrest (Dû/Do)	Calm down (You)	Dû kalmearrest nei it kuierjen.
Kalmearrest(e) (Dû/Do)	Calmed down (You)	Dû kalmearreste nei it kuierjen.
Kalmearret (Hy, sy, it)	Calms down (He, she, it)	Sy kalmearret nei it kuierjen.
Kambodja (Country)	Cambodia (Country)	Hy is nei Kambodja west.
Kamen (Wy, jim, sy, jo)	Came (We, you all, they)	Jo kamen by ús.
Kamera	Camera	De kamera stiet noch oan.
Kameroen (Country)	Cameroon (Country)	Sy binne nei Kameroen west.
Kamiel	Camel	De kamiel hat toarst.
Kampanje	Campaign	De kampanje hat in protte sin hân.
Kampearje (Ik, wy, jim, sy, jo)	Camp (I, we, you all, they)	Wy kampearje yn de natoer.
Kamûflaazje	Camouflage	Troch de kamûflaazje sjocht ús net.
Kanada (Country)	Canada (Country)	Kanada is bjusterbaarlik lân.
Kangoeroe	Kangaroo	De kangoeroe kin heech springe.
Kaniel	Cinnamon	Hy docht kaniel oer it iten hinne.
Kanker	Cancer	Dy man hat kanker.
Kâns	Chance	Hy hat in grutte kâns.
Kânsen (Plural)	Chances (Plural)	Wy hawwe in protte kânsen hjir.
Kantoar	Office	Hy hat syn eigen kantoar.
Kaptein	Captain	De kaptein is grutsk op syn boat.
Kar	Choice	Hat hy de juste kar makke?
Karakter	Character	Hokfoar karakter hastû?
Karantêne	Quarantine	Sy moasten twa wiken yn karantêne.
Karkas	Carcass	It karkas leit njonken de wei.
Karre	Cart	De karre lei fol mei guod.
Karren (Plural)	Choices (Plural)	Ik hie in protte karren.
Karrière	Career	Hy hat in goede karrière hân.
Kast	Closet	Myn sokken lizze yn de kast.
Kasten (Plural)	Closets (Plural)	Hy hat twa kasten op 'e keamer.
Kastiel	Castle	It âlde kastiel is ferneatige.
Kat	Cat	De kat is yn de beam sprong.
Katar (Country)	Qatar (Country)	It WK wie yn Katar.
Kategory	Category	Ik sykje yn dizze kategory.
Katten (Plural)	Cats (Plural)	De katten boartsje mei elkoar.
Katoen	Cotton	Myn klean is makke fan katoen.
Kazachstan (Country)	Kazakhstan (Country)	Ik sil nei Kazachstan.
Keakelje	Cluck, Cackle (to)	De piken keakelje lûd.
Keal	Calf (Animal)	In keal is hjoed berne.
Keal	Bald (Callow, Older English)	De man is keal.
Keale (Adj.)	Bald (Adj.)	De keale man.
Keallen (Plural)	Calves (Animal) (Plural)	De ko hat trije keallen.
Keamer	Room	Hy hat in grutte keamer.

Frisian	English	Example
Keamers (Plural)	Rooms (Plural)	Hoe folle keamers hat it hûs?
Keaper	Buyer	De keaper siket nei in goed produkt.
Keapest (Dû/Do)	Buy (You)	Dû keapest grientes.
Keapet (Hy, sy, it)	Buys (He, she, it)	Hy keapet grientes.
Keapje (Ik, wy, jim, sy, jo)	Buy (I, we, you all, they)	Jim keapje grientes.
Kear	Time	It kin yn ien kear.
Kear (Ik)	Turn (I)	Ik kear it hea.
Keard (PP)	Turned (PP)	Hy hat it hea keard.
Kearde (Ik, hy, sy, it)	Turned (I, he, she, it)	Hy kearde it hea.
Kearden (Wy, jim, sy, jo)	Turned (We, you all, they)	Wy kearden it hea.
Keardest (Dû/Do)	Turned (You)	Dû keardest it hea.
Keare (Wy, jim, sy, jo)	Turn (We, you all, they)	Wy keare it hea.
Kearen (Plural)	Times (Plural)	It is yn twa kearen dien.
Kears	Candle	Hy stekt de kears oan.
Kearst (Dû/Do)	Turn (You)	Dû kearst it hea.
Keart (Hy, sy, it)	Turns (He, she, it)	Sy keart it hea.
Kearzen (Plural)	Candles (Plural)	Hy stekt de kearzen oan.
Keas (Ik, hy, sy, it)	Chose (I, he, she, it)	Ik keas foar dy.
Keast (Dû/Do)	Chose (You)	Dû keast foar my.
Keazen (Wy, jim, sy, jo)	Chose (We, you all, they)	Wy keazen dy.
Kelder	Basement, Cellar	Wy hawwe de ierpels yn de kelder.
Ken (Ik)	Know (I)	Ik ken my wol.
Ken (Hy, sy, it)	Knows (He, she, it)	Hy ken dy wol.
Kend (PP)	Known (PP)	Hy hat dy wol kend.
Kenia (Country)	Kenya (Country)	Kenia leit yn Afrika.
Kening	King	Hy wie de kening fan Fryslân.
Keningen (Plural)	Kings (Plural)	Fryslân hat in soad keningen hân.
Keninginne	Queen	De kening hat in keninginne.
Keninklikens	Royalty	De Britske keninklikens.
Keninkryk	Kingdom	Hy hie in grut keninkryk.
Kenne (Wy, jim, sy, jo)	Know (We, you all, they)	Wy kenne dy wol.
Kenst (Dû/Do)	Know (You)	Dû kenst my wol.
Keppele (Ik, hy, sy, it)	Linked, Connected (I, he, she, it)	Ik keppelje myn tillefoan.
Keppelen (Wy, jim, sy, jo)	Linked (We, you all, they)	Wy keppelen ús tillefoan.
Keppelest(e) (Dû/Do)	Linked, Connected (You)	Dû keppelest(e) dyn tillefoan.
Keppelje (Ik, wy, jim, sy, jo)	Link, Connect (I, we, you all, they)	Wy keppelje ús tillefoan.
Keppelst (Dû/Do)	Link, Connect (You)	Dû keppelst dyn tillefoan.
Keppelt (Hy, sy, it)	Links, Connects (He, she, it)	Sy keppelt syn tillefoan.
Kerker	Dungeon	It mûnster yn 'e kerker.
Kerl	Grain	De kerl leit op 'e tafel.
Kertier	Quarter	It is alwer in kertier lyn.
Kervest (Dû/Do)	Carve (You)	Dû kervest dyn namme yn 'e beam.
Kervet (Hy, sy, it)	Carves (He, she, it)	Hy kervet syn namme yn 'e beam.
Kervje (Ik, wy, jim, sy, jo)	Carve (I, we, you all, they)	Ik kervje myn namme yn 'e beam.
Kessen	Pillow, Cushion	It kessen is lekker sêft.
Kessens (Plural)	Pillows, Cushions (Plural)	Dizze kessens lizze noflik.
Ketting	Chain, Necklace	De hûn sit mei in ketting fêst.
Keunst	Art	It skilderij moat keunst wêze.
Keunstmjittich	Artificial	It wurdt keunstmjittich holden.
Kidelich	Ticklish	Hy is net sa kidelich.

Frisian	English	Example
Kiel	Throat	Hy hat lêst fan de kiel.
Kies (Ik)	Choose (I)	Ik kies foar dy.
Kiest (Dû/Do)	Choose (You)	Dû kiest foar him.
Kiest (Hy, sy, it)	Chooses (He, she, it)	Hy kiest foar har.
Kieze (Wy, jim, sy, jo)	Choose (We, you all, they)	Sy kieze foar ús.
Kij	Cows	De kij ite griene gers yn it lân.
Kikkert	Frog	De kikkert springt yn it wetter.
Kin (Ik, hy, sy, it)	Can (I, he, she, it)	Hy kin dy net ferstean.
Kin	Chin	It famke foel mei de kin op 'e grûn.
Kinne (Wy, jim, sy, jo)	Can (We, you all, they)	Sy kinne dy net ferstean.
Kinst (Dû/Do)	Can (You)	Dû kinst my net ferstean.
Kjel	Startled	Hy seach sa kjel út 'e eagen.
Kjeld	Cold	Sy hat lêst fan de kjeld.
Kjifbist	Rodent, Gnawer	De mûs is in kjifbist.
Kjifdier	Rodent, Gnawer	De mûs is in kjifdier.
Klaaifrysk (Frisian dialect)	Clayfrisian	Klaaifrysk is in grut dialekt.
Klaaiïng	Clothing	Sy hawwe tradisjonele klaaiïng oan.
Klage (Ik, hy, sy, it)	Complained (I, he, she, it)	Sy klage oer har man.
Klagen (Wy, jim, sy, jo)	Complained (We, you all, they)	Jim klagen oer de bern.
Klagest (Dû/Do)	Complained (You)	Dû klagest oer dyn man.
Klasse	Class	Hoe folle bern hastû yn de klasse?
Klausk	Greedy	De âlde man is noch hieltyd klausk.
Klean	Clothes	Dat binne myn smoarge klean.
Klear	Finished, Done, Clear	Ik bin der klear foar.
Kleaster	Monastery	It kleaster is sletten.
Kleasters (Plural)	Monasteries (Plural)	Dizze krite hat in protte kleasters.
Kleed	Carpet	It kleed op 'e grûn is smoarch.
Klei (Ik)	Complain (I)	Ik klei oer minsken.
Kleie (Wy, jim, sy, jo)	Complain (We, you all, they)	Wy kleie oer de minsken.
Kleist (Dû/Do)	Complain (You)	Dû kleist oer de minsken.
Kleit (Hy, sy, it)	Complains (He, she, it)	Sy kleit oer minsken.
Kliber	Crowd	In grutte kliber fan minsken.
Kleur	Color, Colour	De kleur fan de hikke is grien.
Kleuren (Plural)	Colors, Colours (Plural)	Hoe folle kleuren hat de reinbôge?
Klik (Ik)	Click (I)	Ik klik op de knop.
Klikke (Wy, jim, sy, jo)	Click (We, you all, they)	Jo klikke op de knop.
Klikst (Dû/Do)	Click (You)	Dû klikst op de knop.
Klikt (Hy, sy, it)	Clicks	Sy klikt op de knop.
Klikte (Ik, hy, sy, it)	Clicked (I, he, she, it)	Sy klikte op de knop.
Klikten (Wy, jim, sy, jo)	Clicked (We, you all, they)	Wy klikten op de knop.
Kliktest (Dû/Do)	Clicked (You)	Dû kliktest op de knop.
Klim (Ik)	Climb (I)	Ik klim yn de beam.
Klimaat	Climate	It klimaat feroaret in protte.
Klimaatferoaring	Climate change	Hawwe wy lêst fan klimaatferoaring?
Klimme (Wy, jim, sy, jo)	Climb (We, you all, they)	Jim klimme yn de beam.
Klimst (Dû/Do)	Climb (You)	Dû klimst yn de beam.
Klimt (Hy, sy, it)	Climbs (He, she, it)	Hy klimt yn de beam.
Klom (Ik, hy, sy, it)	Climbed (I, he, she, it)	Hy klom yn de beam.
Klommen (Wy, jim, sy, jo)	Climbed (We, you all, they)	Sy klommen yn de beam.
Klomst (Dû/Do)	Climbed (You)	Dû klomst yn de beam.

Frisian	English	Example
Klopje (Ik, wy, jim, sy, jo)	Knock (I, we, you all, they)	Jo klopje op de doar.
Kloppe (Ik, hy, sy, it)	Knocked (I, he, she, it)	Hy kloppe op de doar.
Kloppen (Wy, jim, sy, jo)	Knocked (We, you all, they)	Jim kloppen op de doar.
Kloppest (Dû/Do)	Knock (You)	Dû kloppest op de doar.
Kloppest(e) (Dû/Do)	Knocked (You)	Dû kloppeste op de doar.
Kloppet (Hy, sy, it)	Knocks (He, she, it)	Hy kloppet op de doar.
Klub	Club	Wolkom by de klub.
Klús	Fault, Safe	Hy hat jild yn de klús dien.
Kneppel	Bat (The wooden stick)	Hy slacht mei de kneppel.
Knibbel	Knee	Myn knibbel docht sear.
Knibbelje (Ik, wy, jim, sy, jo)	Kneel (I, we, you all, they)	Wy knibbelje foar gjinien.
Knibbels (Plural)	Knees (Plural)	Myn knibbels dogge sear.
Kninen (Plural)	Rabbits, Bunnies (Plural)	De kninen rinne troch it hok.
Knipe (Wy, jim, sy, jo)	Squeeze (We, you all, they)	Wy knipe yn it tou.
Kniper	Clip, Nipper	Ik haw in kniper nedich foar de wask.
Kniperljocht	Flasher, Flashing light	Dû moatst dyn kniperljocht út dwaan.
Knyflok	Garlic	Ik priuw de knyflok yn myn iten.
Knyn	Rabbit, Bunny	De knyn yt in woartel.
Knypeagje	Blink, Wink	Ik knypeagje altyd nei dat famke.
Knyp (Ik)	Pinch (I)	Ik knyp yn myn earm.
Knypst (Dû/Do)	Pinch (You)	Dû knypst yn dyn earm.
Knypt (Hy, sy, it)	Pinches (He, she, it)	Hy knypt yn syn earm.
Ko	Cow	De ko yt it lange griene gers.
Koade	Code	Hastû de koade foar de doar?
Koades (Plural)	Codes (Plural)	Ik bin de koades ferjitten.
Koai	Cage	De fûgel wol út de koai.
Koala bear	Koala bear	De koark sit noch op de flesse.
Koaldiokside	Carbon dioxide	Dizze rûmte hat in protte koaldiokside.
Koaning (Wâldfrysk)	King	Yn it Wâldfrysk sizze wy 'koaning'.
Koark	Cork	Hy sjit de koark fan de wynflesse ôf.
Koarste	Crust	It jonkje wol de koarste net op ite.
Koart	Short	Soest it koart hâlde kinne?
Koarte (Adj.)	Short (Adj.)	It koarte ferhaal.
Koartkop	Hothead	Allermachtich, wat is hy in koartkop.
Koartlyn	Recently	Koartlyn wie hjir in ûngelok.
Koarts	Fever	Hy hie doe hege koarts.
Kochst (Dû/Do)	Bought (You)	Dû kochst in geskink.
Kocht (Ik, hy, sy, it)	Bought (I, he, she, it)	Hy kocht in geskink.
Koe (Ik, hy, sy, it)	Could (I, he, she, it)	Hy koe it wurk net mear dwaan.
Koe (Ik, hy, sy, it)	Knew (I, he, she, it)	Sy koe him noch fan foarhinne.
Koene (Wy, jim, sy, jo)	Could (We, you all, they)	Sy koene it wurk net mear dwaan.
Koene (Wy, jim, sy, jo)	Knew (We, you all, they)	Wy koene him noch fan earder.
Koer	Basket	Beppe docht de ierpels yn 'e koer.
Koese	Sleep (Childish)	Wolstû koese?
Koest (Dû/Do)	Could (You)	Dû koest it wurk net mear dwaan.
Koffer	Suitcase	Moatst de koffer net ferjitte.
Kofje	Coffee	De kofje is hjoed goed sterk.
Kofst (Dû/Do)	Bought (You)	Dû kofst guod yn de winkel.
Koft (Ik, hy, sy, it)	Bought (I, he, she, it)	Hy koft guod yn 'e winkel.
Koften (Wy, jim, sy, jo)	Bought (We, you all, they)	Sy koften guod yn 'e winkel.

Frisian	English	Example
Kôge (Ik, hy, sy, it)	Chewed (I, he, she, it)	Hy kôge op it iten.
Kôgen (Wy, jim, sy, jo)	Chewed (We, you all, they)	Wy kôgen op it iten.
Kôgest (Dû/Do)	Chew (You)	Dû kôgest op dyn iten.
Kôgest(e) (Dû/Do)	Chewed (You)	Dû kôgeste op dyn iten.
Kôget (Hy, sy, it)	Chews (He, she, it)	It kôget op syn iten.
Kôgje (Ik, wy, jim, sy, jo)	Chew (I, we, you all, they)	Ik kôgje om myn iten.
Koloanje	Colony	Hat Fryslân in koloanje?
Kolombia (Country)	Colombia (Country)	Kolombia hat kreaze froulju.
Koloniseare (Ik, wy, jim, sy, jo)	Colonize (I, we, you all, they)	Wy koloniseare in eilân.
Kom (Ik)	Come (I)	Ik kom by dy del.
Komme (Wy, jim, sy, jo)	Come (We, you all, they)	Wy komme by dy del.
Kommunisearje (Ik, wy, jim, sy, jo)	Communicate (I, we, you all, they)	Wy kommunisearje mei dy.
Kommunisearre (Ik, hy, sy, it)	Communicated (I, he, she, it)	Hy kommunisearre mei har.
Kommunisearren (Wy, jim, sy, jo)	Communicated (We, you all, they)	Wy kommunisearren mei elkoar.
Kommunisearrest (Dû/Do)	Communicate (You)	Dû kommunisearrest mei dyn freon.
Kommunisearrest(e) (Dû/Do)	Communicated (You)	Dû kommunisearreste mei dyn freon.
Kommunisearret (Hy, sy, it)	Communicates (He, she, it)	Sy kommunisearret mei my.
Kompas	Compass	De kompas is tige handich.
Kompjûter	Computer	Mei ik dyn kompjûter brûke?
Komst (Dû/Do)	Come (You)	Dû komst by my.
Komt (Hy, sy, it)	Comes (He, she, it)	Hy komt by my.
Kongo (Country)	Congo (Country)	Hy wol nei Kongo.
Konkludearje (Ik, wy, jim, sy, jo)	Conclude (I, we, you all, they)	Ik konkludearje dat it wol kin.
Konkludearre (Ik, hy, sy, it)	Concluded (I, he, she, it)	Hy konkludearre dat it wol koe.
Konkludearren (Wy, jim, sy, jo)	Concluded (We, you all, they)	Wy konkludearren dat it wol koe.
Konkludearrest (Dû/Do)	Conclude (You)	Dû konkludearrest dat it wol kin.
Konkludearrest(e) (Dû/Do)	Concluded (You)	Dû konkludearreste dat it wol kin.
Konkludearret (Hy, sy, it)	Concludes (He, she, it)	Sy konkludearret dat it wol kin.
Konklúzje	Conclusion	De konklúzje fan ús ûndersyk.
Konsept	Concept	Wy hawwe in tige goed konsept útwurke.
Konsintraasje	Concentration	De oseaan hat in grutte konsintraasje sâlt.
Konsumearje (Ik, wy, jim, sy, jo)	Consume (I, we, you all, they)	Wy konsumearje in protte iten.
Konsumearre (Ik, hy, sy, it)	Consumed (I, he, she, it)	Hy konsumearre in protte iten.
Konsumearren (Wy, jim, sy, jo)	Consumed (We, you all, they)	Sy konsumearren in protte iten.
Konsumearrest (Dû/Do)	Consume (You)	Dû konsumearrest in protte iten.
Konsumearrest(e) (Dû/Do)	Consumed (You)	Dû konsumearreste in protte iten.
Konsumearret (Hy, sy, it)	Consumes (He, she, it)	Hy konsumearret in protte iten.
Kont	Ass, Butt	Liket myn kont grut yn dizze klean?
Kontant	Cash	Hastû noch kontant by dy?
Kontinint	Continent	Jeropa is in kontintent.
Koper (Copper, Old Frisian)	Copper	De panne is makke fan koper.
Koptillefoan	Headphone	Troch myn koptillefoan hear ik neat.
Kopy	Copy	Hy hat in kopy makke fan it blêd.
Koroana	Corona	Is Koroana gefaarlik?
Korrespondearje (Ik, wy, jim, sy, jo)	Correspond (I, we, you all, they)	Sy korrespondearje mei in berjocht.
Korrizjearje (Ik, wy, jim, sy, jo)	Correct (I, we, you all, they)	Ik korrizjearje dyn flater.
Korrizjearre (Ik, hy, sy, it)	Corrected (I, he, she, it)	Hy korrizjearre syn flater.
Korrizjearren (Wy, jim, sy, jo)	Corrected (We, you all, they)	Wy korrizjearren de flaters.
Korrizjearrest (Dû/Do)	Correct (You)	Dû korrizjearrest de flater.
Korrizjearrest(e) (Dû/Do)	Corrected (You)	Dû korrizjearreste de flater.

Korrizjearret (Hy, sy, it)	Corrects (He, she, it)	Sy korrizjearret har flater.
Kost	Cost	It hat my in hiele protte kost.
Kosta Rica (Country)	Costa Rica (Country)	Kost Rica skynt in moai lân te wêzen.
Kosten (Plural)	Cost (Plural)	Wat binne de kosten fan it projekt?
Kostet (It)	Cost	It kostet my tefolle.
Kou (Older)	Cow	De kou yt it lange griene gers.
Kraan	Faucet, Tap, Crane	Der komt wetter út 'e kraan.
Krab	Crab	De krab rint oer de boaiem fan de see.
Krammele	Yikes	Krammele, hoe kin dat no?
Krâns	Wreath	Buorfrou hat in krâns op de doar.
Krante	Newspaper	De krante hat noch net west dizze wike.
Kranten (Plural)	Newspapers (Plural)	Hoe folle kranten wurde hjir besoarge?
Krater	Crater	De ynslach hat in grutte krater makke.
Kreakbien	Cartilage, Gristle	Sunich op dyn kreakbien wêze.
Kreakje (Ik, wy, jim, sy, jo)	Creak (I, we, you all, they)	Wy litte de flier kreakje.
Kream	Stand (a)	De merke hat ien grutte kream.
Kreas	Pretty	Myn faam is kreas.
Kreaze (Adj.)	Pretty (Adj.)	De kreaze faam.
Kreazens	Beauty	Sy brûkte har kreazens.
Kredytkaart	Creditcard	Hy betellet allinnic mei syn kredytkaart.
Krêft	Power, Force, Might	De krêft sit yn dysels.
Krêften (Plural)	Powers, Forces (Plural)	Dizze held hat krêften.
Krêftich	Powerful	De wyn is hjoed krêftich.
Krêftige (Adj.)	Powerful (Adj.)	De krêftige wyn.
Krekt	Just now, A moment ago	It is krekt bard.
Krekt	Exactly	Krekt sa!
Krekte (Adj.)	Exactly (Adj.)	De krekte omskriuwing.
Krektoarsom	On the contrary	Krektoarsom, it kin sa net.
Krie	Crow	De krie sit op it dak.
Krige (Ik, hy, sy, it)	Got (I, he, she, it)	Ik krige in nije kompjûter.
Krigen (Wy, jim, sy, jo)	Got (We, you all, they)	Wy krigen in nije kompjûter.
Krigest (Dû/Do)	Got (You)	Dû krigest in nije kompjûter.
Kriich	War	It wie in grutte kriich.
Krij (Ik)	Get, Receive (I)	Ik krije in nije kompjûter.
Krije (Wy, jim, sy, jo)	Get, Receive (We, you all, they)	Wy krije in nije kompjûter.
Krijst (Dû/Do)	Get, Receive (You)	Dû krijst in nije kompjûter.
Krijt (Hy, sy, it)	Gets, Receives (He, she, it)	Hy krijt in nije kompjûter.
Krimineel	Criminal	De krimineel besiket te stellen.
Krimmenearje (Ik, wy, jim, sy, jo)	Whining (I, we, you all, they)	Sy krimmenearje in soad.
Krimp (Ik)	Shrink (I)	Ik krimp as ik âlder wur.
Krite	Region, Area	Dizze krite is tige grut.
Kriten	Regions, Areas	Dizze kriten binne tige grut.
Kritysk	Critical	Wy moatte kritysk wêze.
Kroaasje (Country)	Croatia (Country)	Kroaasje is in waarm lân.
Kroade	Wheelbarrow	Wy hawwe in stien yn de kroade.
Kroan	Crown	De kening hat in kroan op syn holle.
Kroandea	Stone-dead	De man wie kroandea.
Kroep (Ik, hy, sy, it)	Crawled (I, he, she, it)	De poppe kroep oer de grûn.
Kroepen (Wy, jim, sy, jo)	Crawled (We, you all, they)	Sy kroepen oer de grûn.
Kroepst (Dû/Do)	Crawled (You)	Dû kroepst oer de grûn.

Frisian	English	Example
Krôkje	Belch (to)	Hy koe krôkje as in pod.
Krokodil	Crocodile	De krokodil skûlet yn it wetter.
Krûd	Herb	It krûd moat helpe tsjin siik wurde.
Krûden (Plural)	Herbs (Plural)	De krûden hâlde ús sûn.
Krûm	Crooked	De spiker is krûm slein.
Krûp (Ik)	Crawl, Hug (I)	Ik krûp oer de grûn hinne.
Krûpe (Wy, jim, sy, jo)	Crawl, Hug (We, you all, they)	Wy krûpe oer de grûn hinne.
Krûpelhintsje	Ladybug, Ladybird	Is in krûpelhintsje giftich?
Krûpke (Dim.)	Hug (Dim.)	Hastû in krûpke nedich?
Krûpst (Dû/Do)	Crawl, Hug (You)	Dû krûpst oer de grûn.
Krûpt (Hy, sy, it)	Crawls, Hugs (He, she, it)	Sy krûpt oer de grûn.
Krús	Cross	De tsjerke hat in grut krús.
Kryst	Christmas	Mei kryst is it altyd smûk.
Krystbeam	Christmas tree	De krystbeam hat ljochtsjes.
Krystbeammen (Plural)	Christmas trees (Plural)	Yn it sintrum steane krystbeammen.
Kryt	Chalk	De dosint skreaun mei it kryt op it boerd.
Kuba (Country)	Cuba (Country)	Wêr leit Kuba?
Krytsje (Dim.)	Chalk (Dim.)	Hy skriuwt mei in krytsje op it boerd.
Kûgel	Bullet	De kûgel is troch de muorre gien.
Kûgels (Plural)	Bullets (Plural)	De kûgels binne troch de muorre gien.
Kuierje (Ik, wy, jim, sy, jo)	Walk, Wander (I, we, you all, they)	Wy kuierje troch it park.
Kuierskuon	Walking boots	Sy hie har kuierskuon al oan.
Kûle	Pit, Hole	De hûn graaft in djippe kûle.
Kuolje (Ik, wy, jim, sy, jo)	Cool (I, we, you all, they)	Wy kuolje de bier yn 'e kuolkast.
Kuolkast	Fridge, Refrigerator	De doar fan de kuolkast stiet noch iepen.
Kuorke (Dim.)	Basket (Dim.)	Beppe docht de ierpels yn it kuorke.
Kuorren (Plural)	Baskets (Plural)	Beppe hat fjouwer kuorren.
Kuolkasten (Plural)	Fridges, Refrigerators (Plural)	De winkel hat fiif kuolkasten.
Kursus	Course	Hy giet in kursus Frysk folgje.
Kût	Calf (Part of leg)	De man hat kramp yn syn kût.
Kwal	Jellyfish	De kwal hat my stutsen.
Kwea (Kwâd, Old Frisian)	Evil	Der in protte kwea op de wrâld.
Kweade (Adj.)	Evil (Adj.)	De kweade minsken.
Kwetsber	Vulnerable	Sy fielt har kwetsber.
Kweafreon	Evil friend	Hy is in kweafreon.
Kwier	Decently, Neat	Sy wie hiel kwier.
Kwyt	Lost (An item)	Ik bin myn ponge kwyt.
Laach	Layer	It wie yn in oare laach.
Lagen (Plural)	Layers (Plural)	Wy hawwe ferskate lagen nedich.
Laitsje (Ik, wy, jim, sy, jo)	Laugh (I, we, you all, they)	Wy laitsje om in grap.
Lake (Ik, hy, sy, it)	Laughed (I, he, she, it)	Sy lake om de grap.
Laken (Wy, jim, sy, jo)	Laughed (We, you all, they)	Wy laken om de grap.
Lakest (Dû/Do)	Laugh (You)	Dû lakest om in grap.
Lakest(e) (Dû/Do)	Laughed (You)	Dû lakeste om in grap.
Laket (Hy, sy, it)	Laughs (He, she, it)	Sy laket om in grap.
Lampe	Lamp	De lampe jout ljocht.
Lampen (Plural)	Lamps (Plural)	De lampen jouwe ljocht.
Lân (Land, Old Frisian	Country, Land	Yn hokker lân wennestû?
Lânbou	Agriculture	Fryslân hat in soad lânbou
Lang (Long, Old Frisian)	Long	De wike duorret lang.

Lange (Adj.)	Long (Adj.)	De lange wike.
Langer	Longer	Hy is langer as dy.
Langst	Longest	Hy is it langest.
Lannen (Plural)	Countries, Lands (Plural)	Hokker lannen bistû west?
Lâns	Along	Wy moatte by de wei lâns.
Lânskip	Landscape, Scenery	It kreaze lânskip.
Lantearnepeal	Lamppost	De lantearnepeal brânt de hiele nacht.
Laos (Country)	Laos (Country)	Bistû alris yn Laos west?
Lask	Thin, Skinny	It famke is lask.
Latynsk	Latin	Kinstû Latynsk skriuwe?
Lavindel	Lavender	Lavindel skrikt de mûzen ôf.
Leach (Ik, hy, sy, it)	Lied (I, he, she, it)	Hy leach tsjin my.
Leachst (Dû/Do)	Lied (You)	Dû leachst tsjin my.
Lead	Lead	Dû moatst mei lead sjitte.
Leadjitter	Plumber	De leadjitter sjocht nei ús goatstien.
Leaf	Sweet, Kind	Ik fyn it famke leaf.
Leafde	Love	Der is leafde tusken dy twa.
Leadefol	Loving	Sy kinne leafdefol mei elkoar om.
Leagen	A lie	Hy hat ús in grutte leagen ferteld.
Leagen (Wy, jim, sy, jo)	Lie (We, you all, they)	Wy leagen tsjin dy.
Leagenje	Lying	Minsken leagenje as sy benaud binne.
Lean	Salary	De lean fan dizze moanne.
Lear (Ik)	Learn (I)	Ik lear in taal.
Leard (PP)	Learned (PP)	Hy hat in taal leard.
Learde (Ik, hy, sy, it)	Learned (I, he, she, it)	Hy learde in taal.
Learden (Wy, jim, sy, jo)	Learned (We, you all, they)	Sy learden in taal.
Leardest (Dû/Do)	Learned (You)	Dû leardest in taal.
Leare (Wy, jim, sy, jo)	Learn (We, you all, they)	Jim leare in taal.
Lears	Boot	Dizze lears is my te grut.
Learst (Dû/Do)	Learn (You)	Dû learst in taal.
Leart (Hy, sy, it)	Learns (He, she, it)	Sy leart in taal.
Learzen (Plural)	Boots (Plural)	De learzen binne my te grut.
Leaud (PP)	Believed (PP)	Hy hat it mearke leaud.
Leaude (Ik, hy, sy, it)	Believed (I, he, she, it)	Hy leaude it mearke.
Leauden (Wy, jim, sy, jo)	Believed (We, you all, they)	Sy leauden it mearke.
Leaudest (Dû/Do)	Believed (You)	Dû leaudest it mearke.
Leauw (Ik)	Believe (I)	Ik leauw it mearke.
Leauwe (Wy, jim, sy, jo)	Believe (We, you all, they)	Sy leauwe it mearke.
Leauwensweardigens	Credibility	Is hy noch wol leauwensweardigens?
Leauwst (Dû/Do)	Believe (You)	Dû leauwst it mearke.
Leauwt (Hy, sy, it)	Believes (He, she, it)	Sy leauwt mearke.
Leave (Adj.)	Sweet, Kind (Adj.)	It leave famke.
Leaver	Rather, Prefer	Ik haw leaver kofje as tee.
Leech	Empty, Blank, Void	De amer is hielendal leech.
Leech	Low	De prizen binne leech.
Leffens	Cowardice	Leffens of net dwaan kinne.
Leffert	Coward	Hy wie in grutte leffert.
Lege (Adj.)	Empty (Adj.)	De lege amer.
Leger	Army	Hat Fryslân in leger?
Legindarysk	Legendary	Ik fûn it legindarysk.

Leider (Wâldfrysk)	Ladder	Mei de leider de healoft op.
Leist (Dû/Do)	Lie (You) (On bed etc.)	Dû leist yn it hea.
Leit (Hy, sy, it)	Lays, Lies (He, she, it)	Hy lei yn it hea.
Lek	Leak	De amer hat in lek.
Lekken	Sheet	It lekken lei op it bêd.
Lekker	Tasty, Nice, Sweet	De sûkerbôle is lekker.
Leppel	Spoon	Hastû in leppel foar my?
Leppels (Plural)	Spoons (Plural)	De leppels lizze op 'e tafel.
Lês (Ik)	Read (I)	Ik lês in boek.
Lêst (Dû/Do)	Read (You)	Dû lêst in boek.
Lêst (Hy, sy, it)	Reads (He, she, it)	Hy lêst in boek.
Lêst	Last	Op it lêst koe hy it net mear.
Lêste (Adj.)	Last (Adj.)	It wie de lêste kear.
Lêstich	Difficult	Ik fûn dizze fraach lêstich.
Let	Late	Hy kaam hiel let thús.
Letlân (Country)	Latvia (Country)	Letlân leit fier fan Fryslân.
Lette (Adj.)	Later (Adj.)	De lette besoarging.
Letter	Later	Letter op de dei wie it wer mooglik.
Lever	Liver	Hy hat in minne lever.
Lêze (Wy, jim, sy, jo)	Read (We, you all, they)	Wy lêze in boek.
Lêzer	Reader	De lêzer fûn it in noflik boek.
Libben	Life	Myn libben is hiel noflik.
Libben (Wy, jim, sy, jo)	Lived (We, you all, they)	Wy libben in goed libben.
Libbensomstannichheden	Living circumstances	De libbensomstannichheden wiene min.
Libbenswize	Way of life	Syn libbenswize is nijsgjirrich.
Libbest (Dû/Do)	Live (You)	Dû libbest mei wille.
Libbest(e) (Dû/Do)	Lived (You)	Dû libbeste mei wille.
Libbet (Hy, sy, it)	Lives (He, she, it)	Sy libbet mei wille.
Libearia (Country)	Liberia (Country)	Wêr leit Libearia?
Libje (Ik, wy, jim, sy, jo)	Live (I, we, you all, they)	Sy libje mei wille.
Licht	Light (Weight wise)	Dizze doaze is licht.
Lichte (Adj.)	Light (Adj.)	De lichte doaze.
Lid	Lid	Hy krige it lid op 'e noas.
Lieder	Leader	Hy wie in grut lieder.
Lieders (Plural)	Leaders (Plural)	Guon wurde berne as lieders.
Lien (Ik)	Lend, Borrow (I)	Ik lien dyn kaai.
Liend (PP)	Lent, Borrowed (PP)	Ik haw dyn kaai liend.
Liende (Ik, hy, sy, it)	Lent, Borrowed (I, he, she, it)	Hy liende myn kaai.
Lienden (Wy, jim, sy, jo)	Lent, Borrowed (We, you all, they)	Sy lieden dyn kaai.
Liendest (Dû/Do)	Lent, Borrowed (You)	Dû liendest myn kaai.
Liene (Wy, jim, sy, jo)	Lend, Borrow (We, you all, they)	Jim liene ús kaai.
Liening	Loan	Hy hat in liening by de bank.
Lienst (Dû/Do)	Lend, Borrow (You)	Dû lienst jild fan ús.
Lient (Hy, sy, it)	Lends, Borrows (He, she, it)	Sy lient jild fan ús.
Lies (Ik, hy, sy, it)	Read (Past) (I, he, she, it)	Hy lies it boek.
Liest (Hy, sy, it)	Read (Past) (He, she, it)	Sy liest it boek.
Liet (Ik, hy, sy, it)	Let, Leet, Allowed (I, he, she, it)	Hy liet dy in foto sjen.
Lieten (Wy, jim, sy, jo)	Let, Allowed (We, you all, they)	Sy lieten him in foto sjen.
Lietst (Hy, sy, it)	Let, Leet, Allowed (He, she, it)	Dû lietst him eat sjen.
Liezen (Wy, jim, sy, jo)	Read (Past) (We, you all, they)	Sy liezen it boek.

Lift	Lift, Elevator	Sille wy de lift nimme?
Lige (Wy, jim, sy, jo)	Lie (We, you all, they)	Sy lige de hiele tiid.
Liger	Liar	De liger fertelde in leagen.
Liich (Ik)	Lie (I)	Ik liich de hiele tiid.
Liichst (Dû/Do)	Lie (You)	Dû liichst de hiele tiid.
Liicht (Hy, sy, it)	Lies (He, she, it)	Hy liicht de hiele tiid.
Liif	Body	It hiele liif docht my sear.
Liifmoer	Uterus, Womb	It bern sit fêst yn de liifmoer.
Lij (Ik)	Suffer (I)	Ik lij fan de pine.
Lije (Wy, jim, sy, jo)	Suffer (We, you all, they)	Wy lije fan 'e pine.
Lijst (Dû/Do)	Suffer (You)	Dû lijst fan 'e pine.
Lijt (Hy, sy, it)	Suffers (He, she, it)	Sy lijt fan 'e pine.
Like (Ik, hy, sy, it)	Looked like (I, he, she, it)	Sy like op har mem.
Liken (Wy, jim, sy, jo)	Looked like (We, you all, they)	Wy liken op ús mem.
Likest (Dû/Do)	Look like (You)	Dû likest op dyn mem.
Likest(e) (Dû/Do)	Looked like (You)	Dû likeste op dyn mem.
Liket (Hy, sy, it)	Looks like (He, she, it)	Hy liket op syn mem.
Likwidearje (Ik, wy, jim, sy, jo)	Liquidate (I, we, you all, they)	Sy wolle ien likwidearje.
Lilk	Angry, Mad	De âlde man wie tige lilk.
Lilke (Adj.)	Angry, Mad (Adj.)	De lilke man.
Line	Line	Wy hawwe de line lutsen.
Lis (Ik)	Lay, Lie (I) (On bed etc.)	Ik lis op it hea.
List	List	Sy hat in list makke.
Listen (Plural)	Lists (Plural)	Sy hat listen makke.
Lit (Ik)	Let (I)	Ik lit dy troch.
Lit (Hy, sy, it)	Lets (He, she, it)	Sy lit my troch.
Lit (PP)	Suffered (PP)	Sy hat fan de pine lit.
Litouwen (Country)	Lithuania (Country)	Wy binne yn Litouwen.
Litst (Dû/Do)	Let (You)	Dû litst my troch.
Litte (Wy, jim, sy, jo)	Let (We, you all, they)	Wy litte dy troch.
Litten (PP)	Let, Allowed (PP)	Wy hawwe dy troch litten.
Litten (Wy, jim, sy, jo)	Suffered (We, you all, they)	Wy litten fan de pine.
Littest (Dû/Do)	Suffered (You)	Dû littest ús troch.
Liuw	Lion	De liuw hat hûnger.
Liuwen (Plural)	Lions (Plural)	De liuwen hawwe hûnger.
Lizze (Wy, jim, sy, jo)	Lay, Lie (On bed etc) (We, you all, they)	Sy lizze yn it hea.
Ljedder	Ladder	De ljedder stiet tsjin it hûs.
Ljocht	Light	Wa hat it ljocht oandien?
Ljochten (Plural)	Lights (Plural)	Wa hat de ljochten oandien?
Ljochtsje (Dim.)	Light (Dim.)	Dêr brânt in lyts ljochtsje.
Ljouwert (Capital city of Friesland)	Leeuwarden	Ljouwert is de haadstêd fan Fryslân.
Lju	Folk, People	De lju sitte oan de bar.
Loads	Warehouse	De loads stiet fol mei guod.
Loai	Lazy	Dizze generaasje is loai.
Loaihoars	Leopard, Panther	De loaihoars is op jacht.
Loft	Sky	De loft is moai blau.
Loftballon	Air balloon	De loftballon stiget op.
Lofts	Left	Wy moatte hjir nei lofts.
Lôge	Flame	Sil de lôge oanbliuwe?
Logysk	Logical	Ik fyn it logysk.

Lok (Ik)	Allure, Entice (I)	Ik lok de hûn mei iten.
Lok	Lucky	Sy hat in protte lok hân.
Lokaasje	Location	Mei ik dyn lokaasje witte.
Lokdaun	Lockdown	Wy sitte yn in lokdaun.
Lokkich	Happy, Lucky	Sy wie hiel lokkich mei him.
Lokkige (Adj.)	Happy, Lucky (Adj.)	It lokkige famke.
Lokwinske	Congratulations	Lokwinske mei dyn jierdei.
Lokwinskje (Ik, wy, jim, sy, jo)	Congratulate (I, we, you all, they)	Ik wol dy graach lokwinskje.
Long	Lung	Der sit in plakje op myn long.
Longerje (Ik, wy, jim, sy, jo)	Long (I, we, you all, they)	Ik longerje nei dy.
Los	Loose	Ik meitsje dy los.
Lucht	Air	Ik krij gjin lucht!
Lûd	Loud, Noise	Wat is it hjir lûd!
Lûdop	Aloud	Kinst dat lûdop sizze?
Lûdsprekker	Loudspeaker	De muzyk komt út de lûdsprekker.
Lûk (Ik)	Pull (I)	Ik lûk oan de doar.
Lûke (Wy, jim, sy, jo)	Pull (We, you all, they)	Sy lûke oan de doar.
Lúksemboarch (Country)	Luxembourg (Country)	Lúksemboarch is in lyts lân.
Lúksewein	Car	Ús heit hat in âlde lúksewein.
Lûkst (Dû/Do)	Pull (You)	Dû lûkst oan de doar.
Lûkt (Hy, sy, it)	Pulls (He, she, it)	Hy lûkt oan de doar.
Lústerje (Ik, wy, jim, sy, jo)	Listen (I, we, you all, they)	Wy lústerje graach nei him.
Luts (Ik, hy, sy, it)	Pulled (I, he, she, it)	Hy luts oan de doar.
Lutsen (Wy, jim, sy, jo)	Pulled (We, you all, they)	Sy lutsen oan de doar.
Lutst (Dû/Do)	Pulled (You)	Dû lutst oan de doar.
Lybje (Country)	Libya (Country)	Wêr leit Lybje?
Lychtenstein (Country)	Liechtenstein (Country)	Lychtenstein leit njonken Eastenryk.
Lyk	Right, Even	Wy moatte it lyk krije.
Lyk	Corpse, Dead Body	Sy hawwe in lyk yn it wetter fûn.
Lykas	Like	Ik bin net lykas as him.
Lykje (Ik, wy, jim, sy, jo)	Look like (I, we, you all, they)	Jo lykje op him.
Lykmeitsje	Make equal, Make even (to)	Skulden moatte je lykmeitsje.
Lykmjittich	Evenly, Equable	Wy moatte elkoar as lykmjittich besjen.
Lykwein	Hearse	De lykwein rydt nei it tsjerkhôf.
Lykwicht	Balans	It lykwicht moatte wy behâlde.
Lym	Glue	Der moat in bytsje lym tusken.
Lymje (Ik, wy, jim, sy, jo)	Glue (I, we, you all, they)	Wy moatte it oan elkoar lymje.
Lyts	Little, Small, Tiny	It hûs is lyts.
Lytse (Adj.)	Little, Small, Tiny (Adj.)	It lytse hûs.
Lytsfeint	Servant	De lytsfeint betsjinnet ús.
Maaie	May (Month)	Myn suske is yn maaie jierdei.
Maart	March	It is maart no.
Macht	Might, Power	Hy hat de macht no.
Machteleas	Powerless, Mightless	De man wie machteleas.
Madagaskar (Country)	Madagascar (Country)	De film giet oer it eilân Madagaskar.
Mage	Stomach	It iten sit yn myn mage.
Magneet	Magnet	De magneet lûkt izer oan.
Magysk	Magical	It mearke is magysk.
Magyske (Adj.)	Magical (Adj.)	It magyske mearke.
Maitiid	Spring	Yn de maitiid is alles grien.

Frisian	English	Example
Makke (Ik, hy, sy, it)	Made (I, he, she, it)	Hy hat tiid makke.
Makken (Wy, jim, sy, jo)	Made (We, you all, they)	Wy makken tiid foar dy.
Makkest (Dû/Do)	Make (You)	Dû makkest tiid.
Makkest(e) (Dû/Do)	Made (You)	Dû makkeste tiid.
Makket (Hy, sy, it)	Makes (He, she, it)	Hy makket tiid.
Maklik	Easy	It eksamen wie maklik.
Maklike (Adj.)	Easy (Adj.)	It maklike eksamen.
Maldiven (Country)	Maldives (Country)	Wy sille nei de Maldiven.
Maleizje (Country)	Malaysia (Country)	Op aventoer yn Maleizje.
Malta (Country)	Malta (Country)	Ik bin op Malta west.
Maly (Country)	Mali (Country)	Wêr is Maly?
Man	Man	It wie in ferneamde man.
Manlik	Male	It wurd is manlik.
Manlju (Plural)	Men (Plural)	De manlju komme aanst thús.
Manlike (Adj.)	Male (Adj.)	It manlike wurd.
Mannen (Plural)	Men (Plural)	De mannen wolle bier hawwe.
Mar (Ac, Old Frisian)	But	Ik wol nei hûs, mar it kin net.
Mar	Lake	It grutte mar sit fol mei fisken.
Marren (Plural)	Lakes (Plural)	Dizze krite hat in soad marren.
Marfisk	Freshwater fish	It jonkje hat in grutte marfisk fong.
Marke (Dim.)	Lake (Dim.)	It lytse marke sit fol mei fisken.
Markearje (Ik, wy, jim, sy, jo)	Mark (I, we, you all, they)	Sy markearje de beam.
Markje (Ik, wy, jim, sy, jo)	Mark (I, we, you all, they)	Wy markje de beam.
Marokko (Country)	Morocco (Country)	Marokko is nuver lân.
Martelje (Ik, wy, jim, sy, jo)	Torture (I, we, you all, they)	Yn de film martelje sy in man.
Masine	Machine	De masine wurket net mear.
Masker	Mask	Hy hie in masker op by de oerfal.
Massa	Mass	In grutte massa minsken is kaam.
Massyf	Massive	De doar is massyf.
Master	Master	Hy is de master fan dizze klasse.
Masterje (Ik, wy, jim, sy, jo)	Master (I, we, you all, they)	Hy moast trije talen masterje.
Masters (Plural)	Masters (Plural)	Sy binne de masters fan de skoalle.
Matte	Mat	Foar de doar leit in matte.
Meager	Skinny	It famke wie hiel meager.
Meane (Wy, jim, sy, jo)	Mow (We, you all, they)	De buorren meane it gers.
Mear	More	De minsken woene mear hawwe.
Mearfâld	Plural, Morefold	Wat is it mearfâld fan it wurd?
Mearke	Fairy tale	Leauwstû yn it mearke?
Mearkes (Plural)	Fairy tales (Plural)	Dizze krite hat allegear mearkes.
Meastal	Mostly	Meastal binne wy frij op freed.
Measte	Most	De measte minsken binne hjir.
Meat (Ik, hy, sy, it)	Measured (I, he, she, it)	Hy meat de lingte fan 'e keamer.
Meaten (Wy, jim, sy, jo)	Measured (We, you all, they)	Wy meaten de lingte fan 'e keamer.
Meatst (Dû/Do)	Measured (You)	Dû meatst de lingte fan 'e keamer.
Medisinen (Plural)	Medicine (Plural)	Hoe folle medisinen nimstû op in dei?
Medisyn	Medicine, Drug	De dokter jout de frou in medisyn.
Meditaasje	Meditation	De wize frou docht oan meditaasje.
Meditearje (Ik, wy, jim, sy, jo)	Meditate (I, we, you all, they)	Sy meditearje yn in groep.
Medysk	Medical	Hy wol it medysk rapport lêze.
Mei (Mith, Old Frisian)	May (Not the month)	Hy mei nei hûs fan de baas.

Frisian	English	Example
Mei	With, Allow	Mei him kinst prate.
Meidwaan	Participate (to)	De bern wolle meidwaan oan de wedstriid.
Meie (Wy, jim, sy, jo)	May (We, you all, they)	Sy meie nei hûs fan de baas.
Meikoarten	Soon	Meikoarten kinne wy elkoar wer sjen.
Meimakke	Experienced	Hy hat eat fersriklik meimakke.
Meist (Dû/Do)	May (You)	Dû meist nei hûs fan de baas.
Meitsje (Ik, wy, jim, sy, jo)	Make (I, we, you all, they)	Sy meitsje in plan.
Meksiko (Country)	Mexico (Country)	Meksiko leit net yn Súd-Amearika.
Melk (Ik)	Milk (I)	Ik melk de ko.
Melke (Wy, jim, sy, jo)	Milk (We, you all, they)	Wy melke de kij.
Melkst (Dû/Do)	Milk (You)	Dû melkst de ko.
Melkt (Hy, sy, it)	Milks (He, she, it)	Hy melkt de ko.
Meloen	Melon	De grutte griene meloen.
Mem (Moder & Mem, Old Frisian)	Mom, Mum, Mother	Ús mem soarget foar ús.
Memmekoeke	Placenta	Memmekoeke skynt ytber te wêzen.
Memmetaal	Mother tongue	Hy is in memmetaal sprekker.
Memoarje	Memory	Sy hat in goed memoarje.
Merk (Ik)	Notice (I)	Ik merk datstû it nei dyn sin hast.
Merke	Market	Sille wy nei de merke?
Merke (Wy, jim, sy, jo)	Notice (We, you all, they)	Wy merke datstû it nei dyn sin hast.
Merkst (Dû/Do)	Notice (You)	Dû merkst dat hy it nei syn sin hast.
Merkt (Hy, sy, it)	Notices (He, she, it)	Hy merkt datstû it nei dyn sin hast.
Mês (Sax, Old Frisian)	Knife	Hy snijt de bôle mei in mês.
Met (PP)	Met (PP)	Hy hat him juster met.
Metaal	Metal	It is makke fan metaal.
Metro	Subway, Metro	Wy nimme de metro hjoed.
Mette (Ik, hy, sy, it)	Met (I, he, she, it)	Hy mette syn skoanmem.
Metten (PP)	Measured (PP)	Wy hawwe de keamer metten.
Metten (Wy, jim, sy, jo)	Met (We, you all, they)	Sy metten myn freon.
Mettest (Dû/Do)	Met (You)	Dû mettest dyn nije skoanmem.
Miammel	Ant	De miammel krûpt oer myn earm.
Mich	Fly (Animal)	De mich narret my de hiele tiid.
Middei	Afternoon, Noon, Midday	Fan 'e middei sille wy fuort.
Midden	Middle	Yn it midden is noch plak.
Miel	Meal	Wy hawwe in goede miel hân.
Mien (Ik)	Mean (I)	Ik mien it hear.
Miend (PP)	Meant (PP)	Sy hat it miend.
Miende (Ik, hy, sy, it)	Meant (I, he, she, it)	Sy miende it.
Mienden (Wy, jim, sy, jo)	Meant (We, you all, they)	Wy mienden it hear.
Miendest (Dû/Do)	Meant (You)	Dû miendest it.
Miene (Wy, jim, sy, jo)	Mean (We, you all, they)	Sy miene it hear.
Miening	Opinion	Hy hat altyd in miening.
Mienskip	Community	De mienskip wol feroaring.
Mienst (Dû/Do)	Mean (You)	Dû mienst it.
Mient (Hy, sy, it)	Means (He, she, it)	Hy mient it hear.
Miggen (Plural)	Flies (Animal) (Plural)	De miggen narje my de hiele tiid.
Mijd (Ik)	Avoid (I)	Ik mijd nije minsken.
Mijde (Ik, hy, sy, it)	Avoided (I, he, she, it)	Hy mijde nije minsken.
Mijden (Wy, jim, sy, jo)	Avoided (We, you all, they)	Wy mijden nije minsken.
Mijdest (Dû/Do)	Avoided (You)	Dû mijdest nije minsken.

Mijdst (Dû/Do)	Avoid (You)	Dû mijdst nije minsken.
Mijdt (Hy, sy, it)	Avoids (He, she, it)	Sy mijdt nije minsken.
Mije (Wy, jim, sy, jo)	Avoid (We, you all, they)	Sy mije nije minsken.
Mikrofoan	Microphone	De mikrofoan stiet hiel lûd.
Min	Bad	Ik kin dy min hearre.
Minder	Less	Der moat minder oalje brûkt wurde.
Mineraal	Mineral	Sink is in wichtich mineraal.
Ming (Ik)	Mingle, Mix (I)	Ik ming it sâlt mei wetter.
Mingd (PP)	Mingled, Mixed (PP)	Hy hat it sâlt mei wetter mingd.
Minge (Wy, jim, sy, jo)	Mingle, Mix (We, you all, they)	Sy minge it sâlt mei wetter.
Mingel	Liter	Wy hawwe in mingel wetter nedich.
Mingsel	Mixture, Blend	It is in mingsel fan wetter en sâlt.
Mingst (Dû/Do)	Mingle, Mix (You)	Dû mingst it wetter mei it sâlt.
Mingt (Hy, sy, it)	Mingles, Mixes (He, she, it)	Sy mingt it sâlt mei it wetter.
Minne	Bad	De minne dei.
Minsk(e)	People, Folk	Kin in minsk feroarje?
Minskdom	Mankind, Humanity	It minskdom bestiet al foar in lang.
Minskefretter	Cannibal	Op it eilân wie in minskefretter.
Minsken (Plural)	People, Folks (Plural)	De minsken binne gefoelich.
Minsklik	Human, Humane	It eksperimint wie minsklik.
Minsklike (Adj.)	Human, Humane (Adj.)	It minsklike eksperimint.
Mis (Ik)	Miss (I)	Ik mis dy.
Misbrûk (Ik)	Abuse, Misuse (I)	Ik misbrûk dy.
Misbrûke (Wy, jim, sy, jo)	Abuse, Misuse (We, you all, they)	Wy misbrûke dy.
Misbrûkst (Dû/Do)	Abuse, Misuse (You)	Dû misbrûkst my.
Misbrûkt (Hy, sy, it)	Abuses, Misuses (He, she, it)	Hy misbrûkt my.
Misdied	Crime	It wie in grutte misdied.
Miskien	Maybe, Perhaps	Miskien kinne wy it feroarje.
Miskream	Miscarriage	De leave frou hat in miskream hân.
Mislearje	Fail (to)	De projekten mislearje allegear.
Misledige (Ik, hy, sy, it)	Offended (I, he, she, it)	Hy misledige de âlde man.
Misledigen (Wy, jim, sy, jo)	Offended (We, you all, they)	Wy misledigen de âlde man.
Misledigest (Dû/Do)	Offend (You)	Dû misledigest de âlde man.
Misledigest(e) (Dû/Do)	Offended (You)	Dû misledigeste de âlde man.
Misledigel (Hy, sy, it)	Offends (He, she, it)	Sy mislediget de âlde man.
Misledigje (Ik, wy, jim, sy, jo)	Offend (I, we, you all, they)	Wy misledigje de âlde man.
Misliede (Wy, jim, sy, jo)	Mislead (We, you all, they)	Wy misliede in soad minsken.
Mislik	Nauseous	Hy waard der mislik fan.
Misse (Wy, jim, sy, jo)	Miss (We, you all, they)	Sy misse dy.
Mist (Dû/Do)	Miss (You)	Dû mist my.
Mist (Hy, sy, it)	Misses (He, she, it)	Sy mist dy.
Miste (Ik, hy, sy, it)	Missed (I, he, she, it)	Hy miste de trein.
Mistel	Mistletoe	De mistel waakst al foar in lange tiid.
Misten (Wy, jim, sy, jo)	Missed (We, you all, they)	Wy misten de trein.
Mistich	Misty	It wie mistich fan 'e moarn.
Mistige (Adj.)	Misty (Adj.)	De mistige moarn.
Mjit (Ik)	Measure (I)	Ik mjit de lingte fan de keamer.
Mjit (Hy, sy, it)	Measures (He, she, it)	Hy mjit de lingte fan de keamer.
Mjitber	Measurable	Is dizze lingte mjitber?
Mjitst (Dû/Do)	Measure (You)	Dû mjitst de lingte fan 'e keamer.

Mjitte (Wy, jim, sy, jo)	Measure (We, you all, they)	Jim mjitte de lingte fan 'e keamer.
Mjuks	Mix, Blend	It is in mjuks fan wetter en sâlt.
Moai	Beautiful, Lovely	De dei is moai.
Moaie (Adj.)	Beautiful, Lovely (Adj.)	De moaie dei.
Moandei	Monday	Hjoed binne wy moandei.
Moanne	Month	Hokfoar moanne binne wy?
Moanne	Moon	It is folle moanne.
Moanneljocht	Moonlight	It moanneljocht skynt troch it finster.
Moannen (Plural)	Months (Plural)	Hoe folle moannen hat in jier?
Moannestien	Moonstone	Wy fûnen in grutte moannestien.
Moarch	Marrow	Wy hawwe moarch yn ús bonken.
Moard (Morthia, Old Frisian)	Murder	Wy wiene tsjûge fan in moard.
Moardest (Dû/Do)	Murder (You)	Dû moardest net.
Moardest(e) (Dû/Do)	Murdered (You)	Dû moardeste net.
Moardet (Hy, sy, it)	Murders (He, she, it)	Hy moardet net.
Moardner	Murderer, Killer	De moardner rint noch frij rûn.
Moardzje (Ik, wy, jim, sy, jo)	Murder (I, we, you all, they)	Wy moardzje net.
Moarns	Morning	Moarns haw' k gjin hûnger.
Moarnsiten	Breakfast, Morning food	Hast dyn moarnsiten al hân?
Moarnsmiel	Breakfast, Morning food	Hast dyn moarnsmiel al hân?
Moarntiid	Morning	Yn dy moarntiid bin' k net produktyf.
Moas	Moss	Der sit moas op 'e stobbe.
Moast (Ik, dû, hy, sy, it)	Had to (I, you, he, she, it)	Dû moast nei hûs.
Moasten (Wy, jim, sy, jo)	Had to (We, you all, they)	Wy moasten nei hûs.
Moat (Ik, hy, sy, it) (Mot, Old Frisian)	Must (I, he, she, it)	It moat hjoed dien wurde.
Moatst (Dû/Do)	Must (You)	Dû moatst ús helpe.
Moatte (Wy, jim, sy, jo)	Must (We, you all, they)	Sy moatte ús helpe.
Moatten (PP)	Must (PP)	Wy hiene nei hûs moatten.
Mobyl	Mobile	Hy hat noch in âld mobyl.
Mocht (Ik, hy, sy, it)	Might (Past) (I, he, she, it)	Hy mocht dêr net mear komme.
Mochten (Wy, jim, sy, jo)	Might (Past) (We, you all, they)	Wy mochten dêr net mear komme.
Mochtst (Dû/Do)	Might (Past) (You)	Dû mochtst dêr net mear komme.
Modder	Mud	De bern boartsje yn 'e modder.
Model	Model	De kreaze frou wie model.
Moderearje (Ik, wy, jim, sy, jo)	Moderate (I, we, you all, they)	Wy moderearje it petear.
Modern	Modern	De grutte stêd wie modern.
Moetest (Dû/Do)	Meet (You)	Dû moetest in freon.
Moetet (Hy, sy, it)	Meets (He, she, it)	Hy moetet in freon.
Moetsje (Ik, wy, jim, sy, jo)	Meet (I, we, you all, they)	Jim moetsje in freon.
Mof	Glove	Ik bin in mof kwyt.
Moffen (Plural)	Gloves (Plural)	Ik bin myn moffen kwyt.
Mol	Mole (Animal)	De mol graaft in gat.
Moldaavje (Country)	Moldova (Country)	Moldaavje is fier fuort.
Molk (Ik, hy, sy, it)	Milked (I, he, she, it)	Hy molk de kij.
Molke	Milk	De molke is bedoarn.
Molken (Wy, jim, sy, jo)	Milked (We, you all, they)	Wy molken de kij.
Molkewei	Milky Way	Jûn kinst de molkewei sjen.
Molkst (Dû/Do)	Milked (You)	Dû molkst de kij.
Monako (Country)	Monaco (Country)	Bistû alris yn Monako west?
Mong (Ik, hy, sy, it)	Mingled, Mixed (I, he, she, it)	Sy mong it wetter mei sûker.

Mongen (Wy, jim, sy, jo)	Mingled, Mixed (We, you all, they)	Sy mongen it wetter mei sûker.
Mongoalje (Country)	Mongolia (Country)	Wêr leit Mongoalje?
Mongst (Dû/Do)	Mingled, Mixed (You)	Dû mongst it wetter mei sûker.
Montenegro (Country)	Montenegro (Country)	Hy wie juster noch yn Montenegro.
Mooglik	Possible	It is hjoed noch mooglik.
Mooglike (Adj.)	Possible (Adj.)	De mooglike opsje.
Mooglikheden (Plural)	Possibilities (Plural)	Hoe folle mooglikheden hawwe wy?
Mooglikheid	Possibility	It is fansels in mooglikheid.
Moreel	Moral	Hat de man in moreel?
Motyf	Motive	De moardner hat in motyf.
Mozambyk (Country)	Mozambique (Country)	Wêr leit Mozambyk?
Mul	Waist	Har mul is tin.
Mûle	Mouth	Dû moatst dyn mûle hâlde.
Mûlekapke	Facemask	Ik wur benaud fan it mûlekapke.
Mulwurd	Present perfect	In mulwurd hat faak op it ein in 'd'.
Mûne	Mill	De mûne soarget foar enerzjy.
Mûnster	Monster	It mûnster ûnder it bêd.
Mûnsters (Plural)	Monsters (Plural)	Sy hat dreamen oer mûnsters.
Muoike	Aunt	Myn muoike is gek op jild.
Muoilik	Hard, Difficult	Dizze fraach is muoilik.
Muoilike (Adj.)	Hard, Difficult (Adj.)	De muoilike fraach.
Muorke (Dim.)	Wall (Dim.)	It muorke stiet noch hieltyd oerein.
Muorre	Wall	De muorre is makke fan stien.
Muorren (Plural)	Walls (Plural)	Dizze muorren binne sterk.
Murk (Ik, hy, sy, it)	Noticed (I, he, she, it)	Hy murk dat der eat wie.
Murken (Wy, jim, sy, jo)	Noticed (We, you all, they)	Wy murken dat der eat wie.
Murkst (Dû/Do)	Noticed (You)	Dû murkest dat der eat wie.
Mûs	Mouse	De mûs siket nei tsiis.
Mûtse	Beanie	Yn 'e winter doch ik in mûtse op.
Mûtsen (Plural)	Beanies (Plural)	De bern hawwe mûtsen op.
Mûzen (Plural)	Mice (Plural)	De mûzen sykje nei tsiis.
Muzyk	Music	De muzyk is lûd.
Muzykdoaze	Musicbox	De muzykdoaze makket lûd.
My	Me	It docht my wol wat.
Mylpeal	Milestone	In nije mylpeal is berikt.
Myn	My, Mine	Myn tiid komt noch.
Mynhear	Sir	Ik sis altyd 'mynhear' tsjin him.
Mysels	Myself	Ik sjoch mysels yn 'e spegel.
Mystearje	Mystery	It doarp hat in grutte mystearje.
Naam (Ik, hy, sy, it)	Took (I, he, she, it)	Hy naam de doaze mei.
Naamst (Dû/Do)	Took (You)	Dû naamst de doaze mei.
Naasje	Nation	By hokker naasje hearstû?
Nacht (Nacht, Old Frisian)	Night	De tsjustere nacht.
Nachtmerje	Nightmare	It famke hie in nachtmerje.
Nâle	Belly button, Navel	Dû moatst dyn nâle goed skjinmeitsje.
Namen (Wy, jim, sy, jo)	Took (We, you all, they)	Wy namen de doaze mei.
Namke (Dim.)	Name (Dim.)	In lyts namke fan trije letters.
Namme	Name	Wat is dyn namme?
Nammen (Plural)	Names (Plural)	Hoe folle nammen steane op de list?
Namybje (Country)	Namibia (Country)	Ik wit net wêr Namybje leit.

Frisian	English	Example
Narje (Ik, wy, jim, sy, jo)	Annoy, Irk (I, we, you all, they)	Sy narje him.
Narre (PP)	Annoyed (PP)	Hy hat him narre.
Narrest (Dû/Do)	Annoy, Irritate, Irk (You)	Dû narrest him.
Narret (Hy, sy, it)	Annoys, Irks (He, she, it)	Hy narret him.
Narsist	Narcissist	Dy man is in aaklike narsist.
Nasjonaal	National	Sy bringe it nasjonaal út.
Nasjonale (Adj.)	National (Adj.)	De nasjonale held.
Natoer	Nature	Hy hâldt fan de natoer.
Natuer	Nature	Hy hâldt fan de natuer.
Natuerlik	Natural	Dizze hiele tún is natuerlik.
Navigearje (Ik, wy, jim, sy, jo)	Navigate (I, we, you all, they)	Wy navigearje nei hûs.
Nea	Never	Dat sil ik nea dwaan.
Neaken	Naked	Ik fiel my neaken sa.
Neam (Ik)	Call, Name (I)	Ik neam dy by dyn namme.
Neamd (PP)	Named, Called (PP)	Wy hawwe dy by de namme neamd.
Neamde (Ik, hy, sy, it)	Named, Called (I, he, she, it)	Hy neamde dy by de namme.
Neamden (Wy, jim, sy, jo)	Named, Called (We, you all, they)	Wy neamden dy by de namme.
Neamdest (Dû/Do)	Named, Called (You)	Dû neamdest my by de namme.
Neame (Wy, jim, sy, jo)	Name, Call (We, you all, they)	Wy neame dy by dyn namme.
Neamst (Dû/Do)	Name, Call (You)	Dû neamst my by myn namme.
Neamt (Hy, sy, it)	Names, Calls (He, she, it)	Hy neamt dy by dyn namme.
Nearich	Crowded (On the streets)	De strjitten binne nearich.
Nearne	Nowhere	Hjoed geane wy nearne hinne.
Neat	Nothing	It docht him neat.
Nederlân (Country)	Netherlands (Country)	Fryslân let yn Nederlân.
Nederlânsk	Dutch	Kinstû Nederlânsk ferstean?
Nederlânske (Adj.)	Dutch (Adj.)	De Nederlânske taal feroaret ek.
Nedich	Need	Hastû noch eat nedich?
Nee (Nêan, Old Frisian)	No	Nee, dêr haw 'k gjin nocht oan.
Needtastân	Emergency	Wy sitte yn in needtastân.
Neef	Cousin	Har neef wie hjir juster.
Neefke (Younger)	Cousin (Younger)	Har neefke wie hjir juster.
Neefke	Mosquito	Troch it neefke kin ik net sliepe.
Neffens	According	Neffens har kin it net.
Negative (Adj.)	Negative (Adj.)	It wie in negative útslach.
Negatyf	Negative	De útslach wie negatyf.
Negearje (Ik, wy, jim, sy, jo)	Ignore (I, we, you all, they)	Sy negearje him.
Negearre (Ik, hy, sy, it)	Ignored, Negated (I, he, she, it)	Hy negearre har.
Negearren (Wy, jim, sy, jo)	Ignored (We, you all, they)	Sy negearren my.
Negearrest (Dû/Do)	Ignore, Negate (You)	Dû negearrest har.
Negearrest(e) (Dû/Do)	Ignored, Negated (You)	Dû negearreste har.
Negearret (Hy, sy, it)	Ignores, Negates (He, she, it)	Sy negearret him.
Nei	To, After, Toward	Hy sil nei skoalle.
Neidiel	Disadvantage	It is in grut neidiel.
Neikommeling	Descendant	Hy is in neikommeling fan ús.
Neil	Nail	Har neil is ôfbrutsen.
Neils	Nails	Sy hat har neils dien.
Neimalkje	Mimic	Moatst ús net sa neimalkje.
Neist	Next to	Wa sit der neist dy?
Neiteam	Progeny	Hy wie it neiteam fan har.

Frisian	English	Example
Neitinke	Think about (to)	Hy moat der efkes oer neitinke.
Nekke	Neck	Ik haw lêst fan 'e nekke.
Nepal (Country)	Nepal (Country)	Wy sille nei Nepal oar jier.
Nêst	Next to	Wa sit der nêst dy?
Nêst	Nest	De fûgel hat in aai yn it nêst lein.
Net	Not	It mei net fan him.
Nettsjinsteande	Despite, Notwithstanding	Nettsjinsteande syn freon, mei 'k him wol.
Netwurk	Network	Hy hat in grut netwurk opboud.
Nicht (Female)	Cousin (Female)	Myn nicht is âlder as my.
Nigearia (Country)	Nigeria (Country)	Wêr leit Nigearia?
Niis	Just now, A moment ago	Bin niis by him west.
Niisneamd	Foregoing	De niisneamde situaasje.
Nij	New	It hûs is nij.
Nij-Seelân (Country)	New Zealand (Country)	Nij-Seelân leit ûnder Austraalje.
Nije (Adj.)	New (Adj.)	It nije hûs.
Nijling	Newcomer	Hy is de nijling hjir.
Nijs	News	Hastû noch nijs?
Nijsgjirrich	Interesting, Curious	It is in nijsgjirrich boek.
Nijsgjirrige (Adj.)	Interesting, Curious (Adj.)	It nijsgjirrige boek.
Nim (Ik)	Take (I)	Ik nim it boek mei.
Nimme (Wy, jim, sy, jo)	Take (We, you all, they)	Jim nimme it boek mei.
Nimmen	Nobody, No one	Nimmen is hjir west.
Nimst (Dû/Do)	Take (You)	Dû nimst it boek mei.
Nimt (Hy, sy, it)	Takes (He, she, it)	Hy nimt it boek mei.
Njoer	Grumpy	De man sjocht in bytsje njoer.
Njoggen	Nine	Njoggen kear bin ik hjir del west.
Njonkelytsen	Slowly	It wurdt njonkenlytsen tiid.
Njonken	Next to	Wa sit der njonken dy?
Njummel	Little and sweet	It famke is njummel.
No	Now	Kin it no?
Noard (North, Old Frisian)	North	Noard fan dat hûs.
Noard Korea (Country)	North Korea (Country)	Hy wol net nei Noard Korea.
Noarden	Northern	De sinne komt út it noarden wei.
Noardpoal	North Pole	Op de noardpoal sil it wol bot kâld wêze.
Noarsk	Norwegian	Hy koe in bytsje Noarsk prate.
Noartsk	Surly	De âld man wie hiel noartsk.
Noarwegen (Country)	Norway (Country)	Yn Noarwegen prate de minsken Noarsk.
Noarwei (Country)	Norway (Country)	Yn Noarwei prate de minsken Noarsk.
Noas (Nôse, Old Frisian)	Nose	Hy hat jokte oan de noas.
Noashoarn	Rhino	Noashoarn rint lilk op en del.
Noaswiis	Wiseacre, Know-it-all	Dû bist in bytsje noaswiis.
Noch	Yet	Ik koe it noch net dwaan.
Nochris	Once again	Kinst it nochris sizze?
Nocht	Pleasure, Feeling like it	Ik haw in protte nocht oan tsiis.
Noflik	Nice, Cozy	It is hjir tige noflik.
Noflike (Adj.)	Nice, Cozy (Adj.)	De noflike jûn.
Nominearje (Ik, wy, jim, sy, jo)	Nominate (I, we, you all, they)	Wy nominearje dy.
Notaris	Notary	Sy moatte noch by de notaris del.
Notiid	Present time, Nowadays	De notiid is oarser as de doetiid.
Notysjeboek	Notebook	Hastû dyn notysjeboek by de hân?

Novimber	November	It is alwer Novimber.
Nuddel	Needle	Hy hat in nuddel en tried nedich.
Nulle	Needle	Hy hat in nulle en tried nedich.
Nûmer	Number	Mei ik dyn nûmer?
Nút	Nut	Ik bin allergysk foar dizze nút.
Nuten (Plural)	Nuts (Plural)	Ik bin allergysk foar dizze nuten.
Nútsjesmoar	Peanut butter	Nútsjesmoar mei bûter.
Nuver	Weird, Odd, Strange	Dizze dei is nuver.
Nuvere (Adj.)	Weird, Odd, Strange (Adj.)	De nuvere dei.
Nylhoars	Hippo, Hippopotamus	De nylhoars leit yn it wetter.
Nytger	Tormenting Spirit	Wy hawwe in nytger yn hûs.
Oalje	Oil	De oalje is hast op.
Oaljefant	Elephant	De oaljefant rint rêstich oer it lân.
Oan	On	Doch de telefyzje mar efkes oan.
Oanbid (Ik)	Adore, Worship (I)	Ik oanbid myn God.
Oanbidde (Ik, hy, sy, it)	Adore, Worship (I, he, she, it)	Hy oanbidde syn God.
Oanbidden (Wy, jim, sy, jo)	Worshiped (We, you all, they)	Wy oanbidden ús God.
Oanbiddest (Dû/Do)	Adored, Worshiped (You)	Dû oanbiddest dyn God.
Oanbidst (Dû/Do)	Adore, Worship (You)	Dû oanbidst dyn God.
Oanbidt (Hy, sy, it)	Adores, Worships (He, she, it)	Hy oanbidt syn God.
Oanbiede	Offer (to)	Mei ik dy eat oanbiede?
Oandacht	Attention	It famke hat oandacht nedich.
Oandielen (Plural)	Shares (Plural)	Hy sit yn de oandielen.
Oanfalle	Attack (to)	De fijân wol ús oanfalle.
Oanhâldend	Persistent, Ongoing	De pine is oanhâldend.
Oanhelje	Adopt	Moatte wy in bern oanhelje?
Oanhingwein	Trailer	De frachtwein hat in oanhingwein.
Oanjeldzje	Light on (to)	Kinstû it fjoer oanjeldzje?
Oankomme	Arrive	Wannear sille wy oankomme?
Oanpoanne	Encourage	Faaks moatst him oanpoanne.
Oanrikkemedearje	Recommend (to)	Kinstû ús eat oanrikkemedearje?
Oanris	Purchase	De oanris hat ús goed foldien.
Oanrjocht	Counter, Kitchen dresser	Ús mem stiet by it oanrjocht.
Oansette	Turn on, Switch on (to)	Kinstû de telefyzje oansette?
Oansjen	Prestige, Appearance	Dy minsken dogge it foar it oansjen.
Oanskôger	Spectator, Onlooker	Oanskôger hie in protte wille.
Oanspiele	Wash ashore	De deade walfisk sil wol oanspiele.
Oansprekke	Address (to)	Dû moatst him oansprekke as dokter.
Oanstekke	Light (to)	Kinstû myn sigaret oanstekke?
Oanstekker	Lighter	Mei ik dyn oanstekker brûke?
Oanstjerte	Heritage	Dû moatst dyn oanstjerte noch krije.
Oanstjoere	Directing, Lead up	Ik sil him efkes oanstjoere.
Oanstoarre	Stare at	De man hat him lange oanstoarre.
Oansyk	Proposal	Hy hat dy in oansyk dien.
Oant (Til, Old Frisian)	Till	Dû kast oant moarn kâns.
Oantinken	Keepsake, Memento	Ik wol it as in oantinken bewarje.
Oantins	Remembrance	Hy hat it as in oantins.
Oantreklik	Attractive	Hy fynt har in oantreklik famke.
Oantsjutte	Indicate (to)	Kinst it my oantsjutte?
Oantsjutting	Indication	De oantsjutting fan de lannen.

Oardel	One and a half	Wy moasten oardel meter ôfstân hâlde.
Oarder	Order	Yn hokfoar oarder stiet it?
Oarderlik	Orderly	Sy it hûs oarderlik ynrjochte.
Oardiele (Ik, hy, sy, it)	Judged (I, he, she, it)	Wy oardiele him foar syn gedrach.
Oardielen (Wy, jim, sy, jo)	Judged (We, you all, they)	Wy oardielen him foar syn gedrach.
Oardielest (Dû/Do)	Judge (You)	Dû oardielest har foar har gedrach.
Oardielest(e) (Dû/Do)	Judged (You)	Dû oardieleste har foar har gedrach.
Oardielet (Hy, sy, it)	Judges (He, she, it)	Sy oardielet him foar syn gedrach.
Oardielje (Ik, wy, jim, sy, jo)	Judge (I, we, you all, they)	Wy oardielje op in earlike manier.
Oare (Ôthera, Old Frisian)	Other	It moat op de oare kant wêze.
Oaren	Others	Wêr binne de oaren bleaun?
Oarkaan	Hurricane	De oarkaan hat in protte ferneatige.
Oarloch (Orloch, Old Frisian)	War	De oarloch hat lang duorre.
Oarlogen (Plural)	Wars (Plural)	Twa oarlogen yn tritich jier tiid.
Oarsaak (Êrsêke, Old Frisian)	Cause	Wat is de oarsaak fan it ûngelok?
Oars	Otherwise, Different	Ik fiel my oars hjoed.
Oarser	Different	Hy docht oarser as juster.
Objekt	Object	Hokfoar objekt is it?
Observaasje	Observation	Ik haw in observaasje makke.
Observearje (Ik, wy, jim, sy, jo)	Observe (I, we, you all, they)	Wy moatte it earst efkes observearje.
Obsesje	Obsession	Hy hat in obsesje mei treinen.
Oer	Over	Ik bin oer de brêge gien.
Oeraardzje	Contaminate (to)	Moatst de sykte net oeraardzje.
Oeral	Everywhere	Hy is oeral west.
Oerbeppe	Great-grandmother	Sy wie myn oerbeppe.
Oerbliuwe	Remain	Ik tink dat wy as lêsten oerbliuwe.
Oerbliuwsel	Remnant, Remains	It oerbliuwsel fan de reaksje.
Oerdeis	During the day	Oerdeis is it lekker waarm.
Oerdied	Excess	Hy hat in oerdied fan it medisyn hân.
Oerdracht	Transfer	Wannear sil de oerdracht wêze?
Oerdreau (Ik, hy, sy, it)	Exaggerated (I, he, she, it)	Hy oerdreau oer syn libben.
Oerdreaun (PP)	Exaggerated (PP)	Hy hat oerdrean.
Oerdreaune (Wy, jim, sy, jo)	Exaggerated (We, you all, they)	Wy oerdreaune graach oer ús libben.
Oerdreaust (Dû/Do)	Exaggerated (You)	Dû oerdreaust oer dyn ûnderfingen.
Oerdriuw (Ik)	Exaggerate (I)	Ik oerdriuw myn ferhaal.
Oerdriuwe (Wy, jim, sy, jo)	Exaggerate (We, you all, they)	Wy oerdriuwe ús ferhaal.
Oerdriuwst (Dû/Do)	Exaggerate (You)	Dû oerdriuwst dyn ferhaal.
Oerdriuwt (Hy, sy, it)	Exaggerates (He, she, it)	Hy oerdriuwt syn ferhaal.
Oere	Hour	It hat in oere lang duorre.
Oerémis	Upset, Excited	De bern binne hielendal oerémis.
Oeren (Plural)	Hours (Plural)	It hat oeren lang duorre.
Oerfal	Robbery	De oerfal op de bank is slagge.
Oerhân	Predominance, Upper hand	Hy hie de oerhân yn it petear.
Oerhearskje (Ik, wy, jim, sy, jo)	Dominate (I, we, you all, they)	Wy oerhearskje de krite.
Oerheid	Government	De oerheid moat der neat fan witte.
Oerhoeks	Diagonal	De line is oerhoeks.
Oerjefte	Surrender	De oerjefte hat gjin ferskil makke.
Oerjuster	Day before yesterday	Oerjuster wie it tige smûk.
Oerlêst	Nuisance	De buorren hiene lêst fan oerlêst.
Oerlibje	Survive	Wy oerlibje de dei wol.

Oerlis	Consultation	Yn oerlis hawwe wy it dien.
Oermânsk	Overpowered	Hy wie oermânsk.
Oernachtsje	Stay overnight	Wêr sille wy oernachtsje?
Oerpake	Great-grandpa	Myn oerpake libbet noch.
Oersette	Translate, Overset	Kinstû dit foar my oersitte?
Oersetting	Translation	De oersetting is goed slagge.
Oerskatte	Overestimate	De oerskatte sifers.
Oerskriuwe	Overwrite	Dû moatst it oerskriuwe.
Oerslaan	Skip	Dizze meist wol oerslaan.
Oerstykje	Cross (to)	De wei oerstykje.
Oertrêding	Violation	Dû bist yn oertrêding.
Oertrêdzje	Violate	Dû meist de regels net oertrêdzje.
Oertsjûge (Ik, hy, sy, it)	Convinced (I, he, she, it)	Hy oertsjûge my fan syn gelyk.
Oertsjûgen (Wy, jim, sy, jo)	Convinced (We, you all, they)	Wy oertsjûgen him fan ús gelyk.
Oertsjûgest (Dû/Do)	Convince (You)	Dû oertsjugest ús fan dyn gelyk.
Oertsjûgest(e) (Dû/Do)	Convinced (You)	Dû oertsjugeste ús fan dyn gelyk.
Oertsjûget (Hy, sy, it)	Convinces (He, she, it)	Sy oertsjuget my fan har gelyk.
Oertsjûgje (Ik, wy, jim, sy, jo)	Convince (I, we, you all, they)	Wy oertsjûgje de minsken.
Oerûguay (Country)	Uruguay (Country)	Ik wol nei Oerûguay.
Oerwaging	Consideration	It wie in muoilike oerwaging.
Oerwâld	Jungle	Hy is it oerwâld yn gien.
Oerwâldzje	Dominate	Wy oerwâldzje de fijân.
Oerweldigje (Ik, wy, jim, sy, jo)	Overwhelm (I, we, you all, they)	Wy oerweldigje de fijân.
Oerwicht	Overweight	De frou hie grutte oerwicht.
Oerwin (Ik)	Prevail (I)	Ik oerwin myn fijân.
Oerwinne (Wy, jim, sy, jo)	Prevail (We, you all, they)	Jim oerwinne jim fijân.
Oerwinning	Victory	De oerwinning wie grut.
Oerwinst (Dû/Do)	Prevail (You)	Dû oerwinst dyn fijân.
Oerwint (Hy, sy, it)	Prevails (He, she, it)	Hy oerwint syn fijân.
Oerwûn (Ik, hy, sy, it)	Prevailed (I, he, she, it)	Hy oerwûm syn fijân.
Oerwûnen (Wy, jim, sy, jo)	Prevailed (We, you all, they)	Wy oerwûnen ús fijân.
Oerwûnst (Dû/Do)	Prevailed (You)	Dû oerwûnst dyn fijân.
Ôfbetelje	Pay off	Ik sil him ôfbetelje.
Ôfbine	Tie off	Moatst de fiters goed ôfbine hear.
Ôfbite	Bite off	Hy wol it stikje ôfbite.
Ôfbliuwe	Don't touch	Hy moat fan my ôfbliuwe.
Ôfbrând	Burnt down	De skuorre is ôfbrând.
Ôfbrâne	Burning down	Sille wy de skuorre ôfbrâne?
Ôfbylding	Picture	Ik haw in âlde ôfbylding op it ynternet fûn.
Ôfbyldzje	Depict (to)	Wille it foar ôfbyldzje.
Ôfdekke	Cover (to)	It sil reine, sille wy it ôfdekke?
Ôfdriuwe	Drift off	Tink derom, wy moatte net ôfdriuwe!
Ôffal	Waste	De ôffal lei oer de strjitte hinne.
Ôffier	Drain	De ôffier sit wer ris ferstoppe.
Offisjeel	Official	De namme is offisjeel.
Offisjele (Adj.)	Official (Adj.)	De offisjele namme.
Ôffjurje	Shoot, Fire (to)	Ik sil in kûgel ôffjurje.
Ôffreegje	Questioning, Wonder (to)	Hy sil it him wol ôffreegje.
Ôfgryslik	Horrible, Awful	It sjocht der ôfgryslik út.
Ôfgryslike (Adj.)	Horrible, Awful (Adj.)	De ôfgryslike foto.

Frisian	English	Example
Ôfharkje	Eavesdropping	Ien wol ús ôfharkje.
Ôfhinklik	Dependent	Sy is ôfhinklik fan dy.
Ôfhinklike (Adj.)	Dependent (Adj.)	De ôfhinklike situaasje.
Ôfkarre	Disapprove	Wy sille syn gedrach ôfkarre.
Ôfkuolje	Cooling down	De jiske moat noch efkes ôfkuolje.
Ôflevering	Episode	Hjoed komt der wer in nije ôflevering.
Ôfliede	Distract	Sy wolle him ôfliede.
Ôflieding	Distraction	Hy hat foar ôflieding soarge.
Ôflûke	Subtract, Deduct, Jerk off	It totaal moatst fan dit nûmer ôflûke.
Ôfmieling	Picture	Kinstû in ôfmieling meitsje?
Ôfpakke	Take away	Moatst it efkes fan it bern ôfpakke.
Ôfrekkenje	Pay (to)	Ik sil it iten efkes ôfrekkenje.
Ofsier	Officer	De ofsier wie hiel lilk op de man.
Ôfsizze	Cancel, Put off	Hy wol de ôfspraak ôfsizze.
Ôfsjitte	Shoot	De jager sil in pear kûgels ôfsjitte.
Ôfskermje	Shield, Cover (to)	Wy moatte ús klean ôfskermje.
Ôfskieding	Separation	De ôfskieding tusken de buorman en my.
Ôfskiefeest	Farewell party	Wy hawwe in ôfskiefeest foar ús freon.
Ôfskodzje	Shake off	De oerfallers wolle de plysje ôfskodzje.
Ôfslute	Shut down	Sy sil de kompjûter ôfslute.
Ôfsnije	Cut off	Kinstû in stikje tsiis foar my ôfsnije?
Ôfsprekke	Arrange, Agree upon	Kinne wy dit ôfsprekke?
Ôfstân	Distance	De ôfstân is my te grut.
Ôfsûnderje	Isolate, Seclude	Hy wol him ôfsûnderje fan de groep.
Oft	Whether	Ik frege my ôf oft hy mei wol.
Ôfwaskje	Do the dishes	Wolstû hjoed ôfwaskje?
Ôfwêzich	Absent	Hy is hjoed ôfwêzich.
Ôfwize	Reject	Moatst him mar gewoan ôfwize.
Ôfwizing	Rejection	De jongen koe mei de ôfwizing omgean.
Okee	Okay	Okee, ik fyn it bêst.
Okse	Ox	De okse drinkt wetter.
Oksidaasje	Oxidation	Oksidaasje is in proses.
Oksidearje (Ik, wy, jim, sy, jo)	Oxidate (I, we, you all, they)	It metaal wol net oksidearje.
Oktober	October	It is hjerst yn Oktober.
Oliif	Olive	De oliif priuwt soer.
Omdat, Om't	Because	Om't hy siik is, koe er net wurkje.
Omearmje (Ik, wy, jim, sy, jo)	Embrace (I, we, you all, they)	Wy omearmje ús problemen.
Omflap	Miscarriage	De frou hie in omflap.
Omhinne	Around	Wy binne it tried der omhinne.
Omjouwing	Environment, Surroundings	Dizze omjouwing is rêstich.
Omke	Uncle	Myn omke jout in grut feest.
Omkoal	Son of a bitch	Wat is hy in grutte omkoal.
Ommers	After all	It is ommers net genôch.
Omrop	Broadcaster	De omrop helpt it Frysk.
Omseagje	Cut down	De mannen sille de beam omseagje.
Omstannichheden	Circumstances	De omstannicheden binne goed.
Omtinken	Attention	Wy it in bytsje omtinken jaan.
Op	Up/On	It famke sit op de bank.
Operaasje	Operation	It wie in grutte oepraasje.
Operearje (Ik, wy, jim, sy, jo)	Operate (I, we, you all, they)	Sy operearje oan in pasjint.

Opfiede	Raise, Bring up (to)	Wolstû it knyntsje opfiede?
Opfieding	Upbringing	De opfieding fan 'e bern.
Opklearje	Clear up	Sil it waar hjoed opklearje?
Oplieding	Education	Ik haw in oplieding yn de fersoarging.
Oplosber	Soluble	Is it guod oplosber yn wetter?
Oplosse	Solve	Wy sille it probleem oplosse.
Oplossing	Solution	De oplossing fan it probleem.
Oplossingen (Plural)	Solutions (Plural)	Hawwe wy oplossingen it probleem?
Opnij	Again, Anew, Over again	De put moat opnij dien wurde.
Oppakke	Picking up	Kinstû de doaze foar my oppakke?
Opsje	Option	Is dizze opsje der noch?
Opsjes (Plural)	Options (Plural)	Binne dizze opsjes der noch?
Opskriuwe	Write down	Kinstû dizze sin opskriuwe?
Opstân	Uprising	Der kaam in opstân yn it lân.
Opstean	Stand up	Opstean of sitte gean.
Optille	Lift up	Kinstû dizzer swiere doaze optille?
Oranje	Orange	De woartel is oranje.
Orgaan	Organ	De hûd is dyn grutste orgaan.
Organisaasje	Organization	De Fryske organisaasje docht it bêst.
Organisaasjes (Plural)	Organizations (Plural)	De organisaasjes dogge harren bêst.
Organisearje (Ik, wy, jim, sy, jo)	Organize (I, we, you all, they)	Wy organisearje in noflike dei.
Organysk	Organic	It is makke fan organysk materiaal.
Orizjineel	Original	De film is orizjineel.
Orizjinele (Adj.)	Original (Adj.)	De orizjinele film.
Ornaris	Usually	It kin my ornaris net safolle skille.
Oseaan	Ocean	De oseaan hat in protte wetter.
Oseanen (Plural)	Oceans (Plural)	De oseanen fan 'e wrâld.
Paad	Path	Hastû it paad sjoen?
Paadfiner	Pathfinder, Boy Scout	It jonkje is in paadfiner.
Paadsje (Dim.)	Path (Dim.)	Kinstû it paadsje fine?
Paden (Plural)	Paths (Plural)	Hjir yn it bosk binne allegear paden.
Pake	Grandpa	Pake mei graach efkes rikje.
Pakesizzer	Grandchild	De pakesizzer is by syn pake.
Pakistan (Country)	Pakistan (Country)	Wa wol der nei Pakistan?
Pakket	Package	Myn pakket is oankaam.
Panama (Country)	Panama (Country)	Panama is in nuver lân.
Pankoek	Pancake	Pake yt in pankoek.
Panne	Plate	mem makket de panne skjin.
Panyk	Panic	Der wie in protte panyk nei it ûnfal.
Papier	Paper	It papier mei brûkt wurde.
Papierke (Dim.)	Paper (Dim.)	It papierke mei brûkt wurde.
Pappegaai	Parrot, Lory, Popinjay	De pappegaai praat my nei.
Par	Pear	Der leit in par ûnder de parrebeam.
Paradys	Paradise	It liket wol in paradys.
Paraplu	Umbrella	As it reint, wol ik myn paraplu brûke.
Parasyt	Parasite	Wy hawwe in parasyt yn dyn liif fûn.
Part	Part	It is no in part fan dy.
Pasjint	Patient	De pasjint wachtet op de útslach.
Passaazje	Passage	De passaazje gie goed.
Passagier	Passenger	Hy is in passagier yn it fleantúch.

Frisian	English	Example
Passearje (Ik, wy, jim, sy, jo)	Pass (I, we, you all, they)	Wy passearje syn skoare.
Passyf	Passive	Hy docht passyf mei.
Patroan	Pattern	Yn syn gedrach sit in patroan.
Pau	Peacock	Dizze pau is hiel moai.
Peal	Pole	Dizze peal stiet my yn paad.
Pealen (Plural)	Poles (Plural)	Dizze pealen steane my yn paad.
Pealtsje (Dim.)	Pole (Dim.)	Dit pealtsje stiet my yn paad.
Pear	Few, Pair	Wy hawwe mar in pear nedich.
Pearel	Pearl	De pearel leit op 'e boaiem.
Pearels (Plural)	Pearls (Plural)	De pearels lizze op 'e boaiem.
Pears	Purple	Pears liket hjir goed by.
Pearze (Adj.)	Purple (Adj.)	De pearze klean.
Peaske	Easter	Fiere jim peaske ek?
Pelikaan	Pelican	De pelikaan hat in grutte bek.
Penetrearje (Ik, wy, jim, sy, jo)	Penetrate (I, we, you all, they)	Wy penetrearje de muorre.
Permanint	Permanent	It beslút is permanint
Persint	Percent	Hoe folle persint is dyn batterij?
Persintaazje	Percentage	It persintaazje fan dyn batterij.
Persoan	Person	It lei oan ien persoan.
Persoanen (Plural)	Persons (Plural)	Hoe folle persoanen binne hjir?
Persoanlik	Personal	Dû moatst it net persoanlik nimme.
Persoanlikheid	Personality	Ik mei wol oer dyn persoanlikheid.
Perû (Country)	Peru (Country)	Myn freon komt út Perû.
Petear	Chat, Talk, Conversation	Wy hawwe in goed petear hân.
Petears (Plural)	Chats, Talks (Plural)	Hoe folle petears hastû op in dei?
Piano	Piano	Kinstû goed piano spylje?
Piip	Pipe	Mei ik dizze piip brûke?
Piken (Plural)	Chickens (Plural)	Al dizze piken hawwe aaien lein.
Pil	Pill	Hastû dyn pil al naam?
Pilebôge	Handbow	Hy sjit mei syn pilebôge.
Pilken (Plural)	Arrows (Plural)	Myn pilken binne op.
Pillen (Plural)	Pills (Plural)	Ik nim fiif pillen op in dei.
Piloat	Pilot	Hy is de piloat fan de fleanmasine.
Pine	Pain	Hy hat gjin pine mear.
Pinige (Ik, hy, sy, it)	Hurted (I, he, she, it)	Hy pinige himsels doe't er foel.
Pinigen (Wy, jim, sy, jo)	Hurted (We, you all, they)	Wy pinigen ússels doe't wy foelen.
Pinigest (Dû/Do)	Hurt (You)	Dû pinigest dysels.
Pinigest(e) (Dû/Do)	Hurted (You)	Dû pinigeste dysels.
Piniget (Hy, sy, it)	Hurts (He, she, it)	Sy piniget harsels doe't sy foel.
Piniging	Torment	It wie in hiele piniging.
Pinigje (Ik, wy, jim, sy, jo)	Hurt (I, we, you all, they)	Wy pinigje ússels.
Pinne	Pen	Mei de pinne kinst skriuwe.
Pinnen (Plural)	Pens (Plural)	Mei dizze pinnen kinst skriuwe.
Piranja	Piranha	De piranja hat my biten.
Plafond	Ceiling	Der is in skuor yn it plafond.
Plak	Place	Ik bliuw op myn plak.
Plakje (Dim.)	Place (Dim.)	Ik haw in goed plakje.
Plakken (Plural)	Places (Plural)	Yn dizze plakken bin ik nea west.
Plant	Plant	De plant groeit tige goed.
Plantaazje	Plantation	Hy wurket op in plantaazje.

Plante-iter	Herbivore	De plante-ite kôget op gers.
Planten (Plural)	Plants (Plural)	Dizze planten groeie tige goed.
Plantsje (Dim.)	Plant (Dim.)	It plantsje groeit goed.
Plaster	Band aid	Hy docht in plaster op it seare plak.
Plat	Flat	It lân is plat.
Platfoarm	Platform	Hokfoar platfoarm brûkstû?
Platte (Adj.)	Flat (Adj.)	De platte grûn.
Plattegrûn	Map, Ground plan, Floor map	Wy brûke de plattegrûn.
Pleach	Plague	Wy hiene lêst fan in grutte pleach.
Pleats	Farm, Ranch	De boer hat in grutte pleats.
Pleats (Ik)	Place (I)	Ik pleats de stien.
Pleatse (Wy, jim, sy, jo)	Place (We, you all, they)	Jim pleatse de stien.
Pleatsfine	Take place	Moarn sil der in barren pleatsfine.
Pleatslik	Local	De rein wie pleatslik.
Pleatst (Dû/Do)	Place (You)	Dû pleatst de stien.
Pleatst (Hy, sy, it)	Places (He, she, it)	Hy pleatst de stien.
Pleatste (Ik, hy, sy, it)	Placed (I, he, she, it)	Hy pleatste de stien.
Pleatsten (Wy, jim, sy, jo)	Placed (We, you all, they)	Wy pleatsten de stien.
Pleatstest (Dû/Do)	Placed (You)	Dû pleaststest de stien.
Plestik	Plastic	Plestick moat yn dizze bak.
Plicht	Duty	It is dyn plicht.
Plonderje (Ik, wy, jim, sy, jo)	Plunder (I, we, you all, they)	Wy plonderje de pleats.
Plúske	Fluff	It plúske dwarrelt rûn.
Plysje	Police	De plysje hat my sjoen.
Poalen (Country)	Poland (Country)	Ik bin yn Poalen west.
Poalsk	Polish (Language)	Ik ferstean gjin Poalsk.
Poarre (Nickname for small person)	Small person	Wat moat dy poarre hjire.
Poart	Port, Gate	De man hat in grutte poart foar it hûs.
Poat	Paw	De hûn stekt syn poat út.
Poathâlder	Busybody	Ik fyn him mar in poathâlder.
Poatlead	Pencil	Hjirfoar moatst in poatlead brûke.
Pod	Toad	De pod makket in protte lûd.
Poddestuollen	Mushrooms	Wy sykje poddestuollen yn it bosk.
Politisy	Politicians	Politisy kinst net fertrouwe.
Polysje	Police	De polysje hat my sjoen.
Pompoen	Pumpkin	In pompoen heart by Halloween.
Ponge	Purse, Wallet	Hy sil de ponge der efkes bypakke.
Poppe	Baby	De poppe gûlt fan lilkens.
Poppe	Doll	It famke boartet mei de poppe.
Populêr	Popular	Hy wie populêr by de froulju.
Portegal (Country)	Portugal (Country)	Hy is nei Portegal west.
Portsje	Portion	Ik wol mar ien portsje haw.
Positive (Adj.)	Positive (Adj.)	It wie in positive útslach.
Posityf	Positive	De útslach wie posityf.
Post	Mail	It postkantoar is sletten.
Postkantoar	Post office	De postrinder bringt de post del.
Postrinder	Postman, Mailman	Syn postuer is tige goed.
Postuer	Posture	Dû moatst oan dyn postuer wurkje.
Posysje	Position	Hy hat in goede posysje by it bedriuw.
Praat (Ik)	Talk (I)	Ik praat oer it wurk.

Frisian	English	Example
Praat (Hy, sy, it)	Talks (He, she, it)	Hy praat oer it wurk.
Praatsk	Chatty, Talkative	Allermachtich, wat is dy man praatsk.
Praatst (Dû/Do)	Talk (You)	Dû praatst oer it wurk.
Prakkesearje (Ik, wy, jim, sy, jo)	Think deeply (I, we, you all, they)	Dêr moat ik efkes oer prakkesearje.
Prate (Wy, jim, sy, jo)	Talk (We, you all, they)	Wy prate oer it wurk.
Preau (Ik, hy, sy, it)	Tasted (I, he, she, it)	Sy preau de wyn.
Preaun (PP)	Tasted (PP)	Hy hat it iten preaun.
Preaune (Wy, jim, sy, jo)	Tasted (We, you all, they)	Sy preaune de wyn.
Preaust (Dû/Do)	Tasted (You)	Dû preaust de wyn.
Presidint	President	De presidint fan Amearika.
Presiis, Presys	Precise	Presiis, sa sit dat!
Presintearje (Ik, wy, jim, sy, jo)	Present (I, we, you all, they)	Wy presintearje ússels.
Priis	Price	Ik haw de grutte priis wûn.
Priizge (Ik, hy, sy, it)	Praised (I, he, she, it)	Hy priizge syn freon.
Priizgen (Wy, jim, sy, jo)	Praised (We, you all, they)	Wy priizgen ús freonen.
Priizgest (Dû/Do)	Praised (You)	Dû priizgest dyn freon.
Priizget (Hy, sy, it)	Praises (He, she, it)	Sy priizget har freon.
Priizgje (Ik, wy, jim, sy, jo)	Praise (I, we, you all, they)	Wy priizgje ús freonen.
Priizgjest (Dû/Do)	Praise (You)	Dû priizgjest dyn freon.
Prins	Prince	De prins rydt op it wite hynder.
Prinsesse	Princess	De prinsesse wachtet op de prins.
Priuw (Ik)	Taste (I)	Ik priuw de wyn.
Priuwe (Wy, jim, sy, jo)	Taste (We, you all, they)	Sy priuwe de wyn.
Priuwst (Dû/Do)	Taste (You)	Dû priuwst de wyn.
Priuwt (Hy, sy, it)	Tastes (He, she, it)	Sy priuwt de wyn.
Prizich	Pricey	Ik fyn it guod wol prizich.
Proai	Prey	De liuw byt de proai.
Probleem	Problem	It is in grut probleem wurden.
Problematysk	Problematic	It is in bytsje problematysk.
Produksje	Production	De produksje fan de film is begûn.
Produkt	Product	It produkt komt moarn út.
Produktive (Adj.)	Productive (Adj.)	De produktive dei.
Produktyf	Productive	Dizze dei wie produktyf.
Produsearje (Ik, wy, jim, sy, jo)	Produce (I, we, you all, they)	Wy sille it produkt produsearje.
Produsint	Producer	Hy is de produsint fan de film.
Profeet	Prophet	Neffens de bibel wie hy in profeet.
Profyl	Profile	Mei ik dyn profyl sjen?
Programmearring	Programming	Programmearring fan it programma.
Projekt	Project	Wy hawwe it projekt ôfmakke.
Promoasje	Promotion	Sy hawwe promoasje nedich.
Promovearje (Ik, wy, jim, sy, jo)	Promote (I, we, you all, they)	Wy sille dit jier promovearje.
Propaganda	Propaganda	It nijs sprate propaganda.
Proses	Process	It wie in lang proses.
Protest	Protest	Der wie in grut protest op strjitte.
Protter	Starling	De protte sit op de tûke.
Provinsje	Province	De provinsje Fryslân docht it goed.
Prûk	Wig, Hairpiece	De frou mei kanker hat in prûk op.
Prûm	Plum	Pake hat in grutte prûm fûn.
Psychysk	Psychic	Hy wie psychysk brutsen.
Pûde	Bag	De pûde siet fol mei guod.

Frisian	English	Example
Pûden (Plural)	Bags (Plural)	Hoe folle pûden hastû by dy?
Punt	Point	Wa hat ien punt?
Punten (Plural)	Points (Plural)	Wa hat de measte punten?
Puntesliper	Pencil sharpener	Puntsje slypje mei de puntesliper.
Pûst	Pimple	It famke wol fan de pûst ôf.
Put	Chore, Task	Hy hat in grutte put foar dy.
Putsje (Dim.)	Chore, Task (Dim.)	Hy hat in lyts putsje foar dy.
Pyjama	Pyjamas	Sy hat de pyjama noch oan.
Pyk	Peak	Ik haw de pyk fan myn libben berikke.
Pyk	Chicken	De pyk rint it gers fan 'e tún.
Pylder	Pillar	It gebout stipet op in grutte pilder.
Pylk	Arrow	De pylk gie troch it fleis hinne.
Pylkje (Dim.)	Arrow (Dim.)	It pylkje kaam net hiel fier.
Pynleas	Painless	De operaasje wie pynleas.
Pynlik	Painful, Hurtful	De fal wie pynlik.
Pyramide	Pyramid	De pyramide wie heech.
Raan (Ik)	Melt (I)	Ik raan it iis.
Raand (PP)	Melted (PP)	Hy hat it iis raand.
Raanst (Dû/Do)	Melt (You)	Dû raanst it iis.
Raant (Hy, sy, it)	Melts (He, she, it)	Sy raant it iis.
Raas (Ik)	Shout (I)	Ik raas nei myn freon.
Raasd (PP)	Shouted (PP)	Hy hat nei syn freon raasd.
Raasde (Ik, hy, sy, it)	Shouted (I, he, she, it)	Hy raasde nei syn freon.
Raasden (Wy, jim, sy, jo)	Shouted (We, you all, they)	Sy raasden nei harren freonen.
Raasdest (Dû/Do)	Shouted (You)	Dû raasdest nei dyn freon.
Raast (Dû/Do)	Shout (You)	Dû raast nei dyn freon.
Raast (Hy, sy, it)	Shouts (He, she, it)	Sy raast nei har freon.
Rabje	Gossip, Slander	Dû moatst net sa rabje oer him.
Radio	Radio	Ik hear him op de radio.
Rammelje (Ik, wy, jim, sy, jo)	Rattle (I, we, you all, they)	Wy rammelje mei de sinten.
Ramp	Disaster	Hjir is in grutte ramp bard.
Râne	Edge, Rim, Brim	It jonkje leit de koarste op de râne.
Rane (Wy, jim, sy, jo)	Melt (We, you all, they)	Sy rane it iis.
Rânzich	Disgusting, Rancid	It iten wie rânzich.
Raze (Wy, jim, sy, jo)	Shout (We, you all, they)	Wy raze nei ús freon.
Razer	Screamer, Yeller	Wa is dy razer?
Read	Red	It waard read foar syn eagen.
Reade (Adj.)	Red (Adj.)	De reade auto.
Reade panda	Red panda	De reade panda yt grientes.
Reager	Heron, Egret	De reager stiet by it wetter.
Reek	Smoke	Der komt reek út de skoarstien wei.
Reaksje	Reaction	Dat wie in reaksje op dy.
Reaksjes (Plural)	Reactions (Plural)	Hast noch in protte reaksjes krigen?
Reantsje	Whisper (to)	Wy reantsje mei elkoar.
Rear (Ik)	Stir (I)	Ik rear de molke.
Reare (Wy, jim, sy, jo)	Stir (We, you all, they)	Wy reare de molke.
Rearst (Dû/Do)	Stir (You)	Dû rearst de molke.
Reart (Hy, sy, it)	Stirs (He, she, it)	Sy reart de molke.
Reaster	Schedule, Grid, Roster	Hastû dyn reaster al besjoen?
Reboelje	Rebellion, Turmoil	Der is in bytsje reboelje ûntstean.

Rêch	Back (body)	Tink om dyn rêch!
Rêchbonke	Backbone, Spine	De rêchbonke hâldt alles by elkoar.
Rêd (Ik)	Save (I)	Ik rêd dy.
Rêdder	Savior	Hy is myn rêdder.
Rêde (Wy, jim, sy, jo)	Save (We, you all, they)	Jim rêde my.
Reden	Reason	Hastû hjir in goede reden foar?
Rêdst (Dû/Do)	Save (You)	Dû rêdst my.
Rêdt (Hy, sy, it)	Saves (He, she, it)	Hy rêdt my.
Ree jild	Cash	Hy hat in protte ree jild thús.
Reed	Driveway	Hy ried by ús de reed yn.
Reedride	Ice skating	Reedride op it iis.
Regear	Government	It regear seit wat wy dwaan moatte.
Regearje (Ik, wy, jim, sy, jo)	Govern (I, we, you all, they)	Wy reagerje oer it lân.
Regel	Rule	Wy hawwe no in nije regel.
Regele (Ik, hy, sy, it)	Arranged (I, he, she, it)	Hy regele in ôfspraak foar my.
Regelen (Wy, jim, sy, jo)	Arranged (We, you all, they)	Sy regelen in ôfspraak foar my.
Regelest (Dû/Do)	Arrange (You)	Dû regelest in ôfspraak foar my.
Regelst(e) (Dû/Do)	Arranged (You)	Dû regeleste in ôfspraak foar my.
Regelet (Hy, sy, it)	Arranges (He, she, it)	Sy regelet in ôfspraak foar my.
Regelje (Ik, wy, jim, sy, jo)	Arrange (I, we, you all, they)	Sy regelje in ôfspraak foar my.
Regelmjittich	Regularly	Ik sjoch him regelmjittich wol.
Regels (Plural)	Rules (Plural)	Hjir binne in protte regels.
Registraasje	Registration	Hoe is dyn registraasje gien?
Registrearje (Ik, wy, jim, sy, jo)	Register (I, we, you all, they)	Hjir moatst registrearje.
Reidsje	Straw (In glass or cup)	Hy boartet mei it reidsje.
Rein	Rain	Fannacht is der in protte rein fallen.
Reinbôge	Rainbow	Moatst dy reinbôge ris sjen.
Reinbôgen (Plural)	Rainbows (Plural)	Dêr binne twa reinbôgen by elkoar.
Reindrip	Raindrop	Ik fiel in reindrip op myn noas.
Reinklean	Waterproof clothes, Rainwear	Ik bin myn reinklean fergetten.
Reint	Rains	It hat de hiele nacht reint.
Reis	Trip, Travel	Ik haw in bjusterbaarlike reis makke.
Reitsje (Ik, wy, jim, sy, jo)	Touch (I, we, you all, they)	Sy reitsje de muorre.
Reizgje (Ik, wy, jim, sy, jo)	Travel (I, we, you all, they)	Ik reizgje de wrâld ôf.
Rekke	Hurt, Sore	Ik bin rekke troch dyn wurden.
Rekke (Ik, hy, sy, it)	Touched (I, he, she, it)	Hy rekke dy oan.
Rekken (Wy, jim, sy, jo)	Touched (We, you all, they)	Wy rekken dy oan.
Rekkene (Ik, hy, sy, it)	Reckoned (I, he, she, it)	Hy rekkene mei in rekkenmasine.
Rekkenen (Wy, jim, sy, jo)	Calculated (We, you all, they)	Wy rekkenen mei in rekkenmasine.
Rekkenest (Dû/Do)	Calculate, Reckon (You)	Dû rekkenst mei in rekkenmasine.
Rekkenest(e) (Dû/Do)	Calculated, Reckoned (You)	Dû rekkenste mei in rekkenmasine.
Rekkenet (Hy, sy, it)	Calculates, Reckons (He, she, it)	Hy rekkenet mei in rekkenmasine.
Rekkenje (Ik, wy, jim, sy, jo)	Reckon (I, we, you all, they)	Sy rekkenje mei in rekkenmasine.
Rekkenmasine	Calculator	Kinst better de rekkenmasine brûke.
Rekkest (Dû/Do)	Touch (You)	Dû rekkest de muorre.
Rekkest(e) (Dû/Do)	Touched (You)	Dû rekkeste de muorre.
Rekket (Hy, sy, it)	Touches (He, she, it)	Sy rekket de muorre.
Relatearje (Ik, wy, jim, sy, jo)	Relate (I, we, you all, they)	Wy relatearje ús dêroan.
Relatyf	Relative	Ik fyn it relatyf folle.
Reparearje (Ik, wy, jim, sy, jo)	Repair (I, we, you all, they)	Kinstû myn tillefoan reparearje?

Repe	Cut roughly	Ik sil dy repe!
Resept	Recipe	Hastû in geheim resept?
Resintlik	Recently	It is resintlik feroare.
Respektearje (Ik, wy, jim, sy, jo)	Respect (I, we, you all, they)	Wy respektearje dy.
Respekt	Respect	Hy hat in soad respekt foar dy.
Rêst (Ik, dû, hy, sy, it)	Rest (I, you, he, she, it)	Sy rêst op bêd.
Rêste (Wy, jim, sy, jo)	Rest (We, you all, they)	Wy rêste op bêd.
Rêstich	Restful, Laid back	Dizze buert is rêstich.
Rêstige (Adj.)	Restful, Laid back (Adj.)	De rêstige buert.
Rêstleas	Restless	Ik fiel my in bytsje rêstleas.
Resultaat	Result	Hastû it resultaat al sjoen?
Ret (PP)	Guessed (PP)	Ik haw it antwurd goed ret.
Ret (PP)	Saved, Rescued (PP)	Hy hat my ret.
Ret (PP)	Stirred (PP)	Sy hat yn 'e kofje ret.
Rette (Ik, hy, sy, it)	Guessed (I, he, she, it)	Sy rette it antwurd.
Rette (Ik, hy, sy, it)	Saved, Rescued (I, he, she, it)	Hy rette my fan it gefaar.
Rette (Ik, hy, sy, it)	Stirred (I, he, she, it)	Sy rette yn de kofje.
Retten (Wy, jim, sy, jo)	Guessed (We, you all, they)	Wy retten it antwurd.
Retten (Wy, jim, sy, jo)	Saved, Rescued (We, you all, they)	Jim retten my fan it gefaar.
Retten (Wy, jim, sy, jo)	Stirred (We, you all, they)	Sy retten yn de molke.
Rettest (Dû/Do)	Guessed (You)	Dû rettest it antwurd.
Rettest (Dû/Do)	Saved, Rescued (You)	Dû rettest my fan it gefaar.
Rettest (Dû/Do)	Stirred (You)	Dû rettest yn de kofje.
Revolúsje	Revolution	Sy binne in revolúsje begûn.
Ribbe	Rib	Hy hat in ribbe brutsen.
Ridder	Knight	De ridder sit op it hynder.
Ride (Wy, jim, sy, jo)	Drive, Ride (We, you all, they)	Sy ride troch it doarp.
Riden (PP)	Ridden (PP)	Sy hawwe troch it doarp riden.
Ried (Ik, hy, sy, it)	Drove, Rode (I, he, she, it)	Sy ried troch it doarp.
Ried (Ik)	Guess (I)	Ik ried it antwurd.
Riede (Wy, jim, sy, jo)	Guess (We, you all, they)	Wy riede it nûmer.
Riedeleas	Distraught	Sy wie riedeleas.
Rieden (Wy, jim, sy, jo)	Drove, Rode (We, you all, they)	Sy rieden troch it doarp.
Riedsel	Riddle	Kinstû it riedsel oplosse?
Riedst (Dû/Do)	Guess (You)	Dû riedst it nûmer.
Riedst (Dû/Do)	Drove, Rode (You)	Dû riedst troch it doarp.
Riedt (Hy, sy, it)	Guesses (He, she, it)	Hy riedt it nûmer.
Riere (Wy, jim, sy, jo)	Stir (We, you all, they)	Wy riere yn de sop.
Rige	Row, Line, Que	Yn de rige stean bliuwe.
Rigen (Plural)	Rows, Lines (Plural)	Hjir binne twa rigen.
Rike (Adj.)	Rich (Adj.)	De rike man.
Rikje (Ik, wy, jim, sy, jo)	Smoke (I, we, you all, they)	Ik rikje in sigaret.
Rikke (Ik, hy, sy, it)	Smoked (I, he, she, it)	Hy rikke in sigaret.
Rikken (Wy, jim, sy, jo)	Smoked (We, you all, they)	Wy rikken in sigaret.
Rikkest (Dû/Do)	Smoke (You)	Dû rikkest in sigaret.
Rikkest(e) (Dû/Do)	Smoked (You)	Dû rikkeste in sigaret.
Rikket (Hy, sy, it)	Smokes (He, she, it)	Hy rikket in sigaret.
Rime	Rhyme (to)	It ferske moat wol rime.
Rin (Ik)	Run, Walk (I)	Ik rin hurd fuort.
Rindier	Reindeer	De krystmas hat in rindier.

Ring	Ring	Sy hat in ring om de finger.
Ringen (Plural)	Rings (Plural)	Sy hat twa ringen.
Rinne (Wy, jim, sy, jo)	Run, Walk (We, you all, they)	Sy rinne hurd fuort.
Rinner	Runner	De rinner rint hurd fuort.
Rinnewearje (Ik, wy, jim, sy, jo)	Wreck (I, we, you all, they)	Wy kinne it wol rinnewearje.
Rinst (Dû/Do)	Run, Walk (You)	Dû rinst hurd fuort.
Rint (Hy, sy, it)	Runs, Walks (He, she, it)	Hy rint hurd fuort.
Rioel	Sewer	It rioel is sa bot smoarch.
Ripe (Adj.)	Ripe (Adj.)	De ripe apel is lekker.
Ris	Once	Ik kom wol ris del.
Riskearje (Ik, wy, jim, sy, jo)	Risk (I, we, you all, they)	Wy wolle it riskearje.
Rispje	Harvest (to)	It tink dat wy rispje kinne.
Rivier	River	Dizze stêd hat in grutte rivier.
Rjappel	Potato	De rjapper priuwt in bytsje sâltich.
Rjemme	Cream	Moatst ek rjemme oer de kofje haw?
Rjocht	Straight	De âlde man kin net rjocht stean.
Rjochter	Judge	De rjochter hat útspraak dien.
Rjochtfeardigje (Ik, wy, jim, sy, jo)	Justify (I, we, you all, they)	Wy rjochtfearigje de misdied.
Rjochts	Right (Direction)	Hjir moatst nei rjochts gean.
Rjochttroch	Straight ahead	Dizze wei giet rjochttroch.
Roas	Rose	De roas liket moai yn 'e tún.
Roek	Crow	De roek sit op in peal.
Roek (Ik, hy, sy, it)	Smelled (I, he, she, it)	Ik roek de smoarge lucht.
Roeken (Wy, jim, sy, jo)	Smelled (We, you all, they)	Wy roeken de smoarge lucht.
Roekst (Dû/Do)	Smelled (You)	Dû roekst de smoarge lucht.
Roemeenje (Country)	Romania (Country)	Is Roemeenje in earm lân?
Rôfbist	Predator	De liuw is in rôfbist.
Rolstoel	Wheelchair	De âlde frou hat in rolstoel.
Roman	Novel	Myn faam hâldt fan dizze roman.
Romantysk	Romantic	Myn faam is romantysk.
Rommel	Clutter, Trash	Dû hast der in rommel fan makke.
Romte	Space	Jou my efkes in bytsje romte.
Rop (Ik)	Call, Shout (I)	Ik rop dyn namme.
Rôp (Ik, hy, sy, it)	Called out (I, he, she, it)	Ik rôp dy niis.
Rôpen (Wy, jim, sy, jo)	Called out (We, you all, they)	Wy rôpen dy niis.
Roppe (Wy, jim, sy, jo)	Call, Shout (We, you all, they)	Jim roppe myn namme.
Roppen (PP)	Shouted (PP)	Wy hawwe dyn namme roppen.
Ropst (Dû/Do)	Call, Shout (You)	Dû ropst myn namme.
Rôpst (Dû/Do)	Called, Shout (You)	Dû rôpst dy niis.
Ropt (Hy, sy, it)	Calls, Shouts (He, she, it)	Sy ropt dyn namme.
Rôt	Rat	De smoarge rôt klom út de sleat.
Rotonde	Roundabout	Wy moatte rjochtsôf nei de rotonde.
Roun (Older)	Round	Dizze foarm is roun.
Rôze	Pink	De rôze roas.
Rûchhouwer	Messy person	Allermachtich, hy is in echte rûchhouwer.
Rûk (Ik)	Smell (I)	Ik rûk reek.
Rûke (Wy, jim, sy, jo)	Smell (We, you all, they)	Sy rûke reek.
Rûkersguod	Perfume	Dû hast rûkersguod nedich.
Rûkst (Dû/Do)	Smell (You)	Dû rûkst reek.
Rûkt (Hy, sy, it)	Smells (He, she, it)	Hy rûkt reek.

Rûm, Rom	Roomy, Spacious	Dizze rûmte is rûm.
Rûmte	Space	Jou my efkes in bytsje rûmte.
Rûmtes (Plural)	Spaces (Plural)	Hjir binne in protte rûmtes.
Rûn (Ik, hy, sy, it)	Ran (I, he, she, it)	Hy rûn lilk nei hûs.
Rûn	Round	Dizze foarm is rûn.
Rûne (Adj.)	Round (Adj.)	De rûne foarm.
Rûnen (Wy, jim, sy, jo)	Ran (We, you all, they)	Sy rûnen lilk nei hûs.
Rûnom	Around	De hûn rûnom it hûs.
Rûnst (Dû/Do)	Ran (You)	Dû rûnt nei hûs.
Rûp	Caterpillar	De rûp krûpt oer it blêdsje.
Ruslân (Country)	Russia (Country)	Ruslân is tige grut.
Russysk	Russian	It famke is Russysk.
Rust	Rust	Dizze boat hat rust.
Rustich	Rusty	De boat is rustich.
Rút	Window glass	Tink om it rút!
Rûzje	Fight, Argument	Sy meitsje rûzje om neat.
Ryd (Ik)	Drive, Ride (I)	Ik ryd troch it doarp.
Rydst (Dû/Do)	Drive, Ride (You)	Dû rydst troch it doarp.
Rydt (Hy, sy, it)	Drives, Rides (He, she, it)	Hy rydt troch it doarp.
Ryk	Rich	Ik fiel my ryk.
Rykdom	Wealth	De rykdom fan de Fryske taal.
Rynsk	Generous	De útjefte is rynsk.
Ryp	Ripe	Dizze par is ryp.
Rys	Rice	De rys fan juster priuwt goed.
Sa	So	Sa moat it der útsjen.
Saai	Boring	Dizze middei is sa saai.
Sabeare	Pretend	Sy sabeare foar jild.
Sabotearje (Ik, wy, jim, sy, jo)	Sabotage (I, we, you all, they)	Hy wol ús sabotearje.
Safolle	So much	It hat al safolle koste.
Sâlt	Salt	Ik doch sâlt oer it aai.
Sâlte (Adj.)	Salt (Adj.)	De sâlte ierpel.
Sâltich	Salty	Ik fyn it miel te sâltich.
Salve	Salve, Ointment	De salve kuollet de hûd.
Sambia (Country)	Zambia (Country)	Sy wolle nei Sambia.
Samling	Collection, Gathered	Wolstû myn samling sjen?
Sammele (Ik, hy, sy, it)	Gathered (I, he, she, it)	Ik sammele poddestuollen yn it wâld.
Sammelen (Wy, jim, sy, jo)	Gathered (We, you all, they)	Wy sammelen poddestuollen.
Sammelest (Dû/Do)	Collect, Gather (You)	Dû sammelest poddestuollen.
Sammelest(e) (Dû/Do)	Collected, Gathered (You)	Dû sammeleste poddestuollen.
Sammelje (Ik, wy, jim, sy, jo)	Gather (I, we, you all, they)	Wy sammelje poddestuollen.
Sân	Seven	In wike duorret sân dagen.
Sân	Sand	It strân bestiet út sân.
Sânglês	Hourglass	Hy set de sânglês oer de kop.
Sânkastiel	Sandcastle	De bern makken in sânkastiel.
Santjin	Seventeen	Hy wie alwer santsjin jier.
Saterdei (Wâldfrysk)	Saturday	Saterdei is it wer tiid foar feest.
Sea (Ik, hy, sy, it)	Cooked, Boiled (I, he, she, it)	Sy sea it iten.
Seach (Ik, hy, sy, it)	Saw (I, he, she, it)	Sy seach de film.
Seachst (Dû/Do)	Saw (You)	Dû seachst de film.
Seaen (Wy, jim, sy, jo)	Cooked, Boiled (We, you all, they)	Wy seaen it iten.

Seage	Saw (Tool)	Hy brûkt syn seage.
Seagen (Wy, jim, sy, jo)	Saw (We, you all, they)	Jo seagen de film.
Sean (PP)	Cooked, Boiled (PP)	It iten is goed sean.
Sear	Sore	Hy hat him sear dien.
Seare (Adj.)	Sore (Adj.)	It seare plak.
Seast (Dû/Do)	Cooked, Boiled (You)	Dû seast it iten.
Sebra	Zebra	De sebra is bliid as er gers sjocht.
Sebrapaad	Pedestrian crossing	Wy rinne oer it sebrapaad.
Sechtsjin	Sixteen	It is sechtsjin jier lyn.
See	Sea	De kâlde djippe see.
Seefûgel	Seagull	Seefûgel siket om iten.
Seehûn	Seal	De seehûn leit op it strân.
Seehynder	Seahorse	De seehynder swimt by in fisk del.
Seehynderke (Dim.)	Seahorse (Dim.)	It seehynderke swimt by in fisk del.
Seestjer	Seastar, Starfish	De seestjer leit plat op in stien.
Seewiif	Mermaid	Hastû alris in seewiif sjoen?
Sêft	Soft	Syn hûd is sêft.
Sêfte (Adj.)	Soft (Adj.)	De sêfte hûd.
Sêgen	Folktale	De sêgen hat it oer in grut mûnster.
Sei (Ik)	Say (I)	Ik sei eat tsjin dy.
Sein (PP)	Said (PP)	Hy hat eat tsjin my sein.
Seis	Six	Moatst noch seis dagen wachtsje.
Seist (Dû/Do)	Say (You)	Dû seist eat tsjin my.
Seit (Hy, sy, it)	Says (He, she, it)	Sy seit eat tsjin my.
Sek	Sack	Pake hat in sek mei ierpels.
Selden	Seldom	Ik haw it selden sjoen.
Selektearje (Ik, wy, jim, sy, jo)	Select (I, we, you all, they)	Wy selektearje de bêste spilers.
Selsfertrouwens	Confidence	De rike hat in protte selsfertrouwen.
Selsmoard	Suicide	Sy wol selsmoard dwaan.
Sêne	Scene	Dizze sêne is moai.
Senegal (Country)	Senegal (Country)	Wy wolle op fakânsje nei Senegal.
Senuweftich	Nervous	It famke wie senuweftich.
Septimber	September	It is hast alwer Septimber.
Servje (Country)	Serbia (Country)	Myn kaam út Servje.
Set (Ik)	Set, Put (I)	Ik set de kofje op 'e tafel.
Set (Hy, sy, it)	Sets, Puts (He, she, it)	Hy set de kofje op 'e tafel.
Setst (Dû/Do)	Set, Put (You)	Dû setst de kofje op 'e tafel.
Sette (Wy, jim, sy, jo)	Set, Put (We, you all, they)	Jo sette de kofje op 'e tafel.
Setten (Wy, jim, sy, jo)	Set, Put (Past) (We, you all, they)	Sy setten de kofje op 'e tafel.
Settest (Dû/Do)	Set, Put (Past) (You)	Dû settest de kofje op 'e tafel.
Sfear	Ambiance, Atmosphere	Hjir hinget in goede sfear.
Shirt, T-Shirt	T-Shirt	Ik doch hjoed in T-shirt oan.
Sibearje (Country)	Siberia	Yn Sibearje is it bot kâld.
Sibskip	Kinship	Hy hat Fryske sibskip.
Sicht	Sight	Ik haw gjin sicht mear op de wei.
Sichtber	Visible	De stjerren binne sichtber.
Sichtbere (Adj.)	Visible (Adj.)	De sichtbere stjerren.
Side	Side, Page	Op dizze side stiet in protte ynformaasje.
Sied	Seed	Sy hat in sied plante.
Sied (Ik)	Cook, Boil (I)	Ik sied it iten.

Siedder	Sower	De siedder gie te siedzjen.
Siede (Wy, jim, sy, jo)	Cook, Boil (We, you all, they)	Sy siede it iten.
Siedst (Dû/Do)	Cook, Boil (You)	Dû siedst it iten.
Siedt (Hy, sy, it)	Cooks, Boils (He, she, it)	Sy siedt it iten.
Siedzje (Ik, wy, jim, sy, jo)	Sow (I, we, you all, they)	Wy siedzje it lân.
Siel (Sêle, Old Frisian)	Soul	Dy man is syn siel ferlern.
Sielen (Plural)	Souls (Plural)	Hjir binne âlde sielen.
Siet (Ik, hy, sy, it)	Sat (I, he, she, it)	Hy siet njonken dy.
Sieten (Wy, jim, sy, jo)	Sat (We, you all, they)	Wy sieten njonken dy.
Sietst (Dû/Do)	Sat (You)	Dû sietst njonken my.
Sifer	Figure, Cipher, Digit	Hokfoar sifer joustû him?
Sigaret	Cigarette	Hastû in sigaret foar my?
Siik	Sick, Ill	Ik fiel my siik.
Sike (Adj.)	Sick, Ill (Adj.)	De sike man.
Sikehûs, Sikehús	Hospital, Sickhouse	Wy binne yn it sikehûs.
Sikehûzen (Plural)	Hospitals (Plural)	It lân hat allegear sikehûzen.
Sikest (Dû/Do)	Search, Seek (You)	Dû sikest dyn famylje.
Siket (Hy, sy, it)	Searches, Seeks	Hy siket syn famylje.
Sikewein	Ambulance	De sikewein komt der al oan.
Sil (Ik)	Shall (I)	Ik sil dy helpe.
Sille (Wy, jim, sy, jo)	Shall (We, you all, they)	Sy sille dy helpe.
Silst (Dû/Do)	Shall (You)	Dû silst my helpe.
Sily (Country)	Chile (Country)	Wy wolle nei Sily.
Simbabwe (Country)	Zimbabwe (Country)	Wêr leit Simbabwe?
Simmer (Sumur, Old Frisian)	Summer	Dizze simmer duorret lang.
Simmerfûgel	Butterfly	De simmerfûgel sit op in blom.
Sin	Sentence	It bern hat in hiele sin skreaun.
Sineappelsop	Orange juice	Sy hat nocht oan sineappelsop.
Singapoer (Country)	Singapore (Country)	Wy sille nei Singapoer.
Sinjaal	Signal	Wy hawwe hjir gjin sinjaal.
Sink (Ik)	Sink (I)	Ik sink nei de boaiem.
Sink	Zinc	Dû hast in sink te koart.
Sinke (Wy, jim, sy, jo)	Sink (We, you all, they)	Wy sinke nei de boaiem.
Sinkst (Dû/Do)	Sink (You)	Dû sinkst nei de boaiem.
Sinkt (Hy, sy, it)	Sinks (He, she, it)	It sinkt nei de boaiem.
Sinne	Sun	De sinne skynt wer.
Sinneblom	Sunflower, Sunbloom	De sinneblom hâldt fan de sinne.
Sinnebrân	Sunscreen	Wy smarre sinnebrân op 'e hûd.
Sinnebril	Sunglasses	Wêr is myn sinnebril?
Sinneljocht	Sunlight	It sinneljocht skynt troch it finster.
Sinneûndergong	Sunset	Wy sjogge de sinneûndergong.
Sinnich	Sunny	It is hjoed sinnich.
Sinten	Money	De sinten binne hast op.
Sintrum	Center, Centre, Downtown	It is yn it sintrum fan it doarp.
Sintúch	Sense	Myn ekstra sintúch.
Sipel	Onion	De sipel rûkt nuver.
Sirkulaasje	Circulation	De sirkulaasje fan myn bloed.
Sit (Ik)	Sit (I)	Ik sit njonken dy.
Sit (Hy, sy, it)	Sits (He, she, it)	Hy sit njonken dy.
Sitroen	Lemon	De sitroen wie soer.

Sitst (Dû/Do)	Sit (You)	Dû sitst njonken my.
Sitte (Wy, jim, sy, jo)	Sit (We, you all, they)	Sy sitte njonken my.
Sitten (PP)	Sitting (PP)	Hy hat dêr sitten.
Situaasje	Situation	De situaasje is nuver.
Situaasjes (Plural)	Situations (Plural)	De situaasjes binne nuver.
Sizze (Wy, jim, sy, jo)	Say (We, you all, they)	Wy sizze neat tsjin him.
Sjaal	Scarf, Shawl	Sy hat in sjaal om de nekke.
Sjakal	Jackal	De sjakal rint hurd fuort troch it lûd.
Sjamme	Scarecrow	De sjamme stiet yn it lân.
Sjampo	Shampoo	Brûkstû ek sjampo?
Sjen	See, Look, Watch	De âlde man kin noch goed sjen.
Sjerp	Syrup	Ik wol sjerp op myn pankoek haw.
Sjesa	Alright, Well, So	Sjesa, no binne wy klear!
Sjina (Country)	China (Country)	Sjina is in lân mei in protte minsken.
Sjippe	Soap	De sjippe makket alles skjin.
Sjiraffe, Sjiraf	Giraffe	De sjiraffe hat in lange nekke.
Sjit (Ik)	Shoot (I)	Ik sjit him del.
Sjit (Hy, sy, it)	Shoots (He, she, it)	Hy sjit him del.
Sjitst (Dû/Do)	Shoot (You)	Dû sjitst him del.
Sjitte (Wy, jim, sy, jo)	Shoot (We, you all, they)	Sy sjitte him del.
Sjoch (Ik)	See (I)	Ik sjoch de nije film.
Sjoch ris oan	Here you are	Sjoch ris oan, dizze is foar dy.
Sjochst (Dû/Do)	See (You)	Dû sjochst de nije film.
Sjocht (Hy, sy, it)	Sees (He, she, it)	Hy sjocht de nije film.
Sjoddy	See you	Sjoddy moarn!
Sjoen (PP)	Seen (PP)	Ik haw dizze film al sjoen.
Sjoene	Eyesight	Syn sjoene is minder wurden.
Sjogge (Wy, jim, sy, jo)	See (We, you all, they)	Jim sjogge de nije film.
Sjogger	Viewer	De sjogger sjocht de wedstriid.
Sjong (Ik)	Sing (I)	Ik sjong in ferske.
Sjonge (Wy, jim, sy, jo)	Sing (We, you all, they)	Wy sjonge in ferske.
Sjonger	Singer	De sjonger sjongt in ferske.
Sjongers (Plural)	Singers (Plural)	De sjongers sjonge in ferske.
Sjongst (Dû/Do)	Sing (You)	Dû sjongst in ferske.
Sjongt (Hy, sy, it)	Sings (He, she, it)	Sy sjongt in ferske.
Skaad (Skâde, Old Frisian)	Shade	Pake sit yn it skaad fan 'e beam.
Skaai	Race, Breed, Gender	Ien fan it bêste skaai.
Skaat (PP)	Parted, Divorced (PP)	Sy binne skaad.
Skamde (Ik, hy, sy, it)	Shamed (I, he, she, it)	Hy skamde him goed.
Skamden (Ik, wy, jim, sy, jo)	Shamed (I, we, you all, they)	WY skamden ús goed.
Skamdest (Dû/Do)	Shamed (You)	Dû skamest dy goed.
Skamje (Wy, jim, sy, jo)	Shame (We, you all, they)	Wy skamje ús.
Skamme (PP)	Shamed (PP)	Hy hat him goed skamme.
Skammest (Dû/Do)	Shame (You)	Dû skammest dy goed.
Skammet (Hy, sy, it)	Shames (He, she, it)	Sy skammet har.
Skansearje (Ik, wy, jim, sy, jo)	Damage (I, we, you all, they)	Wy skansearje de lúksewein.
Skat (Sket, Old Frisian)	Treasure	De seerôver hat de skat fûn.
Skate (Ik, hy, sy, it)	Parted, Divorced (I, he, she, it)	Hy skate mei my.
Skaten (Ik, wy, jim, sy, jo)	Divorced (I, we, you all, they)	Wy skaten elkoar.
Skatest (Dû/Do)	Parted, Divorced (You)	Dû skatest mei dyn frou.

Skatten (Plural)	Treasures (Plural)	Hjir binne allegear skatten ferstoppe.
Skattich	Cute	Myn faam is skattich.
Skattige (Adj.)	Cute (Adj.)	It skattige famke.
Skatting	Estimation	It is mar in skatting.
Skea	Damage	Myn auto hie in protte skea.
Skeade (Ik, hy, sy, it)	Harmed (I, he, she, it)	Ik skeade myn selsfertrouwen.
Skeaden (Wy, jim, sy, jo)	Harmed (We, you all, they)	Sy skeaden harren selsfertrouwen.
Skeadest (Dû/Do)	Harm (You)	Dû skeadest dyn selsfertrouwen.
Skeadest(e) (Dû/Do)	Harmed (You)	Dû skeadeste dyn selsfertrouwen.
Skeadet (Hy, sy, it)	Harms (He, she, it)	Hy skeadet syn selsfertrouwen.
Skeadzje (Ik, wy, jim, sy, jo)	Harm (I, we, you all, they)	Wy skeadzje ús selsfertrouwen.
Skeakelje (Ik, wy, jim, sy, jo)	Change gear (I, we, you all, they)	No moatst skeakelje.
Skeal	Scale	De skeal mjit dyn gewicht.
Skealik	Harmful	Dyn miening is skealik.
Skeamte	Shame	Hy hat gjin skeamte.
Skean	Skew, Skewed	De sykant is skean.
Skear (Ik)	Shave, Shear (I)	Ik skear it skiep.
Skeard (PP)	Shaved (PP)	Ik haw it skiep skeard.
Skearde (Ik, hy, sy, it)	Shaved, Sheared (I, he, she, it)	Hy skearde it skiep.
Skearden (Wy, jim, sy, jo)	Sheared (We, you all, they)	Wy skearden de skiep.
Skeardest (Dû/Do)	Shaves, Shears (You)	Dû skeardest it skiep.
Skeare (Wy, jim, sy, jo)	Shave, Shear (We, you all, they)	Jo skeare it skiep.
Skearmes	Razor	Ik skear mysels mei in skearmes.
Skearskûm	Shaving foam, Shaving cream	Hy brûkt skearskûm by it skearen.
Skearst (Dû/Do)	Shave, Shear (You)	Dû skearst it skiep.
Skeart (Hy, sy, it)	Shaves, Shears (He, she, it)	Hy skeart it skiep.
Skeat (Ik, hy, sy, it)	Shot (I, he, she, it)	Hy skeat op it doel.
Skeaten (Wy, jim, sy, jo)	Shot (We, you all, they)	Sy skeaten op it doel.
Skeatst (Dû/Do)	Shot (You)	Dû skeatst op it doel.
Skedel	Skull	Hy hat in skedel fûn.
Skedels (Plural)	Skulls (Plural)	Hjir lizze allegear skedels.
Skeine	Violate	Dû moatst dizze wet nei skeine.
Skel (Ik)	Curse, Call names (I)	Ik skel dy út.
Skelet	Skeleton	It skelet leit hjir al in skoftsje.
Skeletten (Plural)	Skeletons (Plural)	It grêf hat allegear skeletten.
Skelk	Apron	Beppe hat in skelk foar.
Skelle (Wy, jim, sy, jo)	Curse (We, you all, they)	Wy skelle dy út.
Skelst (Dû/Do)	Curse, Call names (You)	Dû skelst my út.
Skelt (Hy, sy, it)	Cursed (He, she, it)	Hy skelt my út.
Skepsel	Creature	It skepsel rint troch it tsjuster.
Skepsels (Plural)	Creatures (Plural)	De skepsels rinne troch it tsjuster.
Skerf	Shard	Tink derom, dêr leit in skerf.
Skerm	Screen	De film is op it grutte skerm.
Skermen (Plural)	Screens (Plural)	De winkel stiet fol mei skermen.
Skermke (Dim.)	Screen (Dim.)	It lytse skermke is brutsen.
Skerp (Scerp, Old Frisian)	Sharp	Dizze mês is hiel skerp.
Skerpe (Adj.)	Sharp (Adj.)	It skerpe mês.
Skerven (Plural)	Shards (Plural)	De skerven lizze op 'e grûn.
Sketten (PP)	Shot (PP)	Hy hat op it doel sketten.
Skewiele	Stand by, Assist, Help	Wolstû my efkes skewiele.

Frisian	English	Example
Skied (Ik)	Part, Divorce (I)	Ik skied fan dy.
Skiede (Wy, jim, sy, jo)	Part, Divorce (We, you all, they)	Wy skiede fan elkoar.
Skieden (PP)	Parted, Divorced (PP)	Wy binne fan elkoar skieden.
Skieding	Divorce	Myn âlders geane troch in skieding.
Skiednis (Skêdnesse, Old Frisian)	History	De skiednis fan Fryslân.
Skiedst (Dû/Do)	Part, Divorce (You)	Dû skiedst fan my.
Skiedt (Hy, sy, it)	Parts, Divorces (He, she, it)	Hy skiedt fan my.
Skientme	Beauty	Sy hat in gefoel foar skientme.
Skiep (Also plural)	Sheep	De skiep rinne fuort foar it gefaar.
Skierâld	Ancient, Olden	Dizze stien is skierâld.
Skierâlde (Adj.)	Ancient (Adj.)	De skierâlde stien.
Skiet (Ik, hy, sy, it)	Shit, Shat (I, he, she, it)	Hy skiet yn 'e natoer.
Skieten (Wy, jim, sy, jo)	Shit, Shat (We, you all, they)	Jim skieten yn 'e natoer.
Skietst (Dû/Do)	Shit, Shat (You)	Dû skietst yn 'e natoer.
Skiif	Disc, Disk	It stiet op de skiif.
Skild	Shield, Shell	Hy hat in swurd en skild.
Skilden (Plural)	Shields, Shells (Plural)	De skilden rammelje tsjin elkoar oan.
Skildere (Ik, hy, sy, it)	Painted (I, he, she, it)	Sy skildere de muorre grien.
Skilderen (Ik, wy, jim, sy, jo)	Painted (I, we, you all, they)	Wy skilderen de muorre read.
Skilderest (Dû/Do)	Paint (You)	Dû skilderest de muorre blau.
Skilderest(e) (Dû/Do)	Painted (You)	Dû skildereste de muorre blau.
Skilderet (Hy, sy, it)	Paints (He, she, it)	Sy skilderet de muorre giel.
Skilderij	Painting	It skilderij sjocht der net út.
Skilderje (Ik, wy, jim, sy, jo)	Paint (I, we, you all, they)	Sy skilderje de muorre griis.
Skile	Peel off, Peel	Sy skile de par.
Skilje (Ik, wy, jim, sy, jo)	Call, Dial (I, we, you all, they)	Wy skilje ús heit.
Skille (Ik, hy, sy, it)	Called, Dialed (I, he, she, it)	Hy skille syn heit.
Skillen (Wy, jim, sy, jo)	Called, Dialed (We, you all, they)	Wy skillen ús heit.
Skillest (Dû/Do)	Call, Dial (You)	Dû skillest dyn heit.
Skillest(e) (Dû/Do)	Called, Dialed (You)	Dû skilleste dyn heit.
Skillet (Hy, sy, it)	Calls, Dials (He, she, it)	Sy skillet har heit.
Skimer	Dusk	It is in bytsje skimer.
Skimmel	Fungus	De skimmel sit al op de bôle.
Skine (Wy, jim, sy, jo)	Shine (We, you all, they)	Sy skine ljocht op de doar.
Skink (Ik)	Give (I) (Like a gift)	Ik skink dy in geskink.
Skinke (Wy, jim, sy, jo)	Give (We, you all, they)	Wy skinke dy in geskink.
Skinkst (Dû/Do)	Give (You)	Dû skinkst har in geskink.
Skinkt (Hy, sy, it)	Gives (He, she, it)	Sy skinkt my in geskink.
Skip	Ship	It skip komt oan yn 'e haven.
Skipke (Dim.)	Ship (Dim.)	It skipke komt oan yn 'e haven.
Skippen (Plural)	Ships (Plural)	De skippen komme oan yn de haven.
Skiter	Coward	Dizze man blykt in skiter te wêzen.
Skiterich	Skittish	Hy is in bytsje skiterich.
Skitterje	Sparkle	De stjerren skitterje yn de loft.
Skjin	Clean	Sa, myn hûs is wer skjin.
Skjinje (Ik, wy, jim, sy, jo)	Clean (I, we, you all, they)	Sy skjinje it hûs.
Skjinmeitsje	Clean (to)	De frou wol har hûs skjinmeitsje.
Skjinne (Adj.)	Clean (Adj.)	It skjinne hûs.
Skjinne (Ik, hy, sy, it)	Cleaned (I, he, she, it)	Sy skjinne it hiele hûs.
Skjinnen (Wy, jim, sy, jo)	Cleaned (We, you all, they)	Wy skjinnen it hiele hûs.

Skjinnest (Dû/Do)	Clean (You)	Dû skjinnest it hiele hûs.
Skjinnest(e) (Dû/Do)	Cleaned (You)	Dû skjinnest it hiele hûs.
Skjinnet (Hy, sy, it)	Cleans (He, she, it)	Sy skjinnet it hiele hûs.
Skjirje (Ik, wy, jim, sy, jo)	Scrape (I, we, you all, they)	Wy skjirje de muorre.
Skjirre	Scissors, Shears	Foarsichtich mei de skjirre wêze.
Skjirren (Plural)	Scissors, Shears (Plural)	Hjir lizze twa skjirren.
Skoaie	Beg, Mooch	Dû moatst net sa skoaie.
Skoalle	School	Skoalle is hjoed ticht.
Skoallen (Plural)	Schools (Plural)	It doarp hat twa skoallen.
Skoan	Very good	Hy hat in skoan libben.
Skoanâlden	Parents-in-law	Hjoed sil ik nei myn skoanâlden.
Skoander	Excellent, Pretty	In skoander frommes.
Skoandochter	Daughter-in-law	Hy sil mei syn skoandochter op paad.
Skoanheit	Father-in-law	Ik kin it goed fine mei skoanheit.
Skoanmem	Mother-in-law	Sy hat in goede bân mei skoanmem.
Skoansoan	Son-in-law	Dyn skoansoan is in bêste jonge.
Skoansuske	Sister-in-law	Soargestû foar myn skoansuske?
Skoar	Steep	It paad is skoar.
Skoare	Score	Hastû de skoare by holden?
Skoarre (Adj.)	Steep (Adj.)	It skoarre paad.
Skoarskje (Ik, wy, jim, sy, jo)	Cherish (I, we, you all, they)	Dyn freonen kinst better skoarskje.
Skoarstien	Chimney	Reek út de skoarstien.
Skoat	Lap	By beppe op de skoat.
Skoattel	Latch	Doch de doar op de skoattel.
Skodde (Ik, hy, sy, it)	Shook (I, he, she, it)	Hy skodde it drinken.
Skodde (PP)	Shaken (PP)	Hy hat it drinken skodde.
Skodden (Wy, jim, sy, jo)	Shook (We, you all, they)	Wy skodden it drinken.
Skoddest (Dû/Do)	Shake (You)	Dû skoddest it drinken.
Skoddest(e) (Dû/Do)	Shook (You)	Dû skoddeste it drinken.
Skoddet (Hy, sy, it)	Shakes (He, she, it)	Sy skoddet it drinken.
Skodzje (Ik, wy, jim, sy, jo)	Shake (I, we, you all, they)	Wy skodzje it drinken.
Skoech	Shoe	Myn skoech is smoarch.
Skoft	Break, Time out, A while	Dat is al in skoft lyn.
Skoftsje (Dim.)	Break, Time out, Pause (Dim.)	De mannen skoftsje om te iten.
Skol	Shallow	It wetter yn de sleat is skol.
Skold (PP)	Cursed (PP)	Hy hat him út skold.
Skolden (Wy, jim, sy, jo)	Cursed (We, you all, they)	Wy skolden him út.
Skoldst (Dû/Do)	Cursed (You)	Dû skoldst him út.
Skom	Foam, Froth, Scum	Der leit skom op it wetter.
Skonk	Leg	Syn skonk docht him sear.
Skonk (Ik, hy, sy, it)	Gave (Like a gift) (I, he, she, it)	Hy skonk him in geskink.
Skonken (Plural)	Legs (Plural)	Hy rint op syn skonken.
Skonken (Wy, jim, sy, jo)	Gave (We, you all, they)	Wy skonken him in geskink.
Skonkst (Dû/Do)	Gave (You)	Dû skonkst him in geskink.
Skop (Ik)	Kick (I)	Ik skop dy.
Skôp (Ik, hy, sy, it)	Kicked (I, he, she, it)	Hy skôp my.
Skôpen (Wy, jim, sy, jo)	Kicked (We, you all, they)	Sy skôpen my.
Skoppe (Wy, jim, sy, jo)	Kick (We, you all, they)	Wy skoppe dy.
Skopst (Dû/Do)	Kick (You)	Dû skopst my.
Skôpst (Dû/Do)	Kicked (You)	Dû skôpst my.

Skopt (Hy, sy, it)	Kicks (He, she, it)	Hy skopt my.
Skorpioen	Scorpion	Dizze skorpioen is gefaarlik.
Skot	Shot (A shot with a rifle)	Ik hearde in skot.
Skotlân (Country)	Scotland (Country)	Sy prate Skotsk yn Skotlân.
Skotsk	Scottish	Skotsk is in bysûndere taal.
Skouder (Axle, Old Frisian)	Shoulder	Sy op har skouder fallen.
Skouders (Plural)	Shoulders (Plural)	Beide skouders dogge sear.
Skouspul	Spectacle	Hast it skouspul al sjoen?
Skow (Ik)	Shove, Push (I)	Ik skow de doaze fuort.
Skowd (PP)	Shoved, Pushed (PP)	Sy hat de doaze fuort skowd.
Skowde (Ik, hy, sy, it)	Shoved, Pushed (I, he, she, it)	Hy skowde de doaze fuort.
Skowden (Wy, jim, sy, jo)	Shoved, Pushed (We, you all, they)	Jim skowden de doaze fuort.
Skowdest (Dû/Do)	Shove, Push (You)	Dû skowdest de doaze fuort.
Skowe (Wy, jim, sy, jo)	Shove, Push (We, you all, they)	Sy skowe de doaze fuort.
Skowst (Dû/Do)	Shove, Push (You)	Dû skowst de doaze fuort.
Skowt (Hy, sy, it)	Shoves, Pushes (He, she, it)	Hy skowt de doaze fuort.
Skrank	Diagonal	De ljedder stiet skrank.
Skrânzje	Gorge, Wolf down	Sy skrânzje yn it iten om.
Skreau (Ik, hy, sy, it)	Wrote (I, he, she, it)	Hy skreau it antwurd op.
Skreaun (PP)	Written (PP)	Hy hat it antwurd op skreaun.
Skreaune (Wy, jim, sy, jo)	Wrote (We, you all, they)	Wy skreaune it antwurd op.
Skreaust (Dû/Do)	Wrote (You)	Dû skreaust eat op it blêdsje.
Skriem (Ik)	Cry, Yelp, Yawl, Whine (I)	Ik skriem fan de pine.
Skriemd (PP)	Cried, Whined (PP)	Ik haw skriemd fan 'e pine.
Skriemde (Ik, hy, sy, it)	Cried, Whined (I, he, she, it)	Hy skriemde fan de pine.
Skriemden (Wy, jim, sy, jo)	Cried, Whined (We, you all, they)	Sy skriemden fan de pine.
Skriemdest (Dû/Do)	Cried, Whined (You)	Dû skriemdest fan de pine.
Skrieme (Wy, jim, sy, jo)	Cry, Whine (We, you all, they)	Wy skrieme fan de pine.
Skriemst (Dû/Do)	Cry, Yelp, Yawl, Whine (You)	Dû skriemst fan 'e pine.
Skriemt (Hy, sy, it)	Cries, Whines (He, she, it)	Sy skriemt fan 'e pine.
Skrift	Notebook	Ik brûk myn skrift.
Skrik (Ik)	Scare, Fright, Shock (I)	Ik skrik fan it lûd.
Skrikke (Wy, jim, sy, jo)	Scare, Fright (We, you all, they)	Sy skrikke fan it lûd.
Skriks	Diagonal	De ljedder stiet skriks.
Skrikst (Dû/Do)	Scare, Fright, Shock (You)	Dû skrikst fan it lûd.
Skrikt (Hy, sy, it)	Scares, Frights (He, she, it)	Hy skrikt fan it lûd.
Skriuw (Ik)	Write (I)	Ik skriuw dy in brief.
Skriuwe (Wy, jim, sy, jo)	Write (We, you all, they)	Jim skriuw my in brief.
Skriuwer	Writer	De skriuwer skriuwt in boek.
Skriuwers (Plural)	Writers (Plural)	De skriuwers skriuwe in boek.
Skriuwst (Dû/Do)	Write (You)	Dû skriuwst my in brief.
Skriuwt (Hy, sy, it)	Writes (He, she, it)	Sy skriuwt my in brief.
Skroar	Tailor	De skroar makket myn klean.
Skroarjûn	Evening at dusk, Twilight,	It wie in skroarjûn.
Skrobber	Scrubber	Sy sil de skrobber dêrfoar brûke.
Skrok (Ik, hy, sy, it)	Shocked, Scared (I, he, she, it)	Hy skrok fan it lûd.
Skrokken (Wy, jim, sy, jo)	Shocked (We, you all, they)	Wy skrokken fan it lûd.
Skrokst (Dû/Do)	Shocked, Scared (You)	Dû skrokst fan it lûd.
Skronfel, Skromfel	Wrinkle	Skronfel op de foarholle.
Skuld	Blame, Guilt, Debt	It is net myn skuld hear.

Frisian	English	Example
Skuldich	Guilty	Ik tink dat hy skuldich is.
Skûlje	Seek shelter, Hide	Wy skûlje foar de stoarm.
Skûlliif	Uterus, Womb	De baby sit yn it skûlliif.
Skulp	Shell	Hy krûpt in syn skulp.
Skûm	Foam	It skûm leit op it wetter.
Skuon	Shoes	Dizze skuon fyn 'k noflik.
Skuor	Crack	Ik skuor it papier yn twaen.
Skuord (PP)	Torn (PP)	Hy hat it papier yn twaen skuord.
Skuorde (Ik, hy, sy, it)	Tore (I, he, she, it)	Hy skuorde it papier yn twaen.
Skuorden (Wy, jim, sy, jo)	Tore (We, you all, they)	Wy skuorden it papier yn twaen.
Skuordest (Dû/Do)	Tear (You)	Dû skuordest it papier yn twaen.
Skuorje (Ik, wy, jim, sy, jo)	Tear (I, we, you all, they)	Jo skuorje it papier yn twaen.
Skuorke (Dim.)	Crack (Dim.)	De boer hat in lyts skuorke.
Skuorre	Shed, Barn	Hy hat him ferstoppe yn de skuorre.
Skuorre (Wy, jim, sy, jo)	Tear (We, you all, they)	Jo skuorre it papier yn twaen.
Skuorren (Plural)	Sheds, Barns (Plural)	De boer hat trije skuorren.
Skuorst (Dû/Do)	Tear (You)	Dû skuorst it yn twaen.
Skuort (Hy, sy, it)	Tears apart (He, she, it)	Hy skuort it papier yn twaen.
Skyldpod	Turtle, Tortoise	De skyldpod is op syk nei iten.
Skyldpodden (Plural)	Turtles, Tortoises (Plural)	De skyldpodden binne op syk nei iten.
Skyldpodsje (Dim.)	Turtle, Tortoise (Dim.)	In lytse skyldpodsje swimt by my del.
Skyn (Ik)	Shine (I)	Ik skyn ljocht op dy.
Skynber	Apparently	Skynber is it ferbean.
Skynde (Ik, hy, sy, it)	Shined (I, he, she, it)	Hy skynde it ljocht op my.
Skynden (Wy, jim, sy, jo)	Shined (We, you all, they)	Wy skynden it ljocht op dy.
Skyndest (Dû/Do)	Shined (You)	Dû skyndest it ljocht op my.
Skynst (Dû/Do)	Shine (You)	Dû skynst ljocht op my.
Skynt (Hy, sy, it)	Shines (He, she, it)	Sy skynt ljocht op my.
Skyt (Ik)	Shit (I)	Ik skyt yn de natoer.
Skytst (Dû/Do)	Shit (You)	Dû skytst yn 'e natoer.
Slaaf	Slave	It wie in slaaf fan de boer.
Slach (Ik)	Punch, Hit (I)	Ik slach it rút stikken.
Slachfjild	Battlefield	It liket hjir wol in slachjild.
Slachst (Dû/Do)	Punch, Hit (You)	Dû slachst it rút stikken.
Slacht (Hy, sy, it)	Punches, Hits (He, she, it)	Hy slacht it rút stikken.
Slachte (Ik, hy, sy, it)	Slaughtered (I, he, she, it)	Sy slachte de bolle.
Slachten (Wy, jim, sy, jo)	Slaughtered (We, you all, they)	Wy slachten de bolle.
Slachter	Butcher	De slachter ferkeapet syn fleis.
Slachtest (Dû/Do)	Slaughter (You)	Dû slachtest de bolle.
Slachtest(e) (Dû/Do)	Slaughtered (You)	Dû slachteste de bolle.
Slachtet (Hy, sy, it)	Slaughters (He, she, it)	Hy slachtet de bolle.
Slachthûs	Slaughterhouse	It slachthûs makket bisten dea.
Slachtsje (Ik, wy, jim, sy, jo)	Slaughter (I, we, you all, they)	Ik slachtsje de ko.
Slachtoffer	Victim, Casualty	Hy wie it slachtoffer fan in ûngefal.
Slaef (Older)	Slave	It wie in slaef fan de boer.
Slagge (Wy, jim, sy, jo)	Punch, Hit (We, you all, they)	Wy slagge it rút stikken.
Slak	Snail	De slak krûpt stadichoan fuort.
Slang (Snâka, Old Frisian)	Snake	De slang hat him yn it gers ferstoppe.
Slangen (Plural)	Snakes (Plural)	Dat eilân hat in protte slangen.
Sleat	Ditch	De sleat rint fol mei wetter.

Frisian	English	Example
Sleat (Ik, hy, sy, it)	Shut, Closed (I, he, she, it)	Hy sleat de doar.
Sleaten (Wy, jim, sy, jo)	Shut, Locked (We, you all, they)	Jo sleaten de doar.
Sleatst (Dû/Do)	Shut, Locked, Closed (You)	Dû sleatst de doar.
Sleatten (Plural)	Ditches (Plural)	De sleatten rinne fol mei wetter.
Slein (PP)	Beaten (PP)	Wy hawwe him slein.
Slepst (Dû/Do)	Sliep (You)	Dû slepst op dyn bêd
Slept (Hy, sy, it)	Slieps (He, she, it)	Hy slept op syn bêd.
Slepte (Ik, hy, sy, it)	Slept (I, he, she, it)	Hy slepte op syn bêd.
Slepten (Wy, jim, sy, jo)	Slept (We, you all, they)	Wy slepten op ús bêd.
Sleptest (Dû/Do)	Slept (You)	Dû sleptest op dyn bêd.
Sliep (Ik)	Sleep (I)	Ik sliep op myn bêd.
Sliepe (Wy, jim, sy, jo)	Sleep (We, you all, they)	Wy sliepe op myn bêd.
Sliepeleas	Sleepless	Sliepeleas troch de nacht.
Sliepeleaze (Adj.)	Sleepless (Adj.)	De sliepeleaze nacht.
Slieperich	Sleepy	Fiel my hjoed slieperich.
Sliepkeamer	Bedroom	Myn bêd stiet yn myn sliepkeamer.
Slinterje	Saunter	Sy slinterje troch it wâld.
Slippers	Flip flops	Sy rint op slippers troch de tún.
Sloech (Ik, hy, sy, it)	Punched (I, he, she, it)	Hy sloech it rút stikken.
Sloechst (Dû/Do)	Punched (You)	Dû sloechst it rút stikken.
Sloegen (Wy, jim, sy, jo)	Punched (We, you all, they)	Wy sloegen it rút stikken.
Sloep (Ik, hy, sy, it)	Sneaked, Snuck (I, he, she, it)	Ik sloep nei binnen.
Sloepen (Wy, jim, sy, jo)	Sneaked, Snuck (We, you all, they)	Wy sloepen nei binnen.
Sloepst (Dû/Do)	Sneaked, Snuck (You)	Dû sloepst nei binnen.
Sloveenje (Country)	Slovenia (Country)	Wy sille nei Sloveenje.
Slowakije (Country)	Slovakia (Country)	Wy binne yn Slowakije.
Slûch	Sleepy	De bern binne slûch.
Slûkje (Ik, wy, jim, sy, jo)	Smuggle (I, we, you all, they)	De man sil it guod oer de grins slûkje.
Slûp (Ik)	Sneak (I)	Ik slûp nei bûten.
Slûpe (Wy, jim, sy, jo)	Sneak (We, you all, they)	Sy slûpe nei bûten.
Slûpst (Dû/Do)	Sneak (You)	Dû slûpst nei bûten.
Slûpt (Hy, sy, it)	Sneaks (He, she, it)	Hy slûpt nei bûten.
Slút (Ik)	Shut, Lock, Close (I)	Ik slút de doar efter my.
Slút (Hy, sy, it)	Shuts, Locks, Closes (He, she, it)	Hy slút de doar efter him.
Slute (Wy, jim, sy, jo)	Shut, Close (We, you all, they)	Wy slute de doar efter ús.
Slútst (Dû/Do)	Shut, Lock, Close (You)	Dû slútst de doar efter dy.
Slyk	Sludge	Hy sit ûnder de slyk.
Slym	Slime	Ik haw slym op myn hân krigen.
Slynder	Snacker	It jonkje is in slynder.
Smakke (Ik, hy, sy, it)	Tasted (I, he, she, it)	It smakke goed.
Smakken (Wy, jim, sy, jo)	Tasted (We, you all, they)	Wy smakken de leafde.
Smakkest (Dû/Do)	Taste (You)	Dû smakkest de leafde.
Smakkest(e) (Dû/Do)	Tasted (You)	Dû smakkeste de leafde.
Smakket (Hy, sy, it)	Tastes (He, she, it)	Hy smakket de leafde.
Smar (Ik)	Smear (I)	Ik smar de salve op myn hûd.
Smard (PP)	Smeared (PP)	Wy hawwe de salve op de hûd smard.
Smarde (Ik, hy, sy, it)	Smeared (I, he, she, it)	Sy smarde de salve op 'e hûd.
Smarden (Wy, jim, sy, jo)	Smeared (We, you all, they)	Wy smarden de salve op 'e hûd.
Smardest (Dû/Do)	Smeared (You)	Dû smardest de salve op 'e hûd.
Smarre (Wy, jim, sy, jo)	Smear (We, you all, they)	Wy smarre de salve op ús hûd.

Smarsel	Liniment	It smarsel is fettich.
Smarst (Dû/Do)	Smear (You)	Dû smarst de salve op dyn hûd.
Smart (Hy, sy, it)	Smears (He, she, it)	Hy smart de salve op 'e hûd.
Smeekje (Ik, wy, jim, sy, jo)	Beg (I, we, you all, they)	Wy smeekje om ferjiffenis.
Smeitsje (Ik, wy, jim, sy, jo)	Taste (I, we, you all, they)	Wy smeitsje de leafde.
Smel	Narrow	It paadsje is smel.
Smelle (Adj.)	Narrow (Adj.)	It smelle paad.
Smiet (Ik, hy, sy, it)	Threw (I, he, she, it)	Hy smiet de balle fuort.
Smieten (Wy, jim, sy, jo)	Threw (We, you all, they)	Wy smieten de balle fuort.
Smietst (Dû/Do)	Threw (You)	Dû smietst de balle fuort.
Smite (Wy, jim, sy, jo)	Throw (We, you all, they)	Wy smite de balle fuort.
Smjirk	Scamp, Rascal	Dizze smjirk kinst net fertrouwe.
Smjirkje	Spill (to)	De bern smjirkje it iten oer de tafel.
Smoar (Ik)	Choke (I)	Ik smoar hast yn myn iten.
Smoarch	Dirty, Filthy	Myn skuon binne smoarch.
Smoard (PP)	Choked (PP)	Ik bin hast yn myn iten smoard.
Smoarde (Ik, hy, sy, it)	Choked (I, he, she, it)	Hy smoarde hast yn syn iten.
Smoarden (Wy, jim, sy, jo)	Choked (We, you all, they)	Jo smoarden hast yn jo iten.
Smoardest (Dû/Do)	Choked (You)	Dû smoardest hast yn dyn iten.
Smoare (Wy, jim, sy, jo)	Choke (We, you all, they)	Jo smoare hast yn jo iten.
Smoarge (Adj.)	Dirty, Filthy (Adj.)	De smoarge skuon.
Smoarst (Dû/Do)	Choke (You)	Dû smoarst hast yn dyn iten.
Smoart (Hy, sy, it)	Chokes (He, she, it)	Hy smoart hast yn syn iten.
Smoke (Wy, jim, sy, jo)	Smoke (We, you all, they)	Wy smoke der noch ien.
Smook (Ik)	Smoke (I)	Ik smook der noch ien.
Smookst (Dû/Do)	Smoke (You)	Dû smookst der noch ien.
Smookt (Hy, sy, it)	Smokes (He, she, it)	Sy smookt der noch ien.
Smookte (Ik, hy, sy, it)	Smoked (I, he, she, it)	Sy smookte der noch ien.
Smookten (Wy, jim, sy, jo)	Smoked (We, you all, they)	Sy smookten der noch ien.
Smooktest (Dû/Do)	Smoked (You)	Dû smooktest der noch ien.
Smûk	Cozy, Nice	Dizze jûn is smûk.
Smûke (Adj.)	Cozy, Nice (Adj.)	De smûke jûn.
Smyt (Ik)	Throw (I)	Hy smyt de bal fuort.
Smyt (Hy, sy, it)	Throws (He, she, it)	Ik smyt de bal fuort.
Smytst (Dû/Do)	Throw (You)	Dû smytst de bal fuort.
Snein	Sunday	Snein sille wy nei it tsjerke.
Sneon (Klaaifrysk)	Saturday	Sneon hoege wy net te wurkjen.
Snichelich	Wiseacre, Know-it-all	Dizze man is sa snichelich.
Snie (Ik, hy, sy, it)	Cut (Past) (I, he, she, it)	Sy snie harsels.
Snie	Snow	De wite snie leit op de strjitte.
Sniebol	Snowball, Snowglobe	It famke is bliid mei de sniebol.
Snielopard	Snow leopard	De snielopard sjocht syn proai.
Snieman	Snowman	De bern meitsje in snowman.
Snien (PP)	Cut (PP)	Hy hat himsels snien.
Sniene (Wy, jim, sy, jo)	Cut (Past) (We, you all, they)	Wy sniene ússels.
Sniest (Dû/Do)	Cut (Past) (You)	Dû sniest dysels.
Sniestoarm	Snowstorm	De sniestoarm is hast oer.
Snij (Ik)	Cut (I)	Ik snij yn it fleis.
Snije (Wy, jim, sy, jo)	Cut (We, you all, they)	Jim snije yn it fleis.
Snije	Snow (to)	It sil hjoed snije.

Snijst (Dû/Do)	Cut (You)	Dû snijst yn it fleis.
Snijt (Hy, sy, it)	Cuts (He, she, it)	Hy snijt yn it fleis.
Snijt	Snows	It snijt hjoed.
Snoad	Smart, Clever, Bright	It famke is hiel snoad.
Snoarkje (Ik, wy, jim, sy, jo)	Snore (I, we, you all, they)	Sy snoarkje de hiele nacht.
Snobbersguod	Candy, Candies	De bern wolle snobbersguod hawwe.
Snút (Ik)	Blow nose (I)	Ik sn;ut myn noas.
Snút	Snout	De hûn hat in seare snút.
Snút (Hy, sy, it)	Blows nose (He, she, it)	Hy snút syn noas.
Snute (Wy, jim, sy, jo)	Blow nose (We, you all, they)	Jo snute jo noas.
Snútst (Dû/Do)	Blow nose (You)	Dû snútst dyn noas.
Snuve	Snuff, Sniff, Snort	Wy snuve de farske lucht yn.
Soan	Son	Hy is as in soan foar my.
Soarge (Ik, hy, sy, it)	Cared (I, he, she, it)	Sy soarge foar dy.
Soargen (Wy, jim, sy, jo)	Cared (We, you all, they)	Wy soargen foar dy.
Soargen	Worries	Wy meitsje ús soargen.
Soargest (Dû/Do)	Care (You)	Dû soargest foar my.
Soargest(e) (Dû/Do)	Cared (You)	Dû soargeste foar my.
Soarget (Hy, sy, it)	Cares (He, she, it)	Hy soarget foar my.
Soargje (Ik, wy, jim, sy, jo)	Care (I, we, you all, they)	Ik soargje foar dy.
Soart	Kind	It is in soart minsk.
Soberearje (Ik, wy, jim, sy, jo)	Economize (I, we, you all, they)	Wy moatte soberearje.
Sochst (Dû/Do)	Sought, Searched (You)	Dû sochst dyn fyts.
Socht (Ik, hy, sy, it)	Sought, Searched (I, he, she, it)	Hy socht syn fyts.
Sochten (Wy, jim, sy, jo)	Sought (We, you all, they)	Sy sochten syn fyts.
Soe (Ik, hy, sy, it)	Should (I, he, she, it)	Hy soe nei hûs ride.
Soene (Wy, jim, sy, jo)	Should (We, you all, they)	Wy soene nei hûs ride.
Soer	Sour	De apel is soer.
Soerkoal	Sauerkraut	Beppe docht soerkoal troch it iten.
Soerstof	Oxygen	Wy hawwe soerstof nedich.
Soest (Dû/Do)	Should (You)	Dû soest nei hûs ride.
Sok	Sock	Sy is har sok kwyt.
Sokke	Such	Sokke dingen barre net mear.
Sokken (Plural)	Socks (Plural)	Sy is har sokken kwyt.
Soks	Something like that	Soks haw 'k noch nea sjoen.
Soldaat	Soldier	Hy wie in soldaat yn it leger.
Solúsje	Solution	Wy hawwe noch gjin solúsje fûn.
Somaalje (Country)	Somalia (Country)	Hy komt nei Somaalje.
Sompe	Soaked, Drench	It jonkje wie hielendal sompe.
Sompe	Swamp	Wy sieten fêst yn de sompe.
Somtiden	Sometimes	Somtiden haw 'k pine holle.
Sône	Zone	De feilige sône.
Song (Ik, hy, sy, it)	Sang (I, he, she, it)	Sy song in moai ferske.
Songen (Wy, jim, sy, jo)	Sang (We, you all, they)	Sy songen in moai ferske.
Songst (Dû/Do)	Sang (You)	Dû songst in moai ferske.
Sonk (Ik, hy, sy, it)	Sank (I, he, she, it)	Hy sonk nei de boaiem.
Sonken (Wy, jim, sy, jo)	Sank (We, you all, they)	Wy sonken nei de boaiem.
Sonkst (Dû/Do)	Sank (You)	Dû sonkst nei de boaiem.
Sop	Juice	Mem makket sop fan it fruit.
Sop	Soup	Hy hat griente yn de sop.

Sosjaal	Social	De minsken binne sosjaal.
Sosjaal medium	Social media	Bistû warber op sosjaal medium?
Sosjale (Adj.)	Social (Adj.)	De sosjale minsken.
Souder	Attic, Loft	Hy wennet op souder.
Spaansk	Spanish	Hastû Spaansk op skoalle hân?
Spanje (Country)	Spain (Country)	Ik wenje yn Spanje.
Sparje (Ik, wy, jim, sy, jo)	Economize, Save (I, we, you all, they)	Ik sparje jild foar letter.
Sparjild	Savings	Wy binne hast troch ús sparjild hinne.
Sparre (Ik, hy, sy, it)	Economized, Saved (I, he, she, it)	Hy sparre foar letter.
Sparren (Wy, jim, sy, jo)	Economized (We, you all, they)	Sy sparren foar letter.
Sparrest (Dû/Do)	Economize, Save (You)	Dû sparrest foar letter.
Sparrest(e) (Dû/Do)	Economized, Saved (You)	Dû sparreste foar letter.
Sparret (Hy, sy, it)	Economizes, Saves (He, she, it)	Hy sparret foar letter.
Spatterje	Splatter (to)	De bern spatterje yn it wetter.
Speak	Spoke (In wheel)	Der mist in speak út dyn tsjil.
Spear	Spear	Hy smiet de spear fier fuort.
Spearen (Plural)	Spears (Plural)	De mannen hawwe spearen.
Spegel	Mirror	Sy sjocht harsels yn de spegel.
Spegelbyld	Reflection	Ik sjoch myn eigen spegelbyld.
Spei (Ik)	Threw up, Vomited (I)	Ik spei troch it bedjerre iten.
Spein (PP)	Threw up, Vomited (PP)	Ik haw spein troch it bedjerre iten.
Speine (Wy, jim, sy, jo)	Threw up (We, you all, they)	Wy speine troch it bedjerre iten.
Speist (Dû/Do)	Threw up, Vomited (You)	Dû speist troch it iten.
Speit (Hy, sy, it)	Threw up, Vomited (He, she, it)	Sy speit troch it ferkearde iten.
Spek	Bacon	Hy yt in protte spek mei de ierpels.
Spesjaal	Special	Dizze bern binne spesjaal.
Spesjale (Adj.)	Special (Adj.)	De spesjale bern.
Spieren (Plural)	Muscles (Plural)	Hy hat lêst fan syn spieren.
Spiermassa	Musle mass	Hy hat in protte spiermassa.
Spiker	Nail (Not on your finger)	Kinstû op de spiker slaan?
Spile (Ik, hy, sy, it)	Played (Game) (I, he, she, it)	Hy spile in spultsje.
Spilen (Wy, jim, sy, jo)	Played (Game) (We, you all, they)	Sy spilen in spultsje.
Spilest (Dû/Do)	Play (You) (Game)	Dû spilest in spultsje.
Spilest(e) (Dû/Do)	Played (You) (Game)	Dû spileste in spultsje.
Spilet (Hy, sy, it)	Plays (Game) (He, she, it)	Sy spilet in spultsje.
Spin	Spider	De spin sit yn 'e webbe.
Spitich	Unfortunately	Ik fyn it spitich.
Spjalt	Crack	In grutte spjalt tusken my en myn freon.
Spjeld	Pin	Hjirfoar hast in spjeld nedich.
Spliet (Ik, hy, sy, it)	Split, Cleaved (I, he, she, it)	Hy spliet de stobbe.
Splieten (Wy, jim, sy, jo)	Split, Cleaved (We, you all, they)	Wy splieten de stobbe.
Splietst (Dû/Do)	Split, Cleaved (You)	Dû splietst de stobbe.
Splite (Wy, jim, sy, jo)	Split, Cleave (We, you all, they)	Wy splite de stobbe.
Spliten (PP)	Split, Cleaved (PP)	Wy hawwe de stobbe spliten.
Splyt (Ik)	Split, Cleave (I)	Ik splyt de stobbe.
Splyt (Hy, sy, it)	Splits, Cleaves (He, she, it)	Hy splyt de stobbe.
Splytst (Dû/Do)	Split, Cleave (You)	Dû splytst de stobbe.
Spoar	Rail, Trail, Track	De trein rydt oer it spoar.
Spoaren (Plural)	Rails, Trails, Tracks (Plural)	De knyn hat spoaren efter litten.
Spoarsiker	Tracker	Dizze man is in goede spoarsiker.

Sportskoalle	Gym	Ik bin by de sportskoalle.
Spraat (PP)	Spread (PP)	Wy hawwe it firus spraat.
Sprakeleas	Speechless	Hy wie der sprakeleas fan.
Sprate (Ik, hy, sy, it)	Spread (Past) (I, he, she, it)	Sy prate de firus.
Spraten (Wy, jim, sy, jo)	Spread (Past) (We, you all, they)	Sy spraten de firus.
Spratest (Dû/Do)	Spread (Past) (You)	Dû spratest de firus.
Sprek (Ik)	Speak (I)	Ik sprek mei dy.
Sprekke (Wy, jim, sy, jo)	Speak (We, you all, they)	Wy sprekke mei dy.
Sprekker	Speaker	Hy de sprekker fan dizze jûn.
Sprekkers (Plural)	Speakers (Plural)	Sy binne de sprekkers fan dizze jûn.
Sprekst (Dû/Do)	Speak (You)	Dû sprekst mei my.
Sprekt (Hy, sy, it)	Speaks (He, she, it)	Sy sprekt mei my.
Spried (Ik)	Spread (I)	Ik spried it firus.
Spriede (Wy, jim, sy, jo)	Spread (We, you all, they)	Wy spriede it firus.
Spriedst (Dû/Do)	Spread (You)	Dû spriedst it firus.
Spriedt (Hy, sy, it)	Spreads (He, she, it)	Hy spriedt it firus.
Spring (Ik)	Jump (I)	Ik spring fan it bêd.
Springe (Wy, jim, sy, jo)	Jump (We, you all, they)	Jim springe fan it bêd.
Springst (Dû/Do)	Jump (You)	Dû springst fan it bêd.
Springt (Hy, sy, it)	Jumps (He, she, it)	Sy springt fan it bêd.
Sprinkhoanne	Grashopper	De sprinkhoanne springt yn it gers.
Sprong (Ik, hy, sy, it)	Jumped (I, he, she, it)	Ik sprong fan it bêd.
Sprongen (Wy, jim, sy, jo)	Jumped (We, you all, they)	Sy sprongen fan it bêd.
Sprongst (Dû/Do)	Jumped (You)	Dû sprongst fan it bêd.
Spruts (Ik, hy, sy, it)	Spoke, Talked (I, he, she, it)	Ik spruts juster mei dyn mem.
Sprutsen (Wy, jim, sy, jo)	Spoke, Talked (We, you all, they)	Wy sprutsen juster mei dyn mem.
Sprútsje	Sprout	It berntsje wol it sprútsje net ite.
Sprutst (Dû/Do)	Spoke, Talked (You)	Dû sprutst mei dyn mem.
Spui (Ik)	Throw, Vomit (I)	Ik spui om't ik mislik bin.
Spuie (Wy, jim, sy, jo)	Throw, Vomit (We, you all, they)	We spuie om't wy mislik bin.
Spuist (Dû/Do)	Throw, Vomit (You)	Dû spuist omdatstû mislik bin.
Spuit (Hy, sy, it)	Throws, Vomits (He, she, it)	Sy spuit om't sy mislik is.
Spûk	Spook	Juster haw 'k in spûk sjoen.
Spûketaast	Mole (On skin)	Sy hat in spûketaast by de mûle.
Spûkje (Dim.)	Spook (Dim.)	Juster haw 'k in spûkje sjoen.
Spul	Game	Hy hat it spul spile.
Spultsje (Dim.)	Game (Dim.)	Sy wol in spultsje spylje.
Spylje (Ik, wy, jim, sy, jo)	Plays (Game) (I, we, you all, they)	Wy spylje in spultsje.
Sry Lanka (Country)	Sri Lanka (Country)	Sy wol graach nei Sry Lanka.
Stadich	Slow	Ús nije oanwinst is stadich.
Stadichoan	Slowly	Stadichoan komme wy oan.
Stâl	Stable	It hynder stiet yn de stâl.
Stânbyld	Statue	In grut stânbyld stiet yn it sintrum.
Stânfêst	Steadfast	Hy is aardich stânfêst.
Stânpunt	Point of view	Wat is dyn stânpunt yn de diskusje?
Stap (Ik)	Step (I)	Ik stap op de treppe.
Stasjon	Station	Sy moat aanst by it stasjon wêze.
Stavering	Spelling	De âldere Fryske stavering wie better.
Steam	Steam, Vapor, Vapour	Der komt steam út de hjitte panne wei.
Stean (Ik)	Stand (I)	Ik stean foar dyn hûs.

Frisian	English	Example
Steane (Wy, jim, sy, jo)	Stand (We, you all, they)	Jim steane foar myn hûs.
Steapel	Pile	It grutte steapel mei ôffal stiet dêr.
Steat	State	Hokker steat wennestû?
Stêd	City	Sy wennet yn in stêd.
Stêden (Plural)	Cities (Plural)	In stêden is it meastal drok.
Stêdsje (Dim.)	City (Dim.)	Sy wennet yn in stêdsje.
Steger	Scaffold	De wurkers brûke in steger.
Stek (Ik)	Stab, Sting (I)	Ik stek mei it swurd.
Stekke (Wy, jim, sy, jo)	Stab, Sting (We, you all, they)	Wy stekke mei it swurd.
Stekst (Dû/Do)	Stab, Sting (You)	Dû stekst mei it swurd.
Stekt (Hy, sy, it)	Stabs, Stings (He, she, it)	Hy stekt mei it swurd.
Stel (Ik)	Steal (I)	Ik stel fan dy.
Stelle (Wy, jim, sy, jo)	Steal (We, you all, they)	Wy stelle fan dy.
Stellen (PP)	Stolen (PP)	Hy hat fan my stellen.
Stellerij	Theft	Der is in protte stellerij yn dizze krite.
Stelst (Dû/Do)	Steal (You)	Dû stelst fan my.
Stelt (Hy, sy, it)	Steals (He, she, it)	Hy stelt fan my.
Sterk (Sterik, Old Frisian)	Strong	It hynder is sterk.
Sterke (Adj.)	Strong (Adj.)	It sterke hynder.
Stie (Ik, hy, sy, it)	Stood (I, he, she, it)	Sy stie by de doar.
Stiel (Ik, hy, sy, it)	Stole (I, he, she, it)	Hy stiel fan my.
Stiel	Steel	It reaster is makke fan stiel.
Stielen (Wy, jim, sy, jo)	Stole (We, you all, they)	Wy stielen fan dy.
Stielst (Dû/Do)	Stole (You)	Dû stielst fan my.
Stien	Stone	Dizze stien is swier.
Stien (PP)	Stood (PP)	Wy hawwe by de doar stien.
Stiene (Wy, jim, sy, jo)	Stood (We, you all, they)	Wy stiene by de doar.
Stiennen (Plural)	Stones (Plural)	Dizze stiennen binne wier.
Stienkoal	Stone coal	Wy brûke stienkoal foar it projekt.
Stiente	Rock	It skelet is yn de stiente fûn.
Stientiid	Stone Age	It komt noch fan de stientiid.
Stientsje (Dim.)	Stone (Dim.)	It stientsje leit yn paad.
Stiest (Dû/Do)	Stand (You)	Dû stiest by de doar.
Stiest(e) (Dû/Do)	Stood (You)	Dû stieste by de doar.
Stiet (Hy, sy, it)	Stands (He, she, it)	Sy stiet by de doar.
Stifter	Founder	Hy is de stifter fan it lân.
Stifting	Foundation	Hearstû by dizze stifting?
Stiif	Stiff	Sy is in bytsje stiif fan it sliepen.
Stikel	Prickle, Thorn	Tink om de stikel!
Stikelbaarch	Hedgehog	De stikelbaarch krûpt fuort.
Stikelbargen (Plural)	Hedgehogs (Plural)	De stikelbargen krûpe fuort.
Stikeltried	Barbed wire	De hikke hat stikeltried.
Stikken	Broken	Myn tillefoan is stikken.
Stil	Still, Quiet, Silent	Hy is der stil fan.
Stim	Voice	Werkenstû myn stim?
Stim (Ik)	Vote (I)	Ik stim foar dy.
Stimd (PP)	Voted (PP)	Hy hat foar dy stimd.
Stimde (Ik, hy, sy, it)	Voted (I, he, she, it)	Hy stimde foar dy.
Stimden (Wy, jim, sy, jo)	Voted (We, you all, they)	Sy stimden foar dy.
Stimdest (Dû/Do)	Voted (You)	Dû stimdest foar my.

Frisian	English	Example
Stimme (Wy, jim, sy, jo)	Vote (We, you all, they)	Wy stimme foar dy.
Stimmen (Plural)	Voices (Plural)	Ik hear stimmen.
Stimst (Dû/Do)	Vote (You)	Dû stimst foar my.
Stimt (Hy, sy, it)	Votes (He, she, it)	Sy stimt foar my.
Stipe (Ik, hy, sy, it)	Supported (I, he, she, it)	Hy stipe it projekt.
Stipen (Wy, jim, sy, jo)	Supported (We, you all, they)	Wy stipen it projekt.
Stipest (Dû/Do)	Support (You)	Dû stipest it projekt.
Stipest(e) (Dû/Do)	Supported (You)	Dû stipeste it projekt.
Stipet (Hy, sy, it)	Supports (He, she, it)	Sy stipet it projekt.
Stjer (Ik)	Die (I)	Ik stjer hjoed noch net.
Stjer	Star	De grut stjer hinget yn 'e loft.
Stjerbêd	Deathbed	Ús beppe leit op it stjerbêd.
Stjerke (Dim.)	Star (Dim.)	In lyts stjerke hinget yn de loft.
Stjerlik	Mortal	Wy binne allegear stjerlik.
Stjerre (Wy, jim, sy, jo)	Die (We, you all, they)	Jim stjerre fan de hûnger.
Stjerren (Plural)	Stars	De stjerren binne sichtber.
Stjerrende	Dying	Dizze man is stjerrende.
Stjerst (Dû/Do)	Die (You)	Dû stjerst hjoed noch net.
Stjert (Hy, sy, it)	Dies (He, she, it)	Hy stjert hjoed noch net.
Stjoer (Ik) (Stjura, Old Frisian)	Send (I)	Ik stjoer dy fuort.
Stjoer	Steering wheel	Wa sit der efter it stjoer?
Stjoerd (PP)	Sent (PP)	Sy hat my in berjochtsje stjoerd.
Stjoerde (Ik, hy, sy, it)	Sent (I, he, she, it)	Hy stjoerde dy in berjocht.
Stjoerden (Wy, jim, sy, jo)	Sent (We, you all, they)	Wy stjoerden dy in berjocht.
Stjoerdest (Dû/Do)	Sent (You)	Dû stjoerdest in berjocht.
Stjoere (Wy, jim, sy, jo)	Send (We, you all, they)	Sy stjoere dy in berjocht.
Stjoerst (Dû/Do)	Send (You)	Dû stjoerst har in berjocht.
Stjoert (Hy, sy, it)	Sends (He, she, it)	Hy stjoert dy in berjocht.
Stjonk (Ik)	Stink (I)	Ik stjonk nei bier.
Stjonke (Wy, jim, sy, jo)	Stink (We, you all, they)	Jo stjonke nei bier.
Stjonkholle	Stinkface, Stinkhead	Dû hast in stjonkholle.
Stjonkst (Dû/Do)	Stink (You)	Dû stjonkst nei bier.
Stjonkt (Hy, sy, it)	Stinks (He, she, it)	Hy stjonkt nei bier.
Stoar (Ik, hy, sy, it)	Died (I, he, she, it)	Hy stoar niis yn syn bêd.
Stoaren (Wy, jim, sy, jo)	Died (We, you all, they)	Sy stoaren niis yn harren bêd.
Stoarje	Story, History	It hat in moaie stoarje.
Stoarm	Storm	In stoarm in ûnderweis hjir hinne.
Stoarme	Stormed	It hat juster hurd stoarme.
Stoarmen (Plural)	Storms (Plural)	Lêste tiid hawwe wy in protte stoarmen.
Stoarmje	Storm (to)	Sy stoarmje de keamer binnen.
Stoarn (PP)	Died (PP)	Hy is niis yn syn bêd stoarn.
Stoarst (Dû/Do)	Died (You)	Dû bist hjoed yn dyn bêd stoarn.
Stoart	Dumping ground	Wy bringe ús guod nei it stoart.
Stobbe	Stump, Tree trunk	De stobbe sit yn 'e grûn fêst.
Stoel	Chair, Stool	Wy misse noch ien stoel.
Stof	Fabric	Fan hokfoar stof is it kessen makke?
Stof	Dust	Yn dizze keamer leit in protte stof.
Stofsûger	Vacuum cleaner	De stofsûger sûget de stof op.
Stofwikseling	Metabolism	It famke hat in flugge stofwikseling.
Stok	Stick	Kinstû my dy stok jaan?

Stokken (Plural)	Sticks (Plural)	Ik haw in pear stokken nedich.
Stomoal	Pollen	De blomme litte stomoal ôf.
Stonk (Ik, hy, sy, it)	Stank (I, he, she, it)	Hy stonk nei bier.
Stonken (Wy, jim, sy, jo)	Stank (We, you all, they)	Sy stonken nei bier.
Stonkst (Dû/Do)	Stank (You)	Dû stonkst nei bier.
Stopje (Ik, wy, jim, sy, jo)	Stop (I, we, you all, they)	Wy stopje mei wurkjen.
Stopljocht	Traffic light	De lúksewein stoppet by it stopljocht.
Stoppe (Ik, hy, sy, it)	Stopped (I, he, she, it)	Hy stoppe by it stopljocht.
Stoppen (Wy, jim, sy, jo)	Stopped (We, you all, they)	Sy stoppen by it stopljocht.
Stoppest (Dû/Do)	Stop (You)	Dû stoppest mei wurkjen.
Stoppest(e) (Dû/Do)	Stopped (You)	Dû stoppeste mei wurkjen.
Stoppet (Hy, sy, it)	Stops (He, she, it)	Sy stoppet mei wurkjen.
Stowe	Spurt, Dusting	De bern stowe de keamer yn.
Straf	Punishment, Penalty	Hat dizze krimineel straf krigen?
Straf (Ik)	Punish (I)	Ik straf de bern.
Straffe (Wy, jim, sy, jo)	Punish (We, you all, they)	Wy straffe de bern.
Strafst (Dû/Do)	Punish (You)	Dû strafst de bern.
Straft (Hy, sy, it)	Punishes (He, she, it)	Sy straft de bern.
Strafte (Ik, hy, sy, it)	Punished (I, he, she, it)	Sy strafte de bern.
Straften (Wy, jim, sy, jo)	Punished (We, you all, they)	Sy straften de bern.
Straftest (Dû/Do)	Punished (You)	Dû straftest de bern.
Strak	Tight	De skuon sitte my strak.
Strân (Strand, Old Frisian)	Beach, Strand	Wy lizze op it strân.
Strang	Strict	De dosint is strang.
Strannen (Plural)	Beaches, Strands (Plural)	Dizze krite hat in protte strannen.
Stream	Stream	Sille wy dizze stream folgje?
Streamen (Plural)	Streams (Plural)	Hjir rinne allegear streamen del.
Streaming	Flow	De streaming fan it wetter.
Streamke (Dim.)	Stream (Dim.)	In lyts streamke rint hjir del.
Streep	Stripe	It jonkje hat in streep op syn klean.
Strek (Ik)	Stretch (I)	Ik strek myn earm.
Strekke (Wy, jim, sy, jo)	Stretch (We, you all, they)	Jo strekke de earm.
Strekst (Dû/Do)	Stretch (You)	Dû strekst dyn earm.
Strekt (Hy, sy, it)	Stretches (He, she, it)	Sy strekt har earm.
Stride (Wy, jim, sy, jo)	Struggle, Fight (We, you all, they)	Wy stride foar ús frijheid.
Striden (PP)	Struggled, Fought (PP)	Wy hawwe foar ús frijheid striden.
Strider	Warrior	De strider die syn bêst.
Striders (Plural)	Warriors (Plural)	De striders diene harren bêst.
Strie	Straw (Looks like hay)	De keal stiet op it strie.
Stried (Ik, hy, sy, it)	Struggled, Fought (I, he, she, it)	Hy stried foar syn frijheid.
Strieden (Wy, jim, sy, jo)	Fought (We, you all, they)	Sy strieden foar harren frijheid.
Striedst (Dû/Do)	Struggled, Fought (You)	Dû striedst foar dyn frijheid.
Striel	Beam, Ray	In lyts striel ljocht kaam út it gat.
Striemin	Really bad	Ik fiel my striemin.
Strieminne (Adj.)	Really bad (Adj.)	De strieminne dei.
Striid	Battle	It wie in grutte striid.
Striid (Ik)	Struggle, Fight (I)	Ik striid foar myn frijheid.
Striidbile	Poleaxe	Wy lizze de striidbile del.
Striidst (Dû/Do)	Struggle, Fight (You)	Dû striidst foar dyn frijheid.
Striidt (Hy, sy, it)	Struggles, Fights (He, she, it)	Hy striidt foar yn frijheid.

Frisian	English	Example
Strjitlizzer	Road worker	Ús pake wie strjitlizzer.
Strjitte (Strête, Old Frisian)	Street	It is tige nearich op strjitte.
Strjitten (Plural)	Streets (Plural)	De strjitten rinne fol mei minsken.
Stroffelje (Ik, wy, jim, sy, jo)	Trip, Stumble (I, we, you all, they)	Wy stroffelje oer it guod.
Strûk	Bush	Sy hie har ferstoppe yn in strûk.
Strûken (Plural)	Bushes (Plural)	Wy hiene ús ferstoppe yn dizze strûken.
Strûp (Ik)	Strip (I)	Ik strûp it fel fan 'e knyn ôf.
Strúsfûgel	Ostrich	De strúsfûgel rint hurd.
Struts (Ik, hy, sy, it)	Stretched (I, he, she, it)	Hy struts syn earms.
Strutsen (Wy, jim, sy, jo)	Stretched (We, you all, they)	Sy strutsen harren earms.
Strutst (Dû/Do)	Stretched (You)	Dû strutst dyn earms.
Strykizer	Iron	De hjitte stykizer.
Studearje (Ik, wy, jim, sy, jo)	Study (to)	Wy studearje yn Fryslân.
Studearre (Ik, hy, sy, it)	Studied (I, he, she, it)	Sy studearre yn Fryslân.
Studearren (Wy, jim, sy, jo)	Studied (We, you all, they)	Sy studearren yn Fryslân.
Studearrest (Dû/Do)	Study (You)	Dû studearrest yn Fryslân.
Studearrest(e) (Dû/Do)	Studied (You)	Dû studearreste yn Fryslân.
Studearret (Hy, sy, it)	Studies (He, she, it)	Sy studearret yn Fryslân.
Studint	Student	Sy is in studint op dizze skoalle.
Stúdzje	Study	Hokfoar stúdzje giestû dwaan?
Stuit	Moment	Op it stuit kinne wy dyn help wol brûke.
Stuollen (Plural)	Chairs, Stools (Plural)	Wy hawwe mear stuollen nedich.
Sturt	Tail	De kat hat in lange sturt.
Sturten (Plural)	Tails (Plural)	Dizze katten hawwe lange sturten.
Sturtsje (Dim.)	Tail (Dim.)	De kat hat in koart sturtsje.
Stuts (Ik, hy, sy, it)	Stabbed, Stung (I, he, she, it)	Hy stuts my mei in skerpe mês.
Stutsen (Wy, jim, sy, jo)	Stabbed (We, you all, they)	Sy stutsen my mei in skerpe mês.
Stutst (Dû/Do)	Stabbed, Stung (You)	Dû stutst my mei in skerpe mês.
Styl	Style	Hy hat in nuvere styl fan skriuwen.
Stypje (Ik, wy, jim, sy, jo)	Support (I, we, you all, they)	Sy stypje ús projekt.
Subsydzje	Subsidy, Subvention	Krije wy subsydzje fan de oerheid?
Sûch	Sow (Female pig, also a curse word)	Dû bist in grutte sûch.
Súd	South	Sjoch ris nei dyn súd.
Súd-Afrika (Country)	South Africa (Country)	Hy hat in liuw sjoen yn Súd-Afrika.
Súd-Koreä (Country)	South Korea (Country)	Wy wolle oar jier nij Súd-Koreä.
Suden	Southern	De wyn komt út it suden.
Súdpoal	South pole, Antarctic	De súdpoal leit fier fuort.
Sûgest (Dû/Do)	Suck (You)	Dû sûgest op it seare plak.
Sûget (Hy, sy, it)	Sucks (He, she, it)	Hy sûget op it seare plak.
Sûgje (Ik, wy, jim, sy, jo)	Suck (I, we, you all, they)	Ik sûgje op it seare plak.
Sûkelade	Chocolate	Is sûkelade sûn of net?
Sûker	Sugar	Sy wol sûker troch de kofje haw.
Sûkerbôle	Sugarbread	Sûkerbôle is in Frysk betinksel.
Sulver	Silver	Griis liket op sulver.
Sûn	Healthy, Not sick	De âlde man like sûn.
Sûnde	Sin	Dat wie in sûnde!
Sûndebok	Scapegoat	De minsken sykje in sûndebok.
Sûnder	Without	Hy kin net sûnder dy.
Sûndigje (Ik, wy, jim, sy, jo)	Sin (I, we, you all, they)	Hy wol net mear sûndigje.
Sûne (Adj.)	Healthy, Not sick (Adj.)	De sûne man.

Sûnens	Health	Wy moatte wol om ús sûnens tinke.
Sunich	Thrifty	Dy man dêr is sunich.
Sûnt	Since	Sûnt juster is hy wer thús.
Sûp (Ik)	Guzzle, Drink (I)	Ik sûp nea wer.
Sûpe (Wy, jim, sy, jo)	Guzzle, Drink (We, you all, they)	Wy sûpe nea wer.
Sûpe	Buttermilk	Meistû sûpe?
Sûper	Drinker, Boozer	Hy is in echte sûper.
Supermerke	Supermarket, Grocery store	De supermerke hat in protte griente.
Sûpst (Dû/Do)	Guzzle, Drink (You)	Dû sûpst in protte alkohol.
Sûpt (Hy, sy, it)	Guzzles, Drinks (He, she, it)	Hy sûpt in protte alkohol.
Suske	Sister (Younger)	Sy is myn lytse suske.
Suster, Sus	Sister	Sy is myn suster.
Suvel	Diary	Suvel is net sa goed foar dy.
Sûvenir	Souvenir	Hast ek in sûvenir foar my mei naam?
Suver	Pure	It wetter is suver.
Suverje (Ik, wy, jim, sy, jo)	Purify (I, we, you all, they)	Wy moatte it wetter suverje.
Sûzje	Whiz	Myn earen sûzje.
Swan	Swan	De swan swimt rêstich op it wetter.
Swar (Ik)	Swear (I)	Ik swar it op myn dea.
Sward (PP)	Sworn (PP)	Hy hat it sward op syn dea.
Swarde (Ik, hy, sy, it)	Swore (I, he, she, it)	Hy swarde it op syn dea.
Swarden (Wy, jim, sy, jo)	Swore (We, you all, they)	Sy swarden it op harren dei.
Swardest (Dû/Do)	Swore (You)	Dû swardest it op dyn dea.
Swarre (Wy, jim, sy, jo)	Swear (We, you all, they)	Jim swarre it jim dea.
Swarst (Dû/Do)	Swear (You)	Dû swarst it op dyn dea.
Swart	Black	Myn wein is swart.
Swarte (Adj.)	Black (Adj.)	De swarte wein.
Sweager	Brother-in-law	Myn sweager komt aanst del.
Sweden (Country)	Sweden (Country)	It famke kaam út Sweden wei.
Swerf (Ik)	Wander, Roam (I)	Ik swerf oer strjitte.
Swerfst (Dû/Do)	Wander, Roam (You)	Dû swerfst oer strjitte.
Sweft (Hy, sy, it)	Wanders, Roams (He, she, it)	Hy swerft oer strjitte.
Swerve (Wy, jim, sy, jo)	Wander, Roam (We, you all, they)	Wy serve oer strjitte.
Swets (Ik)	Boast, Brag (I)	Ik swets oer myn wurk.
Swetse (Wy, jim, sy, jo)	Boast, Brag (We, you all, they)	Wy swetse oer ús wurk.
Swetst (Dû/Do)	Boasts, Brags (You)	Dû swetst oer dyn wurk.
Swetste (Ik, hy, sy, it)	Boasted, Bragged (I, he, she, it)	Hy swetse oer syn wurk.
Swetsten (Wy, jim, sy, jo)	Bragged (We, you all, they)	Jim swetsen oer jim wurk.
Swetstest (Dû/Do)	Boasted, Bragged (You)	Dû swetstest oer dyn wurk.
Swevel	Sulfur	It rûkt hjir nei swevel.
Swier	Heavy	Dizze sek is hiel swier.
Swiere (Adj.)	Heavy (Adj.)	De swiere sek.
Swiertekrêft	Gravity	Yn de rûmte is gjin swiertekrêft.
Swiet	Sweet, Tasty	It snobbersguod is sa lekker swiet.
Swiete (Adj.)	Sweet, Tasty (Adj.)	It swiete snobbersguod.
Swietens	Sweetness	De swietens fan it snobbersguod.
Swiid	Greatly	Hy is swiid ferneamd.
Swim (Ik)	Swim (I)	Ik swim yn it wetter.
Swimbad	Swimming pool	De bern swimme yn it swimbad.
Swimme (Wy, jim, sy, jo)	Swim (We, you all, they)	Wy swimme yn it wetter.

Swimst (Dû/Do)	Swim (You)	Dû swimst yn it wetter.
Swimt (Hy, sy, it)	Swims (He, she, it)	Hy swimt yn it better.
Swing (Ik)	Swing (I)	Ik swing mei it tou.
Swinge (Wy, jim, sy, jo)	Swing (We, you all, they)	Wy swinge mei it tou.
Swingst (Dû/Do)	Swing (You)	Dû swingst mei it tou.
Swingt (Hy, sy, it)	Swings (He, she, it)	Sy swingt met it tou.
Swipe	Whip	Hy slacht mei de swipe.
Swit (Ik)	Sweat (I)	Ik swit troch it waarme waar.
Swit (Hy, sy, it)	Sweats (He, she, it)	Hy swimt troch it waarme waar.
Switserlân (Country)	Switzerland (Country)	Switserlân is in djoer lân.
Switst (Dû/Do)	Sweat (You)	Dû switst troch it waarme waar.
Switte (Ik, hy, sy, it)	Sweated (I, he, she, it)	Sy switte troch it waarme waar.
Switte (Wy, jim, sy, jo)	Sweat (We, you all, they)	Sy switte troch it waarm waar.
Switten (Wy, jim, sy, jo)	Sweated (We, you all, they)	Wy switten troch it waarme waar.
Swittest (Dû/Do)	Sweated (You)	Dû swittest troch it waarme waar.
Swom (Ik, hy, sy, it)	Swam (I, he, she, it)	Hy swom yn it wetter.
Swommen (Wy, jim, sy, jo)	Swam (We, you all, they)	Sy swommen yn it wetter.
Swomst (Dû/Do)	Swam (You)	Dû swomst yn it wetter.
Swong (Ik, hy, sy, it)	Swung (I, he, she, it)	Hy swong mei it tou.
Swongen (Wy, jim, sy, jo)	Swung (We, you all, they)	Wy swongen mei it tou.
Swongst (Dû/Do)	Swung (You)	Dû swongst mei it tou.
Swurd	Sword	De wytsing hie in swurd.
Swurden (Plural)	Swords (Plural)	De wytsings hiene swurden.
Swurdwalfisk	Killer whale, Orca	In swurdwalfisk is in tige grutte bist.
Swurf (Ik, hy, sy, it)	Wandered, Roamed (I, he, she, it)	Hy swurf oer de strjitte hinne.
Swurfst (Dû/Do)	Wandered, Roamed (You)	Dû swurfst oer de strjitte hinne.
Swurven (Wy, jim, sy, jo)	Roamed (We, you all, they)	Wy swurven oer de strjitte hinne.
Swyn	Swine	It swyn rint troch it bosk.
Sy	They	Sy sjogge dy net.
Sy	She	Sy sjocht dy net.
Sykant	Side	Sjoch ris nei de sykant fan it hûs.
Sykhelje (Ik, wy, jim, sy, jo)	Breathe (I, we, you all, they)	Ik sykhelje troch de noas.
Sykhelle (Ik, hy, sy, it)	Breathed (I, he, she, it)	Hy sykehelle troch syn noas.
Sykhellen (Wy, jim, sy, jo)	Breathed (We, you all, they)	Wy sykhellen troch de noas.
Sykhellest (Dû/Do)	Breathe (You)	Dû sykhellest troch de noas.
Sykhellest(e) (Dû/Do)	Breathed (You)	Dû sykhelleste troch de noas.
Sykhellet (Hy, sy, it)	Breathes (He, she, it)	Hy sykhellet troch de noas.
Sykje (Ik, wy, jim, sy, jo)	Search, Seek (I, we, you all, they)	Wy sykje om dy.
Sykte	Sickness	Hy hie in nuvere sykte.
Symboal	Symbol	Hat dyn lân ek in symboal?
Symtoamen	Symptoms	Hy hie nuvere symtoamen.
Syn	His	It is syn fyts.
Syprus (Country)	Cyprus (Country)	Suprus is in eilân.
Syrje (Country)	Syria (Country)	Syrje is in gefaarlik lân.
Ta	To	De nije auto is ta beskikber.
Taal (Tâle, Old Frisian)	Language, Tongue	It Frysk is bysûndere taal.
Tadrage	Contribute	Sy wol ek wat tadrage oan de mienskip.
Tafal	Coincidence	Wat in tafal dat wy elkoar tsjinkomme.
Tafallich	Accidental, By chance	Tafallich kamen wy him tsjin.
Tafel	Table	Wy sitte oan de tafel.

Tafier	Supply	De tafier fan ús produkten.
Tafoegje	Add (to)	Ik wol noch efkes eat tafoegje.
Tahâld	Residence, Stay	Hy tahâld yn in hotel.
Tailân (Country)	Thailand (Country)	Tailân hat in soad strannen.
Tajaan	Give in, Admit	Kinst it no wol tajaan hear.
Tajûn (PP)	Admitted (PP)	Hy hat it einlik tajûn.
Takomst	Future	Wy tinke nei oer ús takomst.
Taksy	Taxi, Cab	Si 'k in taksy skilje?
Taktyk	Tactic	Hokfoar taktyk brûkt de spiler?
Talen (Plural)	Languages, Tongues (Plural)	Hoe folle talen sprekstû?
Talint	Talent	Sy hat der in talint foar.
Tange	Pliers	Krij my de tange.
Tankberens	Gratitude	Hy lit syn tankberens sjen.
Tanke (Ik, hy, sy, it)	Thanked (I, he, she, it)	Tanke foar dyn help.
Tanken (Wy, jim, sy, jo)	Thanked (We, you all, they)	Wy tanken him foar syn help.
Tankest (Dû/Do)	Thank (You)	Dû tankest ús foar ús help.
Tankest(e) (Dû/Do)	Thanked (You)	Dû tankeste ús foar ús help.
Tanket (Hy, sy, it)	Thanks (He, she, it)	Hy tanket syn freon.
Tankewol	Thank you	Tankewol foar dyn help.
Tankje (Ik, wy, jim, sy, jo)	Thank (to)	Ik tankje foar dyn help.
Tanzania (Country)	Tanzania	Bistû alris yn Tanzania west?
Tariede	Prepare (to)	Ik sil my tariede.
Tarieding	Preparation	Bistû al mei de tarieding dwaande?
Tarikke	Reach out	Ik sil it dy tarikke.
Tarre	Tar	Hy smart tarre op it dak.
Tasicht	Supervision	De bern hawwe tasicht nedich.
Tasizze	Promise	Ik sil it dy tasizze.
Tastean	Allow, Permit (to)	Is it tastean om dat te dwaan?
Tastimming	Permission	Hjirfoar hawwe wy tastimming.
Tatoeaazje	Tattoo	Hastû in tatoeaazje?
Te	To	Sille wy te gean?
Tean	Toe	Myn grutte tean docht sear.
Teannen (Plural)	Toes (Plural)	Myn teannen dogge sear.
Tear	Wrinkle, A fold	Hy hat in grutte tear op 'e foarholle.
Tebek	Going back (Without turning)	Wy kinne net mear tebek.
Tee	Tea	Waarme tee is goed foar dy.
Teffens	Besides	Teffens hastû ek in kâns.
Tefreden	Satisfied	Wy binne tefreden mei ús libben.
Tegearre	Together	Tegearre sille wy it probleem ferhelpe.
Teie	Thaw, Melt	It sil fannacht teie.
Tekene (Ik, hy, sy, it)	Drew (I, he, she, it)	Sy tekene op de muorre.
Tekenen (Wy, jim, sy, jo)	Drew (We, you all, they)	Wy tekenen op de muorre.
Tekenest (Dû/Do)	Draw (You)	Dû tekenest op de muorre.
Tekenest(e) (Dû/Do)	Drew (You)	Dû tekeneste op de muorre.
Tekenet (Hy, sy, it)	Draws (He, she, it)	Sy tekenet op de muorre.
Tekenje (Ik, wy, jim, sy, jo)	Draw (I, we, you all, they)	Sy tekenje op de muorre.
Tekken	Blanket	Ik lis ûnder it tekken.
Tekkens (Plural)	Blankets (Plural)	Ik lis ûnder de tekkens.
Tekst	Text	De tekst is goed skreaun.
Teksten (Plural)	Texts (Plural)	De teksten binne goed skreaun.

Telefyzje	Television	Wolstû telefyzje sjen?
Telle	Count	Efkes oant tsien telle.
Teloarsteld	Disappointed	It jonge wie teloarsteld nei de útslach.
Tema	Theme	It tema hjoed is: Frysk
Temperatuer	Temperature	Wat is de temperatuer hjoed?
Temûk	Secretly	Hy is in bytsje temûk.
Tenei	Afterwards, From now on	Dêr kinstû tenei spyt fan krije.
Term	Gut, Intestine, Term	Hy hat in soad lêst fan syn term.
Thús	Home	Wy binne niis thús kaam.
Thússide	Homepage	Hastû ús thússide alris besjoen?
Ticht	Shut, Closed	Kinstû de doar ticht dwaan?
Tichtby	Nearby, Closeby	Wy binne tichtby hûs.
Tichtplicht	Lockdown	Mei de tichtplich moatte wy thús bliuwe.
Tiden (Plural)	Times (Plural)	It binne swiere tiden.
Tidens	During	Tidens it iten is der ea bard.
Tige	Very	It is tige hyt hjoed.
Tige tank	Thank you very much	Tige tank foar dyn help.
Tiger	Tiger	De tiger is gefaarlik.
Tigers (Plural)	Tigers (Plural)	De tigers binne gefaarlik.
Tiid	Time	Hawwe wy genôch tiid?
Tiidkrapte	Lack of time	Wy sitte mei tiidkrapte.
Tiidrek	Era	Yn hokfoar tiidrek is dat foarkaam?
Tiidsje (Dim.)	While (Dim.)	It hat in tiidsje duorre.
Tiidwurd	Verb	It Frysk hat nuvere tiidwurden.
Tiisdei	Tuesday	Tiisdei haw 'k frij fan skoalle.
Til (Ik)	Lift (I)	Ik til de doaze op.
Tille (Wy, jim, sy, jo)	Lift (We, you all, they)	Wy tille de doaze op.
Tillefoan	Telephone, Phone	Sy hat in grutte tillefoan.
Tilst (Dû/Do)	Lift (You)	Dû tilst de doaze op.
Tilt (Hy, sy, it)	Lifts (He, she, it)	Hy tilt de doaze op.
Timmerman	Carpenter, Woodworker	Ús pake wie timmerman.
Tin	Thin	It famke is hiel tin.
Tink (Ik)	Think (I)	Ik tink oan dy.
Tink derom	Watch out	Tink derom, it is gefaarlik hjir.
Tinkber	Thinkable	Wy tinke oan dy.
Tinke (Wy, jim, sy, jo)	Think (We, you all, they)	It is net tinkber dat soks barre sil.
Tinker	Thinker	Hy is in skerpe tinker.
Tinkst (Dû/Do)	Think (You)	Dû tinkst oan de takomst.
Tinkt (Hy, sy, it)	Thinks (He, she, it)	She tinkt posityf.
Tinne (Adj.)	Thin (Adj.)	It tinne famke.
Tins	Thought	Hy hat mar yn tins yn 'e holle.
Tinte	Tent	Wy sette de tinte op.
Tinzen (Plural)	Thoughts (Plural)	Positive tinzen bringe dy fierder .
To (Older)	To	Sille wy to gean?
Toan	Tone (to)	Dyn toan befalt my net.
Toan (Ik)	Show (I)	Ik toan myn samling.
Toane (Wy, jim, sy, jo)	Show (We, you all, they)	Sy toane harren samling.
Toaniel	Theather, Drama	De frou spilet toaniel.
Toanst (Dû/Do)	Show (You)	Dû toanst dyn samling.
Toant (Hy, sy, it)	Shows (He, she, it)	Hy toant syn samling.

Frisian	English	Example
Toar	Droughty, Arid, Dry	It lân is toar.
Toarn	Thorn	Hy hat in toarn yn syn hân.
Toarst	Thirsty	De âlde man hat in protte toarst.
Tobek (Older)	Back (Without turning around)	Wy kinne net mear tobek.
Tôch	Lug, Heavy load	It guod op de wein is in swiere tôch.
Tocht (Thochta, Old Frisian) (Ik, hy, sy, it)	Thought (I, he, she, it)	Dû tochst oan my.
Tochten (Wy, jim, sy, jo)	Thought (We, you all, they)	Jim tochten oan my.
Tochtst (Dû/Do)	Thought (You)	Sy tocht oan my.
Toer (Tor, Old Frisian)	Tower	De toer is heech.
Tôge (Ik, hy, sy, it)	Towed, Dragged (I, he, she, it)	Hy hat in nei hûs tôge.
Togearre (Older)	Together	Wy binne gelokkich togearre.
Tôgen (Wy, jim, sy, jo)	Towed (We, you all, they)	Wy tôgen it nei hûs.
Tôgest (Dû/Do)	Tow, Drag (You)	Dû tôgest it nei hûs.
Tôgest(e) (Dû/Do)	Towed, Dragged (You)	Dû tôgeste it nei hûs.
Tôget (Hy, sy, it)	Tows, Drags (He, she, it)	Hy tôget it nei hûs.
Tôgje (Ik, wy, jim, sy, jo)	Tow, Drags (I, we, you all, they)	Sy tôgje it guod mei.
Tokke	Limb, Branch, Twig	De tokke leit op 'e grûn.
Tolve	Twelve	Is it hast tolve oere?
Tonge	Tongue	Sy hat op har tonge biten.
Tonger	Thunder	Wy krije tonger jûn.
Tongerje	Thunder (to)	Ik sil jûn tongerje.
Tongersdei	Thursday	Tongersdei moat ik wurkje.
Tosk	Tooth	Ik haw lêst fan myn tosk.
Toskeboarstel	Toothbrush	Myn toskeboarstel leit noch by dy.
Toskedokter	Dentist	Guon binne bang foar de toskedokter.
Toskeguod	Toothpaste	Mei ik dyn toskeguod brûke?
Tosken (Plural)	Teeth (Plural)	Myn tosken binne moai wyt.
Toskepoetersguod	Toothpaste	Mei ik dyn toskepoetersguod brûke?
Toskepasta	Toothpaste	Mei ik dyn toskepastabrûke?
Trachter	Funnel	Hy hat in trachter nedich by dizze tank.
Treast	Consolation, Comfort (to)	Wy sille dy treast en hoop jaan.
Treau (Ik, hy, sy, it)	Pushed (I, he, she, it)	Hy treau him fuort.
Treaun (PP)	Pushed (PP)	Wy hawwe him fuort treaun.
Treaune (Wy, jim, sy, jo)	Pushed (We, you all, they)	Wy treaune him fuort.
Treaust (Dû/Do)	Pushed (You)	Dû treaust him fuort.
Tredde	Third	Hy sit yn de tredde klasse.
Trein	Train	Jo moatte de trein net misse.
Treinen (Plural)	Trains (Plural)	De treinen ride by elkoar del.
Trekker	Tractor	De boer hat in grutte trekker.
Treppe	Stairs	Foarsichtich by de treppe del.
Trewes	Pleasure, Delight	Dat is gjin trewes west.
Trettjin	Thirteen	Trettjin dagen haw 'k hjir op wachte.
Tried	Wire	Tink om it tried.
Triedden (Plural)	Wires (Plural)	Tink om de triedden.
Triedsje (Dim.)	Wire (Dim.)	It triedsje hinget yn de wei.
Trilje (Ik, wy, jim, sy, jo)	Tremble (I, we, you all, they)	Sy trilje fan 'e kjeld.
Trije	Three	Trije kear haw 'k it besocht.
Triuw (Ik)	Push (I)	Ik triuw de doar iepen.
Triuwe (Wy, jim, sy, jo)	Push (We, you all, they)	Sy triuwe de doar iepen.
Triuwst (Dû/Do)	Push (You)	Dû triuwst de doar iepen.

Triuwt (Hy, sy, it)	Pushes (He, she, it)	Hy triuwt de doar iepen.
Troan	Throne	De kening sit op de troan.
Troch	Through	Wy sille troch it finster moatte.
Trochsette	Carry through	Wy moatte noch efkes trochsette.
Trochsichtich	Transparant	It glês is trochsichtich.
Trochsichtige (Adj.)	Transparant (Adj.)	It trochsichtige glês.
Trompet	Trumpet	Hy spilet de trompet.
Tropysk	Tropical	It waar liket wol tropysk.
Trui	Sweater	Sy hat myn trui oan.
Tsien	Ten	It is tsien jier lyn.
Tsiis	Cheese	Tsiis smakket my mar goed.
Tsjeaf	Thief	De tsjeaf is warber yn dizze wyk.
Tsjeak	Jaw	Ik haw lêst fan myn tsjeak.
Tsjechje (Country)	Czechia (Country)	Wy sille nije wike nei Tsjechje.
Tsjefte	Theft	It wie tsjefte.
Tsjep	Pretty	In tsjep famke wurket hjir.
Tsjerke	Church	Giestû snein nei de tsjerke?
Tsjerkhôf	Churchyard, Cemetery	Op it tsjerkhôf spûket it in bytsje.
Tsjettel	Kettle	Ik sil de tsjettel oansette.
Tsjil	Wheel	It tsjil fan 'e auto is bryk.
Tsjildich	Helpful	De âlde frou is tsjildich.
Tsjillen (Plural)	Wheels (Plural)	De tsjillen fan 'e wein binne rûn.
Tsjin	Against, To	Ik bin tsjin dizze regels.
Tsjinfalle	Disappointing	It feest kin tsjinfalle.
Tsjinhâlde	Hold back, Stop	Kinstû him tsjinhâlde?
Tsjinkomme	Come across	Sille wy him tsjinkomme?
Tsjinne (Ik, hy, sy, it)	Served (I, he, she, it)	Hy tsjinne yn it leger.
Tsjinnen (Wy, jim, sy, jo)	Served (We, you all, they)	Wy tsjinnen yn it leger.
Tsjinnest (Dû/Do)	Serve (You)	Dû tsjinnest yn it leger.
Tsjinnest(e) (Dû/Do)	Served (You)	Dû tsjinneste yn it leger.
Tsjinnet (Hy, sy, it)	Serves (He, she, it)	Hy tsjinnet yn it leger.
Tsjinsin	Reluctantly	Hy docht it mei tsjinsin.
Tsjinsprekke	Contradict	Dû moatst my net tsjinsprekke.
Tsjinst	Shift, Service	Hokfar tsjinst hastû hjoed?
Tsjinst	Duty	Hy is yn tsjinst.
Tsjinstanner	Opponent	Ús tsjinstanner is bot goed.
Tsjinstplicht	Obligatory military service	Hat Fryslân tsjinstplicht?
Tsjintwurdich	Nowadays	Tsjintwurdich meist hast neat.
Tsjinwyn	Headwind, Crosswind	De fytsers hawwe lêst fan tsjinwyn.
Tsjirl	Dude, Churl	In bêste tsjirl.
Tsjoch	Cheers	Tsjoch, op in goede jûn!
Tsjoen	Spell	In tsjoender docht in tsjoen.
Tsjoender	Wizard	In tsjoender docht in tsjoen.
Tsjoenderij	Sorcery	Hy moat neat haw fan tsjoenderij.
Tsjok	Thick, Fat	De kat is in bytsje tsjok.
Tsjûge	Witnesses	De tsjûge seit net safolle.
Tsjuster	Dark, Darkness	Jûn wie it gau tsjuster.
Tsjustere (Adj.)	Dark, Darkness (Adj.)	De tsjustere jûn.
Tûk	Smart, Bright, Clever	Hy is wol aardich tûk.
Tûke (Adj.)	Smart, Bright, Clever (Adj.)	It tûke bern.

Frisian	English	Example
Tûke	Limb, Branch, Twig	De tûke leit op 'e grûn.
Tún	Garden, Yard	Wy hawwe in beam yn de tún.
Tuneezje (Country)	Tunisia (Country)	Tuneezje is goed lân.
Tunen (Plural)	Gardens (Plural)	De tunen steane fol mei blommen.
Tuorke (Dim.)	Tower (Dim.)	Yn de fierte kinst in lyts tuorke sjen.
Tuorren (Plural)	Towers (Plural)	De tuorren steane njonken elkoar.
Turkije (Country)	Turkey (Country)	Ik fyn Turkije in noflik lân.
Tusk (Wâldfrysk)	Tooth	Hy hat lêst fan syn tusk.
Tusken (Twisk, Old Frisian)	Between, Betwixt	Sy wol net tusken dy en him komme.
Tuskentiid	Mean time, Interim	Yn de tuskentiid hie 'k al in dien.
Tute (Ik, hy, sy, it)	Kissed (I, he, she, it)	Sy tute my.
Tutest (Dû/Do)	Kiss (You)	Dû tutest my.
Tutest(e) (Dû/Do)	Kissed (You)	Dû tuteste my.
Tutet (Hy, sy, it)	Kisses (He, she, it)	Sy tutet dy.
Tútsje (Ik, wy, jim, sy, jo)	Kiss (I, we, you all, they)	Sy tútsje elkoar.
Tútten (Wy, jim, sy, jo)	Kissed (We, you all, they)	Wy tútten elkoar.
Twa	Two	'k moat noch twa jier nei skoalle.
Twadde	Second	Dû bist twadde wurden.
Twafâld	Twofold	Wy sille it yn twafâld dwaan.
Twaling, Twilling	Twin	Sy binne in twaling.
Twifel	Doubt	Hy hat in twifel.
Twifelest (Dû/Do)	Doubt (You)	Dû twifelst oer dyn beslút.
Twifelet (Hy, sy, it)	Doubts (He, she, it)	Hy twifelet oer syn beslút.
Twifelje (Ik, wy, jim, sy, jo)	Doubt (I, we, you all, they)	Sy twifelje oer harren beslút.
Twing (Ik)	Force (I)	Ik twing dy net.
Twinge (Wy, jim, sy, jo)	Force (We, you all, they)	Wy twinge dy net.
Twingst (Dû/Do)	Force (You)	Dû twingst my net.
Twingt (Hy, sy, it)	Forces (He, she, it)	Hy twingt dy net.
Twirje	Whirl	De blêden twirje troch de loft.
Twirrewyn	Whirlwind	In twirrewyn skuort oer it lân.
Twong (Ik, hy, sy, it)	Forced (I, he, she, it)	Ik twong dy om mei te gean.
Twongen (Wy, jim, sy, jo)	Forced (We, you all, they)	Wy twongen dy.
Twongst (Dû/Do)	Forced (You)	Dû twongst ús.
Tydlik	Temporarily	Dizze regels binne tydlik.
Tydskrift	Magazine	Wy keapje in tydskrift.
Tynge	Message, Tidings	In tynge dwaan.
Tyngje	Notify, Report (to)	Ik sil efkes tyngje.
Ukraïne (Country)	Ukraine (Country)	De kriich yn Ukraïne.
Ûle	Owl	De ûle hat grutte eagen.
Ûlen (Plural)	Owls (Plural)	De ûlen haw grutte eagen.
Ûltsje (Dim.)	Owl (Dim.)	It lytse ûltsje hat grutte eagen.
Ûnbekend	Unknown	Dizze minsken binne ûnbekend foar my.
Ûnberne	Unborn	It ûnberne bern.
Ûnbeskreaun	Undescribed, Unwritten	De tiid is ûnbeskreaun.
Ûnbetrouber	Unreliable	Dy jonge dêr is ûnbetrouber.
Ûnbewenber	Uninhabitable	It eilân is ûnbewenber.
Ûnbidich	Colossal, Incredible	It swurd fan Grutte Pier is ûnbidich.
Ûnbrekber	Unbreakable	It stiel is ûnbrekber.
Ûnbrûkber	Unusable	Dizze kompjûter is ûnbrekber.
Ûnbûgber	Inflexible	It stiel is ûnbûgber.

Frisian	English	Example
Ûnder	Under	Ûnder de beam stiet in stoel.
Ûnderbrek (Ik)	Interrupt, Pause (I)	Ik ûnderbrek dy.
Ûnderbrekke (Wy, jim, sy, jo)	Interrupt (We, you all, they)	Wy ûnderbrekke dy.
Ûnderbrekst (Dû/Do)	Interrupt, Pause (You)	Dû ûnderbrekst my.
Ûnderbrekt (Hy, sy, it)	Interrupts, Pauses (He, she, it)	Hy ûnderbrekt my.
Ûnderbroek	Underpants, Panties	Ik doch in skjinne ûnderbroek oan.
Ûnderbruts (Ik, hy, sy, it)	Interrupted (I, he, she, it)	Hy ûnderbruts dy.
Ûnderbrutsen (Wy, jim, sy, jo)	Interrupted (We, you all, they)	Sy ûnderbrutsen dy.
Ûnderbrutst (Dû/Do)	Interrupted, Paused (You)	Dû ûnderbrutst my.
Ûnderdiel	Part, Item	Hy is ûnderdiel fan ús tiim.
Ûnderdûke	Hiding	De Joaden moasten ûnderdûke.
Ûnderdûker	Hider (Like a jew in WW2)	De ûnderdûker wie Joadsk.
Ûnderfine (Wy, jim, sy, jo)	Experience (We, you all, they)	Wy sille ûnderfine hoe it is.
Ûnderfining	Experience	De ûnderfining wie bjusterbaarlik.
Ûnderfiningen (Plural)	Experiences (Plural)	De ûnderfiningen wiene bjusterbaarlik.
Ûnderflier	Underfloor	Wy moatte earst de ûnderflier dwaan.
Ûnderfreegje	Interrogate	De plysje wol dy ûnderfreegje.
Ûnderfûn (Ik, hy, sy, it)	Experienced (I, he, she, it)	Sy hat it ûnderfûn.
Ûnderfûnen (Wy, jim, sy, jo)	Experienced (We, you all, they)	Wy ûnderfûnen in minne situaasje.
Ûnderfûnst (Dû/Do)	Experienced (You)	Dû ûnderfûnst in minne situaasje.
Ûnderfuorre	Underfed	It bist is ûnderfuorre.
Ûnderfyn (Ik)	Experience (I)	Ik ûnderfyn in ûngemaklike situaasje.
Ûnderfynst (Dû/Do)	Experience (You)	Dû ûnderfynst in situaasje.
Ûnderfynt (Hy, sy, it)	Experiences (He, she, it)	Hy ûnderfynt in ûngemaklike situaasje.
Ûndergean	Undergo	Wy moatte dit ûndergean.
Ûndergong	Doom, Destruction, Going down	Dat kin ús ûndergong wurde!
Ûndergrûn	Underground	De bisten libje ûndergrûn.
Ûnderguod	Underwear	Ik haw ûnderguod oan.
Ûnderhâld	Maintenance	Ús hûs hat ûnderhâld nedich.
Ûnderhâld (Ik)	Maintain (I)	Ik ûnderhâld myn hûs.
Ûnderhâlde (Wy, jim, sy, jo)	Maintain (We, you all, they)	Jim ûnderhâlde jim hûs.
Ûnderhâldst (Dû/Do)	Maintain (You)	Dû ûnderhâldst dyn hûs.
Ûnderhâldt (Hy, sy, it)	Maintains (He, she, it)	Hy ûnderhâldt syn hûs.
Ûnderhanneling	Negotiation	De ûnderhanneling is goed gien.
Ûnderhannelje	Negotiate (to)	Ús heit mei graach ûnderhannelje.
Ûnderhold (Ik, hy, sy, it)	Maintained (I, he, she, it)	Sy ûnderhold har hûs.
Ûnderholden (Wy, jim, sy, jo)	Maintained (We, you all, they)	Sy ûnderholden harren hûs.
Ûnderholdst (Dû/Do)	Maintained (You)	Dû ûnderholdst dun hûs.
Ûnderlaach	Underlay	De ûnderlaach is foar de waarmte.
Ûndernimme	Undertake	Wy moatte eat ûndernimme hear.
Ûndersiken (Plural)	Researches (Plural)	Der binne ûndersiken dien nei sûn iten.
Ûndersiker	Researcher	De ûndersiker hat it drok.
Ûndersikest (Dû/Do)	Research (You)	Dû ûndersikest it ûngefal.
Ûndersiket (Hy, sy, it)	Researches (He, she, it)	Hy ûndersiket it ûngefal.
Ûnderskate (Ik, hy, sy, it)	Distinguished (I, he, she, it)	Hy ûnderskate him fan oaren.
Ûnderskaten (Wy, jim, sy, jo)	Distinguished (We, you all, they)	Wy ûnderskaten ús fan oaren.
Ûnderskatest (Dû/Do)	Distinguished (You)	Dû ûnderskatest dy fan oaren.
Ûnderskied (Ik)	Distinguish (I)	Ik ûnderskied my fan oaren.
Ûnderskiede (Wy, jim, sy, jo)	Distinguish (We, you all, they)	Wy ûnderskiede ús fan oaren.
Ûnderskiedst (Dû/Do)	Distinguish (You)	Dû ûnderskiedst dy fan oaren.

Frisian	English	Example
Ûnderskiedt (Hy, sy, it)	Distinguishes (He, she, it)	Sy ûnderskiedt har fan oaren.
Ûndersocht (Ik, hy, sy, it)	Researched (I, he, she, it)	Hy ûndersocht it ûngefal.
Ûndersochten (Wy, jim, sy, jo)	Researched (We, you all, they)	Wy ûndersochten it ûngefal.
Ûndersochtst (Dû/Do)	Researched (You)	Dû ûndersochtst it ûngefal.
Ûndersyk	Research	Wy ûndersykje it ûngefal.
Ûndersykje (Ik, wy, jim, sy, jo)	Research (I, we, you all, they)	Der wurdt in grut ûndersyk dien.
Ûndertekenje (Ik, wy, jim, sy, jo)	Sign (I, we, you all, they)	Sy ûndertekenje it dokumint.
Ûnderweis	On the way	Wy binne ûnderweis nei Fryslân.
Ûnderwerp	Subject, Topic	It ûnderwerp fan 'e dei is: Frysk.
Ûnderwiis	Education	Is it ûnderwiis goed?
Ûnderwrâld	Underworld	Kriminelen fan de ûnderwrâld.
Ûndjip	Shallow	Hjir is it noch ûndjip.
Ûndúdlik	Unclear	De tekst is ûndúdlik foar ús.
Ûne	Oven	De ûne stiet noch oan.
Ûnearlik	Dishonest, Not fair, Unfair	De situaasje is ûnearlik.
Ûnfoarsichtich	Careless	Hy is ûnfoarsichtich.
Ûnfoech	Inappropriate	It wurdt as ûnfoech beskôge.
Ûnfolslein	Incomplete	De omskriuwing is ûnfolslein.
Ûnfreonlik	Unfriendly	Dy man wie ûnfreonlik tsjin ús.
Ûnfruchtber	Infertile	De âlde man is ûnfruchtber.
Ûngefal	Accident, Incident	It wie in nuver ûngefal.
Ûngefear	About, Approximately, Circa	Ûngefear hûndert minsken wiene hjir by.
Ûngelok	Accident	It wie in ferskriklik ûngelok.
Ûngelyk	Incorrect, Uneven, Not right	De siden binne ûngelyk.
Ûngemaklik	Awkward, Uncomfortable	Sy fielt har ûngemaklik.
Ûngerêst	Worried	Sy wiene ûngerêst.
Ûngeskikt	Unsuitable	Hy is ûngeskikt foar dizze put.
Ûngewoan	Unusual	Dizze situaasje is ûngewoan.
Ûngod	Ungod	Hy oanbidt in ûngod.
Ûngrun	Abyss, Chasm	Tink om de ûngrûn.
Ûniens	Disagree	Sy is it ûniens mei dy.
Unifoarm	Uniform	De agint hat syn unifoarm oan.
Ûnkosten	Expenses	Wy hawwe in protte ûnkosten makke.
Ûnlêsber	Unreadable	Dizze tekst is ûnlêsber.
Ûnminsklik	Inhumane, Inhuman	Syn dea wie ûnminsklik.
Ûnminsklike (Adj.)	Inhumane, Inhuman (Adj.)	De ûnminsklike dea.
Ûnnedich	Unnecessary, Needless	Ik tink dat it ûnnedich is.
Ûnnoflik	Unpleasant, Uncomfortable	Wy sitte hjir ûnnoflik.
Ûnôfhinklik	Independent	Guon Friezen wolle ûnôfhinklik wêze.
Ûnôfhinklike (Adj.)	Independent (Adj.)	De ûnôfhinklike Friezen.
Ûnrêst	Unrest	Hjir hearsket ûnrêst.
Ûnridlik	Unreasonable	De jonge wie ûnridlik.
Ûnrjocht	Injustice	Hy hat him ûnrjocht oandien.
Ûnrjochtfeardich	Injustice, Unjust, Unfair	Ik fyn it ûnrjochtfeardich.
Ûnrjochtfeardige (Adj.)	Injustice, Unjust, Unfair (Adj.)	De ûnrjochtfeardige situaasje.
Ûnsjoch	Ugly	Hy wie in bytsje ûnsjoch.
Ûnskuld	Innocence	Hy sil syn ûnskuld bewize.
Ûnskuldich	Innocent	It famke is ûnskuldich.
Ûnstjerlik	Deathless, Immortal	Dracula wie ûnstjerlik.
Ûntankber	Ungrateful	It bern is ûntankber.

Ûntbine	Disassemble, Disband	By dizze wol ik de stifting ûntbine.
Ûntbrekke (Wy, jim, sy, jo)	Miss (Missing part) (We, you all, they)	De letters ûntbrekke.
Ûntdek (Ik)	Discover, Uncover (I)	Ik ûntdek in nije pyramide.
Ûntdekke (Wy, jim, sy, jo)	Discover (We, you all, they)	Wy ûntdekke in nije pyramide.
Ûntdekker	Discoverer	De ûntdekker hat eat fûn.
Ûntdekst (Dû/Do)	Discover, Uncover (You)	Dû ûntdekst in nije pyramide.
Ûntdekt (Hy, sy, it)	Discovers, Uncovers (He, she, it)	Hy ûntdekt in nije pyramide.
Ûntdoek (Ik, hy, sy, it)	Dodged (I, he, she, it)	Hy ûntdoek in nije pyramide.
Ûntdoeken (Wy, jim, sy, jo)	Dodged (We, you all, they)	Sy ûntdoeken in nije pyramide.
Ûntdoekst (Dû/Do)	Dodged (You)	Dû ûntdoekst in nije pyramide.
Ûntdûk (Ik)	Dodge (I)	Ik ûntdûk de balle.
Ûntdûkst (Dû/Do)	Dodge (You)	Dû ûntdûkst de balle.
Ûntdûkt (Hy, sy, it)	Dodges (He, she, it)	Sy ûntdûkt de balle.
Ûntduts (Ik, hy, sy, it)	Discovered (I, he, she, it)	Hy ûntsduts in skelet.
Ûntdutsen (Wy, jim, sy, jo)	Uncovered (We, you all, they)	Jim ûntdutsen in skelet.
Ûntdutst (Dû/Do)	Discovered, Uncovered (You)	Dû ûntdutst in skelet.
Ûntfang (Ik)	Receive (I)	Ik ûntfang in berjocht.
Ûntfange (Wy, jim, sy, jo)	Receive (We, you all, they)	Wy ûntfange in berjocht.
Ûntfanger	Recipient	De ûntfanger hat it berjocht krigen.
Ûntfangst (Dû/Do)	Receive (You)	Dû ûntfangst in nij berjocht.
Ûntfangt (Hy, sy, it)	Receives (He, she, it)	Sy ûntfangt in nij berjocht.
Ûntfong (Ik, hy, sy, it)	Received (I, he, she, it)	Sy ûntfong in nij berjocht.
Ûntfongen (Wy, jim, sy, jo)	Received (We, you all, they)	Wy ûntfongen in nij berjocht.
Ûntfongst (Dû/Do)	Received (You)	Dû ûntfongst in nij berjocht.
Ûnthâld (Ik)	Remember (I)	Ik ûnthâld dyn namme.
Ûnthâlde (Wy, jim, sy, jo)	Remember (We, you all, they)	Wy ûnthâlde dyn namme.
Ûnthâldst (Dû/Do)	Remember (You)	Dû ûnthâldest dyn namme.
Ûnthâldt (Hy, sy, it)	Remembers (He, she, it)	Sy ûnthâldt dyn namme.
Ûnthold (Ik, hy, sy, it)	Remembered (I, he, she, it)	Hy ûnthold dyn namme.
Ûntholden (Wy, jim, sy, jo)	Remembered (We, you all, they)	Wy ûntholden dyn namme.
Ûntholdst (Dû/Do)	Remembered (You)	Dû ûntholdst myn namme.
Ûntholje	Behead, Decapitate	Ûntholje bart net mear yn dizze tiid.
Ûntkaam (Ik, hy, sy, it)	Escaped, Got away (I, he, she, it)	De fisk ûntkaam my.
Ûntkaamst (Dû/Do)	Escaped, Got away (You)	Dû ûntkaamst my.
Ûntkamen (Wy, jim, sy, jo)	Got away (We, you all, they)	Wy ûntkamen dy.
Ûntken (Ik)	Deny (I)	Ik ûntken it ferhaal.
Ûntkend (PP)	Denied (PP)	Hy hat ut ferhaal ûntkend.
Ûntkende (Ik, hy, sy, it)	Denied (I, he, she, it)	Hy ûntkende it ferhaal.
Ûntkenden (Wy, jim, sy, jo)	Denied (We, you all, they)	Wy ûntkenden it ferhaal.
Ûntkenne (Wy, jim, sy, jo)	Deny (We, you all, they)	Sy ûntkenne it ferhaal.
Ûntkenst (Dû/Do)	Deny (You)	Dû ûntkenst it ferhaal.
Ûntkent (Hy, sy, it)	Denies (He, she, it)	Hy ûntkent dyn ferhaal.
Ûntkom (Ik)	Escape, Get away (I)	Ik ûntkom dy.
Ûntkomme (Wy, jim, sy, jo)	Get away (We, you all, they)	Wy ûntkomme dy.
Ûntkomst (Dû/Do)	Escape, Get away (You)	Dû ûntkomst my.
Ûntkomt (Hy, sy, it)	Escapes, Gets away (He, she, it)	De fisk ûntkomt my.
Ûntnaam (Ik, hy, sy, it)	Took away (I, he, she, it)	Hy ûntnaam my alles.
Ûntnaamst (Dû/Do)	Took away (You)	Dû ûntnaamst my alles.
Ûntnamen (Wy, jim, sy, jo)	Took away (We, you all, they)	Sy ûntnamen my alles.
Ûntnim (Ik)	Take away (I)	Ik ûntnim dy alles.

Ûntnimme (Wy, jim, sy, jo)	Take away (We, you all, they)	Wy ûntnimme dy alles.
Ûntnimst (Dû/Do)	Take away (You)	Dû ûntnimst my alles.
Ûntnimt (Hy, sy, it)	Takes away (He, she, it)	Sy ûntnimt my alles.
Ûntnommen (PP)	Taken away (PP)	Sy hat my alles ûntnommen.
Ûntret (PP)	Discouraged (PP)	Ik haw it dy ûntret.
Ûntrette (Ik, hy, sy, it)	Discouraged (I, he, she, it)	Hy ûntredt it dy.
Ûntretten (Wy, jim, sy, jo)	Discouraged (We, you all, they)	Wy ûntretten it dy.
Ûntrettest (Dû/Do)	Discouraged (You)	Dû ûnrettest it my.
Ûntried (Ik)	Discourage (I)	Ik ûntried it dy
Ûntriede (Wy, jim, sy, jo)	Discourage (We, you all, they)	Wy ûntriede it dy.
Ûntriedst (Dû/Do)	Discourage (You)	Dû ûntriedst it my.
Ûntriedt (Hy, sy, it)	Discourages (He, she, it)	Hy ûntriedt it my.
Ûntrin (Ik)	Avoid (I)	Ik ûntrin dy hieltyd.
Ûntrinne (Wy, jim, sy, jo)	Avoid (We, you all, they)	Wy ûntrinne dy hieltyd.
Ûntrinst (Dû/Do)	Avoid (You)	Dû ûntrinst my hieltyd.
Ûntrint (Hy, sy, it)	Avoids (He, she, it)	Sy ûntrint my hieltyd.
Ûntrûn (Ik, hy, sy, it)	Avoided (I, he, she, it)	Hy ûntrûn my hieltyd.
Ûntrûnen (Wy, jim, sy, jo)	Avoided (We, you all, they)	Wy ûntrûnen dy hieltyd.
Ûntrûnst (Dû/Do)	Avoided (You)	Dû ûntrûnst my hieltyd.
Ûntsiferje	Decipher, Decode	Kinstû dizze koade ûntsiferje?
Ûntsizze	Forbid	Ik sil it dy ûntsizze.
Ûntslaan (Ik, wy, jim, sy, jo)	Fire someone (I, we, you all, they)	Wy sille dy ûntslaan.
Ûntslein (PP)	Fired someone (PP)	We hawwe dy ûntslein.
Ûntspanne	Relax	Jûn sille wy ûntspanne.
Ûntstean (Ik)	Arise (I)	Hoe is it minskdom ûntstean?
Ûntstekking	Inflammation	Ús beppe hat in ûntstekking.
Ûntwiek (Ik, hy, sy, it)	Dodged (I, he, she, it)	Hy ûntwiek de balle.
Ûntwieken (Wy, jim, sy, jo)	Dodged (We, you all, they)	Wy ûntwieken de balle.
Ûntwiekst (Dû/Do)	Dodged (You)	Dû ûntwiekst de balle.
Ûntwike (Wy, jim, sy, jo)	Dodge (We, you all, they)	Wy ûntwike de balle.
Ûntwikkele (Ik, hy, sy, it)	Developed (I, he, she, it)	Hy ûntwikkele in medisyn.
Ûntwikkelen (Wy, jim, sy, jo)	Developed (We, you all, they)	Wy ûntwikkelen in medisyn.
Ûntwikkelest (Dû/Do)	Develop (You)	Dû ûntwikkelest in medisyn.
Ûntwikkelest(e) (Dû/Do)	Developed (You)	Dû ûntwikkeleste in medisyn.
Ûntwikkelet (Hy, sy, it)	Develops (He, she, it)	Sy ûntwikkelet in medisyn.
Ûntwikkelje (Ik, wy, jim, sy, jo)	Develop (I, we, you all, they)	Sy ûntwikkelje in nij medisyn.
Ûntwyk (Ik)	Dodge (I)	Ik ûntwyk de bal.
Ûntwykst (Dû/Do)	Dodge (You)	Dû ûntwykst de bal.
Ûntwykt (Hy, sy, it)	Dodges (He, she, it)	Sy ûntwykt de bal.
Ûnwaar	Thunderstorm, Storm	Der komt ûnwaar oan.
Ûnwier	Untrue	Dizze útspraak is ûnwier.
Ûnwierskynlik	Unlikely	It is ûnwierskynlik dat it troch giet.
Ûnwiis	Unwise	It jonkje is noch ûnwiis.
Ûnwissens	Uncertainty	Syn ûnwissens bringt ús yn gefaar.
Ûnwittend	Ignorant	Dizze minsken bliuwe ûntwittend.
Ûnwjersteanber	Irresistible	It iten is ûnwjersteanber.
Urf (Ik, hy, sy, it)	Inherited (I, he, she, it)	Hy urf in protte jild.
Urfst (Dû/Do)	Inherited (You)	Dû urfst in soad jild.
Urven (Wy, jim, sy, jo)	Inherited (We, you all, they)	Wy urven in protte jild.
Ús	Us	De priis is fan ús.

Frisian	English	Example
Út	Out, Off	Sy komt út Fryslân.
Útazemje	Exhale, Breathe out	Rêstich útazemje.
Útboarsting	Outburst, Eruption	De útboarsting fan de fulkaan.
Útdaging (Begrēta, Old Frisian)	Challenge	Ik fyn it in grutte útdaging.
Útdrukke	Express (to)	Wy sille ús útdrukke yn ús eigen wurden.
Útdrukking	Expression, Phrase	Dizze útdrukking is ferneamd.
Úteinlik	Eventually, Sooner or later	Úteinlik binne wy thús kaam.
Uterlik	Appearance	It giet net om it uterlik.
Útfanhûs	Stay somewhere else	De bern binne útfanhûs.
Útfeart	Funeral	Wannear is de útfeart?.
Útferkeap	Sale	It guod is yn de útferkeap.
Útfine	Find out	Hy sil it wol gau útfine.
Útgean	Going out, Go out	Wy wolle jûn efkes útgean.
Útgong	Exit	Wêr is de útgong?
Úthâlde	Hold out, Endure	Kinstû it noch úthâlde?
Útjaan	Spend	Hoe folle meie wy útjaan?
Útjouwer	Publisher	Wa is útjouwer fan it boek?
Útkomst	Outcome	Wat is de útkomst?
Útlaitsje	Laugh about someone	Jim moatte him net sa útlaitsje.
Útlân	Abroad	Hy wie yn it útlân.
Útlanner	Foreigner, Outsider	It famke is in útlanner.
Útlânsk	Foreign	It famke is útlânsk.
Útlis	Explanation	Hastû de útlis ferstien?
Útlizze	Explain (to)	Ik sil it oan dy útlizze.
Útljochter	Shiner	Dat famke is in echte útljochter.
Útmeitsje	Break up	Hy wol it útmeitsje mei har.
Útnoegje	Invite (to)	Wy wolle dy útnoegje foar it feest.
Útpûste	Catching breath, Blow out	Kinstû it fjoer útpûste?
Útropteken	Exclamation mark	Dû bist it útropteken ferjitten.
Útsein	Except	Alles mei, útsein dit.
Útskeakeling	Shutdown	De útskeakeling fan it tiim.
Útskeakelje	Switch off, Disable	Kinstû de masine efkes útskeakelje?
Útskiede	Excrete	It focht wurdt útskiede troch de hûd.
Útskriuwe	Unsubscribe	Ik wol my graach útskriuwe.
Útslach	Rash	Sy hat útslach op de hûd.
Útslach	Result	Wy wachtsje op de útslach.
Útslute	Exclude	Wy kinne it noch net útslute.
Útspraak	Pronunciation	Hoe de útspraak fan dit wurd?
Útsprekke	Pronounce, Outspeak	Kinstû dit wurd útsprekke?
Útsprute	Sprout (to)	It sied sil aanst útsprute.
Útstelle	Delay, Postpone	Sy sille it projekt útstelle.
Útstoarn	Extinct	Der binne al in soad talen útstoarn.
Útsykje	Investigate	Wy sille it útsykje.
Útwiskeling	Exchange	De útwiskeling fan it guod is goed gien.
Útwreiding	Expansion, Extension	Wy hawwe in útwreiding nedich.
Útwrydsk	Outwardly	It is allegear útwrydsk.
Útwurking	Effect, Working-out	De útwurking fan it medisyn komt letter.
Wa	Who	Wa bistû?
Waaks (Ik)	Grow, Wax (I)	Ik waaks in protte de lêste tiid.
Waakse (Wy, jim, sy, jo)	Grow, Wax (We, you all, they)	Wy waakse in protte de lêste tiid.

Frisian	English	Example
Waakst (Dû/Do)	Grow, Wax (You)	Dû waakst in protte de lêste tiid.
Waakst (Hy, sy, it)	Grows, Waxes (He, she, it)	De plant waakst in protte de lêste tiid.
Waar	Weather	It waar is noflik hjoed.
Waarberjocht	Weather forecast	Beppe wol it waarberjocht sjen.
Waard, Woard (Ik, hy, sy, it)	Became (I, he, she, it)	Hy waard lilk op syn freon.
Waarden, Woarden (Wy, jim, sy, jo)	Became (We, you all, they)	Jo waarden lilk op jo freon.
Waardst, Woardst (Dû/Do)	Became (You)	Dû waardst lilk op dyn freon.
Waarm	Warm	It is waarm bûten.
Waarme (Adj.)	Warm (Adj.)	De waarme simmer.
Waarme (Ik, hy, sy, it)	Warmed, Heated (I, he, she, it)	Hy waarme him op.
Waarmen (Wy, jim, sy, jo)	Warmed (We, you all, they)	Wy waarmen ús op.
Waarmest (Dû/Do)	Warm, Heat (You)	Dû waarmest dy op.
Waarmest(e) (Dû/Do)	Warmed, Heated (You)	Dû waarmeste dy op.
Waarmet (Hy, sy, it)	Warms, Heats (He, she, it)	Sy waarmet harsels op.
Waarmje (Ik, wy, jim, sy, jo)	Warm, Heat (I, we, you all, they)	Wy waarmje ússels op.
Wachte (PP)	Waiting (PP)	Ik haw op dy wachte.
Wachtest (Dû/Do)	Wait (You)	Dû wachtest op my.
Wachtet (Ik, hy, sy, it)	Waits (I, he, she, it)	Sy wachtet op in antwurd.
Wachtsje (Ik, wy, jim, sy, jo)	Wait (I, we, you all, they)	Wy wachtsje op in antwurd.
Wachtwurd	Password	Wat is dyn wachtwurd?
Wâd	Kick	Si 'k dy in wâd jaan?
Wâl	Shore	Sy is wiet oan wâl kaam.
Wâld	Woods, Forest	It wâld is tige grut.
Wâldfrysk (A Frisian dialect)	Woodfrisian	Wâldfrysk is in grut dialekt yn Fryslân.
Walfisk	Whale	Allermachtich, dizze walfisk is grut.
Wâlnút	Walnut	It aapke wol in wâlnút haw.
Wang	Cheek	Hy sloech my op 'e wang.
Wannear (Sahwersa, Old Frisian)	When	Wannear komme sy del?
Want	Because	Ik kin net, want ik fiel my siik.
Wapen	Weapon, Gun	It wapen wie noch net fûn.
Wapens (Plural)	Weapons, Guns (Plural)	By de oerfal binne wapens brûkt.
Warber	Active	Hy wie dizze nacht warber.
Warch	Sleepy, Tired	Sy fielt har hiel warch.
Warskôge (Ik, hy, sy, it)	Warned (I, he, she, it)	Hy warskôge syn freon.
Warskôgen (Wy, jim, sy, jo)	Warned (We, you all, they)	Wy warskôgen ús freon.
Warskôgest (Dû/Do)	Warns (You)	Dû warskôgest dyn freon.
Warskôgest(e) (Dû/Do)	Warned (You)	Dû warskôgeste dyn freon.
Warskôget (Hy, sy, it)	Warns (He, she, it)	Hy warskôget syn freon.
Warskôging	Warning	Hy hat in warskôging krigen.
Warskôgje (Ik, wy, jim, sy, jo)	Warn (I, we, you all, they)	Sy warskôgje harren freon.
Wask	Laundry	Ús mem docht de wask.
Waskbear	Raccoon, Wash-bear	De waskbear siket iten by it ôffal.
Waskest (Dû/Do)	Wash (You)	Dû waskest dyn klean.
Wasket (Hy, sy, it)	Washes (He, she, it)	Hy wasket syn klean.
Waskje (Ik, wy, jim, sy, jo)	Wash (I, we, you all, they)	Sy waskje harren klean.
Waskmasine	Washing machine	De waskmasine makket in protte lûd.
Wat	What	Wat krije wy hjoed?
Weage	Wave	Dat wie in grutte weage.
Weage (Ik, hy, sy, it)	Dared (I, he, she, it)	Hy weage it net.
Weagen (Plural)	Waves	De weagen binne grut hjoed.

Frisian	English	Example
Weagen (Wy, jim, sy, jo)	Dared (We, you all, they)	Wy weagen it net.
Weagest (Dû/Do)	Dare (You)	Dû weagest it net.
Weagest (Dû/Do)	Weigh (You)	Hy weage himsels op 'e skeal.
Weagest(e) (Dû/Do)	Dared (You)	Dû weageste it net.
Weaget (Hy, sy, it)	Dares (He, she, it)	Sy weaget it net.
Weaget (Hy, sy, it)	Weighs (He, she, it)	Sy weaget harsels op 'e skeal.
Weagje (Ik, wy, jim, sy, jo)	Dare (I, we, you all, they)	Wy weagje it net.
Weagje (Ik, wy, jim, sy, jo)	Weigh (I, we, you all, they)	Sy weagen harren sels op 'e skeal.
Weak	Weak	Ik fiel my weak hjoed.
Weard	Worth	It famek wie it wol weard.
Wearlich	Devil	Dat tanket dy de wearlich!
Wearwolf	Werewolf	By folle moanne is de wearwolf warber.
Wearze	Disgust, Loathing	Hy hat in grutte wearze tsjin dy.
Webbe	Web	De spin hat in webbe makke.
Webside	Website	Moatst efkes nei myn webside gean.
Websides (Plural)	Websites (Plural)	Moatst efkes nei myn websides gean.
Webstee	Website	Moatst nei de webstee gean.
Wedstriid	Match, Game	Wa hat de wedstriid wûn?
Wedzje (Ik, wy, jim, sy, jo)	Bet (I, we, you all, they)	Wy wedzje tsjin elkoar.
Weefsel	Tissue	It weefsel is skansearre.
Weeshûs	Orphanage, Orphan house	Hy wie opfiede yn in weeshûs.
Wegen (Plural) (Wegen, Old Frisian)	Roads (Plural)	Dizze wegen binne lang.
Wegere (Ik, hy, sy, it)	Refused, Rejected (I, he, she, it)	Hy wegere ús.
Wegeren (Wy, jim, sy, jo)	Refused (We, you all, they)	Sy wegeren dy.
Wegerest (Dû/Do)	Refuse, Reject (You)	Dû wegerest my.
Wegerest(e) (Dû/Do)	Refused, Rejected (You)	Dû wegerest my.
Wegeret (Hy, sy, it)	Refuses, Rejects (He, she, it)	Hy wegeret dy.
Wegering	Refusal	Hy koe mei de wegering omgean.
Wegerje (Ik, wy, jim, sy, jo)	Refuse (I, we, you all, they)	Wy wegerje dy.
Wei	Way, Road	De âlde wei hat in protte gatten.
Weidwaan	Put away, Throw away	Si 'k it guod weidwaan?
Weilitte	Leave out, Omit	Si 'k dit stikje weilitte?
Wein	Car, Wagon	Hastû myn nije wein al sjoen?
Weinsiik	Car sick	It famke is altyd weinsiik.
Weiwurde	Be removed, Disappear (to)	Wêr moat ik it weiwurde?
Wekje	Soak (to)	Lit it mar efkes yn it wetter wekje.
Wekker (Wakia, Old Frisian)	Awake	Jim sille wol let wekker wurde.
Wen (Ik)	Get used to, Adapt (I)	Ik wen oan de situaasje.
Wend (PP)	Got used to, Adapted (PP)	Ik haw oan de situaasje wend.
Wende (Ik, hy, sy, it)	Got used to (I, he, she, it)	Sy wende oan de situaasje.
Wenden (Wy, jim, sy, jo)	Adapted (We, you all, they)	Wy wenden oan de situaasje.
Wendest (Dû/Do)	Get used to, Adapt (You)	Dû wendest oan de situaasje.
Wenje (Ik, wy, jim, sy, jo)	Live (I, we, you all, they) (In a place)	Sy wenje yn Fryslân.
Wenkeamer	Living room	Wy binne yn de wenkeamer.
Wenne (Wy, jim, sy, jo)	Get used to (We, you all, they)	Hy wenne yn Fryslân.
Wenne (Ik, hy, sy, it)	Lived (In a place) (I, he, she, it)	Sy wenne yn Fryslân.
Wennest (Dû/Do)	Live (You) (In a place)	Dû wennest yn dit doarp.
Wennest(e) (Dû/Do)	Lived (You) (In a place)	Dû wenneste yn dit doarp.
Wennet (Hy, sy, it)	Lives (In a place) (He, she, it)	Hy wennet yn dit doarp.
Wenning	House, Apartment, Residence	Myn wenning is lyts.

Wenst (Dû/Do)	Get used to, Adapt (You)	Dû wenst oan de situaasje.
Wenstich	Usual	It gedrach is wenstich.
Went (Hy, sy, it)	Gets used to (He, she, it)	Hy went oan de situaasje.
Wente	House, Apartment, Residence	Myn wente is lyts.
Wentes (Plural)	Houses, Apartments (Plural)	Hoe folle wentes hastû op dyn namme?
Wer	Again	Ik kom moarn wer.
Wêr	Where	Wêr bistû?
Werhelje (Ik, wy, jim, sy, jo)	Repeat (I, we, you all, they)	Kinstû dysels werhelje?
Werhelle (Ik, hy, sy, it)	Repeated (I, he, she, it)	Hy werhelle himsels.
Werhellen (Wy, jim, sy, jo)	Repeated (We, you all, they)	Wy werhellen ússels.
Werhellest (Dû/Do)	Repeat (You)	Dû werhellest dysels.
Werhellest(e) (Dû/Do)	Repeated (You)	Dû werhelleste dysels.
Werhellet (Hy, sy, it)	Repeats (He, she, it)	Hy werhellet himsels.
Werjefte	Display	De werjefte is ûndúdlik.
Werken (Ik)	Recognize (I)	Ik werken dy net.
Werkend (PP)	Recognized (PP)	Wy hawwe dy net werkend.
Werkende (Ik, hy, sy, it)	Recognized (I, he, she, it)	Hy werkende dy net.
Werkenden (Wy, jim, sy, jo)	Recognized (We, you all, they)	Wy werkenden dy net.
Werkendest (Dû/Do)	Recognized (You)	Dû werkendest my net.
Werkenne (Wy, jim, sy, jo)	Recognize (We, you all, they)	Wy werkenne my net.
Werkenst (Dû/Do)	Recognize (You)	Dû werkenst my net.
Werkent (Hy, sy, it)	Recognizes (He, she, it)	Sy werkent my net.
Werom	Back	Wêrom geane wy wer werom?
Wêrom	Why	Wêrom geane wy wer werom?
Weromgean	Get back	Sille wy weromgean?
Weromhelje	Retrieve	Ik sil myn tillefoan weromhelje
Weromjaan	Give back	Kinstû myn tillefoan wer weromjaan?
Weromkomme	Coming back	Wy witte net wannear wy weromkomme.
Wersjen	Reunion	It is in tiid fan wersjen.
West (PP)	Been (PP)	Wy binne hjir alris west.
West	West	It stiet west fan dy.
Westen	Western	Sy komt út it westen wei.
Westlik	Western	Wy binne yn it westlik part fan Fryslân.
Wetich	Know-it-all	It famke is in bytsje wetich.
Wetter	Water	It wetter is wiet.
Wetterfal	Waterfall	Dizze wetterfal is bjusterbaarlik.
Wetterholle	Waterhead	Dû hast in wetterholle.
Wetterstof	Hydrogen	Is it meitsjen fan wetterstof maklik?
Wetterticht	Waterproof	Dizze amer is wetterticht.
Wêze	Be (to)	Dû kinst hjir better net wêze.
Wêzen	Creature	In nuver wêzen rint troch it wâld.
Whylst (Older)	While	Whylst ik fuort wie, kaam sy del.
Wichtich	Important	Dizze dei is wichtich foar my.
Wichtige (Adj.)	Important (Adj.)	De wichtige dei.
Wide (Adj.)	Wide (Adj.)	It wide paad.
Widze	Cradle	De baby leit yn de widze.
Wie (Ik, hy, sy, it)	Was (I, he, she, it)	It wie goed hjoed.
Wiene (Wy, jim, sy, jo)	Were (We, you all, they)	Wy wiene doe net thús.
Wier	True	Dizze útspraak is wier.
Wierheden (Plural)	Truths (Plural)	De wierheden steane yn dizze tekst.

Wierheid	Truth	Hat hy dy de wierheid sein?
Wierk	Incense	Hy brânt wierk yn syn keamer.
Wiersizster	Fortune teller (Female)	Leauwstû de wiersizster?
Wiersizze	Fortune telling	Leauwstû yn wiersizze?
Wiersizzer	Fortune teller (Male)	De wiersizzer sjocht yn de takomst.
Wierskynlik	Probably, Likely	Wierskynlik giet it feest net troch.
Wiest (Dû/Do)	Were (You)	Dû wiest hjirre.
Wiet	Wet	Myn klean binne wiet.
Wiete (Adj.)	Wet (Adj.)	De wiete klean.
Wiid	Wide	It paad is wiid.
Wiif	Wife, Woman	Sy is myn wiif.
Wiis	Wise	De man is wiis.
Wiisheid	Wisdom	Wiisheid komt mei it âlder wurden.
Wiismeitsje	Make believe (to)	Dû kinst him fan alles wiismeitsje.
Wike	Week	In wike hat sân dagen.
Wikel	Falcon	De wikel siket nei iten.
Wiken (Plural)	Weeks (Plural)	It duorret noch mar in pear wiken.
Wikker	Fortune teller	De wikker sjocht yn syn glêzen bal.
Wiksele (Ik, hy, sy, it)	Switch, Change (I, he, she, it)	Hy wiksele sinten.
Wikselen (Wy, jim, sy, jo)	Switched (We, you all, they)	Wy wikselen sinten.
Wikselest (Dû/Do)	Switch, Change (You)	Dû wikselest sinten.
Wikselest(e) (Dû/Do)	Switched, Changed (You)	Dû wikseleste sinten.
Wikselet (Hy, sy, it)	Switches, Changes (He, she, it)	Hy wikselet sinten.
Wikselje (Ik, wy, jim, sy, jo)	Switch (I, we, you all, they)	Wy wikselje sinten.
Wikseljild	Change	Wolstû dyn wikseljild haw?
Wikster	Fortune teller	De wikster sjocht yn har glêzen bal.
Wille	Fun, Pleasure	Wy hawwe in protte wille tegearre.
Wilskrêft	Willpower	Hat hy noch genôch wilskrêft?
Win (Ik)	Win (I)	Ik win in priis.
Winkel	Shop	Wa giet mei nei de winkel?
Winne (Wy, jim, sy, jo)	Win (We, you all, they)	Wy winne dizze priis.
Winsk	Wish	Sy hat ien grutte winsk.
Winske (Ik, hy, sy, it)	Wished (I, he, she, it)	Hy winske dat alles goedkaam.
Winsken (Wy, jim, sy, jo)	Wished (We, you all, they)	Sy winsken dat alles goedkaam.
Winsken (Plural)	Wishes	Binne dyn winsken útkaam?
Winskest (Dû/Do)	Wish (You)	Dû winkest dat alles goedkomt.
Winskest(e) (Dû/Do)	Wished (You)	Dû winkeste dat alles goedkaam.
Winsket (Hy, sy, it)	Wishes (He, she, it)	Sy winket dy in goede dei.
Winskje (Ik, wy, jim, sy, jo)	Wish (I, we, you all, they)	Wy winskje dy in goede dei.
Winst (Dû/Do)	Win (You)	Dû winst dizze priis.
Wint (Hy, sy, it)	Wins (He, she, it)	Hy wint dizze priis.
Winter	Winter	Yn de winter is it kâld.
Wintersliep	Dormancy, Hibernation	De bear giet yn syn wintersliep.
Wis	Sure	Hy is der hiel wis fan.
Wisânsje	Habit, Manner	It ús wisânsje om del te kommen.
Wiskest (Dû/Do)	Delete (You)	Dû wiskest it antwurd fan it boerd.
Wisket (Hy, sy, it)	Deletes (He, she, it)	Hy wisket it antwurd fan it boerd.
Wiskje (Ik, wy, jim, sy, jo)	Delete (I, we, you all, they)	Sy wiskje it antwurd fan it boerd.
Wiskunde	Mathematics	By wiskunde moatst in protte rekkenje.
Wist (Ik, dû, wy, jim, sy, jo)	Knew (I, you, we, you all, they)	Dû wist it antwurd net.

Wisten (Wy, jim, sy, jo)	Knew (We, you all, they)	Sy wisten it antwurd net.
Wit (Ik)	Know (I)	Ik wit it antwurd net.
Wit (Hy, sy, it)	Knows (He, she, it)	Sy wit it antwurd net.
Wite (Adj.)	White (Adj.)	De wite snie.
Witst (Dû/Do)	Know (You)	Dû witst it antwurd net.
Witte (Wy, jim, sy, jo)	Know (We, you all, they)	Sy witte it antwurd net.
Witten (PP)	Known (PP)	Ik haw it antwurd net witten.
Wittenskip	Science	Leauwstû yn de wittenskip?
Wittenskiplik	Scientifically, Scientific	It in wittenskiplik fêstlein.
Wize (Adj.)	Wise (Adj.)	De wize man.
Wiziging	Modification, Adjustment	Sy hat in wiziging makke.
Wizigje (Ik, wy, jim, sy, jo)	Modify, Adjust (I, we, you all, they)	Wy wizigje ús adres.
Wjekke	Wake, Ice Hole	Net yn dy wjekke falle!
Wjerhâlde	Withhold, Hold back	Koest him der fan wjerhâlde?
Wjerljocht	Lightning	In wjerljocht komt mei tonger.
Wjerlûd	Echo	Yn dizze grot kinst dyn wjerlûd hearre.
Wjerspegelje (Ik, wy, jim, sy, jo)	Reflect (I, we, you all, they)	Wy wjerspegelje de mienskip.
Wjerstân	Resistance	Ik fernim in bytsje wjerstân.
Wjerstean	Withstand, Resist (to)	Ik kin dy hast net wjerstean.
Wjirm	Worm	De wjirm is smoarch.
Wjirms	Worms	De wjirms binne smoarch.
Wjuk	Wing	De fûgel hat lêst fan syn wjuk.
Wjukje	Flying (birds)	Sjoch de fûgels ris wjukje.
Wjukken (Plural)	Wings (Plural)	Dizze fûgel hat goede wjukken.
Woansdei	Wednesday	Woansdei moat ik wurkje.
Woarst	Sausage	De Fryske drûge woarst op 'e bôle.
Woartel	Carrot	Ien woartel op in dei is sûn.
Woartels (Plural)	Carrots (Plural)	Woartels binne goed foar de eagen.
Woastine	Desert	It is bot hyt yn de woastine.
Woastyn (Wōstene, Old Frisian)	Desert	It is bot hyt yn de woastyn.
Woe (Ik, hy, sy, it)	Wanted (I, he, she, it)	Sy woe graach bûten wêze.
Woech (Ik, hy, sy, it)	Weighed (I, he, she, it)	Hy woech himsels op de skeal.
Woechen (Wy, jim, sy, jo)	Weighed (We, you all, they)	Jim woegen jimsels op de skeal.
Woechst (Dû/Do)	Weighed (You)	Dû woechst dysels op 'e skeal.
Woeks (Ik, hy, sy, it)	Grew, Waxed (I, he, she, it)	Ik woeks in soad de lêste tiid.
Woeksen (Wy, jim, sy, jo)	Grew, Waxed (We, you all, they)	Wy woeksen in soad de lêste tiid.
Woekst (Dû/Do)	Grew, Waxed (You)	Dû woekst in soad de lêste tiid.
Woene (Wy, jim, sy, jo)	Wanted (We, you all, they)	Wy woene graach bûten wêze.
Woest (Dû/Do)	Wanted (You)	Dû woest graach bûten wêze.
Wol (Ik)	Want (I)	Ik wol graach bûten wêze.
Wol (Hy, sy, it)	Wants (He, she, it)	Sy wol graach bûten wêze.
Wol	Wool	Wy skeare de ksiep foar it wol.
Wolf	Wolf	Ik seach in wolf juster.
Wolk	Cloud	De wolk giet foarby.
Wolken (Plural) (Wolken, Old Frisian)	Clouds (Plural)	De wolken geane stadichoan foarby.
Wolkich	Cloudy	De loft is hjoed wolkich.
Wolkje (Dim.)	Cloud (Dim.)	It wolkje giet foarby.
Wolkom (Welkoma, Old Frisian)	Welcome	Wolkom yn Fryslân.
Wolle (Wy, jim, sy, jo)	Want (We, you all, they)	Wy wolle iten hawwe.
Wollen (PP)	Wanted (PP)	Ik haw it sjen wollen.

Wolris	Ever, Sometimes	Hastû wolris in bear sjoen?
Wolst (Dû/Do)	Want (You)	Dû wolst iten haw.
Wolven (Plural)	Wolves (Plural)	Ik seach in pear wolven.
Wolwêzen	Welfare	Ik jou om dyn wolwêzen.
Wosk (Ik, hy, sy, it)	Washed (I, he, she, it)	Hy wosk syn klean.
Wosken (Wy, jim, sy, jo)	Washed (We, you all, they)	Wy wosken ús klean.
Wokst (Dû/Do)	Washed (You)	Dû wokst dyn klean.
Wraak	Revenge, Revanche, Vengeance	De strider wol wraak.
Wraksele (Ik, hy, sy, it)	Wrestled (I, he, she, it)	Ik wrakselje mei myn freon.
Wrakselen (Wy, jim, sy, jo)	Wrestled (We, you all, they)	Sy wrakselen mei elkoar.
Wrakselest (Dû/Do)	Wrestle (You)	Dû wrakselst mei my.
Wrakselest(e) (Dû/Do)	Wrestled (You)	Dû wrakseleste mei my.
Wrakselet (Hy, sy, it)	Wrestles (He, she, it)	Hy wrakselet mei my.
Wrakselje (Ik, wy, jim, sy, jo)	Wrestle (I, we, you all, they)	Wy wrakselje mei elkoar.
Wrâld	World	De wrâld is grut.
Wrâldstêd	World city	Is Ljouwert in wrâldstêd?
Wrâldwiid	Worldwide	Is it Frysk wrâldwiid bekend?
Wreau (Ik, hy, sy, it)	Rubbed (I, he, she, it)	Ik wreau yn myn eagen.
Wreaun (PP)	Rubbed	Wy hawwe yn ús eagen wreaun.
Wreaune (Wy, jim, sy, jo)	Rubbed (We, you all, they)	Wy wreaune yn ús eagen.
Wreaust (Dû/Do)	Rubbed (You)	Dû wreaust yn dyn eagen.
Wreek (Ik)	Avenge (I)	Ik wreek myn freon.
Wrekker	Avenger	Dû bist in wrekker.
Wriggert	Demon	Hy hat in wriggert yn 'e holle.
Wriuw (Ik)	Rub (I)	Ik wriuw yn myn eagen.
Wriuwe (Wy, jim, sy, jo)	Rub (We, you all, they)	Wy wriuwe yn ús eagen.
Wriuwing	Friction	Der is in bytsje wriuwing tusken ús.
Wriuwst (Dû/Do)	Rub (You)	Dû wriuwst yn dyn eagen.
Wriuwt (Hy, sy, it)	Rubs (He, she, it)	Hy wriuwt yn syn eagen.
Wrotte	Grub	Wy wrotte yn de grûn.
Wûn (Ik) (PP)	Won (I) (PP)	Hy hat de striid wûn.
Wûne (Wunde, Old Frisian)	Wound	Dû hast in wûne op dyn skonk.
Wûnder	Miracle, Wonder	It is in wûnder dat hy it oerlibbe hat.
Wûnderbaarlik	Amazing	Ik fyn it aventoer wûnderbaarlik.
Wûne	Wounded	Hy is wûne oan syn skonk.
Wur (Ik)	Become (I)	Ik wur hjir sa bliid fan.
Wurch	Sleepy, Tired	Sy is sa wurch.
Wurd	Word	Ik sykje noch in wurd foar dit wurdboek.
Wurdboek	Wordbook, Dictionary	Dit wurdboek is hiel handich.
Wurdboeken (Plural)	Wordbooks, Dictionaries (Plural)	Dizze wurdboeken binne hiel handich.
Wurde (Wy, jim, sy, jo)	Become (We, you all, they)	Wy wurde holpen troch dizze man.
Wurdearje (Ik, wy, jim, sy, jo)	Appreciate (I, we, you all, they)	Ik wurdearje dyn help.
Wurden (Plural)	Words (Plural)	Hoe folle wurden hat it?
Wurdfierder	Spokesman	Kin ik dyn wurdfierder sprekke?
Wurdskat	Vocabulary	Dû moatst dyn wurdkskat betterje.
Wurdst (Dû/Do)	Become (You)	Dû wurdst hjir sa bliid fan.
Wurdt (Hy, sy, it)	Becomes (He, she, it)	Sy wurdt hjir sa bliid fan.
Wurk	Work, Job	Hokfoar wurk dochstû?
Wurke (Ik, hy, sy, it)	Worked (I, he, she, it)	Hy wurke hurd.
Wurken (Wy, jim, sy, jo)	Worked (We, you all, they)	Wy wurken hurd.

Frisian	English	Example
Wurker	Worker	Hy is in hurde wurker.
Wurkest (Dû/Do)	Work (You)	Dû wurkest in protte.
Wurkest(e) (Dû/Do)	Worked (You)	Dû wurkeste in protte.
Wurket (Hy, sy, it)	Works (He, she, it)	Hy wurket in protte.
Wurkje (Ik, wy, jim, sy, jo)	Work (I, we, you all, they)	Sy wurkje in protte.
Wurkjouwer	Employer	De wurkjouwer jout my wurk.
Wurkleas	Workless, Jobless	Hy is sûnt juster wurkleas.
Wurklist	Worklist, Agenda	Foar de gearkomst is in wurklist makke.
Wurknimmer	Employee	Ik bin in wurknimmer by it bedriuw.
Wurksiker	Job seeker	In wurksiker siket nei wurk.
Wurkwize	Method, Technique	Hokfoar wurkwize brûkstû?
Wy	We	Wy hâlde fan sûkerbôle.
Wyfke (Dim.)	Wife, Woman (Dim.) (Cute)	Sy is myn wyfke.
Wyk	Neighbourhood	Hy wennet yn dizze wyk.
Wykein	Weekend	Wat silstû yn it wykein dwaan?
Wykmannich	A few weeks	It sil wol wykmannich duorje.
Wyld	Wild	It wie in wyld wykein.
Wylde (Adj.)	Wild (Adj.)	It wylde wykein.
Wyldens	Wildness, Ferocity	De wyldens fan de natoer.
Wyldernis	Wilderness	Hy libbet yn de wyldernis.
Wyldfrjemde	Complete stranger	Hy is in wyldfrjemde foar ús.
Wylst	While	Hy kaam del, wylst er siik wie.
Wyn (Wind, Old Frisian)	Wind	De wyn flocht my om 'e holle.
Wyn	Wine	Sy hat nocht oan wyn.
Wynbrau	Eyebrow	Myn wynbrau jokket.
Wynbrauwen (Plural)	Eyebrows (Plural)	Myn wynbrauwen jokje.
Wynkrêft	Wind power	Hoe sterk is de wynkrêft?
Wynmûne	Windmill	De wynmûne krijt in soad wyn hjoed.
Wynskerm	Windshield	Hy hat in wynskerm op syn fyts.
Wyt	White	De muorre is folslein wyt.
Wyt-Ruslân (Country)	Belarus (Country)	Heart Wyt-Ruslân by Ruslân?
Wytsing	Viking	Ús pake wie in wytsing.
Wytsings (Plural)	Vikings (Plural)	Myn foarâlden wiene wytsings.
Yllustraasje	Illustration	Dyn yllustraasje sjocht der goed út.
Ymmigraasje	Immigration	Der is in protte ymmigraasje nei Fryslân.
Ymmigrant	Immigrant	De Fryske ymmigrant.
Ymmigrearje (Ik, wy, jim, sy, jo)	Immigrate (I, we, you all, they)	Wolstû nei Fryslân ymmigrearje?
Ymplisearje (Ik, wy, jim, sy, jo)	Imply (I, we, you all, they)	Wat wolstû hjirmei ymplisearje?
Ymport	Import	It is in ymport Fries.
Ympresje	Impression	Myn ympresje fan dy is posityf.
Ympulsyf	Impulsive	Ik bin ympulsyf nei Fryslân gien.
Yn	In, Into	Ik wie yn Fryslân.
Ynbringe	Bring in, Insert	Dizze slang moatte wy ynbringe.
Ynbyldzje	Imagine	Ik kin it my wol ynbyldzje.
Ynderlik	Inwardly, Internal	It giet om it ynderlik.
Yndia (Country)	India (Country)	Yndia hat in soad minsken.
Yndied	Indeed	Yndied, dû hast gelyk!
Yndieling	Layout	Hoe sjocht de yndieling derút?
Yndirekt	Indirectly	Sy hat in ynfeksje opron.
Yndoneezje (Country)	Indonesia (Country)	Yndoneezje wie in koloanje.

Frisian	English	Example
Ynfeksje	Infection	Ik tink dat ik in ynfeksje haw.
Ynfektearje (Ik, wy, jim, sy, jo)	Infect (I, we, you all, they)	Dû moatst my net ynfektearje.
Ynfiere	Input, Enter	Wêr moat ik myn namme ynfiere?
Ynformaasje	Information	Kin 'k ynformaasje krije?
Ynformearje (Ik, wy, jim, sy, jo)	Inform (I, we, you all, they)	Moatst dy efkes goed ynformearje litte.
Ynjitte	Pour in	Kinstû my in bytsje wetter ynjitte?
Ynkoarten	Soon	Ynkoarten is hy wer thús fan fakânsje.
Ynkomsten	Income	Myn ymkomsten binne net sa heech.
Ynlade	Download	It moat noch efkes ynlade.
Ynlieding	Preface, Opening	De ynlieding fan it boek.
Ynlûke	Withdraw, Revoke	By dizze si 'k alles ynlûke.
Ynrjochting	Design	Ik fyn de ynrjochting fan dyn hûs noflik.
Ynsekt	Insect	It ynsekt rint oer de boaiem.
Ynskatting	Estimate	Ik sil in ynskatting meitsje.
Ynskeakelje	Enable	Si 'k de plysje ynskeakelje?
Ynskriuwe	Sign up, Enrol	Hy wol him graach ynskriuwe litte.
Ynspektearje (Ik, wy, jim, sy, jo)	Inspect (I, we, you all, they)	Wy moatte dyn hûs ynspektearje.
Ynspiraasje	Inspiration	Sy wol in bytsje ynspiraasje opdwaan..
Ynspuitsje	Inject	Wy sille it faksin ynspuitsje.
Ynstallearje (Ik, wy, jim, sy, jo)	Install (I, we, you all, they)	Kinstû de kompjûter ynstallearje?
Ynstee (Instêd, Old Frisian)	Instead	Ik kom freed ynstee fan tongersdei.
Ynstelle	Setting up, Adjust	Dû moatst dyn tillefoan noch ynstelle.
Ynstinkt	Instinct	Myn ynstinkt seit fan net.
Ynstoarte	Collapse	It gebou giet ynstoarte.
Ynstruearje (Ik, wy, jim, sy, jo)	Instruct (I, we, you all, they)	Sy moatte my noch ynstruearje.
Ynstruksje	Instruction	Kinstû my de ynstrukje jaan?
Ynteressearje	Interested	Ik ynteressearje my foar de Fryske taal.
Ynternasjonaal	International	It bedriuw is ynternasjonaal.
Ynternasjonale (Adj.)	International (Adj.)	It ynternasjonale bedriuw.
Yntinke	Imagine	Ik kin it my wol yntinke.
Yntolerânsje	Intolerance	Sy hat in yntolerânsje foar molke.
Yntroduksje	Introduction	De yntroduksje fan it boek.
Yntrodusearje (Ik, wy, jim, sy, jo)	Invest (I, we, you all, they)	Ik wol ynvestearje yn oandielen.
Yntsjindiel	On the contrary	Yntsjindiel, dat kin net.
Ynvestearje (Ik, wy, jim, sy, jo)	Invested (I, we, you all, they)	Wy ynvestearje yn it bedriuw.
Ynvestearre (PP)	Invested (PP)	Hy hat yn it bedriuw ynvestearre.
Ynvestearrest (Dû/Do)	Invest (You)	Dû ynvestearrest yn it bedriuw.
Ynvestearret (Hy, sy, it)	Invests (He, she, it)	Hy ynvestearret yn it bedriuw.
Ynwenner	Resident, Dweller	Sy is in ynwenner fan Fryslân.
Yrritearje (Ik, wy, jim, sy, jo)	Irritate (I, we, you all, they)	Sy yrritearje dy om't sy dy net meie.
Yslân, IIslân (Country)	Iceland (Country)	Yslân sjocht der bjusterbaarlik út.
Yslik	Scary	Ik fyn it mar yslik.
Yt (Ik)	Eat (I)	Ik yt in prûm.
Yt (Hy, sy, it)	Eats (He, she, it)	Sy yt in prûm.
Ytber	Eatable, Edible	Is dizze prûm ytber?
Ytst (Dû/Do)	Eat (You)	Dû ytst in prûm.

English - Frisian

A few days	Deimannich	Hy is deimannich fuort.
A few weeks	Wykmannich	It sil wol wykmannich duorje.
A few years	Jiermannich	It is hat jiermannich duorre.
A lie	Leagen	Hy hat ús in grutte leagen ferteld.
A lot	In protte	In protte minsken sykje it lok.
A lot	In soad	In soad minsken sykje it lok.
A, An	In, 'n	In stien is swierder as 'n fear.
Abandon (I)	Ferlit (Ik)	Ik ferlit myn hûs.
Abandon (We, you all, they)	Ferlitte (Wy, jim, sy, jo)	Wy ferlitte ús hûs.
Abandon (You)	Ferlitst (Dû/Do)	Dû ferlitst dyn hûs.
Abandoned (I, he, she, it)	Ferliet (Ik, hy, sy, it)	Sy ferliet har hûs.
Abandoned (PP)	Ferlitten (PP)	Wy hawwe ús hûs ferlitten.
Abandoned (We, you all, they)	Ferlieten (Wy, jim, sy, jo)	Jo ferlieten jo hûs.
Abandoned (You)	Ferlietst (Dû/Do)	Dû ferlietst dyn hûs.
Abandons (He, she, it)	Ferlit (Hy, sy, it)	Hy ferlit syn hûs.
About, Approximately, Circa	Ûngefear	Ûngefear hûndert minsken wiene hjir by.
Above	Boppe (Boppa, Old Frisian)	Sjoch ris nei boppe!.
Abroad	Útlân	Hy wie yn it útlân.
Absent	Ôfwêzich	Hy is hjoed ôfwêzich.
Abuse, Misuse (I)	Misbrûk (Ik)	Ik misbrûk dy.
Abuse, Misuse (We, you all, they)	Misbrûke (Wy, jim, sy, jo)	Wy misbrûke dy.
Abuse, Misuse (You)	Misbrûkst (Dû/Do)	Dû misbrûkst my.
Abuses, Misuses (He, she, it)	Misbrûkt (Hy, sy, it)	Hy misbrûkt my.
Abyss, Chasm	Ûngrun	Tink om de ûngrûn.
Academy	Akademy	De akademy is ferantwurdlik.
Accent	Aksint	It noflike Fryske aksint.
Accept (I, we, you all, they)	Akseptearje (Ik, wy, jim, sy, jo)	Wy akseptearje it foarstel.
Accept (You)	Akseptearrest (Dû/Do)	Dû akseptearrest it foarstel.
Accepts (He, she, it)	Akseptearret (Hy, sy, it)	Hy akseptearret it foarstel.
Accident	Ûngelok	It wie in ferskriklik ûngelok.
Accident, Incident	Ûngefal	It wie in nuver ûngefal.
Accidental, By chance	Tafallich	Tafallich kamen wy him tsjin.
According	Neffens	Neffens har kin it net.
Account	Akkount	Hat sy in akkount oanmakke?
Accurate	Akkuraat	De berekkening is akkuraat.
Achieved (We, you all, they)	Berikten (Wy, jim, sy, jo)	Wy berikten eat yn ús libben.
Action	Aksje	Wy moatte aksje ûndernimme.
Activate (I, we, you all, they)	Aktivearje (Ik, wy, jim, sy, jo)	Wy aktivearje ús akkount.
Activate (You)	Aktivearrest (Dû/Do)	Dû aktivearrest dyn akkount.
Activated (I, he, she, it)	Aktivearre (Ik, hy, sy, it)	Hy aktivearre syn akkount.
Activated (We, you all, they)	Aktivearren (Wy, jim, sy, jo)	Jim aktivearren jim akkount.
Activated (You)	Aktivearrest(e) (Dû/Do)	Dû aktivearreste dyn akkount.
Activates (He, she, it)	Aktivearret (Hy, sy, it)	Sy aktivearret har akkount.
Active	Warber	Hy wie dizze nacht warber.
Actually, Truly	Eins	Eins kin ik nije wike net.
Adapted (We, you all, they)	Wenden (Wy, jim, sy, jo)	Wy wenden oan de situaasje.
Add (to)	Tafoegje	Ik wol noch efkes eat tafoegje.
Addiction	Ferslaving	De jongen hat in ferslaving.
Address	Adres	Mei ik dyn adres witte?
Address (to)	Oansprekke	Eins moatst him oansprekke as dokter.

English	Frisian	Example
Adjective	Eigenskipswurd	Wy brûke in eigenskipswurd.
Administrate (I, we, you all, they)	Administrearje (Ik, wy, jim, sy, jo)	Wy sille it administrearje.
Admire (I, we, you all, they)	Bewûnderje (Ik, wy, jim, sy, jo)	Wy bewûnderje dy.
Admire (You)	Bewûnderest (Dû/Do)	Dû bewûnderest har.
Admired (I, he, she, it)	Bewûndere (Ik, hy, sy, it)	Sy bewûndere dy.
Admired (We, you all, they)	Bewûnderen (Wy, jim, sy, jo)	Wy bewûnderen dy.
Admired (You)	Bewûnderest(e) (Dû/Do)	Dû bewûndereste har.
Admires (He, she, it)	Bewûnderet (Hy, sy, it)	Hy bewûnderet har.
Admitted (PP)	Tajûn (PP)	Hy hat it einlik tajûn.
Adopt	Oanhelje	Moatte wy in bern oanhelje?
Adoption	Adopsje	De adopsje is goed ferron.
Adore, Worship (I)	Oanbid (Ik)	Ik oanbid myn God.
Adore, Worship (I, he, she, it)	Oanbidde (Ik, hy, sy, it)	Hy oanbidde syn God.
Adore, Worship (You)	Oanbidst (Dû/Do)	Dû oanbidst dyn God.
Adored (We, you all, they)	Oanbidden (Wy, jim, sy, jo)	Wy oanbidden ús God.
Adored, Worshiped (You)	Oanbiddest (Dû/Do)	Dû oanbiddest dyn God.
Adores, Worships (He, she, it)	Oanbidt (Hy, sy, it)	Hy oanbidt syn God.
Adult, Grown up	Folwoeksen	It famke wie al gau folwoeksen.
Advantage, Benefit	Foardiel	Ik sjoch it foardiel efkes net.
Adventure	Aventoer	Wy geane in aventoer belibje.
Advertisement/Ad	Advertinsje	Hast de advertinsje al sjoen?
Advice	Advys	Ik haw advys nedich.
Advise (I, we, you all, they)	Advisearje (Ik, wy, jim, sy, jo)	Wy advisearje dy.
Advise (You)	Advisearrest (Dû/Do)	Dû advisearrest my.
Advises (He, she, it)	Advisearret (Hy, sy, it)	Hy advisearret dy.
Afghanistan (Country)	Afganistan (Country)	De kriich yn Afganistan is oer.
Africa	Afrika	Der binne liuwen yn Afrika.
After all	Ommers	It is ommers net genôch.
Afternoon, Noon, Midday	Middei	Fan 'e middei sille wy fuort.
Afterwards, From now on	Tenei	Dêr kinstû tenei spyt fan krije.
Again	Alwer	Hy wie alwer te let.
Again	Wer	Ik kom moarn wer.
Again, Anew, Over again	Opnij	De put moat opnij dien wurde.
Against, To	Tsjin	Ik bin tsjin dizze regels.
Age	Âldens	Hy is deagien fan âldens.
Agenda	Aginda	Efkes yn myn aginda sjen.
Aggression	Agresje	De agresje wurdt grutter.
Agriculture	Lânbou	Fryslân hat in soad lânbou
Ahead	Foarút	Kinst de wein in bytsje foarút ride?
Air	Lucht	Ik krij gjin lucht!
Air balloon	Loftballon	De loftballon stiget op.
Airport	Fleanfjild	Wy fleane fanôf it fleanfjild.
Airport (Plural)	Fleanfjilden (Plural)	Hat Fryslân fleanfjilden?
Alarm	Alarm	Hearstû it alarm ôfgien?
Alarm (I, we, you all, they)	Alarmearje (Ik, wy, jim, sy, jo)	Wy alarmearje de buorren.
Alarm (You)	Alarmearrest (Dû/Do)	Dû alarmearrest de buorren.
Alarmed (I. he, she, it)	Alarmearre (Ik, hy, sy, it)	Sy alarmearre de buorren.
Alarmed (We, you all, they)	Alarmearren (Wy, jim, sy, jo)	Wy alarmearren de buorren.
Alarmed (You)	Alarmearrest(e) (Dû/Do)	Dû alarmearreste de buorren.
Alarmes (He, she, it)	Alarmearret (Hy, sy, it)	It alarmearret de buorren.

Albania (Country)	Albaanje (Country)	Bistû alris yn Albaanje west?
Alcohol	Alkohol	De alkohol priuwt goed hjoed.
Algeria (Country)	Algerije (Country)	De man kaam út Algerije wei.
All	Alle	Alle bern binne hjir.
All	Alles	Jo hawwe alles sjoen.
All the time	Hieltyd	Ik haw it my hieltyd ôffrege.
All, Everyone	Allegear	Jim moatte allegear harkje.
All, Everyone	Allegearre	Wy binne allegearre hjirre.
Allergic	Allergysk	Ik bin allergysk foar nuten.
Alliance	Aliânsje	De alliânsje is foarme.
Allow, Permit (to)	Tastean	Is it tastean om dat te dwaan?
Allure, Entice (I)	Lok (Ik)	Ik lok de hûn mei iten.
Almost, Nearly	Benei	It is benei tiid.
Alone	Allinne	Ik kom wol allinne.
Alone	Allinnich	Ik fiel my allinnich.
Along	Lâns	Wy moatte by de wei lâns.
Aloud	Lûdop	Kinst dat lûdop sizze?
Alpaca	Alpaka	De alpaka stiet yn it lân.
Alphabet	Alfabet	Kinstû it hiele alfabet?
Already	Al	Jo binne der al.
Already once	Alris	Bistû hjir alris west?
Alright, Well, So	Sjesa	Sjesa, no binne wy klear!
Also	Ek	Ik kom ek wol del.
Altar	Alter	De kears by it alter.
Alteration	Alteraasje	De alteraasje wie swier.
Always	Altyd	Sy hat altyd wille.
Always	Jimmer, Jimmeroan	Wês jimmer der foar inoar.
Am (I)	Bin (Ik)	Ik bin grutsk op dy.
Amazing	Wûnderbaarlik	Ik fyn it aventoer wûnderbaarlik.
Ambiance, Atmosphere	Sfear	Hjir hinget in goede sfear.
Ambulance	Ambulânse	De ambulânse rydt troch it doarp.
Ambulance	Sikewein	De sikewein komt der al oan.
America	Amearika	Geane jim nei Amearika?
American	Amerikaansk	Dizze man is Amerikaansk.
Amuse (I, we, you all, they)	Fermeitsje (Ik, wy, jim, sy, jo)	Wy fermeitsje ús dêr.
Amuse, Entertain (You)	Fermakkest (Dû/Do)	Dû fermakkest dy dêr.
Amused, Entertained (I, he, she, it)	Fermakke (Ik, hy, sy, it)	Sy fermakke him dêr.
Amuses, Entertains (He, she, it)	Fermakket (Hy, sy, it)	Hy fermakket him dêr.
Amuses, Entertains (You)	Fermakkest(e) (Dû/Do)	Dû fermakkeste dy dêr.
An important message	Boadskip	Ik haw in boadskip foar dy.
Ancestors, Forefathers	Foarâlden	Ús foarâlden wiene wytsings.
Ancient (Adj.)	Skierâlde (Adj.)	De skierâlde stien.
Ancient, Olden	Skierâld	Dizze stien is skierâld.
And	En (And, Old Frisian)	Hy en ik.
And so forth, Etcetera	Ensafuorthinne	Frysk, Dútsk, Noarsk ensafuorthinne.
Andorra (Country)	Andorra (Country)	Andorra is in lyts lân.
Angel	Ingel (Angel, Old Frisian)	Sy like op in ingel.
Angels (Plural)	Ingelen (Plural)	De himmel hat allegear ingelen.
Angola (Country)	Angoala (Country)	Wêr leit Angoala?
Angry, Mad	Lilk	De âlde man wie tige lilk.

Angry, Mad (Adj.)	Lilke (Adj.)	De lilke man.
Animals	Bisten	De bisten yn 'e bistetún.
Annoy, Irk (I, we, you all, they)	Narje (Ik, wy, jim, sy, jo)	Sy narje him.
Annoy, Irritate, Irk (You)	Narrest (Dû/Do)	Dû narrest him.
Annoyance	Argewaasje	Der wie in soad argewaasje.
Annoyed (PP)	Narre (PP)	Hy hat him narre.
Annoys, Irks (He, she, it)	Narret (Hy, sy, it)	Hy narret him.
Answer	Antwurd	Hy jout antwurd op de fraach.
Answer (I, we, you all, they)	Antwurdzje (Ik, wy, jim, sy, jo)	Jo antwurdzje myn berjocht.
Answer (You)	Antwurdest (Dû/Do)	Dû antwurdest myn berjocht.
Answer for, Justify	Forantwurdzje (Older)	Hy moat him forantwurdzje.
Answer for (I, we, you all, they)	Ferantwurdzje (Ik, wy, jim, sy, jo)	Ik ferantwurdzje my hjirfoar.
Answered (I, he, she, it)	Antwurde (Ik, hy, sy, it)	Hy antwurde myn berjocht
Answered (We, you all, they)	Antwurden (Wy, jim, sy, jo)	Sy antwurden myn berjocht.
Answered (You)	Antwurdest(e) (Dû/Do)	Dû antwurdeste myn berjocht.
Answers (He, she, it)	Antwurdet (Hy, sy, it)	Sy antwurdet myn berjocht.
Ant	Eameler	De eameler rint oer de grûn.
Ant	Miammel	De miammel krûpt oer myn earm.
Anxiety, Fear, Angst	Eangst	Sy hat eangst yn har eagen.
Anxious	Eangstich	Sy wurdt hjir eangstich fan.
Anxious (Adj.)	Eangstige (Adj.)	It eangstige famke.
Ape, Monkey	Aap	De aap yt in banaan.
Ape, Monkey (Dim.)	Aapke (Dim.)	It aapke yt in banaan.
Apparently	Blykber	Blykber bin ik hjoed frij.
Apparently	Skynber	Skynber is it ferbean.
Appear (I)	Ferskyn (Ik)	Ik ferskyn yn it iepenbier.
Appear (We, you all, they)	Ferskine (Wy, jim, sy, jo)	Wy ferskine yn it iepenbier.
Appear (You)	Ferskynst (Dû/Do)	Dû ferskynst yn it iepenbier.
Appearance	Ferskining	It wie in bjusterbaarlike ferskining.
Appearance	Uterlik	It giet net om it uterlik.
Appeared (I, he, she, it)	Ferskynde (Ik, hy, sy, it)	Hy ferskynde yn it iepenbier.
Appeared (PP)	Ferskynd (PP)	Sûnt juster is er wat nijs ferskynd.
Appeared (We, you all, they)	Ferskynden (Wy, jim, sy, jo)	Jim ferskynden yn it iepenbier.
Appears (He, she, it)	Ferskynt (Hy, sy, it)	Hy ferskynt yn it iepenbier.
Apple	Apel	De apel is soer.
Apple tree	Apelbeam	Wy hawwe in apelbeam.
Apples (Plural)	Apels (Plural)	De apels binne soer.
Appreciate (I, we, you all, they)	Wurdearje (Ik, wy, jim, sy, jo)	Ik wurdearje dyn help.
Apricot	Abrikoas	Wolstû in abrikoas fan my?
April	April	Myn jierdei is yn april.
Apron	Skelk	Beppe hat in skelk foar.
Archer	Bôgesjitter	De bôgesjitter sjit mei syn bôge.
Are (We, you all, they)	Binne (Wy, jim, sy, jo)	Wy binne grutsk op dy.
Are (You)	Bist (Dû/Do)	Dû bist altyd wolkom.
Area	Gebiet	It is in wiid en grut gebiet.
Argentina (Country)	Argentynje (Country)	Argentynje leit fier fuort.
Arise (I)	Ûntstean (Ik)	Hoe is it minskdom ûntstean?
Arm	Earm	Myn earm docht sear.
Arm (Dim.)	Earmke (Dim.)	De baby hat in lyts earmke.
Armenia (Country)	Armeenje (Country)	Bistû alris yn Armeenje west?

English	Frisian	Example
Armpit	Earmsholte	Moatst dyn earmsholte skeare.
Arms (Plural)	Earms (Plural)	Myn earms dogge sear.
Army	Leger	Hat Fryslân in leger?
Around	Omhinne	Wy binne it tried der omhinne.
Around	Rûnom	De hûn rûnom it hûs.
Arrange (I, we, you all, they)	Regelje (Ik, wy, jim, sy, jo)	Sy regelje in ôfspraak foar my.
Arrange (You)	Regelest (Dû/Do)	Dû regelest in ôfspraak foar my.
Arrange, Agree upon	Ôfsprekke	Kinne wy dit ôfsprekke?
Arranged (I, he, she, it)	Regele (Ik, hy, sy, it)	Hy regele in ôfspraak foar my.
Arranged (We, you all, they)	Regelen (Wy, jim, sy, jo)	Sy regelen in ôfspraak foar my.
Arranged (You)	Regelst(e) (Dû/Do)	Dû regeleste in ôfspraak foar my.
Arranges (He, she, it)	Regelet (Hy, sy, it)	Sy regelet in ôfspraak foar my.
Arrest (I, we, you all, they)	Arrestearje (Ik, wy, jim, sy, jo)	Sy arrestearje de tsjeaf.
Arrest (You)	Arrestearrest (Dû/Do)	Dû arrestearrest de tsjeaf.
Arrested (I, he, she, it)	Arrestearre (Ik, hy, sy, it)	Hy arrestearre de tsjeaf.
Arrested (We, you all, they)	Arrestearren (Wy, jim, sy, jo)	Wy arrestearren de tsjeaf.
Arrested (You)	Arrestearrest(e) (Dû/Do)	Dû arrestearreste de tsjeaf.
Arrests (He, she, it)	Arrestearret (Hy, sy, it)	Hy arrestearret de tsjeaf.
Arrive	Oankomme	Wannear sille wy oankomme?
Arrow	Pylk	De pylk gie troch it fleis hinne.
Arrow (Dim.)	Pylkje (Dim.)	It pylkje kaam net hiel fier.
Arrow of handbow	Flitsepylk	Hy sjit mei in flitsepylk
Arrows (Plural)	Pilken (Plural)	Myn pilken binne op.
Art	Keunst	It skilderij moat keunst wêze.
Artificial	Keunstmjittich	It wurdt keunstmjittich holden.
As	As	It brânt as fjoer.
Ash	Jiske	Der is in protte jiske op 'e grûn.
Ashtray	Jiskebak	De jiskebak is wer hielendal fol mei jiske.
Ask (I, we, you all, they)	Freegje (Ik, wy, jim, sy, jo)	Ik freegje dy wat.
Ask (You)	Fregest (Dû/Do)	Dû fregest my wat.
Asked (I, he, she, it)	Frege (Ik, hy, sy, it)	Ik frege dy eat.
Asked (We, you all, they)	Fregen (Wy, jim, sy, jo)	Wy fregen dy eat.
Asked (You)	Fregest(e) (Dû/Do)	Dû fregeste my wat.
Asks (He, she, it)	Freget (Hy, sy, it)	Sy freget my wat.
Ass, Butt	Kont	Liket myn kont grut yn dizze klean?
Association	Ferieniging	Myn frou sit by de ferieniging.
Association	Forieniging (Older)	Sitstû by in forieniging?
Ate (As an animal) (I, he, she, it)	Friet (Ik, hy, sy, it)	Hy friet as in bist.
Ate (As an animal) (We, you all, they)	Frieten (Wy, jim, sy, jo)	Sy frieten as in bist.
Ate (As an animal) (You)	Frietst (Dû/Do)	Dû frietst as in bist.
Ate (I, he, she, it)	Iet (Ik, hy, sy, it)	Hy iet in par.
Ate (We, you all, they)	Ieten (Wy, jim, sy, jo)	Jim ieten in par.
Ate (You)	Ietst (Dû/Do)	Dû ietst in par.
Attack (to)	Oanfalle	De fijân wol ús oanfalle.
Attention	Oandacht	It famke hatoandacht nedich.
Attention	Omtinken	Wy it in bytsje omtinken jaan.
Attic, Loft	Souder	Hy wennet op souder.
Attitude, Pose	Hâlding	Dyn hâlding befalt my net.
Attractive	Oantreklik	Hy fynt har in oantreklik famke.
August	Augustus	Wy komme yn Augustus del.

Aunt	Muoike	Myn muoike is gek op jild.
Australia (Country)	Austraalje (Country)	Austraalje is fier fuort.
Austria (Country)	Eastenryk (Country)	Eastenryk hat in protte bergen.
Authority, In power	Bewâld	Hy hat it bewâld hjir.
Automatically	Automatysk	De masine is automatysk.
Available	Beskikber	Binne jo beskikber hjoed?
Avenge (I)	Wreek (Ik)	Ik wreek myn freon.
Avenger	Wrekker	Dû bist in wrekker.
Avoid (I)	Mijd (Ik)	Ik mijd nije minsken.
Avoid (I)	Ûntrin (Ik)	Ik ûntrin dy hieltyd.
Avoid (We, you all, they)	Mije (Wy, jim, sy, jo)	Sy mije nije minsken.
Avoid (We, you all, they)	Ûntrinne (Wy, jim, sy, jo)	Wy ûntrinne dy hieltyd.
Avoid (You)	Mijdst (Dû/Do)	Dû mijdst nije minsken.
Avoid (You)	Ûntrinst (Dû/Do)	Dû ûntrinst my hieltyd.
Avoided (I, he, she, it)	Mijde (Ik, hy, sy, it)	Hy mijde nije minsken.
Avoided (I, he, she, it)	Ûntrûn (Ik, hy, sy, it)	Hy ûntrûn my hieltyd.
Avoided (We, you all, they)	Mijden (Wy, jim, sy, jo)	Wy mijden nije minsken.
Avoided (We, you all, they)	Ûntrûnen (Wy, jim, sy, jo)	Wy ûntrûnen dy hieltyd.
Avoided (You)	Mijdest (Dû/Do)	Dû mijdest nije minsken.
Avoided (You)	Ûntrûnst (Dû/Do)	Dû ûntrûnst my hieltyd.
Avoids (He, she, it)	Mijdt (Hy, sy, it)	Sy mijdt nije minsken.
Avoids (He, she, it)	Ûntrint (Hy, sy, it)	Sy ûntrint my hieltyd.
Awake	Wekker (Wakia, Old Frisian)	Jim sille wol let wekker wurde.
Aware	Bewust	Bistû dy bewust hjirfan?
Away, Go	Hinne	Dêr geane wy hinne.
Away, Gone	Fuort	Sy binne fuort gien.
Awful	Aaklik	Sy hat in aaklik gefoel.
Awful (Adj.)	Aaklike (Adj.)	In aaklike dei.
Awful, Horrible, Terrible	Fersriklik	Dat wie fersriklik nijs.
Awful, Horrible, Terrible (Adj.)	Fersriklike (Adj.)	It fersriklike nijs.
Awkward, Uncomfortable	Ûngemaklik	Sy fielt har ûngemaklik.
Axe	Bile	Wy hawwe de bile nedich.
Axes (Plural)	Bilen (Plural)	Hastû noch bilen thús?
Azerbaijan (Country)	Azerbeidzjan (Country)	Wêr leit Azerbeidzjan?
Baby	Poppe	De poppe gûlt fan lilkens.
Baby-sit (I, we, you all, they)	Húswarje (Ik, wy, jim, sy, jo)	Beppe mei graach húswarje.
Back	Werom	Wêrom geane wy wer werom?
Back (body)	Rêch	Tink om dyn rêch!
Back (Without turning around)	Tobek (Older)	Wy kinne net mear tobek.
Back door	Efterdoar	Hy is troch de efterdoar gien.
Backbone, Spine	Rêchbonke	De rêchbonke hâldt alles by elkoar.
Background	Eftergrûn	Wat is dyn eftergrûn?
Backwards	Efterút	De wein rydt stadichoan efterút.
Bacon	Spek	Hy yt in protte spek mei de ierpels.
Bacteria	Baktearje	Wy hawwe baktearje yn ús mûle.
Bad	Erch	Ik fyn it hiel erch foar dy.
Bad	Min	Ik kin dy min hearre.
Bad	Minne	De minne dei.
Bad (Adj.)	Erge (Adj.)	De erge skiednis.
Bad person	Ferkeardeling	Hy is in ferkeardeling.

English	Frisian	Example
Bag	Pûde	De pûde siet fol mei guod.
Bags (Plural)	Pûden (Plural)	Hoe folle pûden hastû by dy?
Bait	Ies	Wy moatte ies brûke.
Bake (I)	Bak (Ik)	Ik bak in aai.
Bake (We, you all, they)	Bakke (Wy, jim, sy, jo)	Wy bakke bôle.
Bake (You)	Bakst (Dû/Do)	Dû bakst in aai.
Baked (I, he, she, it)	Bakte (Ik, hy, sy, it)	Sy bakte in aai.
Baked (We, you all, they)	Bakten (Wy, jim, sy, jo)	Wy bakten de bôle.
Baked (You)	Baktest (Dû/Do)	Dû baktest de bôle.
Baker	Bakker	De bakker hat de bêste bôle.
Bakery	Bakkerij	Ús mem wurket by de bakkerij.
Bakes (He, she, it)	Bakt (Hy, sy, it)	Sy bakt in aai.
Balance	Balâns	De natoer moat yn balâns bliuwe.
Balans	Lykwicht	It lykwicht moatte wy behâlde.
Bald (Adj.)	Keale (Adj.)	De keale man.
Bald (Callow, Older English)	Keal	De man is keal.
Ball	Balle, Bal	De balle is rûn.
Ball (Dim.)	Baltsje (Dim.)	De hûn boartet mei in baltsje.
Balloon	Ballon	De ballon is fêst makke.
Balls (Plural)	Ballen (Plural)	De ballen binne rûn.
Banana	Banaan	De aap yt in banaan.
Bananas (Plural)	Bananen (Plural)	De apen ite bananen.
Band	Bân	Ik haw in bân om 'e holle.
Band aid	Plaster	Hy docht in plaster op it seare plak.
Bangladesh (Plural)	Banglades (Plural)	Bist alris yn Banglades west?
Bank	Bank	Ik haw myn sinten op de bank.
Banner	Findel	Sy rinne mei in findel oer strjitte.
Bar	Bar	De frijfeint giet faak nei de bar.
Barbed wire	Stikeltried	De hikke hat stikeltried.
Barcelona	Barselona	Ik wenje yn Barselona.
Bare, Naked	Bleat	Myn fuotten binne bleat.
Bare, Naked (Adj.)	Bleate (Adj.)	Op bleate fuotten rinne.
Barely	Amper	Ik haw de film amper sjoen.
Bark (I, we, you all, they)	Bylje (Ik, wy, jim, sy, jo)	De hûnen bylje.
Base on (I, we, you all, they)	Basearje (Ik, wy, jim, sy, jo)	Wy basearje út op in echt ferhaal.
Basement, Cellar	Kelder	Wy hawwe de ierpels yn de kelder.
Basket	Koer	Beppe docht de ierpels yn 'e koer.
Basket (Dim.)	Kuorke (Dim.)	Beppe docht de ierpels yn it kuorke.
Baskets (Plural)	Kuorren (Plural)	Beppe hat fjouwer kuorren.
Bat (The wooden stick)	Kneppel	Hy slacht mei de kneppel.
Bat, Flittermouse	Flearemûs	De flearemûs hinget oer de kop.
Bath	Bad	Ik lis yn bad.
Bathroom	Badkeamer	Wy hawwe in grutte badkeamer.
Battle	Striid	It wie in grutte striid.
Battlefield	Slachfjild	It liket hjir wol in slachjild.
Be (to)	Wêze	Dû kinst hjir better net wêze.
Be removed, Disappear (to)	Weiwurde	Wêr moat ik it weiwurde?
Be somewhere	Befine	Wy befine ús hjirre.
Beach, Strand	Strân (Strand, Old Frisian)	Wy lizze op it strân.
Beaches, Strands (Plural)	Strannen (Plural)	Dizze krite hat in protte strannen.

English	Frisian	Example
Beacon	Beaken	De toer wurdt as beaken brûkt.
Beak	Bek	De fûgel hat in wjirm yn syn bek.
Beam	Balke	Dizze balke hâldt alles by elkoar.
Beam, Ray	Striel	In lyts striel ljocht kaam út it gat.
Bean	Bean	In lytse brune bean.
Beanie	Mûtse	Yn 'e winter doch ik in mûtse op.
Beanies (Plural)	Mûtsen (Plural)	De bern hawwe mûtsen op.
Beans (Plural)	Beannen (Plural)	Wy ite jûn beannen.
Bear	Bear	De bear rint troch it wâld.
Bear (Dim.)	Bearke (Dim.)	It bearke yt in fisk.
Beard	Burd	Ik sil myn burd skeare.
Bears (Plural)	Bearen (Plural)	De bearen rinne troch it wâld.
Beast, Animal	Bist (Djar, Old Frisian)	It bist hat hûnger.
Beat, Defeat (I, we, you all, they)	Ferslaan (Ik, wy, jim, sy, jo)	Ik sil him ferslaan.
Beat, Defeat (You)	Ferslachst (Dû/Do)	Dû ferslachst it mûnster.
Beaten (PP)	Slein (PP)	Wy hawwe him slein.
Beats, Defeats (He, she, it)	Ferslacht (Hy, sy, it)	Hy ferslacht it mûnster.
Beautiful, Lovely	Moai	De dei is moai.
Beautiful, Lovely (Adj.)	Moaie (Adj.)	De moaie dei.
Beauty	Kreazens	Sy brûkte har kreazens.
Beauty	Skientme	Sy hat in gefoel foar skientme.
Became (I, he, she, it)	Waard, Woard (Ik, hy, sy, it)	Hy waard lilk op syn freon.
Became (We, you all, they)	Waarden, Woarden (Wy, jim, sy, jo)	Jo waarden lilk op jo freon.
Became (You)	Waardst, Woardst (Dû/Do)	Dû waardst lilk op dyn freon.
Because	Hwant (Older)	Hwant juster wie ik siik.
Because	Omdat, Om't	Om't hy siik is, koe er net wurkje.
Because	Want	Ik kin net, want ik fiel my siik.
Become (I)	Wur (Ik)	Ik wur hjir sa bliid fan.
Become (We, you all, they)	Wurde (Wy, jim, sy, jo)	Wy wurde holpen troch dizze man.
Become (You)	Wurdst (Dû/Do)	Dû wurdst hjir sa bliid fan.
Becomes (He, she, it)	Wurdt (Hy, sy, it)	Sy wurdt hjir sa bliid fan.
Bed	Bêd	Ús bêd leit noflik/
Bedroom	Sliepkeamer	Myn bêd stiet yn myn sliepkeamer.
Beds (Plural)	Bêden (Plural)	Hoe folle bêden steane hjir?
Bee	Ealjebij	De ealjebij kin dy stekke.
Been (PP)	West (PP)	Wy binne hjir alris west.
Beer	Bier	Ik haw nocht oan bier.
Beer (Dim.)	Bierke (Dim.)	Ik haw nocht oan in bierke.
Beg (I, we, you all, they)	Smeekje (Ik, wy, jim, sy, jo)	Wy smeekje om ferjiffenis.
Beg, Mooch	Skoaie	Dû moatst net sa skoaie.
Began (I, he, she, it)	Begûn (Ik, hy, sy, it)	Hy begûn mei de striid.
Began (We, you all, they)	Begûnen (Wy, jim, sy, jo)	Wy begûnen mei de striid.
Began (You)	Begûnst (Dû/Do)	Dû begûnst mei de striid.
Beggar	Bidler	De bidler freget om sinten.
Begin (I)	Begjin (Ik)	Ik begjin aanst.
Begin (We, you all, they)	Begjinne (Wy, jim, sy, jo)	Wy begjinne aanst.
Begin (You)	Begjinst (Dû/Do)	Dû begjinst aanst.
Begins (He, she, it)	Begjint (Hy, sy, it)	Hy begjint aanst.
Behave (I)	Gedraach (Ik)	Ik gedraach my goed.
Behave (We, you all, they)	Gedrage (Wy, jim, sy, jo)	Sy gedragen harren goed.

English	Frisian	Example
Behave (You)	Gedraachst (Dû/Do)	Dû gedraachst dy goed.
Behaved (I, he, she, it)	Gedroech (Ik, hy, sy, it)	Sy gedroech har goed.
Behaved (We, you all, they)	Gedroegen (Wy, jim, sy, jo)	Wy gedroegen ús goed.
Behaved (You)	Gedroechst (Dû/Do)	Dû gedroechst dy net goed.
Behaves (He, she, it)	Gedraacht (Hy, sy, it)	Hy gedraacht him goed.
Behaviour	Gedrach	Syn gedrach fyn ik goed.
Behead, Decapitate	Ûntholje	Ûntholje bart net mear yn dizze tiid.
Behind this	Hjirefter	Hjirefter haw 'k it fûn.
Behind, After	Efter (After, Old Frisian)	Hy stiet efter de doar.
Belarus (Country)	Wyt-Ruslân (Country)	Heart Wyt-Ruslân by Ruslân?
Belch (to)	Krôkje	Hy koe krôkje as in pod.
Belgium (Country)	Belgje (Country)	Hjoed sille wy nei Belgje.
Believe (I)	Leauw (Ik)	Ik leauw it mearke.
Believe (We, you all, they)	Leauwe (Wy, jim, sy, jo)	Sy leauwe it mearke.
Believe (You)	Leauwst (Dû/Do)	Dû leauwst it mearke.
Believed (I, he, she, it)	Leaude (Ik, hy, sy, it)	Hy leaude it mearke.
Believed (PP)	Leaud (PP)	Hy hat it mearke leaud.
Believed (We, you all, they)	Leauden (Wy, jim, sy, jo)	Sy leauden it mearke.
Believed (You)	Leaudest (Dû/Do)	Dû leaudest it mearke.
Believes (He, she, it)	Leauwt (Hy, sy, it)	Sy leauwt mearke.
Bell	Belle	Efkes op 'e belle drukke.
Belly button, Navel	Nâle	Dû moatst dyn nâle goed skjinmeitsje.
Belly, Tummy	Búk	De man hat in grutte búk.
Belly, Tummy (Dim.)	Búkje (Dim.)	De man hat in búkje.
Bench	Bank	Dizze bank sit noflik.
Benches (Plural)	Banken (Plural)	Hoe folle banken hat dit park?
Bend (I)	Bûch (Ik)	Ik bûch it stiel.
Bend (We, you all, they)	Bûge (Wy, jim, sy, jo)	Wy bûge it stiel.
Bend (You)	Bûchst (Dû/Do)	Dû bûchst it stiel.
Bend, Turn, Curve	Bocht	Hjir moatst de bocht nimme.
Bends (He, she, it)	Bûcht (Hy, sy, it)	Hy bûcht it stiel.
Bent (I, he, she, it)	Bûgde (Ik, hy, sy, it)	Hy bûgde it stiel.
Bent (PP)	Bûgd (PP)	Hy hat it stiel bûgd.
Bent (We, you all, they)	Bûgden (Wy, jim, sy, jo)	Wy bûgden it stiel.
Bent (You)	Bûgdest (Dû/Do)	Dû bûgdest it stiel.
Besides	Boppedat	Boppedat fyn ik it noflik.
Besides	Teffens	Teffens hastû ek in kâns.
Besom, Broom	Biezem	Mem siket de biezem.
Best	Bêst	Ik fyn it hielendal bêst.
Bet (I, we, you all, they)	Wedzje (Ik, wy, jim, sy, jo)	Wy wedzje tsjin elkoar.
Betray (I)	Ferried (Ik)	Ik ferried myn freon.
Betray (We, you all, they)	Ferriede (Wy, jim, sy, jo)	Wy ferriede myn freon.
Betray (You)	Ferriedst (Dû/Do)	Dû ferriedst myn freon.
Betrayed (I, he, she, it)	Ferette (Ik, hy, sy, it)	Hy ferette my.
Betrayed (PP)	Ferret (PP)	Hy hat my ferret.
Betrayed (We, you all, they)	Feretten (Wy, jim, sy, jo)	Jim feretten ús.
Betrayed (You)	Ferretest (Dû/Do)	Dû ferretest my.
Betrays (He, she, it)	Ferriedt (Hy, sy, it)	Hy ferriedt syn freon.
Better	Better	Wy fiele ús better hjoed.
Better (Adj.)	Bettere (Adj.)	De bettere dei.

English	Frisian	Example
Between, Betwixt	Tusken (Twisk, Old Frisian)	Sy wol net tusken dy en him komme.
Bible	Bibel	De bibel is in grut boek.
Bibles (Plural)	Bibels (Plural)	Yn de tsjerke lizze bibels.
Bicycle, Bike	Fyts	Sy rydt op in fyts.
Bicycles, Bikes (Plural)	Fytsen (Plural)	Sy ride op fytsen.
Big, fat	Grouwe	De grouwe feint sit oan de bar.
Big, Large, Tall	Great (Older)	De man wie great.
Big, Large, Tall	Grut (Grat, Old Frisian)	De minsken hawwe in grut hûs.
Big, Large, Tall (Adj.)	Grutte (Adj.)	De grutte Fries.
Bigger, Larger, Taller	Grutter	Friezen binne grutter.
Biggest, Largest, Tallest	Grutst	Friezen binne it grutst.
Bind (I)	Byn (Ik)	Ik byn it tou fêst.
Bind (We, you all, they)	Bine (Wy, jim, sy, jo)	Wy bine dy fêst.
Bind (You)	Bynst (Dû/Do)	Dû bynst it tou fêst.
Binds (He, she, it)	Bynt (Hy, sy, it)	Sy bynt it tou fêst.
Binoculars	Fearker	Hastû myn fearker sjoen?
Binoculars	Fearrekiker	Dû meist myn de fearrekiker brûke.
Bird (Dim.)	Fûgeltsje (Dim.)	It fûgeltsje falt út it nêst.
Birds (Plural)	Fûgels (Plural)	De fûgels binne op syk nei iten.
Bird's Nest	Fûgelnêst	Der lizze aaien yn it fûgelnêst.
Birth	Berte	De berte fan it keal.
Birth rate	Bertestiging	It lêste jier hie in bertestiging.
Birthday	Jierdei	Oer in pear dagen haw ik myn jierdei.
Bit (I, he, she, it)	Biet (Ik, hy, sy, it)	Sy biet my.
Bit (We, you all, they)	Bieten (Wy, jim, sy, jo)	Sy bieten my.
Bit (You)	Bietst (Dû/Do)	Dû bietst my.
Bite (I)	Byt (Ik)	Ik byt yn dyn earm.
Bite (We, you all, they)	Bite (Wy, jim, sy, jo)	Sy bite yn 'e tsiis.
Bite (You)	Bytst (Dû/Do)	Dû bytst my.
Bite off	Ôfbite	Hy wol it stikje ôfbite.
Bitten (PP)	Biten (PP)	Hy hat yn 'e apel biten.
Bitter	Bitter	It smakket bitter.
Black	Swart	Myn wein is swart.
Black (Adj.)	Swarte (Adj.)	De swarte wein.
Blame (I, we, you all, they)	Beskuldigje (Ik, wy, jim, sy, jo)	Wy beskuldigje dy.
Blame (You)	Beskuldigest (Dû/Do)	Dû beskuldigest him.
Blame, Guilt, Debt	Skuld	It is net myn skuld hear.
Blamed (I, he, she, it)	Beskuldige (Ik, hy, sy, it)	Sy beskuldige har.
Blamed (We, you all, they)	Beskuldigen (Wy, jim, sy, jo)	Jim beskuldigen har.
Blamed (We, you all, they)	Ferwite (Wy, jim, sy, jo)	Wy ferwite him fan it ûngelok.
Blamed (You)	Beskuldigest(e) (Dû/Do)	Dû beskuldigeste him.
Blames (He, she, it)	Beskuldiget (Hy, sy, it)	Sy beskuldiget him.
Blanket	Tekken	Ik lis ûnder it tekken.
Blankets (Plural)	Tekkens (Plural)	Ik lis ûnder de tekkens.
Bled (I, he, she, it)	Blette (Ik, hy, sy, it)	Hy blette troch in wûne.
Bled (PP)	Blet (PP)	Hy hat blet troch in wûne.
Bled (We, you all, they)	Bletten (Wy, jim, sy, jo)	Wy bletten troch de wûne.
Bled (You)	Blettest (Dû/Do)	Dû blettest troch de wûne.
Bleed (I)	Blied (Ik)	Ik blied út myn noas wei
Bleed (We, you all, they)	Bliede (Wy, jim, sy, jo)	Jo bliede út jo noas wei.

English	Frisian	Example
Bleed (You)	Bliedst (Dû/Do)	Dû bliedst út dyn noas wei.
Bleeds (He, she, it)	Bliedt (Hy, sy, it)	Sy bliedt út de noas wei.
Blew (I, he, she, it)	Blies (Ik, hy, sy, it)	Hy blies yn dyn hier.
Blew (We, you all, they)	Bliezen (Wy, jim, sy, jo)	Wy bliezen yn dyn hier.
Blew (You)	Bliest (Dû/Do)	Dû bliest yn har hier.
Blind	Blyn	De man is blyn.
Blind (Adj.)	Bline (Adj.)	De bline man rint oer strjitte.
Blinded (We, you all, they)	Ferbline (Wy, jim, sy, jo)	Jo wiene ferbline troch it ljocht.
Blink, Wink	Knypeagje	Ik knypeagje altyd nei dat famke.
Blister	Blier	Ik haw in blier op myn foet.
Block (I, we, you all, they)	Blokkearje (Ik, wy, jim, sy, jo)	Wy blokkearje de wei.
Block (You)	Blokkearrest (Dû/Do)	Dû blokkearrest de wei.
Blocked (I, he, she, it)	Blokkearre (Ik, hy, sy, it)	Hy blokkearre de wei.
Blocked (We, you all, they)	Blokkearren (Wy, jim, sy, jo)	Wy blokkearren de wei.
Blocked (You)	Blokkearrest(e) (Dû/Do)	Dû blokkearreste de wei.
Blocks (He, she, it)	Blokkearret (Hy, sy, it)	Hy blokkearret de wei.
Blood	Bloed (Blod, Old Frisian)	Ik haw bloed yn 'e klean.
Blood pressure	Bloeddruk	Hastû in hege bloeddruk?
Bloody	Bluodderich	De sêne wie bluodderich.
Bloody hell, Holy fuck	Blikstiender	Blikstiender, dat docht sear!
Blow (I)	Blaas (Ik)	Ik blaas yn dyn hier.
Blow (We, you all, they)	Blaze (Wy, jim, sy, jo)	Wy blaze yn dyn hier.
Blow (You)	Blaast (Dû/Do)	Dû blaast yn myn hier.
Blow nose (You)	Snútst (Dû/Do)	Dû snútst dyn noas.
Blow nose (I)	Snút (Ik)	Ik sn;ut myn noas.
Blow nose (We, you all, they)	Snute (Wy, jim, sy, jo)	Jo snute jo noas.
Blown (PP)	Blazen (PP)	Wy hawwe yn dyn hier blazen.
Blows (He, she, it)	Blaast (Hy, sy, it)	Sy blaast yn myn hier.
Blows nose (He, she, it)	Snút (Hy, sy, it)	Hy snút syn noas.
Blue	Blau (Blâwe, Old Frisian)	De loft is blau.
Blue (Adj.)	Blauwe (Adj.)	De blauwe loft.
Board	Boerd	It boerd stiet by de wei.
Boast, Brag (I)	Swets (Ik)	Ik swets oer myn wurk.
Boast, Brag (We, you all, they)	Swetse (Wy, jim, sy, jo)	Wy swetse oer ús wurk.
Boasted, Bragged (I, he, she, it)	Swetste (Ik, hy, sy, it)	Hy swetse oer syn wurk.
Boasted (We, you all, they)	Swetsten (Wy, jim, sy, jo)	Jim swetsen oer jim wurk.
Boasted, Bragged (You)	Swetstest (Dû/Do)	Dû swetstest oer dyn wurk.
Boasts, Brags (You)	Swetst (Dû/Do)	Dû swetst oer dyn wurk.
Boat	Boat	De boat leit yn it wetter.
Boat (Dim.)	Boatsje (Dim.)	It boatsje leit yn it wetter.
Boats (Plural)	Boaten (Plural)	De boaten lizze yn it wetter.
Body	Liif	It hiele liif docht my sear.
Body (Of animal)	Bealch	De ko hast lêst fan 'e bealch.
Bone	Bonke	Sy hat in grutte bonke fûn.
Bone (Dim.)	Bonkje (Dim.)	In lyts bonkje leit op it sân.
Bones (Plural)	Bonken (Plural)	Hjir lizze allegear bonken.
Book	Boek (Bok, Old Frisian)	It boek leit op 'e grûn.
Book (Dim.)	Boekje (Dim.)	It boekje leit op 'e grûn.
Bookcase	Boekekast	Efter de boekekast is in doar.
Books (Plural)	Boeken (Plural)	Hoe folle boeken hastû?

English	Frisian	Example
Boot	Lears	Dizze lears is my te grut.
Boots (Plural)	Learzen (Plural)	De learzen binne my te grut.
Border	Grins	Wêr leit de grins fan Fryslân?
Borders (Plural)	Grinzen (Plural)	Wêr lizze de grinzen fan Fryslân?
Bore (I)	Ferfeel (Ik)	Ik ferfeel my.
Bore (We, you all, they)	Ferfele (Wy, jim, sy, jo)	Wy ferfele ús.
Bore (You)	Ferfeelst (Dû/Do)	Dû ferfeelst dy.
Bore, Drill (I, we, you all, they)	Boarje (Ik, wy, jim, sy, jo)	In gatsje boarje.
Bored (I, he, she, it)	Ferfeelde (Ik, hy, sy, it)	Hy ferfeelde him.
Bored (PP)	Ferfeeld (PP)	Ik haw my ferfeeld.
Bored (We, you all, they)	Ferfeelden (Wy, jim, sy, jo)	Wy ferfeelden ús.
Bored (You)	Ferfeeldest (Dû/Do)	Dû ferfeeldest dy.
Bores (He, she, it)	Ferfeelt (Hy, sy, it)	Sy ferfeelt har.
Boring	Saai	Dizze middei is sa saai.
Born	Berne	De baby is hjoed berne.
Boss	Baas	It beslút is naam troch de baas.
Both	Beide	Wy hawwe beide hûnger.
Botswana (Country)	Botswana (Country)	Witstû wêr Botswana leit?
Bottle	Flesse	It wie in grutte flesse.
Bottle (Dim.)	Fleske (Dim.)	In lyts fleske wetter.
Bottles (Plural)	Flessen (Plural)	Wêr moatte de flessen hinne?
Bottom	Boaiem	De fisk leit op de boaiem.
Bought (I, he, she, it)	Kocht (Ik, hy, sy, it)	Hy kocht in geskink.
Bought (I, he, she, it)	Koft (Ik, hy, sy, it)	Hy koft guod yn 'e winkel.
Bought (We, you all, they)	Koften (Wy, jim, sy, jo)	Sy koften guod yn 'e winkel.
Bought (You)	Kochst (Dû/Do)	Dû kochst in geskink.
Bought (You)	Kofst (Dû/Do)	Dû kofst guod yn de winkel.
Bound (I, he, she, it)	Bûn (Ik, hy, sy, it)	Hy bûn it tou fêst.
Bound (We, you all, they)	Bûnen (Wy, jim, sy, jo)	Jim bûnen it tou fêst.
Bound (You)	Bûnst (Dû/Do)	Dû bûnst it tou fêst.
Bound, Linked (I, he, she, it)	Ferbûn (Ik, hy, sy, it)	Hy ferbûn him mei it ynternet.
Bound, Linked, Connected (You)	Ferbûnst (Dû/Do)	Dû ferbûnst dysels mei it ynternet.
Bow	Bôge	It byld hat in foarm fan in bôge.
Box	Doaze	De doaze sit fol mei guod.
Box (Dim.)	Doaske (Dim.)	It lytse doaske.
Boxes (Plural)	Doazen (Plural)	Dizze doazen moatte fuort.
Boy	Jonge	De jonge giet nei skoalle.
Boy (Dim.)	Jonkje (Dim.)	It jonkje giet nei skoalle.
Boyfriend	Feint	Sy hat in feint.
Brace	Bûgel	Sy hat in bûgel nedich foar de tosken.
Bracelet	Earmbân	Sy hat in earmbân om.
Brain	Harsens	Myn harsens dogge in soad.
Brave	Dapper	De man is dapper.
Brave (Adj.)	Dappere (Adj.)	De dappere man.
Brazil (Country)	Brazylje (Country)	Brazylje is in oergryslik grut lân.
Bread	Bôle	Sy hat nocht oan bôle.
Break (I)	Brek (Ik)	Ik brek de tûke.
Break (We, you all, they)	Brekke (Wy, jim, sy, jo)	Wy brekke de tûke.
Break (You)	Brekst (Dû/Do)	Dû brekst de tûke.
Break up	Útmeitsje	Hy wol it útmeitsje mei har.

English	Frisian	Example
Break up (I)	Ferbrek (Ik)	Ik ferbrek de ferbining.
Break up (We, you all, they)	Ferbrekke (Wy, jim, sy, jo)	Jim ferbrekke de ferbining.
Break up (You)	Ferbrekst (Dû/Do)	Dû ferbrekst de ferbining.
Break, Time out, Pause (Dim.)	Skoftsje (Dim.)	De mannen skoftsje om te iten.
Break, Time out, Pause, A while	Skoft	Dat is al in skoft lyn.
Breakfast	Brea-iten	Hast dyn brea-iten al hân?
Breakfast, Morning food	Moarnsiten	Hast dyn moarnsiten al hân?
Breakfast, Morning food	Moarnsmiel	Hast dyn moarnsmiel al hân?
Breaks (He, she, it)	Brekt (Hy, sy, it)	Hy brekt de tûke.
Breaks up (He, she, it)	Ferbrekt (Hy, sy, it)	Sy ferbrekt de ferbining.
Breast, Chest	Boarst	Hy hat lêst fan syn boarst.
Breathe (I, we, you all, they)	Asemje (Ik, wy, jim, sy, jo)	Ik asemje troch myn mûle.
Breathe (I, we, you all, they)	Sykhelje (Ik, wy, jim, sy, jo)	Ik sykhelje troch de noas.
Breathe (You)	Sykhellest (Dû/Do)	Dû sykhellest troch de noas.
Breathed (I, he, she, it)	Sykhelle (Ik, hy, sy, it)	Hy sykehelle troch syn noas.
Breathed (We, you all, they)	Sykhellen (Wy, jim, sy, jo)	Wy sykhellen troch de noas.
Breathed (You)	Sykhellest(e) (Dû/Do)	Dû sykhelleste troch de noas.
Breathes (He, she, it)	Sykhellet (Hy, sy, it)	Hy sykhellet troch de noas.
Bred (I, he, she, it)	Brette (Ik, hy, sy, it)	Sy brette op in aai.
Bred (PP)	Bret (PP)	De pyk hat op in aai bret.
Bred (We, you all, they)	Bretten (Wy, jim, sy, jo)	Wy bretten op in aai.
Bred (You)	Brettest (Dû/Do)	Dû brettest op in aai.
Breed (I)	Bried (Ik)	Ik bried op in op aai.
Breed (We, you all, they)	Briede (Wy, jim, sy, jo)	Jim briede op in aai.
Breed (You)	Briedst (Dû/Do)	Dû briedst op in aai.
Breeds (He, she, it)	Briedt (Hy, sy, it)	Sy briedt op in aai.
Bridge	Brêge	De bern rinne oer de brêge.
Bridges (Plural)	Brêgen (Plural)	Wy moatte oer twa brêgen hinne.
Bring (I)	Bring (Ik)	Ik bring dy fuort.
Bring (We, you all, they)	Bringe (Wy, jim, sy, jo)	Wy bringe dy fuort.
Bring (You)	Bringst (Dû/Do)	Dû bringst my fuort.
Bring in, Insert	Ynbringe	Dizze slang moatte wy ynbringe.
Bring together (to)	Gearbringe	Sille wy se gearbringe?
Brings (He, she, it)	Bringt (Hy, sy, it)	Hy bringt dy fuort.
Broad	Breed	De wei is breed.
Broad (Adj.)	Brede (Adj.)	De brede wei.
Broadcaster	Omrop	De omrop helpt it Frysk.
Broke (I, he, she, it)	Bruts (Ik, hy, sy, it)	Hy bruts de tûke.
Broke (We, you all, they)	Brutsen (Wy, jim, sy, jo)	Jim brutsen de tûke.
Broke (You)	Brutst (Dû/Do)	Dû brutst de tûke.
Broke up (I, he, she, it)	Ferbruts (Ik, hy, sy, it)	Hy ferbruts de ferbining.
Broke up (We, you all, they)	Ferbrutsen (Wy, jim, sy, jo)	Wy ferbrutsen de ferbining.
Broke up (You)	Ferbrutst (Dû/Do)	Dû ferbrutst de ferbining.
Broken	Stikken	Myn tillefoan is stikken.
Brook	Beek	Hy drinkt wetter út de beek.
Brother	Broer (Brother, Old Frisian)	Myn broer is âlder as my.
Brother	Broerke (Younger)	Myn broerke is jonger as my.
Brother-in-law	Sweager	Myn sweager komt aanst del.
Brought (I, he, she, it)	Brocht (Ik, hy, sy, it)	Hy brocht dy fuort.
Brought (We, you all, they)	Brochten (Wy, jim, sy, jo)	Wy brochten dy fuort.

English	Frisian	Example
Brought (You)	Brochst (Dû/Do)	Dû brochst my fuort.
Brown	Brún	It hout is brún.
Brown (Adj.)	Brune (Adj.)	It brune hout.
Brush	Boarstel	Mei ik dyn boarstel brûke?
Brush (I, we, you all, they)	Boarstelje (Ik, wy, jim, sy, jo)	Ik boarstelje myn hier.
Brush (You)	Boarstelst (Dû/Do)	Dû boarstelst dyn hier.
Brushed (I, he, she, it)	Boarstele (Ik, hy, sy, it)	Sy boarstele har hier.
Brushed (We, you all, they)	Boarstelen (Wy, jim, sy, jo)	Sy boarstelen harren hier.
Brushed (You)	Boarstelst(e) (Dû/Do)	Dû boarstelste dyn hier.
Brushes (He, she, it)	Boarstelt (Hy, sy, it)	Sy boarstelt har hier.
Bubbles (Plural)	Bûlgjes (Plural)	Bûlgjes kamen út it wetter.
Bucket	Amer	De amer is hast fol.
Bucket (Dim.)	Amerke (Dim.)	In lyts amerke.
Buckets (Plural)	Amers (Plural)	Ik haw twa amers nedich.
Budget	Begrutting	Is hjir in begrutting foar?
Build (I)	Bou (Ik)	Ik bou in hûs.
Build (to)	Hûzje	De fûgels hûzje yn in beam.
Build (We, you all, they)	Bouwe (Wy, jim, sy, jo)	Wy bouwe in hûs.
Build (You)	Boust (Dû/Do)	Dû boust in hûs.
Building	Gebou	It gebou is tige heech.
Buildings (Plural)	Gebouwen (Plural)	De gebouwen binne tige heech.
Builds (He, she, it)	Bout (Hy, sy, it)	Hy bout in hûs.
Built (I, he, she, it)	Boude (Ik, hy, sy, it)	Hy boude in hûs.
Built (We, you all, they)	Bouden (Wy, jim, sy, jo)	Wy bouden in hûs.
Built (You)	Boudest (Dû/Do)	Dû boudest in hûs.
Bulgaria (Country)	Bulgarije (Country)	Ik wol graach nei Bulgarije.
Bull	Bolle (Buhl, Old Frisian)	Jout in bolle ek molke?
Bullet	Kûgel	De kûgel is troch de muorre gien.
Bullets (Plural)	Kûgels (Plural)	De kûgels binne troch de muorre gien.
Buoy	Boei	De boei leit yn it wetter.
Buried (I, he, she, it)	Begroef (Ik, hy, sy, it)	Sy begroef har deade knyn.
Buried (We, you all, they)	Begroeven (Wy, jim, sy, jo)	Wy begroeven ús deade knyn.
Buried (You)	Begroefst (Dû/Do)	Dû begroefst dyn deade knyn.
Buries (He, she, it)	Begraaft (Hy, sy, it)	Hy begraaft syn deade knyn.
Burn (I)	Brân (Ik)	Ik brân myn finger.
Burn (We, you all, they)	Brâne (Wy, jim, sy, jo)	Wy brâne ús finger.
Burn (You)	Brânst (Dû/Do)	Dû brânst dyn finger.
Burned (I, he, she, it)	Baarnde (Ik, hy, sy, it)	Sy baarnde har finger.
Burned (PP)	Ferbaarnd (PP)	Hy hat syn hûd ferbaarnd.
Burned (We, you all, they)	Baarnden (Wy, jim, sy, jo)	Wy baarnden ús fingers.
Burned (You)	Baarndest(e) (Dû/Do)	Dû baarndest dyn finger.
Burning down	Ôfbrâne	Sille wy de skuorre ôfbrâne?
Burns (He, she, it)	Brânt (Hy, sy, it)	Sy brânt har finger.
Burnt down	Ôfbrând	De skuorre is ôfbrând.
Bury (I)	Begraaf (Ik)	Ik begraaf myn deade kyn.
Bury (We, you all, they)	Begrave (Wy, jim, sy, jo)	Wy begrave ús deade knyn.
Bury (You)	Begraafst (Dû/Do)	Dû begraafst dyn deade knyn.
Bus	Bus	Wy nimme de bus nei skoalle.
Buses (Plural)	Bussen (Plural)	Komme hjir in soad bussen del?
Bush	Strûk	Sy hie har ferstoppe yn in strûk.

English	Frisian	Example
Bushes (Plural)	Strûken (Plural)	Wy hiene ús ferstoppe yn dizze strûken.
Busy	Drok	It is drok op strjitte.
Busy (Adj.)	Drokke (Adj.)	De drokke strjitte.
Busy, Doing stuff	Dwaande	Wêr bistû mei dwaande?
Busybody	Poathâlder	Ik fyn him mar in poathâlder.
Busybody, Meddler	Albestel	Hy is in albestel.
But	Mar (Ac, Old Frisian)	Ik wol nei hûs, mar it kin net.
Butcher	Slachter	De slachter ferkeapet syn fleis.
Butter	Bûter	Wy dogge bûter op 'e bôle.
Butterfly	Flinter	In flinter stiet foar feroaring.
Butterfly	Simmerfûgel	De simmerfûgel sit op in blom.
Buttermilk	Sûpe	Meistû sûpe?
Buy (I, we, you all, they)	Keapje (Ik, wy, jim, sy, jo)	Jim keapje grientes.
Buy (You)	Keapest (Dû/Do)	Dû keapest grientes.
Buyer	Keaper	De keaper siket nei in goed produkt.
Buys (He, she, it)	Keapet (Hy, sy, it)	Hy keapet grientes.
By far	Fierwei	Hy is fierwei de bêste.
By, to, at	By	Ik kom sa by dy del.
Bye	Dow	Sis mar dow tsjin him.
Cabin, Shed, Barn	Hok	Pake hat in grut hok op 'e tún.
Cabin, Shed, Barn (Dim.)	Hokje (Dim.)	Pake hat in lyts hokje op 'e tún.
Cabins, Sheds, Barns (Plural)	Hokken (Plural)	Pake hat twa hokken op 'e tún.
Cage	Koai	De fûgel wol út de koai.
Calculate (I, we, you all, they)	Rekkenje (Ik, wy, jim, sy, jo)	Sy rekkenje mei in rekkenmasine.
Calculate, Reckon (You)	Rekkenest (Dû/Do)	Dû rekkenst mei in rekkenmasine.
Calculated (We, you all, they)	Rekkenen (Wy, jim, sy, jo)	Wy rekkenen mei in rekkenmasine.
Calculated (I, he, she, it)	Rekkene (Ik, hy, sy, it)	Hy rekkene mei in rekkenmasine.
Calculated, Reckoned (You)	Rekkenest(e) (Dû/Do)	Dû rekkenste mei in rekkenmasine.
Calculates, Reckons (He, she, it)	Rekkenet (Hy, sy, it)	Hy rekkenet mei in rekkenmasine.
Calculator	Rekkenmasine	Kinst better de rekkenmasine brûke.
Calendar	Kalender	Moatst efkes op de kalender sjen.
Calf (Animal)	Keal	In keal is hjoed berne.
Calf (Part of leg)	Kût	De man hat kramp yn syn kût.
Call, Dial (I, we, you all, they)	Skilje (Ik, wy, jim, sy, jo)	Wy skilje ús heit.
Call, Dial (You)	Skillest (Dû/Do)	Dû skillest dyn heit.
Call, Name (I)	Neam (Ik)	Ik neam dy by dyn namme.
Call, Shout (I)	Rop (Ik)	Ik rop dyn namme.
Call, Shout (We, you all, they)	Roppe (Wy, jim, sy, jo)	Jim roppe myn namme.
Call, Shout (You)	Ropst (Dû/Do)	Dû ropst myn namme.
Called out (I, he, she, it)	Rôp (Ik, hy, sy, it)	Ik rôp dy niis.
Called out (We, you all, they)	Rôpen (Wy, jim, sy, jo)	Wy rôpen dy niis.
Called, Dialed (I, he, she, it)	Skille (Ik, hy, sy, it)	Hy skille syn heit.
Called, Dialed (We, you all, they)	Skillen (Wy, jim, sy, jo)	Wy skillen ús heit.
Called, Dialed (You)	Skillest(e) (Dû/Do)	Dû skilleste dyn heit.
Called, Shout (You)	Rôpst (Dû/Do)	Dû rôpst dy niis.
Calls, Dials (He, she, it)	Skillet (Hy, sy, it)	Sy skillet har heit.
Calls, Shouts (He, she, it)	Ropt (Hy, sy, it)	Sy ropt dyn namme.
Calm down (I, we, you all, they)	Bedarje (Ik, wy, jim, sy, jo)	Wy bedarje ús nei it fytsen.
Calm down (I, we, you all, they)	Kalmearje (Ik, wy, jim, sy, jo)	Sy kalmearje nei it kuierjen.
Calm down (You)	Bedarrest (Dû/Do)	Dû bedarrest dy nei it fytsen.

Calm down (You)	Kalmearrest (Dû/Do)	Dû kalmearrest nei it kuierjen.
Calmed down (I, he, she, it)	Bedarre (Ik, hy, sy, it)	Hy bedarre him nei it fytsen.
Calmed down (I, he, she, it)	Kalmearre (Ik, hy, sy, it)	Hy kalmearre nei it kuierjen.
Calmed down (We, you all, they)	Bedarren (Wy, jim, sy, jo)	Wy bedarren ús nei it fytsen.
Calmed down (We, you all, they)	Kalmearren (Wy, jim, sy, jo)	Wy kalmearren nei it kuierjen.
Calmed down (You)	Bedarrest(e) (Dû/Do)	Dû bedarreste dy nei it fytsen.
Calmed down (You)	Kalmearrest(e) (Dû/Do)	Dû kalmearreste dy nei it kuierjen.
Calms down (He, she, it)	Bedarret (Hy, sy, it)	Sy bedarre har nei it fytsen.
Calms down (He, she, it)	Kalmearret (Hy, sy, it)	Sy kalmearret nei it kuierjen.
Calves (Animal) (Plural)	Keallen (Plural)	De ko hat trije keallen.
Cambodia (Country)	Kambodja (Country)	Hy is nei Kambodja west.
Came (I, he, she, it)	Kaam (Ik, hy, sy, it)	Hy kaam by ús.
Came (We, you all, they)	Kamen (Wy, jim, sy, jo)	Jo kamen by ús.
Came (You)	Kaamst (Dû/Do)	Dû kaamst by ús.
Camel	Kamiel	De kamiel hat toarst.
Camera	Kamera	De kamera stiet noch oan.
Cameroon (Country)	Kameroen (Country)	Sy binne nei Kameroen west.
Camouflage	Kamûflaazje	Troch de kamûflaazje sjocht ús net.
Camp (I, we, you all, they)	Kampearje (Ik, wy, jim, sy, jo)	Wy kampearje yn de natoer.
Camp up	Betocht	Sy hat it betocht.
Campaign	Kampanje	De kampanje hat in protte sin hân.
Can (I, he, she, it)	Kin (Ik, hy, sy, it)	Hy kin dy net ferstean.
Can (We, you all, they)	Kinne (Wy, jim, sy, jo)	Sy kinne dy net ferstean.
Can (You)	Kinst (Dû/Do)	Dû kinst my net ferstean.
Canada (Country)	Kanada (Country)	Kanada is bjusterbaarlik lân.
Canal	Feart	Wy moatte by de feart lâns.
Cancel (I, we, you all, they)	Annulearje (Ik, wy, jim, sy, jo)	Sy annulearje harren reis.
Cancel (You)	Annulearrest (Dû/Do)	Dû annulearrest dyn reis.
Cancel, Put off	Ôfsizze	Hy wol de ôfspraak ôfsizze.
Canceled (I, he, she, it)	Annulearre (Ik, hy, sy, it)	Ik annulearre myn reis.
Canceled (We, you all, they)	Annulearren (Wy, jim, sy, jo)	Wy annulearren ús reis.
Canceled (You)	Annulearrest(e) (Dû/Do)	Dû annulearreste dyn reis.
Cancels (He, she, it)	Annulearret (Hy, sy, it)	Hy annulearret syn reis.
Cancer	Kanker	Dy man hat kanker.
Candle	Kears	Hy stekt de kears oan.
Candles (Plural)	Kearzen (Plural)	Hy stekt de kearzen oan.
Candy, Candies	Snobbersguod	De bern wolle snobbersguod hawwe.
Cannibal	Minskefretter	Op it eilân wie in minskefretter.
Capital	Haadstêd	Ljouwert is de haadstêd fan Fryslân.
Capital letter	Haadletter	It wurd begjint mei in haadletter.
Captain	Kaptein	De kaptein is grutsk op syn boat.
Captive	Finzen	Hy is finzen yn syn eigen tinzen.
Captured (We, you all, they)	Feroveren (Wy, jim, sy, jo)	Wy feroveren in delsetting.
Car	Auto	Ik gean mei de auto nei it wurk.
Car	Lúksewein	Ús heit hat in âlde lúksewein.
Car sick	Weinsiik	It famke is altyd weinsiik.
Car, Wagon	Wein	Hastû myn nije wein al sjoen?
Carbon dioxide	Koaldiokside	Dizze rûmte hat in protte koaldiokside.
Carcass	Karkas	It karkas leit njonken de wei.
Care (I, we, you all, they)	Soargje (Ik, wy, jim, sy, jo)	Ik soargje foar dy.

Care (You)	Soargest (Dû/Do)	Dû soargest foar my.
Care about (I, we, you all, they)	Bekroadzje (Ik, wy, jim, sy, jo)	Ik bekroadzje my om dy.
Cared (I, he, she, it)	Soarge (Ik, hy, sy, it)	Sy soarge foar dy.
Cared (We, you all, they)	Soargen (Wy, jim, sy, jo)	Wy soargen foar dy.
Cared (You)	Soargest(e) (Dû/Do)	Dû soargeste foar my.
Career	Karriêre	Hy hat in goede karriêre hân.
Careful, Cautious	Foarsichtich	Wês foarsichtich by de wei.
Careful, Cautious (Adj.)	Foarsichtige (Adj.)	De foarsichtige frou.
Careless	Ûnfoarsichtich	Hy is ûnfoarsichtich.
Cares (He, she, it)	Soarget (Hy, sy, it)	Hy soarget foar my.
Carnivore	Fleisiter	De fleisiter siket in proai.
Carpenter, Woodworker	Timmerman	Ús pake wie timmerman.
Carpet	Kleed	It kleed op 'e grûn is smoarch.
Carried, Wore (I, he, she, it)	Droech (Ik, hy, sy, it)	Sy droech nije skuon.
Carried, Wore (We, you all, they)	Droegen (Wy, jim, sy, jo)	Wy droegen nije skuon.
Carried, Wore (You)	Droechst (Dû/Do)	Dû droechst nije skuon.
Carries, Wears (He, she, it)	Draacht (Hy, sy, it)	Sy draachst nije skuon.
Carrot	Woartel	Ien woartel op in dei is sûn.
Carrots (Plural)	Woartels (Plural)	Woartels binne goed foar de eagen.
Carry through	Trochsette	Wy moatte noch efkes trochsette.
Carry, Wear (We, you all, they)	Drage (Wy, jim, sy, jo)	Wy drage nije skuon.
Carry, Wear, Bear (I)	Draach (Ik)	Ik draach nije skuon.
Carry, Wear, Bear (You)	Draachst (Dû/Do)	Dû draachst nije skuon.
Cart	Karre	De karre lei fol mei guod.
Cartilage, Gristle	Kreakbien	Sunich op dyn kreakbien wêze.
Cartoon	Animaasjefilm	De bern sjogge in animaasjefilm.
Carve (I, we, you all, they)	Kervje (Ik, wy, jim, sy, jo)	Ik kervje myn namme yn 'e beam.
Carve (You)	Kervest (Dû/Do)	Dû kervest dyn namme yn 'e beam.
Carves (He, she, it)	Kervet (Hy, sy, it)	Hy kervet syn namme yn 'e beam.
Cash	Kontant	Hastû noch kontant by dy?
Cash	Ree jild	Hy hat in protte ree jild thús.
Castle	Kastiel	It âlde kastiel is ferneatige.
Cat	Kat	De kat is yn de beam sprong.
Catch (We, you all, they)	Fange (Wy, jim, sy, jo)	Wy fange in fisk.
Catch, Grab, Snare, Snag (I)	Fang (Ik)	Ik fang in fisk.
Catch, Grab, Snare, Snag (You)	Fangst (Dû/Do)	Dû fangst in fisk.
Catches, Grabs (He, she, it)	Fangt (Hy, sy, it)	Hy fangt in fisk.
Catching breath, Blow out	Útpûste	Kinstû it fjoer útpûste?
Category	Kategory	Ik sykje yn dizze kategory.
Caterpillar	Rûp	De rûp krûpt oer it blêdsje.
Cats (Plural)	Katten (Plural)	De katten boartsje mei elkoar.
Caught (I)	Fong (Ik)	Hy fong de bal.
Caught (We, you all, they)	Fongen (Wy, jim, sy, jo)	Sy fongen de bal.
Caught (You)	Fongst (Dû/Do)	Dû fongst de bal
Cause	Oarsaak (Êrsêke, Old Frisian)	Wat is de oarsaak fan it ûngelok?
Cause (I, we, you all, they)	Feroarsaakje (Ik, wy, jim, sy, jo)	Jim feroarsaakje in probleem.
Cause (You)	Feroarsakest (Dû/Do)	Dû feroarsakest in probleem.
Caused (He, she, it)	Feroarsaket (Hy, sy, it)	Sy feroarsaket in probleem.
Caused (I, he, she, it)	Feroarsake (Ik, hy, sy, it)	Hy feroarsake in probleem.
Caused (We, you all, they)	Feroarsaken (Wy, jim, sy, jo)	Wy feroarsaken in probleem.

Caused (You)	Feroarsakest(e) (Dû/Do)	Dû feroarsakeste in probleem.
Cave	Grot	Hy libbe yn in grot.
Caves (Plural)	Grotten (Plural)	Hjir binne allegear grotten.
Ceiling	Plafond	Der is in skuor yn it plafond.
Celebrate (I)	Fier (Ik)	Ik fier myn jierdei.
Celebrate (We, you all, they)	Fiere (Wy, jim, sy, jo)	Sy fiere dyn jierdei.
Celebrate (You)	Fierst (Dû/Do)	Dû fierst dyn jierdei.
Celebrated (I, he, she, it)	Fierde (Ik, hy, sy, it)	Hy fierde syn jierdei.
Celebrated (PP)	Fierd (PP)	Hy hat syn jierdei fierd.
Celebrated (We, you all, they)	Fierden (Wy, jim, sy, jo)	Wy fierden syn jierdei.
Celebrated (You)	Fierdest (Dû/Do)	Dû fierdest dyn jierdei.
Celebrates (He, she, it)	Fiert (Hy, sy, it)	Sy fiert dyn jierdei.
Center, Centre, Downtown	Sintrum	It is yn it sintrum fan it doarp.
Century	Iuw	De kriich duorre in iuw.
Chain, Necklace	Ketting	De hûn sit mei in ketting fêst.
Chair, Stool	Stoel	Wy misse noch ien stoel.
Chairman	Foarsitter	Wat seit ús foarsitter hjir fan?
Chairs, Stools (Plural)	Stuollen (Plural)	Wy hawwe mear stuollen nedich.
Chalk	Kryt	De dosint skreaun mei it kryt op it boerd.
Chalk (Dim.)	Krytsje (Dim.)	Hy skriuwt mei in krytsje op it boerd.
Challenge	Útdaging (Begrēta, Old Frisian)	Ik fyn it in grutte útdaging.
Chance	Kâns	Hy hat in grutte kâns.
Chances (Plural)	Kânsen (Plural)	Wy hawwe in protte kânsen hjir.
Change	Wikseljild	Wolstû dyn wikseljild haw?
Change (I, we, you all, they)	Feroarje (Ik, wy, jim, sy, jo)	Jo feroarje jo miening.
Change (You)	Feroarest (Dû/Do)	Dû feroarest dyn miening.
Change gear (I, we, you all, they)	Skeakelje (Ik, wy, jim, sy, jo)	No moatst skeakelje.
Change, Alteration	Feroaring	Hy kin net mei de feroaring om gean.
Changed (He, she, it)	Feroaret (Hy, sy, it)	Hy feroaret syn miening.
Changed (I, he, she, it)	Feroare (Ik, hy, sy, it)	Hy feroaresyn miening.
Changed (We, you all, they)	Feroaren (Wy, jim, sy, jo)	Sy feroaren harren miening.
Changed (You)	Feroarest(e) (Dû/Do)	Dû feroareste dyn miening.
Chapter	Haadstik	Hokker haadstik is it?
Chapters (Plural)	Haadstikken (Plural)	Hoe folle haadstikken hat it boek?
Character	Karakter	Hokfoar karakter hastû?
Charcoal	Houtskoal	Houtskoal is in oerbliuwsel.
Chase away (I)	Ferjei (Ik)	Ik ferjei de bear.
Chase away (to)	Fuortjeie	Wy moatte de bear fuortjeie.
Chase away (We, you all, they)	Ferjeie (Wy, jim, sy, jo)	Wy ferjeie de bear.
Chase away (You)	Ferjeist (Dû/Do)	Dû ferjeist de bear.
Chased away (I, he, she, it)	Ferjage (Ik, hy, sy, it)	Hy ferjage de bear.
Chased away (We, you all, they)	Ferjagen (Wy, jim, sy, jo)	Sy ferjagen de bear.
Chased away (You)	Ferjagest (Dû/Do)	Dû ferjagest de bear.
Chases away (He, she, it)	Ferjeit (Hy, sy, it)	Hy ferjeit de bear.
Chat, Talk, Conversation	Petear	Wy hawwe in goed petear hân.
Chats, Talks (Plural)	Petears (Plural)	Hoe folle petears hastû op in dei?
Chatty, Talkative	Praatsk	Allermachtich, wat is dy man praatsk.
Cheap	Goedkeap	Ik fyn it goedkeap.
Cheap (Adj.)	Goedkeape (Adj.)	De goedkeape oanbieding.
Cheaper	Goedkeaper	Neffens my is dizze goedkeaper.

Cheapest	Goedkeapst	Dizze is it goedkeapst.
Checkers, Draughts	Damje	De âlde man mei graach damje.
Cheek	Wang	Hy sloech my op 'e wang.
Cheerful, Gleeful, Blithe	Fleurich	De frou wie hjoed fleurich.
Cheerful, Gleeful, Blithe (Adj.)	Fleurige (Adj.)	De fleurige frou.
Cheers	Tsjoch	Tsjoch, op in goede jûn!
Cheese	Tsiis	Tsiis smakket my mar goed.
Cherish (I, we, you all, they)	Skoarskje (Ik, wy, jim, sy, jo)	Dyn freonen kinst better skoarskje.
Chew (I, we, you all, they)	Kôgje (Ik, wy, jim, sy, jo)	Ik kôgje om myn iten.
Chew (You)	Kôgest (Dû/Do)	Dû kôgest op dyn iten.
Chew on something	Fnaskje (to)	Sy fnaskje op in pinne.
Chewed (I, he, she, it)	Kôge (Ik, hy, sy, it)	Hy kôge op it iten.
Chewed (We, you all, they)	Kôgen (Wy, jim, sy, jo)	Wy kôgen op it iten.
Chewed (You)	Kôgest(e) (Dû/Do)	Dû kôgeste op dyn iten.
Chews (He, she, it)	Kôget (Hy, sy, it)	It kôget op syn iten.
Chicken	Pyk	De pyk rint it gers fan 'e tún.
Chickens (Plural)	Piken (Plural)	Al dizze piken hawwe aaien lein.
Child, Kid (Dim.)	Berntsje (Dim.)	It berntsje is bliid.
Child, Kid, Children, Kids	Bern (Also plural)	It bern moat gûle.
Childish	Bernich	Sy fynt dy bernich.
Chile (Country)	Sily (Country)	Wy wolle nei Sily.
Chimney	Skoarstien	Reek út de skoarstien.
Chin	Kin	It famke foel mei de kin op 'e grûn.
China (Country)	Sjina (Country)	Sjina is in lân mei in protte minsken.
Chocolate	Sûkelade	Is sûkelade sûn of net?
Choice	Kar	Hat hy de juste kar makke?
Choices (Plural)	Karren (Plural)	Ik hie in protte karren.
Choke (I)	Smoar (Ik)	Ik smoar hast yn myn iten.
Choke (We, you all, they)	Smoare (Wy, jim, sy, jo)	Jo smoare hast yn jo iten.
Choke (You)	Smoarst (Dû/Do)	Dû smoarst hast yn dyn iten.
Choked (I, he, she, it)	Smoarde (Ik, hy, sy, it)	Hy smoarde hast yn syn iten.
Choked (PP)	Smoard (PP)	Ik bin hast yn myn iten smoard.
Choked (We, you all, they)	Smoarden (Wy, jim, sy, jo)	Jo smoarden hast yn jo iten.
Choked (You)	Smoardest (Dû/Do)	Dû smoardest hast yn dyn iten.
Chokes (He, she, it)	Smoart (Hy, sy, it)	Hy smoart hast yn syn iten.
Choose (I)	Kies (Ik)	Ik kies foar dy.
Choose (We, you all, they)	Kieze (Wy, jim, sy, jo)	Sy kieze foar ús.
Choose (You)	Kiest (Dû/Do)	Dû kiest foar him.
Choose, Elect (I)	Ferkies (Ik)	Ik ferkies dy boppe him.
Choose, Elect (We, you all, they)	Ferkieze (Wy, jim, sy, jo)	Wy ferkeize dy boppe har.
Choose, Elect (You)	Ferkiest (Dû/Do)	Dû ferkiest my boppe him.
Chooses (He, she, it)	Kiest (Hy, sy, it)	Hy kiest foar har.
Chooses, Elects (He, she, it)	Ferkiest (Hy, sy, it)	Sy ferkiest my boppe him.
Chore, Task	Put	Hy hat in grutte put foar dy.
Chore, Task (Dim.)	Putsje (Dim.)	Hy hat in lyts putsje foar dy.
Chose (I, he, she, it)	Keas (Ik, hy, sy, it)	Ik keas foar dy.
Chose (We, you all, they)	Keazen (Wy, jim, sy, jo)	Wy keazen dy.
Chose (You)	Keast (Dû/Do)	Dû keast foar my.
Chose, Elected (I, you, he, she, it)	Ferkeas (Ik, dû, hy, sy, it)	Ik ferkeas him boppe dy.
Christmas	Kryst	Mei kryst is it altyd smûk.

English	Frisian	Example
Christmas tree	Krystbeam	De krystbeam hat ljochtsjes.
Christmas trees (Plural)	Krystbeammen (Plural)	Yn it sintrum steane krystbeammen.
Church	Tsjerke	Giestû snein nei de tsjerke?
Churchyard, Cemetery	Tsjerkhôf	Op it tsjerkhôf spûket it in bytsje.
Cigarette	Sigaret	Hastû in sigaret foar my?
Cinnamon	Kaniel	Hy docht kaniel oer it iten hinne.
Circulation	Sirkulaasje	De sirkulaasje fan myn bloed.
Circumstances	Omstannichheden	De omstannicheden binne goed.
Cities (Plural)	Stêden (Plural)	In stêden is it meastal drok.
City	Stêd	Sy wennet yn in stêd.
City (Dim.)	Stêdsje (Dim.)	Sy wennet yn in stêdsje.
Class	Klasse	Hoe folle bern hastû yn de klasse?
Clayfrisian	Klaaifrysk (Frisian dialect)	Klaaifrysk is in grut dialekt.
Clean	Skjin	Sa, myn hûs is wer skjin.
Clean (Adj.)	Skjinne (Adj.)	It skjinne hûs.
Clean (I, we, you all, they)	Himmelje (Ik, wy, jim, sy, jo)	Wy himmelje it hûs.
Clean (I, we, you all, they)	Skjinje (Ik, wy, jim, sy, jo)	Sy skjinje it hûs.
Clean (to)	Skjinmeitsje	De frou wol har hûs skjinmeitsje.
Clean (You)	Himmelest (Dû/Do)	Dû himmelst it hûs.
Clean (You)	Skjinnest (Dû/Do)	Dû skjinnest it hiele hûs.
Cleaned (I, he, she, it)	Himmele (Ik, hy, sy, it)	Sy himmele it hûs.
Cleaned (I, he, she, it)	Skjinne (Ik, hy, sy, it)	Sy skjinne it hiele hûs.
Cleaned (We, you all, they)	Himmelen (Wy, jim, sy, jo)	Sy himmelen it hûs.
Cleaned (We, you all, they)	Skjinnen (Wy, jim, sy, jo)	Wy skjinnen it hiele hûs.
Cleaned (You)	Himmelest(e) (Dû/Do)	Dû himmelste it hûs.
Cleaned (You)	Skjinnest(e) (Dû/Do)	Dû skjinnest it hiele hûs.
Cleans (He, she, it)	Himmelet (Hy, sy, it)	Sy himmelet it hûs.
Cleans (He, she, it)	Skjinnet (Hy, sy, it)	Sy skjinnet it hiele hûs.
Clear up	Opklearje	Sil it waar hjoed opklearje?
Clear, Clearly, Obvious	Dúdlik	Neffens my is it wol dúdlik.
Clear, Clearly, Obvious (Adj.)	Dúdlike (Adj.)	De dúdlike opdracht.
Click (I)	Klik (Ik)	Ik klik op de knop.
Click (We, you all, they)	Klikke (Wy, jim, sy, jo)	Jo klikke op de knop.
Click (You)	Klikst (Dû/Do)	Dû klikst op de knop.
Clicked (I, he, she, it)	Klikte (Ik, hy, sy, it)	Sy klikte op de knop.
Clicked (We, you all, they)	Klikten (Wy, jim, sy, jo)	Wy klikten op de knop.
Clicked (You)	Kliktest (Dû/Do)	Dû kliktest op de knop.
Clicks	Klikt (Hy, sy, it)	Sy klikt op de knop.
Climate	Klimaat	It klimaat feroaret in protte.
Climate change	Klimaatferoaring	Hawwe wy lêst fan klimaatferoaring?
Climb (I)	Klim (Ik)	Ik klim yn de beam.
Climb (We, you all, they)	Klimme (Wy, jim, sy, jo)	Jim klimme yn de beam.
Climb (You)	Klimst (Dû/Do)	Dû klimst yn de beam.
Climbed (I, he, she, it)	Klom (Ik, hy, sy, it)	Hy klom yn de beam.
Climbed (We, you all, they)	Klommen (Wy, jim, sy, jo)	Sy klommen yn de beam.
Climbed (You)	Klomst (Dû/Do)	Dû klomst yn de beam.
Climbs (He, she, it)	Klimt (Hy, sy, it)	Hy klimt yn de beam.
Clip, Nipper	Kniper	Ik haw in kniper nedich foar de wask.
Closet	Kast	Myn sokken lizze yn de kast.
Closets (Plural)	Kasten (Plural)	Hy hat twa kasten op 'e keamer.

Cloth	Doek	Jou my de doek.
Cloth (Dim.)	Doekje (Dim.)	Jou my it doekje.
Clothes	Klean	Dat binne myn smoarge klean.
Clothing	Klaaiïng	Sy hawwe tradisjonele klaaiïng oan.
Cloud	Wolk	De wolk giet foarby.
Cloud (Dim.)	Wolkje (Dim.)	It wolkje giet foarby.
Clouds (Plural)	Wolken (Plural) (Wolken, Old Frisian)	De wolken geane stadichoan foarby.
Cloudy	Wolkich	De loft is hjoed wolkich.
Club	Klub	Wolkom by de klub.
Cluck, Cackle (to)	Keakelje	De piken keakelje lûd.
Clutter, Trash	Rommel	Dû hast der in rommel fan makke.
Code	Koade	Hastû de koade foar de doar?
Codes (Plural)	Koades (Plural)	Ik bin de koades ferjitten.
Coffee	Kofje	De kofje is hjoed goed sterk.
Coffin	Deafet	De deade man leit yn it deafet.
Coincidence	Tafal	Wat in tafal dat wy elkoar tsjinkomme.
Cold	Kâld	It waar is kâld hjoed.
Cold	Kjeld	Sy hat lêst fan de kjeld.
Cold (Adj.)	Kâlde (Adj.)	It kâlde waar.
Collapse	Ynstoarte	It gebou giet ynstoarte.
Collect, Gather (I, we, you all, they)	Sammelje (Ik, wy, jim, sy, jo)	Wy sammelje poddestuollen yn.
Collect, Gather (You)	Sammelest (Dû/Do)	Dû sammelest poddestuollen yn it.
Collected (I, he, she, it)	Sammele (Ik, hy, sy, it)	Ik sammele poddestuollen yn it wâld.
Collected (We, you all, they)	Sammelen (Wy, jim, sy, jo)	Wy sammelen poddestuollen.
Collected, Gathered (You)	Sammelst(e) (Dû/Do)	Dû sammeleste poddestuollen.
Collection, Gathered	Samling	Wolstû myn samling sjen?
Colombia (Country)	Kolombia (Country)	Kolombia hat kreaze frouju.
Colonize (I, we, you all, they)	Kolonisearje (Ik, wy, jim, sy, jo)	Wy kolonisearje in eilân.
Colony	Koloanje	Hat Fryslân in koloanje?
Color, Colour	Kleur	De kleur fan de hikke is grien.
Color, Colour, Hue	Farwe	De reade farwe liket nuver.
Colors, Colours (Plural)	Kleuren (Plural)	Hoe folle kleuren hat de reinbôge?
Colossal, Incredible	Ûnbidich	It swurd fan Grutte Pier is ûnbidich.
Comb	Kaam	Sy giet mei de kaam troch it hier.
Combat (I)	Bestriid (Ik)	Ik bestriid de sykte.
Combat (We, you all, they)	Bestride (Wy, jim, sy, jo)	Jim bestride de sykte.
Combat (You)	Bestriidst (Dû/Do)	Dû bestriidst de sykte.
Combated (I, he, she, it)	Bestried (Ik, hy, sy, it)	Hy bestried de sykte.
Combated (PP)	Bestriden (PP)	Jim hawwe de sykte bestriden.
Combated (We, you all, they)	Bestrieden (Wy, jim, sy, jo)	Jo bestrieden de sykte.
Combated (You)	Bestriedst (Dû/Do)	Dû bestriedst de sykte.
Combats (He, she, it)	Bestriidt (Hy, sy, it)	Hy bestriidt de sykte.
Come (I)	Kom (Ik)	Ik kom by dy del.
Come (We, you all, they)	Komme (Wy, jim, sy, jo)	Wy komme by dy del.
Come (You)	Komst (Dû/Do)	Dû komst by my.
Come across	Tsjinkomme	Sille wy him tsjinkomme?
Come together (to)	Gearkomme	Sille wy jûn gearkomme?
Comes (He, she, it)	Komt (Hy, sy, it)	Hy komt by my.
Coming back	Weromkomme	Wy witte net wannear wy weromkomme.
Commit (I)	Begean (Ik)	Ik begean in misdied.

English	Frisian	Example
Commit (We, you all, they)	Begeane (Wy, jim, sy, jo)	Wy begeane in misdied.
Commit (You)	Begiest (Dû/Do)	Dû begiest in misdied.
Commits (He, she, it)	Begiet (Hy, sy, it)	Sy begiet in misdied.
Committed (I, he, she, it)	Begie (Ik, hy, sy, it)	Hy begie in misdied.
Committed (PP)	Begien (PP)	Hy hat in misdied begien.
Committed (We, you all, they)	Begiene (Wy, jim, sy, jo)	Wy begiene in misdied.
Committed (You)	Begiest(e) (Dû/Do)	Dû begieste in misdied.
Common	Gemien	Wy hawwe neat gemien.
Communicate (I, we, you all, they)	Kommunisearje (Ik, wy, jim, sy, jo)	Wy kommunisearje mei dy.
Communicate (You)	Kommunisearrest (Dû/Do)	Dû kommunisearrest mei dyn freon.
Communicated (I, he, she, it)	Kommunisearre (Ik, hy, sy, it)	Hy kommunisearre mei har.
Communicated (We, you all, they)	Kommunisearren (Wy, jim, sy, jo)	Wy kommunisearren mei elkoar.
Communicated (You)	Kommunisearrest(e) (Dû/Do)	Dû kommunisearreste mei dyn freon.
Communicates (He, she, it)	Kommunisearret (Hy, sy, it)	Sy kommunisearret mei my.
Community	Mienskip	De mienskip wol feroaring.
Companies (Plural)	Bedriuwen (Plural)	De bedriuwen dogge it goed.
Company, Business (Dim.)	Bedriuwke (Dim.)	Bedriuwke komt einlik fan 'e grûn.
Company, Business, Enterprise	Bedriuw	It bedriuw docht it goed.
Comparable	Ferlykber	De resultaten binne ferlykber.
Compare (I, we, you all, they)	Ferlykje (Ik, wy, jim, sy, jo)	Wy ferlykje de resultaten.
Compare (You)	Ferlikest (Dû/Do)	Dû ferlikest him mei har.
Compared (I, he, she, it)	Ferlike (Ik, hy, sy, it)	Hy ferlike dy mei him.
Compared (We, you all, they)	Ferliken (Wy, jim, sy, jo)	Wy ferliken har mei dy.
Compared (You)	Ferlikest(e) (Dû/Do)	Dû ferlikeste him mei har.
Compares (He, she, it)	Ferliket (Hy, sy, it)	Sy ferliket har mei inoar.
Compass	Kompas	De kompas is tige handich.
Complain (I)	Klei (Ik)	Ik klei oer minsken.
Complain (We, you all, they)	Kleie (Wy, jim, sy, jo)	Wy kleie oer de minsken.
Complain (You)	Kleist (Dû/Do)	Dû kleist oer de minsken.
Complained (I, he, she, it)	Klage (Ik, hy, sy, it)	Sy klage oer har man.
Complained (We, you all, they)	Eamelen (Wy, jim, sy, jo)	Wy eamelen in protte.
Complained (We, you all, they)	Klagen (Wy, jim, sy, jo)	Jim klagen oer de bern.
Complained (You)	Klagest (Dû/Do)	Dû klagest oer dyn man.
Complains (He, she, it)	Kleit (Hy, sy, it)	Sy kleit oer minsken.
Complete stranger	Wyldfrjemde	Hy is in wyldfrjemde foar ús.
Completely, Wholly, Fully	Hielendal	De loft wie hielendal blau.
Completion	Foltôging	De foltôging fan it projekt.
Computer	Kompjûter	Mei ik dyn kompjûter brûke?
Concentration	Konsintraasje	De oseaan hat in grutte konsintraasje sâlt.
Concept	Konsept	Wy hawwe in tige goed konsept útwurke.
Conclude (I, we, you all, they)	Konkludearje (Ik, wy, jim, sy, jo)	Ik konkludearje dat it wol kin.
Conclude (You)	Konkludearrest (Dû/Do)	Dû konkludearrest dat it wol kin.
Concluded (I, he, she, it)	Konkludearre (Ik, hy, sy, it)	Hy konkludearre dat it wol koe.
Concluded (We, you all, they)	Konkludearren (Wy, jim, sy, jo)	Wy konkludearren dat it wol koe.
Concluded (You)	Konkludearrest(e) (Dû/Do)	Dû konkludearreste dat it wol kin.
Concludes (He, she, it)	Konkludearret (Hy, sy, it)	Sy konkludearret dat it wol kin.
Conclusion	Konklúzje	De konklúzje fan ús ûndersyk.
Concussion	Harsenskodding	Hy hat in swiere harsenskodding hân.
Condemn (I, we, you all, they)	Feroardielje (Ik, wy, jim, sy, jo)	Sy feroardielje oare minsken.
Condemn, Sentence (You)	Feroardielst (Dû/Do)	Dû feroardielst har.

English	Frisian	Example
Condemned (I, he, she, it)	Feroardiele (Ik, hy, sy, it)	Hy feroardiele him.
Condemned, Sentenced (You)	Feroardelest(e) (Dû/Do)	Dû feroardielste har.
Condemns (He, she, it)	Feroardielet (Hy, sy, it)	Sy feroardielet him.
Condition	Betingst	Dat is myn betingst.
Confidence	Selsfertrouwens	De rike hat in protte selsfertrouwen.
Confirm (I, we, you all, they)	Befêstigje (Ik, wy, jim, sy, jo)	Kinstû ús berjocht befêstigje?
Confuse (I, we, you all, they)	Betiizje (Ik, wy, jim, sy, jo)	Dizze tinzen betiizje my.
Confuse (I, we, you all, they)	Ferbjusterje (Ik, wy, jim, sy, jo)	Sy wolle it jild ferbjusterje.
Confuse, Obscure, Baffle	Forbjusterje (Older)	Hy woe it jild forbjusterje.
Congo (Country)	Kongo (Country)	Hy wol nei Kongo.
Congratulate (I, we, you all, they)	Lokwinskje (Ik, wy, jim, sy, jo)	Ik wol dy graach lokwinskje.
Congratulations	Lokwinske	Lokwinske mei dyn jierdei.
Connect (I)	Ferbyn (Ik)	Ik ferbyn myn tillefoan.
Connect (You)	Ferbynst (Dû/Do)	Dû ferbynst dyn tillefoan.
Connects (He, she, it)	Ferbynt (Hy, sy, it)	Sy ferbynt har tillefoan.
Conquer (I, we, you all, they)	Feroverje (Ik, wy, jim, sy, jo)	Sy feroverje in delsetting.
Conquer, Capture (You)	Feroverest (Dû/Do)	Dû feroverest myn hert.
Conquered, Captured (I, he, she, it)	Ferovere (Ik, hy, sy, it)	Hy ferovere har hert.
Conquered, Captured (You)	Feroverest(e) (Dû/Do)	Dû ferovereste myn hert.
Conquers, Captures (He, she, it)	Feroveret (Hy, sy, it)	Sy feroveret myn hert.
Consequence, Outcome	Gefolch	Wat is it gefolch fan dyn gedrach?
Consider (We, you all, they)	Beskôgje (Wy, jim, sy, jo)	Wy beskôgje dy as in freon.
Consider (You)	Beskôgest (Dû/Do)	Dû beskôgest har as in freon.
Consideration	Oerwaging	It wie in muoilike oerwaging.
Considered (I, he, she, it)	Beskôge (Ik, hy, sy, it)	Ik beskôge him as in freon.
Considered (We, you all, they)	Beskôgen (Wy, jim, sy, jo)	Jim beskôgen him as in freon.
Considered (You)	Beskôgest(e) (Dû/Do)	Dû beskôgeste har as in freon.
Considers (He, she, it)	Beskôget (Hy, sy, it)	Hy beskôget dy as in freon.
Consolation, Comfort (to)	Treast	Wy sille dy treast en hoop jaan.
Constrict, Contract	Gearlûke	Spieren kinne gearlûke en ûntspanne.
Consultation	Oerlis	Yn oerlis hawwe wy it dien.
Consume (I, we, you all, they)	Konsumearje (Ik, wy, jim, sy, jo)	Wy konsumearje in protte iten.
Consume (You)	Konsumearrest (Dû/Do)	Dû konsumearrest in protte iten.
Consumed (I, he, she, it)	Konsumearre (Ik, hy, sy, it)	Hy konsumearre in protte iten.
Consumed (We, you all, they)	Konsumearren (Wy, jim, sy, jo)	Sy konsumearren in protte iten.
Consumed (You)	Konsumearrest(e) (Dû/Do)	Dû konsumearreste in protte iten.
Consumes (He, she, it)	Konsumearret (Hy, sy, it)	Hy konsumearret in protte iten.
Consumption, Wastage	Ferbrûk	It ferbrûk is omheech gien.
Contain (We, you all, they)	Befetsje (Ik, wy, jim, sy, jo)	Ik befetsje it net.
Contain, Understand (You)	Befettest (Dû/Do)	Dû befettest it net.
Contained (We, you all, they)	Befetten (Wy, jim, sy, jo)	Sy befetten it net.
Contained, Understood (You)	Befettest(e) (Dû/Do)	Dû befetteste it net.
Contained (I, he, she, it)	Befette (Ik, hy, sy, it)	Hy befette it net.
Container	Bak	Doch it mar yn de bak.
Container (Dim.)	Bakje (Dim.)	Doch it mar yn it bakje.
Contains (He, she, it)	Befettet (Hy, sy, it)	Sy befettet it net.
Contaminate (to)	Oeraardzje	Moatst de sykte net oeraardzje.
Continent	Kontinint	Jeropa is in kontintent.
Contradict	Tsjinsprekke	Dû moatst my net tsjinsprekke.
Contradict (I, we, you all, they)	Abbelearje (Ik, wy, jim, sy, jo)	Dû moatst my net sa abbelearje

Contribute	Tadrage	Sy wol ek wat tadrage oan de mienskip.
Contribution	Bydrage	Wolstû ek eat bydrage?
Convince (I, we, you all, they)	Oertsjûgje (Ik, wy, jim, sy, jo)	Wy oertsjûgje de minsken.
Convince (You)	Oertsjûgest (Dû/Do)	Dû oertsjugest ús fan dyn gelyk.
Convinced (I, he, she, it)	Oertsjûge (Ik, hy, sy, it)	Hy oertsjûge my fan syn gelyk.
Convinced (We, you all, they)	Oertsjûgen (Wy, jim, sy, jo)	Wy oertsjûgen him fan ús gelyk.
Convinced (You)	Oertsjûgest(e) (Dû/Do)	Dû oertsjugeste ús fan dyn gelyk.
Convinces (He, she, it)	Oertsjûget (Hy, sy, it)	Sy oertsjuget my fan har gelyk.
Cook, Boil (I)	Sied (Ik)	Ik sied it iten.
Cook, Boil (We, you all, they)	Siede (Wy, jim, sy, jo)	Sy siede it iten.
Cook, Boil (You)	Siedst (Dû/Do)	Dû siedst it iten.
Cooked, Boiled (I, he, she, it)	Sea (Ik, hy, sy, it)	Sy sea it iten.
Cooked, Boiled (PP)	Sean (PP)	It iten is goed sean.
Cooked, Boiled (We, you all, they)	Seaen (Wy, jim, sy, jo)	Wy seaen it iten.
Cooked, Boiled (You)	Seast (Dû/Do)	Dû seast it iten.
Cooking food	Itensiede	Mem sil foar de bern itensiede.
Cooks, Boils (He, she, it)	Siedt (Hy, sy, it)	Sy siedt it iten.
Cool (I, we, you all, they)	Kuolje (Ik, wy, jim, sy, jo)	Wy kuolje de bier yn 'e kuolkast.
Cooling down	Ôfkuolje	De jiske moat noch efkes ôfkuolje.
Copper	Koper (Copper, Old Frisian)	De panne is makke fan koper.
Copy	Kopy	Hy hat in kopy makke fan it blêd.
Cork	Koark	Hy sjit de koark fan de wynflesse ôf.
Corne (Dim.)	Hoekje (Dim.)	De keamer hat in lyts hoekje.
Corner	Hoeke (Herne, Old Frisian)	Hy wennet om de hoeke.
Corners (Plural)	Hoeken (Plural)	In keamer hat fjouwer hoeken.
Corona	Koroana	Is Koroana gefaarlik?
Corpse, Dead Body	Lyk	Sy hawwe in lyk yn it wetter fûn.
Correct (I, we, you all, they)	Korrizjearje (Ik, wy, jim, sy, jo)	Ik korrizjearje dyn flater.
Correct (You)	Korrizjearrest (Dû/Do)	Dû korrizjearrest de flater.
Corrected (I, he, she, it)	Korrizjearre (Ik, hy, sy, it)	Hy korrizjearre syn flater.
Corrected (We, you all, they)	Korrizjearren (Wy, jim, sy, jo)	Wy korrizjearren de flaters.
Corrected (You)	Korrizjearrest(e) (Dû/Do)	Dû korrizjearreste de flater.
Corrects (He, she, it)	Korrizjearret (Hy, sy, it)	Sy korrizjearret har flater.
Correspond (I, we, you all, they)	Korrespondearje (Ik, wy, jim, sy, jo)	Sy korrespondearje mei in berjocht.
Cost	Kost	It hat my in hiele protte kost.
Cost	Kostet (It)	It kostet my tefolle.
Cost (Plural)	Kosten (Plural)	Wat binne de kosten fan it projekt?
Costa Rica (Country)	Kosta Rica (Country)	Kost Rica skynt in moai lân te wêzen.
Cotton	Katoen	Myn klean is makke fan katoen.
Could (I, he, she, it)	Koe (Ik, hy, sy, it)	Hy koe it wurk net mear dwaan.
Could (We, you all, they)	Koene (Wy, jim, sy, jo)	Sy koene it wurk net mear dwaan.
Could (You)	Koest (Dû/Do)	Dû koest it wurk net mear dwaan.
Count	Telle	Efkes oant tsien telle.
Counter, Kitchen dresser	Oanrjocht	Ús mem stiet by it oanrjocht.
Countries, Lands (Plural)	Lannen (Plural)	Hokker lannen bistû west?
Country, Land	Lân (Land, Old Frisian)	Yn hokker lân wennestû?
Course	Kursus	Hy giet in kursus Frysk folgje.
Cousin	Neef	Har neef wie hjir juster.
Cousin (Female)	Nicht (Female)	Myn nicht is âlder as my.
Cousin (Younger)	Neefke (Younger)	Har neefke wie hjir juster.

Cover (I)	Dek (Ik)	Ik dek de grûn.
Cover (to)	Ôfdekke	It sil reine, sille wy it ôfdekke?
Cover (We, you all, they)	Dekke (Wy, jim, sy, jo)	Wy dekke de grûn.
Cover (You)	Dekst (Dû/Do)	Dû dekst de grûn.
Cover up (I)	Bedek (Ik)	Ik bedek de grûn.
Cover up (We, you all, they)	Bedekke (Wy, jim, sy, jo)	Wy bedekke de grûn.
Cover up (You)	Bedekst (Dû/Do)	Dû bedekst de grûn.
Covered (You)	Dutst (Dû/Do)	Dû dutst de grûn.
Covered up (I, he, she, it)	Beduts (Ik, hy, sy, it)	Hy beduts de grûn.
Covered up (We, you all, they)	Bedutsen (Wy, jim, sy, jo)	Wy bedutsen de grûn.
Covered up (You)	Bedutst (Dû/Do)	Dû bedutst de grûn.
Covers (He, she, it)	Dekt (Hy, sy, it)	Sy dekt de grûn.
Covers up (He, she, it)	Bedekt (Hy, sy, it)	It bedekt de grûn.
Cow	Ko	De ko yt it lange griene gers.
Cow	Kou (Older)	De kou yt it lange griene gers.
Coward	Leffert	Hy wie in grutte leffert.
Coward	Skiter	Dizze man blykt in skiter te wêzen.
Cowardice	Leffens	Leffens of net dwaan kinne.
Cowhouse	Bûthûs	De kij steane yn 'e bûthûs.
Cows	Kij	De kij ite griene gers yn it lân.
Cozy, Nice	Gesellich	It wie juster gesellich.
Cozy, Nice	Smûk	Dizze jûn is smûk.
Cozy, Nice (Adj.)	Gesellige (Adj.)	De gesellige jûn.
Cozy, Nice (Adj.)	Smûke (Adj.)	De smûke jûn.
Crab	Krab	De krab rint oer de boaiem fan de see.
Crack	Skuor	Ik skuor it papier yn twaen.
Crack	Spjalt	In grutte spjalt tusken my en myn freon.
Crack (Dim.)	Skuorke (Dim.)	De boer hat in lyts skuorke.
Cradle	Widze	De baby leit yn de widze.
Crater	Krater	De ynslach hat in grutte krater makke.
Crawl, Hug (We, you all, they)	Krûpe (Wy, jim, sy, jo)	Wy krûpe oer de grûn hinne.
Crawl, Hug (I)	Krûp (Ik)	Ik krûp oer de grûn hinne.
Crawl, Hug (You)	Krûpst (Dû/Do)	Dû krûpst oer de grûn.
Crawled (I, he, she, it)	Kroep (Ik, hy, sy, it)	De poppe kroep oer de grûn.
Crawled (We, you all, they)	Kroepen (Wy, jim, sy, jo)	Sy kroepen oer de grûn.
Crawled (You)	Kroepst (Dû/Do)	Dû kroepst oer de grûn.
Crawls, Hugs (He, she, it)	Krûpt (Hy, sy, it)	Sy krûpt oer de grûn.
Crazy	Gek	De man is gek.
Crazy (Adj.)	Gekke (Adj.)	De gekke man.
Crazy, Foolish	Healwiis	Dû moatst net sa healwiis dwaan.
Creak (I, we, you all, they)	Kreakje (Ik, wy, jim, sy, jo)	Wy litte de flier kreakje.
Cream	Rjemme	Moatst ek rjemme oer de kofje haw?
Creature	Skepsel	It skepsel rint troch it tsjuster.
Creature	Wêzen	In nuver wêzen rint troch it wâld.
Creatures (Plural)	Skepsels (Plural)	De skepsels rinne troch it tsjuster.
Credibility	Leauwensweardigens	Is hy noch wol leauwensweardigens?
Creditcard	Kredytkaart	Hy betellet allinnic mei syn kredytkaart.
Cried (I, he, she, it)	Gûlde (Ik, hy, sy, it)	Sy gûlde fan lok.
Cried (PP)	Gûld (PP)	Sy hat in protte gûld.
Cried (We, you all, they)	Gûlden (Wy, jim, sy, jo)	Wy gûlden fan lok.

English	Frisian	Example
Cried (You)	Gûldest (Dû/Do)	Dû gûldest fan fertriet.
Cried, Whined (I, he, she, it)	Skriemde (Ik, hy, sy, it)	Hy skriemde fan de pine.
Cried, Whined (PP)	Skriemd (PP)	Ik haw skriemd fan 'e pine.
Cried, Whined (We, you all, they)	Skriemden (Wy, jim, sy, jo)	Sy skriemden fan de pine.
Cried, Whined (You)	Skriemdest (Dû/Do)	Dû skriemdest fan de pine.
Cries (He, she, it)	Gûlt (Hy, sy, it)	Sy gûlt fan lok.
Cries, Whines (He, she, it)	Skriemt (Hy, sy, it)	Sy skriemt fan 'e pine.
Crime	Misdied	It wie in grutte misdied.
Criminal	Krimineel	De krimineel besiket te stellen.
Critical	Kritysk	Wy moatte kritysk wêze.
Croatia (Country)	Kroaasje (Country)	Kroaasje is in waarm lân.
Crocodile	Krokodil	De krokodil skûlet yn it wetter.
Crook, Rogue	Biis	Dizze keardel is in biis.
Crooked	Bryk	De muorre is bryk.
Crooked	Krûm	De spiker is krûm slein.
Crooked (Adj.)	Brike (Adj.)	De brike muorre.
Crops	Gewaaksen	De boer soarget foar de gewaaksen.
Cross	Krús	De tsjerke hat in grut krús.
Cross (to)	Oerstykje	De wei oerstykje.
Crow	Krie	De krie sit op it dak.
Crow	Roek	De roek sit op in peal.
Crowd	Kliber	In grutte kliber fan minsken.
Crowded (On the streets)	Nearich	De strjitten binne nearich.
Crown	Kroan	De kening hat in kroan op syn holle.
Crumble (I, we, you all, they)	Ferkrûmelje (Ik, wy, jim, sy, jo)	Wy ferkrûmelje de stien.
Crust	Koarste	It jonkje wol de koarste net op ite.
Cry (I)	Gûl (Ik)	Ik gûl fan gelok.
Cry (We, you all, they)	Gûle (Wy, jim, sy, jo)	Jim gûle fan lok.
Cry (You)	Gûlst (Dû/Do)	Dû gûlst fan lok.
Cry, Whine (We, you all, they)	Skrieme (Wy, jim, sy, jo)	Wy skrieme fan de pine.
Cry, Yelp, Yawl, Whine (I)	Skriem (Ik)	Ik skriem fan de pine.
Cry, Yelp, Yawl, Whine (You)	Skriemst (Dû/Do)	Dû skriemst fan 'e pine.
Crybaby	Gûlbek	Dat bern is in gûlbek.
Cuba (Country)	Kuba (Country)	Wêr leit Kuba?
Curable	Genêslik	Dizze sykte is genêslik.
Curious	Benijd	Ik bin wol benijd.
Curse	Flok	Der sit in flok op dit hûs.
Curse (I)	Flok (Ik)	Ik flok net graach.
Curse (We, you all, they)	Flokke (Wy, jim, sy, jo)	Wy flokke net graach.
Curse (You)	Flokst (Dû/Do)	Dû flokst net graach.
Curse, Call names (I)	Skel (Ik)	Ik skel dy út.
Curse (We, you all, they)	Skelle (Wy, jim, sy, jo)	Wy skelle dy út.
Curse, Call names (You)	Skelst (Dû/Do)	Dû skelst my út.
Curse, Swear (I, we, you all, they)	Divelje (Ik, wy, jim, sy, jo)	De minsken divelje út lilkens.
Cursed (I, he, she, it)	Flokte (Ik, hy, sy, it)	Hy flokte nei dat er foel.
Cursed (PP)	Skold (PP)	Hy hat him út skold.
Cursed (We, you all, they)	Flokten (Wy, jim, sy, jo)	Jo flokten nei jo foelen.
Cursed (We, you all, they)	Skolden (Wy, jim, sy, jo)	Wy skolden him út.
Cursed (You)	Floktest (Dû/Do)	Dû floktest nei datsû foelst.
Cursed (You)	Skoldst (Dû/Do)	Dû skoldst him út.

Cursed (He, she, it)	Skelt (Hy, sy, it)	Hy skelt my út.
Curses (He, she, it)	Flokt (Hy, sy, it)	Sy flokt net graach.
Curtain	Gerdyn	Ús mem docht it gerdyn ticht.
Cut (You)	Snijst (Dû/Do)	Dû snijst yn it fleis.
Cut (I)	Snij (Ik)	Ik snij yn it fleis.
Cut (Past) (I, he, she, it)	Snie (Ik, hy, sy, it)	Sy snie harsels.
Cut (Past) (We, you all, they)	Sniene (Wy, jim, sy, jo)	Wy sniene ússels.
Cut (Past) (You)	Sniest (Dû/Do)	Dû sniest dysels.
Cut (PP)	Snien (PP)	Hy hat himsels snien.
Cut (We, you all, they)	Snije (Wy, jim, sy, jo)	Jim snije yn it fleis.
Cut down	Omseagje	De mannen sille de beam omseagje.
Cut off	Ôfsnije	Kinstû in stikje tsiis foar my ôfsnije?
Cut roughly	Repe	Ik sil dy repe!
Cute	Skattich	Myn faam is skattich.
Cute (Adj.)	Skattige (Adj.)	It skattige famke.
Cuts (He, she, it)	Snijt (Hy, sy, it)	Hy snijt yn it fleis.
Cyprus (Country)	Syprus (Country)	Suprus is in eilân.
Czechia (Country)	Tsjechje (Country)	Wy sille nije wike nei Tsjechje.
Daily	Deisk	It barde hast deisk.
Daily	Deistich	It barde hast deistich.
Daily (Adj.)	Deistige (Adj.)	De deistige put.
Damage	Skea	Myn auto hie in protte skea.
Damage (I, we, you all, they)	Skansearje (Ik, wy, jim, sy, jo)	Wy skansearje de lúksewein.
Damn	Ferdomme	Ferdomme, wêrom dochstû dat?
Damn	Fordomme (Older)	Fordomme, dat docht sear.
Damn it	Blinder	Blinder, dat kin net.
Damn it	Fergeme	Fergeme, wêrom dochstû dat?
Dance (I, we, you all, they)	Dûnsje (Ik, wy, jim, sy, jo)	Wy dûnsje yn de rein.
Dance (You)	Dûnsest (Dû/Do)	Sy dûnset yn de rein.
Danced (I, he, she, it)	Dûnse (Ik, hy, sy, it)	Sy dûnse yn de rein.
Danced (We, you all, they)	Dûnsen (Wy, jim, sy, jo)	Wy dûnsen yn de rein.
Danced (You)	Dûnsest(e) (Dû/Do)	Dû dûnsest yn de rein.
Dances (He, she, it)	Dûnset (Hy, sy, it)	Dû dûnseste yn de rein.
Dandelion	Hynsteblom	It famke plukt de moaie hynsteblom.
Dangerous	Gefaarlik	Dizze krite kin gefaarlik wêze.
Dangerous (Adj.)	Gefaarlike (Adj.)	De gefaarlike krite.
Danish	Deensk	Kinstû Deensk sprekke?
Dare (I)	Doar (Ik)	Ik doar net te springen.
Dare (I, we, you all, they)	Weagje (Ik, wy, jim, sy, jo)	Wy weagje it net.
Dare (We, you all, they)	Doarre (Wy, jim, sy, jo)	Wy doarre net te springen.
Dare (You)	Doarst (Dû/Do)	Dû doarst net te springen.
Dare (You)	Weagest (Dû/Do)	Dû weagest it net.
Dared (I, he, she, it)	Weage (Ik, hy, sy, it)	Hy weage it net.
Dared (PP)	Doaren (PP)	Ik haw doarren te springen.
Dared (We, you all, they)	Weagen (Wy, jim, sy, jo)	Wy weagen it net.
Dared (You)	Weagest(e) (Dû/Do)	Dû weageste it net.
Daredevil	Doaral	Dû bist in doaral.
Dares (He, she, it)	Doart (Hy, sy, it)	Sy doart it net.
Dares (He, she, it)	Weaget (Hy, sy, it)	Sy weaget it net.
Dark, Darkness	Dûnker	De keamer is dûnker.

English	Frisian	Example
Dark, Darkness	Tsjuster	Jûn wie it gau tsjuster.
Dark, Darkness (Adj.)	Tsjustere (Adj.)	De tsjustere jûn.
Darken (I, we, you all, they)	Fertsjusterje (Ik, wy, jim, sy, jo)	Wy fertsjusterje de rûmte.
Darken (You)	Fertsjusterest (Dû/Do)	Dû fertsjusterest de rûmte.
Darkened (I, he, she, it)	Fertsjustere (Ik, hy, sy, it)	Hy fertsjustere de rûmte.
Darkened (We, you all, they)	Fertsjusteren (Wy, jim, sy, jo)	Wy fertsjusteren de rûmte.
Darkened (You)	Fertsjusterest(e) (Dû/Do)	Dû fertsjustereste de rûmte.
Darkens (He, she, it)	Fertsjusteret (Hy, sy, it)	Hy fertsjusteret de rûmte.
Daughter	Dochter	Myn dochter docht it goed op skoalle.
Daughter (Dim.)	Dochterke (Dim.)	Sy hat in jong dochterke.
Daughter-in-law	Skoandochter	Hy sil mei syn skoandochter op paad.
Dawn	Dage	By dage moatte wy fuort.
Day	Dei	Hokker dei is it hjoed?
Day before yesterday	Oerjuster	Oerjuster wie it tige smûk.
Daylight	Deiljocht	Wy hawwe deiljocht nedich.
Days (Plural)	Dagen (Plural)	Hoe folle dagen bistû siik west?
Deactivate (I, we, you all, they)	Deaktivearje (Ik, wy, jim, sy, jo)	Wy deaktivearje ús akkount.
Deactivate (You)	Deaktivearrest (Dû/Do)	Dû deaktivearrest dyn akkount.
Deactivated (I, he, she, it)	Deaktivearre (Ik, hy, sy, it)	Hy deaktivearre syn akkount.
Deactivated (We, you all, they)	Deaktivearren (Wy, jim, sy, jo)	Wy deaktivearren ús akkount.
Deactivated (You)	Deaktivearrest(e) (Dû/Do)	Dû deaktivearreste dyn akkount.
Deactivates (He, she, it)	Deaktivearret (Hy, sy, it)	Sy deaktivearre har akkount.
Dead (Adj.)	Deade (Adj.)	De deade blom.
Dead, Death	Dea	Hy wie al dea.
Deadly	Deadlik	Dizze sykte is deadlik.
Deaf	Dôf	Ús beppe is in bytsje dôf.
Deafen (I, we, you all, they)	Ferdôvje (Ik, wy, jim, sy, jo)	Wy ferdôvje de hûn.
Deafen (You)	Ferdôvest (Dû/Do)	Dû ferdôvest de hûn.
Deafened (I, he, she, it)	Ferdôve (Ik, hy, sy, it)	Hy ferdôve de hûn.
Deafened (We, you all, they)	Ferdôven (Wy, jim, sy, jo)	Wy ferdôven de hûn.
Deafened (You)	Ferdôvest(e) (Dû/Do)	Dû ferdôveste de hûn.
Deafens (He, she, it)	Ferdôvet (Hy, sy, it)	Hy ferdôvet de hûn.
Deathbed	Stjerbêd	Ús beppe leit op it stjerbêd.
Deathless, Immortal	Ûnstjerlik	Dracula wie ûnstjerlik.
Deceive (I, we, you all, they)	Ferrifelje (Ik, wy, jim, sy, jo)	Ik ferrifelje dy foar jild.
Deceive (You)	Ferrifelest (Dû/Do)	Dû ferrifelest ús foar jild.
Deceived (I, he, she, it)	Ferrifele (Ik, hy, sy, it)	Hy ferrifele my foar jild.
Deceived (We, you all, they)	Ferrifelen (Wy, jim, sy, jo)	Wy ferrifelen dy foar jild.
Deceived (You)	Ferrifelest(e) (Dû/Do)	Dû ferrifeleste ús foar jild.
Deceives (He, she, it)	Ferrifelet (Hy, sy, it)	Sy ferrifelet my foar jild.
December	Desimber	Kryst is yn Desimber.
Decent, Dignified, Genteel	Eptich	In eptich famke.
Decently, Neat	Kwier	Sy wie hiel kwier.
Decide (I)	Beslút (Ik)	Ik beslút wat ik dwaan gean.
Decide (We, you all, they)	Beslute (Wy, jim, sy, jo)	Wy beslute wat wy dwaan geane.
Decide (You)	Beslútst (Dû/Do)	Dû beslútst watstû dwaan giest.
Decided (I, he, she, it)	Besleat (Ik, hy, sy, it)	Ik besleat om fuort te gean.
Decided (PP)	Besletten (PP)	Wy hawwe besletten om fuort te gean.
Decided (We, you all, they)	Besleaten (Wy, jim, sy, jo)	Wy besleaten om fuort te gean.
Decided (You)	Besleatst (Dû/Do)	Dû besleatst om fuort te gean.

English	Frisian	Example
Decides (He, she, it)	Beslút (Hy, sy, it)	Hy beslút wat er dwaan giet.
Decipher, Decode	Ûntsiferje	Kinstû dizze koade ûntsiferje?
Decision	Beslút	It beslút is naam.
Declared (We, you all, they)	Ferklearren (Wy, jim, sy, jo)	Jo ferklearren de oarloch.
Decreased (We, you all, they)	Ferminderen (Wy, jim, sy, jo)	Wy ferminderen de kâns op sykte.
Deed	Died	It wie in goede died.
Deep	Djip	De oseaan is djip.
Deep (Adj.)	Djippe (Adj.)	De djippe oseaan.
Deer, Hart	Hart	Moarns sjochst wol gauris in hart.
Defeated (I, he, she, it)	Fersloech (Ik, hy, sy, it)	Hy fersloech it mûnster.
Defeated (PP)	Ferslein (PP)	De fijân wie ferslein.
Defeated (We, you all, they)	Fersloegen (Wy, jim, sy, jo)	Wy fersloegen it mûnster.
Defeated (You)	Fersloechst (Dû/Do)	Dû fersloechst it mûnster.
Defend	Fordegigje (Older)	Kinstû dysels fordedigje?
Defend (I, we, you all, they)	Ferdigenje (Ik, wy, jim, sy, jo)	Jo ferdigenje josels.
Defend (You)	Ferdigenest (Dû/Do)	Dû ferdigenest dysels.
Defend (I, we, you all, they)	Ferdegigje (Ik, wy, jim, sy, jo)	Wy moatte ús ferdedigje.
Defended (I, he, she, it)	Ferdigene (Ik, hy, sy, it)	Ik ferdigene mysels.
Defended (We, you all, they)	Ferdigenen (Wy, jim, sy, jo)	Jim ferdigenden jimsels.
Defended (You)	Ferdigenest(e) (Dû/Do)	Dû ferdigeneste dysels.
Defends (He, she, it)	Ferdigenet (Hy, sy, it)	Sy ferdigenet harsels.
Define (I, we, you all, they)	Definiearje (Ik, wy, jim, sy, jo)	Wy definiearje it foar dy.
Define (You)	Definiearrest (Dû/Do)	Dû definiearrest it foar ús.
Defined (I, he, she, it)	Definiearre (Ik, hy, sy, it)	Hy definiearre it foar dy.
Defined (We, you all, they)	Definiearren (Wy, jim, sy, jo)	Wy definiearren it foar dy.
Defined (You)	Definiearrest(e) (Dû/Do)	Dû definiearreste it foar ús.
Defines (He, she, it)	Definiearret (Hy, sy, it)	Hy definiearret it foar ús.
Delay, Postpone	Útstelle	Sy sille it projekt útstelle.
Delete (I, we, you all, they)	Ferwiderje (Ik, wy, jim, sy, jo)	Wy ferwiderje de ynformaasje.
Delete (I, we, you all, they)	Wiskje (Ik, wy, jim, sy, jo)	Sy wiskje it antwurd fan it boerd.
Delete (You)	Ferwiderest (Dû/Do)	Dû ferwiderest dyn ynformaasje.
Delete (You)	Wiskest (Dû/Do)	Dû wiskest it antwurd fan it boerd.
Deleted (I, he, she, it)	Ferwidere (Ik, hy, sy, it)	Hy ferwidere de ynformaasje.
Deleted (We, you all, they)	Ferwideren (Wy, jim, sy, jo)	Jim ferwideren de ynformaasje.
Deleted (You)	Ferwiderest(e) (Dû/Do)	Dû ferwidereste dyn ynformaasje.
Deletes (He, she, it)	Ferwideret (Hy, sy, it)	Sy ferwideret de ynformaasje.
Deletes (He, she, it)	Wisket (Hy, sy, it)	Hy wisket it antwurd fan it boerd.
Delicious, Yummy (Adj.)	Hearlike (Adj.)	It hearlike iten.
Delicious, Yummy, Toothsome	Hearlik	It iten wie hearlik.
Deliver (I, we, you all, they)	Besoargje (Ik, wy, jim, sy, jo)	Wy besoargje it iten.
Deliver (You)	Besoargest (Dû/Do)	Dû besoargest it iten.
Delivered (I, he, she, it)	Besoarge (Ik, hy, sy, it)	Hy besoarge it iten.
Delivered (We, you all, they)	Besoargen (Wy, jim, sy, jo)	Sy besoargen it iten.
Delivers (He, she, it)	Besoarget (Hy, sy, it)	Sy besoarget it iten.
Delivery	Besoarging	De besoarging duorret lang.
Delusion, Mirage	Drôch	It wie in drôch.
Demand (I, we, you all, they)	Easkje (Ik, wy, jim, sy, jo)	Wy easkje in protte.
Demand (You)	Easkest (Dû/Do)	Dû easkest in protte.
Demanded (I, he, she, it)	Easke (Ik, hy, sy, it)	Sy easke in protte.
Demanded (We, you all, they)	Easken (Wy, jim, sy, jo)	Wy easken in protte.

English	Frisian	Example
Demanded (You)	Easkest(e) (Dû/Do)	Dû easkeste in protte.
Demands (He, she, it)	Easket (Hy, sy, it)	Hy easket in protte.
Democracy	Demokrasy	Wy libje yn in demokrasy.
Demon	Wriggert	Hy hat in wriggert yn 'e holle.
Demonstrate (I, we, you all, they)	Demonstrearje (Ik, wy, jim, sy, jo)	Sy demonstrearje tsjin ús.
Demonstrate (You)	Demonstrearrest (Dû/Do)	Dû demonstrearrest tsjin ús.
Demonstrated (I, he, she, it)	Demonstrearre (Ik, hy, sy, it)	Sy demonstrearre tsjin ús.
Demonstrated (We, you all, they)	Demonstrearren (Wy, jim, sy, jo)	Wy demonstrearren tsjin dy.
Demonstrated (You)	Demonstrearreste(e) (Dû/Do)	Dû demonstrearreste tsjin ús.
Demonstrates (He, she, it)	Demonstrearret (Hy, sy, it)	Sy demonstrearret tsjin ús.
Denied (I, he, she, it)	Ûntkende (Ik, hy, sy, it)	Hy ûntkende it ferhaal.
Denied (PP)	Ûntkend (PP)	Hy hat ut ferhaal ûntkend.
Denied (We, you all, they)	Ûntkenden (Wy, jim, sy, jo)	Wy ûntkenden it ferhaal.
Denies (He, she, it)	Ûntkent (Hy, sy, it)	Hy ûntkent dyn ferhaal.
Denmark	Denemark	Denemark liket op Fryslân.
Dent	Dûk	Hy hat in dûk yn syn wein.
Dentist	Toskedokter	Guon binne bang foar de toskedokter.
Deny (I)	Ûntken (Ik)	Ik ûntken it ferhaal.
Deny (We, you all, they)	Ûntkenne (Wy, jim, sy, jo)	Sy ûntkenne it ferhaal.
Deny (You)	Ûntkenst (Dû/Do)	Dû ûntkenst it ferhaal.
Dependent	Ôfhinklik	Sy is ôfhinklik fan dy.
Dependent (Adj.)	Ôfhinklike (Adj.)	De ôfhinklike situaasje.
Depict (to)	Ôfbyldzje	Wille it foar ôfbyldzje.
Deposit	Boarch	Hy krijt syn boarch werom.
Depth	Djipte	It skip leit yn de djipte.
Descendant	Neikommeling	Hy is in neikommeling fan ús.
Describe (I)	Beskriuw (Ik)	Ik beskriuw de dieder.
Describe (We, you all, they)	Beskriuwe (Wy, jim, sy, jo)	Sy beskriuwe de dieder.
Describe (You)	Beskriuwst (Dû/Do)	Dû beskriuwst de dieder.
Described (I, he, she, it)	Beskreau (Ik, hy, sy, it)	Hy beskreau de dieder.
Described (PP)	Beskreaun (PP)	Hy hat de dieder beskreaun.
Described (We, you all, they)	Beskreaune (Wy, jim, sy, jo)	Wy beskreaune de dieder.
Described (You)	Beskreaust (Dû/Do)	Dû beskreaust de dieder.
Describes (He, she, it)	Beskriuwt (Hy, sy, it)	Hy beskriuwt de dieder.
Desert	Woastine	It is bot hyt yn de woastine.
Desert	Woastyn (Wōstene, Old Frisian)	It is bot hyt yn de woastyn.
Design	Ynrjochting	Ik fyn de ynrjochting fan dyn hûs noflik.
Desk	Buro	Hy hat in buro yn syn kantoar.
Despite, Notwithstanding	Nettsjinsteande	Nettsjinsteande syn freon, mei 'k him wol.
Destination	Bestimming	Wy binne op ús bestimming oankaam.
Destroy (I, we, you all, they)	Ferneatigje (Ik, wy, jim, sy, jo)	Wy ferneatigje ús takomst.
Destroy (to)	Ferrinnewearje	Wy ferrinnewearje de wrâld.
Destroy (You)	Ferneatigest (Dû/Do)	Dû ferneatigest dyn takomst.
Destroyed (I, he, she, it)	Ferneatige (Ik, hy, sy, it)	Hy ferneatige syn takomst.
Destroyed (We, you all, they)	Ferneatigen (Wy, jim, sy, jo)	Wy ferneatigen ús takomst.
Destroyed (You)	Ferneatigest(e) (Dû/Do)	Dû ferneatigeste dyn takomst.
Destroys (He, she, it)	Ferneatiget (Hy, sy, it)	Hy ferneatiget syn takomst.
Develop (I, we, you all, they)	Ûntwikkelje (Ik, wy, jim, sy, jo)	Sy ûntwikkelje in nij medisyn.
Develop (You)	Ûntwikkelest (Dû/Do)	Dû ûntwikkelest in medisyn.
Developed (I, he, she, it)	Ûntwikkele (Ik, hy, sy, it)	Hy ûntwikkele in medisyn.

English	Frisian	Example
Developed (We, you all, they)	Ûntwikkelen (Wy, jim, sy, jo)	Wy ûntwikkelen in medisyn.
Developed (You)	Ûntwikkelest(e) (Dû/Do)	Dû ûntwikkeleste in medisyn.
Develops (He, she, it)	Ûntwikkelet (Hy, sy, it)	Sy ûntwikkelet in medisyn.
Devil	Deaker	De deaker!
Devil	Deale	No is de deale los!
Devil	Duvel	De duvel is kwea.
Devil	Wearlich	Dat tanket dy de wearlich!
Devise (I)	Betink (Ik)	Ik betink my.
Devise (We, you all, they)	Betinke (Wy, jim, sy, jo)	Wy betinke ús.
Devise (You)	Betinkst (Dû/Do)	Dû betinkst dy.
Devised (I, he, she, it)	Betocht (Ik, hy, sy, it)	Sy betocht har.
Devised (We, you all, they)	Betochten (Wy, jim, sy, jo)	Wy betochten ús.
Devised (You)	Betochst (Dû/Do)	Dû betochst dy.
Devises (He, she, it)	Betinkt (Hy, sy, it)	Hy betinkt him.
Devour (PP)	Fersline (PP)	It mûnster hat se allegear fersline.
Diagonal	Oerhoeks	De line is oerhoeks.
Diagonal	Skrank	De ljedder stiet skrank.
Diagonal	Skriks	De ljedder stiet skriks.
Dial, Call (I, we, you all, they)	Belje (Ik, wy, jim, sy, jo)	Si 'k dy efkes belje?
Dial, Call (You)	Bellest (Dû/Do)	Dû bellest my.
Dialect	Dialekt	Hokfoar dialekt sprekstû?
Dialed, Called (I, he, she, it)	Belle (Ik, hy, sy, it)	Hy belle dy niis.
Dialed, Called (We, you all, they)	Bellen (Wy, jim, sy, jo)	Wy bellen dy niis.
Dialed, Called (You)	Bellest(e) (Dû/Do)	Dû belleste my niis.
Dials, Calls (He, she, it)	Bellet (Hy, sy, it)	Hy bellet dy aanst.
Diamond	Diamant	De diamant is hiel djoer.
Diary	Suvel	Suvel is net sa goed foar dy.
Dictate (I, we, you all, they)	Diktearje (Ik, wy, jim, sy, jo)	Wy diktearje it foar dy.
Dictate (You)	Diktearrest (Dû/Do)	Dû diktearrest it foar my.
Dictate (You)	Diktearrest(e) (Dû/Do)	Dû diktearrest it foar my.
Dictated (I, he, she, it)	Diktearre (Ik, hy, sy, it)	Hy diktearre it foar my.
Dictated (We, you all, they)	Diktearren (Wy, jim, sy, jo)	Wy diktearren it foar dy.
Dictates (He, she, it)	Diktearret (Hy, sy, it)	Sy diktearret it foar my.
Did (I, he, she, it)	Die (Ik, hy, sy, it)	Hy die net mei.
Did (We, you all, they)	Diene (Wy, jim, sy, jo)	Wy diene net mei.
Did (You)	Diest (Dû/Do)	Dû diest net mei.
Die (I)	Ferstjer (Ik)	Ik ferstjer fan de hjitte.
Die (I)	Stjer (Ik)	Ik stjer hjoed noch net.
Die (We, you all, they)	Ferstjerre (Wy, jim, sy, jo)	Wy ferstjerre fan de hjitte.
Die (We, you all, they)	Stjerre (Wy, jim, sy, jo)	Jim stjerre fan de hûnger.
Die (You)	Ferstjerst (Dû/Do)	Dû ferstjerst fan de hjitte.
Die (You)	Stjerst (Dû/Do)	Dû stjerst hjoed noch net.
Die of (I)	Bestjer (Ik)	Ik bestjer fan dizze sykte.
Die of (We, you all, they)	Bestjerre (Wy, jim, sy, jo)	Jo bestjerre fan dizze sykte.
Die of (You)	Bestjerst (Dû/Do)	Dû bestjerst fan dizze sykte.
Died (I, he, she, it)	Stoar (Ik, hy, sy, it)	Hy stoar niis yn syn bêd.
Died (PP)	Stoarn (PP)	Hy is niis yn syn bêd stoarn.
Died (We, you all, they)	Stoaren (Wy, jim, sy, jo)	Sy stoaren niis yn harren bêd.
Died (You)	Stoarst (Dû/Do)	Dû bist hjoed yn dyn bêd stoarn.
Died of (I, he, she, it)	Bestoar (Ik, hy, sy, it)	Hy bestoar fan de sykte.

English	Frisian	Example
Died of (PP)	Bestoarn (PP)	Hy is bestoarn fan de sykte.
Died of (We, you all, they)	Bestoaren (Wy, jim, sy, jo)	Jo bestoaren fan de sykte.
Died of (You)	Bestoarst (Dû/Do)	Dû bestoarst fan de sykte.
Died, Passed away (I, he, she, it)	Ferstoar (Ik, hy, sy, it)	Hy ferstoar fannacht.
Died, Passed away (PP)	Ferstoarn (PP)	Hy is fannacht ferstoarn.
Died, Passed away (You)	Ferstoarst (Dû/Do)	Dû ferstoarst fan 'e kjeld.
Dies (He, she, it)	Ferstjert (Hy, sy, it)	Hy ferstjert fan de hjitte.
Dies (He, she, it)	Stjert (Hy, sy, it)	Hy stjert hjoed noch net.
Dies of (He, she, it)	Bestjert (Hy, sy, it)	Hy bestjert fan dizze sykte.
Differences (Plural)	Ferskillen (Plural)	Wat binne de ferskillen?
Different	Oarser	Hy docht oarser as juster.
Different, Difference	Ferskil	Sy hawwe in ferskil yn miening.
Difficult	Lêstich	Ik fûn dizze fraach lêstich.
Difficult, Hard, Tough	Dreech	Ik fyn it mar dreech.
Dig (Grave, Older English) (I)	Graaf (Ik)	Ik graaf in gat.
Dig (We, you all, they)	Grave (Wy, jim, sy, jo)	Wy grave in gat.
Dig (You)	Graafst (Dû/Do)	Dû graafst in gat.
Digest (I, we, you all, they)	Fertarje (Ik, wy, jim, sy, jo)	Sy fertarje it iten.
Digest (You)	Fertarrest (Dû/Do)	Dû fertarrest it iten.
Digested (I, he, she, it)	Fertarre (Ik, hy, sy, it)	Hy fertarre it iten.
Digested (We, you all, they)	Fertarren (Wy, jim, sy, jo)	Wy fertarren it iten.
Digested (You)	Fertarrest(e) (Dû/Do)	Dû fertarreste it iten.
Digests (He, she, it)	Fertarret (Hy, sy, it)	Sy fertarret it iten.
Digs (He, she, it)	Graaft (Hy, sy, it)	Hy graaft in gat.
Dike	Dyk	Hy rydt oer de dyk hinne.
Dingy	Grûzelich	Ik fyn dizze film grûzelich.
Dinner	Jimmet	Jûn hawwe wy jimmet.
Directing, Lead up	Oanstjoere	Ik sil him efkes oanstjoere.
Dirty, Filthy	Smoarch	Myn skuon binne smoarch.
Dirty, Filthy (Adj.)	Smoarge (Adj.)	De smoarge skuon.
Disadvantage	Neidiel	It is in grut neidiel.
Disagree	Ûniens	Sy is it ûniens mei dy.
Disappear (We, you all, they)	Ferdwine (Wy, jim, sy, jo)	Sy ferdwine yn it tsjuster.
Disappear, Vanish (I)	Ferdwyn (Ik)	Ik ferdwyn yn it tsjuster.
Disappear, Vanish (You)	Ferdwynst (Dû/Do)	Dû ferdwynst yn it tsjuster.
Disappeared (I, he, she, it)	Ferdwûn (Ik, hy, sy, it)	Hy ferdwûn yn it tsjuster.
Disappeared (We, you all, they)	Ferdwûnen (Wy, jim, sy, jo)	Sy ferdwûnen yn it tsjuster.
Disappeared (You)	Ferdwûnst (Dû/Do)	Dû ferdwûnst yn it tsjuster.
Disappears (He, she, it)	Ferdwynt (Hy, sy, it)	Sy ferdwynt yn it tsjuster.
Disappointed	Teloarsteld	It jonge wie teloarsteld nei de útslach.
Disappointing	Tsjinfalle	It feest kin tsjinfalle.
Disapprove	Ôfkarre	Wy sille syn gedrach ôfkarre.
Disarray (I, we, you all, they)	Feravensearje (Ik, wy, jim, sy, jo)	Sille wy alles feravensearje?
Disassemble, Disband	Ûntbine	By dizze wol ik de stifting ûntbine.
Disaster	Ramp	Hjir is in grutte ramp bard.
Disc, Disk	Skiif	It stiet op de skiif.
Discourage (I)	Ûntried (Ik)	Ik ûntried it dy
Discourage (We, you all, they)	Ûntriede (Wy, jim, sy, jo)	Wy ûntriede it dy.
Discourage (You)	Ûntriedst (Dû/Do)	Dû ûntriedst it my.
Discouraged (I, he, she, it)	Ûntrette (Ik, hy, sy, it)	Hy ûntredt it dy.

English	Frisian	Example
Discouraged (PP)	Ûntret (PP)	Ik haw it dy ûntret.
Discouraged (We, you all, they)	Ûntretten (Wy, jim, sy, jo)	Wy ûntretten it dy.
Discouraged (You)	Ûntrettest (Dû/Do)	Dû ûnrettest it my.
Discourages (He, she, it)	Ûntriedt (Hy, sy, it)	Hy ûntriedt it my.
Discover, Uncover (I)	Ûntdek (Ik)	Ik ûntdek in nije pyramide.
Discover (We, you all, they)	Ûntdekke (Wy, jim, sy, jo)	Wy ûntdekke in nije pyramide.
Discover, Uncover (You)	Ûntdekst (Dû/Do)	Dû ûntdekst in nije pyramide.
Discovered (I, he, she, it)	Ûntduts (Ik, hy, sy, it)	Hy ûntsduts in skelet.
Discovered, Uncovered (You)	Ûntdutst (Dû/Do)	Dû ûntdutst in skelet.
Discoverer	Ûntdekker	De ûntdekker hat eat fûn.
Discovers, Uncovers (He, she, it)	Ûntdekt (Hy, sy, it)	Hy ûntdekt in nije pyramide.
Discuss (I)	Bepraat (Ik)	Ik bepraat de situaasje.
Discuss (We, you all, they)	Beprate (Wy, jim, sy, jo)	Wy beprate de situaasje.
Discuss (You)	Bepraatst (Dû/Do)	Dû bepraatst de situaasje.
Discuss (I, we, you all, they)	Diskusearje (Ik, wy, jim, sy, jo)	Wy diskusearje oer it libben.
Discuss, Argue (You)	Diskusearrest (Dû/Do)	Dû diskusearrest oer it libben.
Discussed (I, he, she, it)	Beprate (Ik, hy, sy, it)	Hy beprate de situaasje.
Discussed (We, you all, they)	Bepraatten (Wy, jim, sy, jo)	Wy bepraatten de situaasje.
Discussed (We, you all, they)	Diskusearren (Wy, jim, sy, jo)	Wy diskusearren oer it libben.
Discussed (You)	Bepratest (Dû/Do)	Dû bepratest de situaasje.
Discussed, Argued (I, he, she, it)	Diskusearre (Ik, hy, sy, it)	Hy diskusearre oer it libben.
Discussed, Argued (You)	Diskusearrest(e) (Dû/Do)	Dû diskusearreste oer it libben.
Discusses (He, she, it)	Bepraat (Hy, sy, it)	Sy bepraat de situaasje.
Discusses, Argues (He, she, it)	Diskusearret (Hy, sy, it)	Hy diskusearret oer it libben.
Discussion	Diskusje	It wie in goede diskusje.
Disgust, Loathing	Wearze	Hy hat in grutte wearze tsjin dy.
Disgusting, Rancid	Rânzich	It iten wie rânzich.
Dishonest, Not fair, Unfair	Ûnearlik	De situaasje is ûnearlik.
Display	Werjefte	De werjefte is ûndúdlik.
Distance	Ôfstân	De ôfstân is my te grut.
Distinguish (I)	Ûnderskied (Ik)	Ik ûnderskied my fan oaren.
Distinguish (We, you all, they)	Ûnderskiede (Wy, jim, sy, jo)	Wy ûnderskiede ús fan oaren.
Distinguish (You)	Ûnderskiedst (Dû/Do)	Dû ûnderskiedst dy fan oaren.
Distinguished (I, he, she, it)	Ûnderskate (Ik, hy, sy, it)	Hy ûnderskate him fan oaren.
Distinguished (We, you all, they)	Ûnderskaten (Wy, jim, sy, jo)	Wy ûnderskaten ús fan oaren.
Distinguished (You)	Ûnderskatest (Dû/Do)	Dû ûnderskatest dy fan oaren.
Distinguishes (He, she, it)	Ûnderskiedt (Hy, sy, it)	Sy ûnderskiedt har fan oaren.
Distract	Ôfliede	Sy wolle him ôfliede.
Distraction	Ôflieding	Hy hat foar ôflieding soarge.
Distraught	Riedeleas	Sy wie riedeleas.
Distribute (We, you all, they)	Ferspriede (Wy, jim, sy, jo)	Wy ferspriede it firus.
Disturb (He, she, it)	Fersteurt (Hy, sy, it)	Hy fersteurt de stilte.
Disturb (I)	Fersteur (Ik)	Ik fersteur de stilte.
Disturb (We, you all, they)	Fersteure (Wy, jim, sy, jo)	Wy fersteure de stilte.
Disturb (You)	Fersteurst (Dû/Do)	Dû fersteurst de stilte.
Ditch	Sleat	De sleat rint fol mei wetter.
Ditches (Plural)	Sleatten (Plural)	De sleatten rinne fol mei wetter.
Dive (I)	Dûk (Ik)	Ik dûk yn it wetter.
Dive (We, you all, they)	Dûke (Wy, jim, sy, jo)	Sy dûke yn it wetter.
Dive (You)	Dûkst (Dû/Do)	Dû dûkst yn it wetter.

English	Frisian	Example
Diver	Dûker	De dûker siket haaien.
Dives (He, she, it)	Dûkt (Hy, sy, it)	Sy dûkt yn it wetter.
Divide, Split (I)	Ferdiel (Ik)	Ik ferdiel de ynkomsten.
Divide, Split (We, you all, they)	Ferdiele (Wy, jim, sy, jo)	Jim ferdiele de ynkomsten.
Divide, Split (You)	Ferdielst (Dû/Do)	Dû ferdielst de ynkomsten.
Divided (I, he, she, it)	Ferdielde (Ik, hy, sy, it)	Hy ferdielde de ynkomsten.
Divided (PP)	Ferdield (PP)	Hy hat de ynkomsten ferdield.
Divided (We, you all, they)	Ferdielden (Wy, jim, sy, jo)	Wy ferdielden de ynkomsten.
Divided (You)	Ferdieldest (Dû/Do)	Dû ferdieldest de ynkomsten.
Divided, Splits (He, she, it)	Ferdielt (Hy, sy, it)	Hy ferdielt de ynkomsten.
Divorce	Skieding	Myn âlders geane troch in skieding.
Dizzy	Dûzelich	De knyn is dûzelich.
Dizzy	Dûzich	Bin noch in bytsje dûzich.
Dizzy (Adj.)	Dûzelige (Adj.)	De dûzelige knyn.
Do	Dogge	Wy dogge hjoed neat.
Do	Dwaan	Hy moat noch in protte dwaan.
Do (I)	Doch (Ik)	Ik doch de doar iepen.
Do (You)	Dochst (Dû/Do)	Dû dochst de doar iepen.
Do the dishes	Ôfwaskje	Wolstû hjoed ôfwaskje?
Doctor	Dokter	De dokter skriuwt eat op.
Dodge (I)	Ûntdûk (Ik)	Ik ûntdûk de balle.
Dodge (I)	Ûntwyk (Ik)	Ik ûntwyk de bal.
Dodge (We, you all, they)	Ûntwike (Wy, jim, sy, jo)	Wy ûntwike de balle.
Dodge (You)	Ûntdûkst (Dû/Do)	Dû ûntdûkst de balle.
Dodge (You)	Ûntwykst (Dû/Do)	Dû ûntwykst de bal.
Dodged (I, he, she, it)	Ûntdoek (Ik, hy, sy, it)	Hy ûntdoek in nije pyramide.
Dodged (I, he, she, it)	Ûntwiek (Ik, hy, sy, it)	Hy ûntwiek de balle.
Dodged (We, you all, they)	Ûntdoeken (Wy, jim, sy, jo)	Sy ûntdoeken in nije pyramide.
Dodged (We, you all, they)	Ûntwieken (Wy, jim, sy, jo)	Wy ûntwieken de balle.
Dodged (You)	Ûntdoekst (Dû/Do)	Dû ûntdoekst in nije pyramide.
Dodged (You)	Ûntwiekst (Dû/Do)	Dû ûntwiekst de balle.
Dodges (He, she, it)	Ûntdûkt (Hy, sy, it)	Sy ûntdûkt de balle.
Dodges (He, she, it)	Ûntwykt (Hy, sy, it)	Sy ûntwykt de bal.
Does (He, she, it)	Docht (Hy, sy, it)	It docht in bytsje sear.
Dog (Dim.)	Hûntsje (Dim.)	It is dochs in leaf hûntsje.
Dog, Hound	Houn (Older)	Myn houn docht neat hear.
Dog, Hound	Hûn	Myn hûn docht neat hear.
Dogs (Plural)	Hûnen (Plural)	Myn hûnen dogge neat hear.
Doll	Poppe	It famke boartet mei de poppe.
Dolphin	Dolfyn	De dolfyn swimt yn it wetter.
Dolphins (Plural)	Dolfinen (Plural)	De dolfinen swimme yn it wetter.
Dominate	Oerwâldzje	Wy oerwâldzje de fijân.
Dominate (I, we, you all, they)	Dominearje (Ik, wy, jim, sy, jo)	Wy dominearje dizze wedstriid.
Dominate (I, we, you all, they)	Oerhearskje (Ik, wy, jim, sy, jo)	Wy oerhearskje de krite.
Donate (I, we, you all, they)	Donearje (Ik, wy, jim, sy, jo)	Wy donearje jild oan in goed doel.
Donation	Donaasje	Sy docht in donaasje.
Done (Food is well-cooked)	Gear	It iten is gear.
Done (PP)	Dien (PP)	Hy hat it dien.
Donkey, Ass	Ezel	De ezel makket in protte lûd.
Don't touch	Ôfbliuwe	Hy moat fan my ôfbliuwe.

English	Frisian	Example
Doom, Destruction	Ûndergong	Dat kin ús ûndergong wurde!
Door	Doar	Doch de doar efkes iepen.
Door (Dim.)	Doarke (Dim.)	It hûske hat in lyts doarke.
Doors (Plural)	Doarren (Plural)	De doarren binne iepen.
Dormancy, Hibernation	Wintersliep	De bear giet yn syn wintersliep.
Double	Dûbel	Ik haw dizze kaarten dûbel.
Double (Adj.)	Dûbele (Adj.)	Ik haw dûbele kaarten.
Double (I, we, you all, they)	Ferdûbelje (Ik, wy, jim, sy, jo)	Wy ferdûbelje de skoare.
Double (You)	Ferdûbelest (Dû/Do)	Dû ferdûbelest dyn skoare.
Doubled (I, he, she, it)	Ferdûbele (Ik, hy, sy, it)	Hy ferdûbele syn skoare.
Doubled (We, you all, they)	Ferdûbelen (Wy, jim, sy, jo)	Wy ferdûbelen ús skoare.
Doubled (You)	Ferdûbeleste(e) (Dû/Do)	Dû ferdûbeleste dyn skoare.
Doubles (He, she, it)	Ferdûbelet (Hy, sy, it)	Sy ferdûbelet har skoare.
Doubt	Twifel	Hy hat in twifel.
Doubt (I, we, you all, they)	Twifelje (Ik, wy, jim, sy, jo)	Sy twifelje oer harren beslút.
Doubt (You)	Twifelest (Dû/Do)	Dû twifelst oer dyn beslút.
Doubts (He, she, it)	Twifelet (Hy, sy, it)	Hy twifelet oer syn beslút.
Dove (I, he, she, it)	Doek (Ik, hy, sy, it)	Ik doek it wetter yn.
Dove (We, you all, they)	Doeken (Wy, jim, sy, jo)	Sy doeken it wetter yn.
Dove (You)	Doekst (Dû/Do)	Dû doekst it wetter yn.
Dove, Pigeon	Do	De do sit op it dak.
Down, Going down	Del	Hy giet del.
Download	Ynlade	It moat noch efkes ynlade.
Dragon	Draek	De draek sjocht der lilk út
Dragon, Drake	Draak	Dizze draak sjocht der lilk út.
Dragons (Plural)	Draken (Plural)	Binne der ea draken west?
Drain	Ôffier	De ôffier sit wer ris ferstoppe.
Drank (I, he, she, it)	Dronk (Ik, hy, sy, it)	Hy dronk in protte alkohol.
Drank (We, you all, they)	Dronken (Wy, jim, sy, jo)	Wy dronken in protte alkohol.
Drank (You)	Dronkst (Dû/Do)	Dû dronkst in protte alkohol.
Draw (I, we, you all, they)	Tekenje (Ik, wy, jim, sy, jo)	Sy tekenje op de muorre.
Draw (You)	Tekenest (Dû/Do)	Dû tekenest op de muorre.
Draws (He, she, it)	Tekenet (Hy, sy, it)	Sy tekenet op de muorre.
Dream	Dream	De noflike dream.
Dream (I)	Dream (Ik)	Ik dream oer in fûgel.
Dream (We, you all, they)	Dreame (Wy, jim, sy, jo)	Sy dreame oer in fûgel.
Dream (You)	Dreamst (Dû/Do)	Dû dreamst oer in fûgel.
Dreamed (I, he, she, it)	Dreamde (Ik, hy, sy, it)	Hy dreamde oer in fûgel.
Dreamed (We, you all, they)	Dreamden (Wy, jim, sy, jo)	Sy dreamden oer in fûgel.
Dreamed (You)	Dreamdest (Dû/Do)	Dû dreamdest oer in fûgel.
Dreamer	Dreamer	It jonkje is in dreamer.
Dreams (He, she, it)	Dreamt (Hy, sy, it)	Hy dreamt oer in fûgel.
Dreams (Plural)	Dreamen (Plural)	Ik hie fannacht in soad dreamen.
Dress up	Forklaeije (Older)	Wy wolle ús noch efkes forklaeije.
Dress up (I)	Ferklaai (Ik)	Ik ferklaai my yn myn keamer.
Dress up (We, you all, they)	Ferklaaie (Wy, jim, sy, jo)	Jim ferklaaie jim yn dy keamer.
Dress up (You)	Ferklaaist (Dû/Do)	Dû ferklaaist dy aanst.
Dressed up (I, he, she, it)	Ferklaaide (Ik, hy, sy, it)	Sy ferklaaide har yn har keamer.
Dressed up (PP)	Ferklaaid (PP)	Ik haw my ferklaaid yn myn keamer.
Dressed up (We, you all, they)	Ferklaaiden (Wy, jim, sy, jo)	Sy ferklaaiden harren yn de keamer.

English	Frisian	Example
Dressed up (You)	Ferklaaidest (Dû/Do)	Dû ferklaaidest dy yn dyn keamer.
Dresses up (He, she, it)	Ferklaait (Hy, sy, it)	Hy ferklaait him aanst.
Drew (I, he, she, it)	Tekene (Ik, hy, sy, it)	Sy tekene op de muorre.
Drew (We, you all, they)	Tekenen (Wy, jim, sy, jo)	Wy tekenen op de muorre.
Drew (You)	Tekenest(e) (Dû/Do)	Dû tekeneste op de muorre.
Drift off	Ôfdriuwe	Tink derom, wy moatte net ôfdriuwe!
Drink (I)	Drink (Ik)	Ik drink in protte alkohol.
Drink (We, you all, they)	Drinke (Wy, jim, sy, jo)	Sy drinke in protte alkohol.
Drink (You)	Drinkst (Dû/Do)	Dû drinkst in protte alkohol.
Drinker, Boozer	Sûper	Hy is in echte sûper.
Drinks (He, she, it)	Drinkt (Hy, sy, it)	Hy drinkt in protte alkohol.
Drive away	Fuortdriuwe	Wy moatte de skiep fuortdriuwe.
Drive away (to)	Fuortride	Wy moatte gau fuortride.
Drive, Ride (I)	Ryd (Ik)	Ik ryd troch it doarp.
Drive, Ride (We, you all, they)	Ride (Wy, jim, sy, jo)	Sy ride troch it doarp.
Drive, Ride (You)	Rydst (Dû/Do)	Dû rydst troch it doarp.
Drives, Rides (He, she, it)	Rydt (Hy, sy, it)	Hy rydt troch it doarp.
Driveway	Reed	Hy ried by ús de reed yn.
Droughty, Arid, Dry	Toar	It lân is toar.
Drove, Rode (I, he, she, it)	Ried (Ik, hy, sy, it)	Sy ried troch it doarp.
Drove, Rode (We, you all, they)	Rieden (Wy, jim, sy, jo)	Sy rieden troch it doarp.
Drove, Rode (You)	Riedst (Dû/Do)	Dû riedst troch it doarp.
Drown (I)	Ferdrink (Ik)	Ik ferdrink hast yn 'e fiver.
Drown (We, you all, they)	Ferdrinke (Wy, jim, sy, jo)	Jo ferdrinke hast yn 'e fiver.
Drown (You)	Ferdrinkst (Dû/Do)	Dû ferdrinkst hast yn 'e fiver.
Drowned (I, he, she, it)	Ferdronk (Ik, hy, sy, it)	Hy ferdronk hast yn 'e fiver.
Drowned (We, you all, they)	Ferdronken (Wy, jim, sy, jo)	Jo ferdronken hast yn 'e fiver.
Drowned (You)	Ferdronkst (Dû/Do)	Dû ferdronkst hast yn 'e fiver.
Drowns (He, she, it)	Ferdrinkt (Hy, sy, it)	Sy ferdrinkt hast yn 'e fiver.
Dry	Drûch	De grûn is drûch.
Dry (Adj.)	Drûge (Adj.)	De drûge grûn.
Dryer	Drûger	Myn klean sitte yn de drûger.
Duck	Ein	De ein driuwt op it wetter.
Dude, Churl	Tsjirl	In bêste tsjirl.
Dug (I, he, she, it)	Groef (Ik, hy, sy, it)	Hy groef in grut gat.
Dug (We, you all, they)	Groeven (Wy, jim, sy, jo)	Sy groeven in grut gat.
Dug (You)	Groefst (Dû/Do)	Dû groefst in grut gat.
Dull	Dof	De seage is dof wurden.
Dumb, Stupid	Dom	Hy is sa oergryslik dom.
Dumping ground	Stoart	Wy bringe ús guod nei it stoart.
Dune	Dún	De wyn hat de dún makke.
Dungeon	Kerker	It mûnster yn 'e kerker.
Durable	Hâldber	Is dizze tsiis noch langer hâldber?
During	Tidens	Tidens it iten is der ea bard.
During the day	Oerdeis	Oerdeis is it lekker waarm.
Dusk	Skimer	It is in bytsje skimer.
Dust	Stof	Yn dizze keamer leit in protte stof.
Dutch	Hollânsk	De man koe allinnich Hollânsk prate.
Dutch	Nederlânsk	Kinstû Nederlânsk ferstean?
Dutch (Adj.)	Hollânske (Adj.)	De Hollânske man koe gjin Frysk ferstean.

English	Frisian	Example
Dutch (Adj.)	Nederlânske (Adj.)	De Nederlânske taal feroaret ek.
Duty	Plicht	It is dyn plicht.
Duty	Tsjinst	Hy is yn tsjinst.
Dwarf	Dwerch	De dwerch wie lyts.
Dying	Deagean	It hynder is oan it deagean.
Dying	Stjerrende	Dizze man is stjerrende.
Each	Elke	Elke dei is wer oars.
Each	Eltse	Eltse kear moat ik wer laitsje.
Each other	Elkoar	Wy hawwe elkoar.
Eagle, Erne	Earn	De earn siket om in proai.
Ear	Ear	Mei myn ear kin ik hearre.
Ear (Dim.)	Earke (Dim.)	Hy hat in lyts earke.
Early	Betiid	Hy fan 'e moarn betiid fan bêd.
Earn (I, we, you all, they)	Fertsjinje (Ik, wy, jim, sy, jo)	Ik fertsjinje in protte jild.
Earn (You)	Fertsjinnest (Dû/Do)	Dû fertsjinnest in protte jild.
Earned (I, he, she, it)	Fertsjinne (Ik, hy, sy, it)	Hy fertsjinne in protte jild.
Earned (We, you all, they)	Fertsjinnen (Wy, jim, sy, jo)	Wy fertsjinnen in protte jild.
Earned (You)	Fertsjinnest(e) (Dû/Do)	Dû fertsjinneste in protte jild.
Earns (He, she, it)	Fertsjinnet (Hy, sy, it)	It fertsjinnet in protte jild.
Earring	Earbel	Sy hat in earbel yn it ear.
Earring	Earring	Sy hat in earring yn it ear.
Ears (Plural)	Earen (Plural)	Mei myn earen kin ik dy hearre.
Earth	Ierde	De ierde is oergryslik grut.
Earthquake	Ierdskodding (Irthbivinge, Old Frisian)	In ierdskodding hat hûzen ferneatige.
East	East	East fan dy.
Easter	Peaske	Fiere jim peaske ek?
Eastern	Easten	De wyn komt út it easten.
Easy	Maklik	It eksamen wie maklik.
Easy (Adj.)	Maklike (Adj.)	It maklike eksamen.
Eat (As an animal) (I)	Fret (Ik)	Ik fret it iten op.
Eat (As an animal) (We, you all, they)	Frette (Wy, jim, sy, jo)	Jim frette it iten op.
Eat (As an animal) (You)	Fretst (Dû/Do)	Dû fretst it iten op.
Eat (I)	Yt (Ik)	Ik yt in prûm.
Eat (We, you all, they)	Ite (Wy, jim, sy, jo)	Wy ite bôle mei tsiis.
Eat (You)	Ytst (Dû/Do)	Dû ytst in prûm.
Eatable, Edible	Ytber	Is dizze prûm ytber?
Eaten (PP)	Iten (PP)	Hy hat it iten.
Eats (As an animal) (He, she, it)	Fret (Hy, sy, it)	Hy fret it iten op.
Eats (He, she, it)	Yt (Hy, sy, it)	Sy yt in prûm.
Eavesdropping	Ôfharkje	Ien wol ús ôfharkje.
Echo	Wjerlûd	Yn dizze grot kinst dyn wjerlûd hearre.
Economize (I, we, you all, they)	Soberearje (Ik, wy, jim, sy, jo)	Wy moatte soberearje.
Economize (I, we, you all, they)	Sparje (Ik, wy, jim, sy, jo)	Ik sparje jild foar letter.
Economize, Save (You)	Sparrest (Dû/Do)	Dû sparrest foar letter.
Economized, Saved (I, he, she, it)	Sparre (Ik, hy, sy, it)	Hy sparre foar letter.
Economized (We, you all, they)	Sparren (Wy, jim, sy, jo)	Sy sparren foar letter.
Economized, Saved (You)	Sparrest(e) (Dû/Do)	Dû sparreste foar letter.
Economizes, Saves (He, she, it)	Sparret (Hy, sy, it)	Hy sparret foar letter.
Economy	Ekonomy	It giet net goed mei de ekonomy.
Ecuador (Country)	Ekwador (Country)	Wy binne no yn Ekwador.

English	Frisian	Example
Edge, Rim, Brim	Râne	It jonkje leit de koarste op de râne.
Edition	Edysje	It is de nije edysje
Education	Oplieding	Ik haw in oplieding yn de fersoarging.
Education	Ûnderwiis	Is it ûnderwiis goed?
Eel	Iel	De iel swom troch it wetter.
Effect, Working-out	Útwurking	De útwurking fan it medisyn komt letter.
Egg	Aai	It aai is grut.
Egg yolk	Aaigiel	It aaigiel moat goed wêze.
Eggs (Plural)	Aaien (Plural)	De aaien binne grut.
Egoist, Self-seeker	Albegear	Dû bist in albegear.
Egypt (Country)	Egypte (Country)	Bistû alris yn Egypte west?
Eight	Acht	Jo hawwe acht hynders.
Elbow	Earmtakke	Hy is op syn earmtakke fallen.
Elder	Âlderling	Dizze man is in âlderling.
Election	Ferkiezing	Wa sil de ferkiezing winne?
Electric	Elektrysk	Myn wein is elektrysk.
Electric (Adj.)	Elektryske (Adj.)	De elektryske wein.
Electricity	Elektrisiteit	It bedriuw hat gjin elektrisiteit.
Elephant	Oaljefant	De oaljefant rint rêstich oer it lân.
Elf	Elf	It mearke giet oer in elf.
Eliminate (I, we, you all, they)	Eliminearje (Ik, wy, jim, sy, jo)	Wy eliminearje alle sûkers.
Eliminate (You)	Eliminearrest (Dû/Do)	Dû eliminearrest alle sûkers.
Eliminated (I, he, she, it)	Eliminearre (Ik, hy, sy, it)	Hy eliminearre alle sûkers.
Eliminated (We, you all, they)	Eliminearren (Wy, jim, sy, jo)	Jim eliminearren alle sûkers.
Eliminated (You)	Eliminearrest(e) (Dû/Do)	Dû eliminearreste alle sûkers.
Eliminates (He, she, it)	Eliminearret (Hy, sy, it)	Sy eliminearret alle sûkers.
Embrace (I, we, you all, they)	Omearmje (Ik, wy, jim, sy, jo)	Wy omearmje ús problemen.
Emergency	Needtastân	Wy sitte yn in needtastân.
Emigration	Emigraasje	De emigraasje nei in oar lân.
Emotion, Feeling	Emoasje	Hy toant gjin emoasje.
Employee	Wurknimmer	Ik bin in wurknimmer by it bedriuw.
Employer	Wurkjouwer	De wurkjouwer jout my wurk.
Empty (Adj.)	Lege (Adj.)	De lege amer.
Empty, Blank, Void	Leech	De amer is hielendal leech.
Enable	Ynskeakelje	Si 'k de plysje ynskeakelje?
Encourage	Oanpoanne	Faaks moatst him oanpoanne.
End	Ein	It ein is yn sicht.
End, Finish (I, we, you all, they)	Einigje (Ik, wy, jim, sy, jo)	Wy eindigje it ferhaal.
End, Finish (You)	Einigest (Dû/Do)	Dû eindigest it ferhaal.
Ended, Finished (I, he, she, it)	Einige (Ik, hy, sy, it)	Sy einige it ferhaal.
Ended, Finished (We, you all, they)	Einigen (Wy, jim, sy, jo)	Jim einigen it ferhaal.
Ended, Finished (You)	Einigest(e) (Dû/Do)	Dû eindigeste it ferhaal.
Endless	Einleas	Dizze wei is einleas.
Endlessly	Einleaze	De einleaze wei.
Ends, Finishes (He, she, it)	Einiget (Hy, sy, it)	Hy eindiget it ferhaal.
Endure (I, we, you all, they)	Ferduorje (Ik, wy, jim, sy, jo)	Wy ferduorje de pine.
Endure (You)	Ferduorrest (Dû/Do)	Dû ferduorrest de pine.
Endured (I, he, she, it)	Ferduorre (Ik, hy, sy, it)	Hy ferduorre de pine.
Endured (We, you all, they)	Ferduorren (Wy, jim, sy, jo)	Jim ferduorren de pine.
Endured (You)	Ferduorrest(e) (Dû/Do)	Dû ferduorreste de pine.

English	Frisian	Example
Endures (He, she, it)	Ferduorret (Hy, sy, it)	Sy ferduorret de pine.
Energy	Enerzjy	De hûn hat gjin enerzjy mear.
Engagement	Boask	It boask fan ús âlders.
England (Country)	Ingelân (Country)	Ingelân leit tichtby Fryslân.
English	Ingelsk	Ingelsk stiet tichtby it Frysk.
English (Adj.)	Ingelske (Adj.)	De Ingelske man kin in bytsje Frysk.
Enjoy (I, we, you all, they)	Genietsje (Ik, wy, jim, sy, jo)	Sy genietsje fan de dei.
Enjoy (You)	Genietest (Dû/Do)	Dû genietest fan de dei.
Enjoyed (I, he, she, it)	Genoat (Ik, hy, sy, it)	Sy genoat fan 'e dei.
Enjoyed (We, you all, they)	Genoaten (Wy, jim, sy, jo)	Sy genoaten fan 'e dei.
Enjoyed (You)	Genoatst (Dû/Do)	Dû genoatst fan 'e dei.
Enjoys (He, she, it)	Genietet (Hy, sy, it)	Sy genietet fan 'e dei.
Enough	Genôch	Jo hawwe genôch hân.
Entertained (We, you all, they)	Fermakken (Wy, jim, sy, jo)	Wy fermakken ús dêr.
Entertainment	Ferdivedaasje	Sy hawwe ferdivedaasje nedich.
Enthusiasm	Entûsjasme	Mei entûsjasme dogge wy it.
Entire	Gâns	Gâns Fryslân hat fan dy heard.
Entire (Adj.)	Gânze (Adj.)	De gânze wrâld.
Environment, Surroundings	Omjouwing	Dizze omjouwing is rêstich.
Episode	Ôflevering	Hjoed komt der wer in nije ôflevering.
Equality	Gelikens	Hy wol gelikens foar manlju en froulju.
Era	Tiidrek	Yn hokfoar tiidrek is dat foarkaam?
Escalate (I, we, you all, they)	Eskalearje (Ik, wy, jim, sy, jo)	Wy eskalearje de situaasje.
Escalate (You)	Eskalearrest (Dû/Do)	Dû eskalearrest de situaasje.
Escalated (I, he, she, it)	Eskalearre (Ik, hy, sy, it)	Hy eskalearre de situaasje.
Escalated (We, you all, they)	Eskalearren (Wy, jim, sy, jo)	Wy eskalearren de situaasje.
Escalated (You)	Eskalearrest(e) (Dû/Do)	Dû eskalearreste de situaasje.
Escalates (He, she, it)	Eskalearret (Hy, sy, it)	Sy eskalearret de situaasje.
Escape, Get away (I)	Ûntkom (Ik)	Ik ûntkom dy.
Escape (We, you all, they)	Ûntkomme (Wy, jim, sy, jo)	Wy ûntkomme dy.
Escape, Get away (You)	Ûntkomst (Dû/Do)	Dû ûntkomst my.
Escaped, Got away (I, he, she, it)	Ûntkaam (Ik, hy, sy, it)	De fisk ûntkaam my.
Escaped (We, you all, they)	Ûntkamen (Wy, jim, sy, jo)	Wy ûntkamen dy.
Escaped, Got away (You)	Ûntkaamst (Dû/Do)	Dû ûntkaamst my.
Escapes, Gets away (He, she, it)	Ûntkomt (Hy, sy, it)	De fisk ûntkomt my.
Especially	Foaral	Foaral foar him is it muoilik.
Establish (I, we, you all, they)	Fêstigje (Ik, wy, jim, sy, jo)	Wy fêstigje ús goed yn it nije plak.
Establish (You)	Fêstigest (Dû/Do)	Dû fêstigest dy goed yn it nije plak.
Established (I, he, she, it)	Fêstige (Ik, hy, sy, it)	Sy fêstige har goed yn it nije plak.
Established (We, you all, they)	Fêstigen (Wy, jim, sy, jo)	Wy fêstigen ús goed yn it nije plak.
Established (You)	Fêstigest(e) (Dû/Do)	Dû fêstigeste dy goed yn it nije plak.
Establishes (He, she, it)	Fêstiget (Hy, sy, it)	Hy fêstiget him goed yn it nije plak.
Estimate	Ynskatting	Ik sil in ynskatting meitsje.
Estimation	Skatting	It is mar in skatting.
Estonia	Estlân (Country)	Estlân leit njonken Ruslân.
Eternal, Forever	Ivich	It sil foar ivich sa bliuwe.
Eternal, Forever (Adj.)	Ivige (Adj.)	It ivige fjoer.
Ethiopia	Etioopje (Country)	Wy binne nei Etioopje west.
Europe	Europa	Hoe folle lannen hat Europa?
Europe	Jeropa	Jeropa hat in protte lannen.

English	Frisian	Example
Evening	Joun (Older)	It sil joun wol let wurde.
Evening	Jûn	It sil jûn wol let wurde.
Evening at dusk, Twilight,	Skroarjûn	It wie in skroarjûn.
Evenly, Equable	Lykmjittich	Wy moatte elkoar as lykmjittich besjen.
Event, Occurrence	Barren	It is in grut barren.
Eventually, Sooner or later	Úteinlik	Úteinlik binne wy thús kaam.
Ever	Ea	Soe it ea barre?
Ever, Sometimes	Wolris	Hastû wolris in bear sjoen?
Everyone	Elkenien	Elkenien krijt in kâns.
Everyone	Eltsenien	Eltsenien hat de film sjoen.
Everywhere	Oeral	Hy is oeral west.
Evil	Kwea (Kwâd, Old Frisian)	Der in protte kwea op de wrâld.
Evil (Adj.)	Kweade (Adj.)	De kweade minsken.
Evil friend	Kweafreon	Hy is in kweafreon.
Evolution	Evolúsje	Komt evolúsje noch foar?
Exactly	Krekt	Krekt sa!
Exactly (Adj.)	Krekte (Adj.)	De krekte omskriuwing.
Exaggerate (I)	Oerdriuw (Ik)	Ik oerdriuw myn ferhaal.
Exaggerate (We, you all, they)	Oerdriuwe (Wy, jim, sy, jo)	Wy oerdriuwe ús ferhaal.
Exaggerate (You)	Oerdriuwst (Dû/Do)	Dû oerdriuwst dyn ferhaal.
Exaggerated (I, he, she, it)	Oerdreau (Ik, hy, sy, it)	Hy oerdreau oer syn libben.
Exaggerated (PP)	Oerdreaun (PP)	Hy hat oerdrean.
Exaggerated (We, you all, they)	Oerdreaune (Wy, jim, sy, jo)	Wy oerdreaune graach oer ús libben.
Exaggerated (You)	Oerdreaust (Dû/Do)	Dû oerdreaust oer dyn ûnderfingen.
Exaggerates (He, she, it)	Oerdriuwt (Hy, sy, it)	Hy oerdriuwt syn ferhaal.
Example	Foarbyld	Wy moatte in foarbyld oan him nimme.
Examples (Plural)	Foarbylden (Plural)	Hastû hjir foarbylden fan?
Exams	Eksamen	Hastû dyn eksamen goed makke?
Excellent, Pretty	Skoander	In skoander frommes.
Except	Útsein	Alles mei, útsein dit.
Excess	Oerdied	Hy hat in oerdied fan it medisyn hân.
Exchange	Útwiskeling	De útwiskeling fan it guod is goed gien.
Exclamation mark	Útropteken	Dû bist it útropteken ferjitten.
Exclude	Útslute	Wy kinne it noch net útslute.
Excrete	Útskiede	It focht wurdt útskiede troch de hûd.
Excused (We, you all, they)	Ferûntskuldigen (Wy, jim, sy, jo)	Jim ferûntskuldigen jimsels.
Exhale, Breathe out	Útazemje	Rêstich útazemje.
Exist (I)	Bestean (Ik)	Ik bestean foar in lange tiid.
Exist (We, you all, they)	Besteane (Wy, jim, sy, jo)	Wy besteane foar in lange tiid.
Exist (You)	Bestiest (Dû/Do)	Dû bestiest foar in lange tiid.
Existed (I, he, she, it)	Bestie (Ik, hy, sy, it)	Ik bestie foar in lange tiid.
Existed (PP)	Bestien (PP)	Wy hawwe foar in lange tiid bestien.
Existed (We, you all, they)	Bestiene (Wy, jim, sy, jo)	Wy bestiene foar in lange tiid.
Existed (You)	Bestiest(e) (Dû/Do)	Dû bestieste foar in lange tiid.
Exists (He, she, it)	Bestiet (Hy, sy, it)	It bestiet foar in lange tiid.
Exit	Útgong	Wêr is de útgong?
Expansion, Extension	Útwreiding	Wy hawwe in útwreiding nedich.
Expect (I, we, you all, they)	Ferwachtsje (Ik, wy, jim, sy, jo)	Wy ferwachtsje neat.
Expect (You)	Ferwachtest (Dû/Do)	Dû ferwachtest neat har.
Expected (I, he, she, it)	Ferwachte (Ik, hy, sy, it)	Hy ferwachte neat fan dy.

English	Frisian	Example
Expected (We, you all, they)	Ferwachten (Wy, jim, sy, jo)	Wy ferwachten neat fan dy.
Expected (You)	Ferwachtest(e) (Dû/Do)	Dû ferwachteste neat har.
Expects (He, she, it)	Ferwachtet (Hy, sy, it)	Hy ferwachtet neat fan dy.
Expedition	Ekspedysje	Wy geane moarn op ekspedysje.
Expenses	Ûnkosten	Wy hawwe in protte ûnkosten makke.
Expensive (Adj.)	Djoere (Adj.)	De djoere fakânsje.
Expensive, Dear	Djoer	De fakânsje is djoer.
Experience	Ûnderfining	De ûnderfining wie bjusterbaarlik.
Experience (I)	Ûnderfyn (Ik)	Ik ûnderfyn in ûngemaklike situaasje.
Experience (We, you all, they)	Ûnderfine (Wy, jim, sy, jo)	Wy sille ûnderfine hoe it is.
Experience (You)	Ûnderfynst (Dû/Do)	Dû ûnderfynst in situaasje.
Experienced	Meimakke	Hy hat eat fersriklik meimakke.
Experienced (I, he, she, it)	Ûnderfûn (Ik, hy, sy, it)	Sy hat it ûnderfûn.
Experienced (PP)	Belibbe (PP)	Hy hat eat belibbe.
Experienced (We, you all, they)	Ûnderfûnen (Wy, jim, sy, jo)	Wy ûnderfûnen in minne situaasje.
Experienced (You)	Ûnderfûnst (Dû/Do)	Dû ûnderfûnst in minne situaasje.
Experienced, Versed	Betûft	Dizze manlju binne betûft.
Experiences (He, she, it)	Ûnderfynt (Hy, sy, it)	Hy ûnderfynt in ûngemaklike situaasje.
Experiences (Plural)	Ûnderfiningen (Plural)	De ûnderfiningen wiene bjusterbaarlik.
Experiment	Eksperimint	Ûndersikers dogge in eksperimint.
Explain (to)	Útlizze	Ik sil it oan dy útlizze.
Explain (I, we, you all, they)	Ferklearje (Ik, wy, jim, sy, jo)	Ik ferklearje dy de oarloch.
Explain, Declare (You)	Ferklearrest (Dû/Do)	Dû ferklearrest de oarloch.
Explained, Declared (I, he, she, it)	Ferklearre (Ik, hy, sy, it)	Hy ferklearre de oarloch.
Explained, Declared (You)	Ferklearrest(e) (Dû/Do)	Dû ferklearreste de oarloch.
Explains, Declares (He, she, it)	Ferklearret (Hy, sy, it)	Hy ferklearret de oarloch.
Explanation	Útlis	Hastû de útlis ferstien?
Explosion	Eksploazje	Wy hearden niis in eksploazje.
Exposed	Bleatsteld	Ik bin bleatsteld oan it firus.
Express (to)	Útdrukke	Wy sille ús útdrukke yn ús eigen wurden.
Expression, Phrase	Útdrukking	Dizze útdrukking is ferneamd.
Extinct	Útstoarn	Der binne al in soad talen útstoarn.
Extra	Ekstra	Hastû ekstra ynformaasje?
Extraordinary	Bûtengewoan	Ik fyn dit bûtengewoan.
Extraordinary	Bûtenwenstich	It is bûtenwenstich gedrach.
Eye	Each	Ik haw eat yn myn each.
Eye (Dim.)	Eachje (Dim.)	De knyn hat in lyts eagje.
Eyebrow	Eachbrau	Hy hat eat yn syn eachbrau.
Eyebrow	Wynbrau	Myn wynbrau jokket.
Eyebrows (Plural)	Eachbrauwen (Plural)	Hy hat eat yn syn eachbrauwen.
Eyebrows (Plural)	Wynbrauwen (Plural)	Myn wynbrauwen jokje.
Eyeglasses	Bril	Jo hawwe in bril nedich.
Eyes (Plural)	Eagen (Plural)	Syn eagen binne lyts.
Eyesight	Sjoene	Syn sjoene is minder wurden.
Fabric	Stof	Fan hokfoar stof is it kessen makke?
Face	Gesicht	Hy hat in lilk gesicht.
Facemask	Mûlekapke	Ik wur benaud fan it mûlekapke.
Factory	Fabryk	Wy wurkje yn in fabryk.
Fail (to)	Mislearje	De projekten mislearje allegear.
Fairy	Fee	Miskien kin de fee dy helpe.

English	Frisian	Example
Fairy tale	Mearke	Leauwstû yn it mearke?
Fairy tales (Plural)	Mearkes (Plural)	Dizze krite hat allegear mearkes.
Falcon	Wikel	De wikel siket nei iten.
Fall (I)	Fal (Ik)	Ik fal fan 'e treppe.
Fall (We, you all, they)	Falle (Wy, jim, sy, jo)	Jim falle fan 'e treppe.
Fall (You)	Falst (Dû/Do)	Dû falst fan 'e treppe.
Fall, Autumn	Hjerst	Yn de hjerst falle de bledsjes.
Fallen (PP)	Fallen (PP)	Wy binne fan 'e treppe fallen.
Falls (He, she, it)	Falt (Hy, sy, it)	Hy falt fan 'e treppe.
False, Evil	Falsk	De hûn is falsk.
Falsified (I, he, she, it)	Ferfalske (Ik, hy, sy, it)	Hy ferfalske it dokumint.
Falsified (We, you all, they)	Ferfalsken (Wy, jim, sy, jo)	Wy ferfalsken it dokumint.
Falsified (You)	Ferfalskest(e) (Dû/Do)	Dû ferfalkeste it dokumint.
Falsifies (He, she, it)	Ferfalsket (Hy, sy, it)	Sy ferfalsket it dokumint.
Falsify (I, we, you all, they)	Ferfalskje (Ik, wy, jim, sy, jo)	Jim ferfalskje it dokumint.
Falsify (You)	Ferfalkest (Dû/Do)	Dû ferfalkest it dokumint.
Famous	Ferneamd	De sjonger is ferneamd yn Fryslân.
Fantasize (I, we, you all, they)	Fantasearje (Ik, wy, jim, sy, jo)	Wy fantasearje oer de takomst.
Fantastic	Fantastysk	Dû hast it fantastysk dien.
Fantastic (Adj.)	Fantastyske (Adj.)	De fantastyske dei.
Far	Fier	Sy is hiel fier fuort.
Far (Adj.)	Fiere (Adj.)	It fiere lân.
Farewell	Farwol	Tige tank foar alles, farwol.
Farewell party	Ôfskiefeest	Wy hawwe in ôfskiefeest foar ús freon.
Farm	Buorkerij	De boer hat in grutte buorkerij.
Farm (Ik, we, you all, they)	Buorkje (Ik, wy, jim, sy, jo)	De boeren buorkje op it lân.
Farm, Ranch	Pleats	De boer hat in grutte pleats.
Farmer	Boer	De boer hâldt fan syn kij.
Farmers (Plural)	Boeren (Plural)	De boeren hâlde fan harren kij.
Fast	Fluch	Ús hynder wie tige fluch.
Fast (Adj.)	Flugge (Adj.)	It flugge hynder.
Faster	Flugger	Ús hynder wie flugger.
Fastest	Fluchste	Ús hynder wie de fluchste.
Fat	Fet	De baarch is goed fet.
Fat (Adj.)	Fette (Adj.)	De fette baarch.
Father, Dad	Heit	Ús heit is altyd oan it wurk.
Father-in-law	Skoanheit	Ik kin it goed fine mei skoanheit.
Faucet, Tap, Crane	Kraan	Der komt wetter út 'e kraan.
Fault, Safe	Klús	Hy hat jild yn de klús dien.
Fear (I, we, you all, they)	Eangje (Ik, wy, jim, sy, jo)	Ik eangje in bytsje.
Fear of height	Hichtefrees	De man op 'e toer hat hichtefrees.
Feather	Fear	Ik haw in fear fûn.
Feather (Dim.)	Fearke (Dim.)	It famke hat in lyts fearke fûn.
Feathers (Plural)	Fearen (Plural)	De fûgel hat in protte fearen.
February	Febrewaris	Febrewaris is in koarte moanne.
Fed (I, he, she, it)	Fette (Ik, hy, sy, it)	HY fette de baarch.
Fed (I, he, she, it)	Fuorre (Ik, hy, sy, it)	Sy fuorre de bisten.
Fed (PP)	Fet (PP)	Wy hawwe de baarch fet.
Fed (We, you all, they)	Fetten (Wy, jim, sy, jo)	Jim fetten de baarch.
Fed (We, you all, they)	Fuorren (Wy, jim, sy, jo)	Sy fuorren de bisten.

English	Frisian	Example
Fed (You)	Fettest (Dû/Do)	Dû fettest de baarch.
Fed (You)	Fuorrest(e) (Dû/Do)	Dû fuorreste de bisten.
Feed (I)	Fied (Ik)	Ik fied de baarch.
Feed (I, we, you all, they)	Fuorje (Ik, wy, jim, sy, jo)	Wy fuorje de bisten.
Feed (We, you all, they)	Fiede (Wy, jim, sy, jo)	Wy fiede de baarch.
Feed (You)	Fiedst (Dû/Do)	Dû fiedst de baarch.
Feed (You)	Fuorrest (Dû/Do)	Dû fuorrest de bisten.
Feeds (He, she, it)	Fiedt (Hy, sy, it)	Hy fiedt de baarch.
Feeds (He, she, it)	Fuorret (Hy, sy, it)	Sy fuorret de bisten.
Feel (I)	Fiel (Ik)	Ik fiel my goed.
Feel (We, you all, they)	Fiele (Wy, jim, sy, jo)	Wy fiele ús goed.
Feel (You)	Fielst (Dû/Do)	Dû fielst dy goed.
Feeling	Gefoel	Sy hat hjir in goed gefoel by.
Feelings	Gefoelens	Sy hat in protte gefoelens.
Feels (He, she, it)	Fielt (Hy, sy, it)	Sy fielt har goed.
Feet (Plural)	Fuotten (Plural)	Myn fuotten switte.
Fell (I)	Foel (Ik)	Sy foel fan de treppe.
Fell (We, you all, they)	Foelen (Wy, jim, sy, jo)	Wy foelen fan de treppe.
Fell (You)	Foelst (Dû/Do)	Dû foelst fan 'e treppe.
Felt (I, he, she, it)	Fielde (Ik, hy, sy, it)	Ik fielde my goed.
Felt (PP)	Field (PP)	Ik haw my goed field.
Felt (We, you all, they)	Fielden (Wy, jim, sy, jo)	Wy fielden ús goed.
Felt (You)	Fieldest (Dû/Do)	Dû fieldest dy goed.
Fence	Hikke	Hy springt oer de hikke hinne.
Fences (Plural)	Hikken (Plural)	Wy hawwe hikken om it hûs.
Ferry	Fearboat	Mei de fearbot nei Noarwei.
Fertile, Fruitful	Fruchtber	Sy wol witte oft sy noch fruchtber.
Fever	Koarts	Hy hie doe hege koarts.
Few, Pair	Pear	Wy hawwe mar in pear nedich.
Field	Fjild (Feld, Old Frisian)	De lju fuotbalje op it fjild.
Field mouse	Fjildmûs	De ûle sit efter de fjildmûs oan.
Fields (Plural)	Fjilden (Plural)	De fjilden binne grien.
Fight (I, we, you all, they)	Fjochtsje (Ik, wy, jim, sy, jo)	Sy fjochtsje foar harren libben.
Fight (You)	Fjochtst (Dû/Do)	Dû fjochtst foar dyn libben.
Fight, Argument	Rûzje	Sy meitsje rûzje om neat.
Fights (He, she, it)	Fjochtet (Hy, sy, it)	Hy fjochtet foar syn libben.
Figure, Cipher, Digit	Sifer	Hokfoar sifer joustû him?
Fiji (Country)	Fidzjy (Country)	Fidzjy is in kreas lân.
File (Not a file)	File	De finzene brûkt in file.
File (On computer)	Bestân	It bestân is fuort.
Fill (I, we, you all, they)	Folje (Ik, wy, jim, sy, jo)	Wy folje de amer mei wetter.
Film, Movie	Film	Hast dizze film al sjoen?
Film, Movie (Dim.)	Filmke (Dim.)	It wie in lyts filmke.
Filter	Filter	Hat hy gjin filter?
Find (I)	Fyn (Ik)	Ik fyn it hiel noflik.
Find (We, you all, they)	Fine (Wy, jim, sy, jo)	Sy fine goud yn 'e grûn.
Find (You)	Fynst (Dû/Do)	Dû fynst it hiel noflik.
Find oneself, Be somewhere	Befyn	Ik befyn my hjirre.
Find out	Útfine	Hy sil it wol gau útfine.
Finder	Finer	Hy wie de finer fan it goud.

Findings	Befiningen	Wat binne dyn befiningen?
Finds (He, she, it)	Fynt (Hy, sy, it)	Hy fynt it hiel noflik.
Fine	Bêst genôch	Bêst genôch, sjoch ik dy moarn.
Fine, Penalty, Ticket	Boete	Hy hat in boete krigen.
Finger	Finger	Hy wiist mei syn finger.
Finger (Dim.)	Fingerke (Dim.)	Hy wiist mei syn fingerke.
Fingers (Plural)	Fingers (Plural)	Hy wiist mei syn fingers.
Finished, Done, Clear	Klear	Ik bin der klear foar.
Finland (Country)	Finlân (Country)	Finlân is in kâld lân.
Finnish	Finsk	Sy sprekt allinnich Finsk.
Fire	Fjoer	It fjoer wurdt gau grutter.
Fire (Destructive)	Brân	It hûs stiet yn de brân.
Fire (Dim.)	Fjurke (Dim.)	Meitsje mar in lyts fjurke.
Fire department	Brânwacht	De brânwacht hat it drok.
Fire someone (I, we, you all, they)	Ûntslaan (Ik, wy, jim, sy, jo)	Wy sille dy ûntslaan.
Fired someone (PP)	Ûntslein (PP)	We hawwe dy ûntslein.
Fireworks	Fjoerwurk	Hastû al fjoerwurk kocht?
First	Earste	Hy hie de earste plak.
First	Foarste	Op it foarste plak.
First aid kit	Earstehelpdoaze	Wy hawwe de earstehelpdoaze tichtby.
First name	Foarnamme	Wat is dyn foarnamme?
Fish	Fisk	De fisker hat in grutte fisk fûn.
Fish (Dim.)	Fiskje (Dim.)	It fiskje swimt hurd fuort.
Fish (I, we, you all, they)	Fiskje (Ik, wy, jim, sy, jo)	Wy fiskje yn de fiver.
Fish (Plural)	Fisken (Plural)	De fisken binne bang foar de fisker.
Fish (You)	Fiskest (Dû/Do)	Dû fiskest yn de fiver.
Fished (I, he, she, it)	Fiske (Ik, hy, sy, it)	De fisker fiske by de feart.
Fished (We, you all, they)	Fisken (Wy, jim, sy, jo)	Wy fisken yn de fiver.
Fished (You)	Fiskest(e) (Dû/Do)	Dû fiskeste yn de fiver.
Fisherman	Fisker	De fisker is oan it fiskjen.
Fishes (He, she, it)	Fisket (Hy, sy, it)	Hy fisket yn de fiver.
Fishing rod	Angel	Dyn angel leit yn it wetter.
Fist	Fûst	Meitsje in fûst.
Fists (Plural)	Fûsten (Plural)	Dû moatst dyn fûsten brûke.
Five	Fiif	It berntsje is fiif jier âld.
Fixt, Solid	Fêst	It sit goed fêst.
Flabby	Fodzich	It famke is in bytsje fodzich.
Flag	Flagge	De buorman hinget de flagge út.
Flags (Plural)	Flaggen (Plural)	Hjir hingje allegear flaggen.
Flame	Flam	It wie in grutte flam.
Flame	Lôge	Sil de lôge oanbliuwe?
Flame (Dim.)	Flamke (Dim.)	It wie in lyts flamke.
Flasher, Flashing light	Kniperljocht	Dû moatst dyn kniperljocht út dwaan.
Flashlight, Torch	Bûslampe	Mei de bûslampe sjoch in soad mear.
Flat	Plat	It lân is plat.
Flat (Adj.)	Platte (Adj.)	De platte grûn.
Fled (I, he, she, it)	Flocht (Ik, hy, sy, it)	Hy flocht nei it bûtenlân.
Fled (We, you all, they)	Flochten (Wy, jim, sy, jo)	Wy flochten nei it bûtenlân.
Fled (You)	Flochtst (Dû/Do)	Dû flochtst nei it bûtenlân.
Fleed (I, we, you all, they)	Flechtsje (Ik, wy, jim, sy, jo)	Ik flechtsje nei it bûtenlân.

English	Frisian	Example
Fleed (You)	Flechtest (Dû/Do)	Dû flechtest nei it bûtelân.
Fleeds (He, she, it)	Flechtet (Hy, sy, it)	Hy flechtet nei it bûtenlân.
Fleet	Float	In float fan boaten.
Flesh, Meat	Fleis	Is fleis goed foar dy?
Flew (I, he, she, it)	Fleach (Ik, hy, sy, it)	De fûgel fleach oer it gebou.
Flew (We, you all, they)	Fleagen (Wy, jim, sy, jo)	Wy fleagen fuort.
Flew (You)	Fleachst (Dû/Do)	Dû fleachst fuort.
Flies (Animal) (Plural)	Miggen (Plural)	De miggen narje my de hiele tiid.
Flies (He, she, it)	Flocht (Hy, sy, it)	Hy flocht mei de fleanmasine.
Flip flops	Slippers	Sy rint op slippers troch de tún.
Float (I)	Driuw (Ik)	Ik driuw op it wetter.
Float (We, you all, they)	Driuwe (Wy, jim, sy, jo)	Sy driuwe op it wetter.
Float (You)	Driuwst (Dû/Do)	Dû driuwst op it wetter.
Floats (He, she, it)	Driuwt (Hy, sy, it)	Sy driuwt op it wetter.
Flood	Floed (Flod, Old Frisian)	It grutte floed hat it doarp ferneatige.
Floor	Flier	It iten leit op de flier.
Floor, Story (1e, 2e)	Ferdjipping	Sy wennet op de tredde ferdjipping.
Flow	Streaming	De streaming fan it wetter.
Flower, Bloom (Dim.)	Blomke (Dim.)	It moaie blomke.
Flower, Bloom, Blossom	Blom	It famke fynt de blom moai.
Flowers (Plural)	Blommen (Plural)	De moaie blommen.
Flown (PP)	Flein (PP)	Wy binne nei in oar lân flein.
Fluff	Plúske	It plúske dwarrelt rûn.
Flute	Floite	Sy kin hiel goed floite spylje.
Fly (Animal)	Mich	De mich narret my de hiele tiid.
Fly (I)	Flean (Ik)	Ik flean fuort.
Fly (We, you all, they)	Fleane (Wy, jim, sy, jo)	Sy fleane fuort.
Fly (You)	Fljochst (Dû/Do)	Dû fljochst mei it fleantúch.
Flying (birds)	Wjukje	Sjoch de fûgels ris wjukje.
Flying a kite	Draakjefleane	Wy sille draakjefleane.
Foal	Foalle	It hynder hat in foalle.
Foal	Fôle	It hynder hat in fôle.
Foam	Skûm	It skûm leit op it wetter.
Foam, Froth, Scum	Skom	Der leit skom op it wetter.
Foe, Enemy	Fijân (Fyand, Old Frisian)	Wa is dyn fijân?
Foes, Enemies (Plural)	Fijannen (Plural)	Hastû in protte fijannen?
Fold (I, we, you all, they)	Fâldzje (Ik, wy, jim, sy, jo)	Wy fâldzje it papierke.
Folk, People	Lju	De lju sitte oan de bar.
Folktale	Sêgen	De sêgen hat it oer in grut mûnster.
Follow (I, we, you all, they)	Folgje (Ik, wy, jim, sy, jo)	Wy folgje it plan.
Follow (You)	Folgest (Dû/Do)	Dû folgest it plan.
Followed (I, he, she, it)	Folge (Ik, hy, sy, it)	Hy folge it plan.
Followed (We, you all, they)	Folgen (Wy, jim, sy, it)	Sy folgen it plan.
Followed (You)	Folgest(e) (Dû/Do)	Dû folgeste it plan.
Follows (He, she, it)	Folget (Hy, sy, it)	Hy folget it plan.
Food	Iten	Hastû al iten hân?
Foot	Foet	Myn foet docht sear.
Foot passenger, Pedestrian	Fuotgonger	De fuotgonger rint op it fuotpaad.
Football, Soccer	Fuotbal	Hâldstû fan fuotbal?
Footpath, Sidewalk, Walkway	Fuotpaad	Jim moatte op it fuotpaad rinne.

English	Frisian	Example
For	Foar	Foar ús is it goed.
For a moment	Efkes	Kinstû efkes helpe?
For free	Fergees	Dizze aaien binne fergees.
For free	Forgees (Older)	It guod is forgees.
For sure	Jawis	Jawis kin dat wol.
Forage	Foerazjearje	De fûgels foerazjearje.
Forbade (I, he, she, it)	Ferbea (Ik, hy, sy, it)	Hy ferbea dy.
Forbade (We, you all, they)	Ferbeane (Wy, jim, sy, jo)	Wy ferbeane dy.
Forbade (You)	Ferbeast (Dû/Do)	Dû ferbeast him.
Forbid	Ûntsizze	Ik sil it dy ûntsizze.
Forbid (I)	Ferbied (Ik)	Ik ferbied dy om hinne te gean.
Forbid (We, you all, they)	Ferbiede (Wy, jim, sy, jo)	Wy ferbiede dy om hinne te gean.
Forbid (You)	Ferbiedst (Dû/Do)	Dû ferbiedst my om hinne te gean.
Forbidden	Forbean (Older)	It is dy forbean.
Forbidden (PP)	Ferbean (PP)	Hy hat it dy ferbean.
Forbids (He, she, it)	Ferbiedt (Hy, sy, it)	Hy ferbiedt dy om hinne te gean.
Force (I)	Twing (Ik)	Ik twing dy net.
Force (We, you all, they)	Twinge (Wy, jim, sy, jo)	Wy twinge dy net.
Force (You)	Twingst (Dû/Do)	Dû twingst my net.
Forced (I, he, she, it)	Twong (Ik, hy, sy, it)	Ik twong dy om mei te gean.
Forced (We, you all, they)	Twongen (Wy, jim, sy, jo)	Wy twongen dy.
Forced (You)	Twongst (Dû/Do)	Dû twongst ús.
Forces (He, she, it)	Twingt (Hy, sy, it)	Hy twingt dy net.
Forefathers, Ancestors	Âldfaars	Myn âldfaars wiene snoad.
Foregoing	Niisneamd	De niisneamde situaasje.
Forehead	Foarholle	Syn foarholle docht sear.
Foreign	Bûtenlânsk	Dy man dêr is bûtenlânsk.
Foreign	Útlânsk	It famke is útlânsk.
Foreign (Adj.)	Bûtenlânske (Adj.)	De bûtenlânske man.
Foreigner, Outsider	Útlanner	It famke is in útlanner.
Foresaw (I, he, she, it)	Foarseach (Ik, hy, sy, it)	Hy foarseach de takomst.
Foresaw (We, you all, they)	Foarseagen (Wy, jim, sy, jo)	Wy foarseagen de takomst.
Foresaw (You)	Foarseachst (Dû/Do)	Dû foarseachst de takomst.
Foresee (I)	Foarsjoch (Ik)	Ik foarsjoch de takomst.
Foresee (We, you all, they)	Foarsjogge (Wy, jim, sy, jo)	Wy foarsjogge de takomst.
Foresee (You)	Foarsjochst (Dû/Do)	Dû foarsjochst de takomst.
Foreseen (PP)	Foarsjoen (PP)	Hy hat de takomst foarsjoen.
Foresees (He, she, it)	Foarsjocht (Hy, sy, it)	Hy foarsjocht de takomst.
Forest, Woods	Bosk	Wy rinne troch it bosk.
Forever, For good	Fergoed	Hy sit fergoed fêst.
Forever, For good	Foargoed	No is it foargoed ôfrûn.
Foreword	Foarwurd	It boek hat in foarwurd.
Forgave (I, he, she, it)	Ferjoech (Ik, hy, sy, it)	Hy ferjoech har.
Forgave (We, you all, they)	Ferjoegen (Wy, jim, sy, jo)	Wy ferjoegen har.
Forgave (You)	Ferjoechst (Dû/Do)	Dû ferjoechst him.
Forget (I, he, she, it)	Ferjit (Ik, hy, sy, it)	Sy ferjit har tillefoan.
Forget (We, you all, they)	Ferjitte (Wy, jim, sy, jo)	Sy ferjitten harren tillefoan.
Forget (You)	Ferjitst (Dû/Do)	Dû ferjitst myn tillefoan.
Forgetful	Ferjitlik	De âlde man is ferjitlik.
Forgive (He, she, it)	Ferjout (Hy, sy, it)	Hy ferjout har.

English	Frisian	Example
Forgive (I)	Ferjou (Ik)	Ik ferjou dy.
Forgive (PP)	Ferjûn (PP)	Ik haw it dy ferjûn.
Forgive (You)	Ferjoust (Dû/Do)	Dû ferjoust har.
Forgiveness	Ferjeffenis	Ik wol dy om ferjeffenis freegje.
Forgives (We, you all, they)	Ferjouwe (Wy, jim, sy, jo)	Wy ferjouwe dy.
Forgot (I, he, she, it)	Fergeat (Ik, hy, sy, it)	Ik fergeat myn kaai.
Forgot (We, you all, they)	Fergeaten (Wy, jim, sy, jo)	Sy fergeaten harren kaai.
Forgot (You)	Fergeatst (Dû/Do)	Dû fergeatst dyn kaai.
Forgotten	Forgetten (Older)	Hy wie it forgetten.
Forgotten (PP)	Fergetten (PP)	Ik bin it fergetten.
Forgotten (PP)	Ferjitten (PP)	Wy hawwe ús tillefoan ferjitten.
Fork	Foarke	Ik haw in foarke nedich.
Form	Foarm	Hokfoar foarm hat it?
Form (I, we, you all, they)	Foarmje (Ik, wy, jim, sy, jo)	Ik foarmje myn miening.
Form (You)	Foarmest (Dû/Do)	Dû foarmest dyn miening.
Formed (I, he, she, it)	Foarme (Ik, hy, sy, it)	Hy foarme syn miening.
Formed (We, you all, they)	Foarmen (Wy, jim, sy, jo)	Wy foarmen ús miening.
Formed (You)	Foarmest(e) (Dû/Do)	Dû foarmeste dyn miening.
Forms (He, she, it)	Foarmet (Hy, sy, it)	Sy foarmet har miening.
Fortune teller	Wikker	De wikker sjocht yn syn glêzen bal.
Fortune teller	Wikster	De wikster sjocht yn har glêzen bal.
Fortune teller (Female)	Wiersizster	Leauwstû de wiersizster?
Fortune teller (Male)	Wiersizzer	De wiersizzer sjocht yn de takomst.
Fortune telling	Wiersizze	Leauwstû yn wiersizze?
Fought (He, she, it)	Focht (Hy, sy, it)	Hy focht foar syn libben.
Fought (We, you all, they)	Fochten (Wy, jim, sy, jo)	Sy fochten foar har libben.
Fought (You)	Fochst (Dû/Do)	Dû fochst foar dyn libben.
Found (I, he, she, it)	Fûn (Ik, hy, sy, it)	She fûn har tillefoan wer.
Found (We, you all, they)	Fûnen (Wy, jim, sy, jo)	Wy fûnen ús tillefoan wer.
Found (You)	Fûnst (Dû/Do)	Dû fûnst dyn tillefoan wer.
Foundation	Stifting	Hearstû by dizze stifting?
Founder	Stifter	Hy is de stifter fan it lân.
Four	Fjouwer	Fjouwer jier hat it duorre.
Fourth	Fjirde	It is de fjirde kear al.
Fowl, Bird	Fûgel	De fûgel is op syk nei iten.
Fox	Fokse	De fokse ferstoppet him.
Fox	Fûkse	De fûkse rint troch de snie.
Foxes (Plural)	Foksen (Plural)	De foksen ferstopje harren.
France (Country)	Frankryk (Country)	Frankryk leit ûnder Belgje.
Free	Frij	Friezen wolle frij wêze.
Free, Liberate (I)	Befrij (Ik)	Ik befrij him.
Free, Liberate (We, you all, they)	Befrije (Wy, jim, sy, jo)	Wy befrije him.
Free, Liberate (You)	Befrijst (Dû/Do)	Dû befrijst him.
Freebooter, Filibuster	Frijbûtser	De frijbûtser docht wat er wol.
Freed, Liberated (I, he, she, it)	Befrijde (Ik, hy, sy, it)	Hy befrijde my.
Freed, Liberated (PP)	Befrijd (PP)	Ik hat him befrijd.
Freed, Liberated (We, you all, they)	Befrijden (Wy, jim, sy, jo)	Jim befrijden my.
Freed, Liberated (You)	Befrijdest(e) (Dû/Do)	Dû befrijdest(e) my.
Freedom	Frijheid (Frydom, Old Frisian)	Friezen wolle harren frijheid.
Freemason	Frijmitselder	De âlde man wie frijmitselder.

English	Frisian	Example
Frees, Liberates (He, she, it)	Befrijt (Hy, sy, it)	Hy befrijt har.
Freeze	Frieze	Fannacht sil it frieze.
Freeze (I)	Befries (Ik)	Ik befries it wetter.
Freeze (We, you all, they)	Befrieze (Wy, jim, sy, jo)	Wy befrieze it wetter.
Freezer	Friezer	Wy hawwe it fles yn 'e friezer.
Freezes (You, he, she, it)	Befriest (Dû, hy, sy, it)	Dû befriest it wetter.
French	Frânsk	Kinstû Frânsk prate?
Fresh	Farsk	De grientes binne farsk.
Freshwater fish	Marfisk	It jonkje hat in grutte marfisk fong.
Friction	Wriuwing	Der is in bytsje wriuwing tusken ús.
Friday	Freed	Freed bin ik frij.
Fridge, Refrigerator	Kuolkast	De doar fan de kuolkast stiet noch iepen.
Fridges, Refrigerators (Plural)	Kuolkasten (Plural)	De winkel hat fiif kuolkasten.
Friend	Freon	Hy is myn bêste freon.
Friendly	Freonlik	Sy is freonlik tsjin my.
Friends (Plural)	Freonen (Plural)	Dat binne myn freonen.
Friendship	Freonskip	Wy hawwe in goede freonskip.
Friesland, Frisia	Fryslân	Is Fryslân in lân?
Frightened, Scared, Afraid	Bang	Is sy bang foar it ûnwaar?
Frisian	Frysk	It Frysk is in bjusterbaarlike taal.
Frisian (Adj.)	Fryske (Adj.)	Fryske minsken binne meastal oars.
Frisian female	Friezinne	It famke dêr is in friezinne.
Frisian person	Fries	Dizze Fries is grutsk.
Frisians (Plural)	Friezen (Plural)	Friezen binne grutsk op harren lân.
Frog	Kikkert	De kikkert springt yn it wetter.
From now on, Hereafter	Fertoan	Soestû dat fertoan net mear dwaan kinne?
Front door	Foardoar	Dêr stiet yn by de foardoar.
Frost	Froast	Wy hawwe lêst fan de froast.
Froze (I, he, she, it)	Befrear (Ik, hy, sy, it)	Hy befrear it wetter.
Froze (You)	Befrearst (Dû/Do)	Dû befrearst it wetter.
Frozen (PP)	Beferzen (PP)	It wetter is beferzen.
Frustrated	Frustreard	De man is frustreard mei syn ûntslach.
Fuel	Brânje	Myn lúksewein hat brânje nedich.
Fulfill (I, we, you all, they)	Ferfolje (Ik, wy, jim, sy, jo)	Jim ferfolje jimsels.
Fulfill (You)	Ferfolllest (Dû/Do)	Dû ferfollest dysels.
Fulfilled (I, he, she, it)	Ferfolle (Ik, hy, sy, it)	Hy ferfollet himsels.
Fulfilled (We, you all, they)	Ferfollen (Wy, jim, sy, jo)	Wy ferfollen ússels.
Fulfilled (You)	Ferfollest(e) (Dû/Do)	Dû ferfolleste dysels.
Fulfills (He, she, it)	Ferfollet (Hy, sy, it)	Hy ferfollet himsels.
Full	Fol	Dizze doaze is fol.
Fully, Wholly	Hiel	Hjoed bin ik hiel bliid.
Fully, Wholly (Adj.)	Hiele (Adj.)	Sy wie de hiele dei frij.
Fully, Wholly, Completely	Folslein	It hûs wie folslein ôfbrând.
Fully, Wholly, Completely (Adj.)	Folsleine (Adj.)	It folsleine hûs wie ôfbrând.
Fun, Pleasure	Wille	Wy hawwe in protte wille tegearre.
Function	Funksje	Hokfoar funksje hat dizze knop?
Function (I, we, you all, they)	Funksjonearje (Ik, wy, jim, sy, jo)	Wy funksjonearje goed mei kofje.
Function (You)	Funksjonearrest (Dû/Do)	Dû funksjonearrest goed mei kofje.
Functioned (I, he, she, it)	Funksjonearre (Ik, hy, sy, it)	HY funksjonearre goed mei kofje.
Functioned (We, you all, they)	Funksjonearren (Wy, jim, sy, jo)	Jim funksjonearren goed mei kofje.

English	Frisian	Example
Functioned (You)	Funksjonearrest(e) (Dû/Do)	Dû funksjonearreste goed mei kofje.
Functions (He, she, it)	Funksjonearret (Hy, sy, it)	Sy funksjonearret goed mei kofje.
Fund	Fûnds	Wy donearje jild oan it fûns.
Funeral	Útfeart	Wannear is de útfeart?.
Fungus	Skimmel	De skimmel sit al op de bôle.
Funnel	Trachter	Hy hat in trachter nedich by dizze tank.
Funny	Grappich	Dy man wie juster hiel grappich.
Further	Fierder	Wy geane fierder.
Fuse, Merge (I, we, you all, they)	Fusearje (Ik, wy, jim, sy, jo)	Wy fusearje ús bedriuw.
Fuse, Merge (You)	Fusearrest (Dû/Do)	Dû fusearrest dyn bedriuw mei inoar.
Fused, Merged (I, he, she, it)	Fusearre (Ik, hy, sy, it)	Hy fusearre de twa bedriuwen.
Fused, Merged (We, you all, they)	Fusearren (Wy, jim, sy, jo)	Wy fusearren ús bedriuw.
Fused, Merged (You)	Fusearrest(e) (Dû/Do)	Dû fusearreste dyn bedriuw.
Fuses, Merges (He, she, it)	Fusearret (Hy, sy, it)	Hy fusearret syn bedriuw.
Future	Takomst	Wy tinke nei oer ús takomst.
Gambia (Country)	Gambia (Country)	Wêr leit Gambia?
Game	Spul	Hy hat it spul spile.
Game (Dim.)	Spultsje (Dim.)	Sy wol in spultsje spylje.
Garage	Garaazje	De auto stiet yn de garaazje.
Garden, Yard	Tún	Wy hawwe in beam yn de tún.
Gardens (Plural)	Tunen (Plural)	De tunen steane fol mei blommen.
Garlic	Knyflok	Ik priuw de knyflok yn myn iten.
Gas	Gas	It rûkt hjir nei gas.
Gas station	Benzinestasjon	Wy stopje by it bezinestastjon.
Gave (I, he, she, it)	Joech (Ik, hy, sy, it)	Hy joech de man in hân.
Gave (Like a gift) (I, he, she, it)	Skonk (Ik, hy, sy, it)	Hy skonk him in geskink.
Gave (We, you all, they)	Joegen (Wy, jim, sy, jo)	Jo joegen de man in hân.
Gave (We, you all, they)	Skonken (Wy, jim, sy, jo)	Wy skonken him in geskink.
Gave (You)	Joechst (Dû/Do)	Dû joechst de man in hân.
Gave (You)	Skonkst (Dû/Do)	Dû skonkst him in geskink.
Gave birth (I, he, she, it)	Befoarderje (Ik, wy, jim, sy, jo)	Wy befoarderje it wurk.
Gave birth (We, you all, they)	Befoel (Ik, hy, sy, it)	Sy befoel fan in poppe.
Gave birth (We, you all, they)	Befoelen (Wy, jim, sy, jo)	Jo befoelen fan in poppe.
Gave birth (You)	Befoelst (Dû/Do)	Dû befoelst fan in poppe.
Geese (Plural)	Guozzen (Plural)	De guozzen ite grien gers.
Gemstone, Gems	Ealstien	Hy hat in ealstien fûn.
General	Algemien	Wy moatte it algemien hâlde.
Generate (I, we, you all, they)	Generearje (Ik, wy, jim, sy, jo)	Wy generearje in dokumint.
Generation	Generaasje	Sy binne fan in oare generaasje.
Generous	Rynsk	De útjefte is rynsk.
Genetically	Genetysk	It is genetysk oanlein.
Genteel	Foarnaam	Dat is in foarnaam ding.
Geography	Geografy	Wat fynstû fan geografy?
Georgia (Country)	Georgje (Country)	Wy sille nei Georgje.
German	Dútsk	Kinstû Dútsk ferstean?
Germany (Country)	Dútslân (Country)	Hy wol nei Dútslân.
Get (I, we, you all, they)	Helje (Ik, wy, jim, sy, jo)	Wy helje dy op.
Get (You)	Hellest (Dû/Do)	Dû hellest my op.
Get back	Weromgean	Sille wy weromgean?
Get lost walking (We, you all, they)	Ferinne (Wy, jim, sy, jo)	Wy ferrinne ús yn it wâld.

English	Frisian	Example
Get older (I, we, you all, they)	Âldzje (Ik, wy, jim, sy, jo)	Hy moat noch in bytsje âldzje.
Get used to, Adapt (I)	Wen (Ik)	Ik wen oan de situaasje.
Get used to (We, you all, they)	Wenne (Wy, jim, sy, jo)	Hy wenne yn Fryslân.
Get used to, Adapt (You)	Wendest (Dû/Do)	Dû wendest oan de situaasje.
Get used to, Adapt (You)	Wenst (Dû/Do)	Dû wenst oan de situaasje.
Get well soon	Betterskip	Wy winskje dy betterskip.
Get, Receive (I)	Krij (Ik)	Ik krije in nije kompjûter.
Get, Receive (We, you all, they)	Krije (Wy, jim, sy, jo)	Wy krije in nije kompjûter.
Get, Receive (You)	Krijst (Dû/Do)	Dû krijst in nije kompjûter.
Gets (He, she, it)	Hellet (Hy, sy, it)	Hy hellet dy op.
Gets used to (He, she, it)	Went (Hy, sy, it)	Hy went oan de situaasje.
Gets, Receives (He, she, it)	Krijt (Hy, sy, it)	Hy krijt in nije kompjûter.
Ghana (Country)	Gana (Country)	Bistû alris yn Gana west?
Ghost	Geast	Hastû alris in geast sjoen?
Ghosts (Plural)	Geasten (Plural)	Wy hawwe geasten yn hûs.
Gift, Present	Geskink	Sy krijt in geskink foar har jierdei.
Gift, Present	Kado	Joustû in kado op syn jierdei?
Ginger	Gimber	Gimber skynt goed foar dy te wêzen.
Giraffe	Sjiraffe, Sjiraf	De sjiraffe hat in lange nekke.
Girl	Famke	It famke is oan it iten.
Girl	Fanke	It fanke moast gûle fan lok.
Girlfriend	Faam	Hoe is it mei de faam?
Girlfriend	Freondinne (Female friend)	Sy is myn freondinne.
Girls (Plural)	Famkes (Plural)	De famkes binne oan it iten.
Give (I)	Jou (Ik)	Ik jou dy in geskink.
Give (I) (Like a gift)	Skink (Ik)	Ik skink dy in geskink.
Give (to)	Jaan	Kinstû my de tillefoan efkes jaan?
Give (We, you all, they)	Jouwe (Wy, jim, sy, jo)	Sy jouwe my in geskink.
Give (We, you all, they)	Skinke (Wy, jim, sy, jo)	Wy skinke dy in geskink.
Give (You)	Jouwst (Dû/Do)	Dû jouwst my in geskink.
Give (You)	Skinkst (Dû/Do)	Dû skinkst har in geskink.
Give back	Weromjaan	Kinstû myn tillefoan wer weromjaan?
Give birth (I)	Befal (Ik)	Ik befal fan in poppe.
Give birth (I, we, you all, they)	Bernje (Ik, wy, jim, sy, jo)	De frou moat noch bernje.
Give birth (We, you all, they)	Befalle (Wy, jim, sy, jo)	Jo befalle fan in poppe.
Give birth (You)	Befalst (Dû/Do)	Dû befalst fan in poppe.
Give in, Admit	Tajaan	Kinst it no wol tajaan hear.
Give overnight stay	Bêdzje	Mei ik hjir fannacht bêdzje?
Given (PP)	Jûn (PP)	Wy hawwe it jild oan dy jûn.
Given birth (PP)	Befallen (PP)	Sy is befallen fan in poppe.
Gives (He, she, it)	Jout (Hy, sy, it)	Sy jout my in geskink.
Gives (He, she, it)	Skinkt (Hy, sy, it)	Sy skinkt my in geskink.
Gives birth (He, she, it)	Befalt (Hy, sy, it)	Sy befalt fan in poppe.
Glass	Glês	It glês is leech.
Glass (Dim.)	Glêske (Dim.)	Sy drinkt in glêske wyn.
Glasses (To drink from) (Plural)	Glêzen (Plural)	De glêzen binne leech.
Glide, Slide (You)	Glidest (Dû/Do)	Dû glidest oer de grûn.
Glided, Slid (I, he, she, it)	Glied (Ik, hy, sy, it)	Hy glied oer de grûn.
Glided, Slid (PP)	Glide (PP)	Ik bin oer de grûn glide.
Glided, Slid (We, you all, they)	Âlieden (Wy, jim, sy, jo)	Sy glieden oer de grûn.

English	Frisian	Example
Glided, Slid (You)	Gliedst (Dû/Do)	Dû gliedst oer de grûn.
Glides, Slides (He, she, it)	Glidet (Hy, sy, it)	Hy glidet oer de grûn.
Globe	Ierdbal	De ierdbal is rûn.
Glorified (I, he, she, it)	Ferhearlike (Ik, hy, sy, it)	Hy ferhearlike God.
Glorified (We, you all, they)	Ferlearliken (Wy, jim, sy, jo)	Wy ferhearliken God.
Glorified (You)	Ferhearlikest(e) (Dû/Do)	Dû ferhearlikeste God.
Glorifies (He, she, it)	Ferhearliket (Hy, sy, it)	Hy ferhearliket God.
Glorify (I, we, you all, they)	Ferhearlikje (Ik, wy, jim, sy, jo)	Wy ferhearlikje God.
Glorify (You)	Ferhearlikest (Dû/Do)	Dû ferhearlikest God.
Glove	Mof	Ik bin in mof kwyt.
Gloves	Hânskuon	Foar dizze put hast hânskuon nedich.
Gloves (Plural)	Moffen (Plural)	Ik bin myn moffen kwyt.
Glowing	Gleon	Hy seach gleon út syn eagen.
Glowing hot	Gleonhyt	Dizze stien is gleonhyt.
Glue	Lym	Der moat in bytsje lym tusken.
Glue (I, we, you all, they)	Lymje (Ik, wy, jim, sy, jo)	Wy moatte it oan elkoar lymje.
Go (I)	Gean (Ik)	Ik gean allinnich hinne.
Go (We, you all, they)	Geane (Wy, jim, sy, jo)	Sy geane allinnich hinne.
Go (You)	Giest (Dû/Do)	Dû giest nei it sikehûs.
Go bald (I, we, you all, they)	Blêzje (Ik, wy, jim, sy, jo)	Jo blêzje al foar in pear jier..
Goal	Doel	Hastû in doel yn dyn libben?
Goat	Geit	De geit springt op it dak.
Goats (Plural)	Geiten (Plural)	De geiten springe op it dak.
Goddess	Goadinne	De frou liket op in goadinne.
Godless	Goddeleas	Dizze lju binne goddeleas.
Godlike	Godlik	Dizze lju binne godlik.
Goes (He, she, it)	Giet (Hy, sy, it)	Sy giet nei it sikehûs.
Going back (Without turning)	Tebek	Wy kinne net mear tebek.
Going out, Go out	Útgean	Wy wolle jûn efkes útgean.
Gold	Goud	Dizze stien is fan goud.
Golden (Adj.)	Gouden (Goldne, Old Frisian) (Adj.)	In gouden stien.
Goldfish	Goudfisk	De goudfisk swimt yn it wetter.
Gone (PP)	Gien (PP)	Ús pake is nei hûs gien.
Good	Goed	Ik fyn it goed.
Good (Adj.)	Goede (Adj.)	It is in goede film.
Good afternoon	Goeie middei	Goeie middei!
Good day	Goeie dei	Goeie dei, mei ik dy eat freegje?
Good evening	Goeie jûn	Goeie jûn!
Good morning	Goeie moarn	Goeie moarn, kin ik dy helpe?
Goods, Stuff	Guod	Hastû wat guod foar ús?
Goose	Goes	In goes fleant oer de greide.
Gorge, Wolf down	Skrânzje	Sy skrânzje yn it iten om.
Gossip, Slander	Rabje	Dû moatst net sa rabje oer him.
Got (I, he, she, it)	Helle (Ik, hy, sy, it)	Sy helle ús op.
Got (I, he, she, it)	Krige (Ik, hy, sy, it)	Ik krige in nije kompjûter.
Got (We, you all, they)	Hellen (Wy, jim, sy, jo)	Jim hellen ús op.
Got (We, you all, they)	Krigen (Wy, jim, sy, jo)	Wy krigen in nije kompjûter.
Got (You)	Hellest(e) (Dû/Do)	Dû helleste my op.
Got (You)	Krigest (Dû/Do)	Dû krigest in nije kompjûter.
Got lost walking (I, he, she, it)	Ferrûn (Ik, hy, sy, it)	Sy ferrûn har yn it wâld.

English	Frisian	Example
Got lost walking (We, you all, they)	Ferrûnen (Wy, jim, sy, jo)	Jim ferrûnen jim yn it wâld.
Got used to (I, he, she, it)	Wende (Ik, hy, sy, it)	Sy wende oan de situaasje.
Got used to, Adapted (PP)	Wend (PP)	Ik haw oan de situaasje wend.
Govern (I, we, you all, they)	Regearje (Ik, wy, jim, sy, jo)	Wy reagerje oer it lân.
Governer	Gûverneur	Hy is de gûverneur fan dizze steat.
Government	Oerheid	De oerheid moat der neat fan witte.
Government	Regear	It regear seit wat wy dwaan moatte.
Grain	Kerl	De kerl leit op 'e tafel.
Grandchild	Beppesizzer	Beppe hat ien beppesizzer.
Grandchild	Pakesizzer	De pakesizzer is by syn pake.
Grandchildren	Bernsbern	Beppe hâldt fan har bernsbern.
Grandma, Granny	Beppe	Ús beppe jout us snobbersguod.
Grandpa	Pake	Pake mei graach efkes rikje.
Grape	Drúf	Dizze strûk hat ien drúf.
Grapes (Plural)	Druven (Plural)	Hawwe wy noch druven?
Grashopper	Sprinkhoanne	De sprinkhoanne springt yn it gers.
Grasp, Grab (I)	Gryp (Ik)	Ik gryp dyn hân.
Grasp, Grab (You)	Grypst (Dû/Do)	Dû grypst myn hân.
Grasp, Grabbed (We, you all, they)	Gripe (Wy, jim, sy, jo)	Wy gripe dyn hân.
Grasped, Grabbed (I, he, she, it)	Greep (Ik, hy, sy, it)	Ik greep dyn hân.
Grasped (We, you all, they)	Grepen (Wy, jim, sy, jo)	Wy grepen dyn hân.
Grasped, Grabbed (You)	Greepst (Dû/Do)	Dû greepst myn hân.
Grasps, Grabs (He, she, it)	Grypt (Hy, sy, it)	Sy grypt syn hân.
Grass	Gers	De knyn yt gers.
Grass	Gjers (Wâldfrysk)	De ko yt gjers.
Gratitude	Tankberens	Hy lit syn tankberens sjen.
Grave	Grêf	Wy sille nei it grêf fan ús beppe.
Graveyard	Begraafplak	Wy binne op in begraafplak.
Gravity	Swiertekrêft	Yn de rûmte is gjin swiertekrêft.
Gray, Grey	Griis	Al dizze gebouwen binne griis.
Great-grandmother	Oerbeppe	Sy wie myn oerbeppe.
Great-grandpa	Oerpake	Myn oerpake libbet noch.
Greatly	Swiid	Hy is swiid ferneamd.
Greece (Country)	Grikelân (Country)	Grikelân hat bjusterbaarlike eilannen.
Greedy	Klausk	De âlde man is noch hieltyd klausk.
Greedy (Adj.)	Albegearige (Adj.)	De albegearige man.
Greedy person	Albegearich	Dy man is albegearich.
Greek	Gryksk	Sprekstû Gryksk?
Green	Grien	It gers is grien.
Green (Adj.)	Griene (Adj.)	It griene gers.
Green frog	Jork	In jork is in griene kikkert.
Greenland (Country)	Grienlân (Country)	Yn Grienlân wenje hast gjin minsken.
Greet, Salute (I, we, you all, they)	Groetsje (Ik, wy, jim, sy, jo)	Wy groetsje dy op strjitte.
Greet, Salute (You)	Groetest (Dû/Do)	Dû groetest my op strjitte.
Greeted, Saluted (I, he, she, it)	Groete (Ik, hy, sy, it)	Sy groete my op strjitte.
Greeted (We, you all, they)	Groeten (Wy, jim, sy, jo)	Jo groeten my op strjitte.
Greeted, Saluted (You)	Groetest(e) (Dû/Do)	Dû groeteste my op strjitte.
Greets, Salutes (He, she, it)	Groetet (Hy, sy, it)	Hy groetet dy op strjitte.
Grew (I, he, she, it)	Groeide (Ik, hy, sy, it)	Sy groeide griente yn har tún.
Grew (We, you all, they)	Groeiden (Wy, jim, sy, jo)	Wy groeiden griente yn har tún.

English	Frisian	Example
Grew (You)	Groeidest (Dû/Do)	Dû groeidest griente yn dyn tún.
Grew, Waxed (I, he, she, it)	Woeks (Ik, hy, sy, it)	Ik woeks in soad de lêste tiid.
Grew, Waxed (We, you all, they)	Woeksen (Wy, jim, sy, jo)	Wy woeksen in soad de lêste tiid.
Grew, Waxed (You)	Woekst (Dû/Do)	Dû woekst in soad de lêste tiid.
Grey (Adj.)	Grize (Adj.)	De grize gebouwen.
Grin	Gniis	Hy hat in gniis op syn gesicht.
Grin (I, we, you all, they)	Gnyskje (Ik, wy, jim, sy, jo)	Wy gnyskje fan de wille.
Groceries (Plural)	Boadskippen (Plural)	Wy sille boadskippen dwaan.
Groningen	Grinslân (A province in the Netherlands)	Wy wolle net nei Grinslân.
Ground	Groun (Older)	De groun is bot smoarch.
Ground	Grûn	De grûn is bot smoarch.
Grow (I)	Groei (Ik)	Ik groei griente.
Grow (We, you all, they)	Groeie (Wy, jim, sy, jo)	Sy groeie fluch.
Grow (You)	Groeist (Dû/Do)	Dû groeist fluch.
Grow, Wax (I)	Waaks (Ik)	Ik waaks in protte de lêste tiid.
Grow, Wax (We, you all, they)	Waakse (Wy, jim, sy, jo)	Wy waakse in protte de lêste tiid.
Grow, Wax (You)	Waakst (Dû/Do)	Dû waakst in protte de lêste tiid.
Growl (I, we, you all, they)	Grânzgje (Ik, wy, jim, sy, jo)	Grânzgje as in bist.
Grown (PP)	Groeid (PP)	Sy is fluch groeid.
Grows (He, she, it)	Groeit (Hy, sy, it)	Hy groeit fluch.
Grows, Waxes (He, she, it)	Waakst (Hy, sy, it)	De plant waakst in protte de lêste tiid.
Grub	Wrotte	Wy wrotte yn de grûn.
Grumble, Express anger (to)	Foeterje (Ik, wy, jim, sy, jo)	Sy foeterje út lilkens.
Grumpy	Njoer	De man sjocht in bytsje njoer.
Grunt, Growl (to)	Gnoarje	De bargen gnoarje lûd.
Guarantee (I, we, you all, they)	Garandearje (Ik, wy, jim, sy, jo)	Wy garandearje dat it goed komt.
Guarantee (You)	Garandearrest (Dû/Do)	Dû garandearrest dat it goed komt.
Guaranteed (I, he, she, it)	Garandearre (Ik, hy, sy, it)	Hy garandearre dat it goed kaam.
Guaranteed (We, you all, they)	Garandearren (Wy, jim, sy, jo)	Wy garandearren dat it goed kaam.
Guaranteed (You)	Garandearrest(e) (Dû/Do)	Dû garandearreste dat it goed kaam.
Guarantees (He, she, it)	Garandearret (Hy, sy, it)	Sy garandearret dat it goed komt.
Guard (I, we, you all, they)	Beklaadzje (Ik, wy, jim, sy, jo)	Wy beklaadzje it skilderij.
Guard (I, we, you all, they)	Beweitsje (Ik, wy, jim, sy, jo)	Wy beweitsje de skat.
Guard (You)	Bewekkest (Dû/Do)	Dû bewekkest de skat.
Guarded (I, he, she, it)	Bewekke (Ik, hy, sy, it)	Hy bewekke de skat.
Guarded (We, you all, they)	Bewekken (Wy, jim, sy, jo)	Jim bewekken de skat.
Guarded (You)	Bewekkest(e) (Dû/Do)	Dû bewekkeste de skat.
Guards (He, she, it)	Bewekket (Hy, sy, it)	Hy bewekket de skat.
Guess (I)	Ried (Ik)	Ik ried it antwurd.
Guess (We, you all, they)	Riede (Wy, jim, sy, jo)	Wy riede it nûmer.
Guess (You)	Riedst (Dû/Do)	Dû riedst it nûmer.
Guessed (I, he, she, it)	Rette (Ik, hy, sy, it)	Sy rette it antwurd.
Guessed (PP)	Ret (PP)	Ik haw it antwurd goed ret.
Guessed (We, you all, they)	Retten (Wy, jim, sy, jo)	Wy retten it antwurd.
Guessed (You)	Rettest (Dû/Do)	Dû rettest it antwurd.
Guesses (He, she, it)	Riedt (Hy, sy, it)	Hy riedt it nûmer.
Guilty	Skuldich	Ik tink dat hy skuldich is.
Guinea (Country)	Guinee (Country)	Wêr leit Guinee?
Guitar	Gitaar	Sy spilet gitaar.
Gum, Eraser	Gom	Mei ik dyn gom brûke?

English	Frisian	Example
Gun, Rifle	Gewear	Ús heit hat in gewear ferstoppe.
Gut, Intestine, Term	Term	Hy hat in soad lêst fan syn term.
Gutter	Daksgoate	It wetter rint de daksgoate yn.
Guzzle, Drink (I)	Sûp (Ik)	Ik sûp nea wer.
Guzzle, Drink (We, you all, they)	Sûpe (Wy, jim, sy, jo)	Wy sûpe nea wer.
Guzzle, Drink (You)	Sûpst (Dû/Do)	Dû sûpst in protte alkohol.
Guzzler	Fretsek	Hy is in fretsek.
Guzzles, Drinks (He, she, it)	Sûpt (Hy, sy, it)	Hy sûpt in protte alkohol.
Gym	Sportskoalle	Ik bin by de sportskoalle.
Habit	Gewente	It is in gewente wurden.
Habit, Manner	Wisânsje	It ús wisânsje om del te kommen.
Hack, Hew, Chop (I)	Hak (Ik)	Ik hak it hout yn lytse stikjes
Hack, Chop (We, you all, they)	Hakke (Wy, jim, sy, jo)	Wy hakke it hout yn lytse stikjes.
Hack, Hew, Chop (You)	Hakst (Dû/Do)	Dû hakst it hout yn lytse stikjes.
Hacked, Chopped (I, he, she, it)	Hakte (Ik, hy, sy, it)	Hy hakte it hout yn lytse stikjes.
Hacked (We, you all, they)	Hakten (Wy, jim, sy, jo)	Wy hakten it hout yn lytse stikjes.
Hacked, Chopped (You)	Haktest (Dû/Do)	Dû haktest it hout yn lytse stikjes.
Hacks, Hews, Chops (He, she, it)	Hakt (Hy, sy, it)	Hy hakt it hout yn lytse stikjes.
Had (I, he, she, it)	Hie (Ik, hy, sy, it)	Sy hie har nocht fan skoalle.
Had (PP)	Hân (PP)	Sy hat genôch iten hân.
Had (We, you all, they)	Hiene (Wy, jim, sy, jo)	Wy hiene in goede tiid.
Had (You)	Hiest (Dû/Do)	Dû hiest in goede tiid.
Had to (I, you, he, she, it)	Moast (Ik, dû, hy, sy, it)	Dû moast nei hûs.
Had to (We, you all, they)	Moasten (Wy, jim, sy, jo)	Wy moasten nei hûs.
Hail	Hagel	Sy hawwe it oer hagel fan 'e middei.
Hailstorm	Hagelstoarm	In grutte hagelstoarm komt der oan.
Hair	Hier	Dû hast moai hier.
Hair (Dim.)	Hiertsje (Dim.)	In lyts hiertsje leit op dyn skouder.
Hairbrush	Hierboarstel	Sy is har hierboarstel kwyt.
Hairs (Plural)	Hierren (Plural)	Der lizze hierren op 'e grûn.
Hairy	Hierrich	Dy kat is hierrich.
Hairy (Adj.)	Hierrige (Adj.)	De hierrige kat.
Haiti (Country)	Haïty (Country)	Wy wolle nei Haïty.
Half	Heal (Half, Old Frisian)	Ik fiel my hjoed heal.
Halfway	Healwei	Wy binne healwei.
Hall, Corridor, Hallway	Gong	De bern rinne troch de gong.
Hammer	Hammer	Ik slach mei de hammer op de spiker.
Hand	Hân	Jou my de hân mar.
Handbow	Flitsebôge	De jager hat in flitsebôge.
Handbow	Pilebôge	Hy sjit mei syn pilebôge.
Handle (I, we, you all, they)	Hantearje (Ik, wy, jim, sy, jo)	Wy hantearje de bile.
Handle, Manage (You)	Hantearrest (Dû/Do)	Dû hantearrest de bile.
Handle, Serve (I, we, you all, they)	Betsjinje (Ik, wy, jim, sy, jo)	Wy betsjinje de masine.
Handle, Serve, Operate (You)	Betsjinnest (Dû/Do)	Dû betsjinnest de masine.
Handled, Managed (I, he, she, it)	Hantearre (Ik, hy, sy, it)	Hy hantearre de bile.
Handled (We, you all, they)	Hantearren (Wy, jim, sy, jo)	Sy hantearren de bile.
Handled, Managed (You)	Hantearrest(e) (Dû/Do)	Dû hantearreste de bile.
Handled, Served (I, he, she, it)	Betsjinne (Ik, hy, sy, it)	Wy betsjinne de masine.
Handled, Served (We, you all, they)	Betsjinnen (Wy, jim, sy, jo)	Sy betsjinnen de masine.
Handled, Served (You)	Betsjinnest(e) (Dû/Do)	Dû betsjinneste de masine.

English	Frisian	Example
Handles, Manages (He, she, it)	Hantearret (Hy, sy, it)	Sy hantearret de bile.
Handles, Serves (He, she, it)	Betsjinnet (Hy, sy, it)	Hy betsjinnet de masine.
Hands (Plural)	Hannen (Plural)	Myn hannen binne kâld.
Handshake	Hândruk	De man joech my in sterke hândruk.
Handy, Skilful	Handich	Dizze trúk is hiel handich.
Hang (I, we, you all, they)	Hingje (Ik, wy, jim, sy, jo)	Jim hingje it skilderij op.
Hang (You)	Hingest (Dû/Do)	Dû hingest it skilderij op.
Hangs (He, she, it)	Hinget (Hy, sy, it)	Hy hinget it skilderij op.
Happened	Barde (It)	It barde juster.
Happy, Blithe	Bliid	Wy binne bliid.
Happy, Blithe (Adj.)	Blide (Adj.)	It blide famke.
Happy, Lucky	Gelokkich	De minsken binne hiel gelokkich.
Happy, Lucky	Lokkich	Sy wie hiel lokkich mei him.
Happy, Lucky (Adj.)	Gelokkige (Adj.)	De gelokkige minsken.
Happy, Lucky (Adj.)	Lokkige (Adj.)	It lokkige famke.
Harbor, Haven	Haven	It skip leit yn de haven.
Hard	Hurd	De bôle is my te hurd.
Hard (Adj.)	Hurde (Adj.)	De hurde bôle.
Hard, Difficult	Muoilik	Dizze fraach is muoilik.
Hard, Difficult (Adj.)	Muoilike (Adj.)	De muoilike fraach.
Harder	Hurder	De bôle is hurder as juster.
Hardest	Hurdste	Dizze stien is it hurdst.
Hare	Hazze	De hazze hat him gau ferskûle.
Harm (I, we, you all, they)	Skeadzje (Ik, wy, jim, sy, jo)	Wy skeadzje ús selsfertrouwen.
Harm (We, you all, they)	Deare (Wy, jim, sy, jo)	It koe him net deare.
Harm (You)	Skeadest (Dû/Do)	Dû skeadest dyn selsfertrouwen.
Harmed (I, he, she, it)	Skeade (Ik, hy, sy, it)	Ik skeade myn selsfertrouwen.
Harmed (We, you all, they)	Skeaden (Wy, jim, sy, jo)	Sy skeaden harren selsfertrouwen.
Harmed (You)	Skeadest(e) (Dû/Do)	Dû skeadeste dyn selsfertrouwen.
Harmful	Skealik	Dyn miening is skealik.
Harmony	Harmony	De bisten libje yn harmony.
Harms (He, she, it)	Skeadet (Hy, sy, it)	Hy skeadet syn selsfertrouwen.
Harvest (to)	Rispje	It tink dat wy rispje kinne.
Has (He, she, it)	Hat (Hy, sy, it)	Hy hat it my sjen litten.
Hat	Hoed	Pake hat in hoed op.
Hatchet	Hânbile	Mei de hânbile kinst gau te wurk.
Hate (He, she, it)	Haat (Hy, sy, it)	Hy haat my net.
Hate (I, we, you all, they)	Haatsje (Ik, wy, jim, sy, jo)	Ik haatsje dy net hear.
Hate (You)	Haatst (Dû/Do)	Dû haatst my net.
Hated (I, he, she, it)	Hate (Ik, hy, sy, it)	Sy hate my foar in lange tiid.
Hated (PP)	Haat (PP)	Sy hat him in protte haat.
Hated (We, you all, they)	Haten (Wy, jim, sy, jo)	Sy haten my foar in lange tiid.
Hated (You)	Hatest (Dû/Do)	Dû hatest my foar in lange tiid.
Have (I)	Haw, Ha (Ik)	Ik haw myn nocht foar hjoed.
Have (We, you all, they)	Hawwe (Wy, jim, sy, jo)	Wy hawwe ús nocht foar hjoed.
Have (You)	Hast (Dû/Do)	Dû hast it my sjen litten.
Have a cold	Ferkâlden	Troch it waar bin ik ferkâlden.
Have a cold (I, we, you all, they)	Ferkâldzje (Ik, wy, jim, sy, jo)	Ik ferkâldzje troch it waar.
Hawk	Hauk	De hauk fleant oer de greide.
Hay	Hea	De aaien lizze yn it hea.

Hayloft	Healoft	De bern sitte op 'e healoft.
Haystack	Heaberch	De mûzen sitte yn de heaberch.
He	Hy	Hy kin goed dûnsje.
Head	Holle	De holle docht my sear.
Head (Dim.)	Holtsje (Dim.)	De baby hat in lyts holtsje.
Headphone	Koptillefoan	Troch myn koptillefoan hear ik neat.
Headwind, Crosswind	Tsjinwyn	De fytsers hawwe lêst fan tsjinwyn.
Heal (I, we, you all, they)	Hielje (Ik, wy, jim, sy, jo)	Ik hielje noch foar in pear dagen.
Heal, Recover (I)	Genês (Ik)	Ik genês fan in sykte.
Heal, Recover (We, you all, they)	Genêze (Wy, jim, sy, jo)	Sy genêze fan in sykte.
Heal, Recover (You)	Genêst (Dû/Do)	Dû genêst fan in sykte.
Healed, Recovered (I, he, she, it)	Genies (Ik, hy, sy, it)	Hy genies fan in sykte.
Healed, Recovered (PP)	Genêzen (PP)	Hy is fan de sykte genêzen.
Healed (We, you all, they)	Geniezen (Wy, jim, sy, jo)	Wy geniezen fan 'e sykte.
Healed, Recovered (You)	Geniest (Dû/Do)	Dû geniest fan in sykte.
Heals, Recovers (He, she, it)	Genêst (Hy, sy, it)	Sy genêst fan in sykte.
Health	Sûnens	Wy moatte wol om ús sûnens tinke.
Healthy, Not sick	Sûn	De âlde man like sûn.
Healthy, Not sick (Adj.)	Sûne (Adj.)	De sûne man.
Heap	Heap	Der leit in heap stiennen.
Hear, Belong (I)	Hear (Ik)	Ik hear dy wol.
Hear, Belong (We, you all, they)	Hearre (Wy, jim, sy, jo)	Wy hearre dy wol hear.
Hear, Belong (You)	Hearst (Dû/Do)	Dû hearst my wol.
Heard, Belonged (I, he, she, it)	Hearde (Ik, hy, sy, it)	Ik hearde dy wol.
Heard, Belonged (PP)	Heard (PP)	Ik haw dy wol heard.
Heard, Belonged (We, you all, they)	Hearden (Wy, jim, sy, jo)	Sy hearden dy wol.
Heard, Belonged (You)	Heardest (Dû/Do)	Dû heardest my wol.
Hears, Belongs (He, she, it)	Heart (Hy, sy, it)	Sy heart my wol.
Hearse	Lykwein	De lykwein rydt nei it tsjerkhôf.
Heart	Hert	It famke hat in hert fan goud.
Heart (Dim.)	Hertsje (Dim.)	Hy hat in lyts hertsje.
Heart attack	Hertoanfal	De âlde man hie in hertoanfal.
Heartbroken, Heartache	Hertsear	Sy hat safolle hertsear.
Hearth, Fireplace	Hurd	'k bin sa bliid dat wy in hurde hawwe.
Heartless	Herteleas	Hy is in herteleas persoan.
Hearts (Plural)	Herten (Plural)	Ús herten hearre by elkoar.
Heat (I, we, you all, they)	Ferwaarmje (Ik, wy, jim, sy, jo)	Wy ferwaarmje de keamer.
Heat, Hot	Hjitte	De hjitte wurdt allinnich slimmer.
Heaven	Himmel	Sil hy nei de himmel of de hel?
Heavenly	Himmelsk	It iten is himmelsk.
Heavenly (Adj.)	Himmelske (Adj.)	It himmelske iten.
Heavy	Swier	Dizze sek is hiel swier.
Heavy (Adj.)	Swiere (Adj.)	De swiere sek.
Heavy axe	Aksebile	In grutte aksebile.
Hedge	Hage	De stikelbaarch skûlet yn de hage.
Hedgehog	Stikelbaarch	De stikelbaarch krûpt fuort.
Hedgehogs (Plural)	Stikelbargen (Plural)	De stikelbargen krûpe fuort.
Heel	Hakke	De frou hat in seare hakke.
Held (I, he, she, it)	Hold (Ik, hy, sy, it)	Ik hold dy fêst.
Held (We, you all, they)	Holden (Wy, jim, sy, jo)	Jo holden my fêst.

English	Frisian	Example
Held (You)	Holdst (Dû/Do)	Dû holdst my fêst.
Helicopter	Giselwjuk	De giselwjuk makket in soad lûd.
Hell	Hel	Hy is troch hel gien.
Hellgate	Helpoart	Dizze poart liket op in helpoart.
Hello, Hey, Hi, Bye	Hoi	Hoi, hoe is it?
Helmet	Helm	Dû kinst better dyn helm opdwaan.
Help (I)	Help (Ik)	Ik help dy aanst.
Help (We, you all, they)	Helpe (Wy, jim, sy, jo)	Wy helpe dy aanst.
Help (You)	Helpst (Dû/Do)	Dû helpst my aanst.
Helped (I, he, she, it)	Holp (Ik, hy, sy, it)	Ik holp dy.
Helped (We, you all, they)	Holpen (Wy, jim, sy, jo)	Jim holpen my.
Helped (You)	Holpst (Dû/Do)	Dû holpst my.
Helpful	Tsjildich	De âlde frou is tsjildich.
Helps (He, she, it)	Helpt (Hy, sy, it)	Hy helpt dy aanst.
Hence	Dêrfandinne	Dêrfandinne besykje ik it.
Her	Har	It docht har net safolle.
Herb	Krûd	It krûd moat helpe tsjin siik wurde.
Herbivore	Plante-iter	De plante-ite kôget op gers.
Herbs (Plural)	Krûden (Plural)	De krûden hâlde ús sûn.
Here	Hjir, Hjirre	Ik bin hjir en sy is dêr.
Here you are	Sjoch ris oan	Sjoch ris oan, dizze is foar dy.
Hereby, Because of this	Hjirtroch	Hjirtroch haw ik myn nocht.
Hereof, Of this	Hjirfan	Ik krij hûnger hjirfan.
Hereon, On this	Hjirop	Hjirop wol ik antwurd jaan.
Heritage	Oanstjerte	Dû moatst dyn oanstjerte noch krije.
Heritage, Birthright, Roots	Erfguod	Beppe hat erfguod efter litten.
Heritage, Birthright, Roots	Erfskip	Wy krije noch erfskip.
Hero	Held	Dizze man is in held.
Heron, Egret	Reager	De reager stiet by it wetter.
Hex, Witch	Hekse	De hekse ferflokt it doarp.
Hid (I, he, she, it)	Ferburch (Ik, hy, sy, it)	Ik ferburch it guod.
Hid (I, he, she, it)	Ferstopte (Ik, hy, sy, it)	Hy ferstopte him foar it gefaar.
Hid (We, you all, they)	Ferburgen (Wy, jim, sy, jo)	Wy ferburgen it guod.
Hid (We, you all, they)	Ferstopten (Wy, jim, sy, jo)	Jim ferstopten jim foar it gefaar.
Hid (You)	Ferburchst (Dû/Do)	Dû ferbruchst it guod.
Hid (You)	Ferstoptest (Dû/Do)	Dû ferstoptest dy foar it gefaar.
Hidden (PP)	Ferstopt (PP)	Hy hat him foar it gefaar ferstopt.
Hide (He, she, it)	Ferstoppet (Hy, sy, it)	Hy ferstoppet him.
Hide (I, we, you all, they)	Ferbergje (Ik, wy, jim, sy, jo)	Wy ferbergje it guod.
Hide (I, we, you all, they)	Ferstopje (Ik, wy, jim, sy, jo)	Ik ferstopje my.
Hide (You)	Ferbergest (Dû/Do)	Dû ferbergest it guod.
Hide (You)	Ferstoppest (Dû/Do)	Dû ferstoppest dy.
Hide, Skin	Hûd	Dyn hûd is drûch.
Hideout, Shelter, Hiding place	Ferskûl	Hy is ûnderbrocht yn in ferskûl.
Hider (Like a jew in WW2)	Ûnderdûker	De ûnderdûker wie Joadsk.
Hides (He, she, it)	Ferberget (Hy, sy, it)	Hy ferberget it guod.
Hiding	Ûnderdûke	De Joaden moasten ûnderdûke.
High	Heech (Hâch, Old Frisian)	Dizze toer is tige heech.
High (Adj.)	Hege (Adj.)	De hege toer.
High school	Hegeskoalle	Ús famke sit al op de hegeskoalle.

Higher	Heger	Dizze skoare is heger.
Highest	Heechste	Hy hat de heechste skoare.
Hill	Heuvel	Wy rinne de heuvel op.
Him	Him	Sy kinne him noch net.
Hinder (I, he, she, it)	Ferhindere (Ik, hy, sy, it)	Hy ferhindere ús.
Hinder (I, we, you all, they)	Ferhinderje (Ik, wy, jim, sy, jo)	Wy ferhinderje dizze minsken.
Hinder (You)	Ferhinderest (Dû/Do)	Dû ferhinderest ús.
Hindered (We, you all, they)	Ferhinderen (Wy, jim, sy, jo)	Sy ferhinderen ús.
Hindered (You)	Ferhinderest(e) (Dû/Do)	Dû ferhindereste ús.
Hinders (He, she, it)	Ferhinderet (Hy, sy, it)	Hy ferhinderet de minsken.
Hip	Heup	De âlde frou hat lêst fan har heup.
Hippo, Hippopotamus	Nylhoars	De nylhoars leit yn it wetter.
Hire, Rent (I)	Hier (Ik)	Ik hier in auto.
Hire, Rent (We, you all, they)	Hiere (Wy, jim, sy, jo)	Sy hiere in wein.
Hire, Rent (You)	Hierdest (Dû/Do)	Dû hierdest in wein.
Hire, Rent (You)	Hierst (Dû/Do)	Dû hierst in auto.
Hired, Rented (I, he, she, it)	Hierde (Ik, hy, sy, it)	Hy hierde in wein.
Hired, Rented (PP)	Hierd (PP)	Sy hawwe in wein hierd.
Hired, Rented (We, you all, they)	Hierden (Wy, jim, sy, jo)	Wy hierden de wein.
Hires, Rents (He, she, it)	Hiert (Hy, sy, it)	Hy hiert in auto.
His	Syn	It is syn fyts.
History	Histoarje	It plak hat in nijsgjirrige histoarje.
History	Skiednis (Skêdnesse, Old Frisian)	De skiednis fan Fryslân.
Hoarse	Heas	Syn stim is hjoed heas.
Hold back, Stop	Tsjinhâlde	Kinstû him tsjinhâlde?
Hold out, Endure	Úthâlde	Kinstû it noch úthâlde?
Hold, Love (I)	Hâld (Ik)	Ik hâld dy fêst.
Hold, Love (We, you all, they)	Hâlde (Wy, jim, sy, jo)	Sy hâlde dy fêst.
Hold, Love (You)	Hâldst (Dû/Do)	Dû hâldst my fêst.
Holds, Loves (He, she, it)	Hâldt (Hy, sy, it)	Sy hâldt dy fêst.
Hole	Hoale	De fokse hat in grutte hoale.
Holiday	Feestdei	Moarn hawwe wy in feestdei.
Holidays	Hjeldagen	Wy hawwe nocht oan de hjeldagen.
Holland	Hollân (Part of the Netherlands)	Hollân leit yn Nederlân.
Holy	Hillich	De tsjerke is hillich.
Home	Thús	Wy binne niis thús kaam.
Homeland, Fatherland	Heitelân	Fryslân is ús heitelân.
Homely	Húslik	Dizze wente fynt húslik oan.
Homepage	Hiemside	Gean mar efkes nei ús hiemside.
Homepage	Thússide	Hastû ús thússide alris besjoen?
Honduras (Country)	Hondueras (Country)	Dizze minsken wenje yn Hondueras.
Honest	Earlik (Êrlik, Old Frisian)	It famke is earlik tsjin har mem.
Honest (Adj.)	Earlike (Adj.)	It earlike famke.
Honey	Huning	De huning is tige swiet.
Honeymoon	Houlikreis	Wy hawwe in noflike houlikreis hân.
Honor, Honour (I, we, you all, they)	Earje (Ik, wy, jim, sy, jo)	Wy earje ús freon.
Honor, Honour (You)	Earest (Dû/Do)	Dû earest dyn freon.
Honored (I, he, she, it)	Eare (Ik, hy, sy, it)	Hy eare syn freon.
Honored (We, you all, they)	Earen (Wy, jim, sy, jo)	Wy earen ús freon.
Honored (You)	Earest(e) (Dû/Do)	Dû eareste dyn freon.

English	Frisian	Example
Honors (He, she, it)	Earet (Hy, sy, it)	Hy earet syn freon.
Hook	Heak	Ik doch ies op myn heak.
Hope	Hoop	De minsken hiene in soad hoop.
Hope (I, we, you all, they)	Hoopje (Ik, wy, jim, sy, jo)	Sy hoopje dat it goed komt.
Hope (You)	Hopest (Dû/Do)	Dû hopest dat it goed komt.
Hoped (I, he, she, it)	Hope (Ik, hy, sy, it)	Sy hope dat it goed kaam.
Hoped (We, you all, they)	Hopen (Wy, jim, sy, jo)	Wy hopen dat it goed kaam.
Hoped (You)	Hopest(e) (Dû/Do)	Dû hopeste dat it goed kaam.
Hopefully	Hooplik	Hooplik komt it goed mei dy.
Hopeless	Hopeleas	Sy wie hopeleas nei it ûngelok.
Hopes (He, she, it)	Hopet (Hy, sy, it)	Sy hopet dat it goed komt.
Hormones	Hormoanen	Sy hat lêst fan de hormoanen.
Horn	Hoarn	De bolle hat in grutte hoarn.
Horny	Hjitsich	Sy wiene altyd hjitsich.
Horrible, Awful	Ôfgryslik	It sjocht der ôfgryslik út.
Horrible, Awful (Adj.)	Ôfgryslike (Adj.)	De ôfgryslike foto.
Horrible, Terrible	Forsriklik (Older)	Hy fynt it forsriklik.
Horse	Hynder (Horsa, Old Frisian)	In moai grut Frysk hynder.
Horse (Childish)	Hoppe	Mem, ik wol in hoppe tekenje.
Horse (Dim.)	Hynderke (Dim.)	In lyts hynderke yt gers.
Horses (Plural)	Hynders (Plural)	De Fryske hynders drave troch it lân.
Horseshoe	Hoefizer	It hynder hat in nij hoefizer nedich.
Hospital, Sickhouse	Sikehûs, Sikehús	Wy binne yn it sikehûs.
Hospitals (Plural)	Sikehûzen (Plural)	It lân hat allegear sikehûzen.
Hostel	Herberch	Sille wy nei dizze herberch gien?
Hostile	Fijannich	De man wie fijannich tsjin ús.
Hot chocolate	Hjitte poeiermolke	Wy drinke hjitte poeiermolke.
Hot, Heat	Hyt	Yn de simmer kin it hjir hyt wêze.
Hotel	Hotel	It wie in noflik hotel.
Hothead	Koartkop	Allermachtich, wat is hy in koartkop.
Hour	Oere	It hat in oere lang duorre.
Hourglass	Sânglês	Hy set de sânglês oer de kop.
Hours (Plural)	Oeren (Plural)	It hat oeren lang duorre.
House	Hûs, Hús	Jo wenje yn in noflik hûs.
House (Dim.)	Hûske (Dim.)	Jo wenje yn in noflik hûske.
House spider	Hûsspin	De hûsspin krûpt oer de muorre.
House, Apartment, Residence	Wenning	Myn wenning is lyts.
House, Apartment, Residence	Wente	Myn wente is lyts.
Household	Húshâlding	Hoe grut is de húshâlding?
Houses	Hûzen	Dizze strjitte hat in protte hûzen.
Houses, Apartments (Plural)	Wentes (Plural)	Hoe folle wentes hastû op dyn namme?
How	Hoe (Ho, Old Frisian)	Hoe is it mei dyn mem?
Howl, Cry	Âlje	De bisten âlje fan 'e pine.
Hug (Dim.)	Krûpke (Dim.)	Hastû in krûpke nedich?
Human, Humane	Minsklik	It eksperimint wie minsklik.
Human, Humane (Adj.)	Minsklike (Adj.)	It minsklike eksperimint.
Humiliate (I, we, you all, they)	Fernederje (Ik, wy, jim, sy, jo)	Wy fernederje dy.
Humiliate (You)	Fernederest (Dû/Do)	Dû fernederest my.
Humiliated (I, he, she, it)	Fernedere (Ik, hy, sy, it)	Hy fernedere ús.
Humiliated (We, you all, they)	Fernederen (Wy, jim, sy, jo)	Wy fernederen ús.

English	Frisian	Example
Humiliated (You)	Fernederest(e) (Dû/Do)	Dû fernedereste my.
Humiliates (He, she, it)	Fernederet (Hy, sy, it)	Hy fernederet dy.
Hundred	Hûndert	Sy is hûndert dagen fuort west.
Hung (I, he, she, it)	Hong (Ik, hy, sy, it)	Hy hong it skilderij op.
Hung (We, you all, they)	Hongen (Wy, jim, sy, jo)	Wy hongen it skilderij op.
Hung (You)	Hongst (Dû/Do)	Dû hongst it skilderij op.
Hungary (Country)	Hongarije (Country)	Hy wie juster noch yn Hongarije.
Hungry	Hûnger	De ko hat hûnger.
Hunt	Jacht	De jacht is begûn!
Hunt (I)	Jei (Ik)	Ik jein op in swyn.
Hunt (We, you all, they)	Jeie (Wy, jim, sy, jo)	Sy jeie op in ein.
Hunt (You)	Jeist (Dû/Do)	Dû jeist op in ein.
Hunted (I, he, she, it)	Jage (Ik, hy, sy, it)	De fokse jage op in kyn.
Hunted (We, you all, they)	Jagen (Wy, jim, sy, jo)	Sy jagen op in swyn.
Hunted (You)	Jagest(e) (Dû/Do)	Dû jageste op in swyn.
Hunter	Jager	De jager skeat himsels yn 'e poat.
Hunts (He, she, it)	Jeit (Hy, sy, it)	Hy jeit op in ein.
Hurricane	Oarkaan	De oarkaan hat in protte ferneatige.
Hurry up (I, we, you all, they)	Avensearje (Ik, wy, jim, sy, jo)	Kinstû avensearje?
Hurt (I, we, you all, they)	Pinigje (Ik, wy, jim, sy, jo)	Wy pinigje ússels.
Hurt (You)	Pinigest (Dû/Do)	Dû pinigest dysels.
Hurt, Sore	Rekke	Ik bin rekke troch dyn wurden.
Hurted (I, he, she, it)	Pinige (Ik, hy, sy, it)	Hy pinige himsels doe't er foel.
Hurted (We, you all, they)	Pinigen (Wy, jim, sy, jo)	Wy pinigen ússels doe't wy foelen.
Hurted (You)	Pinigest(e) (Dû/Do)	Dû pinigeste dysels.
Hurts (He, she, it)	Piniget (Hy, sy, it)	Sy piniget harsels doe't sy foel.
Hydrogen	Wetterstof	Is it meitsjen fan wetterstof maklik?
I	Ik, 'k (Ik, Old Frisian)	Ik jou my del.
Ice	IIs	Sa kâld as iis.
Ice age	IIstiid	It wâld bestiet al sûnt de iistiid
Ice cream	IIsko	De bern hawwe in iisko krigen.
Ice skating	Reedride	Reedride op it iis.
Iceberg	IIsberch	Tink om de iisberch.
Icebergs (Plural)	IIsbergen (Plural)	Dizze krite hat in protte iisbergen.
Icecicle	IIspegel	Tink om de iispegel!
Iceland (Country)	Yslân, IIslân (Country)	Yslân sjocht der bjusterbaarlik út.
Idea	Idee	Sy hat in goed idee foar it projekt.
If	As	As ik thús kom.
Ignorant	Ûnwittend	Dizze minsken bliuwe ûntwittend.
Ignore (I, we, you all, they)	Negearje (Ik, wy, jim, sy, jo)	Sy negearje him.
Ignore, Negate (You)	Negearrest (Dû/Do)	Dû negearrest har.
Ignored, Negated (I, he, she, it)	Negearre (Ik, hy, sy, it)	Hy negearre har.
Ignored (We, you all, they)	Negearren (Wy, jim, sy, jo)	Sy negearren my.
Ignored, Negated (You)	Negearrest(e) (Dû/Do)	Dû negearreste har.
Ignores, Negates (He, she, it)	Negearret (Hy, sy, it)	Sy negearret him.
Illusion	Drôchbyld	It wie in drôchbyld.
Illustration	Yllustraasje	Dyn yllustraasje sjocht der goed út.
Imagine	Ynbyldzje	Ik kin it my wol ynbyldzje.
Imagine	Yntinke	Ik kin it my wol yntinke.
Imagine (I, we, you all, they)	Ferbyldzje (Ik, wy, jim, sy, jo)	Moatst it dy net ferbyldzje.

Imagine (to)	Forbyldzje (Older)	Ik sil it my wol forbyldzje.
Imitation	Imitaasje	Dû dochst in goede imitaasje fan him.
Immediately	Fuortendalik	Wy komme fuortendalik wol.
Immigrant	Ymmigrant	De Fryske ymmigrant.
Immigrate (I, we, you all, they)	Ymmigrearje (Ik, wy, jim, sy, jo)	Wolstû nei Fryslân ymmigrearje?
Immigration	Ymmigraasje	Der is in protte ymmigraasje nei Fryslân.
Imply (I, we, you all, they)	Ymplisearje (Ik, wy, jim, sy, jo)	Wat wolstû hjirmei ymplisearje?
Import	Ymport	It is in ymport Fries.
Important	Belangryk	In belangryk tillefoantsje.
Important	Wichtich	Dizze dei is wichtich foar my.
Important (Adj.)	Wichtige (Adj.)	De wichtige dei.
Impression	Ympresje	Myn ympresje fan dy is posityf.
Improve, Make better (You)	Ferbetterest (Dû/Do)	Dû ferbetterest dysels.
Improved (I, he, she, it)	Ferbettere (Ik, hy, sy, it)	Hy ferbettere himsels.
Improved (We, you all, they)	Ferbetteren (Wy, jim, sy, jo)	Jo ferbetteren josels.
Improved, Made better (You)	Ferbetterest(e) (Dû/Do)	Dû ferbettereste dysels.
Impulsive	Ympulsyf	Ik bin ympulsyf nei Fryslân gien.
In love	Fereale	Ik haw my juster fereale.
In, Into	Yn	Ik wie yn Fryslân.
Inappropriate	Ûnfoech	It wurdt as ûnfoech beskôge.
Incense	Wierk	Hy brânt wierk yn syn keamer.
Income	Ynkomsten	Myn ynkomsten binne net sa heech.
Incomplete	Ûnfolslein	De omskriuwing is ûnfolslein.
Incorrect, Uneven, Not right	Ûngelyk	De siden binne ûngelyk.
Indeed	Yndied	Yndied, dû hast gelyk!
Independent	Ûnôfhinklik	Guon Friezen wolle ûnôfhinklik wêze.
Independent (Adj.)	Ûnôfhinklike (Adj.)	De ûnôfhinklike Friezen.
India (Country)	Yndia (Country)	Yndia hat in soad minsken.
Indicate (to)	Oantsjutte	Kinst it my oantsjutte?
Indication	Oantsjutting	De oantsjutting fan de lannen.
Indirectly	Yndirekt	Sy hat in ynfeksje opron.
Indonesia (Country)	Yndoneezje (Country)	Yndoneezje hearde eartiids by Nederlân.
Infect (I, we, you all, they)	Ynfektearje (Ik, wy, jim, sy, jo)	Dû moatst my net ynfektearje.
Infection	Ynfeksje	Ik tink dat ik in ynfeksje haw.
Infertile	Ûnfruchtber	De âlde man is ûnfruchtber.
Inflammation	Ûntstekking	Ús beppe hat in ûntstekking.
Inflexible	Ûnbûgber	It stiel is ûnbûgber.
Inform (I, we, you all, they)	Ynformearje (Ik, wy, jim, sy, jo)	Moatst dy efkes goed ynformearje litte.
Information	Ynformaasje	Kin 'k ynformaasje krije?
Ingenious (You)	Fernimstich	Ik fyn him fernimstich.
Inherit (I, we, you all, they)	Ervje (Ik, wy, jim, sy, jo)	Wy ervje in soad jild.
Inherit (You)	Ervest (Dû/Do)	Dû ervest in soad jild.
Inherited (I, he, she, it)	Urf (Ik, hy, sy, it)	Hy urf in protte jild.
Inherited (We, you all, they)	Urven (Wy, jim, sy, jo)	Wy urven in protte jild.
Inherited (You)	Urfst (Dû/Do)	Dû urfst in soad jild.
Inherits (He, she, it)	Ervet (Hy, sy, it)	Hy ervet in soad jild.
Inhumane, Inhuman	Ûnminsklik	Syn dea wie ûnminsklik.
Inhumane, Inhuman (Adj.)	Ûnminsklike (Adj.)	De ûnminsklike dea.
Inject	Ynspuitsje	Wy sille it faksin ynspuitsje.
Injure, Wound (I, we, you all, they)	Ferwûnje (Ik, wy, jim, sy, jo)	Ik ferwûnje oan it glês.

English	Frisian	Example
Injustice	Ûnrjocht	Hy hat him ûnrjocht oandien.
Injustice, Unjust, Unfair	Ûnrjochtfeardich	Ik fyn it ûnrjochtfeardich.
Injustice, Unjust, Unfair (Adj.)	Ûnrjochtfeardige (Adj.)	De ûnrjochtfeardige situaasje.
Innocence	Ûnskuld	Hy sil syn ûnskuld bewize.
Innocent	Ûnskuldich	It famke is ûnskuldich.
Input, Enter	Ynfiere	Wêr moat ik myn namme ynfiere?
Insect	Ynsekt	It ynsekt rint oer de boaiem.
Inside	Binnen (Abinna, Old Frisian)	Binnen is it waarm.
Inspect (I, we, you all, they)	Ynspektearje (Ik, wy, jim, sy, jo)	Wy moatte dyn hûs ynspektearje.
Inspiration	Ynspiraasje	Sy wol in bytsje ynspiraasje opdwaan..
Install (I, we, you all, they)	Ynstallearje (Ik, wy, jim, sy, jo)	Kinstû de kompjûter ynstallearje?
Instead	Ynstee (Instêd, Old Frisian)	Ik kom freed ynstee fan tongersdei.
Instinct	Ynstinkt	Myn ynstinkt seit fan net.
Instruct (I, we, you all, they)	Ynstruearje (Ik, wy, jim, sy, jo)	Sy moatte my noch ynstruearje.
Instruction	Ynstruksje	Kinstû my de ynstrukje jaan?
Insurance	Fersikering	Hawwe wy hjirfoar in fersikering?
Interested	Ynteressearje	Ik ynteressearje my foar de Fryske taal.
Interesting, Curious	Nijsgjirrich	It is in nijsgjirrich boek.
Interesting, Curious (Adj.)	Nijsgjirrige (Adj.)	It nijsgjirrige boek.
Interfere in	Bemuoie	Wy bemuoie ús dermei.
International	Ynternasjonaal	It bedriuw is ynternasjonaal.
International (Adj.)	Ynternasjonale (Adj.)	It ynternasjonale bedriuw.
Interrogate	Ûnderfreegje	De plysje wol dy ûnderfreegje.
Interrupt, Pause (I)	Ûnderbrek (Ik)	Ik ûnderbrek dy.
Interrupt (We, you all, they)	Ûnderbrekke (Wy, jim, sy, jo)	Wy ûnderbrekke dy.
Interrupt, Pause (You)	Ûnderbrekst (Dû/Do)	Dû ûnderbrekst my.
Interrupted (We, you all, they)	Ûnderbrutsen (Wy, jim, sy, jo)	Sy ûnderbrutsen dy.
Interrupted (I, he, she, it)	Ûnderbruts (Ik, hy, sy, it)	Hy ûnderbruts dy.
Interrupted, Paused (You)	Ûnderbrutst (Dû/Do)	Dû ûnderbrutst my.
Interrupts, Pauses (He, she, it)	Ûnderbrekt (Hy, sy, it)	Hy ûnderbrekt my.
Intolerance	Yntolerânsje	Sy hat in yntolerânsje foar molke.
Introduce (We, you all, they)	Foarstelle (Wy, jim, sy, jo)	Kinstû dysels foarstelle?
Introduction	Yntroduksje	De yntroduksje fan it boek.
Invention	Betinksel	It is syn betinksel.
Invest (I, we, you all, they)	Yntrodusearje (Ik, wy, jim, sy, jo)	Ik wol ynvestearje yn oandielen.
Invest (You)	Ynvestearrest (Dû/Do)	Dû ynvestearrest yn it bedriuw.
Invested (I, we, you all, they)	Ynvestearje (Ik, wy, jim, sy, jo)	Wy ynvestearje yn it bedriuw.
Invested (PP)	Ynvestearre (PP)	Hy hat yn it bedriuw ynvestearre.
Investigate	Útsykje	Wy sille it útsykje.
Invests (He, she, it)	Ynvestearret (Hy, sy, it)	Hy ynvestearret yn it bedriuw.
Invite (to)	Útnoegje	Wy wolle dy útnoegje foar it feest.
Involve (I)	Belûk (Ik)	Ik belûk dy der net by.
Involve (We, you all, they)	Belûke (Wy, jim, sy, jo)	Wy belûke dy der net by.
Involve (You)	Belûkst (Dû/Do)	Dû belûkst my der net by.
Involved (I, he, she, it)	Beluts (Ik, hy, sy, it)	Hy beluts dy der net by.
Involved (We, you all, they)	Belutsen (Wy, jim, sy, jo)	Wy belutsen dy der net by.
Involved (You)	Belutst (Dû/Do)	Dû belutst my der net by.
Involves (He, she, it)	Belûkt (Hy, sy, it)	Sy belûkt dy der net by.
Inwardly, Internal	Ynderlik	It giet om it ynderlik.
Iran (Country)	Iran (Country)	Bistû alris yn Iran west?

Iraq (Country)	Irak (Country)	Wêr leit Irak?
Ireland (Country)	Ierlân (Country)	Sy prate Iersk yn Ierlân.
Irish	Iersk	Sy prate Iersk yn Ierlân.
Iron	Izer	Dû hast mear izer nedich.
Iron	Strykizer	De hjitte stykizer.
Irresistible	Ûnwjersteanber	It iten is ûnwjersteanber.
Irritate (I, we, you all, they)	Yrritearje (Ik, wy, jim, sy, jo)	Sy yrritearje dy om't sy dy net meie.
Is	Is	Hy is einlik oankaam.
Island	Eilân	Hy wennet op in eilân.
Islands (Plural)	Eilannen (Plural)	Hjir binne in soad eilannen.
Isolate, Seclude	Ôfsûnderje	Hy wol him ôfsûnderje fan de groep.
Isolation	Isolaasje	De isolaasje fan it hûs hâldt ús waarm.
Israel (Country)	Israel (Country)	Hy wennet yn Israel.
Italian	Italiaansk	Dizze man is Italiaansk.
Italy (Country)	Itaalje (Country)	Yn itaalje is it waarm.
Itch (I, we, you all, they)	Jokje (Ik, wy, jim, sy, jo)	Jo jokje oan jo earm.
Itch (You)	Jokkest (Dû/Do)	Dû jokkest oan dyn earm.
Itched (PP)	Jokke (PP)	Hy hat oan de earm jokke.
Itched (I, he, she, it)	Jokket (Hy, sy, it)	Hy jokket oan syn earm.
Itched (We, you all, they)	Jokte (Ik, hy, sy, it)	Sy jokte oan har earm.
Itched (You)	Jokten (Wy, jim, sy, jo)	Jo jokten oan jo earm.
Itches (He, she, it)	Joktest(e) (Dû/Do)	Dû jokkeste oan dyn earm.
Jackal	Sjakal	De sjakal rint hurd fuort troch it lûd.
Jacket	Jas	Moat de jas mar efkes oandwaan.
Jacket (Dim.)	Jaske (Dim.)	Moat it jaske mar efkes oandwaan.
Jail, Prison	Finzenis	De finzenis hat in protte kriminelen.
Jamaica (Country)	Jamaika (Country)	Wêr leit Jamaika?
January	Jannewaris	Jannewaris is de earst moanne.
Japan (Country)	Japan (Country)	Japan is nijsgjirrich lân.
Jaw	Tsjeak	Ik haw lêst fan myn tsjeak.
Jealous	Jaloersk	Hy is jaloersk op syn freon.
Jeans, Pants	Broek	Dû hast in kreaze broek.
Jeans, Pants (Plural)	Broeken (Plural)	Dû hast kreaze broeken.
Jellyfish	Kwal	De kwal hat my stutsen.
Jewish	Joadsk	De man yn de winkel is Joadsk.
Job opening	Fakatuere	Wy hawwe in fakatuere iepen stean.
Job seeker	Wurksiker	In wurksiker siket nei wurk.
Joke	Grap	Hy koe net laitsje om de grap.
Jordan (Country)	Jordaanje (Country)	Jordaanje leit fier fuort.
Joyful	Heuchlik	Dizze dei wei heuchlik.
Judge	Rjochter	De rjochter hat útspraak dien.
Judge (I, we, you all, they)	Oardielje (Ik, wy, jim, sy, jo)	Wy oardielje op in earlike manier.
Judge (You)	Oardielest (Dû/Do)	Dû oardielest har foar har gedrach.
Judged (I, he, she, it)	Oardiele (Ik, hy, sy, it)	Wy oardiele him foar syn gedrach.
Judged (We, you all, they)	Oardielen (Wy, jim, sy, jo)	Wy oardielen him foar syn gedrach.
Judged (You)	Oardielest(e) (Dû/Do)	Dû oardieleste har foar har gedrach.
Judges (He, she, it)	Oardielet (Hy, sy, it)	Sy oardielet him foar syn gedrach.
Juggle (I, we, you all, they)	Gûchelje (Ik, wy, jim, sy, jo)	Dy man koe goed gûchelje.
Juice	Sop	Mem makket sop fan it fruit.
July	July	Yn July sille wy op fakânsje.

English	Frisian	Example
Jump (I)	Spring (Ik)	Ik spring fan it bêd.
Jump (We, you all, they)	Springe (Wy, jim, sy, jo)	Jim springe fan it bêd.
Jump (You)	Springst (Dû/Do)	Dû springst fan it bêd.
Jumped (I, he, she, it)	Sprong (Ik, hy, sy, it)	Ik sprong fan it bêd.
Jumped (We, you all, they)	Sprongen (Wy, jim, sy, jo)	Sy sprongen fan it bêd.
Jumped (You)	Sprongst (Dû/Do)	Dû sprongst fan it bêd.
Jumps (He, she, it)	Springt (Hy, sy, it)	Sy springt fan it bêd.
June	Juny	Wy binne yn Juny wer werom.
Jungle	Oerwâld	Hy is it oerwâld yn gien.
Just	Gewoan	It is foar him gewoan.
Just now, A moment ago	Krekt	It is krekt bard.
Just now, A moment ago	Niis	Bin niis by him west.
Justify (I, we, you all, they)	Rjochtfeardigje (Ik, wy, jim, sy, jo)	Wy rjochtfearigje de misdied.
Kangaroo	Kangoeroe	De kangoeroe kin heech springe.
Kazakhstan (Country)	Kazachstan (Country)	Ik sil nei Kazachstan.
Keep silent about (He, she, it)	Fersweit (Hy, sy, it)	Hy fersweit neat foar my.
Keep silent about (I)	Ferswij (Ik)	Ik ferswij neat foar him.
Keep silent about (We, you all, they)	Ferswije (Wy, jim, sy, jo)	Wy ferswije neat foar dy.
Keep silent about (You)	Ferswijst (Dû/Do)	Dû ferswijst neat.
Keep, Conserve (I, we, you all, they)	Bewarje (Ik, wy, jim, sy, jo)	Ik bewarje it wol foar dy.
Keep, Conserve (You)	Bewarrest (Dû/Do)	Dû bewarrest it foar my.
Keep, Retain (I)	Behâld (Ik)	Ik behâld myn tillefoannûmer.
Keep, Retain (We, you all, they)	Behâlde (Wy, jim, sy, jo)	Jo behâlde jo tillefoannûmer.
Keep, Retain (You)	Behâldst (Dû/Do)	Dû behâldst dyn tillefoannûmer.
Keeps silent about (He, she, it)	Ferswijt (Hy, sy, it)	Hy ferwijt neat.
Keeps, Conserves (He, she, it)	Bewarret (Hy, sy, it)	Sy bewarret it wol foar dy.
Keeps, Retains (He, she, it)	Behâldt (Hy, sy, it)	Hy behâldt syn tillefoannûmer.
Keepsake, Memento	Oantinken	Ik wol it as in oantinken bewarje.
Kenya (Country)	Kenia (Country)	Kenia leit yn Afrika.
Kept silent about (I)	Ferswei (Ik)	Ik ferswei neat foar dy.
Kept silent about (PP)	Ferswein (PP)	Hy hat neat foar dy ferswein.
Kept silent about (We, you all, they)	Fersweien (Wy, jim, sy, jo)	Wy fersweien neat foar dy.
Kept silent about (You)	Ferstweist (Dû/Do)	Dû ferstweist neat foar har.
Kept, Conserved (I, he, she, it)	Bewarre (Ik, hy, sy, it)	Hy bewarre it foar dy.
Kept, Conserved (We, you all, they)	Bewarren (Wy, jim, sy, jo)	Jim bewarren it foar my.
Kept, Conserved (You)	Bewarreste(e) (Dû/Do)	Dû bewarreste it foar my.
Kept, Retained (I, he, she, it)	Behold (Ik, hy, sy, it)	Ik behold myn hûs.
Kept, Retained (We, you all, they)	Beholden (Wy, jim, sy, jo)	Wy beholden ús hûs.
Kept, Retained (You)	Beholdst (Dû/Do)	Dû beholdst dyn hûs.
Kettle	Tsjettel	Ik sil de tsjettel oansette.
Key	Kaai	Hastû de kaai foar de doar?
Key	Kaei (Older)	Hastou de kaei foar de doar?
Key (Dim.)	Kaaike (Dim.)	It doarke hat in lyts kaaike.
Keys (Plural)	Kaaien (Plural)	Wy binne alle kaaien kwyt.
Kick	Wâd	Si 'k dy in wâd jaan?
Kick (I)	Skop (Ik)	Ik skop dy.
Kick (We, you all, they)	Skoppe (Wy, jim, sy, jo)	Wy skoppe dy.
Kick (You)	Skopst (Dû/Do)	Dû skopst my.
Kick down (I, we, you all, they)	Delwâdzje (Ik, wy, jim, sy, jo)	Si 'k dy delwâdzje.
Kicked (I, he, she, it)	Skôp (Ik, hy, sy, it)	Hy skôp my.

English	Frisian	Example
Kicked (We, you all, they)	Skôpen (Wy, jim, sy, jo)	Sy skôpen my.
Kicked (You)	Skôpst (Dû/Do)	Dû skôpst my.
Kicks (He, she, it)	Skopt (Hy, sy, it)	Hy skopt my.
Kill (I, we, you all, they)	Deadzje (Ik, wy, jim, sy, jo)	Wy deadzje de ynsekten.
Kill, Murder (You)	Deadest (Dû/Do)	Dû deadest de ynsekten.
Kill, Murder (You)	Fermoardest (Dû/Do)	Dû fermoardest him net.
Killed, Murdered (He, she, it)	Fermoardet (Hy, sy, it)	Hy fermoardet har net.
Killed, Murdered (I, he, she, it)	Deade (Ik, hy, sy, it)	Hy deade it ynsekt.
Killed, Murdered (I, he, she, it)	Fermoarde (Ik, hy, sy, it)	Hy fermoarde de minsken net.
Killed, Murdered (We, you all, they)	Deaden (Wy, jim, sy, jo)	Wy deaden de ynsekten.
Killed, Murdered (You)	Deadest(e) (Dû/Do)	Dû deadeste de ynsekten
Killed, Murdered (You)	Fermoardest(e) (Dû/Do)	Dû fermoardeste dizze minsken.
Killer whale, Orca	Swurdwalfisk	In swurdwalfisk is in tige grutte bist.
Kills, Murders (He, she, it)	Deadet (Hy, sy, it)	Hy deadet de ynsekten.
Kills, Murders (I, we, you all, they)	Fermoardzje (Ik, wy, jim, sy, jo)	Wy fermoardzje dizze minsken net.
Kind	Soart	It is in soart minsk.
Kind, Nice	Aardich	Sy is aardich tsjin my.
Kind, Nice (Adj.)	Aardige (Adj.)	De aardige frou.
King	Kening	Hy wie de kening fan Fryslân.
King	Koaning (Wâldfrysk)	Yn it Wâldfrysk sizze wy 'koaning'.
Kingdom	Keninkryk	Hy hie in grut keninkryk.
Kings (Plural)	Keningen (Plural)	Fryslân hat in soad keningen hân.
Kinship	Sibskip	Hy hat Fryske sibskip.
Kiss (I, we, you all, they)	Tútsje (Ik, wy, jim, sy, jo)	Sy tútsje elkoar.
Kiss (You)	Tutest (Dû/Do)	Dû tutest my.
Kissed (I, he, she, it)	Tute (Ik, hy, sy, it)	Sy tute my.
Kissed (We, you all, they)	Tútten (Wy, jim, sy, jo)	Wy tútten elkoar.
Kissed (You)	Tutest(e) (Dû/Do)	Dû tuteste my.
Kisses (He, she, it)	Tutet (Hy, sy, it)	Sy tutet dy.
Knee	Knibbel	Myn knibbel docht sear.
Kneel (I, we, you all, they)	Knibbelje (Ik, wy, jim, sy, jo)	Wy knibbelje foar gjinien.
Knees (Plural)	Knibbels (Plural)	Myn knibbels dogge sear.
Knew (I, he, she, it)	Koe (Ik, hy, sy, it)	Sy koe him noch fan foarhinne.
Knew (I, you, we, you all, they)	Wist (Ik, dû, wy, jim, sy, jo)	Dû wist it antwurd net.
Knew (We, you all, they)	Koene (Wy, jim, sy, jo)	Wy koene him noch fan earder.
Knew (We, you all, they)	Wisten (Wy, jim, sy, jo)	Sy wisten it antwurd net.
Knife	Mês (Sax, Old Frisian)	Hy snijt de bôle mei in mês.
Knight	Ridder	De ridder sit op it hynder.
Knock (I, we, you all, they)	Klopje (Ik, wy, jim, sy, jo)	Jo klopje op de doar.
Knock (You)	Kloppest (Dû/Do)	Dû kloppest op de doar.
Knocked (I, he, she, it)	Kloppe (Ik, hy, sy, it)	Hy kloppe op de doar.
Knocked (We, you all, they)	Kloppen (Wy, jim, sy, jo)	Jim kloppen op de doar.
Knocked (You)	Kloppest(e) (Dû/Do)	Dû kloppeste op de doar.
Knocks (He, she, it)	Kloppet (Hy, sy, it)	Hy kloppet op de doar.
Know (I)	Ken (Ik)	Ik ken my wol.
Know (I)	Wit (Ik)	Ik wit it antwurd net.
Know (We, you all, they)	Kenne (Wy, jim, sy, jo)	Wy kenne dy wol.
Know (We, you all, they)	Witte (Wy, jim, sy, jo)	Sy witte it antwurd net.
Know (You)	Kenst (Dû/Do)	Dû kenst my wol.
Know (You)	Witst (Dû/Do)	Dû witst it antwurd net.

English	Frisian	Example
Know-it-all	Wetich	It famke is in bytsje wetich.
Known (PP)	Kend (PP)	Hy hat dy wol kend.
Known (PP)	Witten (PP)	Ik haw it antwurd net witten.
Known, Familiar	Bekend	Wy binne bekend mei it probleem.
Knows (He, she, it)	Ken (Hy, sy, it)	Hy ken dy wol.
Knows (He, she, it)	Wit (Hy, sy, it)	Sy wit it antwurd net.
Koala bear	Koala bear	De koark sit noch op de flesse.
Laces, Shoelaces (Plural)	Fiters (Plural)	Dû moatst dyn fiters efkes fêst dwaan.
Lack of time	Tiidkrapte	Wy sitte mei tiidkrapte.
Ladder	Leider (Wâldfrysk)	Mei de leider de healoft op.
Ladder	Ljedder	De ljedder stiet tsjin it hûs.
Ladybug, Ladybird	Earmpykje	In earmpykje op 'e earm.
Ladybug, Ladybird	Krûpelhintsje	Is in krûpelhintsje giftich?
Ladybug, Ladybird, Little angel	Ingeltsje	In ingeltsje op dyn earm.
Lake	Mar	It grutte mar sit fol mei fisken.
Lake (Dim.)	Marke (Dim.)	It lytse marke sit fol mei fisken.
Lakes (Plural)	Marren (Plural)	Dizze krite hat in soad marren.
Lamp	Lampe	De lampe jout ljocht.
Lamppost	Lantearnepeal	De lantearnepeal brânt de hiele nacht.
Lamps (Plural)	Lampen (Plural)	De lampen jouwe ljocht.
Landscape, Scenery	Lânskip	It kreaze lânskip.
Language, Tongue	Taal (Tâle, Old Frisian)	It Frysk is bysûndere taal.
Languages, Tongues (Plural)	Talen (Plural)	Hoe folle talen sprekstû?
Laos (Country)	Laos (Country)	Bistû alris yn Laos west?
Lap	Skoat	By beppe op de skoat.
Last	Lêst	Op it lêst koe hy it net mear.
Last (Adj.)	Lêste (Adj.)	It wie de lêste kear.
Last name, Surname	Efternamme	Wat is dyn efternamme?
Last, Endure (to)	Duorje	It sil noch wol efkes duorje.
Lasts, Endures (It)	Duorret (It)	It duorret hiel lang.
Latch	Skoattel	Doch de doar op de skoattel.
Late	Let	Hy kaam hiel let thús.
Later	Aanst	Ik sil aanst sjen.
Later	Letter	Letter op de dei wie it wer mooglik.
Later (Adj.)	Lette (Adj.)	De lette besoarging.
Latin	Latynsk	Kinstû Latynsk skriuwe?
Latvia (Country)	Letlân (Country)	Letlân leit fier fan Fryslân.
Laugh (I, we, you all, they)	Laitsje (Ik, wy, jim, sy, jo)	Wy laitsje om in grap.
Laugh (You)	Lakest (Dû/Do)	Dû lakest om in grap.
Laugh about someone	Útlaitsje	Jim moatte him net sa útlaitsje.
Laughed (I, he, she, it)	Lake (Ik, hy, sy, it)	Sy lake om de grap.
Laughed (We, you all, they)	Laken (Wy, jim, sy, jo)	Wy laken om de grap.
Laughed (You)	Lakest(e) (Dû/Do)	Dû lakeste om in grap.
Laughing gas, Nitrous oxide	Gniisgas	Is gniisgas goed foar dy?
Laughs (He, she, it)	Laket (Hy, sy, it)	Sy laket om in grap.
Laundry	Wask	Ús mem docht de wask.
Lavender	Lavindel	Lavindel skrikt de mûzen ôf.
Lawnmower	Gersmasine	Wêr stiet de gersmasine?
Lawyer, Attorney	Abbekaat	Hastû in abbekaat nedich?
Lawyer, Attorney	Advokaat	Hy hat advys fan in advokaat nedich.

English	Frisian	Example
Lay down (to)	Deljaan	Hy wol him efkes deljaan.
Lay, Lie (I) (On bed etc.)	Lis (Ik)	Ik lis op it hea.
Lay, Lie (On bed etc) (We, you all, they)	Lizze (Wy, jim, sy, jo)	Sy lizze yn it hea.
Layer	Laach	It wie yn in oare laach.
Layers (Plural)	Lagen (Plural)	Wy hawwe ferskate lagen nedich.
Layout	Yndieling	Hoe sjocht de yndieling derút?
Lays, Lies (He, she, it)	Leit (Hy, sy, it)	Hy lei yn it hea.
Lazy	Loai	Dizze generaasje is loai.
Lead	Lead	Dû moatst mei lead sjitte.
Leader	Lieder	Hy wie in grut lieder.
Leaders (Plural)	Lieders (Plural)	Guon wurde berne as lieders.
Leaf, Paper (Dim.)	Bledsje (Dim.)	It bledsje falt fan 'e beam.
Leaf, Sheet of paper	Blêd	Kinstû it blêd jaan?
Leak	Lek	De amer hat in lek.
Learn (I)	Lear (Ik)	Ik lear in taal.
Learn (We, you all, they)	Leare (Wy, jim, sy, jo)	Jim leare in taal.
Learn (You)	Learst (Dû/Do)	Dû learst in taal.
Learned (I, he, she, it)	Learde (Ik, hy, sy, it)	Hy learde in taal.
Learned (PP)	Leard (PP)	Hy hat in taal leard.
Learned (We, you all, they)	Learden (Wy, jim, sy, jo)	Sy learden in taal.
Learned (You)	Leardest (Dû/Do)	Dû leardest in taal.
Learns (He, she, it)	Leart (Hy, sy, it)	Sy leart in taal.
Leave (to)	Fuortgean	Dû kinst better fuortgean.
Leave out, Omit	Weilitte	Si 'k dit stikje weilitte?
Leeuwarden	Ljouwert (Capital city of Friesland)	Ljouwert is de haadstêd fan Fryslân.
Left	Lofts	Wy moatte hjir nei lofts.
Leg	Skonk	Syn skonk docht him sear.
Legendary	Legindarysk	Ik fûn it legindarysk.
Legs (Plural)	Skonken (Plural)	Hy rint op syn skonken.
Lemon	Sitroen	De sitroen wie soer.
Lend, Borrow (I)	Lien (Ik)	Ik lien dyn kaai.
Lend, Borrow (We, you all, they)	Liene (Wy, jim, sy, jo)	Jim liene ús kaai.
Lend, Borrow (You)	Lienst (Dû/Do)	Dû lienst jild fan ús.
Lends, Borrows (He, she, it)	Lient (Hy, sy, it)	Sy lient jild fan ús.
Lent, Borrowed (I, he, she, it)	Liende (Ik, hy, sy, it)	Hy liende myn kaai.
Lent, Borrowed (PP)	Liend (PP)	Ik haw dyn kaai liend.
Lent, Borrowed (We, you all, they)	Lienden (Wy, jim, sy, jo)	Sy lieden dyn kaai.
Lent, Borrowed (You)	Liendest (Dû/Do)	Dû liendest myn kaai.
Leopard, Panther	Loaihoars	De loaihoars is op jacht.
Less	Minder	Der moat minder oalje brûkt wurde.
Let (I)	Lit (Ik)	Ik lit dy troch.
Let (We, you all, they)	Litte (Wy, jim, sy, jo)	Wy litte dy troch.
Let (You)	Litst (Dû/Do)	Dû litst my troch.
Let, Allowed (PP)	Litten (PP)	Wy hawwe dy troch litten.
Let, Leet, Allowed (He, she, it)	Lietst (Hy, sy, it)	Dû lietst him eat sjen.
Let, Leet, Allowed (I, he, she, it)	Liet (Ik, hy, sy, it)	Hy liet dy in foto sjen.
Let, Allowed (We, you all, they)	Lieten (Wy, jim, sy, jo)	Sy lieten him in foto sjen.
Lets (He, she, it)	Lit (Hy, sy, it)	Sy lit my troch.
Liar	Liger	De liger fertelde in leagen.
Liberia (Country)	Libearia (Country)	Wêr leit Libearia?

English	Frisian	Example
Library	Biblioteek	It lêst better yn in biblioteek.
Libya (Country)	Lybje (Country)	Wêr leit Lybje?
Lid	Lid	Hy krige it lid op 'e noas.
Lie (I)	Liich (Ik)	Ik liich de hiele tiid.
Lie (We, you all, they)	Leagen (Wy, jim, sy, jo)	Wy leagen tsjin dy.
Lie (We, you all, they)	Lige (Wy, jim, sy, jo)	Sy lige de hiele tiid.
Lie (You)	Liichst (Dû/Do)	Dû liichst de hiele tiid.
Lie (You) (On bed etc.)	Leist (Dû/Do)	Dû leist yn it hea.
Liechtenstein (Country)	Lychtenstein (Country)	Lychtenstein leit njonken Eastenryk.
Lied (I, he, she, it)	Leach (Ik, hy, sy, it)	Hy leach tsjin my.
Lied (You)	Leachst (Dû/Do)	Dû leachst tsjin my.
Lies (He, she, it)	Liicht (Hy, sy, it)	Hy liicht de hiele tiid.
Life	Libben	Myn libben is hiel noflik.
Lift (I)	Til (Ik)	Ik til de doaze op.
Lift (We, you all, they)	Tille (Wy, jim, sy, jo)	Wy tille de doaze op.
Lift (You)	Tilst (Dû/Do)	Dû tilst de doaze op.
Lift up	Optille	Kinstû dizzer swiere doaze optille?
Lift, Elevator	Lift	Sille wy de lift nimme?
Lifts (He, she, it)	Tilt (Hy, sy, it)	Hy tilt de doaze op.
Light	Ljocht	Wa hat it ljocht oandien?
Light (Adj.)	Lichte (Adj.)	De lichte doaze.
Light (Dim.)	Ljochtsje (Dim.)	Dêr brânt in lyts ljochtsje.
Light (to)	Oanstekke	Kinstû myn sigaret oanstekke?
Light (Weight wise)	Licht	Dizze doaze is licht.
Light on (to)	Oanjeldzje	Kinstû it fjoer oanjeldzje?
Lighter	Fjoermasine	Mei ik dyn fjoermasine brûke?
Lighter	Fjoeroanstekker	Mei ik dyn fjoeroanstekker brûke?
Lighter	Oanstekker	Mei ik dyn oanstekker brûke?
Lighthouse	Fjoertoer	It ljocht komt fan de fjoertoer.
Lighting, Illumination	Ferljochting	Bûten it hûs hawwe wy ferljochting.
Lightning	Wjerljocht	In wjerljocht komt mei tonger.
Lights (Plural)	Ljochten (Plural)	Wa hat de ljochten oandien?
Like	Lykas	Ik bin net lykas as him.
Limb, Branch, Twig	Tokke	De tokke leit op 'e grûn.
Limb, Branch, Twig	Tûke	De tûke leit op 'e grûn.
Line	Line	Wy hawwe de line lutsen.
Liniment	Smarsel	It smarsel is fettich.
Link, Connect (I, we, you all, they)	Keppelje (Ik, wy, jim, sy, jo)	Wy keppelje ús tillefoan.
Link, Connect (We, you all, they)	Ferbine (Wy, jim, sy, jo)	Wy moatte it ferbine.
Link, Connect (You)	Keppelst (Dû/Do)	Dû keppelst dyn tillefoan.
Link, Connection	Ferbining	Sjochstû de ferbining?
Link, Connection, Relation	Ferbân	Ik tink dat der in ferbân is.
Linked, Connected (I, he, she, it)	Keppele (Ik, hy, sy, it)	Ik keppelje myn tillefoan.
Linked, Connected (We, you all, they)	Ferbûnen (Wy, jim, sy, jo)	Jo ferbûnen josels mei it ynternet.
Linked (We, you all, they)	Keppelen (Wy, jim, sy, jo)	Wy keppelen ús tillefoan.
Linked, Connected (You)	Keppelest(e) (Dû/Do)	Dû keppelest(e) dyn tillefoan.
Links, Connects (He, she, it)	Keppelt (Hy, sy, it)	Sy keppelt syn tillefoan.
Lion	Liuw	De liuw hat hûnger.
Lions (Plural)	Liuwen (Plural)	De liuwen hawwe hûnger.
Liquid manure	Jarre	De boer giet mei jarre oer it lân.

English	Frisian	Example
Liquidate (I, we, you all, they)	Likwidearje (Ik, wy, jim, sy, jo)	Sy wolle ien likwidearje.
List	List	Sy hat in list makke.
Listen (I, we, you all, they)	Harkje (Ik, wy, jim, sy, jo)	Wy harkje nei dy.
Listen (You)	Harkest (Dû/Do)	Dû harkest nei my.
Listen (I, we, you all, they)	Lústerje (Ik, wy, jim, sy, jo)	Wy lústerje graach nei him.
Listened (I, he, she, it)	Harke (Ik, hy, sy, it)	Wy hawwe nei dy harke.
Listens (He, she, it)	Harket (Hy, sy, it)	Sy harket nei my.
Lists (Plural)	Listen (Plural)	Sy hat listen makke.
Liter	Mingel	Wy hawwe in mingel wetter nedich.
Lithuania (Country)	Litouwen (Country)	Wy binne yn Litouwen.
Little and sweet	Njummel	It famke is njummel.
Little, Small, Tiny	Lyts	It hûs is lyts.
Little, Small, Tiny (Adj.)	Lytse (Adj.)	It lytse hûs.
Live (I, we, you all, they)	Libje (Ik, wy, jim, sy, jo)	Sy libje mei wille.
Live (I, we, you all, they) (In a place)	Wenje (Ik, wy, jim, sy, jo)	Sy wenje yn Fryslân.
Live (You)	Libbest (Dû/Do)	Dû libbest mei wille.
Live (You) (In a place)	Wennest (Dû/Do)	Dû wennest yn dit doarp.
Lived (In a place) (I, he, she, it)	Wenne (Ik, hy, sy, it)	Sy wenne yn Fryslân.
Lived (We, you all, they)	Libben (Wy, jim, sy, jo)	Wy libben in goed libben.
Lived (You)	Libbest(e) (Dû/Do)	Dû libbeste mei wille.
Lived (You) (In a place)	Wennest(e) (Dû/Do)	Dû wenneste yn dit doarp.
Liver	Lever	Hy hat in minne lever.
Lives (He, she, it)	Libbet (Hy, sy, it)	Sy libbet mei wille.
Lives (In a place) (He, she, it)	Wennet (Hy, sy, it)	Hy wennet yn dit doarp.
Living circumstances	Libbensomstannichheden	Syn libbensomstannichheden wiene min.
Living room	Wenkeamer	Wy binne yn de wenkeamer.
Loan	Liening	Hy hat in liening by de bank.
Local	Pleatslik	De rein wie pleatslik.
Location	Lokaasje	Mei ik dyn lokaasje witte.
Lock (I, we, you all, they)	Beskoattelje (Ik, wy, jim, sy, jo)	Wy beskoattelje de doar.
Lock (You)	Beskoattelest (Dû/Do)	Dû beskoattelest de doar.
Lockdown	Lokdaun	Wy sitte yn in lokdaun.
Lockdown	Tichtplicht	Mei de tichtplich moatte wy thús bliuwe.
Locked (I, he, she, it)	Beskoattele (Ik, hy, sy, it)	Ik beskoattele de doar.
Locked (We, you all, they)	Beskoattelen (Wy, jim, sy, jo)	Wy beskoatten de doar.
Locked (You)	Beskoattelest(e) (Dû/Do)	Dû beskoatteleste de doar.
Locks (He, she, it)	Beskoattelet (Hy, sy, it)	Sy beskoattelet de doar.
Locomotive, Train	Izeren lûkbealch	Dêr komt de izeren lûkbealch al oan.
Loft, Attic	Fjirring	Wy hawwe mûzen op de fjirring.
Logical	Logysk	Ik fyn it logysk.
Lonely	Iensum	De âlde man fielt him iensum.
Long	Lang (Long, Old Frisian)	De wike duorret lang.
Long (Adj.)	Lange (Adj.)	De lange wike.
Long (I, we, you all, they)	Longerje (Ik, wy, jim, sy, jo)	Ik longerje nei dy.
Longer	Langer	Hy is langer as dy.
Longest	Langst	Hy is it langest.
Look at (I)	Besjoch (Ik)	Ik besjoch it hûs.
Look at (We, you all, they)	Besjogge (Wy, jim, sy, jo)	Wy besjogge it hûs.
Look at (You)	Besjochst (Dû/Do)	Dû besjochst it hûs.
Look forward (I, we, you all, they)	Ferhûgje (Ik, wy, jim, sy, jo)	Ik ferhûgje my op moarn.

English	Frisian	Example
Look forward, Rejoice (You)	Ferhûgest (Dû/Do)	Dû ferhûgest dy op moarn.
Look like (I, we, you all, they)	Lykje (Ik, wy, jim, sy, jo)	Jo lykje op him.
Look like (You)	Likest (Dû/Do)	Dû likest op dyn mem.
Look-alike	Dûbelgonger	Hy liket dyn dûbelgonger wol.
Looked at (I, he, she, it)	Beseach (Ik, hy, sy, it)	Ik beseach it skilderij.
Looked at (PP)	Besjoen (PP)	Wy hawwe it hûs besjoen.
Looked at (We, you all, they)	Beseagen (Wy, jim, sy, jo)	Wy beseagen it skilderij.
Looked at (You)	Beseachst (Dû/Do)	Dû beseachst it skilderij.
Looked forward (I, he, she, it)	Ferhûge (Ik, hy, sy, it)	Hy ferhûge my op moarn.
Looked forward (We, you all, they)	Ferhûgen (Wy, jim, sy, jo)	Wy ferhûgen ús op moarn.
Looked forward, Rejoiced (You)	Ferhûgest(e) (Dû/Do)	Dû ferhûgeste dy op moarn.
Looked like (I, he, she, it)	Like (Ik, hy, sy, it)	Sy like op har mem.
Looked like (We, you all, they)	Liken (Wy, jim, sy, jo)	Wy liken op ús mem.
Looked like (You)	Likest(e) (Dû/Do)	Dû likeste op dyn mem.
Looking forward to, Rejoice	Forhûgje (Older)	Wy forhûgje ús op de film.
Looks at (He, she, it)	Besjocht (Hy, sy, it)	Sy besjocht it hûs.
Looks forward (He, she, it)	Ferhûget (Hy, sy, it)	Hy ferhûget him op moarn.
Looks like (He, she, it)	Liket (Hy, sy, it)	Hy liket op syn mem.
Loose	Los	Ik meitsje dy los.
Lose (I)	Ferlies (Ik)	Ik ferlies de striid.
Lose (We, you all, they)	Ferlieze (Wy, jim, sy, jo)	Sy ferlieze de striid.
Lose (You)	Ferliest (Dû/Do)	Dû ferliest de striid.
Loser	Ferliezer	Hy wie de ferliezer fan it spultsje.
Loses (He, she, it)	Ferliest (Hy, sy, it)	Sy ferliest de striid.
Lost (An item)	Kwyt	Ik bin myn ponge kwyt.
Lost (I, he, she, it)	Ferlear (Ik, hy, sy, it)	Hy ferlear de striid.
Lost (PP)	Ferlern (PP)	Wy hawwe de striid ferlern.
Lost (We, you all, they)	Ferlearen (Wy, jim, sy, jo)	Wy ferlearen de striid.
Lost (You)	Ferlearst (Dû/Do)	Dû ferlearst de striid.
Loud, Noise	Lûd	Wat is it hjir lûd!
Loudspeaker	Lûdsprekker	De muzyk komt út de lûdsprekker.
Love	Leafde	Der is leafde tusken dy twa.
Loving	Leadefol	Sy kinne leafdefol mei elkoar om.
Low	Leech	De prizen binne leech.
Lower (I, we, you all, they)	Ferleegje (Ik, wy, jim, sy, jo)	Wy ferleegje ús doel.
Lower (You)	Ferlegest (Dû/Do)	Dû ferlegest dyn doel.
Lowered (I, he, she, it)	Ferlege (Ik, hy, sy, it)	Hy ferlege syn doel.
Lowered (We, you all, they)	Ferlegen (Wy, jim, sy, jo)	Wy ferlegen ús doel.
Lowered (You)	Ferlegest(e) (Dû/Do)	Dû ferlegeste dyn doel.
Lowers (He, she, it)	Ferleget (Hy, sy, it)	Hy ferleget syn doel.
Lucky	Lok	Sy hat in protte lok hân.
Lug, Heavy load	Tôch	It guod op de wein is in swiere tôch.
Lung	Long	Der sit in plakje op myn long.
Luxembourg (Country)	Lúksemboarch (Country)	Lúksemboarch is in lyts lân.
Lying	Leagenje	Minsken leagenje as sy benaud binne.
Machine	Masine	De masine wurket net mear.
Mad, Wrathful, Furious	Dûm	De man wie dûm.
Madagascar (Country)	Madagaskar (Country)	De film giet oer it eilân Madagaskar.
Made (I, he, she, it)	Makke (Ik, hy, sy, it)	Hy hat tiid makke.
Made (We, you all, they)	Makken (Wy, jim, sy, jo)	Wy makken tiid foar dy.

Made (You)	Makkest(e) (Dû/Do)	Dû makkeste tiid.
Magazine	Tydskrift	Wy keapje in tydskrift.
Magical	Magysk	It mearke is magysk.
Magical (Adj.)	Magyske (Adj.)	It magyske mearke.
Magician	Gûchelder	De gûchelder hie ús foar de gek.
Magnet	Magneet	De magneet lûkt izer oan.
Magnifying glass, Reading glass	Fergrutglês	Wy brûke in fergrutglês foar de tekst.
Magnifying glass, Reading glass	Forgreatglês (Older)	Wy hawwe in forgreatglês nedich.
Mail	Post	It postkantoar is sletten.
Maintain (I)	Ûnderhâld (Ik)	Ik ûnderhâld myn hûs.
Maintain (We, you all, they)	Ûnderhâlde (Wy, jim, sy, jo)	Jim ûnderhâlde jim hûs.
Maintain (You)	Ûnderhâldst (Dû/Do)	Dû ûnderhâldst dyn hûs.
Maintained (I, he, she, it)	Ûnderhold (Ik, hy, sy, it)	Sy ûnderhold har hûs.
Maintained (We, you all, they)	Ûnderholden (Wy, jim, sy, jo)	Sy ûnderholden harren hûs.
Maintained (You)	Ûnderholdst (Dû/Do)	Dû ûnderholdst dun hûs.
Maintains (He, she, it)	Ûnderhâldt (Hy, sy, it)	Hy ûnderhâldt syn hûs.
Maintenance	Ûnderhâld	Ús hûs hat ûnderhâld nedich.
Make (I, we, you all, they)	Meitsje (Ik, wy, jim, sy, jo)	Sy meitsje in plan.
Make (You)	Makkest (Dû/Do)	Dû makkest tiid.
Make believe (to)	Wiismeitsje	Dû kinst him fan alles wiismeitsje.
Make better (I, we, you all, they)	Ferbetterje (Ik, wy, jim, sy, jo)	Wy ferbetterje ússels.
Make equal, Make even (to)	Lykmeitsje	Skulden moatte je lykmeitsje.
Makes (He, she, it)	Makket (Hy, sy, it)	Hy makket tiid.
Malaysia (Country)	Maleizje (Country)	Op aventoer yn Maleizje.
Maldives (Country)	Maldiven (Country)	Wy sille nei de Maldiven.
Male	Manlik	It wurd is manlik.
Male (Adj.)	Manlike (Adj.)	It manlike wurd.
Mali (Country)	Maly (Country)	Wêr is Maly?
Malta (Country)	Malta (Country)	Ik bin op Malta west.
Man	Man	It wie in ferneamde man.
Mankind, Humanity	Minskdom	It minskdom bestiet al lang.
Mansion	Hearehûs	Dizze rike man besit in hearehûs.
Map, Ground plan, Floor map	Plattegrûn	Wy brûke de plattegrûn.
March	Maart	It is maart no.
Mark (I, we, you all, they)	Markearje (Ik, wy, jim, sy, jo)	Sy markearje de beam.
Mark (I, we, you all, they)	Markje (Ik, wy, jim, sy, jo)	Wy markje de beam.
Market	Merke	Sille wy nei de merke?
Marriage	Houlik	Yn in houlik moatte je earlik wêze.
Married (I, he, she, it)	Boaske (Ik, hy, sy, it)	Sy boaske har bêste freon.
Married (We, you all, they)	Boasken (Wy, jim, sy, jo)	Wy boasken in lange tiid tebek.
Married (You)	Boaskest(e) (Dû/Do)	Dû boaskeste dyn bêste freon.
Marries (He, she, it)	Boasket (Hy, sy, it)	Sy boasket har bêste freon.
Marrow	Moarch	Wy hawwe moarch yn ús bonken.
Marry (I, we, you all, they)	Boaskje (Ik, wy, jim, sy, jo)	Wy boaskje nei in lange relaasje.
Marry (You)	Boaskest (Dû/Do)	Dû boaskest dyn bêste freon.
Mask	Masker	Hy hie in masker op by de oerfal.
Mass	Massa	In grutte massa minsken is kaam.
Massive	Massyf	De doar is massyf.
Master	Master	Hy is de master fan dizze klasse.
Master (I, we, you all, they)	Masterje (Ik, wy, jim, sy, jo)	Hy moast trije talen masterje.

English	Frisian	Example
Masters (Plural)	Masters (Plural)	Sy binne de masters fan de skoalle.
Mat	Matte	Foar de doar leit in matte.
Match, Game	Wedstriid	Wa hat de wedstriid wûn?
Mathematics	Wiskunde	By wiskunde moatst in protte rekkenje.
May (Month)	Maaie	Myn suske is yn maaie jierdei.
May (Not the month)	Mei (Mith, Old Frisian)	Hy mei nei hûs fan de baas.
May (We, you all, they)	Meie (Wy, jim, sy, jo)	Sy meie nei hûs fan de baas.
May (You)	Meist (Dû/Do)	Dû meist nei hûs fan de baas.
Maybe, Perhaps	Faaks	Faaks better om it net te dwaan.
Maybe, Perhaps	Miskien	Miskien kinne wy it feroarje.
Mayor, Burgomaster	Boargemaster	De boargemaster fan it doarp.
Maze	Doalhôf	It is hjir krekt in doalhôf.
Me	My	It docht my wol wat.
Meadow	Greide	De wide griene greide.
Meadows (Plural)	Greides (Plural)	De griene greides.
Meal	Miel	Wy hawwe in goede miel hân.
Mean (I)	Mien (Ik)	Ik mien it hear.
Mean (Not nice)	Gemien	Sy is hiel gemien.
Mean (We, you all, they)	Miene (Wy, jim, sy, jo)	Sy miene it hear.
Mean (You)	Mienst (Dû/Do)	Dû mienst it.
Mean time, Interim	Tuskentiid	Yn de tuskentiid hie 'k al in dien.
Mean, Intend (I)	Bedoel (Ik)	Ik bedoel it goed.
Mean, Intend (We, you all, they)	Bedoele (Wy, jim, sy, jo)	Jim bedoele it goed.
Mean, Intend (You)	Bedoelst (Dû/Do)	Dû bedoelst it goed.
Meaning	Betsjutting	Wat is de betsjutting dêrfan?
Means	Betsjut	It betsjut neat.
Means (He, she, it)	Mient (Hy, sy, it)	Hy mient it hear.
Means, Intends (He, she, it)	Bedoelt (Hy, sy, it)	Sy bedoelt it goed.
Meant (I, he, she, it)	Miende (Ik, hy, sy, it)	Sy miende it.
Meant (PP)	Miend (PP)	Sy hat it miend.
Meant (We, you all, they)	Mienden (Wy, jim, sy, jo)	Wy mienden it hear.
Meant (You)	Miendest (Dû/Do)	Dû miendest it.
Meant, Intended (I, he, she, it)	Bedoelde (Ik, hy, sy, it)	Hy bedoelde it goed.
Meant, Intended (PP)	Bedoeld (PP)	Hy hat it goed bedoeld.
Meant, Intended (We, you all, they)	Bedoelden (Wy, jim, sy, jo)	Wy bedoelden it goed.
Meant, Intended (You)	Bedoeldest (Dû/Do)	Dû bedoeldest it goed.
Measurable	Mjitber	Is dizze lingte mjitber?
Measure (I)	Mjit (Ik)	Ik mjit de lingte fan de keamer.
Measure (We, you all, they)	Mjitte (Wy, jim, sy, jo)	Jim mjitte de lingte fan 'e keamer.
Measure (You)	Mjitst (Dû/Do)	Dû mjitst de lingte fan 'e keamer.
Measured (I, he, she, it)	Meat (Ik, hy, sy, it)	Hy meat de lingte fan 'e keamer.
Measured (PP)	Metten (PP)	Wy hawwe de keamer metten.
Measured (We, you all, they)	Meaten (Wy, jim, sy, jo)	Wy meaten de lingte fan 'e keamer.
Measured (You)	Meatst (Dû/Do)	Dû meatst de lingte fan 'e keamer.
Measures (He, she, it)	Mjit (Hy, sy, it)	Hy mjit de lingte fan de keamer.
Medical	Medysk	Hy wol it medysk rapport lêze.
Medicinal, Healing	Hielkrêftich	Dizze krûden binne hielkrêftich.
Medicine	Doktersguod	Doktersguod fan de dokter.
Medicine (Plural)	Medisinen (Plural)	Hoe folle medisinen nimstû op in dei?
Medicine, Drug	Medisyn	De dokter jout de frou in medisyn.

English	Frisian	Example
Meditate (I, we, you all, they)	Meditearje (Ik, wy, jim, sy, jo)	Sy meditearje yn in groep.
Meditation	Meditaasje	De wize frou docht oan meditaasje.
Meet (You)	Moetest (Dû/Do)	Dû moetest in freon.
Meet (I, we, you all, they)	Moetsje (Ik, wy, jim, sy, jo)	Jim moetsje in freon.
Meet up, Meeting	Gearkomst	Jûn is de gearkomst.
Meets (He, she, it)	Moetet (Hy, sy, it)	Hy moetet in freon.
Melon	Meloen	De grutte griene meloen.
Melt (I)	Raan (Ik)	Ik raan it iis.
Melt (We, you all, they)	Rane (Wy, jim, sy, jo)	Sy rane it iis.
Melt (You)	Raanst (Dû/Do)	Dû raanst it iis.
Melted (PP)	Raand (PP)	Hy hat it iis raand.
Melts (He, she, it)	Raant (Hy, sy, it)	Sy raant it iis.
Memorial	Betinking	De betinking is hjoed.
Memory	Gehûch	Ik haw it opslein yn myn gehûch.
Memory	Memoarje	Sy hat in goed memoarje.
Men (Plural)	Manlju (Plural)	De manlju komme aanst thús.
Men (Plural)	Mannen (Plural)	De mannen wolle bier hawwe.
Mentally, Spiritual	Geastlik	Sy is geastlik goed.
Meritorious, Deservingly	Fertsjinstlik	Hy hat him fertsjinstlik makke.
Mermaid	Seewiif	Hastû alris in seewiif sjoen?
Message	Berjocht	It berjocht is net oankaam.
Message (Dim.)	Berjochtsje (Dim.)	It berjochtsje is net oankaam.
Message, Tidings	Tynge	In tynge dwaan.
Messages (Plural)	Berjochten (Plural)	De berjochten binne goed.
Messy person	Rûchhouwer	Allermachtich, hy is in echte rûchhouwer.
Met (I, he, she, it)	Mette (Ik, hy, sy, it)	Hy mette syn skoanmem.
Met (PP)	Met (PP)	Hy hat him juster met.
Met (We, you all, they)	Metten (Wy, jim, sy, jo)	Sy metten myn freon.
Met (You)	Mettest (Dû/Do)	Dû mettest dyn nije skoanmem.
Metabolism	Stofwikseling	It famke hat in flugge stofwikseling.
Metal	Metaal	It is makke fan metaal.
Method, Technique	Wurkwize	Hokfoar wurkwize brûkstû?
Mexico (Country)	Meksiko (Country)	Meksiko leit net yn Súd-Amearika.
Mice (Plural)	Mûzen (Plural)	De mûzen sykje nei tsiis.
Microphone	Mikrofoan	De mikrofoan stiet hiel lûd.
Middle	Midden	Yn it midden is noch plak.
Might (Past) (I, he, she, it)	Mocht (Ik, hy, sy, it)	Hy mocht dêr net mear komme.
Might (Past) (We, you all, they)	Mochten (Wy, jim, sy, jo)	Wy mochten dêr net mear komme.
Might (Past) (You)	Mochtst (Dû/Do)	Dû mochtst dêr net mear komme.
Might, Power	Macht	Hy hat de macht no.
Milestone	Mylpeal	In nije mylpeal is berikt.
Milk	Molke	De molke is bedoarn.
Milk (I)	Melk (Ik)	Ik melk de ko.
Milk (We, you all, they)	Melke (Wy, jim, sy, jo)	Wy melke de kij.
Milk (You)	Melkst (Dû/Do)	Dû melkst de ko.
Milked (You)	Molkst (Dû/Do)	Dû molkst de kij.
Milked (I, he, she, it)	Molk (Ik, hy, sy, it)	Hy molk de kij.
Milked (We, you all, they)	Molken (Wy, jim, sy, jo)	Wy molken de kij.
Milks (He, she, it)	Melkt (Hy, sy, it)	Hy melkt de ko.
Milky Way	Molkewei	Jûn kinst de molkewei sjen.

Mill	Mûne	De mûne soarget foar enerzjy.
Mimic	Neimalkje	Moatst ús net sa neimalkje.
Mind, Understanding	Ferstân	Hy hat net mear ferstân.
Mineral	Mineraal	Sink is in wichtich mineraal.
Mingle (I)	Ferming (Ik)	Ik ferming it sâlt mei wetter.
Mingle (We, you all, they)	Ferminge (Wy, jim, sy, jo)	Wy ferminge it sâlt mei wetter.
Mingle (You)	Fermingst (Dû/Do)	Dû fermingst it sâlt mei wetter.
Mingle, Mix (I)	Ming (Ik)	Ik ming it sâlt mei wetter.
Mingle, Mix (We, you all, they)	Minge (Wy, jim, sy, jo)	Sy minge it sâlt mei wetter.
Mingle, Mix (You)	Mingst (Dû/Do)	Dû mingst it wetter mei it sâlt.
Mingled (I, he, she, it)	Fermong (Ik, hy, sy, it)	Hy fermong it sâlt mei it wetter.
Mingled (We, you all, they)	Fermongen (Wy, jim, sy, jo)	Wy fermongen it sâlt mei it wetter.
Mingled (You)	Fermongst (Dû/Do)	Dû fermongst it sâlt mei it wetter.
Mingled, Mixed (I, he, she, it)	Mong (Ik, hy, sy, it)	Sy mong it wetter mei sûker.
Mingled, Mixed (PP)	Mingd (PP)	Hy hat it sâlt mei wetter mingd.
Mingled, Mixed (We, you all, they)	Mongen (Wy, jim, sy, jo)	Sy mongen it wetter mei sûker.
Mingled, Mixed (You)	Mongst (Dû/Do)	Dû mongst it wetter mei sûker.
Mingles (He, she, it)	Fermingt (Hy, sy, it)	Hy fermingt it sâlt mei wetter.
Mingles, Mixes (He, she, it)	Mingt (Hy, sy, it)	Sy mingt it sâlt mei it wetter.
Miracle, Wonder	Wûnder	It is in wûnder dat hy it oerlibbe hat.
Mirror	Spegel	Sy sjocht harsels yn de spegel.
Miscarriage	Miskream	De leave frou hat in miskream hân.
Miscarriage	Omflap	De frou hie in omflap.
Mislead (We, you all, they)	Misliede (Wy, jim, sy, jo)	Wy misliede in soad minsken.
Mislead (I, we, you all, they)	Fergûchelje (Ik, wy, jim, sy, jo)	Wy fergûchelje dy.
Miss (I)	Mis (Ik)	Ik mis dy.
Miss (Missing part) (We, you all, they)	Ûntbrekke (Wy, jim, sy, jo)	De letters ûntbrekke.
Miss (We, you all, they)	Misse (Wy, jim, sy, jo)	Sy misse dy.
Miss (You)	Mist (Dû/Do)	Dû mist my.
Missed (I, he, she, it)	Miste (Ik, hy, sy, it)	Hy miste de trein.
Missed (We, you all, they)	Misten (Wy, jim, sy, jo)	Wy misten de trein.
Misses (He, she, it)	Mist (Hy, sy, it)	Sy mist dy.
Mist, Fog	Dize	De dize makket my blyn.
Mistake	Flater	Hy hat in flater makke.
Mistletoe	Mistel	De mistel waakst al foar in lange tiid.
Misty	Mistich	It wie mistich fan 'e moarn.
Misty (Adj.)	Mistige (Adj.)	De mistige moarn.
Misty, Vague	Dizich	Fan 'e moarn wie it dizich.
Mix, Blend	Mjuks	It is in mjuks fan wetter en sâlt.
Mixture, Blend	Mingsel	It is in mingsel fan wetter en sâlt.
Mobile	Mobyl	Hy hat noch in âld mobyl.
Model	Model	De kreaze frou wie model.
Moderate (I, we, you all, they)	Moderearje (Ik, wy, jim, sy, jo)	Wy moderearje it petear.
Modern	Modern	De grutte stêd wie modern.
Modest	Beskieden	It is in beskieden famke.
Modification, Adjustment	Wiziging	Sy hat in wiziging makke.
Modify, Adjust (I, we, you all, they)	Wizigje (Ik, wy, jim, sy, jo)	Wy wizigje ús adres.
Moldova (Country)	Moldaavje (Country)	Moldaavje is fier fuort.
Mole (Animal)	Mol	De mol graaft in gat.
Mole (On skin)	Deaplak	Hy hat in deaplak op 'e hûd.

English	Frisian	Example
Mole (On skin)	Spûketaast	Sy hat in spûketaast by de mûle.
Molt (I, we, you all, they)	Ferfelje (Ik, wy, jim, sy, jo)	Ik ferfelje troch de sinne.
Molt (You)	Ferfellest (Dû/Do)	Dû ferfellest troch de sinne.
Molt, Peel (I, we, you all, they)	Ferhûdzje (Ik, wy, jim, sy, jo)	Wy ferhûdzje as in slang.
Molted (I, he, she, it)	Ferfelle (Ik, hy, sy, it)	Hy ferfelle troch de sinne.
Molted (We, you all, they)	Ferfellen (Wy, jim, sy, jo)	Wy ferfellen troch de sinne.
Molted (You)	Ferfellest(e) (Dû/Do)	Dû ferfelleste troch de sinne.
Molts (He, she, it)	Ferfellet (Hy, sy, it)	Sy ferfellet troch de sinne.
Mom, Mum, Mother	Mem (Moder & Mem, Old Frisian)	Ús mem soarget foar ús.
Moment	Stuit	Op it stuit kinne wy dyn help wol brûke.
Monaco (Country)	Monako (Country)	Bistû alris yn Monako west?
Monasteries (Plural)	Kleasters (Plural)	Dizze krite hat in protte kleasters.
Monastery	Kleaster	It kleaster is sletten.
Monday	Moandei	Hjoed binne wy moandei.
Money	Jild	Jild makket dy net lokkich.
Money	Sinten	De sinten binne hast op.
Mongolia (Country)	Mongoalje (Country)	Wêr leit Mongoalje?
Monster	Mûnster	It mûnster ûnder it bêd.
Monsters (Plural)	Mûnsters (Plural)	Sy hat dreamen oer mûnsters.
Montenegro (Country)	Montenegro (Country)	Hy wie juster noch yn Montenegro.
Month	Moanne	Hokfoar moanne binne wy?
Months (Plural)	Moannen (Plural)	Hoe folle moannen hat in jier?
Moon	Moanne	It is folle moanne.
Moonlight	Moanneljocht	It moanneljocht skynt troch it finster.
Moonstone	Moannestien	Wy fûnen in grutte moannestien.
Moose	Eland	Hastû alris in eland sjoen?
Moral	Moreel	Hat de man in moreel?
More	Mear	De minsken woene mear hawwe.
Morning	Moarns	Moarns haw' k gjin hûnger.
Morning	Moarntiid	Yn dy moarntiid bin' k net produktyf.
Morocco (Country)	Marokko (Country)	Marokko is nuver lân.
Mortal	Stjerlik	Wy binne allegear stjerlik.
Mosquito	Neefke	Troch it neefke kin ik net sliepe.
Moss	Moas	Der sit moas op 'e stobbe.
Most	Measte	De measte minsken binne hjir.
Mostly	Meastal	Meastal binne wy frij op freed.
Mother tongue	Memmetaal	Hy is in memmetaal sprekker.
Mother-in-law	Skoanmem	Sy hat in goede bân mei skoanmem.
Motive	Motyf	De moardner hat in motyf.
Mountain	Berch	Dizze berch is grut.
Mountain goat	Berchgeit	De berchgeit docht gefaarlik.
Mountains (Plural)	Bergen (Plural)	De bergen binne grut.
Mouse	Mûs	De mûs siket nei tsiis.
Mouth	Mûle	Dû moatst dyn mûle hâlde.
Move (Body wise) (I)	Beweech (Ik)	Ik beweech myn skonk.
Move (We, you all, they)	Beweegje (Wy, jim, sy, jo)	Jo beweegje jo skonk.
Move (You)	Beweechst (Dû/Do)	Dû beweechst dyn skonk.
Move, Postpone (We, you all, they)	Ferskôwe (Wy, jim, sy, jo)	Jim ferskôwe de snie.
Moved (I, he, she, it)	Bewege (Ik, hy, sy, it)	Sy bewege har skonk.
Moved (We, you all, they)	Bewegen (Wy, jim, sy, jo)	Wy bewegen ús skonk.

English	Frisian	Example
Moved (You)	Beweechst(e) (Dû/Do)	Dû beweechste dyn skonk.
Moves (He, she, it)	Beweecht (Hy, sy, it)	Hy beweecht syn skonk.
Mow (We, you all, they)	Meane (Wy, jim, sy, jo)	De buorren meane it gers.
Mozambique (Country)	Mozambyk (Country)	Wêr leit Mozambyk?
Much, Full (Adj.)	Folle (Adj.)	It is in folle amer.
Mud	Modder	De bern boartsje yn 'e modder.
Mud, Wet earth	Dridze	Hy sit fêst yn de dridze.
Murder	Moard (Morthia, Old Frisian)	Wy wiene tsjûge fan in moard.
Murder (I, we, you all, they)	Moardzje (Ik, wy, jim, sy, jo)	Wy moardzje net.
Murder (You)	Moardest (Dû/Do)	Dû moardest net.
Murdered (We, you all, they)	Fermoarden (Wy, jim, sy, jo)	Jo fermoarden de minsken net.
Murdered (You)	Moardest(e) (Dû/Do)	Dû moardeste net.
Murderer, Killer	Moardner	De moardner rint noch frij rûn.
Murders (He, she, it)	Moardet (Hy, sy, it)	Hy moardet net.
Muscles (Plural)	Spieren (Plural)	Hy hat lêst fan syn spieren.
Mushrooms	Poddestuollen	Wy sykje poddestuollen yn it bosk.
Music	Muzyk	De muzyk is lûd.
Musicbox	Muzykdoaze	De muzykdoaze makket lûd.
Musle mass	Spiermassa	Hy hat in protte spiermassa.
Must (I, he, she, it)	Moat (Ik, hy, sy, it) (Mot, Old Frisian)	It moat hjoed dien wurde.
Must (PP)	Moatten (PP)	Wy hiene nei hûs moatten.
Must (We, you all, they)	Moatte (Wy, jim, sy, jo)	Sy moatte ús helpe.
Must (You)	Moatst (Dû/Do)	Dû moatst ús helpe.
My, Mine	Myn	Myn tiid komt noch.
Myself	Mysels	Ik sjoch mysels yn 'e spegel.
Mystery	Mystearje	It doarp hat in grutte mystearje.
Nail	Neil	Har neil is ôfbrutsen.
Nail (Not on your finger)	Spiker	Kinstû op de spiker slaan?
Nails	Neils	Sy hat har neils dien.
Naked	Neaken	Ik fiel my neaken sa.
Name	Namme	Wat is dyn namme?
Name (Dim.)	Namke (Dim.)	In lyts namke fan trije letters.
Name after (I)	Ferneam (Ik)	Ik ferneam myn soan nei dy.
Name after (We, you all, they)	Ferneame (Wy, jim, sy, jo)	Wy ferneame ús soan nei dy.
Name after (You)	Ferneamst (Dû/Do)	Dû ferneamst dyn soan nei my.
Name, Call (We, you all, they)	Neame (Wy, jim, sy, jo)	Wy neame dy by dyn namme.
Name, Call (You)	Neamst (Dû/Do)	Dû neamst my by myn namme.
Named, Called (I, he, she, it)	Neamde (Ik, hy, sy, it)	Hy neamde dy by de namme.
Named, Called (PP)	Neamd (PP)	Wy hawwe dy by de namme neamd.
Named, Called (We, you all, they)	Neamden (Wy, jim, sy, jo)	Wy neamden dy by de namme.
Named, Called (You)	Neamdest (Dû/Do)	Dû neamdest my by de namme.
Names (Plural)	Nammen (Plural)	Hoe folle nammen steane op de list?
Names after (He, she, it)	Ferneamt (Hy, sy, it)	Hy ferneamt syn soan nei dy.
Names, Calls (He, she, it)	Neamt (Hy, sy, it)	Hy neamt dy by dyn namme.
Namibia (Country)	Namybje (Country)	Ik wit net wêr Namybje leit.
Narcissist	Narsist	Dy man is in aaklike narsist.
Narrator, Storyteller	Ferteller	De ferteller fertelt in ferhaal.
Narrow	Smel	It paadsje is smel.
Narrow (Adj.)	Smelle (Adj.)	It smelle paad.
Nation	Naasje	By hokker naasje hearstû?

National	Nasjonaal	Sy bringe it nasjonaal út.
National (Adj.)	Nasjonale (Adj.)	De nasjonale held.
Natural	Natuerlik	Dizze hiele tún is natuerlik.
Nature	Natoer	Hy hâldt fan de natoer.
Nature	Natuer	Hy hâldt fan de natuer.
Nauseous	Mislik	Hy waard der mislik fan.
Navigate (I, we, you all, they)	Navigearje (Ik, wy, jim, sy, jo)	Wy navigearje nei hûs.
Nearby, Closeby	Tichtby	Wy binne tichtby hûs.
Nearly, Almost	Hast	Ik wie hast te let foar it wurk.
Neck	Nekke	Ik haw lêst fan 'e nekke.
Necklace	Halsbân	Hastû myn halsbân sjoen?
Need	Nedich	Hastû noch eat nedich?
Need (I)	Hoech (Ik)	Ik hoech net mear nei skoalle.
Need (We, you all, they)	Hoege (Wy, jim, sy, jo)	Wy hoege net mear nei skoalle.
Need (You)	Hoechst (Dû/Do)	Dû hoechst net mear nei skoalle.
Need for something	Ferlet	Ik haw ferlet fan in bakje kofje.
Needed (I, he, she, it)	Hoegde (Ik, hy, sy, it)	Sy hoegde net mear nei skoalle.
Needed (We, you all, they)	Hoegden (Wy, jim, sy, jo)	Wy hoegden net mear nei skoalle.
Needed (You)	Hoegdest (Dû/Do)	Dû hoegdest net mear nei skoalle.
Needle	Nuddel	Hy hat in nuddel en tried nedich.
Needle	Nulle	Hy hat in nulle en tried nedich.
Needs (He, she, it)	Hoecht (Hy, sy, it)	Hy hoecht net mear nei skoalle.
Negative	Negatyf	De útslach wie negatyf.
Negative (Adj.)	Negative (Adj.)	It wie in negative útslach.
Neglect (I, we, you all, they)	Ferwaarleazgje (Ik, wy, jim, sy, jo)	Ferwaarleazgje dy hûn net sa.
Negotiate (to)	Ûnderhannelje	Ús heit mei graach ûnderhannelje.
Negotiation	Ûnderhanneling	De ûnderhanneling is goed gien.
Neighbor (Female)	Buorfrou	De buorfrou stiet by de wei.
Neighbor (Male)	Buorman	De buorman hat it drok.
Neighbourhood	Buert	Hy wennet hjir yn 'e buert.
Neighbourhood	Wyk	Hy wennet yn dizze wyk.
Neighbours (Plural)	Buorren (Plural)	De buorren meitsje in protte lûd.
Nepal (Country)	Nepal (Country)	Wy sille nei Nepal oar jier.
Nervous	Senuweftich	It famke wie senuweftich.
Nest	Nêst	De fûgel hat in aai yn it nêst lein.
Netherlands (Country)	Nederlân (Country)	Fryslân let yn Nederlân.
Network	Netwurk	Hy hat in grut netwurk opboud.
Never	Nea	Dat sil ik nea dwaan.
New	Nij	It hûs is nij.
New (Adj.)	Nije (Adj.)	It nije hûs.
New year's eve	Âldjiersjûn	De smûke âldjiersjûn.
New Zealand (Country)	Nij-Seelân (Country)	Nij-Seelân leit ûnder Austraalje.
Newcomer	Nijling	Hy is de nijling hjir.
News	Nijs	Hastû noch nijs?
Newspaper	Krante	De krante hat noch net west dizze wike.
Newspapers (Plural)	Kranten (Plural)	Hoe folle kranten wurde hjir besoarge?
Next	Folgjende	Wa is de folgjende?
Next to	Neist	Wa sit der neist dy?
Next to	Nêst	Wa sit der nêst dy?
Next to	Njonken	Wa sit der njonken dy?

English	Frisian	Example
Nice, Cozy	Noflik	It is hjir tige noflik.
Nice, Cozy (Adj.)	Noflike (Adj.)	De noflike jûn.
Nickname	Bynamme	Hastû in bynamme?
Nigeria (Country)	Nigearia (Country)	Wêr leit Nigearia?
Night	Nacht (Nacht, Old Frisian)	De tsjustere nacht.
Nightmare	Nachtmerje	It famke hie in nachtmerje.
Nine	Njoggen	Njoggen kear bin ik hjir del west.
No	Nee (Nêan, Old Frisian)	Nee, dêr haw 'k gjin nocht oan.
No one	Gjinien	Gjinien hat de film sjoen.
Nobody, No one	Nimmen	Nimmen is hjir west.
Nominate (I, we, you all, they)	Nominearje (Ik, wy, jim, sy, jo)	Wy nominearje dy.
None	Gjin	Ik haw gjin nocht.
North	Noard (North, Old Frisian)	Noard fan dat hûs.
North Korea (Country)	Noard Korea (Country)	Hy wol net nei Noard Korea.
North Pole	Noardpoal	Op de noardpoal sil it wol bot kâld wêze.
Northern	Noarden	De sinne komt út it noarden wei.
Norway (Country)	Noarwegen (Country)	Yn Noarwegen prate de minsken Noarsk.
Norway (Country)	Noarwei (Country)	Yn Noarwei prate de minsken Noarsk.
Norwegian	Noarsk	Hy koe in bytsje Noarsk prate.
Nose	Noas (Nôse, Old Frisian)	Hy hat jokte oan de noas.
Not	Net	It mei net fan him.
Notary	Notaris	Sy moatte noch by de notaris del.
Notebook	Notysjeboek	Hastû dyn notysjeboek by de hân?
Notebook	Skrift	Ik brûk myn skrift.
Nothing	Neat	It docht him neat.
Notice (I)	Fernim (Ik)	Ik fernim dat it reint.
Notice (I)	Merk (Ik)	Ik merk datstû it nei dyn sin hast.
Notice (We, you all, they)	Fernimme (Wy, jim, sy, jo)	Wy fernimme dat it reint.
Notice (We, you all, they)	Merke (Wy, jim, sy, jo)	Wy merke datstû it nei dyn sin hast.
Notice (You)	Fernimst (Dû/Do)	Dû fernimst dat it reint.
Notice (You)	Merkst (Dû/Do)	Dû merkst dat hy it nei syn sin hast.
Noticed (I, he, she, it)	Fernaam (Ik, hy, sy, it)	Ik fernaam dat it reinde.
Noticed (I, he, she, it)	Murk (Ik, hy, sy, it)	Hy murk dat der eat wie.
Noticed (We, you all, they)	Fernamen (Wy, jim, sy, jo)	Wy fernamen dat it reinde.
Noticed (We, you all, they)	Murken (Wy, jim, sy, jo)	Wy murken dat der eat wie.
Noticed (You)	Fernaamst (Dû/Do)	Dû fernaamst dat it reinde.
Noticed (You)	Murkst (Dû/Do)	Dû murkest dat der eat wie.
Notices (He, she, it)	Fernimt (Hy, sy, it)	Sy fernimt dat it reint.
Notices (He, she, it)	Merkt (Hy, sy, it)	Hy merkt datstû it nei dyn sin hast.
Notify, Report (to)	Tyngje	Ik sil efkes tyngje.
Novel	Roman	Myn faam hâldt fan dizze roman.
November	Novimber	It is alwer Novimber.
Now	No	Kin it no?
Nowadays	Tsjintwurdich	Tsjintwurdich meist hast neat.
Nowhere	Nearne	Hjoed geane wy nearne hinne.
Nuisance	Oerlêst	De buorren hiene lêst fan oerlêst.
Number	Nûmer	Mei ik dyn nûmer?
Nut	Nút	Ik bin allergysk foar dizze nút.
Nutrition	Fieding	Krijt hy wol goede fieding?
Nuts (Plural)	Nuten (Plural)	Ik bin allergysk foar dizze nuten.

English	Frisian	Example
Object	Objekt	Hokfoar objekt is it?
Obligatory military service	Tsjinstplicht	Hat Fryslân tsjinstplicht?
Observation	Observaasje	Ik haw in observaasje makke.
Observe (I, we, you all, they)	Observearje (Ik, wy, jim, sy, jo)	Wy moatte it earst efkes observearje.
Obsession	Obsesje	Hy hat in obsesje mei treinen.
Obtain (I, we, you all, they)	Behelje (Ik, wy, jim, sy, jo)	Ik behelje in goed resultaat.
Obtain (You)	Behellest (Dû/Do)	Dû behellest in goed resultaat.
Obtained (I, he, she, it)	Behelle (Ik, hy, sy, it)	Hy behelle in goed resultaat.
Obtained (We, you all, they)	Behellen (Wy, jim, sy, jo)	Wy behellen in goed resultaat.
Obtained (You)	Behellest(e) (Dû/Do)	Dû behelleste in goed resultaat.
Obtains (He, she, it)	Behellet (Hy, sy, it)	Sy behellet in goed resultaat.
Occupied (I, he, she, it)	Besette (Ik, hy, sy, it)	Hy besette de stoel niis.
Occupied (We, you all, they)	Besetten (Wy, jim, sy, jo)	Wy besetten de stuollen niis.
Occupied (You)	Besettest (Dû/Do)	Dû besettest de stoel niis.
Occupies (He, she, it)	Beset (Hy, sy, it)	Hy beset de stoel.
Occupy (I)	Beset (Ik)	Ik beset de stoel.
Occupy (We, you all, they)	Besette (Wy, jim, sy, jo)	Wy besetten de stuollen.
Occupy (You)	Besetst (Dû/Do)	Dû besetst de stoel.
Ocean	Oseaan	De oseaan hat in protte wetter.
Oceans (Plural)	Oseanen (Plural)	De oseanen fan 'e wrâld.
October	Oktober	It is hjerst yn Oktober.
Of	Fan (Fon, Old Frisian)	Fan dy hie ik it net ferwachte.
Of course, Obviously	Fansels	Fansels mei dat wol.
Offend (I, we, you all, they)	Misledigje (Ik, wy, jim, sy, jo)	Wy misledigje de âlde man.
Offend (You)	Misledigest (Dû/Do)	Dû misledigest de âlde man.
Offended (I, he, she, it)	Misledige (Ik, hy, sy, it)	Hy misledige de âlde man.
Offended (We, you all, they)	Misledigen (Wy, jim, sy, jo)	Wy misledigen de âlde man.
Offended (You)	Misledigest(e) (Dû/Do)	Dû misledigeste de âlde man.
Offends (He, she, it)	Mislediget (Hy, sy, it)	Sy mislediget de âlde man.
Offer (I)	Bied (Ik)	Ik bied jild foar it guod.
Offer (to)	Oanbiede	Mei ik dy eat oanbiede?
Offer (We, you all, they)	Biede (Wy, jim, sy, jo)	Wy biede jild foar it guod.
Offer (You)	Biedst (Dû/Do)	Dû biedst foar it guod.
Offered (I, he, she, it)	Bea (Ik, hy, sy, it)	Ik bea in soad jild foar it guod.
Offered (We, you all, they)	Beaen (Wy, jim, sy, jo)	Wy beaen in soad jilf foar it guod.
Offered (You)	Beast (Dû/Do)	Dû beast op it guod.
Offers (He, she, it)	Biedt (Hy, sy, it)	Hy biedt foar it guod.
Office	Kantoar	Hy hat syn eigen kantoar.
Officer	Ofsier	De ofsier wie hiel lilk op de man.
Official	Offisjeel	De namme is offisjeel.
Official (Adj.)	Offisjele (Adj.)	De offisjele namme.
Often	Faak	It kin faak wol.
Oil	Oalje	De oalje is hast op.
Okay	Okee	Okee, ik fyn it bêst.
Old	Âld	In âld ferhaal.
Old (Adj.)	Âlde (Adj.)	De âlde fyts fan pake.
Old age	Âlderdom	In striid tsjin âlderdom.
Old age	Jeld	De jeld komt flugger as tinkst.
Old generation	Âlderein	De âlderein hawwe it dreech.
Old years day	Âldjiersdei	Wy fine âldjiersdei smûk.

English	Frisian	Example
Older, Elder, Parent	Âlder	Dû bist âlder as my.
Oldest	Âldste	Dû bist de âldste fan ús.
Old-fashioned (Adj.)	Âlderwetske (Adj.)	In âlderwetske film.
Old-fashioned (Adj.)	Âldfrinzige (Adj.)	De âldfrinzige man.
Old-fashioned, Oldfangled	Âlderwetsk	Ús pake is âlderwetsk.
Old-fashioned, Oldfangled	Âldfrinzich	De âlde man is âldfrinzich.
Olive	Oliif	De oliif priuwt soer.
On	Oan	Doch de telefyzje mar efkes oan.
On the contrary	Krektoarsom	Krektoarsom, it kin sa net.
On the contrary	Yntsjindiel	Yntsjindiel, dat kin net.
On the way	Ûnderweis	Wy binne ûnderweis nei Fryslân.
Once	Ris	Ik kom wol ris del.
Once again	Jitris	Kinst it jitris sizze?
Once again	Nochris	Kinst it nochris sizze?
One	Ien	Ien plus ien is twa.
One and a half	Oardel	Wy moasten oardel meter ôfstân hâlde.
Onefold, Simplicity	Ienfâld	Ik hâld fan ienfâld.
Ongoing, Persistent	Aloan	Aloan en wer.
Onion	Sipel	De sipel rûkt nuver.
Open	Iepen	De supermerke is iepen.
Open (I, we, you all, they)	Iepenje (Ik, wy, jim, sy, jo)	Sy iepenje de doar foar har.
Open (You)	Iepenest (Dû/Do)	Dû iepenest de doar foar har.
Opened (I, he, she, it)	Iepene (Ik, hy, sy, it)	Hy iepene de doar foar har.
Opened (We, you all, they)	Iepenen (Wy, jim, sy, jo)	Wy iepenen de doar foar har.
Opened (You)	Iepenest(e) (Dû/Do)	Dû iepeneste de doar foar har.
Opening	Iepening	De winkel hat in grutte iepening.
Opens (He, she, it)	Iepenet (Hy, sy, it)	Hy iepenet de doar foar har.
Operate (I, we, you all, they)	Operearje (Ik, wy, jim, sy, jo)	Sy operearje oan in pasjint.
Operation	Operaasje	It wie in grutte oeraasje.
Opinion	Miening	Hy hat altyd in miening.
Opponent	Tsjinstanner	Ús tsjinstanner is bot goed.
Oppose (I)	Ferset (Ik)	Ik ferset my tsjin de plysje.
Oppose (We, you all, they)	Fersette (Wy, jim, sy, jo)	Wy fersette ús tsjin de plysje.
Oppose (You)	Fersetst (Dû/Do)	Dû fersetst dy tsjin de plysje.
Opposed (I, he, she, it)	Fersette (Ik, hy, sy, it)	Sy fersette har tsjin de plysje.
Opposed (We, you all, they)	Fersetten (Wy, jim, sy, jo)	Wy fersetten ús tsjin de plysje.
Opposed (You)	Fersettest (Dû/Do)	Dû fersettest dy tsjin de plysje.
Opposes (He, she, it)	Ferset (Hy, sy, it)	Hy ferset him tsjin de plysje.
Option	Opsje	Is dizze opsje der noch?
Options (Plural)	Opsjes (Plural)	Binne dizze opsjes der noch?
Orange	Oranje	De woartel is oranje.
Orange juice	Sineappelsop	Sy hat nocht oan sineappelsop.
Order	Oarder	Yn hokfoar oarder stiet it?
Order (I)	Bestel (Ik)	Ik bestel in produkt online.
Order (We, you all, they)	Bestelle (Wy, jim, sy, jo)	Wy bestelle in produkt online.
Order (You)	Bestelst (Dû/Do)	Dû bestelst in produkt online.
Order (I, we, you all, they)	Befelje (Ik, wy, jim, sy, jo)	Ik befelje dy.
Order, Command (You)	Befellest (Dû/Do)	Dû befellest him.
Ordered (I, he, she, it)	Bestelde (Ik, hy, sy, it)	Sy bestelde in produkt online.
Ordered (PP)	Besteld (PP)	Ik haw in produkt online besteld.

English	Frisian	Example
Ordered (We, you all, they)	Befoelen (Wy, jim, sy, jo)	Wy befoelen dy.
Ordered (We, you all, they)	Bestelden (Wy, jim, sy, jo)	Wy bestelden in produkt online.
Ordered (You)	Besteldest (Dû/Do)	Dû besteldest in produkt online.
Ordered (I, he, she, it)	Befoel (Ik, hy, sy, it)	Hy befoel him.
Ordered, Commanded (PP)	Befelle (PP)	Ik haw him befelle.
Ordered, Commanded (You)	Befoelst (Dû/Do)	Dû befoelst my.
Orderly	Oarderlik	Sy it hûs oarderlik ynrjochte.
Orders (He, she, it)	Bestelt (Hy, sy, it)	Hy bestelt in produkt.
Orders, Commands (He, she, it)	Befellet (Hy, sy, it)	Hy befellet dy.
Organ	Orgaan	De hûd is dyn grutste orgaan.
Organic	Organysk	It is makke fan organysk materiaal.
Organization	Organisaasje	De Fryske organisaasje docht it bêst.
Organizations (Plural)	Organisaasjes (Plural)	De organisaasjes dogge harren bêst.
Organize (I, we, you all, they)	Organisearje (Ik, wy, jim, sy, jo)	Wy organisearje in noflike dei.
Original	Orizjineel	De film is orizjineel.
Original (Adj.)	Orizjinele (Adj.)	De orizjinele film.
Orphanage, Orphan house	Weeshûs	Hy wie opfiede yn in weeshûs.
Ostrich	Strúsfûgel	De strúsfûgel rint hurd.
Other	Oare (Ôthera, Old Frisian)	It moat op de oare kant wêze.
Others	Oaren	Wêr binne de oaren bleaun?
Otherwise, Different	Oars	Ik fiel my oars hjoed.
Out, Off	Út	Sy komt út Fryslân.
Outburst, Eruption	Útboarsting	De útboarsting fan de fulkaan.
Outcome	Útkomst	Wat is de útkomst?
Outlander, Foreigner	Bûtenlanner	Dy man dêr is in bûtenlanner.
Outside	Bûten	Bûten is it hearlik hjoed.
Outwardly	Útwrydsk	It is allegear útwrydsk.
Oven	Ûne	De ûne stiet noch oan.
Over	Oer	Ik bin oer de brêge gien.
Over, Past	Foarby	Ús tiid is foarby.
Overestimate	Oerskatte	De oerskatte sifers.
Overpowered	Oermânsk	Hy wie oermânsk.
Oversleep (I)	Fersliep (Ik)	Ik fersliep my.
Oversleep (We, you all, they)	Fersliepe (Wy, jim, sy, jo)	Wy fersliepe ús.
Oversleep (You)	Fersliepst (Dû/Do)	Dû fersliepst dy.
Oversleeps (He, she, it)	Fersliept (Hy, sy, it)	Hy fersliept him.
Overslept (You)	Fersleptest(e) (Dû/Do)	Dû fersleptest dy fan 'e moarn.
Overslept (I, he, she, it)	Ferslepte (Ik, hy, sy, it)	Sy ferslepte har fan 'e moarn.
Overslept (PP)	Ferslept (PP)	Ik haw my fan 'e moarn ferslept.
Overslept (We, you all, they)	Ferslepten (Wy, jim, sy, jo)	Wy ferslepten ús fan 'e moarn.
Overweight	Oerwicht	De frou hie grutte oerwicht.
Overwhelm (I, we, you all, they)	Oerweldigje (Ik, wy, jim, sy, jo)	Wy oerweldigje de fijân.
Overwrite	Oerskriuwe	Dû moatst it oerskriuwe.
Owl	Ûle	De ûle hat grutte eagen.
Owl (Dim.)	Ûltsje (Dim.)	It lytse ûltsje hat grutte eagen.
Owls (Plural)	Ûlen (Plural)	De ûlen haw grutte eagen.
Own	Eigen	Hy hat syn eigen hûs.
Own, Possess (I)	Besit (Ik)	Ik besit in protte jild.
Own, Possess (We, you all, they)	Besitte (Wy, jim, sy, jo)	Wy besitte in protte jild.
Own, Possess (You)	Besitst (Dû/Do)	Dû besitst in protte jild.

English	Frisian	Example
Owned, Possessed (I, he, she, it)	Besiet (Ik, hy, sy, it)	Ik besiet in soad jild.
Owned, Possessed (PP)	Besitten (PP)	Wy hawwe in protte jild besitten.
Owned, Possessed (We, you all, they)	Besieten (Wy, jim, sy, jo)	Wy besieten in soad jild.
Owned, Possessed (You)	Besietst (Dû/Do)	Dû besietst in soad jild.
Owns, Possesses (He, she, it)	Besit (Hy, sy, it)	Hy besit in protte jild.
Ox	Okse	De okse drinkt wetter.
Oxidate (I, we, you all, they)	Oksidearje (Ik, wy, jim, sy, jo)	It metaal wol net oksidearje.
Oxidation	Oksidaasje	Oksidaasje is in proses.
Oxygen	Soerstof	Wy hawwe soerstof nedich.
Package	Pakket	Myn pakket is oankaam.
Page	Blêdside	De blêdside fan it boek.
Paid (I, he, she, it)	Betelle (Ik, hy, sy, it)	Jo betelle foar de tsjinst.
Paid (We, you all, they)	Betellen (Wy, jim, sy, jo)	Wy betellen foar de tjinst.
Paid (You)	Betellest(e) (Dû/Do)	Dû betelleste my goed.
Pain	Pine	Hy hat gjin pine mear.
Painful, Hurtful	Pynlik	De fal wie pynlik.
Painless	Pynleas	De operaasje wie pynleas.
Paint	Farve	Der is gjin griene farve mear.
Paint	Ferve, Ferwe	Wy fervje de muorre mei ferve.
Paint (I, we, you all, they)	Fervje (Ik, wy, jim, sy, jo)	Jim fervje de muorre.
Paint (I, we, you all, they)	Skilderje (Ik, wy, jim, sy, jo)	Sy skilderje de muorre griis.
Paint (You)	Fervest (Dû/Do)	Dû fervest de muorre.
Paint (You)	Skilderest (Dû/Do)	Dû skilderest de muorre blau.
Painted (I, he, she, it)	Ferve (Ik, hy, sy, it)	Hy ferve de muorre.
Painted (I, he, she, it)	Skildere (Ik, hy, sy, it)	Sy skildere de muorre grien.
Painted (I, we, you all, they)	Skilderen (Ik, wy, jim, sy, jo)	Wy skilderen de muorre read.
Painted (We, you all, they)	Ferven (Wy, jim, sy, jo)	Jim ferven de muorre.
Painted (You)	Fervest(e) (Dû/Do)	Dû ferveste de muorre.
Painted (You)	Skilderest(e) (Dû/Do)	Dû skildereste de muorre blau.
Painting	Skilderij	It skilderij sjocht der net út.
Paints (He, she, it)	Fervet (Hy, sy, it)	Sy fervet de muorre.
Paints (He, she, it)	Skilderet (Hy, sy, it)	Sy skilderet de muorre giel.
Pakistan (Country)	Pakistan (Country)	Wa wol der nei Pakistan?
Pale	Bleek	Syn gesicht is bleek.
Panama (Country)	Panama (Country)	Panama is in nuver lân.
Pancake	Pankoek	Pake yt in pankoek.
Pandemic	Goarre	Wy sitte yn in goarre.
Panic	Panyk	Der wie in protte panyk nei it ûnfal.
Panting	Hymje	Hymje dat er die.
Paper	Papier	It papier mei brûkt wurde.
Paper (Dim.)	Papierke (Dim.)	It papierke mei brûkt wurde.
Parachute	Donderdeldoekje	Mei in donderdeldoekje springe.
Paradise	Paradys	It liket wol in paradys.
Parasite	Parasyt	Wy hawwe in parasyt yn dyn liif fûn.
Parents (Plural)	Âlders (Plural)	Binne dyn âlders thús?
Parents-in-law	Skoanâlden	Hjoed sil ik nei myn skoanâlden.
Parrot, Lory, Popinjay	Pappegaai	De pappegaai praat my nei.
Part	Diel	Dat is dyn diel.
Part	Part	It is no in part fan dy.
Part, Divorce (I)	Skied (Ik)	Ik skied fan dy.

English	Frisian	Example
Part, Divorce (We, you all, they)	Skiede (Wy, jim, sy, jo)	Wy skiede fan elkoar.
Part, Divorce (You)	Skiedst (Dû/Do)	Dû skiedst fan my.
Part, Item	Ûnderdiel	Hy is ûnderdiel fan ús tiim.
Parted, Divorced (I, he, she, it)	Skate (Ik, hy, sy, it)	Hy skate mei my.
Parted (I, we, you all, they)	Skaten (Ik, wy, jim, sy, jo)	Wy skaten elkoar.
Parted, Divorced (PP)	Skaat (PP)	Sy binne skaad.
Parted, Divorced (PP)	Skieden (PP)	Wy binne fan elkoar skieden.
Parted, Divorced (You)	Skatest (Dû/Do)	Dû skatest mei dyn frou.
Participate (to)	Meidwaan	De bern wolle meidwaan oan de wedstriid.
Parts, Divorces (He, she, it)	Skiedt (Hy, sy, it)	Hy skiedt fan my.
Party, Feast	Feest	It feest wie bjusterbaarlik.
Pass (I, we, you all, they)	Passearje (Ik, wy, jim, sy, jo)	Wy passearje syn skoare.
Pass, Get lost walking (I)	Ferrin (Ik)	Ik ferrin my yn it wâld.
Passage	Passaazje	De passaazje gie goed.
Passed away (We, you all, they)	Ferstoaren (Wy, jim, sy, jo)	De bern ferstoaren by de berte.
Passed, Got lost walking (You)	Ferrûnst (Dû/Do)	Dû ferrûnst dy yn it wâld.
Passenger	Passagier	Hy is in passagier yn it fleantúch.
Passive	Passyf	Hy docht passyf mei.
Password	Wachtwurd	Wat is dyn wachtwurd?
Past	Alear	Alear wie it better neffens my.
Past time	Doetiid	Wat is de doetiid fan it wurd?
Past, Last (He, she, it)	Ferline	Hy wol net oer syn ferline neitinke.
Past, Once upon a time	Eartiids	Eartiids wie it better.
Pastor, Father	Dûmny	De dûmny wie yn de tsjerke.
Path	Paad	Hastû it paad sjoen?
Path (Dim.)	Paadsje (Dim.)	Kinstû it paadsje fine?
Pathfinder, Boy Scout	Paadfiner	It jonkje is in paadfiner.
Paths (Plural)	Paden (Plural)	Hjir yn it bosk binne allegear paden.
Patient	Pasjint	De pasjint wachtet op de útslach.
Pattern	Patroan	Yn syn gedrach sit in patroan.
Paw	Poat	De hûn stekt syn poat út.
Pay (I, we, you all, they)	Betelje (Ik, wy, jim, sy, jo)	Jo moatte betelje foar de tsjinst.
Pay (to)	Ôfrekkenje	Ik sil it iten efkes ôfrekkenje.
Pay attention	Achtslaan	Mei achtslaan fan de regels.
Pay off	Ôfbetelje	Ik sil him ôfbetelje.
Pays (He, she, it)	Betellet (Hy, sy, it)	Hy betellet my goed.
Pays (You)	Betellest (Dû/Do)	Dû betellest my goed.
Peace	Frede	De lannen moatte frede hawwe.
Peacock	Pau	Dizze pau is hiel moai.
Peak	Pyk	Ik haw de pyk fan myn libben berikke.
Peanut butter	Nútsjesmoar	Nútsjesmoar mei bûter.
Pear	Par	Der leit in par ûnder de parrebeam.
Pearl	Pearel	De pearel leit op 'e boaiem.
Pearls (Plural)	Pearels (Plural)	De pearel lizze op 'e boaiem.
Pedestrian crossing	Sebrapaad	Wy rinne oer it sebrapaad.
Peek (I, we, you all, they)	Gluorje (Ik, wy, jim, sy, jo)	Troch de ruten hinne gluorje.
Peel off, Peel	Skile	Sy skile de par.
Pelican	Pelikaan	De pelikaan hat in grutte bek.
Pen	Pinne	Mei de pinne kinst skriuwe.
Pencil	Poatlead	Hjirfoar moatst in poatlead brûke.

Pencil sharpener	Puntesliper	Puntsje slypje mei de puntesliper.
Penetrate (I, we, you all, they)	Penetrearje (Ik, wy, jim, sy, jo)	Wy penetrearje de muorre.
Pens (Plural)	Pinnen (Plural)	Mei dizze pinnen kinst skriuwe.
People, Folk	Minsk(e)	Kin in minsk feroarje?
People, Folks	Folk	It folk wol it net mear.
People, Folks (Plural)	Minsken (Plural)	De minsken binne gefoelich.
Percent	Persint	Hoe folle persint is dyn batterij?
Percentage	Persintaazje	It persintaazje fan dyn batterij.
Perfume	Rûkersguod	Dû hast rûkersguod nedich.
Perish, Rot	Forgean (Older)	Sy forgean fan de hûnger.
Perish, Rot (We, you all, they)	Fergeane (Wy, jim, sy, jo)	Jim fergeane fan 'e hûnger.
Perish, Rot (You)	Fergiest (Dû/Do)	Dû fergiest fan 'e hûnger.
Perish, Rot, Decompose (I)	Fergean (Ik)	Ik fergean fan 'e hûnger.
Perished, Rotted (I, he, she, it)	Fergie (Ik, hy, sy, it)	Sy fergie fan 'e hûnger.
Perished, Rotted (PP)	Fergien (PP)	Sy is fergien fan 'e hûnger.
Perished, Rotted (We, you all, they)	Fergiene (Wy, jim, sy, jo)	Wy fergiene fan 'e hûnger.
Perished, Rotted (You)	Fergieste (Dû/Do)	Dû fergieste fan 'e hûnger.
Perishes, Rots (He, she, it)	Fergiet (Hy, sy, it)	Hy fergiet fan 'e hûnger.
Permanent	Permanint	It beslút is permanint
Permission	Tastimming	Hjirfoar hawwe wy tastimming.
Persistent	Alwei	Hy gie alwei troch.
Persistent, Ongoing	Oanhâldend	De pine is oanhâldend.
Person	Persoan	It lei oan ien persoan.
Personal	Persoanlik	Dû moatst it net persoanlik nimme.
Personality	Persoanlikheid	Ik mei wol oer dyn persoanlikheid.
Persons (Plural)	Persoanen (Plural)	Hoe folle persoanen binne hjir?
Peru (Country)	Perû (Country)	Myn freon komt út Perû.
Pet	Húsbist	Hy hat ien húsbist.
Pet	Húsdier	Hy hat ien húsdier.
Petrified	Ferstienne	Sy wie ferstienne fan eangst.
Pets (Plural)	Húsbisten (Plural)	Hy hat twa húsbisten.
Phenomenon	Ferskynsel	Dat ferskynsel hawwe wy noch nea sjoen.
Philippines (Country)	Filipinen (Country)	Wy wolle graach nei de Filipinen.
Photo	Foto	Hastû in foto fan it hûs?
Piano	Piano	Kinstû goed piano spylje?
Picking up	Oppakke	Kinstû de doaze foar my oppakke?
Picture	Ôfbylding	Ik haw in âlde ôfbylding op it ynternet fûn.
Picture	Ôfmieling	Kinstû in ôfmieling meitsje?
Pig, Hog, Boar	Baarch	De grutte baarch.
Pigs (Plural)	Bargen (Plural)	De bargen binne bûten.
Pile	Steapel	It grutte steapel mei ôffal stiet dêr.
Pill	Pil	Hastû dyn pil al naam?
Pillar	Pylder	It gebout stipet op in grutte pilder.
Pillow, Cushion	Kessen	It kessen is lekker sêft.
Pillows, Cushions (Plural)	Kessens (Plural)	Dizze kessens lizze noflik.
Pills (Plural)	Pillen (Plural)	Ik nim fiif pillen op in dei.
Pilot	Piloat	Hy is de piloat fan de fleanmasine.
Pimple	Pûst	It famke wol fan de pûst ôf.
Pin	Spjeld	Hjirfoar hast in spjeld nedich.
Pinch (I)	Knyp (Ik)	Ik knyp yn myn earm.

Pinch (You)	Knypst (Dû/Do)	Dû knypst yn dyn earm.
Pinches (He, she, it)	Knypt (Hy, sy, it)	Hy knypt yn syn earm.
Pink	Rôze	De rôze roas.
Pipe	Piip	Mei ik dizze piip brûke?
Piranha	Piranja	De piranja hat my biten.
Pit, Hole	Kûle	De hûn graaft in djippe kûle.
Pitchfork	Heafoarke	De heafoarke stiet om 'e hoeke.
Place	Plak	Ik bliuw op myn plak.
Place (Dim.)	Plakje (Dim.)	Ik haw in goed plakje.
Place (I)	Pleats (Ik)	Ik pleats de stien.
Place (We, you all, they)	Pleatse (Wy, jim, sy, jo)	Jim pleatse de stien.
Place (You)	Pleatst (Dû/Do)	Dû pleatst de stien.
Placed (I, he, she, it)	Pleatste (Ik, hy, sy, it)	Hy pleatste de stien.
Placed (We, you all, they)	Pleatsten (Wy, jim, sy, jo)	Wy pleatsten de stien.
Placed (You)	Pleatstest (Dû/Do)	Dû pleaststest de stien.
Placenta	Memmekoeke	Memmekoeke skynt ytber te wêzen.
Places (He, she, it)	Pleatst (Hy, sy, it)	Hy pleatst de stien.
Places (Plural)	Plakken (Plural)	Yn dizze plakken bin ik nea west.
Plague	Pleach	Wy hiene lêst fan in grutte pleach.
Plane, Airplane, Aeroplane	Fleanmasine	De fleanmasine fleant troch de loft.
Plane, Airplane, Aeroplane	Fleantúch	It fleantúch fleant troch de wolken.
Plant	Plant	De plant groeit tige goed.
Plant (Dim.)	Plantsje (Dim.)	It plantsje groeit goed.
Plantation	Plantaazje	Hy wurket op in plantaazje.
Plants (Plural)	Planten (Plural)	Dizze planten groeie tige goed.
Plastic	Plestik	Plestick moat yn dizze bak.
Plate	Board	Myn board is leech.
Plate	Panne	mem makket de panne skjin.
Plates (Plural)	Boarden (Plural)	De boarden binne leech.
Platform	Platfoarm	Hokfoar platfoarm brûkstû?
Play (Children that play) (I, we, you all, they)	Boartsje (Ik, wy, jim, sy, jo)	Wy boartsje mei it boartersguod.
Play (You)	Boartest (Dû/Do)	Dû boartest mei it boartersguod.
Play (You) (Game)	Spilest (Dû/Do)	Dû spilest in spultsje.
Play football (I, we, you all, they)	Fuotbalje (Ik, wy, jim, sy, jo)	Sille wy efkes fuotbalje?
Played (Game) (I, he, she, it)	Spile (Ik, hy, sy, it)	Hy spile in spultsje.
Played (Game) (We, you all, they)	Spilen (Wy, jim, sy, jo)	Sy spilen in spultsje.
Played (I, he, she, it)	Boarte (Ik, hy, sy, it)	Sy boarte mei it boartersguod.
Played (We, you all, they)	Boarten (Wy, jim, sy, jo)	De bern boarten mei it boartersguod.
Played (You)	Boartest(e) (Dû/Do)	Dû boarteste mei it boartersguod.
Played (You) (Game)	Spilest(e) (Dû/Do)	Dû spileste in spultsje.
Plays (Game) (He, she, it)	Spilet (Hy, sy, it)	Sy spilet in spultsje.
Plays (Game) (I, we, you all, they)	Spylje (Ik, wy, jim, sy, jo)	Wy spylje in spultsje.
Plays (He, she, it)	Boartet (Hy, sy, it)	Hy boartet mei it boartersguod.
Pleasure, Delight	Trewes	Dat is gjin trewes west.
Pleasure, Feeling like it	Nocht	Ik haw in protte nocht oan tsiis.
Pliers	Tange	Krij my de tange.
Plum	Prûm	Pake hat in grutte prûm fûn.
Plumber	Leadjitter	De leadjitter sjocht nei ús goatstien.
Plunder (I, we, you all, they)	Plonderje (Ik, wy, jim, sy, jo)	Wy plonderje de pleats.
Plural, Morefold	Mearfâld	Wat is it mearfâld fan it wurd?

English	Frisian	Example
Pocket	Bûse	Hastû sinten yn de bûse?
Pocket money	Bûsjild	Hastû bûsjild mei krigen?
Pockets (Plural)	Bûzen (Plural)	Hoe folle bûzen hastû?
Point	Punt	Wa hat ien punt?
Point of view	Stânpunt	Wat is dyn stânpunt yn de diskusje?
Points (Plural)	Punten (Plural)	Wa hat de measte punten?
Poison	Fergif	It fergif docht syn wurk.
Poison	Forgif (Older)	Hy hie forgif yn it drinken.
Poison	Gif	De rôt hat gif hân.
Poland (Country)	Poalen (Country)	Ik bin yn Poalen west.
Polar bear, Icebear	IIsbear	De iisbear hat gjin iis mear.
Polar bears, Icebears (Plural)	IIsbearen (Plural)	De iisbearen doarmje rûn op it stikje iis.
Pole	Peal	Dizze peal stiet my yn paad.
Pole (Dim.)	Pealtsje (Dim.)	Dit pealtsje stiet my yn paad.
Poleaxe	Striidbile	Wy lizze de striidbile del.
Poles (Plural)	Pealen (Plural)	Dizze pealen steane my yn paad.
Police	Plysje	De plysje hat my sjoen.
Police	Polysje	De polysje hat my sjoen.
Policy	Belied	Wy hawwe in nij belied.
Polish (Language)	Poalsk	Ik ferstean gjin Poalsk.
Politicians	Politisy	Politisy kinst net fertrouwe.
Pollen	Stomoal	De blomme litte stomoal ôf.
Pollinate	Bestowe	De bijen bestowe de blommen.
Pollute (I, we, you all, they)	Fersmoargje (Ik, wy, jim, sy, jo)	Wy fersmoargje it klimaat.
Pollute (You)	Fersmoargest (Dû/Do)	Dû fersmoargest it klimaat.
Polluted (I, he, she, it)	Fersmoarge (Ik, hy, sy, it)	Hy fersmoarge it klimaat.
Polluted (We, you all, they)	Fersmoargen (Wy, jim, sy, jo)	Wy fersmoargen it klimaat.
Polluted (You)	Fersmoargest(e) (Dû/Do)	Dû fersmoargeste it klimaat.
Pollutes (He, she, it)	Fersmoarget (Hy, sy, it)	Hy fersmoarget it klimaat.
Pond	Fiver	De grutte fisk swimt yn de lytse fiver.
Pond (Dim.)	Fiverke (Dim.)	Sy hat in lyts fiverke yn 'e tún.
Ponds (Plural)	Fivers (Plural)	Dizze man hat trije fivers.
Poor	Earm	Dizze famylje is earm.
Poor (Adj.)	Earme (Adj.)	De earme famylje.
Popular	Populêr	Hy wie populêr by de frouju.
Port, Gate	Poart	De man hat in grutte poart foar it hûs.
Portion	Portsje	Ik wol mar ien portsje haw.
Portugal (Country)	Portegal (Country)	Hy is nei Portegal west.
Position	Posysje	Hy hat in goede posysje by it bedriuw.
Positive	Posityf	De útslach wie posityf.
Positive (Adj.)	Positive (Adj.)	It wie in positive útslach.
Possibilities (Plural)	Mooglikheden (Plural)	Hoe folle mooglikheden hawwe wy?
Possibility	Mooglikheid	It is fansels in mooglikheid.
Possible	Mooglik	It is hjoed noch mooglik.
Possible (Adj.)	Mooglike (Adj.)	De mooglike opsje.
Post office	Postkantoar	De postrinder bringt de post del.
Postman, Mailman	Postrinder	Syn postuer is tige goed.
Posture	Postuer	Dû moatst oan dyn postuer wurkje.
Potato	Ierpel	Ik kin gjin ierpel mear sjen.
Potato	Rjappel	De rjapper priuwt in bytsje sâltich.

English	Frisian	Example
Potato, Earthapple	Ierdappel	Jou my de ierdappel mar.
Potatoes (Plural)	Ierpels (Plural)	Hjoed krije wy ierpels.
Pour (I)	Jit (Ik)	Ik jit wetter yn it glês.
Pour (We, you all, they)	Jitte (Wy, jim, sy, jo)	Jo jitte wetter yn it glês.
Pour (You)	Jitst (Dû/Do)	Dû jitst wetter yn it glês.
Pour in	Ynjitte	Kinstû my in bytsje wetter ynjitte?
Poured (I, he, she, it)	Geat (Ik, hy, sy, it)	Sy geat it wetter yn it glês.
Poured (PP)	Getten (PP)	Wy hawwe wetter yn it glês getten.
Poured (We, you all, they)	Geaten (Wy, jim, sy, jo)	Jo geaten wetter yn it glês.
Poured (You)	Geatst (Dû/Do)	Dû geatst wetter yn it glês.
Pours (He, she, it)	Jit (Hy, sy, it)	Hy jit wetter yn it glês.
Power, Force, Might	Krêft	De krêft sit yn dysels.
Powerful	Krêftich	De wyn is hjoed krêftich.
Powerful (Adj.)	Krêftige (Adj.)	De krêftige wyn.
Powerless, Mightless	Machteleas	De man wie machteleas.
Powers, Forces (Plural)	Krêften (Plural)	Dizze held hat krêften.
Praise (I, we, you all, they)	Priizgje (Ik, wy, jim, sy, jo)	Wy priizgje ús freonen.
Praise (You)	Priizgjest (Dû/Do)	Dû priizgjest dyn freon.
Praised (I, he, she, it)	Priizge (Ik, hy, sy, it)	Hy priizge syn freon.
Praised (We, you all, they)	Priizgen (Wy, jim, sy, jo)	Wy priizgen ús freonen.
Praised (You)	Priizgest (Dû/Do)	Dû priizgest dyn freon.
Praises (He, she, it)	Priizget (Hy, sy, it)	Sy priizget har freon.
Pray (I)	Bid (Ik)	Ik bid foar myn God.
Pray (We, you all, they)	Bidde (Wy, jim, sy, jo)	Wy bidde foar ús God.
Pray (You)	Bidst (Dû/Do)	Dû bidst foar dyn God.
Prayed (I, he, she, it)	Bea (Ik, hy, sy, it)	Sy bea foar it iten.
Prayed (PP)	Bean (PP)	Wy hawwe foar it bean.
Prayed (We, you all, they)	Beaen (Wy, jim, sy, jo)	Wy beaen foar it iten.
Prayed (You)	Beast (Dû/Do)	Dû beast foar it iten.
Prays (He, she, it)	Bidt (Hy, sy, it)	Hy bidt foar syn God.
Precedence, Priority	Foarrang	Dy oare auto hat foarrang.
Precise	Presiis, Presys	Presiis, sa sit dat!
Predator	Rôfbist	De liuw is in rôfbist.
Predict (I)	Foarspel (Ik)	Ik foarspel de takomst
Predict (We, you all, they)	Foarspelle (Wy, jim, sy, jo)	Jim foarspelle de takomst.
Predict (You)	Foarspelst (Dû/Do)	Dû foarspelt de takomst.
Predicted (I, he, she, it)	Foarspelde (Ik, hy, sy, it)	Hy foarspelde de takomst.
Predicted (PP)	Foarspeld (PP)	Hy hat de takomst foarspeld.
Predicted (We, you all, they)	Foarspelden (Wy, jim, sy, jo)	Sy foarspelden de takomst.
Predicted (You)	Foarspeldest (Dû/Do)	Dû foarspeldest de takomst.
Predicts (He, she, it)	Foarspelt (Hy, sy, it)	De âlde frou foarspelt de takomst.
Predominance, Upper hand	Oerhân	Hy hie de oerhân yn it petear.
Preface, Opening	Ynlieding	De ynlieding fan it boek.
Preparation	Tarieding	Bistû al mei de tarieding dwaande?
Prepare (to)	Tariede	Ik sil my tariede.
Present (I, we, you all, they)	Presintearje (Ik, wy, jim, sy, jo)	Wy presintearje ússels.
Present perfect	Mulwurd	In mulwurd hat faak op it ein in 'd'.
Present time, Nowadays	Notiid	De notiid is oarser as de doetiid.
President	Presidint	De presidint fan Amearika.
Prestige, Appearance	Oansjen	Dy minsken dogge it foar it oansjen.

English	Frisian	Example
Pretend	Sabeare	Sy sabeare foar jild.
Pretty	Kreas	Myn faam is kreas.
Pretty	Tsjep	In tsjep famke wurket hjir.
Pretty (Adj.)	Kreaze (Adj.)	De kreaze faam.
Prevail (I)	Oerwin (Ik)	Ik oerwin myn fijân.
Prevail (We, you all, they)	Oerwinne (Wy, jim, sy, jo)	Jim oerwinne jim fijân.
Prevail (You)	Oerwinst (Dû/Do)	Dû oerwinst dyn fijân.
Prevailed (I, he, she, it)	Oerwûn (Ik, hy, sy, it)	Hy oerwûn syn fijân.
Prevailed (We, you all, they)	Oerwûnen (Wy, jim, sy, jo)	Wy oerwûnen ús fijân.
Prevailed (You)	Oerwûnst (Dû/Do)	Dû oerwûnst dyn fijân.
Prevails (He, she, it)	Oerwint (Hy, sy, it)	Hy oerwint syn fijân.
Previous, Before	Foarich	Foarich jier wie it better.
Previous, Before (Adj.)	Foarige (Adj.)	Foarige wike wie ik frij.
Prey	Proai	De liuw byt de proai.
Price	Priis	Ik haw de grutte priis wûn.
Pricey	Prizich	Ik fyn it guod wol prizich.
Prickle, Thorn	Stikel	Tink om de stikel!
Pride	Grutskens	Fryske grutskens.
Prince	Prins	De prins rydt op it wite hynder.
Princess	Prinsesse	De prinsesse wachtet op de prins.
Prisoner	Finzene	De finzene woe útbrekke.
Probably, Likely	Wierskynlik	Wierskynlik giet it feest net troch.
Problem	Probleem	It is in grut probleem wurden.
Problematic	Problematysk	It is in bytsje problematysk.
Process	Proses	It wie in lang proses.
Process, Digest (He, she, it)	Ferwurket (Hy, sy, it)	Hy ferwurket de ynformaasje.
Process (I, we, you all, they)	Ferwurkje (Ik, wy, jim, sy, jo)	Ik ferwurkje de ynformaasje.
Process, Digest (You)	Ferwurkest (Dû/Do)	Dû ferwurkest de ynformaasje.
Processed (We, you all, they)	Ferwurken (Wy, jim, sy, jo)	Wy ferwurken de ynformaasje.
Processed (I, he, she, it)	Ferwurke (Ik, hy, sy, it)	Hy ferwurke de ynformaasje.
Processed, Digested (You)	Ferwurkest(e) (Dû/Do)	Dû ferwurkeste de ynformaasje.
Produce (I, we, you all, they)	Produsearje (Ik, wy, jim, sy, jo)	Wy sille it produkt produsearje.
Producer	Produsint	Hy is de produsint fan de film.
Product	Produkt	It produkt komt moarn út.
Production	Produksje	De produksje fan de film is begûn.
Productive	Produktyf	Dizze dei wie produktyf.
Productive (Adj.)	Produktive (Adj.)	De produktive dei.
Profession, Occupation	Berop	Wat is dyn berop?
Profile	Profyl	Mei ik dyn profyl sjen?
Progeny	Neiteam	Hy wie it neiteam fan har.
Programming	Programmearring	Programmearring fan it programma.
Prohibition	Ferbod	Ik fûn it ferbod op alkohol net goed.
Prohibition	Forbod (Older)	In forbod op fjoerwurk.
Project	Projekt	Wy hawwe it projekt ôfmakke.
Promise	Tasizze	Ik sil it dy tasizze.
Promise (I)	Fersis (Ik)	Ik fersis dat ik thús kom.
Promise (We, you all, they)	Fersizze (Wy, jim, sy, jo)	Wy fersizze dat wy thús komme.
Promise (You)	Ferseist (Dû/Do)	Dû ferseist it my.
Promised (I, he, she, it)	Fersei (Ik, hy, sy, it)	Ik fersei it har.
Promised (PP)	Fersein (PP)	Ik haw it har fersein.

English	Frisian	Example
Promised (We, you all, they)	Ferseine (Wy, jim, sy, jo)	Wy ferseine it my.
Promised (You)	Ferseist(e) (Dû/Do)	Dû ferseiste it my.
Promises (He, she, it)	Ferseit (Hy, sy, it)	Sy ferseit it my.
Promote (I, we, you all, they)	Befoarderet (Hy, sy, it)	Hy befoardet it wurk.
Promote (I, we, you all, they)	Promovearje (Ik, wy, jim, sy, jo)	Wy sille dit jier promovearje.
Promote (You)	Befoarderest (Dû/Do)	Dû befoarderest it wurk.
Promoted (I, he, she, it)	Befoardere (Ik, hy, sy, it)	Hy befoardere it wurk.
Promoted (We, you all, they)	Befoarderen (Wy, jim, sy, jo)	Sy befoarderen it wurk.
Promotes (He, she, it)	Befoarderest(e) (Dû/Do)	Dû befoarderest(e) it wurk.
Promotion	Promoasje	Sy hawwe promoasje nedich.
Pronounce, Outspeak	Útsprekke	Kinstû dit wurd útsprekke?
Pronouns	Foarnamwurden	Dee Fryske foarnamwurden.
Pronunciation	Útspraak	Hoe de útspraak fan dit wurd?
Proof, Evidence	Bewiis	Hastû it bewiis?
Propaganda	Propaganda	It nijs sprate propaganda.
Property, Possession	Besit	It is myn besit.
Prophet	Profeet	Neffens de bibel wie hy in profeet.
Proposal	Foarstel	Ik fyn it in goed foarstel.
Proposal	Oansyk	Hy hat dy in oansyk dien.
Protect (I, we, you all, they)	Beskermje (Ik, wy, jim, sy, jo)	Sy beskermje my.
Protect (You)	Beskermest (Dû/Do)	Dû beskermest my.
Protected (I, he, she, it)	Beskerme (Ik, hy, sy, it)	Ik beskerme dy.
Protected (We, you all, they)	Beskermen (Wy, jim, sy, jo)	Wy beskermen dy.
Protected (You)	Beskermest(e) (Dû/Do)	Dû beskermeste my.
Protects (He, she, it)	Beskermet (Hy, sy, it)	Hy beskermet dy.
Protein	Aaiwyt	It aaiwyt smakket goed.
Protest	Protest	Der wie in grut protest op strjitte.
Proud	Grutsk (Stolta, Old Frisian)	Dizze minsken binne grutsk.
Prove (I)	Bewiis (Ik)	Ik bewiis it.
Prove (We, you all, they)	Bewize (Wy, jim, sy, jo)	Wy kinne it net bewize.
Prove (You)	Bewiist (Dû/Do)	Dû bewiist it my mar.
Proves (He, she, it)	Bewiist (Hy, sy, it)	Hy bewiist it my mar.
Province	Provinsje	De provinsje Fryslân docht it goed.
Psychic	Psychysk	Hy wie psychysk brutsen.
Public	Iepenbier	Sille wy it iepenbier meitsje?
Publisher	Útjouwer	Wa is útjouwer fan it boek?
Pull (I)	Lûk (Ik)	Ik lûk oan de doar.
Pull (We, you all, they)	Lûke (Wy, jim, sy, jo)	Sy lûke oan de doar.
Pull (You)	Lûkst (Dû/Do)	Dû lûkst oan de doar.
Pulled (I, he, she, it)	Luts (Ik, hy, sy, it)	Hy luts oan de doar.
Pulled (We, you all, they)	Lutsen (Wy, jim, sy, jo)	Sy lutsen oan de doar.
Pulled (You)	Lutst (Dû/Do)	Dû lutst oan de doar.
Pulls (He, she, it)	Lûkt (Hy, sy, it)	Hy lûkt oan de doar.
Pumpkin	Pompoen	In pompoen heart by Halloween.
Punch, Hit (I)	Slach (Ik)	Ik slach it rút stikken.
Punch, Hit (We, you all, they)	Slagge (Wy, jim, sy, jo)	Wy slagge it rút stikken.
Punch, Hit (You)	Slachst (Dû/Do)	Dû slachst it rút stikken.
Punched (I, he, she, it)	Sloech (Ik, hy, sy, it)	Hy sloech it rút stikken.
Punched (We, you all, they)	Sloegen (Wy, jim, sy, jo)	Wy sloegen it rút stikken.
Punched (You)	Sloechst (Dû/Do)	Dû sloechst it rút stikken.

English	Frisian	Example
Punches, Hits (He, she, it)	Slacht (Hy, sy, it)	Hy slacht it rút stikken.
Punish (I)	Straf (Ik)	Ik straf de bern.
Punish (We, you all, they)	Straffe (Wy, jim, sy, jo)	Wy straffe de bern.
Punish (You)	Strafst (Dû/Do)	Dû strafst de bern.
Punished (I, he, she, it)	Strafte (Ik, hy, sy, it)	Sy strafte de bern.
Punished (We, you all, they)	Straften (Wy, jim, sy, jo)	Sy straften de bern.
Punished (You)	Straftest (Dû/Do)	Dû straftest de bern.
Punishes (He, she, it)	Straft (Hy, sy, it)	Sy straft de bern.
Punishment, Penalty	Straf	Hat dizze krimineel straf krigen?
Purchase	Oanris	De oanris hat ús goed foldien.
Pure	Suver	It wetter is suver.
Purify (I, we, you all, they)	Suverje (Ik, wy, jim, sy, jo)	Wy moatte it wetter suverje.
Purple	Pears	Pears liket hjir goed by.
Purple (Adj.)	Pearze (Adj.)	De pearze klean.
Purse, Wallet	Ponge	Hy sil de ponge der efkes bypakke.
Push (I)	Triuw (Ik)	Ik triuw de doar iepen.
Push (We, you all, they)	Triuwe (Wy, jim, sy, jo)	Sy triuwe de doar iepen.
Push (You)	Triuwst (Dû/Do)	Dû triuwst de doar iepen.
Push away (to)	Fuorttriuwe	Jim moatte dizze stien fuorttriuwe.
Push, Shove (I)	Druk (Ik)	Ik druk tsjin de muorre.
Push, Shove (We, you all, they)	Drukke (Wy, jim, sy, jo)	Sy drukke tsjin de muorre.
Push, Shove (You)	Drukst (Dû/Do)	Dû drukst tsjin de muorre.
Pushed (I, he, she, it)	Treau (Ik, hy, sy, it)	Hy treau him fuort.
Pushed (PP)	Treaun (PP)	Wy hawwe him fuort treaun.
Pushed (We, you all, they)	Treaune (Wy, jim, sy, jo)	Wy treaune him fuort.
Pushed (You)	Treaust (Dû/Do)	Dû treaust him fuort.
Pushes (He, she, it)	Triuwt (Hy, sy, it)	Hy triuwt de doar iepen.
Pushes, Shoves (He, she, it)	Drukt (Hy, sy, it)	Hy drukt tsjin de muorre.
Put away, Throw away	Weidwaan	Si 'k it guod weidwaan?
Put out, Extinguish	Dwêste	Kinstû de brân dwêste?
Pyjamas	Pyjama	Sy hat de pyjama noch oan.
Pyramid	Pyramide	De pyramide wie heech.
Qatar (Country)	Katar (Country)	It WK wie yn Katar.
Quarantine	Karantêne	Sy moasten in wike yn karantêne.
Quarter	Kertier	It is alwer in kertier lyn.
Quarter of a year	Fearnsjier	It earste fearnsjier wie goed.
Queen	Keninginne	De kening hat in keninginne.
Question	Fraach	Hy hat in fraach foar dy.
Questioning, Wonder (to)	Ôffreegje	Hy sil it him wol ôffreegje.
Questions (Plural)	Fragen (Plural)	Wy hawwe in pear fragen foar dy.
Quick	Gau	Ik sil gau nei hûs.
Quicksand	Driuwsân	De lears siet fêst yn it driuwsân.
Rabbit, Bunny	Knyn	De knyn yt in woartel.
Rabbits, Bunnies (Plural)	Kninen (Plural)	De kninen rinne troch it hok.
Raccoon, Wash-bear	Waskbear	De waskbear siket iten by it ôffal.
Race, Breed, Gender	Skaai	Ien fan it bêste skaai.
Radio	Radio	Ik hear him op de radio.
Rail, Trail, Track	Spoar	De trein rydt oer it spoar.
Rails, Trails, Tracks (Plural)	Spoaren (Plural)	De knyn hat spoaren efter litten.
Rain	Rein	Fannacht is der in protte rein fallen.

English	Frisian	Example
Rainbow	Reinbôge	Moatst dy reinbôge ris sjen.
Rainbows (Plural)	Reinbôgen (Plural)	Dêr binne twa reinbôgen by elkoar.
Raindrop	Reindrip	Ik fiel in reindrip op myn noas.
Rains	Reint	It hat de hiele nacht reint.
Raise, Bring up (to)	Opfiede	Wolstû it knyntsje opfiede?
Ran (I, he, she, it)	Rûn (Ik, hy, sy, it)	Hy rûn lilk nei hûs.
Ran (We, you all, they)	Rûnen (Wy, jim, sy, jo)	Sy rûnen lilk nei hûs.
Ran (You)	Rûnst (Dû/Do)	Dû rûnt nei hûs.
Ranking, Order	Folchoarder	It stiet op de juste folchoarder.
Rape	Ferkrêfting	De ferkrêfting fan de natoer.
Rape (I, we, you all, they)	Ferkrêftsje (Ik, wy, jim, sy, jo)	Jim ferkrêftsje de natoer.
Rash	Útslach	Sy hat útslach op de hûd.
Rat	Rôt	De smoarge rôt klom út de sleat.
Rather, Prefer	Leaver	Ik haw leaver kofje as tee.
Rattle (I, we, you all, they)	Rammelje (Ik, wy, jim, sy, jo)	Wy rammelje mei de sinten.
Razor	Skearmes	Ik skear mysels mei in skearmes.
Reach out	Tarikke	Ik sil it dy tarikke.
Reach, Achieve (I)	Berik (Ik)	Ik berik eat yn myn libben.
Reach, Achieve (We, you all, they)	Berikke (Wy, jim, sy, jo)	Wy berikke eat yn ús libben.
Reach, Achieve (You)	Berikst (Dû/Do)	Dû berikst eat yn dyn libben.
Reached, Achieved (I, he, she, it)	Berikte (Ik, hy, sy, it)	Hy berikte eat yn syn libben.
Reached, Achieved (You)	Beriktest (Dû/Do)	Dû beriktest eat yn dyn libben.
Reaches, Achieves (He, she, it)	Berikt (Hy, sy, it)	Sy berikt eat yn har libben.
Reaction	Reaksje	Dat wie in reaksje op dy.
Reactions (Plural)	Reaksjes (Plural)	Hast noch in protte reaksjes krigen?
Read (I)	Lês (Ik)	Ik lês in boek.
Read (Past) (He, she, it)	Liest (Hy, sy, it)	Sy liest it boek.
Read (Past) (I, he, she, it)	Lies (Ik, hy, sy, it)	Hy lies it boek.
Read (Past) (We, you all, they)	Liezen (Wy, jim, sy, jo)	Sy liezen it boek.
Read (We, you all, they)	Lêze (Wy, jim, sy, jo)	Wy lêze in boek.
Read (You)	Lêst (Dû/Do)	Dû lêst in boek.
Read aloud	Foarlêze	Kinstû it foarlêze?
Reader	Lêzer	De lêzer fûn it in noflik boek.
Reads (He, she, it)	Lêst (Hy, sy, it)	Hy lêst in boek.
Really bad	Striemin	Ik fiel my striemin.
Really bad (Adj.)	Strieminne (Adj.)	De strieminne dei.
Really scared	Fjoerbang	It famke is fjoerbang.
Really scared	Fjoerbenaud	It famke is fjoerbenaud.
Reason	Reden	Hastû hjir in goede reden foar?
Rebellion, Turmoil	Reboelje	Der is in bytsje reboelje ûntstean.
Receive (I)	Ûntfang (Ik)	Ik ûntfang in berjocht.
Receive (We, you all, they)	Ûntfange (Wy, jim, sy, jo)	Wy ûntfange in berjocht.
Receive (You)	Ûntfangst (Dû/Do)	Dû ûntfangst in nij berjocht.
Received (I, he, she, it)	Ûntfong (Ik, hy, sy, it)	Sy ûntfong in nij berjocht.
Received (We, you all, they)	Ûntfongen (Wy, jim, sy, jo)	Wy ûntfongen in nij berjocht.
Received (You)	Ûntfongst (Dû/Do)	Dû ûntfongst in nij berjocht.
Receives (He, she, it)	Ûntfangt (Hy, sy, it)	Sy ûntfangt in nij berjocht.
Recently	Koartlyn	Koartlyn wie hjir in ûngelok.
Recently	Resintlik	It is resintlik feroare.
Recipe	Resept	Hastû in geheim resept?

English	Frisian	Example
Recipient	Ûntfanger	De ûntfanger hat it berjocht krigen.
Recognize (I)	Werken (Ik)	Ik werken dy net.
Recognize (We, you all, they)	Werkenne (Wy, jim, sy, jo)	Wy werkenne my net.
Recognize (You)	Werkenst (Dû/Do)	Dû werkenst my net.
Recognized (I, he, she, it)	Werkende (Ik, hy, sy, it)	Hy werkende dy net.
Recognized (PP)	Werkend (PP)	Wy hawwe dy net werkend.
Recognized (We, you all, they)	Werkenden (Wy, jim, sy, jo)	Wy werkenden dy net.
Recognized (You)	Werkendest (Dû/Do)	Dû werkendest my net.
Recognizes (He, she, it)	Werkent (Hy, sy, it)	Sy werkent my net.
Recommend (to)	Oanrikkemedearje	Kinstû ús eat oanrikkemedearje?
Red	Read	It waard read foar syn eagen.
Red (Adj.)	Reade (Adj.)	De reade auto.
Red panda	Reade panda	De reade panda yt grientes.
Reduce (I, we, you all, they)	Ferminderje (Ik, wy, jim, sy, jo)	Sy ferminderje de kâns op sykte.
Reduce, Decrease (You)	Ferminderest (Dû/Do)	Dû ferminderest de kâns op sykte.
Reduced, Decreased (I, he, she, it)	Fermindere (Ik, hy, sy, it)	Hy fermindere de kâns op sykte.
Reduced, Decreased (You)	Ferminderest(e) (Dû/Do)	Dû ferminderest de kâns op sykte.
Reduces, Decreases (He, she, it)	Ferminderet (Hy, sy, it)	Sy ferminderet de kâns op sykte.
Refer (I)	Ferwiis (Ik)	Ik ferwiis him nei ús webside.
Refer (We, you all, they)	Ferwize (Wy, jim, sy, jo)	Jim ferwize him nei de webside.
Refer (You)	Ferwiist (Dû/Do)	Dû ferwiist har nei de webside.
Referred (I, he, she, it)	Ferwiisde (Ik, hy, sy, it)	Hy ferwiisde him nei de webside.
Referred (PP)	Ferwiisd (PP)	Hy hat him nei ús webside ferwiisd.
Referred (We, you all, they)	Ferwiisden (Wy, jim, sy, jo)	Wy ferwiisden him nei de webside.
Referred (You)	Ferwiisdest (Dû/Do)	Dû ferwiisdest har nei de webside.
Refers (He, she, it)	Ferwiist (Hy, sy, it)	Hy ferwiist my nei de webside.
Reflect (I, we, you all, they)	Wjerspegelje (Ik, wy, jim, sy, jo)	Wy wjerspegelje de mienskip.
Reflection	Spegelbyld	Ik sjoch myn eigen spegelbyld.
Reform (I)	Bekear (Ik)	Ik bekear mysels.
Reform (We, you all, they)	Bekeare (Wy, jim, sy, jo)	Wy bekeare ús.
Reform (You)	Bekearst (Dû/Do)	Dû bekearst dy.
Reforms (He, she, it)	Bekeart (Hy, sy, it)	Hy bekeart him.
Refresh (I, we, you all, they)	Ferfyskje (Ik, wy, jim, sy, jo)	Wy ferfyskje de webside.
Refusal	Wegering	Hy koe mei de wegering omgean.
Refuse (I, we, you all, they)	Wegerje (Ik, wy, jim, sy, jo)	Wy wegerje dy.
Refuse, Reject (You)	Wegerest (Dû/Do)	Dû wegerest my.
Refused, Rejected (I, he, she, it)	Wegere (Ik, hy, sy, it)	Hy wegere ús.
Refused (We, you all, they)	Wegeren (Wy, jim, sy, jo)	Sy wegeren dy.
Refused, Rejected (You)	Wegerest(e) (Dû/Do)	Dû wegerest my.
Refuses, Rejects (He, she, it)	Wegeret (Hy, sy, it)	Hy wegeret dy.
Region, Area	Krite	Dizze krite is tige grut.
Regions, Areas	Kriten	Dizze kriten binne tige grut.
Register (I, we, you all, they)	Registrearje (Ik, wy, jim, sy, jo)	Hjir moatst registrearje.
Registration	Registraasje	Hoe is dyn registraasje gien?
Regularly	Regelmjittich	Ik sjoch him regelmjittich wol.
Reimburse (I, we, you all, they)	Fergoedzje (Ik, wy, jim, sy, jo)	Wy fergoedzje de skea.
Reimburse, Compensate	Forgoedzje (Older)	Soe de fersikering it forgoedzje?
Reindeer	Rindier	De krystmas hat in rindier.
Reject	Ôfwize	Moatst him mar gewoan ôfwize.
Rejection	Ôfwizing	De jongen koe net mei de ôfwizing omgean.

English	Frisian	Example
Relate (I, we, you all, they)	Relatearje (Ik, wy, jim, sy, jo)	Wy relatearje ús dêroan.
Relative	Relatyf	Ik fyn it relatyf folle.
Relax	Ûntspanne	Jûn sille wy ûntspanne.
Release	Frijlitte	Sille wy de finzene frijlitte?
Reliability	Betrouberens	De betrouberens fan boarnen.
Relief	Ferromming	Wy hawwe ferromming nedich.
Religion	Godtsjinst	Hastû in godtsjinst?
Reluctantly	Tsjinsin	Hy docht it mei tsjinsin.
Remain	Oerbliuwe	Ik tink dat wy as lêsten oerbliuwe.
Remember (I)	Ûnthâld (Ik)	Ik ûnthâld dyn namme.
Remember (We, you all, they)	Ûnthâlde (Wy, jim, sy, jo)	Wy ûnthâlde dyn namme.
Remember (You)	Ûnthâldst (Dû/Do)	Dû ûnthâldest dyn namme.
Remembered (I, he, she, it)	Ûnthold (Ik, hy, sy, it)	Hy ûnthold dyn namme.
Remembered (We, you all, they)	Ûntholden (Wy, jim, sy, jo)	Wy ûntholden dyn namme.
Remembered (You)	Ûntholdst (Dû/Do)	Dû ûntholdst myn namme.
Remembers (He, she, it)	Ûnthâldt (Hy, sy, it)	Sy ûnthâldt dyn namme.
Remembrance	Oantins	Hy hat it as in oantins.
Remnant, Remains	Oerbliuwsel	It oerbliuwsel fan de reaksje.
Remove (to)	Fuorthelje	Kinstû de stiennen fuorthelje?
Renew (I)	Fernij (Ik)	Ik fernij de webside.
Renew (We, you all, they)	Fernije (Wy, jim, sy, jo)	Wy fernije de webside.
Renew (You)	Fernijst (Dû/Do)	Dû fernijst de webside.
Renewed (I, he, she, it)	Fernijde (Ik, hy, sy, it)	Hy fernijde de webside.
Renewed (PP)	Fernijd (PP)	Hy hat de webside fernijd.
Renewed (We, you all, they)	Fernijden (Wy, jim, sy, jo)	Wy fernijden de webside.
Renewed (You)	Fernijdest (Dû/Do)	Dû fernijdest de webside.
Renews (He, she, it)	Fernijt (Hy, sy, it)	Hy fernijt de webside.
Repair (I, we, you all, they)	Reparearje (Ik, wy, jim, sy, jo)	Kinstû myn tillefoan reparearje?
Repeat (I, we, you all, they)	Werhelje (Ik, wy, jim, sy, jo)	Kinstû dysels werhelje?
Repeat (You)	Werhellest (Dû/Do)	Dû werhellest dysels.
Repeated (I, he, she, it)	Werhelle (Ik, hy, sy, it)	Hy werhelle himsels.
Repeated (We, you all, they)	Werhellen (Wy, jim, sy, jo)	Wy werhellen ússels.
Repeated (You)	Werhellest(e) (Dû/Do)	Dû werhelleste dysels.
Repeats (He, she, it)	Werhellet (Hy, sy, it)	Hy werhellet himsels.
Replace (I)	Ferfang (Ik)	Ik ferfang him.
Replace (We, you all, they)	Ferfange (Wy, jim, sy, jo)	Wy ferfange him.
Replace (You)	Ferfangst (Dû/Do)	Dû ferfangst him.
Replaced (I, he, she, it)	Ferfong (Ik, hy, sy, it)	Ik ferfong him.
Replaced (We, you all, they)	Ferfongen (Wy, jim, sy, jo)	Wy ferfongen him.
Replaced (You)	Ferfongst (Dû/Do)	Dû ferfongst har.
Replaces (He, she, it)	Ferfangt (Hy, sy, it)	Hy ferfangt har.
Replied (I, he, she, it)	Beantwurde (Ik, hy, sy, it)	Hy beantwurde de fraach.
Replied (We, you all, they)	Beantwurden (Wy, jim, sy, jo)	Jim beantwurden de fraach.
Replied (You)	Beantwurdest(e) (Dû/Do)	Dû beantwurdest de fraach.
Replies (He, she, it)	Beantwurdet (Hy, sy, it)	Sy beantwurdet de fraach.
Reply (We, you all, they)	Beantwurdzje (Wy, jim, sy, jo)	Wy beantwurdzje de fraach.
Reply (You)	Beantwurdest (Dû/Do)	Dû beantwurdest de fraach.
Reporter, Newshawk	Ferslachjouwer	De ferslachjouwer stiet foar de kamera.
Represent (I, we, you all, they)	Fertsjintwurdigje (Ik, wy, jim, sy, jo)	Ik fertsjintwurdigje dyn bedriuw.
Represent (You)	Fertsjintwurdigest (Dû/Do)	Dû fertsjintwurdigest dyn bedriuw.

English	Frisian	Example
Represented (I, he, she, it)	Fertsjintwurdige (Ik, hy, sy, it)	Ik fertsjintwurdige myn bedriuw.
Represented (We, you all, they)	Fertsjintwurdigen (Wy, jim, sy, jo)	Wy fertsjintwurdigen ús bedriuw.
Represented (You)	Fertsjintwurdigest(e) (Dû/Do)	Dû fertsjintwurdigeste dyn bedriuw.
Represents (He, she, it)	Fertsjintwurdiget (Hy, sy, it)	Hy fertsjintwurdiget syn bedriuw.
Reproach, Blame (I)	Ferwyt (Ik)	Ik ferwyt him fan it ûngelok.
Reproach, Blame (You)	Ferwytst (Dû/Do)	Dû ferwytst har fan it ûngelok.
Reproached, Blamed	Ferwieten (Wy, jim, sy, jo)	Sy ferwieten har fan it ûngelok.
Reproached (I, he, she, it)	Ferwiet (Ik, hy, sy, it)	Hy ferwiet him fan it ûngelok.
Reproached, Blamed (PP)	Ferwiten (PP)	Wy hawwe him ferwiten fan it ûngelok.
Reproached, Blamed (You)	Ferwietst (Dû/Do)	Dû ferwietst my fan it ûngelok.
Reproaches, Blames (He, she, it)	Ferwyt (Hy, sy, it)	Sy ferwyt har fan it ûngelok.
Request	Fersyk	Mei ik in fersyk dwaan?
Request (I)	Fersykje (Ik)	Wy fersykje dat ferske.
Request (You)	Fersikest (Dû/Do)	Dû fersikest him om fuort te gean.
Requested (I, he, she, it)	Fersocht (Ik, hy, sy, it)	Ik fersocht dy om fuort te gean.
Requested (We, you all, they)	Fersochten (Wy, jim, sy, jo)	Wy fersochten dy om fuort te gean.
Requested (You)	Fersochtst (Dû/Do)	Dû fersochtst ús om fuort te gean.
Requests (He, she, it)	Fersiket (Hy, sy, it)	Hy fersiket har om fuort te gean.
Require (I, we, you all, they)	Fereaskje (Ik, wy, jim, sy, jo)	Wy fereaskje in protte.
Require (You)	Fereaskest (Dû/Do)	Dû fereaskest in protte.
Required (I, he, she, it)	Fereaske (Ik, hy, sy, it)	Hy fereaske in protte.
Required (We, you all, they)	Fereasken (Wy, jim, sy, jo)	Wy fereasken in protte.
Required (You)	Fereaskest(e) (Dû/Do)	Dû fereaskeste in protte.
Requires (He, she, it)	Fereasket (Hy, sy, it)	Hy fereasket in protte.
Research	Ûndersyk	Wy ûndersykje it ûngefal.
Research (I, we, you all, they)	Ûndersykje (Ik, wy, jim, sy, jo)	Der wurdt in grut ûndersyk dien.
Research (You)	Ûndersikest (Dû/Do)	Dû ûndersikest it ûngefal.
Researched (I, he, she, it)	Ûndersocht (Ik, hy, sy, it)	Hy ûndersocht it ûngefal.
Researched (We, you all, they)	Ûndersochten (Wy, jim, sy, jo)	Wy ûndersochten it ûngefal.
Researched (You)	Ûndersochtst (Dû/Do)	Dû ûndersochtst it ûngefal.
Researcher	Ûndersiker	De ûndersiker hat it drok.
Researches (He, she, it)	Ûndersiket (Hy, sy, it)	Hy ûndersiket it ûngefal.
Researches (Plural)	Ûndersiken (Plural)	Der binne ûndersiken dien nei sûn iten.
Residence, Paddock	Ferbliuw	It ferbliuw fan de grutte liuw.
Residence, Stay	Tahâld	Hy tahâld yn in hotel.
Resident, Dweller	Ynwenner	Sy is in ynwenner fan Fryslân.
Resistance	Wjerstân	Ik fernim in bytsje wjerstân.
Respect	Respekt	Hy hat in soad respekt foar dy.
Respect (I, we, you all, they)	Respektearje (Ik, wy, jim, sy, jo)	Wy respektearje dy.
Responsibilities	Ferantwurdlikheden	Hy hat in soad ferantwurdlikheden.
Responsibility	Ferantwurdlikens	Myn ferantwurdlikens sitte yn 'e wei.
Responsibility	Ferantwurdlikheid	Hy hat in ferantwurdlikheid.
Responsible, Answerable	Ferantwurdlik	Hy hat in protte ferantwurdlikens.
Responsible, Answerable (Adj.)	Ferantwurdlike (Adj.)	De ferantwurdlike man.
Rest (I, you, he, she, it)	Rêst (Ik, dû, hy, sy, it)	Sy rêst op bêd.
Rest (We, you all, they)	Rêste (Wy, jim, sy, jo)	Wy rêste op bêd.
Restful, Laid back	Rêstich	Dizze buert is rêstich.
Restful, Laid back (Adj.)	Rêstige (Adj.)	De rêstige buert.
Restless	Rêsteas	Ik fiel my in bytsje rêsteas.
Restrict (I)	Behein (Ik)	Ik behein de mooglikheden.

English	Frisian	Example
Restrict (We, you all, they)	Beheine (Wy, jim, sy, jo)	Jim beheine de mooglikheden.
Restrict (You)	Beheinst (Dû/Do)	Dû beheinst de mooglikheden.
Restricted (I, he, she, it)	Beheinde (Ik, hy, sy, it)	Sy beheinde de mooglikheden.
Restricted (PP)	Beheind (PP)	Hy hat de mooglikheden beheind.
Restricted (We, you all, they)	Beheinden (Wy, jim, sy, jo)	Wy beheinden de mooglikheden.
Restricted (You)	Beheindest (Dû/Do)	Dû beheindest de mooglikheden.
Restricts (He, she, it)	Beheint (Hy, sy, it)	Sy beheint de mooglikheden.
Restroom, Toilet, WC	It húske	Ik sil efkes nei it húske.
Result	Resultaat	Hastû it resultaat al sjoen?
Result	Útslach	Wy wachtsje op de útslach.
Resume (I, we, you all, they)	Ferfetsje (Ik, wy, jim, sy, jo)	Wy ferfetsje ús ferhaal.
Resume (You)	Ferfettest (Dû/Do)	Dû ferfettest dyn ferhaal.
Resumed (I, he, she, it)	Ferfette (Ik, hy, sy, it)	Hy ferfettet syn ferhaal.
Resumed (We, you all, they)	Ferfetten (Wy, jim, sy, jo)	Jim ferfetten jim ferhaal.
Resumed (You)	Ferfettest(e) (Dû/Do)	Dû ferfetteste dyn ferhaal.
Resumes (He, she, it)	Ferfettet (Hy, sy, it)	Sy ferfettet syn ferhaal.
Retirement home	Âlderhûs	Beppe giet nei it âlderhûs.
Retrieve	Weromhelje	Ik sil myn tillefoan weromhelje
Reunion	Wersjen	It is in tiid fan wersjen.
Reveal (I, we, you all, they)	Iepenbierje (Ik, wy, jim, sy, jo)	Hjoed sille wy ús projekt iepenbierje.
Revenge, Revanche, Vengeance	Wraak	De strider wol wraak.
Revolution	Revolúsje	Sy binne in revolúsje begûn.
Rhino	Noashoarn	Noashoarn rint lilk op en del.
Rhyme (to)	Rime	It ferske moat wol rime.
Rib	Ribbe	Hy hat in ribbe brutsen.
Rice	Rys	De rys fan juster priuwt goed.
Rich	Ryk	Ik fiel my ryk.
Rich (Adj.)	Rike (Adj.)	De rike man.
Ridden (PP)	Riden (PP)	Sy hawwe troch it doarp riden.
Riddle	Riedsel	Kinstû it riedsel oplosse?
Rift	Flâns	In flâns yn 'e muorre.
Right (Direction)	Rjochts	Hjir moatst nei rjochts gean.
Right, Correct	Just	It antwurd is just.
Right, Correct (Adj.)	Juste (Adj.)	It juste antwurd.
Right, Even	Gelyk	Wy binne gelyk.
Right, Even	Lyk	Wy moatte it lyk krije.
Ring	Ring	Sy hat in ring om de finger.
Rings (Plural)	Ringen (Plural)	Sy hat twa ringen.
Ripe	Ryp	Dizze par is ryp.
Ripe (Adj.)	Ripe (Adj.)	De ripe apel is lekker.
Risk (I, we, you all, they)	Riskearje (Ik, wy, jim, sy, jo)	Wy wolle it riskearje.
River	Rivier	Dizze stêd hat in grutte rivier.
Road	Dyk	De dyk hâldt de see tsjin.
Road worker	Fluorder	In fluorder wurket oan 'e wei.
Road worker	Strjitlizzer	Ús pake wie strjitlizzer.
Roads (Plural)	Wegen (Plural) (Wegen, Old Frisian)	Dizze wegen binne lang.
Roar (to)	Brinzgje	De liuwen brinzgje lûd.
Rob (He, she, it)	Berôft (Hy, sy, it)	Hy berôft de bank.
Rob (I)	Berôf (Ik)	Ik berôf de bank.
Rob (We, you all, they)	Berôve (Wy, jim, sy, jo)	Wy berôve de bank.

English	Frisian	Example
Rob (You)	Berôfst (Dû/Do)	Dû berôfst de bank.
Robbery	Oerfal	De oerfal op de bank is slagge.
Rock	Stiente	It skelet is yn de stiente fûn.
Rodent, Gnawer	Kjifbist	De mûs is in kjifbist.
Rodent, Gnawer	Kjifdier	De mûs is in kjifdier.
Romania (Country)	Roemeenje (Country)	Is Roemeenje in earm lân?
Romantic	Romantysk	Myn faam is romantysk.
Roof	Dak	Kom fan it dak ôf!
Room	Keamer	Hy hat in grutte keamer.
Rooms (Plural)	Keamers (Plural)	Hoe folle keamers hat it hûs?
Roomy, Spacious	Rûm, Rom	Dizze rûmte is rûm.
Rooster, Cock	Hoanne	De hoanne makket lûd.
Roots, Source	Boarne	By de boarne begjinne.
Rose	Roas	De roas liket moai yn 'e tún.
Round	Roun (Older)	Dizze foarm is roun.
Round	Rûn	Dizze foarm is rûn.
Round (Adj.)	Rûne (Adj.)	De rûne foarm.
Roundabout	Rotonde	Wy moatte rjochtsôf nei de rotonde.
Row, Line, Que	Rige	Yn de rige stean bliuwe.
Rows, Lines (Plural)	Rigen (Plural)	Hjir binne twa rigen.
Royalty	Keninklikens	De Britske keninklikens.
Rub (I)	Wriuw (Ik)	Ik wriuw yn myn eagen.
Rub (We, you all, they)	Wriuwe (Wy, jim, sy, jo)	Wy wriuwe yn ús eagen.
Rub (You)	Wriuwst (Dû/Do)	Dû wriuwst yn dyn eagen.
Rubbed	Wreaun (PP)	Wy hawwe yn ús eagen wreaun.
Rubbed (I, he, she, it)	Wreau (Ik, hy, sy, it)	Ik wreau yn myn eagen.
Rubbed (We, you all, they)	Wreaune (Wy, jim, sy, jo)	Wy wreaune yn ús eagen.
Rubbed (You)	Wreaust (Dû/Do)	Dû wreaust yn dyn eagen.
Rubs (He, she, it)	Wriuwt (Hy, sy, it)	Hy wriuwt yn syn eagen.
Ruin (I)	Bedjer (Ik)	Ik bedjer de sfear.
Ruin (You)	Bedjerst (Dû/Do)	Dû bedjerst it feest.
Ruined (I, he, she, it)	Bedjerre (Ik, hy, sy, it)	Wy bedjerre it feest.
Ruined, Decayed (I, he, she, it)	Bedoar (Ik, hy, sy, it)	Hy bedoar de sfear.
Ruined, Decayed (PP)	Bedoarn (PP)	Hy hat de sfear bedoarn.
Ruined, Decayed (We, you all, they)	Bedoaren (Wy, jim, sy, jo)	Wy bedoaren de sfear.
Ruined, Decayed (You)	Bedoarst (Dû/Do)	Dû bedoarst de sfear.
Ruins (He, she, it)	Bedjert (Hy, sy, it)	Hy bedjert it feest.
Rule	Regel	Wy hawwe no in nije regel.
Rule (I, we, you all, they)	Hearskje (Ik, wy, jim, sy, jo)	Wy hearskje oer it lân.
Rule (You)	Hearskest (Dû/Do)	Dû hearkest oer it lân.
Ruled (I, he, she, it)	Hearske (Ik, hy, sy, it)	Hy hearske oer it lân.
Ruled (We, you all, they)	Hearsken (Wy, jim, sy, jo)	Wy hearsken oer it lân.
Ruled (You)	Hearkest(e) (Dû/Do)	Dû hearkeste oer it lân.
Ruler (Like a king)	Hearsker	Hy is de hearsker fan dizze kriten.
Rules (He, she, it)	Hearsket (Hy, sy, it)	Hy hearsket oer it lân.
Rules (Plural)	Regels (Plural)	Hjir binne in protte regels.
Run, Walk (I)	Rin (Ik)	Ik rin hurd fuort.
Run, Walk (We, you all, they)	Rinne (Wy, jim, sy, jo)	Sy rinne hurd fuort.
Run, Walk (You)	Rinst (Dû/Do)	Dû rinst hurd fuort.
Runner	Rinner	De rinner rint hurd fuort.

English	Frisian	Example
Runs, Walks (He, she, it)	Rint (Hy, sy, it)	Hy rint hurd fuort.
Russia (Country)	Ruslân (Country)	Ruslân is tige grut.
Russian	Russysk	It famke is Russysk.
Rust	Rust	Dizze boat hat rust.
Rustle	Gerûs	Hy hearde in sêft gerûs.
Rusty	Rustich	De boat is rustich.
Rye bread	Brea	Beppe jout ús brea.
Sabotage (I, we, you all, they)	Sabotearje (Ik, wy, jim, sy, jo)	Hy wol ús sabotearje.
Sack	Sek	Pake hat in sek mei ierpels.
Sad	Drôvich	Sy is hjoed drôvich.
Sad	Fertrietich	Sy wie fertrietich nei de film.
Sad (Adj.)	Drôvige (Adj.)	It drôvige famke.
Sad (Adj.)	Fertrietige (Adj.)	It fertrietige famke.
Sadness, Sorrow, Grief	Fertriet	De frou hie in protte fertriet.
Sadness, Sorrow, Grief	Fortriet (Older)	Sy hat in protte fortriet.
Safe, Secure (Adj.)	Feilige (Adj.)	De feilige boat.
Safe, Secure, Sound	Feilich	Is dizze boat feilich?
Said (PP)	Sein (PP)	Hy hat eat tsjin my sein.
Said sorry, Excused (I, he, she, it)	Ferûntskuldige (Ik, hy, sy, it)	Hy ferûntskuldige himsels.
Said sorry, Excused (You)	Ferûntskuldigest(e) (Dû/Do)	Dû ferûntskuldigeste dysels.
Sail (I)	Far (Ik)	Ik far troch de feart.
Sail (We, you all, they)	Farre (Wy, jim, sy, jo)	Sy farre troch de feart.
Sailed (I, he, she, it)	Fear (Ik, hy, sy, it)	Hy fear troch de feart.
Sailed (PP)	Fearn (PP)	Wy hawwe troch de feart fearn.
Sailed (You)	Fearst (Dû/Do)	Dû fearst troch de feart.
Sails (He, she, it)	Fart (Hy, sy, it)	Hy fart troch de feart.
Salary	Lean	De lean fan dizze moanne.
Sale	Útferkeap	It guod is yn de útferkeap.
Salt	Sâlt	Ik doch sâlt oer it aai.
Salt (Adj.)	Sâlte (Adj.)	De sâlte ierpel.
Salty	Sâltich	Ik fyn it miel te sâltich.
Salve, Ointment	Salve	De salve kuollet de hûd.
Sand	Sân	It strân bestiet út sân.
Sand lizard	Gerskrûper	In gerskrûper krûpt troch it gers.
Sandcastle	Sânkastiel	De bern makken in sânkastiel.
Sang (I, he, she, it)	Song (Ik, hy, sy, it)	Sy song in moai ferske.
Sang (We, you all, they)	Songen (Wy, jim, sy, jo)	Sy songen in moai ferske.
Sang (You)	Songst (Dû/Do)	Dû songst in moai ferske.
Sank (I, he, she, it)	Sonk (Ik, hy, sy, it)	Hy sonk nei de boaiem.
Sank (We, you all, they)	Sonken (Wy, jim, sy, jo)	Wy sonken nei de boaiem.
Sank (You)	Sonkst (Dû/Do)	Dû sonkst nei de boaiem.
Sat (I, he, she, it)	Siet (Ik, hy, sy, it)	Hy siet njonken dy.
Sat (We, you all, they)	Sieten (Wy, jim, sy, jo)	Wy sieten njonken dy.
Sat (You)	Sietst (Dû/Do)	Dû sietst njonken my.
Satisfied	Tefreden	Wy binne tefreden mei ús libben.
Satisfy	Foldwaan	Hjir moat ik oan foldwaan.
Saturday	Saterdei (Wâldfrysk)	Saterdei is it wer tiid foar feest.
Saturday	Sneon (Klaaifrysk)	Sneon hoege wy net te wurkjen.
Sauerkraut	Soerkoal	Beppe docht soerkoal troch it iten.
Saunter	Slinterje	Sy slinterje troch it wâld.

English	Frisian	Example
Sausage	Woarst	De Fryske drûge woarst op 'e bôle.
Save (I)	Rêd (Ik)	Ik rêd dy.
Save (We, you all, they)	Rêde (Wy, jim, sy, jo)	Jim rêde my.
Save (You)	Rêdst (Dû/Do)	Dû rêdst my.
Saved, Rescued (I, he, she, it)	Rette (Ik, hy, sy, it)	Hy rette my fan it gefaar.
Saved, Rescued (PP)	Ret (PP)	Hy hat my ret.
Saved, Rescued (We, you all, they)	Retten (Wy, jim, sy, jo)	Jim retten my fan it gefaar.
Saved, Rescued (You)	Rettest (Dû/Do)	Dû rettest my fan it gefaar.
Saves (He, she, it)	Rêdt (Hy, sy, it)	Hy rêdt my.
Savings	Sparjild	Wy binne hast troch ús sparjild hinne.
Savior	Rêdder	Hy is myn rêdder.
Saw (I, he, she, it)	Seach (Ik, hy, sy, it)	Sy seach de film.
Saw (Tool)	Seage	Hy brûkt syn seage.
Saw (We, you all, they)	Seagen (Wy, jim, sy, jo)	Jo seagen de film.
Saw (You)	Seachst (Dû/Do)	Dû seachst de film.
Say (I)	Sei (Ik)	Ik sei eat tsjin dy.
Say (We, you all, they)	Sizze (Wy, jim, sy, jo)	Wy sizze neat tsjin him.
Say (You)	Seist (Dû/Do)	Dû seist eat tsjin my.
Say sorry, Excuse (We, you all, they)	Ferûntskuldigje (Wy, jim, sy, jo)	Wy ferûntskuldigje ússels.
Say sorry, Excuse (You)	Ferûntskuldigest (Dû/Do)	Dû ferûntskuldigest dysels.
Says (He, she, it)	Seit (Hy, sy, it)	Sy seit eat tsjin my.
Says sorry, Excuses (He, she, it)	Ferûntskuldiget (Hy, sy, it)	Sy ferûntskuldiget harsels.
Scaffold	Steger	De wurkers brûke in steger.
Scale	Skeal	De skeal mjit dyn gewicht.
Scamp, Rascal	Smjirk	Dizze smjirk kinst net fertrouwe.
Scapegoat	Sûndebok	De minsken sykje in sûndebok.
Scare, Fright, Shock (I)	Skrik (Ik)	Ik skrik fan it lûd.
Scare, Fright (We, you all, they)	Skrikke (Wy, jim, sy, jo)	Sy skrikke fan it lûd.
Scare, Fright, Shock (You)	Skrikst (Dû/Do)	Dû skrikst fan it lûd.
Scarecrow	Fûgelferskrikker	De fûgelferskrikker skrikt de fûgels.
Scarecrow	Sjamme	De sjamme stiet yn it lân.
Scares, Frights (He, she, it)	Skrikt (Hy, sy, it)	Hy skrikt fan it lûd.
Scarf, Shawl	Sjaal	Sy hat in sjaal om de nekke.
Scary	Yslik	Ik fyn it mar yslik.
Scene	Sêne	Dizze sêne is moai.
Schedule, Grid, Roster	Reaster	Hastû dyn reaster al besjoen?
School	Skoalle	Skoalle is hjoed ticht.
Schools (Plural)	Skoallen (Plural)	It doarp hat twa skoallen.
Science	Wittenskip	Leauwstû yn de wittenskip?
Scientifically, Scientific	Wittenskiplik	It in wittenskiplik fêstlein.
Scissors, Shears	Skjirre	Foarsichtich mei de skjirre wêze.
Scissors, Shears (Plural)	Skjirren (Plural)	Hjir lizze twa skjirren.
Score	Skoare	Hastû de skoare by holden?
Scorpion	Skorpioen	Dizze skorpioen is gefaarlik.
Scotland (Country)	Skotlân (Country)	Sy prate Skotsk yn Skotlân.
Scottish	Skotsk	Skotsk is in bysûndere taal.
Scrape (I, we, you all, they)	Skjirje (Ik, wy, jim, sy, jo)	Wy skjirje de muorre.
Screamer, Yeller	Razer	Wa is dy razer?
Screen	Skerm	De film is op it grutte skerm.
Screen (Dim.)	Skermke (Dim.)	It lytse skermke is brutsen.

English	Frisian	Example
Screens (Plural)	Skermen (Plural)	De winkel stiet fol mei skermen.
Scrub (We, you all, they)	Bjinne (Wy, jim, sy, jo)	Sopje en bjinne.
Scrubber	Bjinder	Sy sil de bjinder dêrfoar brûke.
Scrubber	Skrobber	Sy sil de skrobber dêrfoar brûke.
Sea	Hêf (Older)	De boat is oer it hêf gien.
Sea	See	De kâlde djippe see.
Seagull	Seefûgel	Seefûgel siket om iten.
Seahorse	Seehynder	De seehynder swimt by de fisk del.
Seahorse (Dim.)	Seehynderke (Dim.)	It seehynderke swimt by de fisk del.
Seal	Seehûn	De seehûn leit op it strân.
Search, Seek (I, we, you all, they)	Sykje (Ik, wy, jim, sy, jo)	Wy sykje om dy.
Search, Seek (You)	Sikest (Dû/Do)	Dû sikest dyn famylje.
Searches, Seeks	Siket (Hy, sy, it)	Hy siket syn famylje.
Season (Yeartide, only in books)	Jiertiid	Wy binne wer in jiertiid fierder.
Seastar, Starfish	Seestjer	De seestjer leit plat op in stien.
Second	Twadde	Dû bist twadde wurden.
Secret	Geheim	Hy hat my in grut geheim ferteld.
Secretive, Mysterious	Geheimsinnich	De lju dogge geheimsinnich.
Secretly	Temûk	Hy is in bytsje temûk.
Secure (I, we, you all, they)	Befeiligje (Ik, wy, jim, sy, jo)	Wy moatte it gebou befeiligje
Security	Befeiliging	Hat it gebou befeiliging?
Security	Feiligens	Ik sit in bytsje yn oer myn feiligens.
Security camera	Befeiligingskamera	Wy hawwe in befeiligingskamera.
Seduce (I)	Ferlied (Ik)	Ik ferlied de man.
Seduce (We, you all, they)	Ferliede (Wy, jim, sy, jo)	Sy ferliede de man.
Seduce (You)	Ferliedst (Dû/Do)	Dû ferliedst de man.
Seduced (I, he, she, it)	Ferlate (Ik, hy, sy, it)	Sy ferlate him.
Seduced (PP)	Ferlaat (PP)	Sy hat him ferlaat.
Seduced (We, you all, they)	Ferlaten (Wy, jim, sy, jo)	Wy ferlaten de minsken.
Seduced (You)	Ferlatest (Dû/Do)	Dû ferlatest my.
Seducer	Ferlieder	Sy is in ferlieder.
Seducer, Tempter	Fertokker	Eartiids wie sy in goede fertokker.
Seduces (He, she, it)	Ferliedt (Hy, sy, it)	Sy ferliedt de man.
See (I)	Sjoch (Ik)	Ik sjoch de nije film.
See (We, you all, they)	Sjogge (Wy, jim, sy, jo)	Jim sjogge de nije film.
See (You)	Sjochst (Dû/Do)	Dû sjochst de nije film.
See you	Sjoddy	Sjoddy moarn!
See, Look, Watch	Sjen	De âlde man kin noch hieltyd goed sjen.
Seed	Sied	Sy hat in sied plante.
Seek shelter, Hide	Skûlje	Wy skûlje foar de stoarm.
Seen (PP)	Sjoen (PP)	Ik haw dizze film al sjoen.
Sees (He, she, it)	Sjocht (Hy, sy, it)	Hy sjocht de nije film.
Seldom	Selden	Ik haw it selden sjoen.
Select (I, we, you all, they)	Selektearje (Ik, wy, jim, sy, jo)	Wy selektearje de bêste spilers.
Sell (I, we, you all, they)	Ferkeapje (Ik, wy, jim, sy, jo)	Jim ferkeapje my guod.
Sell (You)	Ferkeapest (Dû/Do)	Dû ferkeapest my guod.
Sells (He, she, it)	Ferkeapet (Hy, sy, it)	Hy ferkeapet my guod.
Send (I)	Stjoer (Ik) (Stjura, Old Frisian)	Ik stjoer dy fuort.
Send (We, you all, they)	Stjoere (Wy, jim, sy, jo)	Sy stjoere dy in berjocht.
Send (You)	Stjoerst (Dû/Do)	Dû stjoerst har in berjocht.

English	Frisian	Example
Send away (to)	Fuortstjoere	Kinstû dizze man fuortstjoere?
Sends (He, she, it)	Stjoert (Hy, sy, it)	Hy stjoert dy in berjocht.
Senegal (Country)	Senegal (Country)	Wy wolle op fakânsje nei Senegal.
Sense	Sintúch	Myn ekstra sintúch.
Sensitive	Gefoelich	Sy is in bytsje gefoelich.
Sensitive (Adj.)	Gefoelige (Adj.)	It gefoelige famke.
Sent (I, he, she, it)	Stjoerde (Ik, hy, sy, it)	Hy stjoerde dy in berjocht.
Sent (PP)	Stjoerd (PP)	Sy hat my in berjochtsje stjoerd.
Sent (We, you all, they)	Stjoerden (Wy, jim, sy, jo)	Wy stjoerden dy in berjocht.
Sent (You)	Stjoerdest (Dû/Do)	Dû stjoerdest in berjocht.
Sentence	Sin	It bern hat in hiele sin skreaun.
Sentenced (We, you all, they)	Feroardielen (Wy, jim, sy, jo)	Wy feroardielen him.
Separation	Ôfskieding	De ôfskieding tusken de buorman en my.
September	Septimber	It is hast alwer September.
Serbia (Country)	Servje (Country)	Myn kaam út Servje.
Servant	Lytsfeint	De lytsfeint betsjinnet ús.
Serve (You)	Tsjinnest (Dû/Do)	Dû tsjinnest yn it leger.
Served (I, he, she, it)	Tsjinne (Ik, hy, sy, it)	Hy tsjinne yn it leger.
Served (We, you all, they)	Tsjinnen (Wy, jim, sy, jo)	Wy tsjinnen yn it leger.
Served (You)	Tsjinneste(e) (Dû/Do)	Dû tsjinneste yn it leger.
Serves (He, she, it)	Tsjinnet (Hy, sy, it)	Hy tsjinnet yn it leger.
Set, Put (I)	Set (Ik)	Ik set de kofje op 'e tafel.
Set, Put (Past) (We, you all, they)	Setten (Wy, jim, sy, jo)	Sy setten de kofje op 'e tafel.
Set, Put (Past) (You)	Settest (Dû/Do)	Dû settest de kofje op 'e tafel.
Set, Put (We, you all, they)	Sette (Wy, jim, sy, jo)	Jo sette de kofje op 'e tafel.
Set, Put (You)	Setst (Dû/Do)	Dû setst de kofje op 'e tafel.
Sets, Puts (He, she, it)	Set (Hy, sy, it)	Hy set de kofje op 'e tafel.
Setting up, Adjust	Ynstelle	Dû moatst dyn tillefoan noch ynstelle.
Settlement, Colony	Delsetting	Hy komt fan in oare delsetting.
Seven	Sân	In wike duorret sân dagen.
Seventeen	Santjin	Hy wie alwer santsjin jier.
Several	Ferskate	Ferskate minsken binne nei hûs gean.
Sewer	Rioel	It rioel is sa bot smoarch.
Shade	Skaad (Skâde, Old Frisian)	Pake sit yn it skaad fan 'e beam.
Shake (I, we, you all, they)	Skodzje (Ik, wy, jim, sy, jo)	Wy skodzje it drinken.
Shake (You)	Skoddest (Dû/Do)	Dû skoddest it drinken.
Shake off	Ôfskodzje	De oerfallers wolle de plysje ôfskodzje.
Shaken (PP)	Skodde (PP)	Hy hat it drinken skodde.
Shakes (He, she, it)	Skoddet (Hy, sy, it)	Sy skoddet it drinken.
Shall (I)	Sil (Ik)	Ik sil dy helpe.
Shall (We, you all, they)	Sille (Wy, jim, sy, jo)	Sy sille dy helpe.
Shall (You)	Silst (Dû/Do)	Dû silst my helpe.
Shallow	Skol	It wetter yn de sleat is skol.
Shallow	Ûndjip	Hjir is it noch ûndjip.
Shame	Skeamte	Hy hat gjin skeamte.
Shame (We, you all, they)	Skamje (Wy, jim, sy, jo)	Wy skamje ús.
Shame (You)	Skammest (Dû/Do)	Dû skammest dy goed.
Shamed (I, he, she, it)	Skamde (Ik, hy, sy, it)	Hy skamde him goed.
Shamed (I, we, you all, they)	Skamden (Ik, wy, jim, sy, jo)	WY skamden ús goed.
Shamed (PP)	Skamme (PP)	Hy hat him goed skamme.

English	Frisian	Example
Shamed (You)	Skamdest (Dû/Do)	Dû skamest dy goed.
Shames (He, she, it)	Skammet (Hy, sy, it)	Sy skammet har.
Shampoo	Sjampo	Brûkstû ek sjampo?
Shard	Skerf	Tink derom, dêr leit in skerf.
Shards (Plural)	Skerven (Plural)	De skerven lizze op 'e grûn.
Share (I)	Diel (Ik)	Ik diel myn miening.
Share (We, you all, they)	Diele (Wy, jim, sy, jo)	Jim diele jim miening.
Share (You)	Dielst (Dû/Do)	Dû dielst dyn miening.
Shared (I, he, she, it)	Dielde (Ik, hy, sy, it)	Sy dielde har miening.
Shared (We, you all, they)	Dielden (Wy, jim, sy, jo)	Wy dielden ús miening.
Shared (You)	Dieldest (Dû/Do)	Dû dieldest dyn miening.
Shares (He, she, it)	Dielt (Hy, sy, it)	Hy dielt syn miening.
Shares (Plural)	Oandielen (Plural)	Hy sit yn de oandielen.
Shark	Haai	De haai stjocht der gemien út
Sharp	Skerp (Scerp, Old Frisian)	Dizze mês is hiel skerp.
Sharp (Adj.)	Skerpe (Adj.)	It skerpe mês.
Shave, Shear (I)	Skear (Ik)	Ik skear it skiep.
Shave, Shear (We, you all, they)	Skeare (Wy, jim, sy, jo)	Jo skeare it skiep.
Shave, Shear (You)	Skearst (Dû/Do)	Dû skearst it skiep.
Shaved (PP)	Skeard (PP)	Ik haw it skiep skeard.
Shaved, Sheared (I, he, she, it)	Skearde (Ik, hy, sy, it)	Hy skearde it skiep.
Shaved (We, you all, they)	Skearden (Wy, jim, sy, jo)	Wy skearden de skiep.
Shaves, Shears (He, she, it)	Skeart (Hy, sy, it)	Hy skeart it skiep.
Shaves, Shears (You)	Skeardest (Dû/Do)	Dû skeardest it skiep.
Shaving foam, Shaving cream	Skearskûm	Hy brûkt skearskûm by it skearen.
She	Hja	Hja wol it mar net leauwe.
She	Sy	Sy sjocht dy net.
Shed, Barn	Skuorre	Hy hat him ferstoppe yn de skuorre.
Sheds, Barns (Plural)	Skuorren (Plural)	De boer hat trije skuorren.
Sheep	Skiep (Also plural)	De skiep rinne fuort foar it gefaar.
Sheet	Lekken	It lekken lei op it bêd.
Shell	Skulp	Hy krûpt in syn skulp.
Shield, Cover (to)	Ôfskermje	Wy moatte ús klean ôfskermje.
Shield, Shell	Skild	Hy hat in swurd en skild.
Shields, Shells (Plural)	Skilden (Plural)	De skilden rammelje tsjin elkoar oan.
Shift, Service	Tsjinst	Hokfar tsjinst hastû hjoed?
Shine (I)	Blink (Ik)	Ik blink yn 'e sinne.
Shine (I)	Skyn (Ik)	Ik skyn ljocht op dy.
Shine (We, you all, they)	Blinke (Wy, jim, sy, jo)	Jo blinke yn 'e sinne.
Shine (We, you all, they)	Skine (Wy, jim, sy, jo)	Sy skine ljocht op de doar.
Shine (You)	Blinkst (Dû/Do)	Dû blinkst yn 'e sinne.
Shine (You)	Skynst (Dû/Do)	Dû skynst ljocht op my.
Shined (I, he, she, it)	Blonk (Ik, hy, sy, it)	Sy blonk yn 'e sinne.
Shined (I, he, she, it)	Skynde (Ik, hy, sy, it)	Hy skynde it ljocht op my.
Shined (We, you all, they)	Blonken (Wy, jim, sy, jo)	Jim blonken yn 'e sinne.
Shined (We, you all, they)	Skynden (Wy, jim, sy, jo)	Wy skynden it ljocht op dy.
Shined (You)	Blonkst (Dû/Do)	Dû blonkst yn de sinne.
Shined (You)	Skyndest (Dû/Do)	Dû skyndest it ljocht op my.
Shiner	Útljochter	Dat famke is in echte útljochter.
Shines (He, she, it)	Blinkt (Hy, sy, it)	Hy blinkt yn de sinne.

English	Frisian	Example
Shines (He, she, it)	Skynt (Hy, sy, it)	Sy skynt ljocht op my.
Ship	Skip	It skip komt oan yn 'e haven.
Ship (Dim.)	Skipke (Dim.)	It skipke komt oan yn 'e haven.
Shipping cost	Ferstjoerskosten	Sitte hjir ek ferstjoerskosten by?
Ships (Plural)	Skippen (Plural)	De skippen komme oan yn de haven.
Shit (I)	Skyt (Ik)	Ik skyt yn de natoer.
Shit (You)	Skytst (Dû/Do)	Dû skytst yn 'e natoer.
Shit, Shat (I, he, she, it)	Skiet (Ik, hy, sy, it)	Hy skiet yn 'e natoer.
Shit, Shat (We, you all, they)	Skieten (Wy, jim, sy, jo)	Jim skieten yn 'e natoer.
Shit, Shat (You)	Skietst (Dû/Do)	Dû skietst yn 'e natoer.
Shocked, Scared (I, he, she, it)	Skrok (Ik, hy, sy, it)	Hy skrok fan it lûd.
Shocked (We, you all, they)	Skrokken (Wy, jim, sy, jo)	Wy skrokken fan it lûd.
Shocked, Scared (You)	Skrokst (Dû/Do)	Dû skrokst fan it lûd.
Shoe	Skoech	Myn skoech is smoarch.
Shoes	Skuon	Dizze skuon fyn 'k noflik.
Shook (I, he, she, it)	Skodde (Ik, hy, sy, it)	Hy skodde it drinken.
Shook (We, you all, they)	Skodden (Wy, jim, sy, jo)	Wy skodden it drinken.
Shook (You)	Skoddest(e) (Dû/Do)	Dû skoddeste it drinken.
Shoot	Ôfsjitte	De jager sil in pear kûgels ôfsjitte.
Shoot (I)	Sjit (Ik)	Ik sjit him del.
Shoot (We, you all, they)	Sjitte (Wy, jim, sy, jo)	Sy sjitte him del.
Shoot (You)	Sjitst (Dû/Do)	Dû sjitst him del.
Shoot arrows (to)	Flitsje	Wy flitsje mei de flitsebôge.
Shoot at (I)	Besjit (Ik)	Ik besjit myn proai.
Shoot at (We, you all, they)	Besjitte (Wy, jim, sy, jo)	Wy besjitte ús proai.
Shoot at (You)	Besjitst (Dû/Do)	Dû besjitst dyn proai.
Shoot, Fire (to)	Ôffjurje	Ik sil in kûgel ôffjurje.
Shoots (He, she, it)	Sjit (Hy, sy, it)	Hy sjit him del.
Shoots at (He, she, it)	Besjit (Hy, sy, it)	Hy besjit syn proai.
Shop	Winkel	Wa giet mei nei de winkel?
Shore	Wâl	Sy is wiet oan wâl kaam.
Short	Koart	Soest it koart hâlde kinne?
Short (Adj.)	Koarte (Adj.)	It koarte ferhaal.
Shortening	Ferkoarting	De ferkoarting fan it wurd.
Shot (A shot with a rifle)	Skot	Ik hearde in skot.
Shot (I, he, she, it)	Beskeat (Ik, hy, sy, it)	Hy beskeat syn proai.
Shot (I, he, she, it)	Skeat (Ik, hy, sy, it)	Hy skeat op it doel.
Shot (PP)	Besketten (PP)	Hy hat syn proai besketten.
Shot (PP)	Sketten (PP)	Hy hat op it doel sketten.
Shot (We, you all, they)	Beskeaten (Wy, jim, sy, jo)	Wy beskeaten ús proai.
Shot (We, you all, they)	Skeaten (Wy, jim, sy, jo)	Sy skeaten op it doel.
Shot (You)	Beskeatst (Dû/Do)	Dû beskeatst dyn proai.
Shot (You)	Skeatst (Dû/Do)	Dû skeatst op it doel.
Should (I, he, she, it)	Soe (Ik, hy, sy, it)	Hy soe nei hûs ride.
Should (We, you all, they)	Soene (Wy, jim, sy, jo)	Wy soene nei hûs ride.
Should (You)	Soest (Dû/Do)	Dû soest nei hûs ride.
Shoulder	Skouder (Axle, Old Frisian)	Sy op har skouder fallen.
Shoulders (Plural)	Skouders (Plural)	Beide skouders dogge sear.
Shout (I)	Raas (Ik)	Ik raas nei myn freon.
Shout (We, you all, they)	Raze (Wy, jim, sy, jo)	Wy raze nei ús freon.

English	Frisian	Example
Shout (You)	Raast (Dû/Do)	Dû raast nei dyn freon.
Shouted (I, he, she, it)	Raasde (Ik, hy, sy, it)	Hy raasde nei syn freon.
Shouted (PP)	Raasd (PP)	Hy hat nei syn freon raasd.
Shouted (PP)	Roppen (PP)	Wy hawwe dyn namme roppen.
Shouted (We, you all, they)	Raasden (Wy, jim, sy, jo)	Sy raasden nei harren freonen.
Shouted (You)	Raasdest (Dû/Do)	Dû raasdest nei dyn freon.
Shouts (He, she, it)	Raast (Hy, sy, it)	Sy raast nei har freon.
Shove, Push (I)	Skow (Ik)	Ik skow de doaze fuort.
Shove, Push (We, you all, they)	Skowe (Wy, jim, sy, jo)	Sy skowe de doaze fuort.
Shove, Push (You)	Skowdest (Dû/Do)	Dû skowdest de doaze fuort.
Shove, Push (You)	Skowst (Dû/Do)	Dû skowst de doaze fuort.
Shoved, Pushed (I, he, she, it)	Skowde (Ik, hy, sy, it)	Hy skowde de doaze fuort.
Shoved, Pushed (PP)	Skowd (PP)	Sy hat de doaze fuort skowd.
Shoved, Pushed (We, you all, they)	Skowden (Wy, jim, sy, jo)	Jim skowden de doaze fuort.
Shovel, Spade	Bots	Brûk dizze bots mar.
Shoves, Pushes (He, she, it)	Skowt (Hy, sy, it)	Hy skowt de doaze fuort.
Show (I)	Toan (Ik)	Ik toan myn samling.
Show (We, you all, they)	Toane (Wy, jim, sy, jo)	Sy toane harren samling.
Show (You)	Toanst (Dû/Do)	Dû toanst dyn samling.
Shower	Dûs	Sy nimt in dûs.
Shows (He, she, it)	Toant (Hy, sy, it)	Hy toant syn samling.
Shrink (I)	Krimp (Ik)	Ik krimp as ik âlder wur.
Shut down	Ôfslute	Sy sil de kompjûter ôfslute.
Shut, Closed	Ticht	Kinstû de doar ticht dwaan?
Shut, Lock, Close (I)	Slút (Ik)	Ik slút de doar efter my.
Shut, Close (We, you all, they)	Slute (Wy, jim, sy, jo)	Wy slute de doar efter ús.
Shut, Lock, Close (You)	Slútst (Dû/Do)	Dû slútst de doar efter dy.
Shut, Closed (I, he, she, it)	Sleat (Ik, hy, sy, it)	Hy sleat de doar.
Shut, Closed (We, you all, they)	Sleaten (Wy, jim, sy, jo)	Jo sleaten de doar.
Shut, Locked, Closed (You)	Sleatst (Dû/Do)	Dû sleatst de doar.
Shutdown	Útskeakeling	De útskeakeling fan it tiim.
Shuts, Locks, Closes (He, she, it)	Slút (Hy, sy, it)	Hy slút de doar efter him.
Shy	Ferlegen	It famke wie ferlegen.
Siberia	Sibearje (Country)	Yn Sibearje is it bot kâld.
Sick, Ill	Siik	Ik fiel my siik.
Sick, Ill (Adj.)	Sike (Adj.)	De sike man.
Sickness	Sykte	Hy hie in nuvere sykte.
Side	Sykant	Sjoch ris nei de sykant fan it hûs.
Side effect	Bywurking	De bywurking fan it medisyn.
Side, Page	Side	Op dizze side stiet in protte ynformaasje.
Sight	Sicht	Ik haw gjin sicht mear op de wei.
Sign (I, we, you all, they)	Ûndertekenje (Ik, wy, jim, sy, jo)	Sy ûndertekenje it dokumint.
Sign up, Enrol	Ynskriuwe	Hy wol him graach ynskriuwe litte.
Signal	Sinjaal	Wy hawwe hjir gjin sinjaal.
Signature	Hantekening	Mei ik dyn hantekening?
Signs, Traffic signs (Plural)	Buorden (Plural)	De buorden steane by de wei.
Silver	Sulver	Griis liket op sulver.
Sin	Sûnde	Dat wie in sûnde!
Sin (I, we, you all, they)	Sûndigje (Ik, wy, jim, sy, jo)	Hy wol net mear sûndigje.
Since	Sûnt	Sûnt juster is hy wer thús.

Sing (I)	Sjong (Ik)	Ik sjong in ferske.
Sing (We, you all, they)	Sjonge (Wy, jim, sy, jo)	Wy sjonge in ferske.
Sing (You)	Sjongst (Dû/Do)	Dû sjongst in ferske.
Singapore (Country)	Singapoer (Country)	Wy sille nei Singapoer.
Singer	Sjonger	De sjonger sjongt in ferske.
Singers (Plural)	Sjongers (Plural)	De sjongers sjonge in ferske.
Single, Bachelor	Âldfeint	De âldfeint sit by de bar.
Single, Bachelor	Frijfaam	Sy is al in frijfaam foar in lange tiid.
Single, Bachelorette	Frijfeint	Hy is al in frijfeint foar in lange tiid.
Sings (He, she, it)	Sjongt (Hy, sy, it)	Sy sjongt in ferske.
Sink	Goatstien	De goatstien is ferstoppe.
Sink (I)	Sink (Ik)	Ik sink nei de boaiem.
Sink (We, you all, they)	Sinke (Wy, jim, sy, jo)	Wy sinke nei de boaiem.
Sink (You)	Sinkst (Dû/Do)	Dû sinkst nei de boaiem.
Sinks (He, she, it)	Sinkt (Hy, sy, it)	It sinkt nei de boaiem.
Sir	Mynhear	Ik sis altyd 'mynhear' tsjin him.
Sister	Suster, Sus	Sy is myn suster.
Sister (Younger)	Suske	Sy is myn lytse suske.
Sister-in-law	Skoansuske	Soargestû foar myn skoansuske?
Sit (I)	Sit (Ik)	Ik sit njonken dy.
Sit (We, you all, they)	Sitte (Wy, jim, sy, jo)	Sy sitte njonken my.
Sit (You)	Sitst (Dû/Do)	Dû sitst njonken my.
Sits (He, she, it)	Sit (Hy, sy, it)	Hy sit njonken dy.
Sitting (PP)	Sitten (PP)	Hy hat dêr sitten.
Situation	Situaasje	De situaasje is nuver.
Situations (Plural)	Situaasjes (Plural)	De situaasjes binne nuver.
Six	Seis	Moatst noch seis dagen wachtsje.
Sixteen	Sechstsjin	It is sechstsjin jier lyn.
Skeleton	Bonkerak	Sy hawwe in hiel bonkerak fûn.
Skeleton	Skelet	It skelet leit hjir al in skoftsje.
Skeletons (Plural)	Skeletten (Plural)	It grêf hat allegear skeletten.
Skew, Skewed	Skean	De sykant is skean.
Skin, Hide	Fel	Ik haw in groede op myn fel.
Skinny	Meager	It famke wie hiel meager.
Skip	Oerslaan	Dizze meist wol oerslaan.
Skittish	Skiterich	Hy is in bytsje skiterich.
Skull	Skedel	Hy hat in skedel fûn.
Skulls (Plural)	Skedels (Plural)	Hjir lizze allegear skedels.
Sky	Loft	De loft is moai blau.
Slaughter (I, we, you all, they)	Slachtsje (Ik, wy, jim, sy, jo)	Ik slachtsje de ko.
Slaughter (You)	Slachtest (Dû/Do)	Dû slachtest de bolle.
Slaughtered (I, he, she, it)	Slachte (Ik, hy, sy, it)	Sy slachte de bolle.
Slaughtered (We, you all, they)	Slachten (Wy, jim, sy, jo)	Wy slachten de bolle.
Slaughtered (You)	Slachtest(e) (Dû/Do)	Dû slachteste de bolle.
Slaughterhouse	Slachthûs	It slachthûs makket bisten dea.
Slaughters (He, she, it)	Slachtet (Hy, sy, it)	Hy slachtet de bolle.
Slave	Slaaf	It wie in slaaf fan de boer.
Slave	Slaef (Older)	It wie in slaef fan de boer.
Sleep (Childish)	Koese	Wolstû koese?
Sleep (I)	Sliep (Ik)	Ik sliep op myn bêd.

English	Frisian	Example
Sleep (We, you all, they)	Sliepe (Wy, jim, sy, jo)	Wy sliepe op myn bêd.
Sleepless	Sliepeleas	Sliepeleas troch de nacht.
Sleepless (Adj.)	Sliepeleaze (Adj.)	De sliepeleaze nacht.
Sleepy	Slieperich	Fiel my hjoed slieperich.
Sleepy	Slûch	De bern binne slûch.
Sleepy, Tired	Warch	Sy fielt har hiel warch.
Sleepy, Tired	Wurch	Sy is sa wurch.
Slept (I, he, she, it)	Slepte (Ik, hy, sy, it)	Hy slepte op syn bêd.
Slept (We, you all, they)	Slepten (Wy, jim, sy, jo)	Wy slepten op ús bêd.
Slept (You)	Sleptest (Dû/Do)	Dû sleptest op dyn bêd.
Slide (I, we, you all, they)	Glydzje (Ik, wy, jim, sy, jo)	Wy glydzje oer de wei hinne.
Slide (In kindergarten)	Glydbaan	Sy wol fan de glydbaan ôf.
Sliep (You)	Slepst (Dû/Do)	Dû slepst op dyn bêd
Slieps (He, she, it)	Slept (Hy, sy, it)	Hy slept op syn bêd.
Slime	Slym	Ik haw slym op myn hân krigen.
Slippery	Glêd	Dizze wei is glêd.
Slovakia (Country)	Slowakije (Country)	Wy binne yn Slowakije.
Slovenia (Country)	Sloveenje (Country)	Wy sille nei Sloveenje.
Slow	Dreech	De kompjûter is dreech.
Slow	Stadich	Ús nije oanwinst is stadich.
Slow (Adj.)	Drege (Adj.)	De drege kompjûter.
Slower	Dreger	Hy wie dreger as dy.
Slowest	Dregest	Hy wie it dregest.
Slowly	Njonkelytsen	It wurdt njonkenlytsen tiid.
Slowly	Stadichoan	Stadichoan komme wy oan.
Sludge	Slyk	Hy sit ûnder de slyk.
Small person	Poarre (Nickname for small person)	Wat moat dy poarre hjire.
Smart, Bright, Clever	Tûk	Hy is wol aardich tûk.
Smart, Bright, Clever (Adj.)	Tûke (Adj.)	It tûke bern.
Smart, Clever, Bright	Snoad	It famke is hiel snoad.
Smear (I)	Smar (Ik)	Ik smar de salve op myn hûd.
Smear (We, you all, they)	Smarre (Wy, jim, sy, jo)	Wy smarre de salve op ús hûd.
Smear (You)	Smarst (Dû/Do)	Dû smarst de salve op dyn hûd.
Smeared (I, he, she, it)	Smarde (Ik, hy, sy, it)	Sy smarde de salve op 'e hûd.
Smeared (PP)	Smard (PP)	Wy hawwe de salve op de hûd smard.
Smeared (We, you all, they)	Smarden (Wy, jim, sy, jo)	Wy smarden de salve op 'e hûd.
Smeared (You)	Smardest (Dû/Do)	Dû smardest de salve op 'e hûd.
Smears (He, she, it)	Smart (Hy, sy, it)	Hy smart de salve op 'e hûd.
Smell (I)	Rûk (Ik)	Ik rûk reek.
Smell (We, you all, they)	Rûke (Wy, jim, sy, jo)	Sy rûke reek.
Smell (You)	Rûkst (Dû/Do)	Dû rûkst reek.
Smelled (I, he, she, it)	Roek (Ik, hy, sy, it)	Ik roek de smoarge lucht.
Smelled (We, you all, they)	Roeken (Wy, jim, sy, jo)	Wy roeken de smoarge lucht.
Smelled (You)	Roekst (Dû/Do)	Dû roekst de smoarge lucht.
Smells (He, she, it)	Rûkt (Hy, sy, it)	Hy rûkt reek.
Smile (I, we, you all, they)	Glimkje (Ik, wy, jim, sy, jo)	Wy glimkje fan lok.
Smile (You)	Glimkest (Dû/Do)	Dû glimkest fan lok.
Smiled (I, he, she, it)	Glimke (Ik, hy, sy, it)	Sy glimke fan lok.
Smiled (We, you all, they)	Glimken (Wy, jim, sy, jo)	Sy glimken fan lok.
Smiled (You)	Glimkest(e) (Dû/Do)	Dû glimkeste fan lok.

English	Frisian	Example
Smiles (He, she, it)	Glimket (Hy, sy, it)	Hy glimket fan lok.
Smoke	Reek	Der komt reek út de skoarstien wei.
Smoke (I)	Smook (Ik)	Ik smook der noch ien.
Smoke (I, we, you all, they)	Rikje (Ik, wy, jim, sy, jo)	Ik rikje in sigaret.
Smoke (We, you all, they)	Smoke (Wy, jim, sy, jo)	Wy smoke der noch ien.
Smoke (You)	Rikkest (Dû/Do)	Dû rikkest in sigaret.
Smoke (You)	Smookst (Dû/Do)	Dû smookst der noch ien.
Smoked (I, he, she, it)	Rikke (Ik, hy, sy, it)	Hy rikke in sigaret.
Smoked (I, he, she, it)	Smookte (Ik, hy, sy, it)	Sy smookte der noch ien.
Smoked (We, you all, they)	Rikken (Wy, jim, sy, jo)	Wy rikken in sigaret.
Smoked (We, you all, they)	Smookten (Wy, jim, sy, jo)	Sy smookten der noch ien.
Smoked (You)	Rikkest(e) (Dû/Do)	Dû rikkeste in sigaret.
Smoked (You)	Smooktest (Dû/Do)	Dû smooktest der noch ien.
Smokes (He, she, it)	Rikket (Hy, sy, it)	Hy rikket in sigaret.
Smokes (He, she, it)	Smookt (Hy, sy, it)	Sy smookt der noch ien.
Smoothness, Slipperiness	Glêdens	It wie glêdens op de wei troch it iis.
Smuggle (I, we, you all, they)	Slûkje (Ik, wy, jim, sy, jo)	De man sil it guod oer de grins slûkje.
Snacker	Slynder	It jonkje is in slynder.
Snail	Slak	De slak krûpt stadichoan fuort.
Snake	Slang (Snâka, Old Frisian)	De slang hat him yn it gers ferstoppe.
Snakes (Plural)	Slangen (Plural)	Dat eilân hat in protte slangen.
Sneak (I)	Glûp (Ik)	Ik glûp fuort.
Sneak (I)	Slûp (Ik)	Ik slûp nei bûten.
Sneak (We, you all, they)	Glûpe (Wy, jim, sy, jo)	Wy glûpe fuort.
Sneak (We, you all, they)	Slûpe (Wy, jim, sy, jo)	Sy slûpe nei bûten.
Sneak (You)	Glûpst (Dû/Do)	Dû glûpst fuort.
Sneak (You)	Slûpst (Dû/Do)	Dû slûpst nei bûten.
Sneak away (to)	Fuortslûpe	Sille wy fuortslûpe?
Sneak up (I)	Beslûp (Ik)	Ik beslûp myn proai.
Sneak up (We, you all, they)	Beslûpe (Wy, jim, sy, jo)	Wy beslûpe de proai.
Sneak up (You)	Beslûpst (Dû/Do)	Dû beslûpst de proai.
Sneaked up (I, he, she, it)	Besloep (Ik, hy, sy, it)	Hy besloep syn proai.
Sneaked up (We, you all, they)	Besloepen (Wy, jim, sy, jo)	Wy besloepen ús proai.
Sneaked up (You)	Besloepst (Dû/Do)	Dû besloepst dyn proai.
Sneaked, Snuck (I, he, she, it)	Gloep (Ik, hy, sy, it)	Sy gloep nei bûten.
Sneaked, Snuck (I, he, she, it)	Sloep (Ik, hy, sy, it)	Ik sloep nei binnen.
Sneaked, Snuck (We, you all, they)	Gloepen (Wy, jim, sy, jo)	Sy gloepen nei bûten.
Sneaked, Snuck (We, you all, they)	Sloepen (Wy, jim, sy, jo)	Wy sloepen nei binnen.
Sneaked, Snuck (You)	Gloepst (Dû/Do)	Dû gloepst nei bûten.
Sneaked, Snuck (You)	Sloepst (Dû/Do)	Dû sloepst nei binnen.
Sneaks (He, she, it)	Glûpt (Hy, sy, it)	Sy glûpt fuort.
Sneaks (He, she, it)	Slûpt (Hy, sy, it)	Hy slûpt nei bûten.
Sneaks up (He, she, it)	Beslûpt (Hy, sy, it)	Hy beslûpt syn proai.
Snore (I, we, you all, they)	Snoarkje (Ik, wy, jim, sy, jo)	Sy snoarkje de hiele nacht.
Snout	Snút	De hûn hat in seare snút.
Snow	Snie	De wite snie leit op de strjitte.
Snow (to)	Snije	It sil hjoed snije.
Snow leopard	Snielopard	De snielopard sjocht syn proai.
Snowball, Snowglobe	Sniebol	It famke is bliid mei de sniebol.
Snowman	Snieman	De bern meitsje in snowman.

English	Frisian	Example
Snows	Snijt	It snijt hjoed.
Snowstorm	Sniestoarm	De sniestoarm is hast oer.
Snuff, Sniff, Snort	Snuve	Wy snuve de farske lucht yn.
So	Sa	Sa moat it der útsjen.
So much	Safolle	It hat al safolle koste.
Soak (to)	Wekje	Lit it mar efkes yn it wetter wekje.
Soaked, Drench	Sompe	It jonkje wie hielendal sompe.
Soap	Sjippe	De sjippe makket alles skjin.
Social	Sosjaal	De minsken binne sosjaal.
Social (Adj.)	Sosjale (Adj.)	De sosjale minsken.
Social media	Sosjaal medium	Bistû warber op sosjaal medium?
Sock	Sok	Sy is har sok kwyt.
Socks (Plural)	Sokken (Plural)	Sy is har sokken kwyt.
Soft	Sêft	Syn hûd is sêft.
Soft (Adj.)	Sêfte (Adj.)	De sêfte hûd.
Sold (I, he, she, it)	Ferkocht (Ik, hy, sy, it)	Hy ferkocht syn hûs.
Sold (I, he, she, it)	Ferkoft (Ik, hy, sy, it)	Hy ferkoft syn auto.
Sold (We, you all, they)	Ferkoften (Wy, jim, sy, jo)	Wy ferkoften ús auto.
Sold (You)	Ferkofst (Dû/Do)	Dû ferkofst dyn auto.
Soldier	Soldaat	Hy wie in soldaat yn it leger.
Soluble	Oplosber	Is it guod oplosber yn wetter?
Solution	Oplossing	De oplossing fan it probleem.
Solution	Solúsje	Wy hawwe noch gjin solúsje fûn.
Solutions (Plural)	Oplossingen (Plural)	Hawwe wy oplossingen it probleem?
Solve	Oplosse	Wy sille it probleem oplosse.
Solve (I)	Ferhelp (Ik)	Ik ferhelp it probleem.
Solve (We, you all, they)	Ferhelpe (Wy, jim, sy, jo)	Jim ferhelpe it probleem.
Solve (You)	Ferhelpst (Dû/Do)	Dû ferhelpst it probleem.
Solved (I, he, she, it)	Ferholp (Ik, hy, sy, it)	Hy ferholp it probleem.
Solved (We, you all, they)	Ferholpen (Wy, jim, sy, jo)	Wy ferholpen it probleem.
Solved (You)	Ferholpst (Dû/Do)	Dû ferholpst it probleem.
Solves (He, she, it)	Ferhelpt (Hy, sy, it)	It ferhelpt it probleem.
Somalia (Country)	Somaalje (Country)	Hy komt nei Somaalje.
Some	Guon	Guon minsken tinke dat sy alle witte.
Someone, Somebody	Ien	Dat hat ien my ris ferteld.
Someone, Somebody	Immen	Immen hjir hat myn kaai stellen.
Something	Eat	Hastû eat foar my?
Something like that	Soks	Soks haw 'k noch nea sjoen.
Sometimes	Altemets	Altemets wur ik siik
Sometimes	Altomets (Older)	Altomets wur ik siik.
Sometimes	Somtiden	Somtiden haw 'k pine holle.
Somewhere there	Dêrearne	Dêrearne haw ik in spûk sjoen.
Somewhere, Anywhere	Earne	Hjir moat it earne wêze.
Son	Soan	Hy is as in soan foar my.
Son of a bitch	Omkoal	Wat is hy in grutte omkoal.
Song	Ferske	It ferske docht my tinken oan dy.
Songs (Plural)	Ferskes (Plural)	De ferskes dogge my tinken oan dy.
Son-in-law	Skoansoan	Dyn skoansoan is in bêste jonge.
Soon	Meikoarten	Meikoarten kinne wy elkoar wer sjen.
Soon	Ynkoarten	Ynkoarten is hy wer thús fan fakânsje.

Sorcery	Tsjoenderij	Hy moat neat haw fan tsjoenderij.
Sore	Sear	Hy hat him sear dien.
Sore (Adj.)	Seare (Adj.)	It seare plak.
Sought, Searched (I, he, she, it)	Socht (Ik, hy, sy, it)	Hy socht syn fyts.
Sought (We, you all, they)	Sochten (Wy, jim, sy, jo)	Sy sochten syn fyts.
Sought, Searched (You)	Sochst (Dû/Do)	Dû sochst dyn fyts.
Soul	Siel (Sêle, Old Frisian)	Dy man is syn siel ferlern.
Souls (Plural)	Sielen (Plural)	Hjir binne âlde sielen.
Soup	Sop	Hy hat griente yn de sop.
Sour	Soer	De apel is soer.
South	Súd	Sjoch ris nei dyn súd.
South Africa (Country)	Súd-Afrika (Country)	Hy hat in liuw sjoen yn Súd-Afrika.
South Korea (Country)	Súd-Koreä (Country)	Wy wolle oar jier nij Súd-Koreä.
South pole, Antarctic	Súdpoal	De súdpoal leit fier fuort.
Southern	Suden	De wyn komt út it suden.
Souvenir	Sûvenir	Hast ek in sûvenir foar my mei naam?
Sow (Female pig, also a curse word)	Sûch	Dû bist in grutte sûch.
Sow (I, we, you all, they)	Besiedzje (Ik, wy, jim, sy, jo)	De boer wol it lân besiedzje.
Sow (I, we, you all, they)	Siedzje (Ik, wy, jim, sy, jo)	Wy siedzje it lân.
Sower	Siedder	De siedder gie te siedzjen.
Space	Romte	Jou my efkes in bytsje romte.
Space	Rûmte	Jou my efkes in bytsje rûmte.
Spaces (Plural)	Rûmtes (Plural)	Hjir binne in protte rûmtes.
Spain (Country)	Spanje (Country)	Ik wenje yn Spanje.
Spanish	Spaansk	Hastû Spaansk op skoalle hân?
Sparkle	Skitterje	De stjerren skitterje yn de loft.
Speak (I)	Sprek (Ik)	Ik sprek mei dy.
Speak (We, you all, they)	Sprekke (Wy, jim, sy, jo)	Wy sprekke mei dy.
Speak (You)	Sprekst (Dû/Do)	Dû sprekst mei my.
Speaker	Sprekker	Hy de sprekker fan dizze jûn.
Speakers (Plural)	Sprekkers (Plural)	Sy binne de sprekkers fan dizze jûn.
Speaks (He, she, it)	Sprekt (Hy, sy, it)	Sy sprekt mei my.
Spear	Spear	Hy smiet de spear fier fuort.
Spears (Plural)	Spearen (Plural)	De mannen hawwe spearen.
Special	Spesjaal	Dizze bern binne spesjaal.
Special (Adj.)	Spesjale (Adj.)	De spesjale bern.
Special, Particular	Bysûnder	Dizze dei is bysûnder.
Spectacle	Skouspul	Hast it skouspul al sjoen?
Spectator, Onlooker	Oanskôger	Oanskôger hie in protte wille.
Speechless	Sprakeleas	Hy wie der sprakeleas fan.
Spell	Tsjoen	In tsjoender docht in tsjoen.
Spelling	Stavering	De âldere Fryske stavering wie better.
Spend	Útjaan	Hoe folle meie wy útjaan?
Spider	Spin	De spin sit yn 'e webbe.
Spill (I)	Griem (Ik)	Ik griem mei it iten.
Spill (I, we, you all, they)	Bargje (Ik, wy, jim, sy, jo)	De bern bargje mei it iten.
Spill (to)	Smjirkje	De bern smjirkje it iten oer de tafel.
Spill (We, you all, they)	Grieme (Wy, jim, sy, jo)	Jo grieme mei it iten.
Spill (You)	Griemst (Dû/Do)	Dû griemst mei it iten.
Spilled (I, he, she, it)	Griemde (Ik, hy, sy, it)	Hy griemde mei it iten.

English	Frisian	Example
Spilled (PP)	Griemd (PP)	Jo hawwe mei it iten griemd.
Spilled (We, you all, they)	Griemden (Wy, jim, sy, jo)	Sy griemden mei it iten.
Spilled (You)	Griemdest (Dû/Do)	Dû griemdest mei it iten.
Spills (He, she, it)	Griemt (Hy, sy, it)	Hy griemt mei it iten.
Splatter (to)	Spatterje	De bern spatterje yn it wetter.
Split, Cleave (I)	Splyt (Ik)	Ik splyt de stobbe.
Split, Cleave (We, you all, they)	Splite (Wy, jim, sy, jo)	Wy splite de stobbe.
Split, Cleave (You)	Splytst (Dû/Do)	Dû splytst de stobbe.
Split, Cleaved (I, he, she, it)	Spliet (Ik, hy, sy, it)	Hy spliet de stobbe.
Split, Cleaved (PP)	Spliten (PP)	Wy hawwe de stobbe spliten.
Split, Cleaved (We, you all, they)	Splieten (Wy, jim, sy, jo)	Wy splieten de stobbe.
Split, Cleaved (You)	Splietst (Dû/Do)	Dû splietst de stobbe.
Splits, Cleaves (He, she, it)	Splyt (Hy, sy, it)	Hy splyt de stobbe.
Spoke (In wheel)	Speak	Der mist in speak út dyn tsjil.
Spoke, Talked (I, he, she, it)	Spruts (Ik, hy, sy, it)	Ik spruts juster mei dyn mem.
Spoke, Talked (We, you all, they)	Sprutsen (Wy, jim, sy, jo)	Wy sprutsen juster mei dyn mem.
Spoke, Talked (You)	Sprutst (Dû/Do)	Dû sprutst mei dyn mem.
Spokesman	Wurdfierder	Kin ik dyn wurdfierder sprekke?
Spook	Spûk	Juster haw 'k in spûk sjoen.
Spook (Dim.)	Spûkje (Dim.)	Juster haw 'k in spûkje sjoen.
Spoon	Leppel	Hastû in leppel foar my?
Spoons (Plural)	Leppels (Plural)	De leppels lizze op 'e tafel.
Spread (I)	Spried (Ik)	Ik spried it firus.
Spread (Past) (I, he, she, it)	Sprate (Ik, hy, sy, it)	Sy prate de firus.
Spread (Past) (We, you all, they)	Spraten (Wy, jim, sy, jo)	Sy spraten de firus.
Spread (Past) (You)	Spratest (Dû/Do)	Dû spratest de firus.
Spread (PP)	Spraat (PP)	Wy hawwe it firus spraat.
Spread (We, you all, they)	Spriede (Wy, jim, sy, jo)	Wy spriede it firus.
Spread (You)	Spriedst (Dû/Do)	Dû spriedst it firus.
Spread, Distribute (I)	Ferspried (Ik)	Ik ferspried it firus.
Spread, Distribute (You)	Ferspriedst (Dû/Do)	Dû ferspriedst it firus.
Spread, Distributed (I, he, she, it)	Fersprate (Ik, hy, sy, it)	Hy fersprate it firus.
Spread, Distributed (PP)	Ferspraat (PP)	Hy hat it firus ferspraat.
Spread (We, you all, they)	Ferspraten (Wy, jim, sy, jo)	Wy ferspraten it firus.
Spread, Distributed (You)	Ferspratest (Dû/Do)	Dû ferspratest it firus.
Spreads (He, she, it)	Spriedt (Hy, sy, it)	Hy spriedt it firus.
Spreads, Distributes (He, she, it)	Ferspriedt (Hy, sy, it)	Hy ferspriedt it firus.
Spring	Foarjier	Wy hiene in goed foarjier.
Spring	Maitiid	Yn de maitiid is alles grien.
Sprout	Sprútsje	It berntsje wol it sprútsje net ite.
Sprout (to)	Útsprute	It sied sil aanst útsprute.
Spurt, Dusting	Stowe	De bern stowe de keamer yn.
Squander	Ferkwânselje	Sy ferkwânselje ús jild.
Square	Fjouwerkant	De stien wie in fjouwerkant.
Squeeze (We, you all, they)	Knipe (Wy, jim, sy, jo)	Wy knipe yn it tou.
Squid, Octopus	Inketfisk	De inketfisk pakt in fisk.
Squirrel	IIkhoarntsje	It iikhoarntsje klimt de beam yn.
Squirrels (Plural)	IIkhoarntsjes (Plural)	De iikhoarntsjes klimme de beam yn.
Sri Lanka (Country)	Sry Lanka (Country)	Sy wol graach nei Sry Lanka.
Stab, Sting (I)	Stek (Ik)	Ik stek mei it swurd.

English	Frisian	Example
Stab, Sting (We, you all, they)	Stekke (Wy, jim, sy, jo)	Wy stekke mei it swurd.
Stab, Sting (You)	Stekst (Dû/Do)	Dû stekst mei it swurd.
Stabbed, Stung (I, he, she, it)	Stuts (Ik, hy, sy, it)	Hy stuts my mei in skerpe mês.
Stabbed, Stung (We, you all, they)	Stutsen (Wy, jim, sy, jo)	Sy stutsen my mei in skerpe mês.
Stabbed, Stung (You)	Stutst (Dû/Do)	Dû stutst my mei in skerpe mês.
Stable	Stâl	It hynder stiet yn de stâl.
Stabs, Stings (He, she, it)	Stekt (Hy, sy, it)	Hy stekt mei it swurd.
Stairs	Treppe	Foarsichtich by de treppe del.
Stallion	Hynst	De grutte hynst rint grutsk troch it lân.
Stand (a)	Kream	De merke hat ien grutte kream.
Stand (I)	Stean (Ik)	Ik stean foar dyn hûs.
Stand (We, you all, they)	Steane (Wy, jim, sy, jo)	Jim steane foar myn hûs.
Stand (You)	Stiest (Dû/Do)	Dû stiest by de doar.
Stand by, Assist, Help	Skewiele	Wolstû my efkes skewiele.
Stand up	Opstean	Opstean of sitte gean.
Stands (He, she, it)	Stiet (Hy, sy, it)	Sy stiet by de doar.
Stank (I, he, she, it)	Stonk (Ik, hy, sy, it)	Hy stonk nei bier.
Stank (We, you all, they)	Stonken (Wy, jim, sy, jo)	Sy stonken nei bier.
Stank (You)	Stonkst (Dû/Do)	Dû stonkst nei bier.
Star	Stjer	De grut stjer hinget yn 'e loft.
Star (Dim.)	Stjerke (Dim.)	In lyts stjerke hinget yn de loft.
Stare at	Oanstoarre	De man hat him lange oanstoarre.
Stare, Gaze (I, we, you all, they)	Digerje (Ik, wy, jim, sy, jo)	Wy digerje nei bûten.
Starling	Protter	De protte sit op de tûke.
Stars	Stjerren (Plural)	De stjerren binne sichtber.
Startled	Kjel	Hy seach sa kjel út 'e eagen.
State	Steat	Hokker steat wennestû?
Station	Stasjon	Sy moat aanst by it stasjon wêze.
Statue	Stânbyld	In grut stânbyld stiet yn it sintrum.
Stay (I)	Bliuw (Ik)	Ik bliuw hjirre.
Stay (We, you all, they)	Bliuwe (Wy, jim, sy, jo)	Wy bliuwe by dy wei.
Stay (You)	Bliuwst (Dû/Do)	Dû bliuwst by ús.
Stay overnight	Oernachtsje	Wêr sille wy oernachtsje?
Stay somewhere (I)	Ferbliuw (Ik)	Ik ferbliuw yn in hotel.
Stay somewhere else	Útfanhûs	De bern binne útfanhûs.
Stay somewhere (We, you all, they)	Ferbliuwe (Wy, jim, sy, jo)	Jim ferbliuwe yn in hotel.
Stay somewhere (You)	Ferbliuwst (Dû/Do)	Dû ferbliuwst yn in hotel.
Stayed (I, he, she, it)	Bleau (Ik, hy, sy, it)	Sy bleau thús fan skoalle.
Stayed (We, you all, they)	Bleaun (Wy, jim, sy, jo)	Jim binne bleaun foar my.
Stayed (You)	Bleaust (Dû/Do)	Dû bleaust de hiele jûn.
Stayed somewhere (I, he, she, it)	Ferbleau (Ik, hy, sy, it)	Hy ferbleau yn in hotel.
Stayed somewhere (PP)	Ferbleaun (PP)	Hy is yn in hotel ferbleaun.
Stayed somewhere (We, you all, they)	Ferbleaune (Wy, jim, sy, jo)	Wy ferbleaune yn in hotel.
Stayed somewhere (You)	Ferbleaust (Dû/Do)	Dû ferbleaust yn in hotel.
Stays (He, she, it)	Bliuwt (Hy, sy, it)	Sy bliuwt rêstich.
Stays somewhere (He, she, it)	Ferbliuwt (Hy, sy, it)	Hy ferbliuwt yn in hotel.
Steadfast	Stânfêst	Hy is aardich stânfêst.
Steal (I)	Stel (Ik)	Ik stel fan dy.
Steal (We, you all, they)	Stelle (Wy, jim, sy, jo)	Wy stelle fan dy.
Steal (You)	Stelst (Dû/Do)	Dû stelst fan my.

English	Frisian	Example
Steal from (I)	Bestel (Ik)	Ik bestel him.
Steal from (We, you all, they)	Bestelle (Wy, jim, sy, jo)	Wy bestelle him.
Steal from (You)	Bestelst (Dû/Do)	Dû bestelt him.
Steals (He, she, it)	Stelt (Hy, sy, it)	Hy stelt fan my.
Steals from (He, she, it)	Bestelt (Hy, sy, it)	Sy bestelt har.
Steam, Vapor, Vapour	Steam	Der komt steam út de hjitte panne wei.
Steel	Stiel	It reaster is makke fan stiel.
Steep	Skoar	It paad is skoar.
Steep (Adj.)	Skoarre (Adj.)	It skoarre paad.
Steering wheel	Stjoer	Wa sit der efter it stjoer?
Step (I)	Stap (Ik)	Ik stap op de treppe.
Stick	Stok	Kinstû my dy stok jaan?
Sticks (Plural)	Stokken (Plural)	Ik haw in pear stokken nedich.
Stiff	Stiif	Sy is in bytsje stiif fan it sliepen.
Still, Quiet, Silent	Stil	Hy is der stil fan.
Stingy	Gjirrich	Dy minsken binne gjirrich.
Stink (I)	Stjonk (Ik)	Ik stjonk nei bier.
Stink (We, you all, they)	Stjonke (Wy, jim, sy, jo)	Jo stjonke nei bier.
Stink (You)	Stjonkst (Dû/Do)	Dû stjonkst nei bier.
Stinkface, Stinkhead	Stjonkholle	Dû hast in stjonkholle.
Stinks (He, she, it)	Stjonkt (Hy, sy, it)	Hy stjonkt nei bier.
Stir (I)	Rear (Ik)	Ik rear de molke.
Stir (We, you all, they)	Reare (Wy, jim, sy, jo)	Wy reare de molke.
Stir (We, you all, they)	Riere (Wy, jim, sy, jo)	Wy riere yn de sop.
Stir (You)	Rearst (Dû/Do)	Dû rearst de molke.
Stirred (I, he, she, it)	Rette (Ik, hy, sy, it)	Sy rette yn de kofje.
Stirred (PP)	Ret (PP)	Sy hat yn 'e kofje ret.
Stirred (We, you all, they)	Retten (Wy, jim, sy, jo)	Sy retten yn de molke.
Stirred (You)	Rettest (Dû/Do)	Dû rettest yn de kofje.
Stirs (He, she, it)	Reart (Hy, sy, it)	Sy reart de molke.
Stole (I, he, she, it)	Stiel (Ik, hy, sy, it)	Hy stiel fan my.
Stole (We, you all, they)	Stielen (Wy, jim, sy, jo)	Wy stielen fan dy.
Stole (You)	Stielst (Dû/Do)	Dû stielst fan my.
Stole from (I, he, she, it)	Bestiel (Ik, hy, sy, it)	Hy bestiel har.
Stole from (We, you all, they)	Bestielen (Wy, jim, sy, jo)	Wy bestielen him.
Stole from (You)	Bestielst (Dû/Do)	Dû bestielst him.
Stolen (PP)	Stellen (PP)	Hy hat fan my stellen.
Stolen from (PP)	Bestellen (PP)	Wy hawwe him bestellen.
Stomach	Mage	It iten sit yn myn mage.
Stone	Stien	Dizze stien is swier.
Stone (Dim.)	Stientsje (Dim.)	It stientsje leit yn paad.
Stone Age	Stientiid	It komt noch fan de stientiid.
Stone coal	Stienkoal	Wy brûke stienkoal foar it projekt.
Stone-dead	Kroandea	De man wie kroandea.
Stones (Plural)	Stiennen (Plural)	Dizze stiennen binne wier.
Stood (I, he, she, it)	Stie (Ik, hy, sy, it)	Sy stie by de doar.
Stood (PP)	Stien (PP)	Wy hawwe by de doar stien.
Stood (We, you all, they)	Stiene (Wy, jim, sy, jo)	Wy stiene by de doar.
Stood (You)	Stiest(e) (Dû/Do)	Dû stieste by de doar.
Stop (I, we, you all, they)	Stopje (Ik, wy, jim, sy, jo)	Wy stopje mei wurkjen.

English	Frisian	Example
Stop (You)	Stoppest (Dû/Do)	Dû stoppest mei wurkjen.
Stopped (I, he, she, it)	Stoppe (Ik, hy, sy, it)	Hy stoppe by it stopljocht.
Stopped (We, you all, they)	Stoppen (Wy, jim, sy, jo)	Sy stoppen by it stopljocht.
Stopped (You)	Stoppest(e) (Dû/Do)	Dû stoppeste mei wurkjen.
Stops (He, she, it)	Stoppet (Hy, sy, it)	Sy stoppet mei wurkjen.
Stork	Earrebarre	De earrebarre sit op it nêst.
Storm	Stoarm	In stoarm in ûnderweis hjir hinne.
Storm (to)	Stoarmje	Sy stoarmje de keamer binnen.
Stormed	Stoarme	It hat juster hurd stoarme.
Storms (Plural)	Stoarmen (Plural)	Lêste tiid hawwe wy in protte stoarmen.
Story, History	Stoarje	It hat in moaie stoarje.
Straight	Rjocht	De âlde man kin net rjocht stean.
Straight ahead	Rjochttroch	Dizze wei giet rjochttroch.
Stranger	Frjemde	De frjemde kaam samar binnen.
Straw (In glass or cup)	Reidsje	Hy boartet mei it reidsje.
Straw (Looks like hay)	Strie	De keal stiet op it strie.
Strawberries (Plural)	Ierdbeien (Plural)	De ierdbeien binne moai read.
Strawberry	Ierdbei	De ierdbei is moai read.
Stream	Stream	Sille wy dizze stream folgje?
Stream (Dim.)	Streamke (Dim.)	In lyts streamke rint hjir del.
Streams (Plural)	Streamen (Plural)	Hjir rinne allegear streamen del.
Street	Strjitte (Strête, Old Frisian)	It is tige nearich op strjitte.
Streets (Plural)	Strjitten (Plural)	De strjitten rinne fol mei minsken.
Stretch (I)	Strek (Ik)	Ik strek myn earm.
Stretch (We, you all, they)	Strekke (Wy, jim, sy, jo)	Jo strekke de earm.
Stretch (You)	Strekst (Dû/Do)	Dû strekst dyn earm.
Stretched (I, he, she, it)	Struts (Ik, hy, sy, it)	Hy struts syn earms.
Stretched (We, you all, they)	Strutsen (Wy, jim, sy, jo)	Sy strutsen harren earms.
Stretched (You)	Strutst (Dû/Do)	Dû strutst dyn earms.
Stretches (He, she, it)	Strekt (Hy, sy, it)	Sy strekt har earm.
Strict	Strang	De dosint is strang.
Strip (I)	Strûp (Ik)	Ik strûp it fel fan 'e knyn ôf.
Stripe	Streep	It jonkje hat in streep op syn klean.
Stroller, Pram, Baby carriage	Bernewein	De mem rint mei de bernewein.
Strong	Sterk (Sterik, Old Frisian)	It hynder is sterk.
Strong (Adj.)	Sterke (Adj.)	It sterke hynder.
Struggle, Fight (I)	Striid (Ik)	Ik striid foar myn frijheid.
Struggle, Fight (We, you all, they)	Stride (Wy, jim, sy, jo)	Wy stride foar ús frijheid.
Struggle, Fight (You)	Striidst (Dû/Do)	Dû striidst foar dyn frijheid.
Struggled, Fought (I, he, she, it)	Stried (Ik, hy, sy, it)	Hy stried foar syn frijheid.
Struggled, Fought (PP)	Striden (PP)	Wy hawwe foar ús frijheid striden.
Struggled (We, you all, they)	Strieden (Wy, jim, sy, jo)	Sy strieden foar harren frijheid.
Struggled, Fought (You)	Striedst (Dû/Do)	Dû striedst foar dyn frijheid.
Struggles, Fights (He, she, it)	Striidt (Hy, sy, it)	Hy striidt foar yn frijheid.
Student	Studint	Sy is in studint op dizze skoalle.
Studied (I, he, she, it)	Studearre (Ik, hy, sy, it)	Sy studearre yn Fryslân.
Studied (We, you all, they)	Studearren (Wy, jim, sy, jo)	Sy studearren yn Fryslân.
Studied (You)	Studearrest(e) (Dû/Do)	Dû studearreste yn Fryslân.
Studies (He, she, it)	Studearret (Hy, sy, it)	Sy studearret yn Fryslân.
Study	Stúdzje	Hokfoar stúdzje giestû dwaan?

English	Frisian	Example
Study (to)	Studearje (Ik, wy, jim, sy, jo)	Wy studearje yn Fryslân.
Study (You)	Studearrest (Dû/Do)	Dû studearrest yn Fryslân.
Stump, Tree trunk	Stobbe	De stobbe sit yn 'e grûn fêst.
Stunned	Ferbjustere	De âlde man wie hielendal ferbjustere.
Style	Styl	Hy hat in nuvere styl fan skriuwen.
Subject, Topic	Ûnderwerp	It ûnderwerp fan 'e dei is: Frysk.
Submarine	Dûkboat	De dûkboat komt wer boppe wetter.
Subscribe (I, we, you all, they)	Abonnearje (Ik, wy, jim, sy, jo)	Wy abonnearje ús foar in tydskrift.
Subscribe (You)	Abonnearrest (Dû/Do)	Dû abonearrest dy foar in tydskrift.
Subscribed (He, she, it)	Abonnearret (Hy, sy, it)	Sy abonnearret har foar in tydskrift.
Subscribed (I, he, she, it)	Abonearre (Ik, hy, sy, it)	Hy abonearre him foar in tydskrift.
Subscribed (We, you all, they)	Abonearren (Wy, jim, sy, jo)	Wy abonearren ús foar in tydskrift.
Subscribed (You)	Abonnearrest(e) (Dû/Do)	Dû abonearreste dy foar in tydskrift.
Subscription	Abonnemint	It abbonemint is ôfrûn.
Subsidy, Subvention	Subsydzje	Krije wy subsydzje fan de oerheid?
Subtract, Deduct, Jerk off	Ôflûke	It totaal moatst fan dit nûmer ôflûke.
Subway, Metro	Metro	Wy nimme de metro hjoed.
Such	Sokke	Sokke dingen barre net mear.
Suck (I, we, you all, they)	Sûgje (Ik, wy, jim, sy, jo)	Ik sûgje op it seare plak.
Suck (You)	Sûgest (Dû/Do)	Dû sûgest op it seare plak.
Sucks (He, she, it)	Sûget (Hy, sy, it)	Hy sûget op it seare plak.
Suddenly	Hommels	Hy kaam hommels te ferstjerren.
Suffer (I)	Lij (Ik)	Ik lij fan de pine.
Suffer (We, you all, they)	Lije (Wy, jim, sy, jo)	Wy lije fan 'e pine.
Suffer (You)	Lijst (Dû/Do)	Dû lijst fan 'e pine.
Suffered (PP)	Lit (PP)	Sy hat fan de pine lit.
Suffered (We, you all, they)	Litten (Wy, jim, sy, jo)	Wy litten fan de pine.
Suffered (You)	Littest (Dû/Do)	Dû littest ús troch.
Suffers (He, she, it)	Lijt (Hy, sy, it)	Sy lijt fan 'e pine.
Sugar	Sûker	Sy wol sûker troch de kofje haw.
Sugarbread	Sûkerbôle	Sûkerbôle is in Frysk betinksel.
Suggest, Propose	Foarslaan	By dizze wol ik eat foarslaan.
Suicide	Selsmoard	Sy wol selsmoard dwaan.
Suitable, Fit	Geskikt	Hy is geskikt foar it wurk.
Suitcase	Koffer	Moatst de koffer net ferjitte.
Sulfur	Swevel	It rûkt hjir nei swevel.
Summarize (I, we, you all, they)	Gearfetsje (Ik, wy, jim, sy, jo)	Wy gearfetsje it boek.
Summarize, Wrap up (You)	Gearfettest (Dû/Do)	Dû gearfettest it boek.
Summarized (I, he, she, it)	Gearfette (Ik, hy, sy, it)	Hy gearfette it boek.
Summarized, Wrapped up (You)	Gearfettest(e) (Dû/Do)	Dû gearfetteste it boek.
Summarizes (He, she, it)	Gearfettet (Hy, sy, it)	Sy gearfettet it boek.
Summary	Gearfetting	Mei ik de gearfetting lêze?
Summer	Simmer (Sumur, Old Frisian)	Dizze simmer duorret lang.
Sun	Sinne	De sinne skynt wer.
Sunday	Snein	Snein sille wy nei it tsjerke.
Sunflower, Sunbloom	Sinneblom	De sinneblom hâldt fan de sinne.
Sunglasses	Sinnebril	Wêr is myn sinnebril?
Sunlight	Sinneljocht	It sinneljocht skynt troch it finster.
Sunny	Sinnich	It is hjoed sinnich.
Sunscreen	Sinnebrân	Wy smarre sinnebrân op 'e hûd.

English	Frisian	Example
Sunset	Sinneûndergong	Wy sjogge de sinneûndergong.
Supermarket, Grocery store	Supermerke	De supermerke hat in protte griente.
Supervision	Tasicht	De bern hawwe tasicht nedich.
Supply	Tafier	De tafier fan ús produkten.
Support (I, we, you all, they)	Stypje (Ik, wy, jim, sy, jo)	Sy stypje ús projekt.
Support (You)	Stipest (Dû/Do)	Dû stipest it projekt.
Supported (I, he, she, it)	Stipe (Ik, hy, sy, it)	Hy stipe it projekt.
Supported (We, you all, they)	Stipen (Wy, jim, sy, jo)	Wy stipen it projekt.
Supported (You)	Stipest(e) (Dû/Do)	Dû stipeste it projekt.
Supports (He, she, it)	Stipet (Hy, sy, it)	Sy stipet it projekt.
Sure	Grif	It kin grif wol.
Sure	Wis	Hy is der hiel wis fan.
Surly	Noartsk	De âld man wie hiel noartsk.
Surprise (I)	Ferras (Ik)	Ik ferras myn faam.
Surprise (We, you all, they)	Ferasse (Wy, jim, sy, jo)	Wy ferasse ús mem.
Surprised (I, he, she, it)	Ferraste (Ik, hy, sy, it)	Hy ferraste syn faam.
Surprised (We, you all, they)	Ferrasten (Wy, jim, sy, jo)	Wy ferrasten ús mem.
Surprised (You)	Ferrastest (Dû/Do)	Dû ferrastest dyn faam.
Surprised, Amazed	Forheard (Older)	Hy wie in bytsje forheard.
Surprised, Amazed	Ferheard	Ik wie in bytsje ferheard.
Surprises (He, she, it)	Ferrast (Hy, sy, it)	Hy ferrast syn faam.
Surrender	Oerjefte	De oerjefte hat gjin ferskil makke.
Survive	Oerlibje	Wy oerlibje de dei wol.
Suspect	Fertochte	Dizze man is de fertochte.
Suspect (I)	Fertink (Ik)	Ik fertink him fan in misdied.
Suspect (We, you all, they)	Fertinke (Wy, jim, sy, jo)	Wy fertinke him fan in misdied.
Suspect (You)	Fertinkst (Dû/Do)	Dû betinkst him fan in misdied.
Suspected (I, he, she, it)	Fertocht (Ik, hy, sy, it)	Hy fertocht him fan in misdied.
Suspected (We, you all, they)	Fertochten (Wy, jim, sy, jo)	SY fertochten him fan in misdied.
Suspected (You)	Fertochtst (Dû/Do)	Dû fertochst him fan in misdied.
Suspects (He, she, it)	Fertinkt (Hy, sy, it)	Sy fertinkt him fan in misdied.
Suspicion	Fertinking	Op fertinking wurdt er yn 'e gaten holden.
Suspicion, Presumption	Fermoede	Sy fermoede dat hy de dieder is.
Suspicious	Fertocht	Dizze man docht fertocht.
Swam (I, he, she, it)	Swom (Ik, hy, sy, it)	Hy swom yn it wetter.
Swam (We, you all, they)	Swommen (Wy, jim, sy, jo)	Sy swommen yn it wetter.
Swam (You)	Swomst (Dû/Do)	Dû swomst yn it wetter.
Swamp	Sompe	Wy sieten fêst yn de sompe.
Swan	Swan	De swan swimt rêstich op it wetter.
Swap (I, we, you all, they)	Ferwikselje (Ik, wy, jim, sy, jo)	Wy ferwikselje de produkten.
Swear (I)	Swar (Ik)	Ik swar it op myn dea.
Swear (We, you all, they)	Swarre (Wy, jim, sy, jo)	Jim swarre it jim dea.
Swear (You)	Swarst (Dû/Do)	Dû swarst it op dyn dea.
Sweat (I)	Swit (Ik)	Ik swit troch it waarme waar.
Sweat (We, you all, they)	Switte (Wy, jim, sy, jo)	Sy switte troch it waarm waar.
Sweat (You)	Switst (Dû/Do)	Dû switst troch it waarme waar.
Sweated (I, he, she, it)	Switte (Ik, hy, sy, it)	Sy switte troch it waarme waar.
Sweated (We, you all, they)	Switten (Wy, jim, sy, jo)	Wy switten troch it waarme waar.
Sweated (You)	Swittest (Dû/Do)	Dû swittest troch it waarme waar.
Sweater	Trui	Sy hat myn trui oan.

Sweats (He, she, it)	Swit (Hy, sy, it)	Hy swimt troch it waarme waar.
Sweden (Country)	Sweden (Country)	It famke kaam út Sweden wei.
Sweet, Kind	Leaf	Ik fyn it famke leaf.
Sweet, Kind (Adj.)	Leave (Adj.)	It leave famke.
Sweet, Tasty	Swiet	It snobbersguod is sa lekker swiet.
Sweet, Tasty (Adj.)	Swiete (Adj.)	It swiete snobbersguod.
Sweetness	Swietens	De swietens fan it snobbersguod.
Swept, Wiped (I, he, she, it)	Fage (Ik, hy, sy, it)	Sy fage de grûn skjin.
Swept, Wiped (We, you all, they)	Fagen (Wy, jim, sy, jo)	Wy fagen de grûn skjin.
Swept, Wiped (You)	Fagest (Dû/Do)	Dû fagest de grûn skjin.
Swim (I)	Swim (Ik)	Ik swim yn it wetter.
Swim (We, you all, they)	Swimme (Wy, jim, sy, jo)	Wy swimme yn it wetter.
Swim (You)	Swimst (Dû/Do)	Dû swimst yn it wetter.
Swimming pool	Swimbad	De bern swimme yn it swimbad.
Swims (He, she, it)	Swimt (Hy, sy, it)	Hy swimt yn it better.
Swine	Swyn	It swyn rint troch it bosk.
Swing (I)	Swing (Ik)	Ik swing mei it tou.
Swing (We, you all, they)	Swinge (Wy, jim, sy, jo)	Wy swinge mei it tou.
Swing (You)	Swingst (Dû/Do)	Dû swingst mei it tou.
Swings (He, she, it)	Swingt (Hy, sy, it)	Sy swingt met it tou.
Swipe (I)	Fei (Ik)	Ik fei de grûn skjin.
Swipe (We, you all, they)	Feie (Wy, jim, sy, jo)	Wy feie de grûn skjin.
Swipe (You)	Feist (Dû/Do)	Dû feist de grûn skjin.
Swipes (He, she, it)	Feit (Hy, sy, it)	Hy feit de grûn skjin.
Switch off, Disable	Útskeakelje	Kinstû de masine efkes útskeakelje?
Switch, Change (I, he, she, it)	Wiksele (Ik, hy, sy, it)	Hy wiksele sinten.
Switch (I, we, you all, they)	Wikselje (Ik, wy, jim, sy, jo)	Wy wikselje sinten.
Switch, Change (You)	Wikselest (Dû/Do)	Dû wikselest sinten.
Switched (We, you all, they)	Wikselen (Wy, jim, sy, jo)	Wy wikselen sinten.
Switched, Changed (You)	Wikselest(e) (Dû/Do)	Dû wikseleste sinten.
Switches, Changes (He, she, it)	Wikselet (Hy, sy, it)	Hy wikselet sinten.
Switzerland (Country)	Switserlân (Country)	Switserlân is in djoer lân.
Sword	Swurd	De wytsing hie in swurd.
Swords (Plural)	Swurden (Plural)	De wytsings hiene swurden.
Swore (I, he, she, it)	Swarde (Ik, hy, sy, it)	Hy swarde it op syn dea.
Swore (We, you all, they)	Swarden (Wy, jim, sy, jo)	Sy swarden it op harren dei.
Swore (You)	Swardest (Dû/Do)	Dû swardest it op dyn dea.
Sworn (PP)	Sward (PP)	Hy hat it sward op syn dea.
Swung (I, he, she, it)	Swong (Ik, hy, sy, it)	Hy swong mei it tou.
Swung (We, you all, they)	Swongen (Wy, jim, sy, jo)	Wy swongen mei it tou.
Swung (You)	Swongst (Dû/Do)	Dû swongst mei it tou.
Symbol	Symboal	Hat dyn lân ek in symboal?
Symptoms	Symtoamen	Hy hie nuvere symtoamen.
Syria (Country)	Syrje (Country)	Syrje is in gefaarlik lân.
Syrup	Sjerp	Ik wol sjerp op myn pankoek haw.
Table	Tafel	Wy sitte oan de tafel.
Tactic	Taktyk	Hokfoar taktyk brûkt de spiler?
Tail	Sturt	De kat hat in lange sturt.
Tail (Dim.)	Sturtsje (Dim.)	De kat hat in koart sturtsje.
Tailor	Skroar	De skroar makket myn klean.

Tails (Plural)	Sturten (Plural)	Dizze katten hawwe lange sturten.
Take (I)	Nim (Ik)	Ik nim it boek mei.
Take (We, you all, they)	Nimme (Wy, jim, sy, jo)	Jim nimme it boek mei.
Take (You)	Nimst (Dû/Do)	Dû nimst it boek mei.
Take a look	Besjen	Ik sil it efkes besjen.
Take away	Ôfpakke	Moatst it efkes fan it bern ôfpakke.
Take away (I)	Ûntnim (Ik)	Ik ûntnim dy alles.
Take away (We, you all, they)	Ûntnimme (Wy, jim, sy, jo)	Wy ûntnimme dy alles.
Take away (You)	Ûntnimst (Dû/Do)	Dû ûntnimst my alles.
Take care of (I, we, you all, they)	Fersoargje (Ik, wy, jim, sy, jo)	Sy fersoargje ús goed.
Take down (to)	Delhelje	De tsjinstanner delhelje.
Take hostage (I, we, you all, they)	Gizelje (Ik, wy, jim, sy, jo)	Sy wolle de presidint gizelje.
Take out, See off	Fuortbringe	Kinstû it ôffal fuortbringe?
Take place	Pleatsfine	Moarn sil der in barren pleatsfine.
Taken away (PP)	Ûntnommen (PP)	Sy hat my alles ûntnommen.
Takes (He, she, it)	Nimt (Hy, sy, it)	Hy nimt it boek mei.
Takes away (He, she, it)	Ûntnimt (Hy, sy, it)	Sy ûntnimt my alles.
Tale, Story	Ferhaal	It wie in lang ferhaal.
Tale, Story	Forhael (Older)	Hast it ferhael alris heard?
Talent	Talint	Sy hat der in talint foar.
Tales, Stories (Plural)	Ferhalen (Plural)	Ik haw ferhalen heard.
Talk (I)	Praat (Ik)	Ik praat oer it wurk.
Talk (We, you all, they)	Prate (Wy, jim, sy, jo)	Wy prate oer it wurk.
Talk (You)	Praatst (Dû/Do)	Dû praatst oer it wurk.
Talk about (We, you all, they)	Besprekke (Wy, jim, sy, jo)	Wy besprekke it ûnderwerp.
Talk about, Discuss (I)	Besprek (Ik)	Ik besprek it ûnderwerp.
Talk about, Discuss (You)	Besprekst (Dû/Do)	Dû besprekst it ûnderwerp.
Talked about (I, he, she, it)	Bespruts (Ik, hy, sy, it)	Hy bespruts it ûnderwerp.
Talked about (We, you all, they)	Besprutsen (Wy, jim, sy, jo)	Wy beprutsen it ûnderwerp.
Talked about, Discussed (You)	Besprutst (Dû/Do)	Dû besprutst it ûnderwerp.
Talks (He, she, it)	Praat (Hy, sy, it)	Hy praat oer it wurk.
Talks about (He, she, it)	Besprekt (Hy, sy, it)	Sy besprekt it ûnderwerp.
Tank top	Himd	Hy hat in himd oan mei it sporten.
Tanzania	Tanzania (Country)	Bistû alris yn Tanzania west?
Tar	Tarre	Hy smart tarre op it dak.
Taste (I)	Priuw (Ik)	Ik priuw de wyn.
Taste (I, we, you all, they)	Smeitsje (Ik, wy, jim, sy, jo)	Wy smeitsje de leafde.
Taste (We, you all, they)	Priuwe (Wy, jim, sy, jo)	Sy priuwe de wyn.
Taste (You)	Priuwst (Dû/Do)	Dû priuwst de wyn.
Taste (You)	Smakkest (Dû/Do)	Dû smakkest de leafde.
Tasted (I, he, she, it)	Preau (Ik, hy, sy, it)	Sy preau de wyn.
Tasted (I, he, she, it)	Smakke (Ik, hy, sy, it)	It smakke goed.
Tasted (PP)	Preaun (PP)	Hy hat it iten preaun.
Tasted (We, you all, they)	Preaune (Wy, jim, sy, jo)	Sy preaune de wyn.
Tasted (We, you all, they)	Smakken (Wy, jim, sy, jo)	Wy smakken de leafde.
Tasted (You)	Preaust (Dû/Do)	Dû preaust de wyn.
Tasted (You)	Smakkest(e) (Dû/Do)	Dû smakkeste de leafde.
Tastes (He, she, it)	Priuwt (Hy, sy, it)	Sy priuwt de wyn.
Tastes (He, she, it)	Smakket (Hy, sy, it)	Hy smakket de leafde.
Tasty, Nice, Sweet	Lekker	De sûkerbôle is lekker.

English	Frisian	Example
Tattoo	Tatoeaazje	Hastû in tatoeaazje?
Tax, Taxes	Belesting	Wy moatte belesting betelje.
Taxi, Cab	Taksy	Si 'k in taksy skilje?
Tea	Tee	Waarme tee is goed foar dy.
Teacher	Dosint	De dosint hat my wat nijs leard.
Tear (I, we, you all, they)	Skuorje (Ik, wy, jim, sy, jo)	Jo skuorje it papier yn twaen.
Tear (We, you all, they)	Skuorre (Wy, jim, sy, jo)	Jo skuorre it papier yn twaen.
Tear (You)	Skuordest (Dû/Do)	Dû skuordest it papier yn twaen.
Tear (You)	Skuorst (Dû/Do)	Dû skuorst it yn twaen.
Tears apart (He, she, it)	Skuort (Hy, sy, it)	Hy skuort it papier yn twaen.
Teeth (Plural)	Tosken (Plural)	Myn tosken binne moai wyt.
Telephone, Phone	Tillefoan	Sy hat in grutte tillefoan.
Television	Telefyzje	Wolstû telefyzje sjen?
Tell	Fortel (Older)	Ik fortel dy in ferhaal.
Tell (I)	Fertel (Ik)	Ik fertel dy in ferhaal.
Tell (We, you all, they)	Fertelle (Wy, jim, sy, jo)	Jo fertelle my in ferhaal.
Tell (You)	Fertelst (Dû/Do)	Dû fertelst my in ferhaal.
Tells (He, she, it)	Fertelt (Hy, sy, it)	Hy fertelt my in ferhaal.
Temperature	Temperatuer	Wat is de temperatuer hjoed?
Temporarily	Tydlik	Dizze regels binne tydlik.
Ten	Tsien	It is tsien jier lyn.
Tent	Tinte	Wy sette de tinte op.
Territory, Region, Area	Gea	It Fryske gea.
Text	Tekst	De tekst is goed skreaun.
Texts (Plural)	Teksten (Plural)	De teksten binne goed skreaun.
Thailand (Country)	Tailân (Country)	Tailân hat in soad strannen.
Than	As	Hy is langer as dy.
Thank (to)	Tankje (Ik, wy, jim, sy, jo)	Ik tankje foar dyn help.
Thank (You)	Tankest (Dû/Do)	Dû tankest ús foar ús help.
Thank you	Tankewol	Tankewol foar dyn help.
Thank you very much	Tige tank	Tige tank foar dyn help.
Thanked (I, he, she, it)	Tanke (Ik, hy, sy, it)	Tanke foar dyn help.
Thanked (We, you all, they)	Tanken (Wy, jim, sy, jo)	Wy tanken him foar syn help.
Thanked (You)	Tankest(e) (Dû/Do)	Dû tankeste ús foar ús help.
Thanks (He, she, it)	Tanket (Hy, sy, it)	Hy tanket syn freon.
That	Dat (That, Old Frisian)	Dat kin net!
That's why	Dêrom	Dêrom kin it net.
Thaw, Melt	Teie	It sil fannacht teie.
The	De, 'e (The, Old Frisian)	De leave frou.
The same	Itselde	Hjoed haw ik itselde hân as juster.
The United States (Country)	Feriene Steaten (Country)	De Feriene Steaten hat 50 steaten.
Theather, Drama	Toaniel	De frou spilet toaniel.
Theft	Stellerij	Der is in protte stellerij yn dizze krite.
Theft	Tsjefte	It wie tsjefte.
Their	Harren	Harren mem wie bot lilk.
Theme	Tema	It tema hjoed is: Frysk.
Then	Doe	Ik wie doe siik.
There	Dêr	Dêr haw 'k in bytsje pine.
Thereafter, After this	Hjirnei	Hjirnei geane wy nei hûs.
They	Sy	Sy sjogge dy net.

English	Frisian	Example
Thick, Fat	Tsjok	De kat is in bytsje tsjok.
Thief	Tsjeaf	De tsjeaf is warber yn dizze wyk.
Thievish	Gnobbich	Hy is al dagen in bytsje gnobbich.
Thin	Tin	It famke is hiel tin.
Thin (Adj.)	Tinne (Adj.)	It tinne famke.
Thin, Skinny	Lask	It famke is lask.
Thing	Ding	It is myn ding.
Things (Plural)	Dingen (Plural)	It binne myn dingen.
Think (I)	Tink (Ik)	Ik tink oan dy.
Think (We, you all, they)	Tinke (Wy, jim, sy, jo)	It is net tinkber dat soks barre sil.
Think (You)	Tinkst (Dû/Do)	Dû tinkst oan de takomst.
Think about (to)	Neitinke	Hy moat der efkes oer neitinke.
Think deeply (I, we, you all, they)	Ferdjipje (Ik, wy, jim, sy, jo)	Wy ferdjipje ússels yn it probleem.
Think deeply (I, we, you all, they)	Prakkesearje (Ik, wy, jim, sy, jo)	Dêr moat ik efkes oer prakkesearje.
Thinkable	Tinkber	Wy tinke oan dy.
Thinker	Tinker	Hy is in skerpe tinker.
Thinks (He, she, it)	Tinkt (Hy, sy, it)	She tinkt posityf.
Third	Tredde	Hy sit yn de tredde klasse.
Thirsty	Toarst	De âlde man hat in protte toarst.
Thirteen	Trettjin	Trettjin dagen haw 'k hjir op wachte.
This	Dit (Thit, Old Frisian)	Dit liket my goed ta.
This (one)	Dizze (Thisse, Old Frisian)	Dizze wol ik hâlde.
Thorn	Toarn	Hy hat in toarn yn syn hân.
Those, That	Dy	Dy skjirre is fan my.
Thought	Tins	Hy hat mar yn tins yn 'e holle.
Thought (I, he, she, it)	Tocht (Thochta, Old Frisian) (Ik, hy, sy, it)	Dû tochst oan my.
Thought (We, you all, they)	Tochten (Wy, jim, sy, jo)	Jim tochten oan my.
Thought (You)	Tochtst (Dû/Do)	Sy tocht oan my.
Thoughts (Plural)	Tinzen (Plural)	Positive tinzen bringe dy fierder.
Threat	Driging	De driging is grut.
Threaten (I, we, you all, they)	Driigje (Ik, wy, jim, sy, jo)	Sy driigje om te stopjen.
Three	Trije	Trije kear haw 'k it besocht.
Threshold, Speed breaker	Drompel	De auto ried oer de drompel hinne.
Threw (I, he, she, it)	Smiet (Ik, hy, sy, it)	Hy smiet de balle fuort.
Threw (We, you all, they)	Smieten (Wy, jim, sy, jo)	Wy smieten de balle fuort.
Threw (You)	Smietst (Dû/Do)	Dû smietst de balle fuort.
Threw up, Vomited (He, she, it)	Speit (Hy, sy, it)	Sy speit troch it ferkearde iten.
Threw up, Vomited (I)	Spei (Ik)	Ik spei troch it bedjerre iten.
Threw up, Vomited (PP)	Spein (PP)	Ik haw spein troch it bedjerre iten.
Threw up, Vomited (We, you all, they)	Speine (Wy, jim, sy, jo)	Wy speine troch it bedjerre iten.
Threw up, Vomited (You)	Speist (Dû/Do)	Dû speist troch it iten.
Thrifty	Sunich	Dy man dêr is sunich.
Throat	Kiel	Hy hat lêst fan de kiel.
Throne	Troan	De kening sit op de troan.
Through	Troch	Wy sille troch it finster moatte.
Throw (I)	Smyt (Ik)	Hy smyt de bal fuort.
Throw (We, you all, they)	Smite (Wy, jim, sy, jo)	Wy smite de balle fuort.
Throw (You)	Smytst (Dû/Do)	Dû smytst de bal fuort.
Throw, Vomit (I)	Spui (Ik)	Ik spui om't ik mislik bin.
Throw, Vomit (We, you all, they)	Spuie (Wy, jim, sy, jo)	We spuie om't wy mislik bin.

English	Frisian	Example
Throw, Vomit (You)	Spuist (Dû/Do)	Dû spuist omdatstû mislik bin.
Throws (He, she, it)	Smyt (Hy, sy, it)	Ik smyt de bal fuort.
Throws, Vomits (He, she, it)	Spuit (Hy, sy, it)	Sy spuit om't sy mislik is.
Thunder	Tonger	Wy krije tonger jûn.
Thunder (to)	Tongerje	Ik sil jûn tongerje.
Thunderstorm, Storm	Ûnwaar	Der komt ûnwaar oan.
Thursday	Tongersdei	Tongersdei moat ik wurkje.
Ticklish	Kidelich	Hy is net sa kidelich.
Tie off	Ôfbine	Moatst de fiters goed ôfbine hear.
Tiger	Tiger	De tiger is gefaarlik.
Tigers (Plural)	Tigers (Plural)	De tigers binne gefaarlik.
Tight	Strak	De skuon sitte my strak.
Till	Oant (Til, Old Frisian)	Dû kast oant moarn kâns.
Time	Kear	It kin yn ien kear.
Time	Tiid	Hawwe wy genôch tiid?
Times (Plural)	Kearen (Plural)	It is yn twa kearen dien.
Times (Plural)	Tiden (Plural)	It binne swiere tiden.
Tip	Foan	Sille wy foan jaan?
Tire	Bân	De bân fan myn auto is lek.
Tissue	Weefsel	It weefsel is skansearre.
To	Ta	De nije auto is ta beskikber.
To	Te	Sille wy te gean?
To	To (Older)	Sille wy to gean?
To think deeply	Fordjipje (Older)	Ik moat my efkes fordjipje.
To, After, Toward	Nei	Hy sil nei skoalle.
Toad	Pod	De pod makket in protte lûd.
Today	Hjoed	Hy hat hjoed al plannen.
Toe	Tean	Myn grutte tean docht sear.
Toes (Plural)	Teannen (Plural)	Myn teannen dogge sear.
Together	Tegearre	Tegearre sille wy it probleem ferhelpe.
Together	Togearre (Older)	Wy binne gelokkich togearre.
Told (I, he, she, it)	Fertelde (Ik, hy, sy, it)	Hy fertelde in ferhaal.
Told (PP)	Ferteld (PP)	Sy hat in ferhaal ferteld.
Told (We, you all, they)	Fertelden (Wy, jim, sy, jo)	Wy fertelden in ferhaal.
Told (You)	Forteldest (Dû/Do)	Dû forteldest in ferhaal.
Tolerate (I, we, you all, they)	Duldzje (Ik, wy, jim, sy, jo)	Ik duldzje it net langer.
Tolerate (We, you all, they)	Dulden (Wy, jim, sy, jo)	Wy dulden it net langer.
Tolerate (You)	Duldest (Dû/Do)	Dû duldest it net langer.
Tolerated (I, he, she, it)	Dulde (Ik, hy, sy, it)	Hy dulde it net langer.
Tolerated (You)	Duldest(e) (Dû/Do)	Dû duldeste it net langer.
Tolerates (He, she, it)	Duldet (Hy, sy, it)	Hy duldet it net langer.
Tone (to)	Toan	Dyn toan befalt my net.
Tongue	Tonge	Sy hat op har tonge biten.
Tonight, Last night	Fannacht	Ik haw fannacht hearlik dreamd.
Took (I, he, she, it)	Naam (Ik, hy, sy, it)	Hy naam de doaze mei.
Took (We, you all, they)	Namen (Wy, jim, sy, jo)	Wy namen de doaze mei.
Took (You)	Naamst (Dû/Do)	Dû naamst de doaze mei.
Took away (I, he, she, it)	Ûntnaam (Ik, hy, sy, it)	Hy ûntnaam my alles.
Took away (We, you all, they)	Ûntnamen (Wy, jim, sy, jo)	Sy ûntnamen my alles.
Took away (You)	Ûntnaamst (Dû/Do)	Dû ûntnaamst my alles.

English	Frisian	Example
Tools, Silverware	Ark	De ark yn 'e skuorre.
Tooth	Tosk	Ik haw lêst fan myn tosk.
Tooth	Tusk (Wâldfrysk)	Hy hat lêst fan syn tusk.
Toothbrush	Toskeboarstel	Myn toskeboarstel leit noch by dy.
Toothpaste	Toskeguod	Mei ik dyn toskeguod brûke?
Toothpaste	Toskepasta	Mei ik dyn toskepastabrûke?
Toothpaste	Toskepoetersguod	Mei ik dyn toskepoetersguod brûke?
Tore (I, he, she, it)	Skuorde (Ik, hy, sy, it)	Hy skuorde it papier yn twaen.
Tore (We, you all, they)	Skuorden (Wy, jim, sy, jo)	Wy skuorden it papier yn twaen.
Torment	Piniging	It wie in hiele piniging.
Tormenting Spirit	Nytger	Wy hawwe in nytger yn hûs.
Torn (PP)	Skuord (PP)	Hy hat it papier yn twaen skuord.
Torture (I, we, you all, they)	Martelje (Ik, wy, jim, sy, jo)	Yn de film martelje sy in man.
Touch (I, we, you all, they)	Reitsje (Ik, wy, jim, sy, jo)	Sy reitsje de muorre.
Touch (You)	Rekkest (Dû/Do)	Dû rekkest de muorre.
Touched (I, he, she, it)	Rekke (Ik, hy, sy, it)	Hy rekke dy oan.
Touched (We, you all, they)	Rekken (Wy, jim, sy, jo)	Wy rekken dy oan.
Touched (You)	Rekkest(e) (Dû/Do)	Dû rekkeste de muorre.
Touches (He, she, it)	Rekket (Hy, sy, it)	Sy rekket de muorre.
Tow, Drag (You)	Tôgest (Dû/Do)	Dû tôgest it nei hûs.
Tow, Drags (I, we, you all, they)	Tôgje (Ik, wy, jim, sy, jo)	Sy tôgje it guod mei.
Towed, Dragged (I, he, she, it)	Tôge (Ik, hy, sy, it)	Hy hat in nei hûs tôge.
Towed, Dragged (We, you all, they)	Tôgen (Wy, jim, sy, jo)	Wy tôgen it nei hûs.
Towed, Dragged (You)	Tôgest(e) (Dû/Do)	Dû tôgeste it nei hûs.
Towel	Hândoek	Is dizze hândoek al brûkt?
Tower	Toer (Tor, Old Frisian)	De toer is heech.
Tower (Dim.)	Tuorke (Dim.)	Yn de fierte kinst in lyts tuorke sjen.
Towers (Plural)	Tuorren (Plural)	De tuorren steane njonken elkoar.
Town, Village	Doarp	Ús doarp is tige smûk.
Town, Village (Dim.)	Doarpke (Dim.)	Ús doarpke is tige smûk.
Towns, Villages (Plural)	Doarpen (Plural)	Ús doarpen binne tige smûk.
Township	Gemeente	De gemeente hat in pear doarpen.
Tows, Drags (He, she, it)	Tôget (Hy, sy, it)	Hy tôget it nei hûs.
Toys	Boartersguod	Boartsje mei it boartersguod.
Tracker	Spoarsiker	Dizze man is in goede spoarsiker.
Tractor	Trekker	De boer hat in grutte trekker.
Trade	Hannel	Ús heit sit yn 'e hannel.
Traffic	Ferkear	Der is in protte ferkear op 'e wei.
Traffic light	Stopljocht	De lúksewein stoppet by it stopljocht.
Trailer	Oanhingwein	De frachtwein hat in oanhingwein.
Train	Trein	Jo moatte de trein net misse.
Trains (Plural)	Treinen (Plural)	De treinen ride by elkoar del.
Traitor	Ferrieder	Dizze man wie eartiids in ferrieder.
Transfer	Oerdracht	Wannear sil de oerdracht wêze?
Transformation, Distortion	Ferfoarming	De ferfoarming fan it byld.
Translate, Overset	Oersette	Kinstû dit foar my oersitte?
Translation	Oersetting	De oersetting is goed slagge.
Transparant	Trochsichtich	It glês is trochsichtich.
Transparant (Adj.)	Trochsichtige (Adj.)	It trochsichtige glês.
Transport	Ferfier	Sy hat noch ferfier nedich.

English	Frisian	Example
Transport	Forfier (Older)	Hastû al forfier fûn?
Trap	Fâle	As in mûs yn de fâle.
Trash can, Bin	Jiskefet	De ôffal heart yn it jiskefet.
Travel (I, we, you all, they)	Reizgje (Ik, wy, jim, sy, jo)	Ik reizgje de wrâld ôf.
Treasure	Skat (Sket, Old Frisian)	De seerôver hat de skat fûn.
Treasures (Plural)	Skatten (Plural)	Hjir binne skatten ferstoppe.
Treat (I, we, you all, they)	Behannelje (Ik, wy, jim, sy, jo)	Jim behannelje de wûne.
Treat (You)	Behannelest (Dû/Do)	Dû behannelest de wûne.
Treated (I, he, she, it)	Behannele (Ik, hy, sy, it)	Hy behannele de wûne.
Treated (We, you all, they)	Behannelen (Wy, jim, sy, jo)	Sy behannelen de wûne.
Treated (You)	Behannelest(e) (Dû/Do)	Dû behanneleste de wûne.
Treats (He, she, it)	Behannelet (Hy, sy, it)	Hy behannelet de wûne.
Treaty, Pact	Ferdrach	In ferdrach mei Fryslân.
Treaty, Pact	Fordrach (Older)	Wy hawwe in fordrach mei ús fijân.
Tree	Beam (Trê, Old Frisian)	De âlde beam.
Tree (Dim.)	Beamke (Dim.)	Jo hawwe in beamke yn 'e tún.
Trees	Beammen (Plural)	In protte beammen yn it bosk.
Tremble (I, we, you all, they)	Trilje (Ik, wy, jim, sy, jo)	Sy trilje fan 'e kjeld.
Tried, Visited (I, he, she, it)	Besocht (Ik, hy, sy, it)	Sy besocht har beppe.
Tried, Visited (We, you all, they)	Besochten (Wy, jim, sy, jo)	Sy besochten harren beppe.
Tried, Visited (You)	Besochtst (Dû/Do)	Dû besochst dyn beppe.
Tries, Visits (He, she, it)	Besiket (Hy, sy, it)	Sy besiket wer mei te dwaan.
Trip, Stumble (I, we, you all, they)	Stroffelje (Ik, wy, jim, sy, jo)	Wy stroffelje oer it guod.
Trip, Travel	Reis	Ik haw in bjusterbaarlike reis makke.
Tropical	Tropysk	It waar liket wol tropysk.
Trot, Run (I)	Draaf (Ik)	Ik draaf nei hûs.
Trot, Run (We, you all, they)	Drave (Wy, jim, sy, jo)	Sy drave nei hûs.
Trot, Run (You)	Draafst (Dû/Do)	Dû draafst nei hûs.
Trots, Runs (He, she, it)	Draaft (Hy, sy, it)	It hynder draaft troch it fjild.
Truck, Lorry	Frachtwein	De frachtwein rydt oer de wei.
True	Wier	Dizze útspraak is wier.
Trumpet	Trompet	Hy spilet de trompet.
Trust	Fertrouwen	Hy hat in protte fertrouwen yn har.
Trust	Fortrou (Older)	Ik fortrou him net langer.
Trust (I)	Fertrou (Ik)	Ik fertrou dy net mear.
Trust (We, you all, they)	Fertrouwe (Wy, jim, sy, jo)	Jim fertrouwe my net.
Trust (You)	Fertroust (Dû/Do)	Dû fertroust my net mear.
Trusted (I, he, she, it)	Fertroude (Ik, hy, sy, it)	Sy fertroude dy net mear.
Trusted (PP)	Fertroud (PP)	Dû hast my fertroud.
Trusted (We, you all, they)	Fertouden (Wy, jim, sy, jo)	Wy fertrouden dy net mear.
Trusted (You)	Fertroudest (Dû/Do)	Dû fertroudest my net mear.
Trusts (He, she, it)	Fertrout (Hy, sy, it)	Sy fertrout dy net mear.
Truth	Wierheid	Hat hy dy de wierheid sein?
Truths (Plural)	Wierheden (Plural)	De wierheden steane yn dizze tekst.
Try, Visit (I, we, you all, they)	Besykje (Ik, wy, jim, sy, jo)	Wy besykje it.
Try, Visit (You)	Besikest (Dû/Do)	Dû besikest it mar efkes.
T-Shirt	Shirt, T-Shirt	Ik doch hjoed in T-shirt oan.
Tuesday	Tiisdei	Tiisdei haw 'k frij fan skoalle.
Tunisia (Country)	Tuneezje (Country)	Tuneezje is goed lân.
Turkey (Country)	Turkije (Country)	Ik fyn Turkije in noflik lân.

English	Frisian	Example
Turn (I)	Kear (Ik)	Ik kear it hea.
Turn (We, you all, they)	Keare (Wy, jim, sy, jo)	Wy keare it hea.
Turn (You)	Kearst (Dû/Do)	Dû kearst it hea.
Turn appear (We, you all, they)	Blike (Wy, jim, sy, jo)	Jo blike de dieder te wêzen.
Turn on, Switch on (to)	Oansette	Kinstû de telefyzje oansette?
Turn out, Appear (I)	Blyk (Ik)	Ik blyk de dieder te wêzen.
Turn out, Appear (You)	Blykst (Dû/Do)	Dû blykst de dieder te wêzen.
Turned (I, he, she, it)	Kearde (Ik, hy, sy, it)	Hy kearde it hea.
Turned (PP)	Keard (PP)	Hy hat it hea keard.
Turned (We, you all, they)	Kearden (Wy, jim, sy, jo)	Wy kearden it hea.
Turned (You)	Keardest (Dû/Do)	Dû keardest it hea.
Turned, Appeared (I, he, she, it)	Bliek (Ik, hy, sy, it)	Hy bliek de dieder te wêzen.
Turned (We, you all, they)	Blieken (Wy, jim, sy, jo)	Sy blieken de dieders te wêzen.
Turned, Appeared (You)	Bliekst (Dû/Do)	Dû bliekst de dieder te wêzen.
Turns (He, she, it)	Keart (Hy, sy, it)	Sy keart it hea.
Turns out, Appears (He, she, it)	Blykt (Hy, sy, it)	Hy blykt de dieder te wêzen.
Turtle, Tortoise	Skyldpod	De skyldpod is op syk nei iten.
Turtle, Tortoise (Dim.)	Skyldpodsje (Dim.)	In lytse skyldpodsje swimt by my del.
Turtles, Tortoises (Plural)	Skyldpodden (Plural)	De skyldpodden binne op syk nei iten.
Twelve	Tolve	Is it hast tolve oere?
Twin	Twaling, Twilling	Sy binne in twaling.
Two	Twa	'k moat noch twa jier nei skoalle.
Twofold	Twafâld	Wy sille it yn twafâld dwaan.
Ugly	Ûnsjoch	Hy wie in bytsje ûnsjoch.
Ukraine (Country)	Ukraïne (Country)	De kriich yn Ukraïne.
Umbrella	Paraplu	As it reint, wol ik myn paraplu brûke.
Unborn	Ûnberne	It ûnberne bern.
Unbreakable	Ûnbrekber	It stiel is ûnbrekber.
Uncertainty	Ûnwissens	Syn ûnwissens bringt ús yn gefaar.
Uncle	Omke	Myn omke jout in grut feest.
Unclear	Ûndúdlik	De tekst is ûndúdlik foar ús.
Uncovered (We, you all, they)	Ûntdutsen (Wy, jim, sy, jo)	Jim ûntdutsen in skelet.
Under	Ûnder	Ûnder de beam stiet in stoel.
Underfed	Ûnderfuorre	It bist is ûnderfuorre.
Underfloor	Ûnderflier	Wy moatte earst de ûnderflier dwaan.
Undergo	Ûndergean	Wy moatte dit ûndergean.
Underground	Ûndergrûn	De bisten libje ûndergrûn.
Underlay	Ûnderlaach	De ûnderlaach is foar de waarmte.
Underpants, Panties	Ûnderbroek	Ik doch in skjinne ûnderbroek oan.
Understand (He, she, it)	Ferstiet (Hy, sy, it)	Hy ferstiet har net.
Understand (I)	Begryp (Ik)	Ik begryp de fraach.
Understand (I)	Ferstean (Ik)	Ik ferstean dy net.
Understand (We, you all, they)	Begripe (Wy, jim, sy, jo)	Wy begripe de fraach.
Understand (We, you all, they)	Fersteane (Wy, jim, sy, jo)	Wy ferstean dy net.
Understand (You)	Begrypst (Dû/Do)	Dû begrypst de fraach.
Understand (You)	Ferstiest (Dû/Do)	Dû ferstiest him net.
Understands (He, she, it)	Begrypt (Hy, sy, it)	Hy begrypt de fraach.
Understood (I, he, she, it)	Begriep (Ik, hy, sy, it)	Sy begriep de fraach.
Understood (I, he, she, it)	Ferstie (Ik, hy, sy, it)	Ik ferstie him net.
Understood (PP)	Ferstien (PP)	Hy hat him net goed ferstien.

English	Frisian	Example
Understood (We, you all, they)	Begrepen (Wy, jim, sy, jo)	Jo begrepen de fraach.
Understood (We, you all, they)	Ferstiene (Wy, jim, sy, jo)	Jo ferstiene him net.
Understood (You)	Begriepst (Dû/Do)	Dû begriepst de fraach.
Understood (You)	Ferstiest(e) (Dû/Do)	Dû ferstieste him net.
Undertake	Ûndernimme	Wy moatte eat ûndernimme hear.
Underwear	Ûnderguod	Ik haw ûnderguod oan.
Underworld	Ûnderwrâld	Kriminelen fan de ûnderwrâld.
Undescribed, Unwritten	Ûnbeskreaun	De tiid is ûnbeskreaun.
Unfortunately	Spitich	Ik fyn it spitich.
Unfriendly	Ûnfreonlik	Dy man wie ûnfreonlik tsjin ús.
Ungod	Ûngod	Hy oanbidt in ûngod.
Ungrateful	Ûntankber	It bern is ûntankber.
Unicorn	Ienhoarn	It mearke giet oer in ienhoarn.
Uniform	Unifoarm	De agint hat syn unifoarm oan.
Uninhabitable	Ûnbewenber	It eilân is ûnbewenber.
Unite (I, we, you all, they)	Ferienigje (Ik, wy, jim, sy, jo)	Wy ferienigje ús.
United Arab Emirates	Feriene Arabyske Emiraten	Hy is yn de Feriene Arabyske Emiraten.
United Kingdom	Feriene Keninkryk	Yn it Feriene Keninkryk is it kâld.
United Nations	Feriene Naasjes	De Feriene Naasje wurkje gear.
Unity	Ienheid	Ienheid is wat wy nedich binne.
Universe	Hielal	It hielal is tige grut.
Unknown	Ûnbekend	Dizze minsken binne ûnbekend foar my.
Unlikely	Ûnwierskynlik	It is ûnwierskynlik dat it troch giet.
Unnecessary, Needless	Ûnnedich	Ik tink dat it ûnnedich is.
Unpleasant, Uncomfortable	Ûnnoflik	Wy sitte hjir ûnnoflik.
Unreadable	Ûnlêsber	Dizze tekst is ûnlêsber.
Unreasonable	Ûnridlik	De jonge wie ûnridlik.
Unreliable	Ûnbetrouber	Dy jonge dêr is ûnbetrouber.
Unrest	Ûnrêst	Hjir hearsket ûnrêst.
Unsubscribe	Útskriuwe	Ik wol my graach útskriuwe.
Unsuitable	Ûngeskikt	Hy is ûngeskikt foar dizze put.
Untrue	Ûnwier	Dizze útspraak is ûnwier.
Unusable	Ûnbrûkber	Dizze kompjûter is ûnbrekber.
Unusual	Ûngewoan	Dizze situaasje is ûngewoan.
Unwise	Ûnwiis	It jonkje is noch ûnwiis.
Up here	Hjirboppe	Sy binne hjirboppe.
Up/On	Op	It famke sit op de bank.
Upbringing	Opfieding	De opfieding fan 'e bern.
Uprising	Opstân	Der kaam in opstân yn it lân.
Upset, Excited	Oerémis	De bern binne hielendal oerémis.
Uruguay (Country)	Oerûguay (Country)	Ik wol nei Oerûguay.
Us	Ús	De priis is fan ús.
Use (Brook, Older English) (I)	Brûk (Ik)	Ik brûk dyn skjirre.
Use (We, you all, they)	Brûke (Wy, jim, sy, jo)	Wy brûke dyn skjirre.
Use (You)	Brûkst (Dû/Do)	Dû brûkst myn skjirre.
Used (I, he, she, it)	Brûkte (Ik, hy, sy, it)	Sy brûkte myn skjirre.
Used (We, you all, they)	Brûkten (Wy, jim, sy, jo)	Wy brûkten dyn skjirre.
Used (You)	Brûktest (Dû/Do)	Dû brûktest myn skjirre.
User	Gebrûker	De webside hat ien gebrûker.
Users (Plural)	Gebrûkers (Plural)	De webside hat fiif gebrûkers.

English	Frisian	Example
Uses (He, she, it)	Brûkt (Hy, sy, it)	Sy brûkt myn skjirre.
Usual	Wenstich	It gedrach is wenstich.
Usually	Ornaris	It kin my ornaris net safolle skille.
Uterus, Womb	Liifmoer	It bern sit fêst yn de liifmoer.
Uterus, Womb	Skûlliif	De baby sit yn it skûlliif.
Vacation, Holiday	Fakânsje	Sy giet op fakânsje.
Vaccinate (I, we, you all, they)	Faksinearje (Ik, wy, jim, sy, jo)	Wy faksinearje ús net.
Vaccinate (You)	Faksinearrest (Dû/Do)	Dû faksinearrest dy net.
Vaccinated (I, he, she, it)	Faksinearre (Ik, hy, sy, it)	Hy faksinearre him net.
Vaccinated (We, you all, they)	Faksinearren (Wy, jim, sy, jo)	Wy faksinearren ús net.
Vaccinated (You)	Faksinearrest(e) (Dû/Do)	Dû faksinearreste dy net.
Vaccinates (He, she, it)	Faksinearret (Hy, sy, it)	Sy faksinearret har net.
Vaccine	Faksin	Hastû it faksin al naam?
Vacuum cleaner	Stofsûger	De stofsûger sûget de stof op.
Valid	Jildich	Dizze pas is net mear jildich.
Vanilla	Fanille	It smakket nei fanille.
Varied (I, he, she, it)	Fariearre (Ik, hy, sy, it)	Hy fariearre fan miening.
Varied (We, you all, they)	Fariearren (Wy, jim, sy, jo)	Wy fariearren fan miening.
Varied (You)	Fariearrest(e) (Dû/Do)	Dû fariearreste fan miening.
Varies (He, she, it)	Fariearret (Hy, sy, it)	Sy fariearret fan miening.
Vary (I, we, you all, they)	Fariearje (Ik, wy, jim, sy, jo)	Wy fariearje fan miening.
Vary (You)	Fariearrest (Dû/Do)	Dû fariearrest fan miening.
Vegetable, Greens	Griente	In protte griente is sûn.
Vein	Ier	Kinstû dy ier sjen?
Veins (Plural)	Ieren (Plural)	It bloed giet troch myn ieren.
Venezuela (Country)	Fenezuëla (Country)	Bistû alris nei Fenezuëla west?
Verb	Tiidwurd	It Frysk hat nuvere tiidwurden.
Verified (I, he, she, it)	Ferifiearre (Ik, hy, sy, it)	Hy ferifiearre himsels.
Verified (We, you all, they)	Ferifiearren (Wy, jim, sy, jo)	Wy ferifiearen ús.
Verified (You)	Ferifiearrest(e) (Dû/Do)	Dû ferifiearreste dysels.
Verifies (He, she, it)	Ferifiearret (Hy, sy, it)	Sy ferifiearret har.
Verify (I, we, you all, they)	Ferifiearje (Ik, wy, jim, sy, jo)	Wy ferifiearje ús.
Verify (You)	Ferifiearrest (Dû/Do)	Dû ferifiearrest dysels.
Very	Bot	Hy wie bot lilk op syn freon.
Very	Tige	It is tige hyt hjoed.
Very expensive	Brândjoer	Dizze klean binne brândjoer!
Very good	Skoan	Hy hat in skoan libben.
Veteran	Âldstrider	Hy is in âldstrider.
Via, Through	Fia	Fia dizze wei komst wer thús.
Victim, Casualty	Slachtoffer	Hy wie it slachtoffer fan in ûngefal.
Victory	Fiktoarje	In grutte fiktoarje op 'e tsjinstanner.
Victory	Oerwinning	De oerwinning wie grut.
Vietnam (Country)	Fjetnam (Country)	Is der noch oarloch yn Fjetnam?
Viewer	Sjogger	De sjogger sjocht de wedstriid.
Viking	Fiking	Wa wie de lêste fiking?
Viking	Wytsing	Ús pake wie in wytsing.
Vikings (Plural)	Wytsings (Plural)	Myn foarâlden wiene wytsings.
Vinegar	Jittik	Jittik is hiel soer.
Violate	Oertrêdzje	Dû meist de regels net oertrêdzje.
Violate	Skeine	Dû moatst dizze wet nei skeine.

Violation	Oertrêding	Dû bist yn oertrêding.
Violin	Fioele	Sy spilet de fioele.
Virus	Firus	Is it firus deadlik?
Visible	Sichtber	De stjerren binne sichtber.
Visible (Adj.)	Sichtbere (Adj.)	De sichtbere stjerren.
Vision, View	Fisy	Hy hat in fisy foar de takomst.
Visitor	Besiker	De besiker wit net wêr er is.
Visitors (Plural)	Besikers (Plural)	De besikers sitte oeral oan.
Vocabulary	Wurdskat	Dû moatst dyn wurdkskat betterje.
Voice	Stim	Werkenstû myn stim?
Voices (Plural)	Stimmen (Plural)	Ik hear stimmen.
Volcano	Fulkaan	De fulkaan stiet op útboarste.
Volunteer	Frijwilliger	Hy wurket as in frijwilliger.
Vote (I)	Stim (Ik)	Ik stim foar dy.
Vote (We, you all, they)	Stimme (Wy, jim, sy, jo)	Wy stimme foar dy.
Vote (You)	Stimst (Dû/Do)	Dû stimst foar my.
Voted (I, he, she, it)	Stimde (Ik, hy, sy, it)	Hy stimde foar dy.
Voted (PP)	Stimd (PP)	Hy hat foar dy stimd.
Voted (We, you all, they)	Stimden (Wy, jim, sy, jo)	Sy stimden foar dy.
Voted (You)	Stimdest (Dû/Do)	Dû stimdest foar my.
Votes (He, she, it)	Stimt (Hy, sy, it)	Sy stimt foar my.
Vulnerable	Kwetsber	Sy fielt har kwetsber.
Waist	Mul	Har mul is tin.
Wait (I, we, you all, they)	Wachtsje (Ik, wy, jim, sy, jo)	Wy wachtsje op in antwurd.
Wait (You)	Wachtest (Dû/Do)	Dû wachtest op my.
Waiting (PP)	Wachte (PP)	Ik haw op dy wachte.
Waits (I, he, she, it)	Wachtet (Ik, hy, sy, it)	Sy wachtet op in antwurd.
Wake, Ice Hole	Wjekke	Net yn dy wjekke falle!
Walk, Wander (I, we, you all, they)	Kuierje (Ik, wy, jim, sy, jo)	Wy kuierje troch it park.
Walking boots	Kuierskuon	Sy hie har kuierskuon al oan.
Wall	Muorre	De muorre is makke fan stien.
Wall (Dim.)	Muorke (Dim.)	It muorke stiet noch hieltyd oerein.
Walls (Plural)	Muorren (Plural)	Dizze muorren binne sterk.
Walnut	Wâlnút	It aapke wol in wâlnút haw.
Wander (I, we, you all, they)	Doarmje (Ik, wy, jim, sy, jo)	Sy doarmje troch it wâld.
Wander, Roam (I)	Swerf (Ik)	Ik swerf oer strjitte.
Wander, Roam (We, you all, they)	Swerve (Wy, jim, sy, jo)	Wy serve oer strjitte.
Wander, Roam (You)	Swerfst (Dû/Do)	Dû swerfst oer strjitte.
Wandered, Roamed (I, he, she, it)	Swurf (Ik, hy, sy, it)	Hy swurf oer de strjitte hinne.
Wandered (We, you all, they)	Swurven (Wy, jim, sy, jo)	Wy swurven oer de strjitte hinne.
Wandered, Roamed (You)	Swurfst (Dû/Do)	Dû swurfst oer de strjitte hinne.
Wanders, Roams (He, she, it)	Sweft (Hy, sy, it)	Hy swerft oer strjitte.
Want (I)	Wol (Ik)	Ik wol graach bûten wêze.
Want (We, you all, they)	Wolle (Wy, jim, sy, jo)	Wy wolle iten hawwe.
Want (You)	Wolst (Dû/Do)	Dû wolst iten haw.
Wanted (I, he, she, it)	Woe (Ik, hy, sy, it)	Sy woe graach bûten wêze.
Wanted (PP)	Wollen (PP)	Ik haw it sjen wollen.
Wanted (We, you all, they)	Woene (Wy, jim, sy, jo)	Wy woene graach bûten wêze.
Wanted (You)	Woest (Dû/Do)	Dû woest graach bûten wêze.
Wants (He, she, it)	Wol (Hy, sy, it)	Sy wol graach bûten wêze.

War	Kriich	It wie in grutte kriich.
War	Oarloch (Orloch, Old Frisian)	De oarloch hat lang duorre.
Warehouse	Loads	De loads stiet fol mei guod.
Warm	Waarm	It is waarm bûten.
Warm (Adj.)	Waarme (Adj.)	De waarme simmer.
Warm, Heat (I, we, you all, they)	Waarmje (Ik, wy, jim, sy, jo)	Wy waarmje ússels op.
Warm, Heat (You)	Waarmest (Dû/Do)	Dû waarmest dy op.
Warmed, Heated (I, he, she, it)	Waarme (Ik, hy, sy, it)	Hy waarme him op.
Warmed (We, you all, they)	Waarmen (Wy, jim, sy, jo)	Wy waarmen ús op.
Warmed, Heated (You)	Waarmest(e) (Dû/Do)	Dû waarmeste dy op.
Warms, Heats (He, she, it)	Waarmet (Hy, sy, it)	Sy waarmet harsels op.
Warn (I, we, you all, they)	Warskôgje (Ik, wy, jim, sy, jo)	Sy warskôgje harren freon.
Warned (I, he, she, it)	Warskôge (Ik, hy, sy, it)	Hy warskôge syn freon.
Warned (We, you all, they)	Warskôgen (Wy, jim, sy, jo)	Wy warskôgen ús freon.
Warned (You)	Warskôgest(e) (Dû/Do)	Dû warskôgeste dyn freon.
Warning	Warskôging	Hy hat in warskôging krigen.
Warns (He, she, it)	Warskôget (Hy, sy, it)	Hy warskôget syn freon.
Warns (You)	Warskôgest (Dû/Do)	Dû warskôgest dyn freon.
Warranty	Garânsje	Sit der gâransje op it produkt?
Warrior	Strider	De strider die syn bêst.
Warriors (Plural)	Striders (Plural)	De striders diene harren bêst.
Wars (Plural)	Oarlogen (Plural)	Twa oarlogen yn tritich jier tiid.
Was (I, he, she, it)	Wie (Ik, hy, sy, it)	It wie goed hjoed.
Wash (I, we, you all, they)	Waskje (Ik, wy, jim, sy, jo)	Sy waskje harren klean.
Wash (You)	Waskest (Dû/Do)	Dû waskest dyn klean.
Wash ashore	Oanspiele	De deade walfisk sil wol oanspiele.
Washed (I, he, she, it)	Wosk (Ik, hy, sy, it)	Hy wosk syn klean.
Washed (We, you all, they)	Wosken (Wy, jim, sy, jo)	Wy wosken ús klean.
Washed (You)	Wokst (Dû/Do)	Dû wokst dyn klean.
Washes (He, she, it)	Wasket (Hy, sy, it)	Hy wasket syn klean.
Washing machine	Waskmasine	De waskmasine makket in protte lûd.
Waste	Ôffal	De ôffal lei oer de strjitte hinne.
Waste (I)	Ferdoch (Ik)	Ik ferdoch myn tiid hjir.
Waste (We, you all, they)	Ferdogge (Wy, jim, sy, jo)	Jim ferdogge jim tiid hjir.
Waste (We, you all, they)	Fergrieme (Wy, jim, sy, jo)	Sy fergrieme de kâns.
Waste (You)	Ferdochst (Dû/Do)	Dû ferdochts dyn tiid hjir.
Waste (You)	Fergriemst (Dû/Do)	Dû fergriemst de kâns.
Waste, Spill, Mess up (I)	Fergriem (Ik)	Ik fergriem de kâns.
Wasted (I, he, she, it)	Ferdie (Ik, hy, sy, it)	Hy ferdie syn tiid.
Wasted (PP)	Ferdien (PP)	Hy hat syn tiid ferdien.
Wasted (We, you all, they)	Ferdiene (Wy, jim, sy, jo)	Wy ferdiene ús tiid.
Wasted (You)	Ferdiest (Dû/Do)	Dû ferdiest dyn tiid.
Wasted, Spilled (I, he, she, it)	Fergriemde (Ik, hy, sy, it)	Sy fergriemde de kâns.
Wasted, Spilled (We, you all, they)	Fergriemden (Wy, jim, sy, jo)	Sy fergriemden de kâns.
Wasted, Spilled (You)	Fergriemdest (Dû/Do)	Dû fergriemdest de kâns.
Wasted, Spilled (PP)	Fergriemd (PP)	Sy hat de kâns fergriemd.
Wastes (He, she, it)	Ferdocht (Hy, sy, it)	Sy ferdocht har tiid hjir.
Wastes (He, she, it)	Fergriemt (Hy, sy, it)	Sy fergriemt de kâns.
Watch (For wrist)	Horloazje	De rike man hat in djoer horloazje.
Watch out	Tink derom	Tink derom, it is gefaarlik hjir.

Water	Wetter	It wetter is wiet.
Waterfall	Wetterfal	Dizze wetterfal is bjusterbaarlik.
Waterhead	Wetterholle	Dû hast in wetterholle.
Watering can	Jitter	Sy jout de blommen wetter mei in jitter.
Waterproof	Wetterticht	Dizze amer is wetterticht.
Waterproof clothes, Rainwear	Reinklean	Ik bin myn reinklean fergetten.
Wave	Weage	Dat wie in grutte weage.
Waves	Weagen (Plural)	De weagen binne grut hjoed.
Way of life	Libbenswize	Syn libbenswize is nijsgjirrich.
Way, Road	Wei	De âlde wei hat in protte gatten.
We	Wy	Wy hâlde fan sûkerbôle.
Weak	Weak	Ik fiel my weak hjoed.
Wealth	Rykdom	De rykdom fan de Fryske taal.
Weapon, Gun	Wapen	It wapen wie noch net fûn.
Weapons, Guns (Plural)	Wapens (Plural)	By de oerfal binne wapens brûkt.
Weather	WAAR	It waar is noflik hjoed.
Weather forecast	Waarberjocht	Beppe wol it waarberjocht sjen.
Web	Webbe	De spin hat in webbe makke.
Website	Webside	Moatst efkes nei myn webside gean.
Website	Webstee	Moatst nei de webstee gean.
Websites (Plural)	Websides (Plural)	Moatst efkes nei myn websides gean.
Wednesday	Woansdei	Woansdei moat ik wurkje.
Week	Wike	In wike hat sân dagen.
Weekend	Wykein	Wat silstû yn it wykein dwaan?
Weeks (Plural)	Wiken (Plural)	It duorret noch mar in pear wiken.
Weigh (I, we, you all, they)	Weagje (Ik, wy, jim, sy, jo)	Sy weagen harren sels op 'e skeal.
Weigh (You)	Weagest (Dû/Do)	Hy weage himsels op 'e skeal.
Weighed (I, he, she, it)	Woech (Ik, hy, sy, it)	Hy woech himsels op de skeal.
Weighed (We, you all, they)	Woechen (Wy, jim, sy, jo)	Jim woegen jimsels op de skeal.
Weighed (You)	Woechst (Dû/Do)	Dû woechst dysels op 'e skeal.
Weighs (He, she, it)	Weaget (Hy, sy, it)	Sy weaget harsels op 'e skeal.
Weight	Gewicht	Wat is dyn gewicht?
Weird, Odd, Strange	Nuver	Dizze dei is nuver.
Weird, Odd, Strange (Adj.)	Nuvere (Adj.)	De nuvere dei.
Weird, Strange, Odd	Frjemd	Dizze dei is frjemd.
Welcome	Wolkom (Welkoma, Old Frisian)	Wolkom yn Fryslân.
Welcome (I, we, you all, they)	Ferwolkomje (Ik, wy, jim, sy, jo)	Sy ferwolkomje de nije minsken.
Welcome (You)	Ferwolkommest (Dû/Do)	Dû ferwolkommest de nije minsken.
Welcomed (I, he, she, it)	Ferwolkomde (Ik, hy, sy, it)	Hy ferwolkomde de nije minsken.
Welcomed (PP)	Ferwolkommen (PP)	Wy hawwe de minsken ferwolkommen.
Welcomed (We, you all, they)	Ferwolkomden (Wy, jim, sy, jo)	Wy ferwolkomden de nije minsken.
Welcomed (You)	Ferwolkomdest (Dû/Do)	Dû ferwolkomdest de nije minsken.
Welcomes (He, she, it)	Ferwolkommet (Hy, sy, it)	Hy ferwolkommet de nije minsken.
Welfare	Wolwêzen	Ik jou om dyn wolwêzen.
Went (I, he, she, it)	Gie (Ik, hy, sy, it)	Hy gie nei hûs nei it feest.
Went (We, you all, they)	Giene (Wy, jim, sy, jo)	Wy giene nei it sikehûs.
Went (You)	Giest(e) (Dû/Do)	Dû gieste nei it sikehûs.
Were (We, you all, they)	Wiene (Wy, jim, sy, jo)	Wy wiene doe net thús.
Were (You)	Wiest (Dû/Do)	Dû wiest hjirre.
Werewolf	Wearwolf	By folle moanne is de wearwolf warber.

West	West	It stiet west fan dy.
Western	Westen	Sy komt út it westen wei.
Western	Westlik	Wy binne yn it westlik part fan Fryslân.
Wet	Wiet	Myn klean binne wiet.
Wet (Adj.)	Wiete (Adj.)	De wiete klean.
Whale	Walfisk	Allermachtich, dizze walfisk is grut.
What	Hwat (Older)	Hwat moat dat hjirre?
What	Wat	Wat krije wy hjoed?
What for	Hokfoar	Hokfoar farwe is dat?
Wheel	Tsjil	It tsjil fan 'e auto is bryk.
Wheelbarrow	Kroade	Wy hawwe in stien yn de kroade.
Wheelchair	Rolstoel	De âlde frou hat in rolstoel.
Wheels (Plural)	Tsjillen (Plural)	De tsjillen fan 'e wein binne rûn.
When	Hwannear (Older)	Hwannear komme sy?
When	Wannear (Sahwersa, Old Frisian)	Wannear komme sy del?
Where	Hwer (Older)	Hwer binne wy no?
Where	Wêr	Wêr bistû?
Whether	Oft	Ik frege my ôf oft hy mei wol.
Which	Hokker, Hokke	Hokker dei is it hjoed?
While	Whylst (Older)	Whylst ik fuort wie, kaam sy del.
While	Wylst	Hy kaam del, wylst er siik wie.
While (Dim.)	Tiidsje (Dim.)	It hat in tiidsje duorre.
Whine (I, we, you all, they)	Eamelje (Ik, wy, jim, sy, jo)	Sy eamelje de hiele dei troch.
Whine, Complain (You)	Eamelest (Dû/Do)	Dû eamelest de hiele dei troch.
Whined, Complained (I, he, she, it)	Eamele (Ik, hy, sy, it)	Ús mem eamele in protte.
Whined, Complained (You)	Eamelest(e) (Dû/Do)	Dû eameleste de hiele dei troch.
Whines, Complains (He, she, it)	Eamelet (Hy, sy, it)	Sy eamelt de hiele dei troch.
Whining (I, we, you all, they)	Krimmenearje (Ik, wy, jim, sy, jo)	Sy krimmenearje in soad.
Whip	Swipe	Hy slacht mei de swipe.
Whirl	Twirje	De blêden twirje troch de loft.
Whirlwind	Twirrewyn	In twirrewyn skuort oer it lân.
Whisper (I, we, you all, they)	Fazelje (Ik, wy, jim, sy, jo)	Wy fazelje yn de nacht.
Whisper (I, we, you all, they)	Flústerje (Ik, wy, jim, sy, jo)	Ik flústerje yn myn ear.
Whisper (to)	Reantsje	Wy reantsje mei elkoar.
Whisper (You)	Flústerest (Dû/Do)	Dû flústerest yn myn ear.
Whispered (I, he, she, it)	Flústere (Ik, hy, sy, it)	Sy flústere yn myn ear.
Whispered (We, you all, they)	Flústeren (Wy, jim, sy, jo)	Sy flústeren yn myn ear.
Whispered (You)	Flústerest(e) (Dû/Do)	Dû flústereste yn myn ear.
Whispers (He, she, it)	Flústeret (Hy, sy, it)	Sy flústeret yn myn ear.
White	Wyt	De muorre is folslein wyt.
White (Adj.)	Wite (Adj.)	De wite snie.
Whiz	Sûzje	Myn earen sûzje.
Who	Hwa (Older)	Hwa is dat?
Who	Wa	Wa bistû?
Why	Wêrom	Wêrom geane wy wer werom?
Wide	Wiid	It paad is wiid.
Wide (Adj.)	Wide (Adj.)	It wide paad.
Widen (I, we, you all, they)	Ferwiidzje (Ik, wy, jim, sy, jo)	Sy ferwiidzje dizze wei.
Wife, Woman	Wiif	Sy is myn wiif.
Wife, Woman (Dim.) (Cute)	Wyfke (Dim.)	Sy is myn wyfke.

English	Frisian	Example
Wig, Hairpiece	Prûk	De frou mei kanker hat in prûk op.
Wild	Wyld	It wie in wyld wykein.
Wild (Adj.)	Wylde (Adj.)	It wylde wykein.
Wilderness	Wyldernis	Hy libbet yn de wyldernis.
Wildness, Ferocity	Wyldens	De wyldens fan de natoer.
Willpower	Wilskrêft	Hat hy noch genôch wilskrêft?
Win (I)	Win (Ik)	Ik win in priis.
Win (We, you all, they)	Winne (Wy, jim, sy, jo)	Wy winne dizze priis.
Win (You)	Winst (Dû/Do)	Dû winst dizze priis.
Wind	Wyn (Wind, Old Frisian)	De wyn flocht my om 'e holle.
Wind power	Wynkrêft	Hoe sterk is de wynkrêft?
Windmill	Wynmûne	De wynmûne krijt in soad wyn hjoed.
Window	Finster	De âlde frou sjocht troch it finster.
Window (Dim.)	Finsterke (Dim.)	De âlde frou sjocht troch it finsterke.
Window glass	Rút	Tink om it rút!
Windows (Plural)	Finsters (Plural)	De bern sjogge troch de finsters.
Windshield	Wynskerm	Hy hat in wynskerm op syn fyts.
Wine	Wyn	Sy hat nocht oan wyn.
Wing	Wjuk	De fûgel hat lêst fan syn wjuk.
Wings (Plural)	Wjukken (Plural)	Dizze fûgel hat goede wjukken.
Wins (He, she, it)	Wint (Hy, sy, it)	Hy wint dizze priis.
Winter	Winter	Yn de winter is it kâld.
Wire	Tried	Tink om it tried.
Wire (Dim.)	Triedsje (Dim.)	It triedsje hinget yn de wei.
Wires (Plural)	Triedden (Plural)	Tink om de triedden.
Wisdom	Wiisheid	Wiisheid komt mei it âlder wurden.
Wise	Wiis	De man is wiis.
Wise (Adj.)	Wize (Adj.)	De wize man.
Wiseacre, Know-it-all	Noaswiis	Dû bist in bytsje noaswiis.
Wiseacre, Know-it-all	Snichelich	Dizze man is sa snichelich.
Wish	Winsk	Sy hat ien grutte winsk.
Wish (I, we, you all, they)	Winskje (Ik, wy, jim, sy, jo)	Wy winskje dy in goede dei.
Wish (You)	Winskest (Dû/Do)	Dû winkest dat alles goedkomt.
Wish, Desire	Begearen	It wie syn begearen.
Wished (I, he, she, it)	Winske (Ik, hy, sy, it)	Hy winske dat alles goedkaam.
Wished (We, you all, they)	Winsken (Wy, jim, sy, jo)	Sy winsken dat alles goedkaam.
Wished (You)	Winskest(e) (Dû/Do)	Dû winkeste dat alles goedkaam.
Wishes	Winsken (Plural)	Binne dyn winsken útkaam?
Wishes (He, she, it)	Winsket (Hy, sy, it)	Sy winket dy in goede dei.
With, Allow	Mei	Mei him kinst prate.
Withdraw, Revoke	Ynlûke	By dizze si 'k alles ynlûke.
Wither	Fertoarje	De blommen fertoarje yn de sinne.
Withhold, Hold back	Wjerhâlde	Koest him der fan wjerhâlde?
Without	Sûnder	Hy kin net sûnder dy.
Withstand, Resist (to)	Wjerstean	Ik kin dy hast net wjerstean.
Witnesses	Tsjûge	De tsjûge seit net safolle.
Wizard	Tsjoender	In tsjoender docht in tsjoen.
Wolf	Wolf	Ik seach in wolf juster.
Wolves (Plural)	Wolven (Plural)	Ik seach in pear wolven.
Woman	Frou	De frou wol graach in glês wyn haw.

English	Frisian	Example
Women	Froulju	De froulju wolle graach wyn hawwe.
Won (I) (PP)	Wûn (Ik) (PP)	Hy hat de striid wûn.
Wonder (I, we, you all, they)	Fernuverje (Ik, wy, jim, sy, jo)	Wy fernuverje ús nei de fraach.
Wonder (You)	Fernuverest (Dû/Do)	Dû fernuverest dy nei de fraach.
Wondered (I, he, she, it)	Fernuvere (Ik, hy, sy, it)	Hy wie fernuvere nei de fraach.
Wondered (We, you all, they)	Fernuveren (Wy, jim, sy, jo)	Wy fernuveren ús nei de fraach.
Wondered (You)	Fernuverest(e) (Dû/Do)	Dû fernuvereste dy nei de fraach.
Wonderful, Amazing	Bjusterbaarlik	Dizze dei is bjusterbaarlik.
Wonderful, Amazing (Adj.)	Bjusterbaarlike (Adj.)	De bjusterbaarlike dei.
Wonders (He, she, it)	Fernuveret (Hy, sy, it)	Hy fernuveret him nei de fraach.
Wood	Hout	Ik sil efkes hout sykje yn it wâld.
Woodfrisian	Wâldfrysk (A Frisian dialect)	Wâldfrysk is in grut dialekt yn Fryslân.
Woods, Forest	Wâld	It wâld is tige grut.
Woody	Houterich	It priuwt houterich.
Wool	Wol	Wy skeare de ksiep foar it wol.
Word	Wurd	Ik sykje noch in wurd foar dit wurdboek.
Wordbook, Dictionary	Wurdboek	Dit wurdboek is hiel handich.
Wordbooks, Dictionaries (Plural)	Wurdboeken (Plural)	Dizze wurdboeken binne hiel handich.
Words (Plural)	Wurden (Plural)	Hoe folle wurden hat it?
Work (I, we, you all, they)	Wurkje (Ik, wy, jim, sy, jo)	Sy wurkje in protte.
Work (You)	Wurkest (Dû/Do)	Dû wurkest in protte.
Work hard (I, we, you all, they)	Bealgje (Ik, wy, jim, sy, jo)	De mannen bealgje de hiele dei.
Work together (I, we, you all, they)	Gearwurkje (Ik, wy, jim, sy, jo)	Jim kinne better gearwurkje.
Work, Job	Wurk	Hokfoar wurk dochstû?
Worked (I, he, she, it)	Wurke (Ik, hy, sy, it)	Hy wurke hurd.
Worked (We, you all, they)	Wurken (Wy, jim, sy, jo)	Wy wurken hurd.
Worked (You)	Wurkest(e) (Dû/Do)	Dû wurkeste in protte.
Worker	Wurker	Hy is in hurde wurker.
Workless, Jobless	Wurkleas	Hy is sûnt juster wurkleas.
Worklist, Agenda	Wurklist	Foar de gearkomst is in wurklist makke.
Works (He, she, it)	Wurket (Hy, sy, it)	Hy wurket in protte.
World	Wrâld	De wrâld is grut.
World city	Wrâldstêd	Is Ljouwert in wrâldstêd?
Worldwide	Wrâldwiid	Is it Frysk wrâldwiid bekend?
Worm	Wjirm	De wjirm is smoarch.
Worms	Wjirms	De wjirms binne smoarch.
Worried	Ûngerêst	Sy wiene ûngerêst.
Worries	Soargen	Wy meitsje ús soargen.
Worth	Weard	It famek wie it wol weard.
Would like to	Graach	Ik soe hiel graach delkomme wolle.
Wound	Wûne (Wunde, Old Frisian)	Dû hast in wûne op dyn skonk.
Wounded	Wûne	Hy is wûne oan syn skonk.
Wrathful, Furious	Breinroer	De frou wie breinroer.
Wreath	Krâns	Buorfrou hat in krâns op de doar.
Wreck (I, we, you all, they)	Rinnewearje (Ik, wy, jim, sy, jo)	Wy kinne it wol rinnewearje.
Wrestle (I, we, you all, they)	Wrakselje (Ik, wy, jim, sy, jo)	Wy wrakselje mei elkoar.
Wrestle (You)	Wrakselest (Dû/Do)	Dû wrakselst mei my.
Wrestled (I, he, she, it)	Wraksele (Ik, hy, sy, it)	Ik wrakselje mei myn freon.
Wrestled (We, you all, they)	Wrakselen (Wy, jim, sy, jo)	Sy wrakselen mei elkoar.
Wrestled (You)	Wrakselest(e) (Dû/Do)	Dû wrakseleste mei my.

English	Frisian	Example
Wrestles (He, she, it)	Wrakselet (Hy, sy, it)	Hy wrakselet mei my.
Wrinkle	Skronfel, Skromfel	Skronfel op de foarholle.
Wrinkle, A fold	Tear	Hy hat in grutte tear op 'e foarholle.
Write (I)	Skriuw (Ik)	Ik skriuw dy in brief.
Write (We, you all, they)	Skriuwe (Wy, jim, sy, jo)	Jim skriuw my in brief.
Write (You)	Skriuwst (Dû/Do)	Dû skriuwst my in brief.
Write down	Opskriuwe	Kinstû dizze sin opskriuwe?
Writer	Skriuwer	De skriuwer skriuwt in boek.
Writers (Plural)	Skriuwers (Plural)	De skriuwers skriuwe in boek.
Writes (He, she, it)	Skriuwt (Hy, sy, it)	Sy skriuwt my in brief.
Written (PP)	Skreaun (PP)	Hy hat it antwurd op skreaun.
Wrong	Ferkeard	It antwurd is ferkeard.
Wrong (Adj.)	Ferkearde (Adj.)	It ferkearde antwurd.
Wrote (I, he, she, it)	Skreau (Ik, hy, sy, it)	Hy skreau it antwurd op.
Wrote (We, you all, they)	Skreaune (Wy, jim, sy, jo)	Wy skreaune it antwurd op.
Wrote (You)	Skreaust (Dû/Do)	Dû skreaust eat op it blêdsje.
Yard, Property	Hiem	Wa is der by ús op it hiem?
Year	Jier	Dit jier wie in goed jier.
Year (Dim.)	Jierke (Dim.)	It is mar in lyts jierke.
Yearbook	Jierboek	It jierboek komt ynkoarten.
Years (Plural)	Jierren (Plural)	It hat jierren duorre.
Yellow	Giel	De sinne is giel.
Yellow (Adj.)	Giele (Adj.)	De giele sinne.
Yemen (Country)	Jemen (Country)	Sy komt út Jemen wei.
Yes	Ja (Jes, Old Frisian)	Ja, dat kin wol.
Yesterday	Juster	Juster wie it in sinnige dei.
Yet	Dochs	Dochs tink ik dat it goed is.
Yet	Noch	Ik koe it noch net dwaan.
Yikes	Krammele	Krammele, hoe kin dat no?
Yolk	Djerre	De djerre is hearlik.
You	Do (Klaaifrysk)	Do kinst my wol efkes helpe.
You	Dou (Older)	Dou liket op it Ingelsk.
You (Formal)	Jo	Jo kinne it better opskriuwe.
You (Thou)	Dû (Wâldfrysk)	Dû bist hjir ek.
You (Thy)	Dy (Second person)	Ik hâld fan dy.
You all	Jim, Jimme	Jim moatte derom tinke hear.
Young	Jong	De lju binne jong.
Young (Adj.)	Jonge (Adj.)	De jonge lju.
You're welcome	Asjebleaft	Asjebleaft!
Yourself	Dysels	Moatst wol oan dysels tinke.
Zambia (Country)	Sambia (Country)	Sy wolle nei Sambia.
Zebra	Sebra	De sebra is bliid as er gers sjocht.
Zimbabwe (Country)	Simbabwe (Country)	Wêr leit Simbabwe?
Zinc	Sink	Dû hast in sink te koart.
Zone	Sône	De feilige sône.
Zoo	Bistetún	Wy sille snein nei de bistetún.

What can you do to help the Frisian language?

As you know, the Frisian language has been put aside for a long time and has trouble surviving. You are already helping the Frisian language by learning it, which is appreciated by the Frisian people. But would you like to do more for the Frisian language?

Then we would like to ask you to leave a review on the website you bought this book from. We're not asking for a long story or a 'fake' review. The thing we're asking for is an honest review. We can use all the feedback you give us to keep improving our books and even our websites. This can really make the difference for the Frisian language.

Other Frisian resources that might be helpful to help the Frisian language.

- www.fryskewrald.frl, this is a Frisian-English online browser game to learn Frisian while having fun. In the game you'll be a Frisian king and you can take over settlements while competing with other Frisian learners.

- www.learnfrisian.com, is the place to learn Frisian. You have the opportunity to learn Frisian in English and Dutch. Old Frisian in Modern Frisian. Solring (North Frisian) in English & Sater Frisian in German and Frisian.

- www.frisianwordbook.com, this website has thousands of Frisian words with audio files.